U0126261

# 良知學的展開 —— 王龍溪與中晚明的陽明學

## 目　　錄

# 蔡　序

　　彭國翔君的博士論文《王龍溪與中晚明陽明學的展開》（今經修訂改為《良知學的展開——王龍溪與中晚明的陽明學》），是一部水平以上的學術作品。無論「問題的掌握、義理的闡述、思考的深入、論證的懇切」以及「資料的解析、系統的分疏、異同的論辨」等方面，都越過時流，而能顯示平正平實的學術準衡。

　　王龍溪是陽明晚年的大弟子，天資穎悟，思力敏銳，鋒芒四射。他在世時便常引發爭議，而《明儒學案》對王龍溪的評價，也有褒有貶。明末大儒劉蕺山所說王學末流「玄虛而蕩」，也是指龍溪一支而言。五百年間，龍溪之學可說難得解人。牟宗三先生論王學的分化與發展（見《從陸象山到劉蕺山》第三章），判定龍溪是陽明之嫡傳，其四無說乃四有說之推進，而《致知議辯》，更可見出龍溪之造詣。牟先生對龍溪學之闡釋證義，可謂第一知音。

　　如今彭君此一書稿，乃落實於文獻（即牟先生所謂從文獻的進路講儒學），發掘資料，研判對較，爬梳理路，釐清問題，做出超前的成績。無論龍溪本人的「良知觀、致良知工夫論、四無論」，以及他對佛道二教的論議，與三教融合之意指，還有王學內部義理的深細論辯，皆根據文獻而作了明確與詳悉的討論。

　　彭君自大學三年級時，即隔海與我通信論學。之後升入北京大學哲學系攻讀碩士、博士學位，並曾來臺在中央研究院作訪問研究。彭君實乃哲學界之新銳，亦將是明日之耀星。前修不遠，後學繼踵。文化學術的發展，永遠都是這樣慧命相續的。彭君此作不屬暢銷書之類型，但其學術價值決在一般水準之上。為此特向學生書局積極推薦，荷蒙接納允付出版，不勝欣快。故樂綴數言以為序。


蔡　仁　厚
二〇〇二年初秋之月於東海大學哲學研究所

# 劉　序

　　彭國翔老弟和我可以說是忘年之交。當今之世對於宋明儒學解人已經不多，很難得的，國翔和我卻可以連篇累牘討論相關的問題，見面時更是講個沒完沒了，十分投緣。其實國翔在去北大之前舊名高翔，就已經和我通信，他表示很想到香港中文大學來求學，我告訴他退休在即，已經不再收學生，鼓勵他去北大讀學位，如今果然修成正果，樂何如之！

　　國翔雖然年紀輕輕，做學問卻自辟蹊徑，頗有特色。首先，他很會找材料，他一向熱中研究王龍溪，幾年前果然找到了新材料，對龍溪思想做出了新的闡釋。其次，他勇於提出問題。根據《明儒學案》，周海門被列為羅近溪門下。但他卻提出質疑，找到了充分的證據，說明海門是龍溪一脈相傳的弟子，與近溪只有疏淡的關係。最後，他對中晚明陽明學的發展與三教合一的趨勢有他自己通盤的構想。如今初次陳構出來，不免還有一些問題，我曾有長函提出商榷，相信在將來他會百尺竿頭，更進一步，做更深入、細密的研究。

　　大陸自文革以後，不過二、三十年時間，就出了國翔這樣年輕一輩的學者，盡脫窠臼，可以接上新儒家思想的統緒，為將來的學術開

出新的機運，實在是大可振奮之事。學生書局要出國翔的博士論文，
索序於予，自樂於略綴數語志感。

劉　　述　　先

壬午年端午節序於中央研究院中國文哲研究所

# 陳　序

　　錢穆在其《宋明理學概述》曾指出，南宋在朱熹之後，或述朱，或諍朱，而總之不離朱熹為中心。而明代自王陽明之後，或述王，或諍王，要之不離王陽明為中心。歷史事實的確如此。明代中期以後，雖然有朱學及其對王學的反動，但潮流所向，畢竟以王學為這一時期的主導思想。

　　王陽明死後，「王學」或「陽明學」流行天下；而派別的分異，也五花八門。這種情形與朱熹學派便不同，朱子死後，弟子雖各有其發展，但並未分裂為相互批評的流派。而陽明學派則不然，在黃宗羲的《明儒學案》中，把王陽明的諸弟子、後學分為八派，可謂不少。王門何以分歧為不同派別？究其原因，大致有以下幾點：

　　其一，陽明一生學術變化較多，其高弟錢德洪說：「先生（陽明）之學凡三變，其為教也亦三變。少時馳騁於辭章；已而出入於二氏；繼乃居夷處困、豁然有得於聖人之旨。是三變而至於道也。」這是說陽明早年經歷了辭章之學、佛老之學、龍場悟道才歸於儒家聖人之學，這是其「學」的三變。錢德洪又說王陽明自龍場後，「教」也曾經歷三變：「居貴陽時首於學者為知行合一之說；自滁陽

後多教人靜坐；江右以來始舉致良知三字，直指本體，令學者言下有悟。是教亦三變也。」（〈刻文錄序說〉）這是說陽明曾先後以「知行合一」「靜坐」「致良知」等不同宗旨教人。由於陽明在不同時期的思想主張和教人宗旨不同，這就使得他的學生往往只繼承和發展他的某一個時期的宗旨。

其二，陽明弟子及後學甚多，遍佈大江南北。弟子及後學資性不同，所處社會階層社會地位不同，每個人所面對的學術和人生問題不同，各個地區文化——傳統不同，這些都是王學派別分異的原因。除了陽明少數親炙弟子外，多數人都不是要做陽明學的純正的學術繼承人，而只是取其學說中的部分以解決自己身心的困惑，對治當時社會的問題。

其三，王陽明死前一年，在其出征廣西前夕，曾在天泉橋上對其弟子錢德洪、王畿再三叮囑，強調其晚年的宗旨為「四句教」，即：「無善無惡心之體，有善有惡意之動，知善知惡是良知，為善去惡是格物」。此一史實，被稱為「天泉證道」。宋明理學家尤其是心學一派，一向都根據孟子講至善是心之體，王陽明本人也講過至善是心之本體。然而，四句教的首句卻說「無善無惡心之體」，這究竟如何解釋，四句教與「至善是心之本體」是同是異，王門弟子們對此意見不同，這也是造成了後來王門分歧的重要原因之一。

在黃宗羲的《明儒學案》中，以〈姚江學案〉述王陽明的思想，王陽明生長於餘姚，後雖遷居山陰，故家仍在餘姚，所以以「姚江」

稱之。在〈姚江學案〉之後，黃宗羲立各「王門學案」，敍述陽明門人及後學的思想：

浙中王門學案（一至五），述浙江的陽明弟子與後學。

江右王門學案（一至九），述江西的陽明弟子及後學。

南中王門學案（一至三），述江蘇、安徽陽明弟子及後學。

楚中王門學案，述湖南、湖北陽明弟子及後學的思想。

北方王門學案，述山東、河南等北方陽明弟子與後學。

粵閩王門學案，述廣東、福建陽明弟子及後學。

以上六支，黃宗羲名為「王門學案」，意謂這六支派無論有何分別，但都屬於王學的範圍之內，而未曾超出王學的藩籬。在這六支而外，黃宗羲又立：

泰州學案（一至五），述王艮及其弟子、後學。

止修學案，述李材的思想。

王艮是江蘇泰州人，王陽明晚年的學生，其弟子、後學則遍於各地，不限於泰州，黃宗羲以「泰州學案」統攝之。李材是江西人，本出於江右鄒守益，後將陽明的良知說修正為「止修」說，故以「止修學案」述之。黃宗羲之所以不稱這兩支為「王門學案」，是因為他認為這兩派已漸離陽明學的精神宗旨，已經突破於王學之外。黃宗羲的這種看法是正統派的看法，我們今天自不必以此種正統派看法為限。其實，無論從師承關係上說，還是把陽明學作為一個社會文化運動來看，泰州學派是沒有理由不列為「王門學案」的；李材從江右轉出，亦可列

於江右之下。

　　黃宗羲的敘述方法，基本上是以地區來作分派的標準，這在敘述上雖然有方便處，但從思想上來看，頗欠清楚。如同屬浙江學者，錢德洪與王畿就不同；同為江西學者，鄒守益與聶雙江又不同。而同一個泰州學派中，又有各個不同地區的學者。

　　有見於此，現代學者力求從思想上來劃分王門的派別，其代表者有：

　　牟宗三將王學的發展分為三派：浙中派，在陽明的家鄉，以王畿、錢德洪為代表；泰州派，在江蘇，以王艮、羅汝芳為代表；江右派，在江西，以聶雙江、羅洪先為代表。但此種劃分，仍是以地域為主，其實浙中的錢、王思想有很大不同。

　　岡田武彥也將王門後學分為三派：現成派，以王畿為代表；修證派，以錢德洪為代表；歸寂派，以聶雙江為代表。此說不以地區，而以學術宗旨劃分，是其所長，但將王畿與王艮同歸於「現成派」，亦未盡妥。用劉宗周的話說，泰州的「現成」往往「參之以情識」，但決不能說龍溪的「見在」是「參之以情識」。其實，王艮代表的泰州派應當是獨立的一派。

　　還有一種以前頗流行的說法，把陽明死後的王學分為「左派」和「右派」：以王畿和泰州學派為「左派」王學，而以保守陽明學術、重視修證、靠近朱子學的學者為「右派」王學。主張者如島田虔次的《朱子學與陽明學》。

　　把這些說法綜合起來，我們認為王門後學的重要代表為：

　　錢德洪（緒山）、鄒守益（東廓）代表的王學穩健派，可稱「主修派」。王畿（龍溪）代表的無善無惡派，可稱「主無派」。聶豹（雙江）、羅洪先（念庵）的主靜歸寂派，可稱「主靜派」。王艮（心齋）、羅汝芳（近溪）的泰州學派，可稱「自然派」。

　　錢德洪（1496－1574）在天泉證道時懷疑「無善無惡心之體」之說而主張「四有」，即主張心、意、知、物都不是無善無惡的。同門王畿則主張「四無」，當時王陽明說：「汝中（王畿字）之見是我這裏接利根人的，德洪之見是我這裏為其次立法的，二君相取為用」（《傳習錄》下），又說：「汝中須用德洪功夫，德洪須用汝中本體，二君相取為益，吾學更無遺念矣。」（《陽明年譜》，《陽明全書》三十四）可見錢德洪是重功夫的，而王畿是重本體的，錢是注重「修」的，而王是注重「悟」的。錢德洪主張在日用事物上識取本心，以「無欲」「慎獨」為修養的要旨。他批評王畿求先悟本體，是忽略了誠意；他批評聶雙江主張歸寂，是忽略了格物。他堅決反對「求悟」「求寂」。所以黃宗羲評論說：「龍溪（王畿）從見在悟其變動不居之體，先生（錢德洪）只於事上實心磨練。故先生之徹悟不如龍溪，龍溪之修持不如先生。」（《明儒學案》〈浙中王門學案一〉）指出錢德洪的特點是在事上磨練，在修持有力。鄒守益（1491－1562）的基本思想主張是「戒慎恐懼所以致良知」，「學者只常常戒慎不離，無分寂感，一以貫之，此其為致良知而已」。

「無分寂感」顯然是針對「主靜歸寂派」講的，而「戒慎恐懼」是強調存天理去人欲的功夫。黃宗羲認為：「陽明之沒，不失其傳者，不得不以先生（鄒守益）為宗子也。」（《明儒學案》〈江右王門學案一〉）

聶豹（1487－1563），自號雙江。他晚年曾下獄，據記載：「先生之學，獄中閑久靜極，忽見此心真體，光明瑩徹，萬物皆備，乃喜曰：『此未發之中也，守是不失，天下之理，皆從此出矣。』乃出，與來學立靜坐法，使之歸寂以通感，執體以應用。」（《明儒學案》〈江右王門學案二〉）他的這種靜坐中體見心體的經驗，與陳獻章相似，也由此而倡導「歸寂」的靜坐，推崇楊時、羅從彥、李侗的靜中體認。他從主靜的功夫，又提出「良知本寂」，即主張良知是未發，是靜的，必須涵養，這才是致良知。他說：「致知者，充滿吾心虛靈本體之量，使之寂然不動」，也就是在靜中養得此心寂然不動。羅洪先（1504－1564），嘉靖八年舉進士第一，他與聶雙江的歸寂說「深相契合，謂雙江所言，真是霹靂手段」。他認為知善知惡不是良知本體，要人反求根源，主靜以復其本體，故主張「歸攝於寂靜」。他也認為致知是指「致良知者，致吾心之虛靜而寂焉」，這些都與聶雙江是一致的。他在五十歲後又由「歸攝於寂靜」而轉為「徹悟與體仁」說，就不能詳細介紹了。

王陽明在天泉證道的談話表明，王學認為學問之道有兩種方式，一種是從「本體」入手，一種是從「功夫」入手。「本體」這裏是指

心之本體，從本體入手是指對心之本體要有所「悟」。「功夫」指具體的修養努力，在意念上保養善念，克除惡念。這是「本體——功夫」之辨的基本分野。從王陽明四句教來看，他強調的「心之本體」的規定就是「無善無惡」，所以「悟」就是要悟到心體是「無」。

王畿（1498－1583），字汝中，別號龍溪。王畿贊成王陽明關於心之本體是無善無惡，關於要「悟」到心體的無的觀點，而更加推展。他認為心體與意、知、物是體用的關係，心體無善無惡，則意、知、物也都應當是無善無惡的。所以他主張四句教後三句應改為「意即無善無惡之意，知即無善無惡之知，物即無善無惡之物」。這個思想是認為，如果能真正體悟「心體是無善無惡」的，即心體是無執著的，那麼他的意念和知覺活動也就達到無執著了，而外部事物對他來說也就不存在什麼根本的差別、不需要去進行什麼計較了。這種看法王陽明稱其為「四無說」。但是，從後來王龍溪思想的表達和發展來看，他更多地是關注於「良知」學說及其實踐。

王畿曾對當時六派不同的良知看法提出批評，王畿所批評的「良知異見」（即關於良知的不同看法），就良知的問題而言，大體上是兩個方面的思想：一個方面的意見是反對率任現成良知，認為率任現成良知會走向以情欲為良知的弊病。主靜、主修派都是以不同方式來解決這個問題。另一方面則是誇大良知的現成的完滿性，把主張良知的現成和主張克除私欲對立起來，認為只要依從現成良知，不必區分良知和情欲。這後一方面，主要是泰州學派。

　　劉宗周（1578－1645），字起東，號念臺，學者稱為蕺山先生。
劉宗周晚年說：「辨說日繁，支離轉甚，浸流而為詞章。於是陽明
子起而救之以良知，一時喚醒沈迷如長夜之誕，則吾道又一覺也。
今天下爭言良知矣，及其蔽也，倡狂者參之以情識，而一是皆良；
超潔者蕩之以虛玄，而夷良於賊，亦用知之過也。」（《全書》卷六
〈證學雜解〉二十五）這是說，明末時良知學說已經流行於天下，但
在王學內部產生了兩種流蔽，一種是「倡狂」，一種是「玄虛」。
倡狂者把一切情識都說成是良知，玄虛者把佛道的虛無思想引入良
知。這兩派也就是我們前面所說的「自然派」和「主無派」。劉宗
周以及其他晚明思想正是面對這兩派的影響而發展起來的。

　　唐君毅指出：「依蕺山之旨以評二溪之學，則可謂此龍溪之
學，教人參一無善無惡之靈明，即教人欣慕一虛空玄漠之境，而使
人不脫欣厭心，此亦即致良知而『蕩之以玄虛』也。至於近溪之教
人與日用常行中，隨處見天德良知，而不知人之日用常行，恆是真
妄混糅，良知與情識夾雜俱流。則此所見之天德良知即成『參之以
情識』之天德良知矣。」（《原教篇》，470頁）「玄虛」之責確指王
龍溪一派，而「倡狂」之責當泛指王門後學以情識為良知的流蔽。

　　明末大儒觀察中晚明陽明學，皆以泰州、龍溪兩派為主流，如
劉宗周以為「王門有心齋、龍溪，學皆尊悟，世稱二王」（《明儒學
案》師說）。黃宗羲言：「陽明先生之學，有泰州、龍溪而風行天
下，亦因泰州、龍溪而漸失其傳。」（《明儒學案》泰州學案案語）無

論「二王」或「二溪」哪種提法，都凸顯了王龍溪和泰州學派在當時的重要地位和影響。

　　不過，就劉宗周所指陳的二溪的弊病而言，所謂龍溪的「蕩之以玄虛」，也就是其四無之說，本來源自陽明。只是龍溪將此提揭過重，流傳影響所及，不免有所偏。而所說泰州的「參之以情識」，則是指以感性情欲為良知，這就無論如何也不能歸入陽明學正統了。另外，泰州學派在儒學的社會實踐特別是社會化的方面發揮了重要作用，但就陽明學作為一種義理的話語而言，作為一種理論體系而言，特別在知識階層中，在嘉靖時代仍是以王龍溪、錢緒山為中心，其中又尤以王龍溪為核心。而且，就與陽明的親近關係來說，心齋也是不能與龍溪相比的。所以，就陽明學作為一種良知學的話語運動和理論系統而言，在王陽明死後，王龍溪無疑是處在當時陽明學運動中最重要的位置，從而這一時期陽明學發展的成績與弊病也就不能不與他都有直接關聯。也因此，研究王龍溪哲學及以其為中心所展開的各種討論，對深入理解中晚明陽明學的發展，有著不言而喻的重要性。

　　彭君國翔自 95 年考入北京大學哲學系作研究生以來，先後攻讀碩士學位和博士學位。彭君在碩士生入學之前，已較為深入地學習、閱讀過海內外大量有關中國哲學的學術著作，所以他中國哲學方面的基礎比其同期的同學明顯高出一籌。他在入學之後，學習非常勤奮，進步很快，成績優異，顯示出明顯的學術發展潛力，成為同學之中的

佼佼者。他在攻讀碩士期間，利用北京大學圖書館的善本《龍溪會語》，補充了通行本王龍溪文集所沒有的許多材料，並撰寫了王龍溪年譜，這些工作都達到了較高的學術水平。他的碩士論文〈王龍溪的先天學及其定位〉也得到了海內外學者的肯定和贊許。彭君基礎扎實，知識面廣，外語較好，學術視野寬，一心以學術研究為己任，在學術發展上是很有前途的。

他的博士論文《王龍溪與中晚明陽明學的展開》，以中晚明陽明學最重要的思想家王龍溪的哲學研究為主體，並結合中晚明思想界以王龍溪為中心所展開的各種辯論，進而深入於整個中晚明陽明學的問題意識和發展脈絡，論文選題具有重要的理論意義。論文在資料收集方面相當用力，對國內外本領域的研究狀況瞭解充分。在方法上，自覺吸收了西方哲學、宗教學的有關理論資源，使得論文的寫作在問題意識和學術視野上均處於前沿。論文不僅在王龍溪個人思想資料的掌握上已居學界領先水平，關於整個中晚明陽明學的原始典籍和研究文獻，所掌握亦極廣泛。故論文引證廣博，運用資料翔實，思考的方面甚廣，顯示作者具有很寬的學術研究視野。論文結構合理，文字流暢，線索清晰，在寫作的規範化方面亦堪稱佳作。論文尤為突出的特點是思想討論的深入，理論分析能發前人所未發，提出不少創新的觀點，體現出作者已經具有很強的從事創造性研究的能力。這些方面，使得作者對王龍溪與中晚明陽明學的研究，不論在整體上還是在部分上，不論在資料上還是在分析上，都達到了很高的學術水平，填補了

我國學術界以往研究的空白。在所處理的課題範圍內，論文所達到的深度和廣度都給人以深刻印象。

　　現在，這部論文已修改為專書《良知學的展開——王龍溪與中晚明的陽明學》，我希望，作者以此為開始，在中國哲學研究方面，繼續取得更多的成果。

陳　來

2002 年 1 月 7 日

# 第一章　導論

## 一、意義與對象

　　如果我們不妨將清代以前的中國稱為傳統社會的話，那麼，傳統中國儒學發展的理論顛峰無疑是宋明理學。而就宋明理學來說，明代以陽明學為中心的儒學又可謂其結穴。陶望齡（字周望，號石簣，1562-1609）曾說：「我朝別無一事可與唐、宋人爭衡，所可跨躋其上者，惟此種學問，出於儒紳中，為尤奇偉耳。」（《歇庵集》卷十五〈與何越觀六首〉第三首）黃宗羲（字太沖，號南雷，稱梨洲先生，1610-1695）亦云：「嘗謂有明文章、事功，皆不及前代，獨於理學，前代之所不及也。牛毛繭絲，無不辨析，真能發先儒之所未發。」（《明儒學案發凡》）事實上，此前王畿（字汝中，號龍溪，1498-1583）便曾經指出：「愚謂我朝理學，開端還是白沙，至先師而大明。」（《王龍溪先生全集》卷十〈復顏沖宇〉❶）黃宗羲對龍溪雖多有批評，但在這一點上卻認同其說，認為「有明之學，至白沙始入精微。……至陽明而後大。」（《明儒學案》卷五〈白沙

---

❶　本書所用《王龍溪先生全集》為道光二年莫晉重刻萬曆十六年蕭良幹刻本。以下引用《王龍溪先生全集》除另有說明外均用該本並簡稱《全集》。

學案上〉）並且，這並非只是王龍溪、黃宗羲等理學內部人士的私見。在黃宗羲之前，晚明佛教四大師之一的藕益智旭（1599-1655）也有過同樣的看法，所謂「余嘗謂明朝功業之士，遠不及漢、唐、宋，理學則大過之。陽明一人，直續孔顏心脈。」（《靈峰宗論》卷六十四〈西方合論序〉）由此可見，陶望齡所謂的學問、黃宗羲所謂的明代理學，確切而言主要是指明代的陽明學。陽明學之所以能夠達到如此的高度，不僅由於通過了朱子學而別開生面，而且是自覺在儒家基本立場上對佛道二教智慧融通淘汰的結果。此外，不同陽明學者之間的諸多辯難與攻錯，無疑也是推動陽明學日益精微深入的內在動力。

修於清初的《明史·儒林傳》，所持的是朱子學的立場，故而對陽明學持批判的態度，但其中也指出了陽明學在中晚明思想界的影響已遠在朱子學之上。所謂「宗守仁者曰姚江之學，別立宗旨，顯與朱子背馳，門徒遍天下，流傳逾百年，其教大行，其弊滋甚。嘉、隆以後，篤信程朱，不遷異說者，無復幾人矣。」（《明史》卷二百八十二）除了在知識精英中廣為流傳之外，由於陽明學者在民間各地的講學活動，作為一股時代思潮，陽明學還深入社會，在一定程度上為當時文學運動的發展和民間宗教的興盛提供了思想基礎。當然，即使在陽明學最盛的隆慶、萬曆年間，陽明學在士大夫階層主導的思想界其實並未一統天下，更始終沒有取代朱子學的官方意識形態地位。❷像顧炎武（字寧人，稱亭林先生，1613-1682）及

---

❷　事實上，陽明學自興起之初便始終受到來自於官方意識形態以及其他儒家學派的壓力而不得不以私學的形式存在。如果從祀孔廟可以作為傳統社會中獲得儒家正統地位的標誌，那麼從萬曆二年到十二年有關陽明從祀的十年爭

清初顏元（字易直，號渾然，稱習齋先生，1635-1704）、戴震（字慎修，又字東原，1723-1777）等人那樣將明亡的責任推給陽明學，也不免偏激而過分放大了陽明學的作用。但無論如何，陽明學和政治、經濟等各方面的因素交織在一起，的確對中晚明的思想和社會產生了廣泛而深遠的影響。因此，如果以明代中後期的歷史為研究對象，即便是哲學、思想史之外的其他專業領域，恐怕均不免要將陽明學的因素考慮在內。

　　作為宋明理學的兩大基本系統之一，陽明學和朱子學一樣，早已不再是一個專屬中國本土的概念。除了對明代的思想和社會產生過直接重要的影響之外，對於整個東亞地區基本價值觀的塑造，陽明學也作出了不可磨滅的貢獻。迄今為止，日本從禪僧了庵桂悟（1425-1514）最初接觸到陽明學，經過中江藤樹（1608-1648）的創立，三輪執齋（1669-1744）的中興，一直到近代佐藤一齋（1772-1859）、大鹽中齋（1794-1837）所開闢的包括左久間象山（1811-1864）、吉田松陰（1830-1859）等人在內的近世陽明學，早已形成了日本特色的陽明學傳統。❸韓國朝鮮時代的儒學雖始終以朱子學為正統，但從柳

---

議，便鮮明的反映了陽明學在中晚明整個思想界和意識形態中的掙扎。關於陽明從祀一事所引發的爭論以及所反映的問題，參見 Chu Hung-lam, "The Debate Over Recognition of Wang Yang-ming", *Harvard journal of Asiatic Studies* 48, 1(1988), pp.47-70。

❸　日本陽明學的情況可參考（一）、山下龍二在《陽明學大系》（宇野哲人、安岡正篤監修，荒木見悟、岡田武彥、山下龍二、山井湧編集，東京：明德出版社，1972）第一卷《陽明學入門》中所撰的「日本的陽明學」；（二）、朱謙之：《日本的古學及陽明學》（上海人民出版社，1962）；（三）、高瀨武次郎：《日本の陽明學》（鐵華書院，1989）。陽明學對日本的影響，可參考戴瑞坤：《陽明學說對日本的影響》（臺北：中國文化大學出版部，

成龍（1542-1607）最早接觸到王陽明的著作，經南彥經（1528-1574）、李瑤等人的推動，到崔鳴吉（1586-1647）尤其是鄭齊門（霞谷，1649-1736），陽明學也逐漸形成了以家學為形式的學派。❹而無論日本還是韓國，陽明學都是其近代化過程中尤為重要的精神資源。陽明學在日本幕末時代所發揮的對於近代化的接引作用自不待言，即便在朱子學始終佔據主導地位的韓國，朝鮮時代後期作為近代化發端的「實學思想」與「西化派」的發展，也更多地是從陽明學中汲取了動力來源。❺

　　另外，在中國本土，儒學雖經歷了從清末經「五四」「打倒孔家店」到「文革」、「河殤」的全面解構，但其現代命運，卻並未如當初列文森（Levenson）所預計的那樣，僅獲得了「博物館化」的保存。❻反而從極端反儒學思潮得到普遍認可的二十世紀二十年代，便已經開啟了現代新儒學發展的端緒。迄今為止，現代新儒學儘管主要還是以「學統」的方式開展，但在經歷了生死存亡的歷史浩劫之後能夠生機不斷、薪火相傳，顯然為重建中華民族的精神氣質積蓄了力量。將現代新儒學視為宋明理學的回響，自然未免過於簡

---

1981）。中日兩國陽明學的差異，可參考張君勱：《比較中日陽明學》（臺北：中華文化事業出版委員會，1955）。

❹　韓國陽明學的情況可參考（一）、鄭德熙：《陽明學對韓國的影響》（臺北：文史哲出版社，1988）；（二）、阿部吉雄在《陽明學大系》第一卷《陽明學入門》中所撰的〈朝鮮的陽明學〉。

❺　柳承國：《韓國儒學史》，傅濟功譯（臺灣商務印書館，1989），頁160-161。

❻　Joseph P. Levenson, *Confucian China and Its Modern Fate: A Trilogy.* Berkeley: University of California Press, 1968. 該書中譯本有鄭大華、任菁譯：《儒教中國及其現代命運》（北京：中國社會科學出版社，2000）。

單，但宋明理學的確是現代新儒家們在傳統方面的主要精神資糧。並且，儘管朱子學與陽明學的區分對於現代新儒學的進一步發展或許已並無太大的意義，但至少就發生學的角度而言，仍然是陽明學而非朱子學，更多地構成了現代新儒家精神傳統的主要憑藉。第三期儒學的開展如果不止具備時間推移的意義，而更多地意味著從東亞走向世界的空間性拓展的話，其原動力依然可以說來自於陽明學的傳統。因此，深入發掘陽明學的多方面內涵，既是中國哲學、思想史研究領域本身一項不可或缺的重要內容，也是中國現代化研究不可忽略的一個方面，對於世界範圍內多元價值的溝通發展，也無疑會有所貢獻。

既然陽明學早已在日本、韓國等地形成了相對獨立的傳統，廣義的陽明學，當然包括中國、日本、韓國以及其他地區的陽明學傳統。但中國明代由王陽明及其門人、後學所形成的傳統，無疑構成陽明學的主體。而這一主體除了王陽明個人的思想之外，在相當程度上顯然還包括中晚明由陽明眾多弟子、後學在陽明思想基礎上對儒學各種觀念、命題進一步討論所形成的各種論說，或者說王門諸子及其後學的各種思想理論。本書所謂中晚明的陽明學，即指此而言。當然，鑒於當時兼師多人的現象並不罕見，如陽明與湛若水（字元明，號甘泉，1466-1560）的弟子、門下便互有出入，因此所謂陽明後學就應當是一個相對寬泛的概念。即便與王門並無直接師承關係，但卻與王門之人多有往來，並直接參與到陽明學的相關討論之中，從而對推動陽明學發展有所貢獻的儒家學者，在相關問題上也不當落於中晚明陽明學的考察範圍之外。

# 二、目標與取徑

即便我們將本書陽明學的研究限制在中晚明，中晚明的陽明學這一概念仍然是一個內涵非常豐富、論域相當廣闊的研究領域。

由於朱子對於儒家基本經典如四書權威地位的確定，為整個宋明理學的話語展開設定了基本脈絡，而王陽明的良知教又是在同朱子的對話過程中基於對《大學》等儒家經典的重新詮釋，中晚明圍繞陽明思想的討論便自然導致《大學》等儒家經典本身所涵內容的進一步繁衍。同時，由於中晚明儒釋道三教融合的日益深化，以及陽明本人對於佛道二教的主動吸納，圍繞陽明思想的討論也廣泛涉及到了佛道兩家的思想。因此，中晚明陽明學的展開，儘管相當程度上是在陽明良知教的話語形式之下，但其中既有陽明思想所涵各種端緒的展開，也有對儒學經典中基本觀念的不同於陽明的理解，還包括對佛道二教思想的批判、詮釋和吸收。如果說中國的陽明學構成了東亞其他地區陽明學傳統的淵源，那麼，東亞包括日本、韓國等地區的陽明學，也決非僅以陽明個人的思想為憑藉。事實上，中晚明許多陽明學者的學說，都是這些地區陽明學重要的思想資源。譬如日本陽明學開創者中江藤樹所受的直接影響，恰恰並非陽明而是龍溪，而這對於日本陽明學的發展，實非無足輕重。❼

至少在國內學界，陽明後學往往不被視為一流的思想家，似乎不值得進行深入的專門研究。其實，某個人物是否稱得上一流的思

---

❼　楠本正繼：《宋明時代儒學思想の研究》（廣池學園出版部，1962），頁487。

想家，或者其思想中是否存在有價值和原創性的東西，是要在我們
有了較為全面與深入的研究之後才能夠加以判斷的。歷史上一些重
要的思想家，之所以會有經歷受忽略之後再被重視的現象，常常是
以往研究不夠所致。而如果我們不能在深化既有研究成果的基礎上
不斷開闢新的研究領域和研究取徑，便很難突破既定的一些「典範」
（paradigms），從而在學術、思想上真正有所建立。事實上，中晚明
的陽明學既非只是陽明思想的餘續，當時諸多陽明學者更不應當僅
僅被作為王陽明到清初諸大儒之間二、三流的過渡人物，他們思想
蘊涵的豐富性皆足以分別從事專門的個案或專題研究。並且，陽明
學雖然起源於王陽明，但其作為一個學派和時代思潮在社會上發揮
廣泛與深遠的影響，卻更多地要歸功於陽明第一、二代的門人弟
子。❽如果說以往研究薄弱的主要原因之一在於他們的文獻資料多
散佚而「文獻不足徵」的話，那麼，現有相關古籍整理的成果在相
當程度上已經可以使我們不必再受制於《明儒學案》等選編資料的
限制。如《續修四庫全書》、《四庫全書存目叢書》等大型古文獻
資料的出版，都為我們的進一步研究提供了便利。

　　當然，就整個中晚明陽明學的研究而言，理想的狀態是盡可能
全面地對每一位中晚明的陽明學者進行深入的專門研究，然後再一
以貫之。如此在瞭解了每一株樹木的基礎上觀察森林的整體，在穿
越了森林之後再鳥瞰整個森林，便顯然不會「誤認天上的浮雲為地平

---

❽ 從社會史角度研究陽明學作為一個學派的建構與發展，可參考呂妙芬：〈陽
明學派的建構與發展〉，新竹：《清華學報》新二十九卷，第二期，1999
年6月，頁167-203。

線上的樹林」（mistake some clouds in the sky to be forests on the horizon），
❾ 也自然不會導致大而化之的通泛之論。但是，那樣的研究顯非一
人一時所能成就，並且，具體人物的個案研究與思想史的階段發
展，以及該階段內問題的觀察和理路的探究，也難免視域和方法上
的差異甚至衝突。因此，如何既能夠在中晚明陽明學的整體脈絡中
去從事深入的個案研究，以便「得其環中」而超越「見木不見林」的
狹隘，又能夠在把握這一階段陽明學的主要問題意識所在及其走向
的同時，避免將其化約為忽略思想史豐富性的主觀推演與單純邏輯
建構，便是本書的運思方向以及希望達成的目標。

　　研究中晚明的陽明學，有不同的取徑。可以進行宏觀的整體性
考察，也可以從事微觀的個案研究；可以以某位陽明學的人物為對
象，也可以檢討某些陽明學所包含的基本問題。但所謂「橫看成嶺
側成峰，遠近高低各不同」，不同的取徑各有其視域和盲點。選擇
怎樣的研究取徑，無疑取決於研究的目標。因此，本書以中晚明陽
明學的核心人物王龍溪為中心，首先全面、深入地檢討其思想，在
此基礎上再透視中晚明陽明學所關注的主要問題，對這些問題的發
展演變進行歷史的考察與理論的解析。需要說明的是，在以整個中
晚明的陽明學為基本考察對象的前提下選擇龍溪為透視的焦點，以
及在以龍溪思想本身為基本考察對象的前提下討論龍溪思想在中晚
明陽明學中的意義與定位，無疑都需要以龍溪的思想為中心，但這

---

❾　這是楊聯陞先生1960年主持華盛頓大學中美學術合作會議發言中的話，是
　　針對美國學者研究中國史不基於歷史材料而過於發揮其想像力的現象所發。
　　見蕭公權：《問學諫往錄》（臺北：傳記大學出版社，1972），頁223-224。
　　其實，不基於歷史材料而過於發揮想像力的情況，在國人自己的研究中亦並
　　非不存在。楊先生的批評，應當引起我們廣泛的重視。

兩者的基本目標顯然有所差別，由此而來在論述角度、方式上也自然會有所不同。而既然本書的致思方向和研究目標是前者，與之相應，所採取的便將是人物個案研究與階段性的哲學史研究相結合這一「點」「面」兼顧的取徑。

王龍溪是陽明的同郡宗親，少年即頗負才名，但起初並不喜理學，甚至「每見方巾中衣往來講學者，竊罵之。」（《明儒學案》卷十九〈江右王門學案四〉）陽明為了納龍溪於門下，竟使弟子魏良器設局以誘，成為理學史上罕見的一幕。❿龍溪穎悟過人，及門之後頗得陽明賞識，很快成為陽明講學的主要得力助手。⓫三十歲天泉證道時以其四無之說揭示出陽明四句教所隱含的「向上一機」，得到陽明印可，被許為「天機發泄」。陽明身後更以其無礙的辯才成為推動陽明學發展的中心人物。⓬龍溪始終無意仕途，除了短暫的為官經歷之外，一生精力用於講學，足迹遍佈大江南北，八十多歲

---

❿　陽明誘龍溪入門的記載，見（一）、袁宗道：《白蘇齋類集》卷二十二〈雜說〉；（二）、黃宗羲：《明儒學案》卷十九〈江右王門學案四〉（北京：中華書局，1985），頁465。

⓫　徐階：〈王龍溪先生傳〉載：「其後文成之門，來學者益眾，文成不能遍指授，則囑公（龍溪）與錢公（錢緒山）等高第弟子分教之。公性夷寬厚，其與人言，或未身契，從容譬曉，不厭反復。士多樂從公，而其興起者，亦視諸君子為倍。」

⓬　唐順之在為林東城寫的墓誌銘中回憶說：「是時縉紳之士以講學會於京師者數十人，其聰明解悟能發揮師說者，則多推山陰王君汝中。」見唐鼎元：《明唐荊川先生年譜》（唐肯仿宋排印本，1939）。而王門之外的何良俊也曾說：「陽明先生之學，今遍行宇內。其門弟子甚眾，都好講學，然皆粘帶纏繞不能脫灑，故於人意見無所發。獨王龍溪之言，玲瓏透徹，令人極有感動處。余未嘗與之交，不知其力行何如，若論其辯才無礙，真得陽明牙後慧者也。」見何良俊：《四友齋叢說》卷四（北京：中華書局，1997）。由此可見，龍溪過人的理論辨析能力在當時已廣為人知。

仍不廢出遊。在中晚明的思想界，不但圍繞陽明學的諸多辯難均與龍溪直接相關，在當時三教融合的背景下，龍溪還更為深入地對佛道二教進行了判攝與融通，有「三教宗盟」之稱，也因之成為有關儒釋之辨的最富爭議性的人物之一。❸

龍溪居於中晚明陽明學發展的核心地位，關鍵在於其思想內容的涵蓋性足以反映中晚明陽明學的主要問題意識。因此，儘管中晚明陽明學問題意識的歷史演化並非龍溪思想所能夠完全容納，更不等於其思想各個方面的同質展開，但是就滿足我們的致思方向和達成我們的研究目標而言，以龍溪的思想為契入點，在對其思想進行深入研究的基礎上，再擴展到對中晚明陽明學基本問題的觀察，顯然是極佳的選擇。由於這一選擇的合理性來自中晚明陽明學的脈絡本身，當我們以之「還治」中晚明的陽明學時，便自然應當具備相當的有效性。當然，我們的這種研究取徑仍然不能保證囊括中晚明陽明學的所有問題，甚至是龍溪思想本身的某些方面，譬如其以良知詮釋易道的易學思想，❹對晚明文壇產生相當影響的文學思想，❺

---

❸　由於筆者已有龍溪年譜之作，在此對龍溪的生平不再贅述。參見本書附錄一。

❹　龍溪的易學思想除了見於其專門解釋六十四卦《大象》文的《大象義述》專著之外，還散見於《全集》卷八的〈先天後天解義〉、〈河圖洛書解義〉、〈易與天地準一章〉、〈艮止精一之旨〉、〈天根月窟說〉，卷十五的〈易測授張叔學〉、〈圖書先後天跋語〉，卷十七的〈太極亭記〉、〈學易說〉、〈藏密軒說〉等。而關於龍溪易學思想的研究，可參考（一）、永富青地：〈王畿の易學と丁賓——大象義述を中心として〉，《東洋の思想と宗教》第6號，1989；（二）朱伯崑：《易學哲學史》第三卷第三節〈明代心學的易學哲學〉中〈王畿的易說〉部分（北京：華夏出版社，1995），頁222-247；（三）、佐藤煉太郎：〈王畿の易解釋について〉，《陽明學》第10號，1998年。

也無法在本書中得以反映。畢竟，無論有多麼高度的整合性，無論結合怎樣不同的研究取徑，一項具體的研究總要有其焦點意識與相應的理路，否則必難免「如遊騎之入大軍而無所歸」（朱子語）。並且，不分輕重的面面俱到本來並非我們追求的目標，而對於筆者整個中晚明陽明學的研究計劃來說，本書不可能也不打算「畢其功於一役」。

　　就像陽明學早已不再是僅屬於中國的思想學說一樣，陽明學研究也早已形成了一個國際性的學術社群。即便是中晚明的陽明學，目前同樣已成為海內外不少學者共同關注的一項共業。只有對世界範圍內陽明學研究的狀況盡可能予以全面與深入的瞭解和吸收，才能在現有的基礎上使陽明學研究得到真正的深化與推進。但筆者不擬在導論部分專門對海內外陽明學的研究狀況予以介紹，❶ 而是力圖將瞭解與吸收體現於本書的具體內容之中。這當然一方面是由於已有專文以及專書介紹海內外陽明學研究的狀況與文獻目錄，但更為重要的原因在於：無疑，瞭解前賢研究成果只有在進一步提升現

---

❶　龍溪的文學思想雖然可以說只是其良知理論的延伸，但對中晚明的文學界影響頗深。如唐順之、王慎中、徐渭、李贄等文壇大家均直接受到龍溪的影響。參見左東嶺：《李贄與晚明文學思潮》（天津人民出版社，1997）。

❶　西方陽明學研究的狀況，參見陳榮捷：〈歐美之陽明學〉，收入陳榮捷：《王陽明與禪》（臺北：學生書局，1984），頁149-179。該文對自有陽明學研究起始以迄二十世紀八十年代初歐美陽明學研究的狀況有分門別類的詳細介紹。中日兩國陽明學的研究情況，參見戴瑞坤：〈陽明學研究目錄〉，載氏著《陽明學漢學研究論集》（臺北：學生書局，1988）。大陸九十年代以往的陽明學研究情況，參見（一）、錢明：〈當代中國的陽明學研究〉，載《中國哲學論集》第13集，日本：九州大學中國哲學研究會，1987年9月，頁67-78；（二）、疋田啓佑：〈中國に於ける陽明學研究動向と〉，載《陽明學》第2號，東京：二松舍大學陽明學研究所，1990，頁150-163。

有研究水準的情況下才更有意義，而即使是對學界研究狀況極為全面的綜述與介紹，也畢竟不等於真正深入的理解和消化。事實上，研究意義的瞭解、對象的設定、目標的確立與取徑的選擇，本身便在相當程度上能夠反映研究者對現有研究狀況的掌握程度，而整個研究的成果如何，更是反映研究者是否真正消化吸收了既有研究成果而能「更進一步」的最終判準。

## 三、線索與脈絡

中晚明的陽明學是在與朱子學、佛道二教的充分互動以及內部王門弟子後學之間不同觀點的討論與辯難中，使自身的豐富蘊涵得以充分展開的，王龍溪的思想便尤為鮮明地體現了這一點。

陽明學的發展，有三條基本的線索：一是以「心即理」的命題消解天人之間的緊張，以對良知的自信取代對天理的遵從，高揚道德主體性。這主要是通過對朱子學的反動而逐漸展開的；二是站在儒家萬物一體的基本立場上吸納佛道兩家「無」的心靈智慧，彰顯並擴展了儒家道德主體本身所蘊涵的「毋意必固我」的境界向度。這主要是通過不斷融攝佛道二教逐漸形成的。三是陽明身後，在其門人與後學之間圍繞良知本體與致良知工夫所展開的不同論說的互動與攻錯。就陽明之後中晚明陽明學的展開而言，儘管以第三條線索的發展為主，但是，前兩條線索不僅統一於陽明良知觀念而構成陽明個人思想的二重向度，❼ 由於「致良知一語，惜陽明發此於晚

---

❼　陳來先生曾經指出：「在陽明的整個思想中一直有兩條線索，一是誠意格物

年，未及與學者深究其旨，」還貫穿於整個中晚明陽明學展開過程的始終，成為第三條線索的主要內容。因此，這三條發展線索並非互不相關，而是緊密交織在一起的。

由於陽明學在興起之初主要在於回應朱子學所產生的問題，因而陽明對佛道兩家的興趣和吸收雖潛伏於其思想之中，卻並未顯題化。只是隨著陽明學派的形成並與朱子學漸成抗衡之勢，在晚年居越以後達到「時時知是知非，時時無是無非」之化境的情況下，陽明吸收佛道「無」的智慧這一主題方格外顯露，並在四句教首句「無善無惡心之體」中獲得了最為凝練的表達。當然，這種不同時期輕重的轉換，並不意味著陽明的兩個基本向度表現為前後兩個不同的階段。事實上，與朱子學和佛道的互動始終是相互關聯而交織在一起的。

儘管「無善無惡」的思想並非於四句教中首次表達，但作為陽明晚年定論的四句教所指向的「有無之境」，特別是「無」的意義以及「有」與「無」二者之間的關係，畢竟由於文體的限制和陽明的早逝而留下了各種詮釋和發展的空間。龍溪思想的主要方面，就在於對此做出進一步的發揮。中晚明陽明學的許多問題意識和相關辯難，也由此衍生。如果說四句教標誌著陽明思想的結束，四無論則意味著龍溪獨立運思的開始。而從天泉證道到嚴灘問答再到南浦請益，所顯示的委實是從陽明到龍溪的一脈相承和延展。龍溪有

---

到致良知的強化儒家倫理主體性的路線，另一條是如何把佛道的境界與智慧吸收進來，以充實生存的主體性的路線，而這兩條線索最後都在『良知』上歸宗。」見陳來：《有無之境——王陽明哲學的精神》(北京：人民出版社，1991)，頁222。

云：「我忝師門一唯參」(《全集》卷十八〈襲封行〉)，❸「師門致良知三字，人孰不聞，唯我信得及。」(《全集》卷十五〈遺言付應斌應吉兒〉)這不僅僅是龍溪篤於自信的自我肯認，更有哲學、思想史客觀的學理依據。黃宗羲限於當時思想界對禪學的忌諱，對龍溪思想的瞭解不夠客觀，因此也無法盡其精微，但所謂「文成之後不能無龍溪，……而先生（龍溪）疏河導源，於文成之學，固多所發明也，」(《明儒學案》卷十一〈浙中王門學案二〉)倒也看到龍溪之於陽明，思想上有新的進境。

　　一方面，龍溪繼續高揚良知的宗旨，將「性」、「天」、「理」這些更多具有客觀意義的觀念完全收攝於良知心體主觀的「靈明」之中，以之為宇宙論、存有論意義上的終極實在。如果說在儒家正統異端之辨的傳統下，陽明對佛道思想的吸取尚不得不在批判的大節目下「暗渡陳倉」的話，龍溪則較之陽明更為正面、全面地融攝了佛道二教對於「虛無空寂」之心靈境界向度的專屬權，並將其展開為儒家良知心體本身的作用形式。此外，在嚴格區分良知與知識的同時，龍溪又在「見在良知」的觀念中將道德主體性發揮到極致，最終將良知推到了信仰對象的高度。以良知觀為基礎，龍溪從陽明「誠意」工夫論所隱涵的問題出發，首先提出了其實頗能夠反映中晚明陽明學工夫論總體傾向的先天正心之學，進而在晚年將其更納入到「一念之微」的一體兩套工夫論中。而龍溪的四無論，正是透過「無心之心」的「藏密」、「無知之知」的「體寂」、「無

---

❸　這是龍溪在陽明之子正德北上承襲封爵時龍溪所作〈襲封行〉中的話，所謂「我忝師門一唯參，心訣傳我我傳君」。

意之意」的「應圓」以及「無物之物」的「用神」，從而將四句教「有無合一」的存有系列和終極化境展露無遺，最終建構了一個儒家「一心開二門」的義理架構，使陽明四句教中所蘊涵的義理規模得以彰顯。

　　另一方面，在中晚明三教融合的思想與社會背景下，龍溪將儒學傳統中正統與異端之辨的重點從儒釋之間相對地轉換到了儒學內部。同時，龍溪還以良知觀念為宗旨，既通過有關「主神與主氣」、「修性與修命」、「養德與養生」以及「息」與「調息」等問題的分疏，對道教諸多觀念與命題作出了儒家心學意義上的論證，又通過「禍福善惡」、「因果報應」和「生死輪迴」這些觀念的論述，對佛教思想的許多基本方面進行了儒家意義上的詮釋。從而在儒家本位的三教一源論這一言說情境中，既充分建構了儒家「有無合一」的良知教規模，也明確了儒釋之辨根本的理論分際和龍溪儒家身份的自我認同。事實上，就像從「無善無惡心之體」所展開的四無論所顯示的那樣，對龍溪而言，高揚道德主體性以及在此基礎上對佛道二教「無」之智慧的充分吸收，本來就是儒家思想自我展開的一體兩面。

　　中晚明陽明學基本的問題意識在龍溪的思想中均有反映，這是我們全面深入研究龍溪思想以為「取樣」個案的原因所在。但只有在中晚明諸多陽明學者之間「牛毛繭絲」的精微辨析中，這些問題意識方得以充分展開，並最終顯示出中晚明陽明學所蘊涵的多元形態和不同取向。同時，對中晚明陽明學基本問題的進一步檢討，又可以展示龍溪思想存在與發展的脈絡，從而反過來深化對龍溪思想本身的理解。

　　本體與工夫可以說是整個宋明理學的基本範疇，中晚明陽明學
的展開，也正是以本體與工夫之辨為基本的骨幹。陽明身後學者對
良知觀念的不同理解，即龍溪所謂的各種「良知異見」，以及在追
求究竟工夫這一一致目標下由於背後思維方式不同所產生的各種工
夫論說，都是本體與工夫之辨的直接表現。而知識之辨、現成良知
之辨、無善無惡之辨以及格物工夫之辨，也都是本體與工夫之辨的
進一步展開。並且，這一系列問題的討論與辯難，各自既有其歷史
的發展過程，又有其特定的理論內涵。

　　就不同的良知觀和致良知工夫論而言，差異的產生既可能源自
陽明思想內在的問題與緊張，❶ 也可以在於學者對陽明不同時期教
法的見聞所得和個人資性的差別，所謂「得於所見所聞，未免各以
性之所近為學。」(《全集》卷二〈滁陽會語〉)還可能由於針對當時
各種弊病而對陽明思想不同側面的著意發展。而朱子學不同於陽明
的思維方式，作為當時學者長期以來「習焉而不察」的「前見」
（Vorurteil），❷ 其實無形中更是使一些自以為已經接受了陽明思想的
學者在理解良知本體與致良知工夫時產生新的變項（varieties）的深
層原因。對良知的不同理解和工夫論的差別構成了有關良知與知
識、現成良知、無善無惡以及格物這一系列討論的基礎，而後者則

---

❶　楊國榮：《王學通論——從王陽明到熊十力》(上海：上海人民出版社，
　　1990)；《心學之思——王陽明哲學的闡釋》(北京：三聯書店，1997)。
❷　加達默爾（Hans-Georg Gadamer）在其《真理與方法》第二部分曾經指出過
　　前見對於理解與詮釋的重要性，尤其指出了權威和傳統作為前見的意義。參
　　見加達默爾：《真理與方法》(上卷)，洪漢鼎譯(上海人民出版社，1999)，
　　頁341-365。陽明學產生之時，早已與科舉制結合在一起的朱子學無疑正是
　　以權威和傳統的方式存在著。

使得中晚明陽明學的發展更加從一種陽明學內部不同論說的攻錯，擴展為在儒釋道三教深層互動過程中儒家思想的深化和豐富。

在理學傳統區分「德性之知」與「聞見之知」以及「尊德性」和「道問學」聚訟不已的背景下，知識之辨自然首先聚焦了陽明學與朱子學基本取向的差異，但更值得注意的是，儘管內部不無分殊，以龍溪為代表的中晚明陽明學在該問題上的總體傾向，是在明確道德與知識異質性的前提下弱化甚至剔除儒學本有的知性因素而單方面突顯德性。這既強化了「人皆可以為堯舜」的可能性，從而為中晚明儒學的民間化與宗教化奠定了基礎，同時也引出了從整體上反思究竟什麼才是儒學傳統所追求的聖人人格這一基本問題。

同樣是以龍溪為中心，圍繞現成良知和無善無惡的辯難，構成中晚明陽明學本體工夫之辨的另外兩個基本問題。如果說包括陽明學在內整個理學話語的最終指向不外是聖人之境的話，那麼，就陽明學而言，良知無疑既是通往聖人之境的起點和根據，又是終點和目標。這是所有陽明學者一致認同的。但是，作為起點和根據的良知與作為終點和目標的良知是否不同？卻構成有關現成良知之辨的中心問題，並且，透過陽明學特有的概念和討論方式，現成良知之辨也涉及到了道德哲學與實踐中相關的一些普遍問題。無善無惡之辨則以對「無善無惡」的理解為核心，在糾結著儒釋之辨的因素下，向我們進一步展示了良知心體的「有」、「無」二重性及其存有論和境界論的不同向度。同時，這一討論還觸及到了儒家尤其心學一脈在惡的起源這一具普遍意義問題上的所可能遇到的困境。

至於格物工夫之辨，則不僅牽扯到對《大學》這部幾乎為整個南宋以後理學討論設定概念脈絡的經典的詮釋問題，糾結著儒釋之

辨的因素，在中晚明的思想界，更成為陽明學與朱子學在互動過程中由相互對立到彼此交融這一發展動向的反映。

事實上，圍繞本體與工夫所產生的這一系列表面上似乎是陽明學內部的討論，幾乎無不有朱子學和佛道二教（尤其是佛教）的因素交織於其中而發揮著思想背景或者前理解的制約因素。就儒學傳統來說，朱子學當然構成陽明學發展的存有論前提並預設了其言說的脈絡。同時，儒釋道三教融合趨勢的深化，更使得中晚明的陽明學呈現出特有的風貌。

如果我們將三教調和的思想上溯到漢末的牟子《理惑論》，則三教互動與融合的現象在明代以前已有相當漫長的歷史。而到了明代，儒釋道三家的互動與融合更是達到了空前的程度。在這一背景下，陽明學者不再像以往的理學家那樣對佛道兩家基本上採取排斥的立場，而是秉持開放與吸收的態度。三教融合的思想，成為中晚明陽明學發展的一個重要方面。從陽明思想中三教融合論的蘊涵，到以焦竑為代表的試圖淡化並超越儒家本位的「三教一道」論，在中晚明陽明學三教融合思想這樣的一條發展線索中，龍溪三教融合的思想起到了承上啟下的樞紐作用。

在三教融合思想的支援下，對佛道兩家的吸收構成中晚明陽明學發展的重要內容。需要指出的是，道教雖然經歷了宋元時代儒學與佛教的雙重洗禮而產生了成熟的內丹學，在心性論的理論程度上有相當的提高，並且由於明太祖以來幾乎歷代統治者的提倡而風行天下，但由於其本身在精神性（spirituality）方面的資源較佛教而言相對有限，加之肉體或至少以「氣」為載體的非精神性生命的延續始終構成其終極關懷不可化約的內容之一，因而更多地是在養生的

意義上為儒家學者所取益。在思想理論上與儒學形成互動與交涉的主要是佛教，尤其是禪佛教（禪宗）。而道家老莊的思想也更多地是關聯於佛教「空」、「無」的觀念而被納入到儒學境界論的向度之中。

較之宋代的理學家，以龍溪為代表的中晚明陽明學者無疑對佛教的瞭解更為精深，這在他們有關儒釋之辨的言論中得到了充分的體現。但是，如果「以有為體，以無為用」的「有無合一」之境是指在始終以道德自我本身及其流通貫注所成就的整個人文世界為真實不虛這一前提下，充分融攝佛老在心靈境界上無執不滯的勝義，但不接受其存有論意義上「緣起性空」的肯認，從而使道德主體（有）在不執著於相對善惡之念的自由狀態下（無）自然而然地發用流行，恰如龍溪所謂的「時時知是知非，而時時無是無非。」那麼，中晚明不同陽明學者所達至的「有無之境」，雖然未必都能夠符合「有無合一」的標準，有不知不覺中放棄了儒家根本的存有論前提而最終倒向「緣起性空」者，但龍溪繼承陽明而開啟的包括周海門等人在內的這一脈陽明學的發展，卻充分地展示了「有無之境」的內在意蘊。並且，這一展示「有無之境」的發展方向，也構成了中晚明陽明學的主流，可以說最能夠反映陽明思想的內在要求與精神指向。

在與佛道兩家交融互動的過程中，隨著陽明學者對佛道兩家的瞭解日益精深，加之朱子學與科舉制相結合所產生的流弊，以及當時商品經濟發展、士商互動導致功利之風的席捲天下，理學傳統中正統與異端的觀念發生了重大的變化。在正統與異端的問題上，陽明已經開始有意淡化以佛老為異端的傳統觀念，而在龍溪等人的大

力推動之下，陽明學者逐漸將儒家正統與異端之辨的重點從儒家與佛道二教之間轉移到了儒家內部，將批判的矛頭更多地指向了以儒學為利祿之門的功利俗學。對中晚明陽明學的發展來說，這雖然不無在以朱子學為正統的意識形態下爭取自身合法性的意義，但更主要的是毋寧說是儒家一貫的社會批判精神的體現。

除了正統異端之辨的重點轉換之外，在儒釋道三教水乳交融的過程中，中晚明陽明學的另一個特點或基本問題所在便是對於生死問題的格外關注。這既與明代險惡的政治生存環境有關，佛道二家對於生死問題的強烈眷注，顯然也構成這一問題意識在儒學中得以突顯的重要誘因。只是，生死問題儘管似乎處在以往儒家傳統焦點意識（focus awareness）的邊緣，但既然生死尤其死亡是與人之存在具有存有論關聯的問題，且對死亡的自我意識構成人類的「基本焦慮」（fundamental anxiety），儒家便終究無法迴避生死這一終極關懷的一個必然指向。事實上，從孔子「未知生，焉知死」以降，以往儒家傳統對生死問題的相對緘默，並不意味著儒家缺乏回應該問題的資源，因此，雖然佛道二教作為主要的因素，使得對於生死問題的關切在中晚明陽明學的話語中由「幕後」轉至「臺前」，但以龍溪為代表的陽明學者所提供的了究生死之道，卻仍然顯示出儒學與佛道二教在基本取向上不同的精神氣質。

除了政治與社會的因素之外，中晚明陽明學在高揚道德主體性和融攝佛道這兩條基本線索上關聯於一系列問題的展開，尤其是知識之辨對於聖人形像中德性因素的單方面突顯，最終使得儒學在中晚明出現了民間化和宗教化的走向。民間化使得儒家傳統的精英形態更多地向平等主義傾斜，產生了許多歷史上不曾有過的布衣儒

者。而在儒家自我與社會的歷史性張力中，宗教化則使得儒者的個體性更加突顯。並且，從比較宗教學的角度來看，儒家的宗教性問題在中晚明便已經向我們提供了豐富的歷史素材。在晚明天主教樹立了宗教這一概念之典範的情況下，儒學儘管也可以說出現了類似西方傳統「religion」的表現形式，但與頗具普遍性的心理、精神體驗密切相關，通過內在超越的方式達到「以天地萬物為一體」的境界，從而將「為己之學」的主體性發揮到極致，卻顯然代表了陽明學影響下中晚明儒家宗教化的主流，體現了以自我的創造性轉化為終極關懷的儒家宗教性（religiosity, religiousness）、精神性的獨特意涵。事實上，龍溪以良知為信仰對象的思想，正是這種儒家宗教性、精神性在中晚明的突出反映。

總之，通過對龍溪思想這一個案的解析，以及對中晚明陽明學展開過程中主要問題與基本特徵的探討，我們可以看到，在陽明之後，中晚明的陽明學呈現出多元分化的發展方向。如果說這意味著陽明思想中各種蘊涵與端緒的充分展開和實現，或者說對陽明思想這一「文本」的不同詮釋，那麼，龍溪思想的意義與定位不僅在於能夠反映當時多元分化中主要的問題意識，或許還在於它最能夠與陽明的精神方向保持一致，並沿著這一方向而有進一步的開展。或者說，在中晚明不同陽明學者對陽明思想的諸多解讀中，提供了一種最貼近「文本」的詮釋和發揮。並且，關聯於整個中晚明陽明學的展開，龍溪思想本身也成為又一個蘊涵豐富的「文本」。

# 第二章　王龍溪的良知觀

　　對於中國哲學、思想以及中國經典詮釋學的漫長歷史而言，發展與演變更多地是通過賦予傳統觀念以新的內涵而非在其之外另立新說來實現的。當然，這種表面上連續性多於斷裂性的演進過程決不意味著創造性的缺乏，幾乎每一位後來者似乎都喜歡反復聲稱自己不過是發掘了古聖先賢的原意，但正是在這種「述而不作」的形式之下，又幾乎沒有一位後來者不在古人的「舊瓶」中實際添入了自家的「新釀」。如果說這體現了中國哲學、思想史尤其經典詮釋傳統一個基本特徵的話，那麼，儒家良知觀念無疑可以作為該特徵的典型例證之一。從孟子最早提出，經過陸象山「本心」觀念與「心即理」命題的洗禮，到王陽明以之作為自己的立言宗旨，良知觀念在內涵上獲得了不斷的豐富。正是這一線索成為龍溪良知觀的思想淵源，尤其是陽明有關良知的思想，更是龍溪思想的直接根據。同樣，龍溪儘管以宣揚師說為己任，但對於良知觀念，顯然在其自己的思想系統之內有進一步的發揮與側重。

## 一、思想淵源

　　假如我們採取一種創造性詮釋學（creative hermeneutics）的方法從「當謂」與「創謂」的層面開發，❶或許可以在孟子之前的中國

經典中找到相當於其「良知」觀念的一些表述，但作為一個明確的概念，至少就目前所能掌握的文獻來看，「良知」一詞首先是由孟子提出的。

《孟子·盡心上》有云：「人之所不學而能者，其良能也；所不慮而知者，良知也。孩提之童無不知愛其親者，及其長也，無不知敬其兄也。親親，仁也；敬長，義也。無他，達之天下也。」整個《孟子》書中，「良知」一詞僅見於此，而這裏孟子所謂的「良知」，是指人所具有的一種不需後天反省的能力。如果說「良能」著重於行為與實踐能力的話，相對於「良能」，「良知」則側重於辨別與判斷能力。當然，關聯於孩提之童愛親敬兄那種自然而然的仁義傾向來看，「良知」在孟子這裏又顯然並非認識論意義上的理性認知能力，而是以德性為內容並具有情感的向度，與其心性理論有著內在不可分割的關係。因此，宋儒發展出「德性之知」的觀念以及陽明最終選擇以「良知」二字作為自己思想的核心觀念，儘管基於對「良知」概念賦予了更為豐富的內容，但孟子「良知」本身所蘊涵的詮釋空間，也為後來者的不斷闡發提供了可能。「舊瓶」若無相當的容量，畢竟無法容納太多「新酒」的注入。不過，就《孟子》本身的義理結構而言，良知顯然不是主要的觀念，孟子並未對之多加解釋。在孟子所處的時代中，良知也沒有成為思想

---

❶　創造性詮釋學依傅偉勳之說，包括五個不同的詮釋層面：(一)、「實謂」：原作者實際上說了什麼；(二)、「意謂」：原作者真正意味什麼；(三)、「蘊謂」：原作者可能說什麼；(四)、「當謂」：原作者本來應當說什麼；(五)「創謂」：作為創造的詮釋學家，我應該說什麼。見氏著：《從西方哲學到禪佛教》(北京，三聯書店，1989)，頁51-52。

界討論的主要內容。

　　孟子雖被後人尊為「亞聖」，但其地位的最終確立，卻是在宋以後的事。❷戰國時期，孟子僅為儒家一派。魏晉時代，史家仍將孟子與荀子並稱。唐代韓愈（768-824）雖在其「道統說」中尊孟抑荀，將孟子視為孔子之道的唯一合法繼承人，卻並未被普遍接受。北宋伊川（程頤，1033-1107）開始意識到《論語》與《孟子》之重要，❸王安石變法引孟子為同調，則引發了對孟子政治思想的廣泛討論。❹直到朱子將《孟子》作為四書之一並隨著後來四書取代五經的地位，《孟子》一書才最終處於儒家經典的第一序列。但是，兩宋諸儒雖然對孟子性善之說多所發明，對良知觀念卻並無過多的措意。對於提升孟子地位居功甚偉的朱子，在注解《孟子》良知良能一章時，只是說：「良者，本然之善也。」（《四書集注》）並引二程所謂「良知、良能，皆無所由。乃出於天，不繫於人」的話為證。而在《朱子語類》中，也沒有將良知作為一個確定的概念來加以專門討論。值得注意的是，橫渠（張載，1020-1077）說：「誠明所知，乃天德良知，非聞見小知而已。」（《正蒙·誠明篇》）首次將良知與見聞之知區別開來，連同其「德性之知」與「見聞之知」的

---

❷　孟子正式被官方封為「亞聖」，最早在元朝至順元年（1330）。有關孟子地位的變化，參考（一）、徐洪興：〈唐宋間的孟子升格運動〉，《中國社會科學》，1993 年第 5 期，頁 101-116；夏長樸：〈孟子與宋儒〉，《幼獅學志》第 18 卷第 3 期，1998 年 5 月，頁 9-32。

❸　日本學者近藤正則對此有專著討論，見氏著：《程伊川の〈孟子〉の受容と衍義》（東京：汲古書院，1996）。

❹　參見近藤正則：〈王安石における孟子尊崇の特色──元豐の孟子配享と孟子聖人論を中心として〉，《日本中國學會報》第 36 期，1984 年，頁 134-147。

觀念，可以說發了後來陽明學中良知與知識之辨的先聲。而明道（程顥，1032-1085）《識仁篇》有云：「良知良能，元不喪失。以昔日習心未除，卻須存習此心，久則可奪舊習。」其中「卻須存習此心」句中的「心」，顯然是指與「習心」相對的良知良能。雖然明道順著《孟子》的語脈依然良知良能連言，仍未將良知作為一個獨立的概念，不過將良知作為與「習心」相對之「心」，卻無疑透露了作為「心即理」的良知觀念經象山而成熟於陽明這種發展的必然性。

象山（陸九淵，1139-1193）的思想直承孟子，所謂「因讀孟子書而自得之」（《陸九淵集》卷三十五〈語錄〉下）。但象山進一步明確將良知等同於本心，他說：「孟子曰：『所不慮而知者，其良知也。所不學而能者，其良能也。』此天之所與我者，我固有之，非由外鑠我也，故曰『萬物皆備於我矣，反身而誠，樂莫大焉。』此吾之本心也。」（《陸九淵集》卷一〈與曾宅之〉）同時，象山還屢引孟子之說，並正式提出了「心即理」的原則：

> 孟子曰：「心之官則思，思則得之，不思則不得也。」又曰：「存乎人者，豈無仁義之心哉？」又曰：「至於心，獨無所同然乎？」又曰：「君子之所以異於人者，以其存心也。」又曰：「非獨賢者有是心也，人皆有之，賢者能勿喪耳。」又曰：「人之所以異於禽獸者幾希，庶民去之，君子存之。」去之者，去此心也，故曰：「大人者不失其赤子之心。」「四端」者，即此心也。「天之所與我」者，即此心也。人皆有是心，心皆具是理，心即理也。故曰：「理義之悅我心，猶芻豢之悅我口。」所貴乎學者，為其欲窮此理，盡此心也。（《陸九淵

集》卷十一〈與李宰書〉之二）

　　從象山這裏反復所引孟子的話來看，「心即理」中的「心」，顯然是指「仁義之心」、「赤子之心」、「四端之心」。而這種人之所同然的「本心」，本身也就是「理」。

　　象山「心即理」的命題源自孟子「仁義禮智根於心」的思想，顯然與同時代朱子「性即理」的主張構成對照。朱子繼承二程尤其伊川的看法，認為作為天命之性的人之本性體現了作為理的宇宙間普遍的道德法則，在這個意義上，可以說「性即理」。當然朱子也認為性理內在於人的心中，所謂「人之所以為學，心與理而已矣。心雖主乎一身，而其體之虛靈足以管乎天下之理。理雖散在萬事，而其用之微妙實不外乎一人之心。」（《大學或問》卷一）但由於「心」對朱子而言並不專指本心，更多的是指一般的經驗意識，所以性理雖然內在於人心，構成人先驗的本質結構，卻與人心不具有直接的同一性，因而朱子不能接受「心即理」作為一種具有普遍意義的命題。只有經過「格物窮理」的工夫，達到「眾物之表裏精粗無不到，而吾心之全體大用無不明矣」（《大學章句‧格物補傳》），心才能夠回復到原初的本心狀態，實現與作為道德法則的理的合一。朱子對心理關係的看法將主體與客觀的理區分開來，使得理成為外在於心的認知對象，由此「格物窮理」的道德實踐便無形中具有了強烈的認知主義和客體主義傾向，且由於道德法則（理）與主體（心）不具直接的同一性，主體的行為不必依理而行，於是道德實踐的必然性便無由保證。就此而言，象山在本心的意義上主張「心即理」，實際上是將道德實踐的根源由主體之外收歸到主體本身，如此道德主體性得以確立，道德實踐的必然性同時也獲得了保障。不過，相

對於朱子學的問題，象山「心即理」的命題雖有其針對性，但象山與朱子始終並未就心理關係的問題進行過正面與深入的討論，雙方對於各自立言的層面以及概念範疇的使用也缺乏相互的瞭解和反省。並且，由於象山與朱子所依據的經典不同，前者在《孟子》而後者在《大學》，象山無法以《大學》為言說脈絡從孟子學的立場對朱子提出質疑，在對《大學》諸範疇與命題方面的理解反而受到朱子的影響。因此，「心即理」這一命題的意義在象山處尚未有充分的展示。

心與理的關係問題，構成整個宋明理學的核心問題之一。不僅任何思想內容側重不同的理學家均不能迴避這一問題，對該問題的不同認識，更是決定一種思想體系基本特徵的根本所在。程朱與陸王分立的舊說，儘管作為一種哲學、思想史研究的架構未免粗略，但所揭示的儒家思想史中不同的發展線索與承繼關係，卻是顯而易見、無有疑義的。陽明思想的核心處，的確與象山一致，於是，從孟子到象山再到陽明，便構成了古代儒家心學傳統的主線。事實上，心學系統與以朱子為代表的理學（狹義）系統，其分別的根源與決定基礎，正在於對心理關係的不同理解，而心學系統的基本立場，正是「心即理」這一命題。不過，陽明的思想雖在精神方向上繼承象山，但其學卻是從朱子學中轉出，經歷了與朱子學的長期對話。因此，相對於朱子學，陽明同樣依據《大學》這部經典所進行的相關論說，方使得「心即理」的內涵獲得了具體的展開與深入的討論。❺

---

❺ 　狄百瑞（Wm. T. de Bary）認為，在這個意義上可將陽明而非象山視為心學

　　對於「心即理」而言，如果說「心」是專指道德意志，而不包括主體的其他向度（如認知）；「理」是專指道德法則，而並非泛指一切的所以然與所當然，那麼，「心即理」實際上是指出了道德意志與道德法則的同一性。這對於所有以聖賢人格為終極追求的儒家學者而言，委實至關重要。道德之所以為道德，真實的道德實踐之所以可能，關鍵就在於道德意志與道德法則的同一性。只有在意志與法則同一的情況下，道德實踐才會表現為「由仁義行」的真實純粹而非「行仁義」的義襲虛偽。康德道德哲學中自律（Autonomie）與他律（Heteromie）的區分、意向道德性（Moralität）與行為合法性（Legalität）的簡別，正是為了說明這一點。❻而陽明之所以反復批評朱子「析心與理為二」，要扭轉其物上求理的外在取向，關鍵也恰恰在此。當然，就「心即理」而言，作為道德主體的「心」，既是道德意志、道德理性，同時還具有道德情感的向度，後者在孟子「四端之心」處表現得尤為明顯。因此，「心即理」說並不像康德那樣不許將情感的向度歸諸道德主體，而是認為「禮義之悅我心，猶芻豢之悅我口」，主體在制定道德法則的同時，又能直接發動道德實踐，立法原則與行動原則獲得了統一。❼這在陽明以良知為宗旨

---

的真正創立者。參見氏著：*The Message of The Mind in Neo-Confucianism*, Columbia University Press, 1989, pp.79-87.

❻　李明輝在牟宗三思想的基礎上對孟子心學一脈的自律道德形態有進一步的探討，參見氏著：《儒家與康德》（臺北：聯經出版事業公司，1990）。但朱子思想是否屬於他律道德或康德意義上的他律道德，則爭議頗多。

❼　有關康德道德哲學中道德情感的問題及其與儒家尤其心學傳統的關涉，參見李明輝：〈孟子的四端之心與康德的道德情感〉，《儒家與康德》，頁105-145。

而代替了「心即理」的表達方式之後，表示得更為明確與簡易，而陽明良知說的核心，也正是「心即理」這一命題所揭示的涵義。

陽明曾說：「吾良知二字，自龍場以後，便已不出此意，只是點此二字不出，與學者言，費卻多少辭說。今幸見此意，一語之下，洞見全體，直是痛快，不覺手舞足蹈。學者聞之，亦省卻多少尋討功夫。學問頭腦，至此已是說得十分下落，但恐學者不肯直下承當耳。」（錢德洪：〈刻文錄敘說〉）❽ 陽明之所以選擇良知二字作為統攝自己整個思想體系的核心觀念，顯然是在與朱子思想的互動中由孟子、象山而來的「理之必然」、「勢之必至」。 對陽明來說，良知無疑是「心即理」的濃縮表達，而陽明對於良知的相關論說，又使「心即理」的涵義獲得了多方面的展開。由於我們檢討的對象是龍溪的良知觀，並非陽明的良知說本身，因此陽明聯繫不同經典來源，在不同解釋脈絡中從各個角度對良知所作的闡釋，此處不能詳及。❾ 需要指出的是，陽明對良知的規定包括本質內容與作用形式兩個方面。就前者而言，不論從客觀面的「天理」還是主觀面的「本心」來界說良知，作為從人到天地萬物這一連續性存有整體的本體，良知都是至善的實在，這不妨稱為良知之「有」；就後者而言，無論良知作為道德行為的發動機制還是一般行為的監督評價機制，良知的流行發用都應是自然而然、無有任何執著與造作的，這不妨稱為良知之「無」。良知的這兩層涵義，在陽明晚年的四句教中，曾被表述為「無善無惡心之體」這句引發了後來無窮爭

---

❽　王守仁：《王陽明全集》（上海古籍出版社，1992），頁1575。
❾　參見陳來：《有無之境——王陽明哲學的精神》，頁166-178。

議的話。「無善無惡」既非「存在先於本質」意義上可以為善或可以為惡的可能性，⑩ 也不是佛教「緣起性空」意義上善惡均不具實在性的善惡俱空、本來無一物。而是一方面指出了良知心體是先驗的絕對至善，經驗意識中相對的善惡觀念不足以名之，所謂「無善無惡，是為至善」(《傳習錄上》)；⑪ 另一方面又顯示了良知心體本來具有一種無執不滯的先驗品格，所謂「聖人只是還他良知本色，更不著些意思在。良知之虛，便是天之太虛；良知之無，便是太虛之無形」(《傳習錄下》)。後一方面，更多地流露在陽明晚年的思想中。

---

⑩ 無論陽明的「無善無惡心之體」，還是後來黃宗羲的「心無本體，工夫所至即是本體」，恐怕都很難理解爲對於心體作爲先驗結構的懸置或消解(這種解釋參見楊國榮：《心學之思──王陽明哲學的闡釋》，頁236，頁302)。黃宗羲之說重在強調本體在實然層面上的充分呈現只能伴隨著修養工夫的最終結果，並非意味著取消心之本體作爲端緒的先天存在本身。事實上，只有肯定先天「幾希」端緒的存在，工夫的展開才有可能和根據。理學從朱子學到陽明學的確存在一種「存在主義」(existentialism)的轉向，海內外學者對此亦多有所論。但在選擇存在主義這一在西方哲學中本來便錯綜複雜的概念應用於陽明學的解釋時，我們尤需格外注意其意義的限定與有效性的範圍。如果在薩特(Sartre)的意義上視所有對任何程度上先驗結構的肯定均爲本質主義(essentialism)，那麼，以接受孟子性善論爲共識前提的所有宋明理學家，便幾乎無一例外都是某種意義的本質主義者(當然不是西方意義的essentialist)。因此，陽明學的存在主義特徵，顯然不能從對陽明「無善無惡心之體」的薩特化解釋上來加以體現。陽明學與存在主義的可比性，僅僅在於雙方均重視存在的生存論向度和主體的情感向度這種一般的思想傾向。

⑪ 《王陽明全集》，頁29。北宋胡宏（字仁仲，稱五峰先生，1106-1161）在討論人性時也認爲相對的善惡不足以形容本性的絕對至善，在這個意義上可以說性是無善無惡的，所謂「性也者，天地鬼神之奧也，善不足以名之，況惡乎？」見胡宏：〈知言疑義〉，《胡宏集》（北京：中華書局，1987），頁333。當然，胡宏的「性」已不僅僅是一個人性論的概念了。

在陽明看來，良知的「有」與「無」這兩層涵義均應是儒家的題中之義。從研究者的角度來說，至善自不必說，而無執不滯的心靈境界，雖然在儒家傳統中淵源有自，但佛道兩家尤其禪宗在這方面的精彩，不能不說是一個外部的刺激因素。宋明理學自始以來，就是一個既對抗佛老，又吸收佛老的過程。如何在儒家基本立場不變的情況下，充分吸納佛道兩家在心靈境界上自然無執的超越品格，不能不說是一個內在隱含的問題。陽明賦予良知心體兩層涵義，可以說已對該問題作出了自覺的回應。但是，在陽明所處的時代，更主要的問題是如何解決朱子學所產生的弊端，使學為聖賢這一朱子、陽明以及所有理學家共同的追求得以可行。因此，陽明思想更多地表現為在與朱子思想的不斷對話中高揚道德主體性，對於良知無執不滯的這一向度和品格，或者說良知之「無」，陽明畢竟未有太多正面的申論。如果說陽明的思想表現為一個「以有合無」的過程的話，這一過程也並沒有完成。對此，親隨晚年陽明左右，且又穎悟過人的龍溪，顯然深有體會。事實上，陽明晚年時時流露的對於良知之「無」的眷注，正是在龍溪處獲得了較為正面與充分的發揮。

## 二、良知之「無」與「有」

龍溪圍繞良知無執不滯的品格，展開了大量的相關論說，這些論說使得良知之「無」的涵義，得到了多樣性的展示。

龍溪在〈良止精一之旨〉中指出：

> 心之良知是為聖。知是知非而實無是無非。知是知非者，應

用之迹；無是無非者，良知之體也。譬之明鏡之照物，鏡體本空，而妍媸自辨。妍媸者，照之用也，以照爲明，奚啻千里！夫萬物生於無而顯於有，目無色，然後能辨五色；耳無聲，然後能辨五聲；口無味，然後能辨五味；鼻無臭，然後能辨五臭；良知無知，然後能知是非。無者，聖學之宗也。

（《全集》卷八）

龍溪以「無是無非」爲良知之體，這裏的「體」字需加以說明。至少在陽明學的範圍之內，「體」或「本體」除了存有論意義上的本質內容這一涵義之外，尚有境界論意義上的存在狀態這一層涵義。陽明「樂是心之本體」、「定者，心之本體」的話頭，與龍溪此處所謂「無是無非者，良知之體也」。均是就後一種涵義來說的。而指出良知具有「無是無非」這種不執著於是非的境界向度，並不意味著便捨棄了良知作爲至善本身所具有的知是知非的能力。「知是知非」與「無是無非」均是良知的特性。陽明已有這種說法，龍溪更是屢屢言及。在相當的情況下，龍溪尤其強調良知「無是無非」的向度，甚至將「無」提升到了「聖學之宗」的高度。

以「無是無非」來形容良知的無執不滯，首先揭示了良知的自然性。所謂「良知者，無所思爲，自然之明覺」。對此，龍溪在〈答楚侗耿子問〉中說道：「良知原是不學不慮，原是平常，原是無聲無臭，原是不爲不欲。才涉安排放散等病，皆非本色。」（《全集》卷四）在與聶雙江（名豹，字文蔚，號雙江，1487-1563）辯論的〈致知議辨〉中，龍溪又進一步指出：

先師良知之說，仿於孟子。不學不慮，乃天所爲，自然之良

> 知也。惟其自然之良，不待學慮，故愛親敬兄，觸機而發，
> 神感神應。惟其觸機而發，神感神應，然後為不學不慮、自
> 然之良也。（《全集》卷六）

如果「不學不慮」指示了良知的自然性，此處龍溪所謂「惟其觸機
而發，神感神應，然後為不學不慮、自然之良」，則將良知的自然
性與良知發生作用時的境遇性關聯起來。

　　如果說孔子對周代文化最大的發展在於提出了「仁」這一儒家
思想的核心觀念，那麼，孔子之「仁」最大的貢獻之一便是指示出
各種外在的倫理道德規範只有在作為人們內在道德情感的真實反映
時才有意義，所謂「人而不仁，如禮何？人而不仁，如樂何？」
（《論語・八佾篇》）「禮云禮云，玉帛云乎哉？樂云樂云，鐘鼓云乎
哉？」（《論語・陽貨篇》）這就包含了各種道德倫理規範並不絕對凝
固的思想，因此，心學傳統高揚道德主體性，強調以良知本心而非
文字規範或他人行為作為道德實踐的最終依據和判準，自然便會注
重道德實踐中的境遇性問題。龍溪所謂「觸機而發」，正是看到了
這一點。弗萊徹（Joseph Fletcher）在闡釋其境遇倫理思想時說：「境
遇論者在其社會及其傳統的道德準則的全副武裝下，進入每個道德
決斷的境遇。他尊重這些準則，視之為解決難題的探照燈。他也隨
時準備在任何境遇中放棄這些準則，或者在某一境遇下把他們擱到
一邊，如果這樣看來能較好地實現愛的話。」⓬ 在弗萊徹看來，道
德實踐中行為取捨的根本準則是內心的愛，而不是外在既成的種種

---

⓬　弗萊徹：《境遇倫理學》，程立顯譯（北京：中國社會科學出版社，1989），
　　頁17。

規範。「只有愛的誡律是絕對的善」，**⑬**「只有愛，倘能很好地實行，在每個境遇中就總是善的和正當的。」**⑭** 與弗萊徹的「愛」相較，龍溪對良知的看法顯然頗有類似之處。他在〈答譚二華〉信中曾用流水的隨圓就方來比喻良知在不同的境遇中自然會有相應的表達方式：

> 若徹底只在良知上討生死，譬之有源之水，流而不息，曲直方圓，隨其所遇，到處平滿，乃是本性流行，真實受用，非知解意見所能湊泊也。（《全集》卷十）

而在〈新安鬥山書院會語〉中，龍溪更是對良知的作用作出了如下的形容：

> 譬之空谷之聲，自無生有，一呼即應，一應即止，前無所來，後無所往。無古今，無內外，炯然獨存，萬化自此而出。（《全集》卷七）

空谷之聲的比喻形象地說明了在道德實踐的過程中，良知既不拘泥於先前既定的各種規範，所謂「前無所來」；又不會形成固定的教條去限定以後不同境況下的行為表達，所謂「後無所往」，而是在每一種不同的時空狀態下都採取相應的作用方式。具體境遇不同，良知的作用形式也隨之不同，並無一成不變的固定法則可以持守，只有以良知作為道德實踐的根本依據，以善良意志作為行為的根本動機，這一基本方向和態度是不變的。良知作用的這種境遇性，龍

---

**⑬**　同上。
**⑭**　同上書，頁47。

溪在一首詩中有很好的表達：

> 人心原活潑，出入本無時。執藥翻爲病，忘機自不馳。（《全
> 集》卷十八〈會城南精舍和徐存齋少師韻四首〉之二）

在論及其「愛」的觀念時，弗萊徹指出：「愛是唯一的普遍原則，但它不是我們有（或是）的什麼東西，而是我們實行的東西。愛是一種態度、一種意向和傾向、一種偏好和目的。」❺ 與此相類，對龍溪而言，良知之所以能夠在不同的境遇下使行為均具有道德性，恰恰是因為良知也像弗萊徹的「愛」那樣，儘管同樣是唯一普遍的原則，但並不包含具體確定的規範，而是具有形式性的特徵。

龍溪曾分別用「空」、「虛」、「寂」、「無」這樣的摹狀詞來形容良知。在作於嘉靖三十四年乙卯（1555）的〈致知議略〉中，龍溪有云：

> 空空者，道之體也。口惟空，故能辨甘苦；目惟空，故能辨
> 黑白；耳惟空，故能辨清濁；心惟空，故能辨是非。（《全集》
> 卷六）

心體和良知在陽明學中是異名同實的關係，以「空」說心，也就是以「空」說良知。因此在後來嘉靖四十三年宛陵之會時，龍溪便以同樣的方式來解釋良知何以能夠備萬物之變，只是摹狀詞由「空」變成了「虛」。龍溪在記載宛陵之會問答之詞的〈宛陵會語〉中說：

---

❺　弗萊徹：《境遇倫理學》，頁 47。

> 夫目之能備五色，耳之能備五聲，良知之能備萬物，以其虛
> 也。致虛則自無物欲之間。吾之良知，自與萬物相爲流通而
> 無所凝滯，故曰反身而誠，樂莫大焉。強恕而行，不能無物
> 欲之間，強以推之，知周乎萬物，以達一體之良，故曰求仁
> 莫近焉。是其學雖有仁恕之分、安勉之異，其求復吾之虛
> 體，以應萬變，則一而已，此千聖學脈也。（《全集》卷二）

而在〈金波晤言〉中，龍溪也曾直接稱良知爲「虛體」。當然，正
如我們前已指出的，這裏「體」的涵義並非就存有論而言，而是指
良知存在所呈現的一種本然狀態。此外，龍溪也用「寂」來描繪良
知的作用特徵。他在〈答劉凝齋〉第一書中說：

> 良知不學不慮，寂照含虛，無二無雜。如空谷之答響，明鏡
> 之鑒形。響有高下，形有妍媸，而谷與鏡未嘗不寂然也。
>
> （《全集》卷十一）

既然「虛」與「寂」均是良知的品格，而良知可以稱爲「虛體」，
則稱良知爲「寂體」，也就是自然的了。事實上，在〈過豐城答問〉
中，龍溪確有「寂體」的說法，所謂「靜中怡然順適，只是氣機偶
定，非是寂然之體。須見得寂體是未發之中，方能立大本，方能感
而遂通天下之故」。（《全集》卷四）而上引〈答劉凝齋〉第一書中
龍溪以「寂」形容良知時再次提到空谷回聲的比喻，也正表明了良
知之境遇性與良知「寂」的品格有關。

　　無論「空」、「虛」還是「寂」，都是一組意義相近的用語，
它們均指示了良知的形式性。在龍溪看來，正是良知的這種形式
性，爲道德實踐在不同境遇下能夠自然而然地因應萬變且始終保持

善的指向提供了保證。所謂「良知之體本虛，而萬物皆備」，（《全集》卷十〈答羅念庵〉第一書）「不虛則無以周流而適變；不無則無以致虛而通感；不虛不無，則無以入微而成德業。」（《全集》卷二〈白鹿洞續講義〉）對此，陽明其實也有類似的表述，所謂「中只是天理，隨時變易，如何執得？須是因時制宜，難預先定一個規矩在。」（《傳習錄上》）而無論「空」、「虛」還是「寂」所表示的形式性，都更為鮮明地體現著良知無執不滯的那種「無」性。事實上，對於良知的形式性，龍溪也曾直接以「無」來形容：

> 夫良知之於萬物，猶目之於色、耳之於聲也。目惟無色，始能辨五色；耳惟無聲，始能辨五聲；良知惟無物，始能盡萬物之變。無中生有，不以迹求，是乃天職之自然，造化之靈體。（《全集》卷九〈答季彭山龍鏡書〉）

在此，龍溪仍然使用了耳目的比喻，顯然說明了良知自然性、境遇性和形式性之間具有密切的關聯。隆慶三年己巳（1575），曾同亨（字於野，號見臺，1533-1607）曾經在武林（今杭州）向七十二歲的龍溪請教過虛寂之義，龍溪回答說：「予謂虛寂者，心之本體。良知知是知非，原只是無是無非。無即虛寂之謂也。」（《全集》卷十六〈別曾見臺漫語摘略〉）這就更加表明，「空」、「無」、「虛」、「寂」作為對良知的描繪，在意義上具有相當的互涵性。

自從舍勒（Max Scheler）稱康德的倫理學為「形式主義的倫理學」以來，這一稱呼幾乎成了康德倫理學的代名詞。儘管康德本人並無「形式主義」的用語，但他在《道德形而上學原理》中討論實踐原則時，曾經區分形式性原則（formal principle）與實質性原則

（material principle）。後者預設主觀目的，只能以假言令式來表達；前者則不以任何目的為前提，可以用定言令式來表述。用儒家的用語來說，形式性原則下的道德實踐是「無所求」的「為己之學」，實質性原則下的道德實踐則是「有所求」的「為人之學」。康德形式性原則的關鍵在於表明道德法則本身必須抽去一切意志的對象而採取純形式的原則，於是道德法則可以決定目的，卻不為任何目的所決定。由此可見，道德法則的形式性為實踐行為的道德純粹性提供了擔保，而龍溪以「空」、「無」、「虛」、「寂」形容良知之形式性，也正是在這個意義上可以與康德相通。⓰

其實，一切以自律為基礎的道德哲學或倫理學，都必須認可這種意義上的形式性。當海德格爾（Martin Heidegger）說：對於被呼喚者，作為內在呼喚的良知「並沒有給出任何關於世間事物的訊息，沒有任何對象可以講述」，「良知只在而且總在沈默的樣式中言談」，⓱ 其實也無非指出了良知的這種形式性而已。那種批評形式性原則無法在具體實踐中提供行為指南的看法，顯然是對自律道德的涵義以及道德法則之所以為道德法則缺乏相應的瞭解。正是由於道德法則的形式性才使得每一個具體行為具備真正的道德性成為可能。如果我們持守任何具有特定內容的法則以為我們實踐的準則，在時空條件發生改變的情況下，既定的法則便很難確保我們根據這

---

⓰　蒙培元先生在論及龍溪良知的觀念時也曾指出：「良知沒有任何實際內容，不同於經驗知識，但它又是人人先天具有的先驗形式。」見氏著：《心靈境界與超越》（北京：人民出版社，1998），頁359。

⓱　海德格爾：《存在與時間》，陳嘉映、王慶節譯（北京：三聯書店，1987），頁327。

種法則所產生的行為合乎真正的道德。只有不預設任何具體表達方式的道德法則，如「己所不欲，勿施於人」、「愛人如己」等等，才能夠因應不同的時空條件而採取符合自身要求的適當行為。這也就是龍溪所謂的「良知惟無物，始能盡萬物之變，無中生有，不以迹求」，「不虛則無以周流而適變；不無則無以致虛而通感」。當然，龍溪良知觀念的形式性之所以與康德相通而非相同，是因為作為道德本體的良知從孟子的「四端之心」起，便是「淵然而有定向」（借用劉蕺山語）的。良知的形式性只是意味著道德法則不能下降為經驗世界中任何特定的善惡觀念或行為，並不是說道德法則便同於虛無。道德法則本身便是至善，或者說以至善為其本質內容，它本身便足以為實踐行為確立方向。在這個意義上，作為道德法則的良知又是有「內容」的。對於良知這種特有的形式性，羅洪先（字達夫，號念庵，1504-1564）也有過很好的形容，所謂「良知有規矩而無樣式，有分曉而無意見，有主宰而無執著，有變化而無遷就，有深厚而無鶻突。」（《明儒學案》卷十八〈與夏太守〉）

康德的確面對道德法則如何貫徹落實的問題，但該問題的產生並不是由於上述意義的形式性。在康德理性與情感嚴格二分的架構下，道德法則的形式性原則不能統合「判斷原則」與「行動原則」而只能承擔前者的角色，因此道德主體只是立法者，本身不具有實現道德法則的力量。舍勒對康德形式主義的批評，其重點也是在此。⓲ 但對陽明學而言，則並不在理論上面對該問題。因為在「心即理」的架構下，道德法則與道德意志、道德情感的統一性，保證了立法

---

⓲　李明輝：〈孟子與康德的自律倫理學〉一文第四節，《儒家與康德》，頁53-60。

原則與行動原則的統一，立法者同時就是實踐者。龍溪的良知除了具備形式性的特徵之外，既未預設康德的整體架構，自然也就不必承擔康德在其基本架構下所產生的問題了。在這個意義上，龍溪良知概念的形式性又顯然並不等同於康德道德法則的形式性，這是我們需要注意的。對龍溪的良知觀來說，需要面對的問題有兩個：首先是良知的形式性如何避免道德實踐中主體的隨意性，其次是「心即理」這一良知的基本內涵如何有效地解釋惡的起源。就前者而言，叔本華和黑格爾也曾經從這個角度批評過康德。❾ 就後者而言，則更是包括陽明學在內整個儒家心學傳統所需要面對的。對此，我們在第六章的相關部分將有進一步的討論。

總之，龍溪以「空」、「無」、「虛」、「寂」來描述良知，突顯了良知在道德實踐過程中發生作用時的自然性、境遇性和形式性，而這些屬性均顯示了良知無執不滯的品格，或者說良知之「無」。在龍溪看來，這是良知往往被人忽略的一個向度，所謂「良知無知而無不知，人知良知之為知，而不知無知之所以為知也。」之所以在某種意義上可以將陽明學視為一種「方向倫理」而非「本質倫理」、「存心倫理」而非「效果倫理」，❿ 或者採取某種存在主義的視角解釋陽明學，主要是由良知的這一向度來規定的。陽明

---

❾ 參見叔本華：《倫理學的兩個基本問題》，任立、孟慶時譯(北京：商務印書館，1999)，頁192；黑格爾：《法哲學原理》，范楊、張啓泰譯(北京：商務印書館，1982)，頁141。

❿ 對於存心倫理、效果倫理的不同意涵以及在何種意義上稱儒學爲一種「存心倫理」，李明輝先生有嚴謹而細緻的分疏，參見李明輝：(一)、〈存心倫理學、責任倫理學與儒家思想〉，臺北：《臺灣社會研究季刊》，第21期，1996年元月，頁217-244；(二)、〈存心倫理學、形式倫理學與自律倫理學〉，臺北：《政治大學哲學學報》，第五期，1999年1月，頁1-18。

認為象山「粗些」而向往濂溪、明道的精神境界，尤其是龍溪在文集中屢屢推崇顏子作為孔子以下聖學的代表人物，恐怕都與良知之無的向度相關。

但是，我們必須看到，龍溪闡發良知之「無」，甚至提出「無者，聖學之宗」的說法，只是在境界論的意義上著眼於良知的作用形式，並非從存有論的角度否定良知的存在，放棄良知之「有」。在〈答耿楚侗〉第三書中，龍溪明確地表示過這一點，所謂「良知知是知非，原是無是無非，正發真是真非之義，非以為從無是無非中來」。（《全集》卷十）並且，龍溪肯定良知之「有」還表現在以良知為心體、性體和宇宙本體這一方面。

如果說本心、良知在孟子處更多的還是內在於自我的一個向度，經過象山「宇宙便是吾心，吾心即是宇宙」（《陸九淵集》卷三十六〈年譜〉），以「心即理」為內涵的良知到陽明處已經既是自我的本原，又成為他人、天地萬物這一連續性存有系列的本體。在這個意義上，陽明學的良知可以視為朱子學天理觀念的置換物。就此而言，龍溪繼承了陽明的思想。

首先，龍溪根據陽明的思想，不再重視嚴分心性，而認為良知即是心體與性體。嘉靖三十三年甲寅（1554）春，龍溪曾應何遷（字益之，號吉陽，1501-1574）之邀，赴聞講書院之會。在答與會諸生之問時，龍溪說：「夫道與事，皆原於性。良知良能，不學不慮，天之性也。」（《全集》卷一〈聞講書院會語〉）而在〈答退齋林子問〉中，龍溪又說：「知者，心之本體，孟子所謂是非之心，人皆有之者。」（《全集》卷四）在〈致知議略〉中也說：「學覺而已矣。自然之覺，良知也。覺是性體，良知即是天命之性。」（《全集》卷六）

此外，龍溪也像陽明一樣，從宇宙論的角度以良知為造化之精靈、宇宙之本體。嘉靖四十三年甲子（1564）暮春，龍溪赴江右水西之會途中，曾會耿定向（字在倫，號天臺，又號楚侗，1524-1596）於宜興。面對耿定向問造化有無相生之旨，龍溪回答說：

> 良知是造化之精靈。吾人當以造化為學。造者，自無而顯於有；化者，自有而歸於無。不造則化之源息，不化則造之機滯。吾之精靈，生天生地生萬物，而天地萬物復歸於無。無時不造，無時不化，未嘗有一息之停。自元會運世以至於食息微眇，莫不皆然。（《全集》卷四〈東遊會語〉）

而在討論易學的〈易與天地準一章大旨〉中，龍溪還指出：

> 天地間，一氣而已。易者，日月之象，陰陽往來之體，隨時變易，道存其中矣。其氣之靈，謂之良知，虛明寂照，無前後內外，渾然一體者也。（《全集》卷八）

如果說陽明在提出良知學說以置換朱子學的天理觀時還不得不反復強調「良知即是天理」的話，隨著陽明學作為一個學派的成功建構，龍溪已罕言天理。在整個《全集》中，大概將良知關聯著天理來表達的只有兩處。❷ 高揚道德主體性的龍溪在相當多的情況下直接以「一念靈明」來指稱良知，於是，作為宇宙本體的良知在龍溪處便更多地顯示出主觀性的意味。不過，無論道德主體性在龍溪這裏得到了如何的強化，作為心體、性體以及宇宙本體的

---

❷　一處為「良知即是獨知，獨知即是天理」，見《全集》卷十〈答洪覺山〉；另一處為「吾心之良知，所謂理也」，見《全集》卷十〈答吳悟齋〉第二書。

良知，顯示的都仍然是良知之「有」的至善向度。

在良知的「有」「無」之間，龍溪其實是希望達到一種平衡狀態的，在〈答王敬所〉第二書中，龍溪借用佛教《大乘起信論》與華嚴宗一系「不變隨緣，隨緣不變」的說法表達了這一點：

> 良知虛體不變而妙應隨緣。玄玄無轍，不可執尋；淨淨無瑕，不可污染。一念圓明，照徹千古。遇緣而生，若以爲有，而實未嘗生；緣盡而死，若以爲無，而實未嘗死。通晝夜，一死生，不墮有無二見，未嘗變也。惟其隨緣，易於憑物，時起時滅，若存若亡。以無爲有，則空裏生華；以有爲無，則水中撈月。臨期一念有差，便墮三途惡道，皆緣應也。自其不變言之，凡即爲聖；自其隨緣言之，聖即爲凡。冥推密移，訣諸當念。入聖入凡，更無他物，不可不慎也。

（《全集》卷十一）

由於龍溪著意發揮陽明晚年的未竟宗旨，良知之「無」便顯然成爲龍溪個人良知觀的一個側重。即使在上面試圖平衡有無的敍述中，我們依然可以感受到一種對「無」的偏好。可以說，龍溪對陽明良知觀念的發揮在此，遭人誤解而有「流入禪去」之非議的原因也在此。天泉證道時龍溪提出的四無論以及有關「無善無惡」在中晚明引起的不斷爭議，都可以說以良知之「無」爲焦點。但是，龍溪是自覺以陽明的思想爲其論說前提的，而既然作爲儒家的一貫之道，以至善爲本質內容的良知之「有」已經是明白無誤而又不言自明的基本預設，龍溪對此未有多言，似乎也就不足爲怪了。正如孟子及其性善論的地位既然在龍溪的時代早已確立而不成其爲問題，與良

知之無相關而推崇顏子之學便自然成為龍溪的著力所在。唐君毅先生便曾認為龍溪的良知為純粹之知，既可謂至有，又可謂至無，因而較之陽明更進一步。❷ 其實，無論對於陽明還是龍溪的良知觀而言，「有」與「無」均構成良知兩個不可分割的基本向度，前者是本質內容，後者是作用形式。也許將陽明與龍溪的良知觀念合在一起，我們應當可以在一個連續的以有合無的過程中，看到一個均衡而又飽滿的「有無合一」之境。而龍溪常言的「良知知是知非，而實無是無非」，也不過是「有無合一」的凝練表達。對於良知這種「有無合一」的屬性，龍溪的傳人周海門（名汝登，字繼元，號海門，1547-1629）曾有非常貼切的描述，正所謂「此知通乎晝夜，甯有間時？方其是非未萌，無是非而知則非無；及其是非既判，有是非而知亦非有。知而無知，無知而知，是之謂良知。」（《王門宗旨》卷首〈王門宗旨序〉）

龍溪與佛教的關係究竟如何，我們後面會有專門的討論，而如何充分吸納佛道兩家無執不滯的心靈境界，確實是從陽明到龍溪的一直發展著的一條思想線索。在這一點上，龍溪較之陽明更為深入，而良知之「無」的闡發，正是龍溪在當時融攝佛道、批判俗學的表現和結果之一。事實上，良知之「有」和「無」這兩個方面如何結合，結合的結果怎樣，也正是在中晚明儒釋道三教的互動融合中觀察陽明學發展變化的視角之一。

---

❷　Tang Chun-I (唐君毅), " The Development of the Concept of Moral Mind from Wang Yang-ming to Wang Chi", Wm. T. de Bary, eds., *Self and Society in Ming Thought,* New York, Columbia University Press, 1970, p.115.

# 三、良知與知識

　　自從北宋張橫渠提出見聞之知與德性之知的區別以來，隱含在儒學傳統中有關道德和知識的關係問題逐漸成為理學中的一個主要議題。朱子與象山關於「尊德性」與「道問學」的「千古不可和之同異」，顯然來自於對見聞之知（或聞見之知）與德性之知的不同理解，但雙方並未就這兩個概念的內涵加以進一步的分疏。作為對朱子學的反動，尤其是批判將聖賢之學異化為口耳之學、利祿之門的陽明，自然繼續了對德性之知與見聞之知的關注，這在其有關良知與聞見的討論中得以體現，但在陽明學中深入檢討二者關係的當首推龍溪。龍溪通過對良知與知識的辨析，深化了道德與知識關係問題的理論內涵，而龍溪有關良知與知識的相關論說，也無疑構成其良知觀的重要組成部分。並且，龍溪對該問題的論說不僅代表了中晚明陽明學的一個主要取向，更在中晚明的思想界引發了一系列的相關辯難。可以說，「知」（良知）「識」（知識）之辨對於中晚明整個儒學理論和實踐形態的發展產生了相當重要的形塑作用。

　　見聞之知與德性之知的區別，其經典的根據仍然是《孟子》，所謂「耳目之官不思，而蔽於物。物交物，則引之而已矣。心之官則思，思則得之，不思則不得也。」（〈告子〉上）不過這裏孟子僅就官能而言，其「思」雖指向道德，卻未必以道德領域為限。正式提出道德與一般知識之不同的是橫渠，他說：

　　　　世人之心，止於聞見之狹；聖人盡性，不以見聞梏其心；其
　　　　視天下，無一物非我。……見聞之知乃物交而知，非德性所

知。德性所知，不萌於見聞。(《正蒙·大心篇》)

並且，在「誠明所知，乃天德良知，非聞見小知而已」這句話中，橫渠首次將與見聞之知對立的德性之知與良知關聯起來。不過，橫渠並未對何謂見聞加以界說，伊川則在繼承橫渠德性與聞見兩分的基礎上明確了二者的異質性：

> 聞見之知非德性之知。物交物，則知之非內也，今之所謂博物多能者是也。德性之知，不假見聞。(《二程遺書》卷二十五〈伊川先生語十一〉)

如果說伊川有將德性之知與見聞之知裂而為二這一傾向的話，繼承伊川之學的朱子在這一點上卻與伊川有所不同。當與門人討論《論語》「蓋有不知而作之者章」時，有人問「知有聞見之知否」，朱子回答說：

> 知只是一樣知，但有眞不眞，爭這些子，不是後來又別有一項知。所知亦只是這個事，如君止於仁、臣止於敬之類。人都知得此，只後來便是眞知。(《朱子語類》卷三十四〈論語十六〉)

朱子之所以反對將「知」分為「德性」與「聞見」，也許與象山批評他偏於「道問學」一路而不免於「支離事業」有關。因此，陽明在繼承象山之學並以良知即是德性之知的情況下，在見聞之知與德性之知的問題上反而回到了橫渠與伊川的立場，所謂「夫子嘗曰『蓋有不知而作者，我無是也』，是猶孟子『是非之心人皆有之』之義也。此言正所以明德性之良知非由於聞見耳。」(《傳習錄中》〈答

顧東橋〉）這與朱子上面的解釋適成對照。不過，《論語》中畢竟有
許多「多聞」、「多見」之類的話，於是，究竟如何看待良知與見
聞之知的關係，便成為陽明學中的主要問題之一。

陽明生前已經面對這樣的問題，歐陽南野（名德，字崇一，號
南野，1497-1554）曾經試圖將作為「第二義」的見聞之知與作為德
性之知的良知綰合起來，所謂「致其良知而求之見聞」。而他就教
於陽明時，陽明的回答是：

> 良知不由見聞而有，而見聞莫非良知之用。故良知不滯於見
> 聞，而亦不離於見聞。孔子云「吾有知乎哉？無知也」，良知
> 之外別無知矣。故致良知是學問大頭腦，是聖人教人第一
> 義。……大抵學問功夫只要主意頭腦是當，若主意頭腦專以
> 致良知爲事，則凡多聞多見莫非致良知之功。蓋日用之間，
> 見聞酬酢，雖千頭萬緒，莫非良知之發用流行。除卻見聞酬
> 酢，亦無良知可致矣。若曰致其良知而求之見聞，則語意之
> 間未免爲二。此與專求之見聞之末者雖稍有不同，其爲未得
> 精一之旨則一矣。（《傳習錄中》〈答歐陽崇一〉）

「良知不由見聞而有」，是指良知作為先驗的道德意識，不依賴於
後天的見聞知識，是生而具有的；「見聞莫非良知之用」，則是說
經驗認識活動都是良知發生作用的表現，而對於種種經驗認識活
動，良知都是其中的主宰與頭腦。這裏，陽明首先將良知與見聞
之知區別開來，但馬上又將二者統一起來，甚至認為「致其良知而
求之見聞」的說法仍「語意之間未免為二」。顯然，陽明認為致良
知與求見聞並非兩樣工夫，良知與見聞，似乎既有不同，更在實

際的道德實踐中難以分開。可惜的是，對於良知與見聞這種不滯不離的關係，陽明沒有進一步的理論分析，這大概與陽明始終強調實踐之於理論的優先性有關。

龍溪首先繼承了德性之知與見聞之知的這一區分。嘉靖三十六年丁巳（1557）四月，龍溪赴安徽甯國府涇縣的水西之會，五月又赴會至徽州府的婺源縣。這兩次聚會講學活動，龍溪都強調了德性之知與見聞之知的不同，並正式以良知指稱前者，以知識指稱後者。在記載水西之會的〈水西同志會籍〉中，龍溪指出：

> 夫志有二，知亦有二。有德性之知，有聞見之知。德性之知求諸己，所謂良知也。聞見之知緣於外，所謂知識也。毫釐千里，辨諸此而已。（《全集》卷二）

在為婺源之會所寫的〈書婺源同志會約〉中，龍溪又說：

> 夫良知與知識，爭若毫釐，究實千里。同一知也，良知者，不由學慮而得，德性之知，求諸己也；知識者，由學慮而得，聞見之知，資諸外也。（《全集》卷二）

值得注意的是，以前有關德性之知與見聞之知的討論，所強調的大體上都還只是前者相對於後者的特殊性，二者的內涵究竟如何，並沒有明確的規定，即使伊川指出見聞之知「非內也，今之所謂博物多能者是也」，大體透露了見聞之知「外」的性質，但「博物多能」的說法基本上還屬於外部特徵的描述。龍溪這裏已經開始對良知與知識的內涵和性質加以解說，認為前者是「求諸己」、「不由學慮而得」，後者是「緣於外」、「資諸外」和「由學慮而得」。不過，

「緣於外」與「求諸己」究竟是什麼意思？另外，龍溪在〈水西同志會籍〉中說「知亦有二」，在〈書婺源同志會約〉中卻又說「同一知也」，那麼，良知與知識到底又是什麼關係？陽明所謂的「不滯不離」，是否在龍溪這裏有更為明確的分解與說明呢？

在上一節，我們已經看到，龍溪從「無是無非」和「知是知非」兩個基本方面規定良知「無」的作用形式與「有」的本質內容。而在良知與知識這一視角之下，龍溪認為良知與知識根本性質的差異在於分別之有無，所謂「無分別者，知也；有分別者，識也。知是本心之靈，是謂根本，知無知無不知。性是神解，不同妄識托境作意而知，亦不同太虛廓落斷滅而無知也。」（《全集》卷九〈與孟兩峰〉）這裏「知」和「識」是良知與知識的簡稱。分別之有無，是指良知與知識在發生作用時的不同特徵，對此，龍溪曾以其慣用的明鏡之喻加以解釋：

> 師門良知之旨，千古絕學，本心之靈性，是神解，不同妄識托境仗緣而知。譬之明鏡之照物，妍媸黑白，一照而皆真，所謂知也。妍媸黑白，照中分別影事，所謂識也。（《全集》卷十一〈答劉凝齋〉第二書）

「境」是指外境，「緣」是指條件。「託境仗緣」說明「識」要在有所針對的情況下憑藉各種主客觀的條件發生作用，其結果也是各種差別的產生。而「知」的「一照皆真」，則意味著在不依賴於各種條件的情況下直接把握事物的整全與本質。因此，當趙志皋（字汝邁，號濲陽，1524-1601）請問良知與知識之異時，龍溪便回答說：「知無起滅，識有能所；知無方體，識有區別。」（《全集》卷三〈金

波晤言〉）顯然，用我們現代的話語來說，良知與知識在龍溪處意味著兩種性質極為不同的認識能力及其所產生的結果。

在西方哲學傳統中，康德哲學最大的貢獻之一便是對於人類認識能力的考察。依康德之見，人類對任何事物的認識都有賴於兩方面的條件，首先是主觀方面的感性直觀和知性範疇，其次是客觀方面的感覺材料，這兩方面結合，便產生確定的知識。康德之後西方哲學的知識理論（認識論）有多方面的發展，但就客觀知識的產生而言，大體並未越出康德的基本架構。而無論是主觀還是客觀的條件，都可以說是「緣」，主觀與客觀的對立，也正是「能所」與「區別」的表現。不過，這種有賴於主客觀條件的知識，在康德看來還只是有關事物「現象」（Erscheinung）的認識，對於事物本體即所謂「物自身」（Ding an sich）的知識，只有在「智的直覺」（intellektuelle Anschauung）的觀照下才能夠達到。「智的直覺」不預設主客能所的對待，因而是一種無差別的狀態。這也似乎和龍溪所謂「無分別」、「無起滅」、「無能所」的「神解」頗為相似。但是，康德認為「智的直覺」並非人類所能擁有，只是屬於上帝的一種能力，人類的認識能力作為「識」如果覿覷事物的「本來面目」（物自身），結果只會產生「先驗幻相」而徒勞無功。無論我們能否將中國哲學中儒釋道三家的「良知」、「般若智」、「玄智」等同於康德的「智的直覺」，❷ 是否承認人類可以有某種不預設主客能所的直覺能

---

❷　牟宗三先生即認為是否承認人有「智的直覺」是康德哲學與中國哲學的根本差別，其他所有差別幾乎都由此而來，而儒家的良知、佛教的般若智、道家的玄智，均是康德所謂的「智的直覺」。參見牟宗三：（一）、《智的直覺與中國哲學》（臺北：臺灣商務印書館，1971）；（二）、《現象與物自身》

力，卻委實構成東西方思想的一個重要差別。❷ 在以康德為代表的西方哲學家看來，承認人類有這種能力意味著僭越，而在中國思想家尤其儒家的聖賢人物、佛家的高僧大德以及道家的高道大師們看來，不承認人有這種能力則未免「學不見道」。但無論如何，有關這種能力的論說卻的確構成東方哲學尤其佛教思想的重要組成部分，如果不是基於實有諸己的深刻體驗，我們很難想像從印度到中國再到日本等地區一代又一代如此之多的大師大德們會是在反復訴說著一種無從印證的虛幻之物。事實上，龍溪有關良知與知識的區分，正是以佛教「智」（知）「識」的理論為思想來源。

佛教中不同流派、經典對於「知」與「識」均有進一步的劃分。如原始佛教時期有「八智」、部派佛教時期有「十智」（《俱舍論》卷二十六）、「四十四智」（《大毗婆娑論》卷一百一十）、「七十七智」（《成實論》卷十六），大乘佛教更有空宗的「般若智」（《般若經》）、 天臺宗的「一切智」、「道種智」以及「一切種智」（《般若經》和《大智度論》），唯識宗的「根本智」、「後得智」以及轉

---

（臺北：學生書局，1975）。但亦有一些學者認為中國哲學儒釋道三家所言的那種直覺智慧，並非康德意義上的「智的直覺」，如劉述先：〈牟宗三先生論智的直覺與中國哲學〉，載《儒家思想與現代化　劉述先新儒學論著輯要》（北京：中國廣播電視出版社，1992），頁351-383。

❷ 西方傳統中並非無人認可人有這種直覺能力，但要麼在根本否定「物自身」的情況下談「智的直覺」，如費希特，但此時的「智的直覺」只是指一種主客絕對同一的意識，完全不牽涉到存有（Sein），尤其「物自身」意義上的存有；要麼更多地存在於宗教或神秘主義傳統之中。至少自近代以降，康德所代表的理性主義顯然構成西方思想世界的主流。如果說康德儘管不許之於人，但畢竟認為世界上有「物自身」與「智的直覺」之存在的話，西方現代性在啟蒙心態（enlightenment mentality）的驅使下則基本上將形而上之道、超越性視為虛妄，如此則這種直覺能力更不被接納。

「識」所得的「大圓鏡智」、「平等性智」、「妙觀察智」和「成所作智」(《成唯識論》卷十)等。唯識宗對「識」更有細緻入微的研究。但無論怎樣分法,對於「智」與「識」的性質與特徵,各家則有基本的共識,那就是:「智」不是主客能所對待格局下的認知心,它不是在時空和範疇的條件下發生作用,而是在一種直覺的狀態下直接把握到事物的本性;「識」則指在主客能所對待格局之下對對象進行分析與了別。儘管佛教的「識」更偏重於心理學的情識意味,不完全等同於西方哲學中以知性為核心的認知心,但其發生作用必以主客能所的對待為前提則並無二致。因此,從以上龍溪對良知與知識的區別來看,顯然脫胎於佛教的「智」、「識」觀念。尤其「境」、「緣」、「起滅」、「能所」等,本來就是佛教的術語。

不過,龍溪從來不避諱借用歷來被視為異端的佛道兩家的表達方式,對龍溪而言,以佛教的用語和觀念表達良知與知識的不同,並不就意味著良知與知識在內涵上便完全等同於佛教的「智」與「識」。就良知與「智」來說,儘管二者均不預設主客能所的差別,並且良知也譬如空谷之聲,具有無執不滯的品格,所謂「湛然寂靜,不於一法而生分別,」(《全集》卷十一〈與屠坪石〉)但良知始終以至善為其本質內容,是「時時知是知非」且有定向的「天則」,而佛教的「智」卻只是一種「觀空」的智慧,並無至善的道德內涵為其本質。「智」之所以為「智」,恰恰是要消解一切事物實有性的本質,因為依佛教之見,「眾因緣生法,我說即是空。亦為是假名,亦是中道義。未曾有一法,不從因緣生。是故一切法,無不是空者。」(《中論·觀四諦品》第二十四)所謂事物的本質都只不過

是因緣假合而成，並無自性，一旦條件（因緣）不具備，原先的所謂本質也就煙消雲散。智之所照，事物的本性也不過是空而已矣。所觀事物如此，智本身亦然。佛教各宗各派的教義千差萬別，但這一「緣起」的空觀卻可以說是基本的底色，也是儒釋之別的根本所在。因此，如果說良知「時時知是知非，時時無是無非」而「有無合一」的話，佛教的「智」則只具有「無是無非」之「無」的一面。另外，緣起的觀念也使得龍溪所謂的「知識」與佛教的「識」顯示了不同的取向。依佛教之見，由智所觀照之「諸法實相」尚不過是萬物的空性，識所了別者則更只是「依他起」或「遍計所執」之因緣假合的產物了。儒家認為佛教「以山河大地為虛妄」，正是就此而言。與之相較，龍溪雖然認為知識具有相對性，尤其特定的道德知識，因為不具有良知那種「無」的品格，故不能執守為任何情況下道德實踐的普遍準則，但道德知識本身尤其道德知識、道德實踐所應用的生活世界，卻是真實不虛而有其實在的意義。這種視天地萬物非但真實無妄，更具有神聖意義與價值的世界觀，也正是儒家之所以為儒家的特徵之一。

龍溪一方面指出良知與知識不同，一方面又認為二者的關係其實是「同出而異名」（《全集》卷十二〈答梅純甫〉）。前文提到隆慶三年曾見臺在武林曾向龍溪請教過虛寂之義，當時見臺還向龍溪問過「良知知識之辨」。龍溪的回答是：

> 予嘗謂良知與知識，所爭只一字，皆不能外於知也。根於良，則為德性之知；因於識，則為多學之助。知從陽發，識由陰起；知無方所，識有區域。陽為明，陰為濁。陽明勝則德性用，陰濁勝則物欲行。陰陽消長之機也。子貢之億中因

於識，顏子之默識根於良，回賜之所由分也。苟能察於根因
之故，轉識成知，識即良知之用，嗜欲莫非天機，陰陽合德
矣。（《全集》卷十六〈別曾見臺漫語摘略〉）

這裏已經指出良知與知識「皆不能外於知也」，至於「同出而異名」
究竟是什麼意思，龍溪在〈答吳悟齋〉第二書中講得似乎更為明確
些：

> 良知與知識所爭只一字，皆不能外於知也。良知無知而無不
> 知，是學問大頭腦。良知如明鏡之照物，妍媸黑白，自然能
> 分別，未嘗有許毫影子留於鏡體之中。識則未免在影子上起
> 分別心，有所凝滯揀擇，失卻明鏡自然之照。子貢子張，多
> 學多見而識，良知亦未嘗不行於其間。但是信心不及，未免
> 在多學多見上討幫補，失卻學問頭腦。顏子則便識所謂德性
> 之知，識即是良知之用，非有二也。識之根雖從知出，內外
> 真假毫釐卻當有辨。苟不明根因之故，遂以知識為良知，其
> 謬奚啻千里已哉？（《全集》卷十）

這裏儘管重點似乎仍是在強調良知與知識之辨，但龍溪卻指出了
「識之根」是從「知」出的。由龍溪常用的明鏡之喻來看，心之本體
其實本來只是良知，並無所謂「識」的產生，只是由於明鏡自然之
照的喪失，良知受到蒙蔽，有所「凝滯揀擇」，這才產生了作為「分
別之心」的「識」。至於為什麼會失去本心良知這種「明鏡自然之
照」，則是由於後天習染，所謂「陰濁物欲」的緣故。因此，知識
不過是良知的迷失或異化，並不具有本體的地位，所謂識之根從知
出，便是在這個意義上而言的。也只有如此理解良知與知識的關

係，即將知識視為良知經由一層曲折之後在低一層次的運作，而其根本仍在良知，才有可能將知識化歸為良知，使「見聞莫非良知之用」，所謂「察於根因之故，轉識成知，識即良知之用，嗜欲莫非天機，陰陽合德矣」。日本京都學派開創者西田幾多郎（1870-1945）思想的核心觀念是所謂「純粹經驗」，在西田看來，純粹經驗作為一種動態創造性是先於主體與對象以及知、情、意三者之分化的，「它是具體的意識的嚴密統一」，㉕「多種多樣的意識狀態就從這裏面（純粹經驗）分化發展出來」。㉖儘管西田幾多郎純粹經驗的概念是經由費希特的洗禮而最終以禪宗「絕對無」的思想為底蘊，㉗因而與龍溪的良知有相當距離，但在指出作為主客未分之前意識原初狀態的純粹經驗構成各種分別狀態意識的來源這一點上，又和龍溪識之根從知出的看法有異曲同工之處。

　　對於「轉識成知」，龍溪也有明確的說明，他在〈意識解〉中指出：

> 人心莫不有知，古今聖愚所同具。直心以動，自見天則，德
> 性之知也。泥於意識，始乖始離。夫心本寂然，意則其應感
> 之迹；知本渾然，識則其分別之影。萬欲起於意，萬緣生於
> 識。意勝則心劣，識顯則知隱。故聖學之要，莫先於絕意去
> 識。絕意，非無意也；去識，非無識也。意統於心，心為之
> 主，則意為誠意，非意象之紛紜矣；識根於知，知為之主，

---

㉕　西田幾多郎：《善的研究》，何倩譯（北京：商務印書館，1989），頁9。

㉖　西田幾多郎：《善的研究》，頁9-10。

㉗　參考吳汝鈞：《絕對無的哲學──京都學派哲學導論》（臺北：臺灣商務印書館，1998），頁1-10。

則識爲默識，非識神之恍惚矣。譬之明鏡照物，體本虛，而
妍媸自辨，所謂天則也。若有影迹留於其中，虛明之體反爲
所蔽，所謂意識也。孔門之學，顏子有不善，未嘗不知，知
之未嘗復行，此德性之知。謂其屢空，空其意識，不遠之復
也。子貢多學而億中，以學爲識，以聞爲知，意識累之也。
此古今學術毫釐之辨也。（《全集》卷八）

由此可見，轉識成知是要使「意統於心」、「識根於知」，如此則
不會出現「意勝則心劣」與「識顯則知隱」的情況。在良知心體成
爲意識的主宰的情況下，意和識作爲良知心體的直接發動，則表現
爲「誠意」與「默識」。而在〈與屠坪石〉中，龍溪也指出：「變
識爲知，非是去識以全知，耳目不離聲色，而一毫不爲所引，天聰
明也，是爲默識。」（《全集》卷十一）因此，「轉識成知」並不是
要否定、去除知識，所謂「絕意，非無意也；去識，非無識也」，
只是不要膠著於各種分別狀態的知識之中而爲其相對性所限定，在
各種知識的運用過程中保持良知的主宰與明定，如此便自然達到
「良知不由見聞而有，而見聞莫非良知之用」的境界，此時的識作爲
「默識」，是良知的直接發用，已經消除了主客能所的對待，實際上
也就是龍溪四無論中的「無意之意」。這一點，我們將在討論龍溪
四無論的部分予以詳細的說明。當然，「轉識成知」也是佛教尤其
唯識宗的講法，但既然良知與知識並不同於佛教的知與識，則龍溪
此處的「轉識成知」自然有其自身的內涵。事實上，對龍溪的良知
教而言，轉識成知的具體過程也就是致良知工夫的展開。對此，我
們下一章再予以專門討論。

　　儘管龍溪並不否定、反對知識，但作爲良知次一層級的運

作，一旦知識未能成為良知之用而反倒構成良知之障礙，便無疑
要成為批判甚至否定的對象。陽明學是在與朱子學的對抗中產生
發展的，而朱子學的一個顯著特徵便是重視客觀知識的積累，這
尤其表現在對儒家經典的研究。隨著元代將朱子學與國家意識形
態和科舉考試相連，至明代儒家經典的研習已在相當程度上淪為
謀求功名富貴的工具。因此，高揚作為德性主體的良知而貶低知
識，便不僅是陽明學理論自身的結果，更具有了思想史的時代意
義。龍溪在〈萬松會紀〉中指出：

> 吾人學不足以入聖，只是不能蒙。知識反爲良知之害，才能
> 反爲良能之害，計算反爲經綸之害。若能去其所以害之者，
> 復還本來清淨之體，所謂溥博淵泉，以時而出，聖功自成，
> 大人之學在是矣。（《全集》卷五）

陸象山對儒學知識化所產生的流弊早有批評，所謂「此道與溺於利
欲之人言猶易，與泥於意見之人言卻難。」（《陸九淵集》卷三十四
〈語錄上〉）這裏所謂「意見」，便是指不僅不能成為「良知之用」而
反倒障蔽良知的各種知識。同樣，龍溪也曾在這個意義上用良知與
意見的對比表達了對於後者的批評：

> 夫無可無不可者，良知也。有可有不可者，意見也。良知變
> 動周流，惟變所適。意見可爲典要，即有方所。意見者，良
> 知之蔽，如火與元氣不容以並立也。學者初間良知致不熟，
> 未免用力執持，勉而後中，思而後得，到得工夫熟後，神變
> 無方，不思不勉而自中道。淺深實有間矣，然此中所得，無
> 所滯礙之體，實未嘗不同也。若憂良知不足以盡天下之變，

> 必假意見以助發之，是憂元氣之不足，而反藉於火以為用，
> 非徒無益，其為害有甚焉者矣。（《全集》卷十一〈與林益軒〉）

在龍溪看來，知識在有益於德性的條件下才更有意義，所謂「多識者所以蓄德」（《全集》卷九〈與陶念齋〉第三書），而障蔽戕害良知的知識則顯然是清除的對象。但現在的問題是，良知與知識畢竟有不同的性質，作為良知之蔽的意見固然要除去，而那些一般的由了別心對世界所產生的各種認識，也是人類生活的重要組成部分，這些知識是否只在「多識者所以蓄德」的意義上才有價值，更重要的是，良知本身是否足以解決世界上的各種問題，即所謂「盡天下之變」呢？對此，上面這段話已隱約透露了龍溪的看法，而良知本身是否足以盡天下之變，的確是當時整個陽明學所面對的一個經常引起困惑與爭辯的問題。

嘉靖四十四年乙丑（1565），龍溪應李遂（字邦良，號克齋，1504-1566）之邀與耿定向、許孚遠（字孟中，又作孟仲，號敬庵，1535-1604）、蔡汝楠（字子木，號白石，1516-1565）等人會於留都（南京）為仁堂，當時張濾濱便向龍溪提出了疑問，所謂「今日諸公皆說致良知，天下古今事物之變無窮，若謂單單只致良知便了當得聖學，實是信不及」，而龍溪以下的回答則更為清楚地表明了他對該問題的觀點。

> 先生（龍溪）曰：此非一朝夕之故，不但後世信此不及，雖在孔門子貢、子張諸賢，便已信不及，未免外求，未免在多學多聞多見上湊補助發。當時惟顏子信得此及，只在心性上用工。孔子稱其好學，只在自己怒與過上不遷不貳，此與多學

多聞多見，有何干涉？孔子明明說破，以多學而識爲非，以聞見擇識爲知之次。所謂一，所謂知之上，何所指也？孟子願學孔子，提出良知示人，又以夜氣虛明發明宗要。只此一點虛明，便是入聖之機。時時保任此一點虛明，不爲旦晝梏亡，便是致知。只此便是聖學，原是無中生有。顏子從裏面無處做出來，子貢、子張從外面有處做進去。無者難尋，有者易見，故子貢、子張一派學術流傳後世，而顏子之學遂亡。後之學者，沿習多聞多學多見之說，乃謂初須多學，到後方能一貫；初須多聞多見，到後方能不落聞見而知。此相沿之蔽也。初學與聖人之學，只有生熟不同，前後更無兩路，孔子何故非之以誤初學之人，而以聞見爲第二義？在善學者默而識之。齊王見堂下之牛而觳觫，凡人見入井之孺子而怵惕，行道乞人見呼蹴之食而不屑不受。其機神應，人力不得而與，豈待平時多學而始能？充觳觫一念，便可以王天下；充怵惕一念，便可以保四海；充不屑不食一念，義便不可勝用。此可以窺孔孟宗傳之旨矣。(《全集》卷四〈留都會紀〉)

龍溪此番話後，許敬庵表示仍然不能同意良知足以盡天下之變的看法，並引《論語》中「知之爲知之，不知爲不知」的話頭加以發揮，所謂「《語》云『知之爲知之，不知爲不知』，說者謂孔子因子路強不知以爲知，故誨之以知之之道。此義何如？濱子謂知之知之，故是致良知，不知爲不知，不強以爲知，亦是致良知。於此求之，又有可知之理。到工夫熟後，自有個無所不知時在，非謂只致良知便可了得古今事變，便可了得聖學。」於是龍溪又有以下的說明：

子路忠信，素孚於人，心事光明，一毫不肯自欺，信未過處，連孔子也要直指，無所隱蔽。強不知以爲知，原不是子路所犯之病。知之爲知之，不知爲不知，原是兩條判開路頭。見在知得的，要須行著習察，還他知之，當下分曉，一些不可含糊將就過去。若見在知不得的，要須滌玄去智，還他不知，當下斬截，一些不可尋討兜攬過來。只此兩言，便盡了知之之道，故曰是知也。或以問禮問官之類爲不知，知得該問，便是知之，問過便是知了，皆屬知之條下。不知的，畢竟不可知，畢竟不能知，或畢竟不必知。如六合之外，聖人議而不論，此便是不可知；天地何以高深，鬼神何以幽顯，耳目何以能視聽，口鼻何以能嘗能臭，此便是不能知；稼穡之事，大人所不學，淫鄙謏詐之習，賢者所不道，甚至堯舜之知，不務遍物，夔契之事，不求兼能，此便是不必知。若曰於此求之，又有可知之理，是言外不了語，非誨由本旨也。學者惑於「一物不知，儒者所恥」之說，略於其所不可知，詳於其所不必盡知，終歲營營，費了多少閑浪蕩精神，幹了多少沒爬鼻勾當，埋沒了多少忒聰明豪傑，一毫無補於身心，方且傲然自以爲知學，可哀也矣！（《全集》卷四〈留都會紀〉）

　　由龍溪這兩段話可見，從原則上講，龍溪認爲良知並非不可盡天下古今事變，龍溪引《孟子》中的典故說「充觳觫一念，便可以王天下；充怵惕一念，便可以保四海；充不屑不食一念，義便不可勝用」，是指出良知正是「盡古今事變」、「了得聖學」的最初發動機制。在龍溪看來，正是在良知的推動之下，對古今事變的瞭解

以及道德實踐（聖學）方得以展開。不過，龍溪也意識到在「盡古今事變」和「了得聖學」的過程當中，畢竟有許多東西不在良知作用的範圍之內，所謂「不可知」、「不能知」、「不必知」。至於可知、能知、必知的事物，即使暫時不知，通過向他人的學習，也自然會掌握，所謂「知得該問，便是知之，問便是知了」。這實際上也從另一個角度對良知與知識的差別作出了說明，良知是「不可不知」的，知識則是「不必盡知」的。對於那些雖在良知作用之外但卻應當並且能夠掌握的知識，龍溪認為良知本身便會要求主體去掌握它們，因而在這種意義上它們也可以說是「皆屬知之條下」，所謂「謂吾心原有本來知識，亦未為不可」（《全集》卷十一〈答吳悟齋〉第一書）。由此可見，龍溪又不是簡單、線形地認為良知直接可以「了得古今事變」。

　　仔細體會上面兩段話的意思，可以看出龍溪更為關注的其實應當是了得聖學而非了得古今事變的問題。無論是提問的張濾濱、許敬庵還是回答的龍溪，都未曾對了得古今事變與了得聖學的關係加以明確反省。實則在龍溪的意識當中，了得聖學與了得古今事變應當具有不同的指謂，「略於其所不可不知」與「詳於其所不必盡知」的對比，便顯示了二者的差別。在龍溪看來，了得聖學的關鍵就是要在明白有「不可不知」與「不必盡知」這一區分的前提下，像古代堯舜夔契那樣的聖賢人物一樣「不務遍物」、「不求兼能」，以「不可不知」的良知為首務，否則便會「一毫無補於身心」。而在張濾濱、許敬庵的潛意識中，了得古今事變與了得聖學或許是一回事，至少後者以前者為必要內容。龍溪所謂「一物不知，儒者所恥」之說，正是就此而言。於是，在龍溪與張濾濱、許敬庵對良知能否盡得、了得天下古今

事變與聖學的不同看法中，蘊涵的是應當究竟如何理解聖學這一更為深刻的問題。

這裏龍溪與許敬庵等人的差異，在相當意義上反映了在良知與知識問題上陽明學與朱子學的對立。龍溪批評一些學者「終歲營營，費了多少閑浪蕩精神，幹了多少沒爬鼻勾當，埋沒了多少或聰明豪傑，一毫無補於身心，方且傲然自以為知學」，顯然是針對朱子學知性取向尤其與科舉制相結合所產生的流弊。事實上，有關良知與知識的討論構成了中晚明整個儒學具有普遍意義的重要議題之一。而在陽明學盛行的中晚明思想界，陽明學對良知與知識問題的看法，又反過來影響了儒學當時的形態與發展方向。不過，既然本章是討論龍溪的良知觀，中晚明的知識之辨及其意義，我們便在後面再予以專門討論。

需要說明的是，雖然龍溪認為從事於聖賢之學可以略於那些「不必盡知」的客觀知識，更嚴厲批評科舉制所產生的弊端，但龍溪本於其良知與知識一根而發、知識乃良知之用的觀點，又並不認為從事聖賢之學是脫離於各種社會活動之外的孤立過程，反而道德實踐恰恰需要在各種社會活動中方得以切實展開，這在當時也是聖學區別於佛老的一個特徵。在這個意義上，也可以說龍溪又並未將聖學與古今事變判為不相干的二物。這在龍溪有關德業與舉業的論述中得到了充分的體現。

隆慶五年辛未（1571），龍溪遭喪妻之痛，張元忭（字子藎，號陽和，1538-1588）、裘子充等友人是年六月邀龍溪聚會於隱士王錯（白溪）之白雲山房以為排遣。❷會中有人認為舉業不免妨礙聖賢之學，所謂「吾人見事舉業，得失營營，未免為累，不能專志於

學」。龍溪回答說：

> 是非舉業能累人，人自累於舉業耳。舉業德業，原非兩事。
> 意之所用爲物，物即事也。舉業之事，不過讀書作文。於讀
> 書也，口誦心惟，究取言外之旨，而不以記誦爲尚；於作文
> 也，修辭達意，直書胸中之見，而不以靡麗爲工。隨所事以
> 精所學，未嘗有一毫得失介乎其中，所謂格物也。其於舉業
> 不惟無妨，且爲有助；不惟有助，即舉業而爲德業，不離日
> 用而證聖功，合一之道也。（《全集》卷七〈白雲山房問答〉）

而在〈天心題壁〉中，龍溪甚至進一步指出認爲「德業」與「舉業」
「合一」的看法都屬於「似是而非」之論。因爲在龍溪看來，舉業其
實可以說不過是德業的具體表現形式而已：

> 士之於舉業，猶農夫之於農業。尹伊耕於有莘，以樂堯舜之
> 道，未聞農業與堯舜之道爲兩事也。夫士在學校，則有舉
> 業；及居官，則有職業；爲宰輔，則有相業；懸車而歸，則
> 有山林之業。隨其身之所履而業生焉，乃吾進德日可見之行
> 也。（《全集》卷八）

龍溪這種「舉業德業，原非兩事」，「即舉業而爲德業，不離日用

---

❷ 通行本各種《全集》中未記載白雲山房問答的緣起與龍溪寫作〈白雲山房問
答〉一文的時間，然萬曆四年刊刻之六卷本《龍溪會語》卷四〈白雲山房答
問記略〉篇首有龍溪自述之緣起，所謂「予自遭室人之變，意橫境拂，哀情
慘慘不舒。諸友慮予之或有傷也，謀於白溪王子，崇酒與肴，旋集於白雲山
房」。篇末有龍溪親署「隆慶辛未歲六月念日書」。有關《龍溪會語》之史
料價值及龍溪文集之若干佚文，參見本書附錄二：〈明刊《龍溪會語》及王
龍溪文集佚文———王龍溪文集明刊本略考〉。

而證聖功」以及「隨其身之所履而業生焉，乃吾進德日可見之行」的看法，不僅與陽明對舉業與德業問題的觀點相一致，更代表了整個中晚明陽明學在這個問題上的主流看法。從朱子對科舉的嚴厲批判，到陽明的「舉業不患妨功，惟患奪志」，再到龍溪的「即舉業而為德業」，更反映了儒家科舉觀念從宋代到明代的顯著變化。當然，如果像這樣將舉業視為不過是德業的分殊性表現之一，未免從根本上將前者化約為後者。而這回歸到良知與知識的問題上，便最終仍包含有忽略知識相對獨立性的可能和危險。這也是包括陽明在內許多陽明學者都必須面對的。

此外，龍溪對良知與知識關係問題的看法，還反映在對於儒家經典、文字的態度與認識上。正如龍溪始終以良知為「第一義」一樣，以往的各種經典、文字在龍溪看來並不具有終極的意義。隆慶四年庚午（1570）歲末，七十三歲的龍溪在所作〈自訟長語示兒輩〉中指出：

> 夫良知者，經之樞，道之則。經既明，則無藉於傳；道既明，則無待於經。昔人謂六經皆我注腳，非空言也。（《全集》卷十六）

這裏，龍溪對陸象山「六經皆我注腳」的話表示了肯定。但是，就像陸象山本人其實並不「廢書不觀」而對經典、文字採取極端否定的態度一樣，龍溪也始終沒有忽視經典學習對於培養內在德性的意義。他在為杜質㉙所作的〈明儒經翼題辭〉中說：

---

㉙　杜質字惟誠，號了齋，曾在安徽寧國府太平縣創辦九龍會宣講陽明學，有

予嘗謂治經有三益：其未得之也，循其說以入道，有觸發之義；其得之也，優遊潛玩，有栽培之義；其玩而忘之也，俯仰千古聖人，先得我心之同然，有印證之義。（《全集》卷十五）

而在〈重刻陽明先生文錄後序〉中，龍溪又從「道」與「言」的角度再次提到了「觸發」、「栽培」和「印證」這三義，❸所謂：

道必待言而傳，夫子嘗以無言爲警矣。言者，所由以入於道之詮。凡待言而傳者，皆下學也。學者之於言也，猶之暗者之於燭、跛者之於杖也。有觸發之義焉，有栽培之義焉，有印證之義焉，而其機則存乎心悟。（《全集》卷十三）

當然，龍溪雖然認可言說作爲「指月之指」的必要性，但龍溪這裏的重點仍在於指出言說對於「道」的有限性。因此，由龍溪此處所言可見，良知與知識的關係同時也是存有（道）與言說（言）這一在中西方思想中更具普遍性問題的表現。在存有與言說的關係問題上，中國哲學儒釋道三家的主流都一致認爲名言不足以揭示存有的奧秘。龍溪在繼承了中國哲學中認爲存有超越於名言之域這一思路的同時，又在工具價值的意義上肯定了言說對於揭示存有的「階梯」作用。❸這顯然與其對良知與知識的看法是相一致的。

---

《明儒經翼》。事見《太平縣誌》卷六〈儒林二十二〉，乾隆二十一年刊本。

❸ 龍溪談到「觸發」、「栽培」和「印證」這三義，亦見《全集》卷八《天心題壁》。

❸ 陽明曾說：「六經原只是階梯」見《王陽明全集》，頁786。維根斯坦（Ludwig Wittgenstein，1902-1951）亦有將語言命題視爲「階梯」而最終可以拋棄的說法，見氏著：《邏輯哲學論》（北京：商務印書館，1985），頁97。但中西思想一開始也的確表現出在實踐取向與言說思辨取向之間側重點的差異，

# 四、見在良知

「見在良知」的觀念，也是龍溪良知觀的一個重要內容。陽明思想中顯然有見在良知的意涵，如所謂「只存得此心常見在，便是學」，（《傳習錄上》）「吾輩致知，只是各隨分限所及。今日良知見在如此，只隨今日所知，擴充到底；明日良知又有開悟，便從明日所知擴充到底，如此方是精一功夫」，（《傳習錄下》）以及逝世前《答聶文蔚》第二書所謂「良知只是一個，隨他發見流行處當下具足，更無去求，不須假借」。（《傳習錄中》）㉜但陽明並無「見在良知」的固定用法。正式使「見在良知」成為一個明確概念的是龍溪，而有關「現成良知」的辯難同樣成為貫穿中晚明陽明學的一個重要論題。必須說明的是，許多學者對「見在良知」與「現成良知」不加區分，事實上龍溪並未使用過「現成良知」的用語，儘管二者的意涵具有相當的重疊性，但仔細分析，「見在」與「現成」其實在意義上並不相同，尤其容易在理解上引導出不同的方向。龍溪同時與之後的學者往往更多的是在「現成良知」的意義上理解龍溪的

---

參見史華慈(Benjamin Schwartz): *The World of Thought in Ancient China,* The Belknarp Press of Harvard University Press, 1985, pp.90-99. 對於陽明思想中言說與存在問題的探討，可參考楊國榮：《心學之思——王陽明哲學的闡釋》第八章。日本學者柴田篤先生對該問題亦有討論，見柴田篤：〈王陽明思想中的「言語」與「心」的關係〉，載吳光主編：《陽明學研究》(上海古籍出版社，2000)，頁70-84。陽明認爲存有超越於名言之域的看法，鮮明地反映在其〈次樂子仁韻送別四首〉第一首中，所謂「從來尼父欲無言，須信無言已躍然。悟到鳶魚飛躍處，工夫原不在陳編。」見《王陽明全集》，頁744。

㉜ 是書作於嘉靖七年(1528)戊子陽明征思田途中，是年冬陽明即卒於歸途，故此見亦可謂陽明之「晚年定論」。

「見在良知」，因而中晚明陽明學的相關論辯以「現成良知」為主要
用語，亦非偶然。然而，在這種極細微的轉變中，很可能便包含著
理解的差異以及隨之而來的同一用語使用下焦點意識的分化。本節
主要介紹龍溪自己對「見在良知」觀念與相關問題的理解，至於中
晚明陽明學中的現成良知之辨及其意義，將在第六章加以討論。

　　龍溪見在良知的觀念，一開始便是在辯難中提出的。在〈與獅
泉劉子問答〉中，劉邦采（字君亮，號獅泉，生卒不詳）首先對見
在良知表示了懷疑：

> 人之生，有命有性。吾心主宰謂之性，性無爲者也，故須出
> 脫。吾心流行謂之命，命有質者也，故須運化。常知不落
> 念，所以立體也；常運不成念，所以致用也。二者不可相
> 離，必兼修而後可爲學。見在良知，似與聖人良知不可得而
> 同也。（《全集》卷四）

對此，龍溪的回答是：

> 先師提出良知兩字，正指見在而言，見在良知與聖人未嘗不
> 同，所不同者，能致與不能致耳。且如昭昭之天與廣大之天
> 原無差別，但限於所見，故有小大之殊。若謂見在良知與聖
> 人不同，便有污染，便須修證，方能入聖。良知即是主宰，
> 即是流行。良知原是性命合一之宗，故致知工夫只有一處
> 用。若說要出脫運化，要不落念不成念，如此分疏，即是二
> 用。二即是支離，只成意象紛紛，到底不能歸一，到底有脫
> 手之期。（同上）

由獅泉所言及龍溪所答可見，圍繞見在良知的問題主要有兩個：一是見在良知與聖人同否的問題；二是致良知工夫如何運用的問題。所謂「見在良知與聖人同否」中的「聖人」，其實是指良知本體，因為聖人可以說就是良知的化身，是良知當體自身的呈現狀態。由此，第一個問題實際上也就是見在良知與良知本身或本體之間關係的問題。而第二個問題則在邏輯上由第一個問題而來。對第一個問題的不同理解，相應地會導致對第二個問題的不同回答。

「見在」的涵義，其實上面陽明的話已經有所表達，一是肯定良知的「在」，也就是肯定良知的當下存有性。一是指出良知的「見」，「見」在古代漢語中通「現」，是指良知的呈現與顯示，這可以說是良知的活動性。正如龍溪自己所說的：「良知在人，不學不慮，爽然由於固有；神感神應，盎然出於天成。」(《全集》卷五〈書同心冊卷〉)「不學不慮，爽然由於固有」，是指良知先天本有，具有存有論的實在性，這也可以說是良知之「有」的向度。「神感神應，盎然出於天成」，則意味著良知並非只是靜止的存有，而是在感應狀態中不斷地有所呈現。並且，由於不斷地在感應狀態中顯現自身這種活動性，良知又必然要表現於日常的感性經驗即所謂「知覺運動」當中。因此，良知的存有性實則包括兩層涵義：既是本體意義上的存有，即超越於經驗現象之上的本質存在，又是經驗現象之中的具體表現。或者說既具有先驗的本體屬性，又體現為經驗的感性知覺。前者強調良知的先天性，後者側重良知的後天性。而見在良知在龍溪處就是指良知本體在感性知覺中的當下呈現。龍溪所謂「見在良知與聖人未嘗不同」，便是要說明表現為感性知覺的見在良知與作為先天本體的良知具有本質的同一性，所謂「非後天

之外別有先天也」(《全集》卷七〈南遊會紀〉),而「昭昭之天與廣大之天原無差別」的比喻,也無非是要說明這種本質的同一性。對此,龍溪在其〈再至水西用陸象山鵝湖韻四首〉之一中亦有所表達:

> 未論舜哲與堯欽,萬古人傳萬古心。莫道涓流非是海,由來一簣即成岑。
>
> 江天杳杳雲初淨,童冠依依日未沈。但得春風長入手,唐虞事業只如今。(《全集》卷十八)

事實上,《孟子》中的「四端之心」,顯然都是在感性經驗或知覺運動中的表現,但作為四端之心的「惻隱」、「是非」、「禮讓」與「羞惡」,至少在理學傳統內部又歷來不被儒者們視為一般意義上的感性經驗,而是「人同此心、心同此理」的本然善性的流露,本身具有先驗的本體地位。龍溪在論證見在良知時常引用《孟子》中乍見孺子入井而生惻隱之心的典故,其原因正在於此。

雖然在整體上繼承伊川思想的是朱子,但真正將伊川「體用一源,顯微無間」(伊川〈易傳序〉)的精髓發揮得淋漓盡致的,卻是明代的陽明學者而非朱子及其後學。不但陽明如此,❸ 如所謂「人之本體常常是寂然不動的,常常是感而遂通的。未應不是先,已應不是後。」(《傳習錄下》)在背後支撐龍溪見在良知觀念的,其實根本也是這種一元論的思考方式。龍溪認為「天下未有無用之體、無

---

❸ 陽明喜引伊川「體用一源,顯微無間」語,《傳習錄》中五見,《陽明文錄》二見。但關鍵並不在於引用次數的多少,而在於是否真正將其落實到思維方式上去。如朱子亦引伊川此說,但朱子本身則顯然是二元論的思考方式,這在理氣、心性、未發已發等方面均表露無疑。

體之用，故曰體用一源。」(《全集》卷七〈南遊會紀〉)如果說作為先天本質存在的良知可以說是良知之體，作為後天感性經驗的良知則可謂良知之用，那麼，即使是表現為感性經驗的見在良知，其本質仍不外是不學不慮、先天固有的道德本體。並且，除了體用這對範疇之外，龍溪一元論的思考方式還普遍貫穿於有關未發已發、寂感、內外、動靜等一系列的理學基本範疇。譬如在與聶雙江論辨的〈致知議辨〉中，龍溪便說：「良知即是未發之中，即是發而中節之和。此是千聖斬關第一義，所謂無前後內外渾然一體者也」，「良知者無所思為，自然之明覺。即寂而感行焉，寂非內也；即感而寂存焉，感非外也。」(《全集》卷六)而這種一元論的思維方式不僅是陽明學的基本特徵之一，更是區別陽明學與朱子學的一條標準。事實上，在整個中晚明陽明學的話語之下，仍然隱含者陽明學一元論與朱子學二元論在思維方式上的差異，這種不自覺的差異往往是在陽明學這一共同話語之下許多分歧產生的真正與深層原因。這一點，我們在討論中晚明陽明學的本體與工夫之辨時會清楚地看到。

　　既然見在良知是指良知本體在感性經驗中的當下呈現，那麼，見在良知又如何與普通的感性經驗、自然本能相區別呢？這在龍溪當時已經成為一個需要經常面對的問題了。在〈答中淮吳子問〉中，吳中淮便首先向龍溪提出了這個問題。

　　問：聖人之學，惟在致良知，是矣。然人見食則知食，見色則知好，有痛癢則知撫摩。皆出天性，不可不謂良知也。若即是為良知，與「食色性也」、「生之謂性」何異？若曰別是一知，與良知不同，是二知也。人無二心，則宜無二知，敢請所以。(《全集》卷三)

在《孟子》中，告子「食色性也」與「生之謂性」的觀點是孟子性
善論的直接對立面，而告子這兩個命題便是將像「食色」一類的自
然本能作為人類的本性。對此當時孟子便已有辯駁，後來理學中提
出「天命之性」與「氣質之性」，對告子之說給予了更具理論性的
批判。因而在孟子早已取得僅次於孔子地位的明代，告子此說顯然
是不能為人所接受的。但吳中淮認為，既然出於天性的「見食則知
食，見色則知好，有痛癢則知撫摩」這一系列行為不可不謂良知，
那麼，在「人無二心，則宜無二知」的前提下，良知似乎難以避免
被等同於告子「食色性也」與「生之謂性」所指謂的感性經驗與自
然本能。顯然，吳中淮所提的問題是以一元論的觀點為前提的，這
也反映出陽明學的這一思維方式在當時無論被實際接受的程度如
何，至少已是學者耳熟能詳的了。對於該問題，龍溪的回答是：

> 人生而靜，天命之性也。性無不善，故知無不良。感物而
> 動，動即為欲，非生理之本然矣。見食知食，見色知好，可
> 謂之知，不得謂之良知。良知自有天則，隨時酌損，不可得
> 而過也。孟子云：口之於味，目之於色，然有命焉。立命，
> 正所以盡性，故曰天命之謂性。若徒知食色為生之性，而不
> 知性之出於天，將流於欲而無節，君子不謂之性也。此章正
> 是闢告子之斷案。告子自謂性無善無不善，故以湍水為喻，
> 可以決之東西而流。若知性之本善，一念靈明，自見天則，
> 如水之就下，不可決之而流也。知一也，不動於欲，則為天
> 性之知，動於欲，則非良矣。告子之學，亦是聖門別派，但
> 非見性之學，所以有不得於言，不得於心之時。若知致良知
> 工夫，性無內外，良知亦徹內外。（同上）

這裏，龍溪首先指出良知以至善為本質內容，所謂「性無不善，故知無不良」，因此像食色之類的感性經驗與自然本能並不就是良知的當下表現，所謂「見食知食，見色知好，可謂之知，不得謂之良知」，這便將見在良知與作為「欲」的感性經驗區別開來。但是，依龍溪之見，見在良知與感性經驗、自然本能又並非截然二物，流於欲望而無節的感性經驗、自然本能只不過是良知「感物而動」的迷失而已，所謂「知一也，不動於欲，則為天性之知，動於欲，則非良矣」，便是指出良知與感性經驗、自然本能之間的內在一貫性。由於感性經驗、自然本能在理學的話語中也稱之為「知覺」，因而龍溪所謂「良知非知覺之謂，然捨知覺無良知」（《全集》卷十〈答羅念庵〉第一書），「謂知識非良知則可，謂良知外於知覺則不可」（《全集》卷六〈致知議略〉），最能夠反映龍溪對見在良知與一般感性經驗、自然本能之間關係的看法。在這個意義上，良知與感性經驗、自然本能甚至物欲之間的關係又頗類似於良知與知識的關係。而既然可以「轉識成知」，感性經驗、自然本能只要不為外物所動，同樣不會流於「無節」的物欲。龍溪引《孟子》中的典故，也正是為了說明這一點。至於如何使感性經驗作為良知的發用而不流於物欲，則要靠致良知的工夫，在龍溪看來，使見在良知區別於一般感性經驗、自然本能甚至物欲的力量，就在於良知本身。

　　儘管龍溪見在良知的觀念強調先天的良知本體必然要落實為後天感性知覺上的呈現與發用，但由龍溪「見食知食，見色知好，可謂之知，不得謂之良知」的話來看，龍溪顯然並非將實然的人性等同於良知本體自身。在〈南譙別言〉中，龍溪明確指出：

　　吾人本來真性，久被世情嗜欲封閉埋沒，不得出頭。譬如金

之在礦，質性混雜，同於頑石，不從烈火中急烹猛煉，令其
銷融超脫，斷未有出礦時也。……夫真金只在頑石中，然指
頑石爲眞金，何啻千里？眞性離欲，始發光明；眞金離礦，
始見精彩。（《全集》卷十六）

與「昭昭之天即廣大之天」相較，龍溪此處所謂「指頑石為真金，
何啻千里？真性離欲，始發光明；真金離礦，始見精彩」，簡直像
是出自反對見在良知說者如羅念庵、劉獅泉等人之口。而這並非龍
溪的偶發之論。萬曆元年癸酉（1573）秋，七十六歲的龍溪與李漸
庵、陸光祖（字與繩，別號五臺居士）、耿定向等人有南譙書院之
會。龍溪於會中再次指出：

自先師提出良知教旨，學者皆知此事本來具足，無待外求。
譬諸木中有火，礦中有金，無待於外爍也。然而火藏於木，
非鑽研則不出，金伏於礦，非鍛煉則不精。良知之蔽於染
習，猶夫金與火也。卑者溺於嗜欲，高者梏於見聞，漸漬淪
浹，無始以來之妄緣，非苟然而已也。（《全集》卷七〈南遊會紀〉）

在龍溪當時，除劉獅泉之外，反對龍溪見在良知說最有代表性的是
聶雙江與羅念庵。萬曆元年時二人俱已作古，而以上龍溪所言同他
們生前與龍溪辯難時的言辭簡直如出一轍，甚至連「金之在礦」的
比喻都一樣，不知如果雙江與念庵聽到龍溪這番話會作何感想。當
然，或許由於當時見在良知已經出現了非預期的流弊，就像獅泉、
雙江與念庵生前所擔心的那樣，因此龍溪的教法有所調整，開始強
調人性本然狀態與實然狀態之間的距離，這一點不無可能。但是，
這並不意味著龍溪對見在良知的基本看法有變甚至自相矛盾，而其

實是在不同言說情境中論辨側重點的自然轉移。理學家追求的聖人之學以踐履為根本，重在身心性命的切實受用，口耳的講習與聽聞畢竟是「第二義」，因此講學過程中因材施教、因病立方、經權並用是儒家一貫的傳統。另外，言說隨境域不同而提揭重點相異，本來就是中國哲學的基本特徵之一。

事實上，既強調必然呈現為知覺發用狀態的見在良知與先天道德本體在本然狀態上的同質性，又指出見在良知所表現的知覺狀態因難免受到習染而在實然狀態上與良知本體在純粹性上有所差異，因而要雙譴兩邊之見而從容中道，這是龍溪一貫的立場。並且，這種對見在良知的理解，又同時決定了龍溪在致良知工夫論上的態度。

嘉靖四十一年壬戌（1562），龍溪曾到松原會晤羅念庵，在隨後所作的〈松原晤語壽念庵羅丈〉一文中，龍溪有這樣一段話：

> 良知本虛，天機常活，未嘗有動靜之分。如目本明，如耳本聰，非有假於外也。致知之功，惟在順其天機而已。有不順者，欲為之累。如目之有翳，耳之有垢，非聰明本然也。累釋則天機自運，翳與垢去，則聰明自全矣。離婁之明，師曠之聰，天下莫加焉，然其耳目，初未嘗有異於人也。世人不能自信其耳目，而謂聰明即與師曠、離婁異者，謂之自誣；不務去其翳與垢，而謂聰明即與師曠、離婁同者，謂之自欺。（《全集》卷十四）

此外，恰恰就在萬曆元年的南譙書院之會中，龍溪在以「火藏於木，非鑽研則不出，金伏於礦，非鍛煉則不精」的比喻指出人的本

然之性與實然之性的差異之後，緊接著又說道：

> 夫鑽研有竅，鍛煉有機。不握其機，不入其竅，漫然以從
> 事，雖使析木爲塵，碎礦爲粉，轉展煩勞，只益虛妄，欲覓
> 金火之兆，不可得也。寂照虛明，本有天然之機竅，動於意
> 欲，始昏始蔽。消意遺欲，存乎一念之微，得於罔象，非可
> 以智索而形求也。苟徒恃見在爲具足，不加鑽研之力；知所
> 用力矣，不達天然之義，皆非所謂善學也。（《全集》卷七〈南遊
> 會紀〉）

由此可見，龍溪根據其見在良知的觀念，既認爲不能「苟徒恃見在
爲具足，不加鑽研之力」，否則必難免於在「不務去其翳與垢」的
情況下猶自以爲「聰明即與師曠、離婁同」的「自欺」，又認爲工
夫實踐需「鑽研有竅，鍛煉有機」，要在自信「目本明，耳本聰」的
前提下「順其天機」，否則必將「轉展煩勞，只益虛妄」，最終不
免流於自認爲「聰明即與師曠、離婁異」的「自誣」。前者指出工
夫之必要，後者則指出工夫之所以可能的先天根據，正所謂「論工
夫，聖人亦須困勉，方是小心緝熙；論本體，眾人亦是生知安行，
方是真機直達。」（《全集》卷三）而無論是以「無中生有」的方式
在「心體立根」的先天正心之學，還是這裏已經提到的「存乎一念
之微」，都是我們下一章所要討論的龍溪致良知工夫論的具體展
開。

通過以上的討論，我們至少已經可以瞭解龍溪自己對見在良知
及其相關若干問題的理解和態度。龍溪強調見在良知，關鍵在於看
到作爲道德實踐之根據的良知並不只是一個靜態的先驗法則和超越

的所以然之「理」，而更是時時處於感應狀態下的活動與呈現。良知不是康德理性、感性嚴格二分意義下的道德法則與道德情感，而是在儒家心學傳統一貫脈絡下知、情、意的統一。並且，就像孟子使人由惻隱之心以見其本心善性一樣，只有從良知作為知覺狀態的具體發用入手，而不是在與感性經驗隔絕的情況下懸空追求未發的良知本體，所謂「未發之功卻在發上用，先天之功卻在後天上用」（《全集》卷六〈致知議辨〉），人們才會更為真切的把握到良知本體的實在性與動力。如此，道德實踐的必然性也才會獲得更為堅強的經驗基礎。因此，較之良知觀念本身，見在良知其實進一步突顯了「心即理」命題中所側重的道德主體能動性的涵義。無論就道德哲學還是道德實踐而言，這一點都可以說是龍溪見在良知觀念饒富意涵的所在。

不過，面對自覺不自覺地習慣於二元論思考方式的學者，龍溪「體用一源，顯微無間」之下的見在良知，便難免不被理解為以知覺為良知，以實然之性為本然之性，以「現成」為「見在」。而既然良知已是現成，相應地工夫自然便無必要，於是龍溪又被認為是脫略工夫。當時聶雙江、羅念庵與龍溪有關見在良知的辯難，突出地反映了這兩個相關的方面。中晚明許多學者對龍溪見在良知的瞭解與批評，其實大多是從雙江與念庵處轉手而來。以江右為得陽明之傳的黃宗羲認為龍溪「良知既為知覺之流行，不落方所，不可典要，一著工夫，則未免有礙虛無之體」以及「流行即是主宰，懸崖撒手，茫無把柄」（《明儒學案》卷十二〈浙中王門學案二〉），更顯然是受了雙江與念庵的影響。當然，中晚明陽明學中許多對於現成良知的批評，並非完全是基於對龍溪的誤解。既有思維方式不同所

造成的誤解，也有同樣是思維方式不同所產生的焦點意識的差異；既有針對理論本身的探討，也有著眼於實踐效果的發揮。而在同樣主張現成良知的學者之間，彼此的見解也有著細微的差別。事實上，雖然見在良知作為一個專有名詞為龍溪提出，但中晚明陽明學發展過程中圍繞見在良知、現成良知的廣泛討論，已經形成一個客觀的思想論域。在第六章對現成良知的專門討論部分，我們也將不是以對龍溪本人見在良知觀念理解的相應與否為準去評判各家，而是要在這樣一個客觀論域中展示圍繞現成良知所形成的各種論說並分析其相關的意義。

# 五、作為信仰對象的良知

良知觀念從孟子發展到龍溪，其內涵的不斷豐富除了以上所論之外，還出現了一個重要的特點，那就是：作為道德實踐先天根據以及宇宙萬物本體的良知，已經被視為終極實在（ultimate reality），從而成為信仰的對象。在這個意義上，我們可以說，良知在置換了天理的基礎上，取得了相當於基督教傳統中上帝的地位。

相對於宋代以來的朱子學，陽明學最大的特點之一就是將一切合法性與合理性的根源從外在的天理轉化為內在的良知，以後者所代表的道德主體性取代前者的權威。雖然對朱子而言天理亦在人心，對陽明來說良知即是天理，但畢竟前者偏向於外在的客體性，後者傾向於內在的主體性。對於外在的天理，不論是出於如康德所謂的敬畏（Achtung），還是出於如同席勒（Friedrich Schiller）所謂「對義務的愛好」（Neigung zu der Pflicht），❸都不免更多地需要以服從

為原則，而對於內在的良知，卻首先需要以自信為基本的出發點。陽明曾經贈詩與其同時代的朱子學者夏尚樸（字敦夫，號東岩，1466-1538）云：「鏗然舍瑟春風裏，點也雖狂得我情」，夏尚樸答詩則曰「孔門沂水春風景，不出虞廷敬畏情」，可謂鮮明地反映了服從天理與自信良知兩者間的差別。

　　陽明晚年居越以後，致良知的理論與實踐俱已臻化境，如龍溪所謂「所操益熟，所得益化，信而從者益眾。時時知是知非，時時無是無非。開口即得本心，更無假借湊泊。如赤日麗空而萬象自照；如元氣運於四時而萬化自行。」（《全集》卷二〈滁陽會語〉）此時陽明致良知工夫已經日益真切、簡易，正如陽明去世前一年（嘉靖七年丁亥，1527）在與安福同志別離之際所言：「凡工夫只是要簡易真切。愈真切愈簡易，愈簡易愈真切」（《文錄》三〈寄安福同志書〉）。簡易真切之極，往往是「言語道斷，心行處絕」而生發出內在的信仰。嘉靖四年乙酉（1525）陽明在給鄒東廓（名守益，字謙之，號東廓，1491-1562）的信中說：「以是益信得此二字（良知）真吾聖門正法眼藏」（《文錄》二〈與鄒謙之〉）。《傳習錄下》基本上為陽明晚年之語，其中也有強調對良知要「信」的話，所謂「良知本無知，今卻要知；本無不知，今卻疑有不知。只是信不及耳」。而在陽明歸越之後所作的〈月夜二首〉詩的第一首中，陽明更自信

---

㉞　對於道德法則的服從是否只能是理性地接受，還是必須感性生命的介入以為必要條件，康德與席勒之間有過一場關於「愛好與義務」（Neigung und Pflicht）的著名爭論。對該問題的檢討參見李明輝：《康德倫理學發展中的道德情感問題》（德文）（臺北：中央研究院中國文哲研究所，1994）的相關部分或《儒家與康德》，頁21-35。

地指出：「肯信良知原不昧，從他外物豈能攖！」由這些話語可見，陽明晚年思想中已經流露出對良知信仰的意味。

如果說以良知為信仰的對象在陽明處還只是初露端倪的話，到龍溪這裏便已經成為其思想的重要組成部分之一了。對此，龍溪不僅有著高度的自覺，更是反復言及的話題。在整部《全集》中，關聯著良知而要求「信得及」、「信得過」者，至少有二十八處之多。在嘉靖四十四年乙丑（1565）留都之會上，龍溪指出：

> 良知便是做人舵柄。境界雖未免有順有逆，有得有失，若信得良知過時，縱橫操縱，無不由我。如舟之有舵，一提便醒。縱至極忙迫紛錯時，意思自然安閒，不至手忙腳亂。此便是吾人定命安身所在。古人造次顛沛必於是，亦只是信得此件事，非意氣所能及也。（《全集》卷四〈留都會紀〉）

在自己的遺言中，龍溪也將自己工夫的得力處歸於對良知的高度自信：

> 師門致良知三字，人孰不聞？惟我信得及。致良知工夫，徹首徹尾，更無假借，更無包藏掩護。本諸身，根於心也；徵諸庶民，不待安排也。真是千聖相傳秘藏，捨此皆曲學小說矣。明道云：天理二字，是吾體貼出來。吾於良知亦然。
>
> （《全集》卷十五〈遺言付應斌應吉兒〉）

萬曆五年丁丑（1577）閏八月，八十高齡的龍溪與張元忭、鄧以讚（字汝德，號定宇，1542-1599）、羅萬化（字一甫，號康洲，1536-1594）等人聚會會稽龍南庵，就在這次會中，龍溪對作為信仰對象

的良知進行了如下的描繪：

> 夫天，積氣耳；地，積形耳；千聖，過影耳。氣有時而散，形有時而消，影有時而滅，皆若未究其義。予所信者，此心一念之靈明耳。一念靈明，從混沌立根基，尃而直，翕而辟，從此生天生地、生人生萬物，是謂大生廣生、生生而未嘗息也。乾坤動靜，神志往來，天地有盡而我無盡，聖人有爲而我無爲。冥權密運，不屍其功。混迹埋光，有而若無。與民同其吉凶，與世同其好惡，若無以異於人者。我尚不知有我，何有於天地？何有於聖人？（《全集》卷七〈龍南山居會語〉）

「千聖過影」的說法來自陽明嘉靖六年丁亥（1527）征思田途中所作的〈長生〉詩，所謂「千聖皆過影，良知乃吾師」。❸❺而龍溪這裏更是明確認爲，自然的天地以及以往的聖人在終極的意義上都並非永恆的實在，只有作爲一念靈明的良知才是宇宙萬物終極的創造性根源，所謂「生天生地、生人生萬物」，「大生廣生、生生而未嘗息」，才是可以託付的終極實在。

信仰是宗教的核心，而在以基督教爲代表的西方宗教傳統中，上帝是宇宙萬物的終極創造根源、道德實踐的先天根據以及人類可以託付的終極實在。克爾凱戈爾（Sören Kierkegaard，1813-1855）曾經指出：「如果一個生活在基督教當中的人走進上帝的教堂——真正

---

❸❺　《王陽明全集》，頁796。原詩爲「長生徒有慕，苦乏大藥資。名山遍探曆，悠悠鬢生絲。微軀一繫念，去道日遠而。中歲忽有覺，九還乃在茲。非爐亦非鼎，何坎復何離？本無終始究，寧有死生期？彼哉遊方士，詭辭反增疑；紛然諸老翁，自傳因多歧。乾坤由我在，安用他求爲？千聖皆過影，良知乃吾師。」

上帝的教堂──心裏有真正的上帝觀念，並且開始祈禱，但並非真正地祈禱；而另一個生活在異教國家的人也在祈禱，但他懷著對於無限者的充滿靈魂的激情，儘管他的眼睛所望著的是一尊偶像。那麼，真理在哪一邊呢？一個人是真正地在祈禱上帝，雖然他拜的是偶像；另一個人則是虛假地祈禱真正的上帝，所以其實他是在拜偶像。」❸❻ 顯然，和馬丁·路德宗教改革將教會植入人們心中一樣，克爾凱戈爾這種「真理即是主體性」的觀念相當接近龍溪所代表的心學傳統的基本立場。但是，必須同時說明的是，這種相似性又是非常有條件的，在真理必須通過主體才有意義這一點上，二者是一致的，但在真理是否即內在於人心或者進一步說真理是否與人的本心同一這一點上，二者卻立即顯示出巨大的差異。

克爾凱戈爾曾將宗教分成「宗教 A」與「宗教 B」，前者又稱內在宗教或「蘇格拉底」的宗教，後者又稱外在宗教或「耶穌基督」的宗教。所謂內在宗教，就是說宗教真理本身存在於每個人的心中，所謂「按蘇格拉底的觀點，每一個個人就是他自己的中心，整個世界都集中於他的心中，因為他的自我認識是一種對神的認識」。❸❼不過，對克爾凱戈爾來說，內在宗教並非真正的宗教，因為絕對真理存在於上帝而非人之中。並且，作為有限與有罪的存在，人類永遠無法完全理解絕對真理，面對一系列的荒謬與吊詭，只能透過信仰去接受作為上帝的絕對真理。事實上，突出先驗、無限、不可認識的上帝與有限、有罪的人類之間的異質性，是從克爾凱戈爾到巴

---

❸❻　Kierkegaard, *Concluding Unscientific Postscript,* Princeton, 1941, pp.179-180.

❸❼　Kierkegaard, *Philosophical Fragments,* Princeton, 1952, p.7.

特（Karl Barth，1886-1968）這一脈在二十世紀產生重大影響的所謂新正統主義神學的一個基調。因此，龍溪那種對於自我良知的信仰，在克爾凱戈爾看來，尚只不過是「認識自我」的「蘇格拉底」的宗教而已。

但是，在龍溪「體用一源，顯微無間」的一元論立場看來，正統基督教神人兩分、無限性與有限性、超越與內在的截然對立，也根本不是可以安頓良知觀念的預設性架構。僅就作為道德實踐之所以可能的先驗根據、宇宙萬物創生演化的終極根源而言，良知與基督教的上帝或許並無二致。然而極為不同的是，如果說上帝「無中生有」（*creatio ex nihilo*）的創造既包括有形的物質世界，也包括無形的價值世界的話，作為「造化之精靈」、「生天生地、生人生萬物」的良知，其創造性則更多地意味著價值與意義的賦予。❸ 另外更為重要的是，對基督教來說，人類儘管是上帝的肖像，但被逐出伊甸園並不僅僅具有發生學的意義，而是在人類與上帝之間劃下了一道永恒的鴻溝。前者的本質是有限性，而後者則為無限性本身；人類的內在性無論如何伸展，均無法達到超越者的領域，上帝的超越性則是人類內在性得以可能的先決條件，前者決定後者，反之則不然。儘管西方現代神學的發展出現了極其多元的詮釋，如朋霍費爾（Dietrich Bonhoffer, 1906-1945）在超越與世俗的關係問題上便強調二者之間的緊密關聯，認為基督教的價值關懷不是來世的，而在於此世的救贖與解脫，甚至認為上帝的超越性必須被視為一種此世的超越

---

❸ 當然，如果就儒家「天地之大德曰生」而言，則創造活動（生）也同時包括有形的物質世界和無形的價值世界這兩者。但對陽明學來說，良知的創造畢竟偏重於後者。

性，所謂「我們同上帝的關係，不是同一個在力量與仁慈方面都是絕對的最高存在物（那是關於超越的虛假概念）的宗教關係，而是一種通過參與上帝之存在，為著他人而活的新生活。超越性並不在超乎我們力所能及的任務之中，而是在我們手邊最切近的事情之中。」❸ 奧特（Heinrich Ott, 1929- ）更是明確指出：「上帝的絕對超驗性同時又是絕對的內在性。倘若不是如此，超驗性就是虛設的。這樣，超驗性就成為一種外在於我的東西，成為我身旁和身外的另一存在物。」❹ 過程神學（process theology）的核心人物哈特桑恩（Charles Hartshorne, 1897-? ）也提出了對儒學──基督教對話頗為有利的「雙向超越性」（dual transcendence）觀念，認為上帝本身也具有相對性，且上帝與人類並非單方面的決定與被決定關係，而是彼此之間存在一定的互動，❹ 用中國哲學的術語來說就是人事亦影響天道。在過程神學和中國哲學的雙重影響下，晚近還有一些學者

---

❸ 朋霍費爾：《獄中書簡》，高師甯譯（成都：四川人民出版社，1992），頁191。

❹ 奧特：《不可言說的言說》，林克，趙勇譯（北京：三聯書店，1995），頁134。

❹ 哈特桑恩對「雙向超越」的闡釋參見Hartshorne：（一）、*Creative Synthesis and philosophic Method*, La Salle, Ill.: The Open Court Publishing Co., 1970.（二）、*Insight and Oversight of Great Thinkers: An Evaluation of Western Philosophy*, Albany, N. Y.: State University of New York Press, 1983.（三）、*Creative in American Philosophy*, Albany, N. Y.: State University of New York Press, 1984. 過程神學以懷特海等人的思想爲主要資源，從20世紀30年代的哈特桑恩到70年代後期的小約翰·科布（Jr. John B. Cobb）和大衛·格裏芬（David Ray Griffin），如今已發展成爲當代西方有別於新正統主義和自由主義等神學的一個流派。有關過程神學的概況，可參閱Jr. John B. Cobb and David Ray Griffin, *Process Theology: An Introductory Exposition*, Philadelphia: The Westminster Press, 1976.

甚至將人類界定為「共同創造者」（co-creator）。然而，以有限與無限、超越與內在的二元對立分屬人類與上帝，仍然是正統基督教神學的主流與基本原則。❷而對龍溪所代表的陽明學來說，良知即是有限性與無限性的統一、內在性與超越性的統一。現實的人性中儘管可以有種種限制與污染，但人類無須承擔原罪不可超脫的永久負累，其本然善性充拓之極，便可上達至無限與超越之境。所謂「盡其心者、知其性也。知其性，則知天矣」（《孟子·盡心上》）、「贊

---

❷ 不僅神學界如此，甚至哲學界的一些學者如郝大維（David L. Hall）、安樂哲（Roger T. Ames）也堅持超越與內在互不相容，從而反對以「內在超越」來形容中國哲學尤其儒家思想的特徵。現代新儒家學者李明輝與之進行了往復的辯難，杜維明、劉述先等人對該問題也有相關的論述。參見郝大維、安樂哲：（一）、《孔子哲學思微》〈緒論〉部分，蔣弋為，李志林譯（南京：江蘇人民出版社，1996）；尤其是（二）、《漢哲學思維的文化探源》〈第三篇，超越性與內在性：文化的關聯〉部分，施忠連譯（南京：江蘇人民出版社，1999）；李明輝：（一）、〈儒家思想中的內在性與超越性〉，載氏著：《當代儒學之自我轉化》（臺北：中央研究院中國文哲研究所，1994），頁129-148；（二）、〈再論儒家思想中的「內在超越性」問題〉，臺北：中央研究院第三屆國際漢學會議論文；以及杜維明：《論儒學的宗教性：對〈中庸〉的現代詮釋》，段德智譯（武漢：武漢大學出版社，1998）；劉述先：〈關於「超越內在」問題的省思〉，臺北：《當代》第九六期，1994年4月，頁146-149；以及周勤：〈儒學的超越性及其宗教向度——杜維明教授訪談〉，北京：《中國文化》第12期，1995年5月。另外更值得注意的是，作為美國學者且具有基督教神學背景的John Berthrong教授，從比較宗教和比較神學的角度，亦不同意David L. Hall和Roger T. Ames等人認為儒家缺乏超越性的看法，認為 David L. Hall 和 Roger T. Ames 過分誇大了「超越性」的中西差異。參見John Berthrong: *All Under Heaven: transforming paradigms in Confucian-Christian dialogue*, p.138. 最近，鄭家棟又在〈「超越」與「內在超越」〉（北京：國際儒聯紀念孔子2550周年大會論文，1999年10月）一文中，對該問題的由來以及所引發的爭論進行了較為詳細的探討。

天地之化育」、「與天地叁」(《中庸》)以及「與天地合其德,與日
月合其明,與四時合其序,與鬼神合其吉凶。先天而天弗違,後天
而奉天時」(《易·乾文言》)所指示的「天人合一」之境,說的就是
這個道理。

由上所見,我們說良知在龍溪處取得了相當於經典基督教傳統
中上帝的地位,只是指出:作為宇宙萬物的終極創造根源、道德實
踐的先天根據以及人類可以託付的終極實在,良知既是道德的主
體,又成為信仰的對象並具有了客體性的意義,顯然並不認為龍溪
的良知在內涵上便完全等同與基督教的上帝。事實上,即使在西方
基督教內部,有關上帝觀念的理解本身也是千差萬別的。❸ 如果不
限於基督教而擴展到整個世界上的各大宗教傳統,則上帝這一用語
本身的合法性都會受到質疑,以至於像約翰·希克(John Hick,
1922- )這樣的現代宗教多元論者乾脆以「超越者」(the Transcendent)
這一概念取代上帝來指稱終極實在。❹ 而這裏之所以涉及到經典基
督教的上帝觀念,主要是希望在一個比較宗教學的視野中揭示龍溪
良知觀本身所具有的一個向度,並不在於探討經典基督教的上帝觀
念本身,後者作為詮釋的資源在此只有助緣的意義。回到理學發展
自身的脈絡來看,陽明學以高揚道德主體性而對朱子學的反動,可
以說在龍溪這裏達到了頂點,因為對龍溪以良知為信仰對象來說,
良知即天理,主體性即客體性,此時真可以說「天人本無二,不必
言合」(程明道語)了。

---

❸　參見何光滬:《多元的上帝觀》(貴陽:貴州人民出版社,1991)。
❹　參見約翰·希克:《宗教之解釋──人類對超越者的回應》第一章,王志成
　　譯(成都:四川人民出版社,1998)。

　　以良知作為信仰的對象，與晚明儒學的民間化和宗教化有著相當的意義關聯。但必須說明的是，龍溪以良知為信仰對象，並不意味著將良知推出主體自身之外而客觀化為一個全然的「他者」（the other）、一個客體意義上的「對象」（object），而毋寧說是將超越者內化到主體性當中。因此，在龍溪這裏，對良知的信仰就在本質上體現為自信而非崇拜。

　　當然，儒學傳統中從來就有「敬」的觀念，但即便是在周初「敬天」的觀念中，「敬」仍然不像基督教對上帝的敬畏那樣要求消解人的主體性而徹底歸依於神，反而是主體性的越發凝重和突顯。正如徐復觀（1903-1982）先生指出的：「周初所強調的敬的觀念，與宗教的虔敬，近似而實不同。宗教的虔敬，是把人自己的主體性消解掉，將自己投擲於神的面前而徹底歸依於神的心理狀態。周初所強調的敬，是人的精神，由散漫而集中，並消解自己的官能欲望於自己所負的責任之前，凸顯出自己主體的積極性與理性作用。」❹❺牟宗三（1909-1995）先生在討論中國哲學的特質時也指出：「在中國思想中，天命、天道乃通過憂患意識所生的『敬』而步步下貫，貫注到人的身上，便作為人的主體。在『敬』之中，我們的主體並未投注到上帝那裏去，我們所作的不是自我否定，而是自我肯定（Self-affirmation）。仿佛在敬的過程中，天命、天道愈往下貫，我們主體愈得肯定，所以天命、天道愈往下貫，愈顯得自我肯定之有價值。」❹❻李澤厚對現代新儒家雖多有批評，但在對儒家「敬」觀念

---

❹❺　徐復觀：《中國人性論史》（臺北：臺灣商務印書館，1990），頁22。
❹❻　牟宗三：《中國哲學的特質》（臺北：學生書局，1984），頁20。

的理解上，卻和徐、牟二人是一致的，所謂「它不是指向對象化的神的建立和崇拜，而是就在活動自身中產生神人一體的感受和體會。從而，從這裏生發不出『超越』（超驗）的客觀存在的上帝觀念，而是將此『與神同在』的神秘畏敬的心理狀態，理性化為行為規範和內在品格。」❼ 儒學傳統中「敬」的內涵已然如此，對於並不特別重視「敬」的觀念而以高揚道德主體性為宗旨的龍溪而言，信仰良知更是體現為主體的高度自信和自覺。

龍溪在〈過豐城問答〉中如此描述了對良知的信仰：

> 有諸己謂信。良知是天然之靈竅，時時從天機運轉。變化云為，自見天則，不須防檢，不須窮索。何嘗照管得？又何嘗不照管得？……若真信得良知過時，自生道義，自存名節，獨往獨來，如珠之走盤，不待拘營，而自不過其則也。（《全集》卷四）

這裏所謂「有諸己謂信」，正表達了龍溪對於信仰的規定是內在自我的覺悟，本真人性的開發。在這個意義上，對良知的信仰便不是表現為對外在於主體的超越者的頂禮膜拜，而是展開為不斷深入發掘內在本然善性以轉化實然自我的致良知工夫。龍溪在為張元忭所作的〈不二齋說〉中寫道：

> 夫養深則迹自化，機忘則用自神。若果信得良知及時，即此知是本體，即此知是工夫。故不從世情嗜欲上放出路，亦不向玄妙意解內借入頭。良知之外，更無致法；致知之外，更

---

❼　李澤厚：《己卯五說》（北京：中國電影出版社，1999），頁54。

無養法。良知原無一物，自能應萬物之變。譬之規矩無方圓，而方圓自不可勝用，貞夫一也。有意有欲，皆爲有物，皆屬二見，皆爲良知之障。於此消融得盡，不作方便，愈收斂愈精明，愈超脫愈神化。變動周流，不爲典要，日應萬變而心常寂然。無善無不善，是爲至善；無常無無常，是爲眞常；無迷無悟，是爲徹悟。此吾儒不二之密旨，千聖絕學也。（《全集》卷十七）

在與趙志皐問答的〈金波晤言〉中說：

若信得良知及時，時時從良知上照察，有如太陽一出，魑魅魍魎自無所遁其形，尚何諸欲之爲患乎？此便是端本澄源之學。（《全集》卷三）

在〈答周居安〉的信中也指出：

若果信得良知及時，不論在此在彼，在好在病，在順在逆，只從一念靈明，自作主宰，自去自來，不從境上生心，時時徹頭徹尾，便是無包裹；從一念生生不息，直達流行，常見天則，便是眞爲性命；從一念眞機，綿密凝聚，不以習染、情識參次其間，便是混沌立根。良知本無起滅，一念萬年，恒久而不已。（《全集》卷十二）

由此可見，對於無論是「心體立根」還是從「一念之微」入手的致良知工夫（詳後），「信得及」都可以說是貫穿於其中的一個基本態度和信念。而較之傳統西方以基督教爲代表的宗教形式，中晚明陽明學所彰顯的這種以通過自我的創造性轉化實現「天人合一」爲

基本特徵的儒家宗教性，也向世人開啟了一個如何回應超越者以實
現人類終極關懷的全然不同的視域。事實上，正如田立克（Paul
Tillich，1886-1965）將信仰界定為「終極關懷」（ultimate concern），
所謂「神學的對象，是引起我們終極關懷的東西。只有這樣一些命
題才是神學命題，即這些命題對於其對象探討得如此之深，以至於
該對象對我們而言能夠成為終極關懷的問題」；❹史密斯（Wilfred
Cantwell Smith）將信仰理解為「一種對自我、鄰人以及世界的人格傾
向；一種理解問題（不論如何理解）和處理問題（不論如何處理）的
方式；一種生活於世俗水平之上的能力；是發現且感受到一種超越
的向度並依此而行」❹ 等等，由於世界各大宗教傳統多元互動的日
益密切，現代基督教神學界對信仰這一概念的理解和界定，也已經
增添了許多嶄新的內容。

---

❹ Paul Tillich, *Systematic Theology, I*, Chicago: Chicago University Press, 1951,p.
12.
❹ Wilfred Cantwell Smith, *Faith and Belief,* Princeton, NJ: Princeton University
Press, 1979, p.12.

# 第三章 王龍溪的致良知工夫論

就龍溪而言，對良知的「信得及」，並非只是一個單純的信念，而是體現於深透綿密的致良知工夫。龍溪的致良知工夫論由有關「先天正心之學」和「一念之微」的論說構成。先天正心之學是龍溪較為獨特的工夫理論，以「心體立根」為根本內容，以「無中生有」為特有的實踐方式，在中晚明陽明學甚至整個儒學各種不同的工夫論說中代表了一種追求究竟的普遍傾向；而關於「一念之微」的論說則是一種一體兩套的工夫論，猶為龍溪晚年所強調。一念工夫既將先天正心之學包含在內，又在相當程度上深化了陽明以「誠意」為核心的工夫理論。

## 一、陽明工夫論的重點與問題

陽明的工夫論，在其思想發展的不同階段，有不同的側重，在不同的具體言說情境下，也有輕重緩急之別，但除了思想歷程的動態考察之外，我們仍然可以從思想的深層結構中去把握其特點。

《大學》中「心」、「意」、「知」、「物」的概念，在陽明的思想體系中有一個較為確定的關係結構。《傳習錄上》中陽明曾對徐愛（字曰仁，號橫山，1488-1518）說：「身之主宰便是心，心之所發便是意，意之本體便是知，意之所在便是物。」這裏表面上呈

現為心→意→知→物的順序，正反映了《大學》的影響，但根據「意
之本體便是知」來看，知顯然邏輯上應在意之先。而就這句話整個
內在的意義關聯而言，則應是心、知→意→物這樣一種關係結構。
陽明在〈答顧東橋書〉中指出：

> 心者身之主也，而心之虛靈明覺，即所謂本然之良知也。其
> 虛靈明覺之良知感而動者謂之意。有知而後有意，無知則無
> 意矣，知非意之體乎？（《傳習錄中》）

龍溪亦本陽明此說，認為「有知而後有意，無知則無意矣」（《全集》
卷十〈答吳悟齋〉第二書）。因此，同樣作為意的發動根據，心與
知具有同一性，所謂「心之虛靈明覺，即所謂本然之良知」，二者
是對同一道德本體的不同指謂。❶ 在作為陽明晚年定論的「四句教」
中，基本的概念仍是心、知、意、物，由此可見其在陽明思想中的
重要性。對於心、知、意、物的涵義，我們在下一章考察龍溪四無
論時再予以討論。這裏需要說明的是：由陽明對徐愛所言可見，在
心、知、意、物四個概念中，有三個是通過意來界定的，這頗能說
明意在陽明思想中的重要性。事實上，陽明工夫論的特點與中心正
在於其「誠意」的主張。

《大學》中正心、誠意、格物、致知的說法體現了道德實踐工夫的不
同側面。陽明也正是從這四個方面或者說根據這四個觀念具體展開
其工夫論說的。但是，由於陽明對心的理解不同於朱子，而基本上
是指道德本心，因而心對陽明來說，便不存在糾正、規範（「正」）

---

❶　秦家懿亦曾指出：「在陽明思想體系內，『心』與『良知』不易分辨」。見
　　氏著：《王陽明》（臺北：東大圖書公司，1987），頁138。

的問題。❷只有在心發動產生各種或善或惡的經驗意識之後，才存在對之加以澄治的問題。《傳習錄下》載：

> 然至善者，心之本體也，心之本體，那有不善？如今才要正心，本體上何處用得功？必就心之發動處才可著力也。心之發動不能無不善，故需就此處著力，便是在誠意。如一念發在好善上，便實實落落去好善；一念發在惡惡上，便實實落落去惡惡。意之所發，既無不誠，則其本體如何有不正的？故欲正其心在誠意，工夫到誠意，始有著落處。

《大學問》中也說：「蓋心之本體本無不正，自其意念發動，而後有不正。故欲正其心者，必就其意念之所發而正之。」《傳習錄下》和《大學問》所記均為陽明晚年語錄，由此可見，「誠意」應當是陽明晚年工夫論的中心環節。另外，由於陽明對物的理解是「意之所在為物」，即將物視為一個意向性之內的意義結構而非物質結構，並提出「格者，正也」的說法，因此，陽明格物工夫的根本仍然落在意上，正如龍溪所謂「意正則物正，意邪則物邪」。這和陽明從「心即理」而引申出「心外無物」、「心外無理」，從而扭轉朱子「格物窮理」為「反求諸己」的基本路線是一致的。即便誠意是單指經驗意識本身「存天理、滅人欲」的真純無偽，格物是指在實際的行為活動和事件系列中使事事物物表現為具體的善行與善事，道德實踐工夫的重點，總歸還是落在意識的純化這一點上。也正因此，羅

---

❷　陽明雖也有「正其心之不正以歸於正」的話頭，但在陽明基本上以「心」指「本心」的情況下，「心之不正」已是「意」，因此，「正其心之不正以歸於正」其實還是「誠意」的工夫。

欽順（字允升，號整庵，1465-1547）與湛若水站在《大學》條目本身的立場來看，認為陽明對格物的解釋與正心、誠意有重複之嫌。❸而有關格物觀念的不同解釋和辯難，也成為中晚明儒學經典詮釋活動中各種思想系統之間差別的表現之一。

　　通過將心限定為本心，將物納入意向性之內，從而使正心、誠意、格物化為對經驗意識的糾正與規範，陽明的工夫論在整體上顯示出以誠意為中心和重點。然而，在心知意物這樣的關係結構中，以誠意為中心和重點的工夫論是有其問題的。就在上引所謂「工夫到誠意始有著落處」之後，陽明緊接著又說道：

> 然誠意之本又在於致知也。所謂人所不知而己所獨知者，此正吾心良知處。然知得善卻不依這個良知便做去，知得不善卻不依這個良知便不去做，則這個良知便遮蔽了，是不能致知也。吾心良知既不能擴充到底，則善雖知好，不能著實好了，惡雖知惡，不能著實惡了，如何得意誠？故致知者誠意之本也。

> 然亦不是懸空的致知，致知在實事上格。如意在於為善，便就這件事上去為；意在於去惡，便就這件事上去不為。去惡固是格不正的歸於正，為善則不善正了，亦是格不正以歸於正也。如此吾心良知無私欲蔽了，得以致其極，而意之所發，好善惡惡，無有不誠矣。誠意工夫實下手處在格物也。

---

❸　陽明格物觀念的內涵及其與羅欽順、湛若水等人的討論，參見陳來：《有無之境──王陽明哲學的精神》第六章。

既然我們說陽明工夫論的重點在誠意，又如何理解這裏所謂「故致知者誠意之本」和「誠意工夫實下手處在格物」呢？對此，陽明在世時其弟子陳九川（字惟濬，號明水，1494-1562）已有疑問。正德十四年己卯（1519），明水在洪都見到陽明時曾自述自己思考工夫問題所產生的困惑：

> 步步推入根源，到「誠意」上再去不得，如何以前又有格致工夫？後又體驗，覺得意之誠偽，必先知覺乃可，以顏子有不善未嘗知之，知之未嘗復行為例，豁然若無疑；卻又多了格物工夫。又思來吾心之靈，何有不知意之善惡？只是物欲蔽了，須格去物欲，始能如顏子未嘗不知耳。又自疑工夫顛倒，與誠意不成片段。（《傳習錄下》）

從這段話來看，明水所理解的陽明工夫論的核心在誠意，但致知、格物與誠意之間的邏輯先後關係，明水感到困惑不解，尤其是格物如何與誠意相統一，所謂「物在外，如何與身心意知是一件？」對此，陽明的回答是：

> 耳目口鼻四肢，身也，非心安能視聽言動？心欲視聽言動，無耳目口鼻四肢亦不能，故無心則無身，無身則無心。但指其充塞處言之謂之身，指其主宰處言之謂之心，指心之發動處謂之意，指意之靈明處謂之知，指意之涉著處謂之物，只是一件。意未有懸空的，必著事物，故欲誠意則隨意所在某事而格之，去其人欲而歸於天理，則良知之在此事者無蔽而得致矣。此便是誠意的工夫。（同上）

由此可見，陽明以「誠意工夫實下手處在格物」，在將「物」作為「意之涉著處」的前提下，只是強調要在具體的實踐活動和行為系列中保持意識的真誠，從而使事為善事、行為善行，實際上重點仍在「意」。因此，格物並非誠意之前的一個環節。關鍵是如何理解誠意與致知的關係。

由以上陳明水的自述來看，他自己似乎已經解決了這個問題。根據所謂「覺得意之誠偽，必先知覺乃可」的話，可以推出致知應當是誠意之前的一個邏輯環節。由於陽明上面的回答中只是說明了誠意與格物的關係，並未再解釋誠意與致知的關係，因此這裏陽明應當是默認了明水對該問題的理解。有學者指出，從正德三年（1508）龍場悟道到正德十四年平定朱宸濠叛亂之間，陽明以誠意為其工夫論說的重點與中心，致知並無明確的位置，而在平濠之後，陽明工夫話語的重點轉移到了致知。❹上引陳明水與陽明的問答發生在正德十四年，正處在這樣一個轉折的關節點。或許陽明的想法當時已有變化，對明水的那種默認似乎也說明陽明意識中的確認為致知應當在誠意之先。而這和《傳習錄下》陽明居越之後所謂的「致知者誠意之本」也是相一致的。但可惜的是，儘管陽明明確指出「致知者誠意之本」，但致知與誠意作為工夫而言究竟有何不同，和良知觀念一樣，陽明臨終前「未及深究」。龍溪在〈書婺源同志會約〉中指出：「先師則以《大學》之要惟在誠意，致知格物者，誠意之功」。（《全集》卷二）錢緒山（名德洪，字洪甫，號緒山，1496-

---

❹　參見（一）、陳來：《有無之境──王陽明哲學的精神》，頁160；（二）、吉田公平：《陸象山と王陽明》（東京：研文出版社，1990），頁295-298。

1554）也說：「昔者吾師之立教也，揭誠意為《大學》之要，致知格物為誠意之功」。（《明儒學案》卷十一）王心齋（名艮，字汝止，號心齋，1483-1540）說：「《大學》工夫，惟在誠意」。（《王心齋全集》卷三〈答問補遺十一條〉）歐陽南野（名德，字崇一，號南野，1496-1554）在給徐階（字子升，號存齋，又號少湖，1503-1583）的信中說：「夫《大學》之道，要之於誠意亦既切且盡矣」。（《歐陽南野先生文集》卷一〈答徐少湖〉第四書）黃宗明（字誠甫，號致齋，？-1536）在給萬表（字民望，號鹿園，1498-1556）的信中說：「故惟誠意為實下手工夫」。（《明儒學案》十四）龍溪與緒山等人對陽明良知教的理解不盡相同，但一致指出陽明以誠意為其工夫論的重點和中心。並且，陽明的這些親炙弟子們均認為誠意是《大學》工夫的中心。這顯然說明：從總體上來看，仍然可以認為誠意是陽明工夫論的主要與核心環節。

　　所謂「誠意」，就是要使意識保持真誠無偽，符合先天的道德法則。而判斷意識真誠與否的標準，以及使意識由「不誠」歸於「誠」的標準，只能是道德法則與道德意志即良知心體自身。就「心之所發便是意」和「知者心之體」而言，心、知在邏輯上是先在於意的。誠意工夫之所以可能，必須預設心體與良知的先在性。陽明所謂「致知者誠意之本」以及陳明水所謂「覺得意之誠偽，必先知覺乃可」，實際上就是顯示了這一點。但是，在陽明的心學系統中，心體良知作為道德法則和道德意志本身，並不存在使之端正的問題。那麼，致知作為工夫論的一個環節，其意義何在呢？事實上，就心與知在陽明學中的異名同實關係來看，致知和正心是相當的。但「本體上何處用得功」？對作為意之前提與根據的心與知而言，是否

存在工夫的問題，陽明的確並無具體的討論。而這，則恰恰是龍溪先天正心之學所要處理的問題。

# 二、先天正心之學

正是由於看到了「心」、「知」相對於「意」的先在性，龍溪提出了其先天正心之學。正心說是龍溪工夫論的重要組成部分，它以「心體立根」為本質內容，以「無中生有」為特有的實踐方式。在龍溪看來，較之誠意工夫，正心說也有其相當的優越性。

## （一）、先天正心之學的提出

既然道德實踐與修養工夫之所以可能的最終根據在良知心體，那麼把握到良知心體，使之有所呈現並以為主宰，便具有第一位的意義。對此，龍溪有明確的意識。在嘉靖四十四年乙丑（1565）留都（南京）為仁堂的友會上，蔡汝楠提到涵養工夫當如雞之抱卵，龍溪則進一步指出：

> 涵養工夫，貴在精專接續，如雞之抱卵，先正嘗有是言。然必卵中原有一點真陽種子，方抱得成。若是無陽之卵，抱之雖勤，終成假卵。學者須先識得真種子，方不枉費工夫。
> （《全集》卷四〈留都會紀〉）

這裏所謂「真陽種子」，便是指良知心體。而「學者須先識得真種子」，便是要求對良知心體首先有所把握。事實上，這始終是龍溪

工夫論的一個基本立場。由於在心學系統中，良知、心體、性體、天理等儘管用語不同，或在表徵道德本體時各有側重，但異名同實，均可以「心」來指稱，因此，把握良知心體，套在《大學》的語脈中，便可稱為「正心」。事實上，龍溪正是通過「正心」與「誠意」的對照，來提出其先天工夫論的。同時，在「即本體便是工夫」與「用工夫以求本體」、「性之」與「反之」、「頓」與「漸」的相關論說中，先天正心之學的提出又獲得了多方位的展示。

### 1、「正心」與「誠意」

嘉靖三十六年丁巳（1557）夏，龍溪與王慎中（字道思，號遵岩，1509-1559）聚會於三山（福州）石雲館第，❺ 在二人的相與問答中，龍溪以正心與誠意對照的方式，對其先天正心之學作出了如下表述：

> 先生（龍溪）謂遵岩子曰：「正心，先天之學也；誠意，後天之學也。」遵岩子曰：「必以先天後天分心與意者，何也？」先生曰：「吾人一切世情嗜欲，皆從意生。心本至善，動於意始有不善。若能在先天心體上立根，則意所動，自無不善，一切世情嗜欲，自無所容，致知工夫，自然易簡省力，所謂後天而奉天時也。若在後天動意上立根，未免有世情嗜欲之雜，才落牽纏，便非斬截，致知工夫，轉覺繁難，欲復先天心體，便有許多費力處。顏子有不善，未嘗不知，知之

---

❺　龍溪對這次聚會的始末經過在《龍溪會語》卷二〈三山麗澤錄〉篇首有詳細的說明，但未收入《全集》。參見本書附錄二：〈明刊《龍溪會語》及王龍溪文集佚文——王龍溪文集明刊本略考〉。

> 未嘗復行，便是先天易簡之學；原憲克伐怨欲不行，便是後
> 天繁難之學，不可不辨也。（《全集》卷一〈三山麗澤錄〉）

在給陸光祖的〈陸五臺贈言〉中，龍溪同樣指出：

> 正心，先天之學也；誠意，後天之學也。良知者，不學不
> 慮，存體應用，周萬物而不過其則，所謂先天而天弗違，後
> 天而奉天時也。人心之體，本無不善，動於意，始有不善。
> 一切世情見解嗜欲，皆從意生。人之根器不同，工夫難易，
> 亦因以異。從先天立根，則動無不善，見解嗜欲，自無所
> 容，而致知之功易。從後天立根，則不免有世情之雜，生滅
> 牽擾，未易消融，而致知之功難。勢使然也。顏子不遠復，
> 才動即覺，才覺即化，便是先天之學。其餘頻失頻復，失則
> 咎，復則無咎，便是後天之學。難易之機，不可不辨也。
> （《全集》卷十六）

先天學與後天學的區分，本來是邵雍（字堯夫，稱康節先生，1011-1077）易學中的用語，此處龍溪用來表示兩種不同的道德修養工夫。當然，龍溪在討論易學時仍沿用邵雍的用法。而龍溪易學中的先天學，與其作為工夫論的正心說，又有著內在的關聯，只是這一問題需要在討論龍溪的易學時專門處理，此處無法詳及。

由以上材料可見，龍溪以「先天之學」和「後天之學」區分正心與誠意，有以下幾個要點：第一，用力點不同。先天之學是「在先天心體上立根」，後天之學是「在後天動意上立根」。第二，效果不同。先天之學始終將「意」納入「心」的發動與控制機制之下，使得意識的產生，無不以良知心體為根據，排除了嗜欲雜念；後天

之學則是在經驗意識產生之後，再以良知心體施以衡量判斷，而此時的意識很可能已經脫離了本心的控制，不能保持自身的純善無惡，需要時時加以對治。第三，難易不同。先天學從根源入手，易簡直截；後天學則「落牽纏」、「費斬截」。第四，先天學與後天學的區分，是由於人的根器不同。第五，以顏子作為先天之學實踐的代表。關於第一、第二和第三點，我們後面再予以說明，這裏先說最後兩點。

對於因根器不同而區分先天之學與後天之學，龍溪在〈答馮緯川〉一書中作出了更為明確的說明：

> 來教謂區區以正心為先天之學，誠意為後天之學，若過於分疏，非敢然也。人之根器，原有兩種。意即心之流行，心即意之主宰，何嘗分得？但從心上立根，無善無惡之心，即是無善無惡之意，先天統後天，上根之器也。若從意上立根，不免有善惡兩端之抉擇，而心亦不能無雜，是後天復先天，中根以下之器也。（《全集》卷十）

由此可見，在龍溪看來，上根之人與中根以下之人在道德實踐工夫上的不同，就是前者能夠在良知心體上立根，使意識的產生完全由本心而發。這時作為「心之流行」的意，自然會和心具有同質性。如果心是「無善無惡之心」，則意便是「無善無惡之意」，如此，作為「意之所在」的物，也自然成為「無善無惡之物」。這便觸及到了龍溪四無論的內容。必須說明的是，上根與中下根的區分固然與聰明才智的高低相關，但更主要的其實是指先天氣稟的清濁。上根之人先天氣質清明，中下根之人則不免雜質相對較多。用陽明學的

術語來說，就是前者成色純粹，後者成色駁雜。而作為能在心體上
立根的上根之人，顏子則是龍溪極為推許的代表。

聶雙江曾指出：「龍溪在先師之門，人比之顏子。」（《雙江聶
先生文集》卷九〈寄羅念庵〉第十一書）這和龍溪強調先天之學並
推崇顏子是相一致的。除了前引與原憲的對比外，龍溪經常將顏子
與孔門其他弟子相較。〈致知議略〉中，龍溪說：

> 顏子有不善，未嘗不知，未嘗復行，正是德性之知，孔門致
> 知之學，所謂不學不慮之良知也。才動即覺，才覺即化，未
> 嘗有一毫凝滯之迹，故曰不遠復、無祗悔（案：復卦初九爻
> 辭）。子貢務於多學，以億而中，與顏子正相反。顏子歿而
> 聖學亡，子貢學術易於湊泊，積習漸染，至千百年而未已
> 也。（《全集》卷六）

儘管此處顏子與子貢的對比似乎是在突顯良知與知識之辨，但龍溪
對顏子的稱許，則顯而易見。甚至對曾子和孟子，龍溪亦有認為不
如顏子的話，所謂：

> 曾子、孟子尚有門可入，有途可循，有繩約可守，顏子則是
> 由乎不啓之牖達乎無輟之境，固乎無縢之緘。曾子、孟子猶
> 為有一可守，顏子則已忘矣！喟然一歎，蓋悟後語，無高堅
> 可著，無前後可據，欲罷而不能，欲從而無由，非天下之至
> 神，何足以語此？（《全集》卷一）

龍溪對顏子的推重，文集中比比皆是，這固然與陽明學以顏子
為聖學象徵符號對抗官方朱子學以爭取自身正統地位有關，❻但除

了這種相對而言較為外部的原因之外，陽明學尤其龍溪在吸納佛老過程中發展儒學本身「無」的向度，可以從顏子的歷史形態得到更多的印證，恐怕更是一個思想理路上的內在原因。如果說良知心體「有」的至善內容更多地由孟子來突顯，其無執不滯的「無」的向度，則顯然可以在顏子處獲得更多地詮釋空間。在龍溪看來，顏子在把握良知心體無執不滯這一品格的基礎上，其修養工夫的特點便是能夠在心體上立根。所謂「才動即覺，才覺即化」，就是指顏子能將自己的意識緊緊吸納在良知心體的發動機制上，縱使稍有偏差，也能夠立刻回到良知心體這一原點，從而使意識始終作為良知心體的直接發用而保持純淨。這恰恰是龍溪先天正心之學的內涵。

## 2、「即本體以為工夫」與「用工夫以復本體」

嘉靖四十一年壬戌（1562）十一月，龍溪訪羅念庵於吉水松原，在龍溪所作〈松原晤語〉和〈松原晤語壽念庵羅丈〉兩篇文字中，有一段相同的話：

> 夫聖賢之學，致知雖一，而所入不同。從頓入者，即本體以為工夫，天機常運，終日兢業保任，不離性體，雖有欲念，一覺便化，不致為累，所謂性之也。從漸入者，用工夫以復本體，終日掃蕩欲根，卻除雜念，求以順其天機，不使為累，所謂反之也。（《全集》卷二、卷十四）

在〈答茅治卿〉一書中，龍溪表達了同樣的意思：

---

**⑥**　呂妙芬：〈顏子之傳：一個為陽明學爭取正統的聲音〉，臺北：《漢學研究》第 15 卷第 1 期，1997 年 6 月，頁 73-92。

> 夫良知本來是眞，不假修證。只緣人我愛憎，分別障重，未
> 免多欲之累，才有所謂學問之功。堯舜清明在躬，障蔽淺，
> 是即本體便是工夫，所謂性之之學。湯武以下，嗜欲重，障
> 蔽深，是用工夫求復本體，所謂反之之學。（《全集》卷九）

龍溪這裏所謂「即本體便是工夫」與「用工夫以復本體」、「頓入」
與「漸入」、「性之」與「反之」的對比，均是區分先天之學與後
天之學的另外一種表達方式。

　　本體與工夫在理學傳統中是一對具有普遍意義的範疇。通常意
義上的工夫，基本上是指對後天經驗意識的澄清與糾正，使之回到
良知心體的本來狀態。作為本體的良知心體本身，則並不存在澄清
與糾正即所謂工夫的問題。但是，如果對良知心體自身並無一種自
覺，或者如龍溪所謂並不能「信得及」，真實的道德修養工夫，則根
本無從展開。陽明「致知者誠意之本」的說法，其實是看到了這一
點。而龍溪提出先天正心之學，就是要對良知心體的自覺把握，也
構成一種工夫。這也是「即本體便是工夫」的涵義所在。就此而言，
能否自覺到良知心體的真實不虛並使之呈現出來以為行為的主宰，
也正是是否對良知真能夠「信得及」的本質所在。如此一來，與在陽
明處不同，在龍溪這裏，正心一語便不再只是一個《大學》語脈之下
的虛籠說法，而是構成了誠意之外具有確定內涵的另一套工夫。只
不過這種工夫表現為對良知心體的當下把握，即所謂「頓入」而已。

　　中西方的道德哲學中均有明鏡或寶珠之喻，❼表示人們道德修

---

❼　雖然本質不同，但儒家和佛教都常以明鏡或寶珠比喻心性。康德對人性的看
　　法自與佛教相去甚遠，與儒家也並不相同，但康德在談到善良意志時，同樣

養就是要拂去明鏡或寶珠之上的塵土，使其重放光明。而明鏡或寶珠之所以能重放光明，又是因為其本來就是光明的。以「性之」與「反之」而言，對於像堯舜那樣先天稟賦清明的「上根之人」，便如同沒有塵土蒙蔽的明鏡和寶珠一樣，其放射光明不過是順其本性、自然而然，這就是所謂「性之」。而「反之」與「性之」相較，其實並非後者發出去，前者返回來，在終極的意義上二者都是要以良知心體為原初出發點而充拓出去。只是「性之」因無後天物欲之蔽，未嘗離開良知心體，因而可以直接由之而發；「反之」則因後天物欲之蔽，意識已經離開良知心體，因此需要先回到良知心體，然後再由之而發，這一點之所以可能，也仍然有賴於良知心體本身。因此，龍溪之所以提出「即本體便是工夫」的先天正心之學，目的正是希望人們能夠始終在自己的良知心體上立定根基，使後天的經驗意識始終和先天的良知心體保持質的同一性，從而使道德行為的發生，能夠像聖人「性之」那樣「若決江河，沛然莫之能禦」（《孟子》），自然而然地湧現出來，或者像顏子那樣「才動即覺，才覺便化」，不致為物欲所累。

## （二）、心體立根

龍溪先天正心之學的提出，是要使工夫的實踐方式，由後天意識的澄治，轉換為先天心體的把握。在龍溪看來，心體不僅是有善有惡的經驗意識形成之後的評價與規範機制，更是在確定的意識形

有寶珠的比喻。見康德：《道德形而上學原理》，苗力田譯（上海人民出版社，1986），頁43。

成之前的指導與發動機制。能在心體上立根，工夫便落實到了最為根本之處。從「意者心之發」、「知者意之體」和「意之所在為物」的關係結構來看，「心體立根」的最終結果必然是心、知→意→物呈現為一種純善無惡的存有系列，也就是達到了龍溪所謂「四無」的理境。不過，對於龍溪獨特的先天正心之學，又如何具體實踐其「心體立根」的先天工夫呢？

### 1、操心、養心、不失其初心

萬曆二年甲戌（1574）冬，龍溪與張元忭等人聚會天柱山房（會稽境內）時曾對裘子充論操心之法：

> 操是操習之操，非把持也。心之良知，原是活潑之物。人能操習此心，時時還它活潑之體，不爲世情嗜欲所滯礙，便是操心之法，即謂之存。才有滯礙，便著世情，即謂之亡。譬之操舟，良知即是舵柄，舟行中流，自在東西，無礙深淺，順逆無滯，全靠舵柄在手，隨波上下，始能有濟。良知之變動周流，即舵柄之遊移，前卻無定在也。若硬把捉死，手執定舵柄，無有變通，舟便不活。此心通達萬變而昭昭靈靈，原未嘗發，何出之有？既無出入，何方所之有？此是指出本心眞頭面與人看，以示爲學之的，非以入爲存，出爲亡也。
> ⑧

---

⑧ 此段文字不見於通行《全集》卷五〈天柱山房會語〉，而見於《龍溪會語》卷六〈天山答問〉，然兩篇文字實皆記錄萬曆二年龍溪與張元忭等人聚會天柱山房之問答語。參見本書附錄二：〈明刊《龍溪會語》及王龍溪文集佚文──王龍溪文集明刊本略考〉。

龍溪這裏的操舟之喻，和他對良知作用境遇性的理解是一致的。萬曆三年乙亥（1575），在華陽（江蘇句容）明倫堂（句容縣學）和新安（安徽歙縣）鬥山書院，龍溪同樣論述了操心之法（分別見《全集》卷七〈華陽明倫堂會語〉和〈新安鬥山書院會語〉）。兩處說法，與上引大略相同，只是在鬥山書院時將操舟之喻換成了操兵之喻而已。

另外，在〈冊付養真收受後語〉中，也有一段論操心的文字。其中，龍溪又將操心之法稱為養心之法：

> 操是操練之操，非執定把持之操也。良知者，人心之靈體，平旦虛明之氣也。操心即是致之之功。操則存者，隨時隨處練習此心，復其本來活潑之機而已。不操則便泥於時，滯於方，心便死了，故謂之亡。出入無時，莫知其鄉，正是指本來真體，示以操心之的，非以入為存，出為亡也。只此便是常存他虛明體段，只是養心之法。（《全集》卷十五）

操心與養心既是致良知工夫，對於這種「致之之功」，龍溪認為同時也就是「不失其初心」。他在〈白鹿洞續講義〉中指出：

> 致之之功，篤志時習，不失其初心而已。苟不失其初心，蘊之而為神明之德，發之而為光輝之業。可以配天地、橫四海而垂萬世，真修實悟，使自得之，非有假於外也。（《全集》卷二）

作為意識的發生機制和指導原則，良知心體是終極的實在，因而在心體立根，也就委實不過是不失其初心，並操練、保養此初

心，使之常做主宰而已。就心學的基本立場而言，心內在於每個生命之中，本無所謂放失的問題。龍溪也曾說：「人心固有，本無所放」。「失其本心」，是指人們受到後天物欲的影響，外馳逐物，以致意識的發生，不能以本心為根據，遂使本心不能呈露和發揮作用。❾但是，心不僅是立法原則，同時又具有實踐力量，他本身有一種不斷湧現的動力，即使在各種感性物欲的掩蓋與籠罩之下，也會不斷地震動，要顯露自身而主宰人們的生活行為。誠所謂「本心實是一活物，豈有終不震動之理？其隨時可呈露端倪，即隨時可震動也。本心之不容已亦自有一種力量，雖桎之反復，而終壓不住也。此為覺悟所以可能亦即其必然之最內在的根據」。❿ 因此，對操心、養心而言，所謂「復他活潑之體」、「復其本來活潑之機」以及「常存他虛明體段」，其中的「復」、「常存」和「不失其初心」中的「不失」一樣，均是指良知心體自身的呈現和主宰，即心之自正，良知之自致。⓫ 而一旦良知心體湧現而出，成為我們生活的主宰，由於其無執不滯的品格，道德實踐便會如同水中行舟而得其舵

---

❾ 牟宗三先生亦曾指出：「本來『本心』是在那裏，本無所謂『放』，亦無所謂『復』。……只因汨沒於利欲之私、感性之雜，心沈隱而不動，遂謂之為『放失』。……只是潛隱而不震動，故亦不起作用耳。」見氏著：《從陸象山到劉蕺山》（臺北：學生書局，1979），頁167-168。

❿ 牟宗三：《從陸象山到劉蕺山》，頁168。

⓫ 牟宗三先生將這種良知心體的自我覺悟稱為「逆覺」。所謂「逆覺之覺，亦不是把良知明覺擺在那裏，而用一個外來的無根的另一個覺去覺它。這逆覺之覺只是那良知明覺隨時呈露時之震動，通過此震動而反照其自己。故此逆覺之覺就是那良知明覺之自照。自己覺其自己，其根據即是此良知明覺之自身。說時有能所，實處只是通過其自己之震動而自認其自己，故最後能所消融而為一，只是其自己之真切地貞定與朗現（不滑過去）。」見《從陸象山到劉蕺山》，頁231。

柄一樣，能夠中流自在，無所滯礙。道德行為也自然會「泛應曲酬，發必中節」。對於得舵柄與否的不同效果，龍溪仍然用行船的比喻作出了生動的說明，所謂「風恬浪靜時，撐篙使楫的，與那得舵柄的，都會使的船動，相去不遠。及至顛風逆浪、海波震盪時，篙楫一些用不著，須得舵柄在手，方免艱危覆溺之患」。（《全集》卷四〈留都會紀〉）

### 2、慎獨

和「正心」一樣，「慎獨」也是《大學》裏一個指示修養工夫的重要觀念。❷ 只是在《大學》中，慎獨是和誠意相關的。《大學》第六章云：「所謂誠其意者，毋自欺也。如惡惡臭，如好好色。此之謂自慊。故君子必慎其獨也。」朱子在其《大學章句》解釋慎獨時，提出了作為動詞用法的「獨知」概念，所謂「獨者，人所不知而己所獨知之地也。言欲自修者，知善以去惡，則當實用其力，而禁止其自欺」。陽明繼承了朱子獨知的說法，仍以之為誠意的工夫。在答門人問「戒懼是己所不知時工夫，慎獨是己所已知時工夫」時，陽明指出：

> 只是一個工夫。無事時固是獨知，有事時亦是獨知。人若不於此獨知之地用力，只在人所共知處用功，便是作偽，便見君子而後厭然。此獨知處，便是誠意的萌芽。此處不論善念惡念，更無虛假，一是百是，一錯百錯，正是王霸義利誠偽

---

❷　《中庸》第一章也有慎獨的說法。所謂「是故君子戒慎乎其所不睹，恐懼乎其所不聞。莫見乎隱，莫顯乎微。故君子慎其獨也。」

善惡界頭。（《傳習錄上》）

但陽明在《傳習錄下》中，已有將獨知與良知相關的說法，所謂「所謂人雖不知而己所獨知者，此正吾心良知處」。而在龍溪的詮釋中，不僅獨知直接由動詞用法變為一個等同於良知的名詞概念，慎獨也由誠意的工夫，轉化為心體立根的先天之學。觀念正是在不斷的重新詮釋中，獲得其內涵的豐富性。

龍溪在〈答洪覺山〉書中指出：

> 良知即是獨知，獨知即是天理。獨知之體，本是無聲無臭，本是徹上徹下。獨知便是本體，慎獨便是工夫。此是千古聖神斬關立腳真話頭，便是吾人生身立命真靈竅，亦便是入聖入神真血脈路。只此便是未發先天之學。（《全集》卷十）

至於如何實踐作為未發先天之學的慎獨工夫，龍溪在〈答王鯉湖〉書中，則有進一步的解釋，他說：

> 夫獨知者，非念動而後知也。乃是先天靈竅，不因念有，不隨念遷，不與萬物作對。譬之清淨本地，不待灑掃而自然無塵者也。慎之之者，非是強制之謂，只是兢業保護此靈竅，還他清淨而已。在明道所謂明覺自然，慎獨即是廓然順應之學。悟得及時，雖日酬萬變，可以澄然無一事矣。（《全集》卷十）

由以上龍溪對獨知和慎獨的解釋，可見獨知已完全成為良知的另一種說法。❸慎獨既然「非是強制之謂，只是兢業保護此靈竅」，

---

❸ 龍溪亦將良知稱爲「乾知」。本來「乾知大始」中「知」字爲動詞，朱子《周

並在「悟得及」的情況下，成為一種「雖日酬萬變，可以澄然無一事」的「廓然順應之學」，則顯然不同於在經驗意識上不斷有所對治的後天之學，而是和「操心」、「養心」、「不失其初心」一樣，構成龍溪心體立根的又一種表達方式。

在理學史上，以慎獨為其工夫論特色的，首先讓人想到的是劉宗周（字起東，號念臺，晚更號克念子，稱蕺山先生，1578-1645）。儘管蕺山圍繞慎獨所展開的論說較龍溪為繁複，且二人性格氣象不同（雖皆光風霽月，但蕺山從嚴毅清苦中發出，顯端莊相；龍溪則由高明爽朗達至，顯平易相），但在強調工夫必須用在道德實踐的終極根據（不論以何種概念指稱它）這一點上，不能不說龍溪發蕺山之先聲。此外，蕺山雖對龍溪多有批評，但在一些重要的觀念上，卻不自覺地受到龍溪的影響，或至少與龍溪相吻合。關於這些問題，我們在後面再作討論。

### 3、立志

在前引〈白鹿洞續講義〉中，龍溪已將「志」與「不失其初心」聯繫起來，所謂「致之之功，篤志時習，不失其初心而已」。事實上，在龍溪看來，立志正是心體立根工夫的直接表現。

在隆慶五年辛未（1571）六月所作的〈白雲山房答問紀略〉中，❹龍溪有一段關於立志的說法：

---

易本義》訓「知」為「主」，對此龍溪並非不知，而是有意將其名詞化。李材對此不解，以為龍溪犯了常識性的錯誤，因而在〈答董蓉山〉中曾謂：「二十年前見一前輩，謂乾知即良知，不覺失笑」。這裏所謂「前輩」，即指龍溪。見黃宗羲：《明儒學案》，頁672。

❹ 此見《龍溪會語》卷四，通行本《全集》卷七作〈白雲山房問答〉，且後者未署時間。

　　夫學莫先於立志。先師有立志説。志猶木之根也，水之源
也。木無根則枝枯，水無源則流竭，人無志則氣昏。吾人一
生經營幹辦，只是奉持得此志。故志立而學辦。習心習氣未
能即忘，方知有過可改。忿念生，責此志則不忿；傲心生，
責此志則不傲；貪心生，責此志則不貪；怠心生，責此志則
不怠。無時而非責志之功，無處而非立志之地也。❶❺

龍溪之前，朱子、象山、陽明等皆強調立志的重要性，但多就一般
意義而言。在龍溪處，作為先天正心之學的有機組成部分，立志具
有了更為明確的意義指向。龍溪曾區分兩種志，所謂「夫志有二。
有道誼之志，有功利之志。道誼者，純乎天則，無所為而為。功利
則雜以世情，有所為而為也。」（《全集》卷二〈水西同志會籍〉）以
上引文中之志，自然指道誼之志。這裏龍溪將志喻為「木之根」、
「水之源」，顯示了志是最初的發動機制。而志負責「忿心」、「傲
心」、「貪心」、「怠心」等意欲的糾正，則說明志又是根本的監
督控制機制。顯然，志是良知心體的直接表現。志向的確立，同時
便意味著良知心體呈現而起主宰作用。就此而言，心體立根的先天
工夫，也就是立志的工夫。因此，當有人問「致良知工夫如何用」
時，龍溪的回答便是：「良知是天然靈竅，變動周流，不為典要，
覿面相呈，語默難該，聲色不到。雖曰事事上明，物物上顯，爭奈
取捨些子不得，然此不是玄思極想推測得來，須辦個必為聖人之
志。」（《全集》卷四〈留都會紀〉）

---

❶❺　　此段文字不見通行本《全集》，見本書附錄二：〈明刊《龍溪會語》及王龍
　　溪文集佚文——王龍溪文集明刊本略考〉。

在〈鬥山會語〉中，龍溪還有一段有關立志的文字。他對與會諸人說：

> 夫學一而已矣。而莫先於立志。惟其立志不真，故用功未免間斷。用功不密，故所受之病，未免於牽纏。是未可以他求也。諸君果欲此志之真，亦未可以虛見襲之，及以勝心求之，須從本原上徹底理會，將無始以來種種嗜好、種種貪著、種種凡心習態，全體斬斷，令乾乾淨淨，從混沌中立根基，自此生天生地生大業，方為本來生生真命脈耳。此志既真，然後工夫方有商量處。譬之真陽受胎，而收攝保任之力，自不容緩也；真種投地，而培灌芟鋤之功，自不容廢也。（《全集》卷二）

這段文字中「真陽」、「真種」的譬喻，更加充分地說明志是良知心體的直接表現。而「此志既真，然後工夫方有商量處」，則表明立志是道德實踐的前提與起點。所謂「良知時時作得主宰，便是立志」(《全集》卷一〈聞講書院會語〉)。因此，道德實踐之所以可能，必須預設志的先在性。在這個意義上，立志便是一項「須從本原上徹底理會」的工作。

從心、知→意→物的結構來看，無論是誠意還是格物，均可說不外是使良知心體得以充分的呈現。由此，道德實踐工夫的展開，便可視為一個良知心體自身由內到外、由自我到社會不斷充拓與外化的過程。所謂「道有本而學有機，自萌蘗之生以至於扶蘇，由源泉之混以至洋溢，終始條貫，原無二物」(《全集》卷十〈答吳悟齋〉第一書)。因此，對孔子從「十五而有志於學」到「七十而從心所

欲不逾矩」的經歷次第，龍溪以「志定」→「志無疑」→「志與天通」→「志忘順逆」→「志到熟處」，這樣一個志的不斷拓展和深化過程來加以解釋（見《全集》卷三〈書累語簡端錄〉、卷十四〈從心篇壽平泉陸公〉），也就是順理成章之事了。

既然道德實踐可以看作一個志的自我擴展過程，工夫的著力點自當放在志本身，這樣才抓到了根本。龍溪明確指出：「人之有志，譬如樹之有根，一切栽培灌溉，無非有事於根。吾人一切考古證今，親師取友，慎思明辨，無非成就得此志。即栽培之意也。故學莫先於立志。」（《全集》卷十六〈水西別言〉）這更直接地表明了立志與心體立根工夫的統一性。

我們在上一章的討論看到，突顯良知之無，是龍溪良知觀的一個特點。從「工夫不離本體，本體不離工夫」這一陽明學的基本原則來看，與良知之無的向度相應，龍溪致良知的工夫也要求化除膠著粘滯，在自然靈動的狀態下從事真實的道德實踐。嘉靖四十三年甲子（1564），龍溪赴水西之會時於宜興晤耿定向，臨別時耿定向送龍溪至新安江舟中，「更求一言之要為別」，龍溪說了這樣一段話：

> 子常教人須識當下本體，更無要於此者。雖然，這些子如空中鳥迹，如水中月影，若有若無，若沈若浮。擬議即乖，趨向轉背，神機妙應，當體本空，從何處去識他？於此得個悟入，方是無形象中真面目，不著纖毫力中大著力也。（《全集》卷四〈東遊會語〉）

這裏所謂「無形象中真面目，不著纖毫力中大著力」，顯示了龍溪先天正心之學的另一個方面，那就是「無中生有」的工夫。

## （三）、無中生有

　　除了「操心」、「養心」、「不失初心」、「慎獨」和「立志」之外，龍溪還多次將其先天正心工夫稱為「無中生有」。❻ 事實上，陽明已有這種話頭，所謂「我此論學原是無中生有的工夫」（《傳習錄上》），但陽明對此卻並無明確的具體說明。我們在第二章討論龍溪良知觀的境遇性時，所引〈新安鬥山書院會語〉的文字中已出現了「自無生有」的字眼。而在〈留都會紀〉中，「無中生有」作為先天正心工夫，則表示得更為明確：

> 只此一點虛明，便是入聖之機。時時保任此一點靈明，不為旦畫牿亡，便是致知，只此便是聖學，原是無中生有。（《全集》卷四）

這種「無中生有」的工夫，龍溪也稱之為「混沌立根」，他在〈答周居安〉書中說：

> 若果信得良知及時，不論在此在彼，在好在病、在順在逆，只從一念靈明，自作主宰，自去自來，不從境上生心，時時徹頭徹尾，便是無包裹。從一念生生不息，直達流行，常見天則，便是真為性命。從一念真機綿密凝翕，不以習染情識

---

❻　龍溪關聯於良知而談「無中生有」或「自無生有」，在全集中至少見於以下七處：卷二〈滁陽會語〉、卷四〈留都會紀〉、卷五〈天柱山房會語〉、卷七〈新安鬥山書院會語〉、卷八〈天根月窟說〉、卷九〈答季彭山龍鏡書〉、卷十二〈與宛陵會中諸友〉。

參次攪和其間，便是混沌立根。（《全集》卷十二）

現在的問題是，如果說「心體立根」反映了龍溪先天正心之學的本質內容，那麼如何理解其「無中生有」的工夫論內涵呢？

### 1、「有」與「無」涵義的二重性

在討論龍溪「無中生有」的涵義之前，有必要先對「有」與「無」的意義進行分析。對中國哲學而言，理解「有」與「無」要區分存有論和境界論兩個不同的層面。當「有」是指存在、有實在性，「無」是指非存在、虛無、不具實在性時，這時的「有」與「無」均是存有論的概念（ontological concept）。「有」與「無」的這種涵義最為通常，也較易為人所理解。除此之外，「有」與「無」還有一個心靈境界的層面。在這個層面上，「有」和「無」不是指存有論意義上的存在與非存在，而是指示人心靈境界的兩種不同狀態。「有」是指心靈缺乏超越性，有所執著。「無」則是指心靈能夠不繫於物，超越於因果條件的制約之上，無所執著，所謂「無待」。在存有論的意義上討論「有」與「無」，涉及的是存在的客觀實在性問題。而在境界論的意義上討論「有」與「無」，則不涉及存在的客觀實在性問題，只是指示一種主觀的心靈境界，代表主體一種生存（existence）意義上的精神狀態。馮友蘭（1895-1990）先生在討論魏晉玄學時指出，王弼（字輔嗣，226-249）所謂的「聖人體無」，並非對本體的把握，而是指示一種「以無為心」的精神境界。郭象（字子玄，252-312）思想的意義也在於破除了本體的「無」，但肯定了境界的「無」。 ❶ 牟宗

---

❶ 馮友蘭：《中國哲學史新編》第四冊（北京：人民出版社，1986），頁162。

三先生在論述魏晉玄學時更進一步指出，道家「無」的形上學是一種境界形態的形上學。並且，這種境界意義上的「無」其實是儒釋道三教的「共法」。⑱ 陳來先生則在此基礎上認為「有我之境」與「無我之境」可以作為把握整個中國文化精神氣質的一對具有普遍意義的範疇。⑲ 我們在第二章討論龍溪良知觀的「有」「無」二重性時，已經涉及到了這個問題。良知之「有」，是指存有論的意義上良知作為至善本身的實在性；良知之「無」，是指境界論意義上良知發生作用時無執不滯的空靈狀態。而龍溪在工夫論意義上的「無中生有」，可以說是同時從存有論與境界論這兩個向度對「有」「無」的進一步展開。

從巴門尼德（Parmenides）開始，古典西方哲學的主流所討論的Being 和 Non-Being，均是在存有論的層面上來立言。儘管現代存在主義（existentialism）者們在探討「存有」問題時與古典存有論的方向產生了很大的偏離，而集中於人的生存問題，於是不免涉及到了心靈境界的向度。不過，根據奧拉夫森（Frederick A. Olafson）對海德格爾和薩特之「無」（nothing）的解釋，⑳ 倪德衛（David S. Nivison）指出，這些存在主義者們對「無」的理解不僅不是心靈境界意義上的無執不滯，反而與之正相對反。㉑ 中國哲學境界論意義上的「有」與「無」

---

⑱　牟宗三：〈才性與玄理三版自序〉，《才性與玄理》（臺北：學生書局，1997），頁1-2。

⑲　陳來：《有無之境──王陽明哲學的精神》，頁3-8。

⑳　Frederick A. Olafson, *Principles and Persons: An Ethical Interpretation of Existentialism*, Baltimore, MD.: The Johns Hopkins Press, 1967, 69ff.

㉑　David S. Nivison, *The Ways of Confucianism*, Peru: Open Court Publishing Company, 1996, p.236.

作為一種精神性的問題，在西方更多地是存在於宗教而非哲學傳統之中。不過，即使在西方的宗教傳統中，由於西方以基督教為背景的宗教傳統表現為「天人相分」的基本形態，中國哲學尤其儒家以自我的創造性轉化為終極關懷所體現出「天人合一」的宗教性，從正統基督教的視角看來，不免要麼意味著人性的僭越，要麼仍不過是內在性的膨脹，就像前面提到克爾凱戈爾所謂的「宗教Ａ」一樣，其實並未達到真正的超越性。對於從主體自我的創造性轉化出發而達到的各種「有」、「無」之境，如孟子的「萬物皆備於我」、王弼的「聖人之情，應物而無累於物也」、郭象的「聖人常遊外以冥內，無心以順有，故雖終日見形，而神氣無變；俯仰萬機，而淡然自若」、程明道的「天地之常，以其心普萬物而無心；聖人之常，以其情順萬物而無情」以及龍溪的「良知知是知非，而實無是無非」，在西方無論哲學還是宗教傳統中，如果不是落於考察的範圍之外，也至少處於話語的邊緣。因此，中國哲學境界論意義上的「有」與「無」，作為一種主體的心靈境界，更多地構成中國哲學特有的論域。

中國哲學的特點之一就是概念涵義的多樣性。對「有」與「無」而言尤其如此。由於「有」與「無」是道家最早和經常使用的概念，且後來佛教「緣起性空」的基本宗旨又多通過「無」得以闡發。過多地以「無」作為論說使用的範疇，在傳統時代很容易使人聯想到佛老。如果對概念使用的層面和內涵缺乏義理分際的把握，而只著眼於概念的語言形式使用，便尤其會出現這種問題而產生「文字障」。我們之所以要首先釐定「有」與「無」涵義的二重性，正是要為準確理龍溪「無中生有」的工夫論意涵奠定基礎。

## 2、「無中生有」的涵義

較之陽明，龍溪更多地直接以「有」、「無」為概念來展開其論說。儘管如此，龍溪有關「有」「無」的話頭，仍然往往出語直截簡易，缺少正面的分解展示，這給人們的理解帶來一定困難，不過，透過龍溪對「好惡無所作」、「何思何慮」以及「忘」的相關論說，我們仍能把握其「無中生有」的特定涵義。

### （1）、好惡無所作

龍溪是以正心與誠意的對照來提出其先天學的。除了「心上立根」與「意上立根」的區別之外，龍溪還從另外一個角度揭示了正心與誠意的差別，從中，我們可以看到龍溪賦予先天正心工夫的另一層涵義。下面是正心與誠意的又一種對照方式：

> 如好好色，如惡惡臭，求以自謙，意之誠也。好惡無所作，不使有所忿，有所好樂，心之正也。（《全集》卷七〈新安鬥山書院會語〉）

> 誠意者，真好真惡，毋自欺其良知而已。正心者，好惡無所作，復其良知之體而已。（《全集》卷八〈大學首章解義〉）

> 如好好色，如惡惡臭，意之誠也。好惡無所作，心之正也。（《全集》卷八〈政學合一說〉）

> 是故如惡惡臭，如好好色，而毋自欺，意之誠也。好惡無所作，心之正也。（《全集》卷十〈答吳悟齋〉第一書）

上引四條文字，是龍溪分別在不同的情況下以不同的文體所發。有
講會的會語，有單篇的專論文字，還有論學的書信。由之可見，龍
溪對正心的解釋不再是「心體立根」，而是「好惡無所作」。「好
惡無所作」是指不執著於意識的好惡，而順本心之自然。這相當於
孔子的「毋意、毋必、毋固、毋我」（《論語·子罕》），所以龍溪又
有「一念廓然，無有一毫固必之私，謂之正心」的說法。在心學的
立場上，本心不僅是靜態的道德法則，更是動態的實踐機制。它本
身自然有呈現自己以為行為主宰的力量，如果不能順本心之自然，
著意為之，反而會陷入膠著粘滯，使本心的流行發用不能順暢，對
此，龍溪在〈贈紹坪彭侯入覲序〉中頗有感慨：

> 予讀《洪範》，至無有作好作惡，王道蕩蕩平平之說，喟然而
> 歎曰：斯固古人經世之學乎？夫心本平平，本能好惡，譬諸
> 鑒之別妍媸，衡之能權輕重，非有假於外也，一有作焉，始
> 不得其平。（《全集》卷十四）

這裏所謂「一有作焉」中的「作」，就是指著意為之而有所造作。
因此，只有使良知心體處於「無有作好，無有作惡」的「平平」之
態，它才能自然發用流行。由此產生真正「好惡」的道德判斷。

　　如果說「好惡無所作」指示一種「無」的心靈境界，「如好好
色、如惡惡臭」的真好惡，作為具體的道德實踐行為，便是存有
論意義上真實不虛的「有」。並且，在龍溪看來，也只有在「好惡無
所作」這種「無」的作用形式下，才會產生真好真惡那種「有」的
本質內容。

## （2）、何思何慮

除了「好惡無所作」之外，龍溪「無中生有」的工夫論意涵，在其對於「何思何慮」的解說中也得到了體現。

《孟子》中有「心之官則思」的說法，《書經》有「思曰睿，睿作聖」的說法，而《詩經》也有「思無邪」的觀念。因此，「思」似乎是心的天職，所謂「聖功之本」。但《易傳·繫辭》又有「何思何慮」的講法。「思」與「何思何慮」之間，似乎存在著矛盾。在〈答南明汪子問〉中，汪南明曾向龍溪提出過這個問題，龍溪的回答是：

> 夫何思何慮，非不思不慮也，所思所慮，一出於自然，而未嘗有別思別慮。我何容心焉？譬之日月之明，自然往來，而萬物畢照，日月何容心焉？（《全集》卷三）

類似的話還見於〈東遊會語〉中。此外，嘉靖四十三年甲子（1564）秋，萬廷言（字以忠，號思默）由京城來訪龍溪，在二人的相與問答中也討論了「何思何慮」的問題。萬廷言問：「康節思慮未起，鬼神莫知，與吾儒何思何慮之義，何所當也?」龍溪答曰：

> 思慮未起，乃邵子先天心法，即吾儒何思何慮之旨，非對已起而言也。思是心之職，不思便是失職，慮，思之審也。未起云者，終日思慮而未嘗有所思慮，非不思不慮也。《易》大象曰：君子思不出其位。不出位之思，即未起之思慮，所謂止其所也。有起有出，即爲妄，鬼神便可測識，非先天之學也。（《全集》卷十六〈書見羅兼贈思默〉）

對於龍溪的回答，萬廷言尚未充分理解其涵義，又問：「思慮未起之說，平居猶可取證，至如見孺子入井，怵惕惻隱之心，乃至狂奔盡氣，運謀設法救拯他，分明是起了，安得謂之未起？」認為「思慮未起」之說與《孟子》中乍見孺子入井而起惻隱之心的說法難以相容。龍溪於是又有如下的回答：

> 此等處正好默識。若不轉念，一切運謀設法，皆是良知之妙用，皆未嘗有所起，所謂百慮而一致也。才有一毫納交要譽惡聲之心，即爲轉念，方是起了。（同上）

顯然，就龍溪此處的語境來看，思慮之起與未起，並不是指思慮之有無，而是在於所發的思慮是否作為良知本心的自然發用。正如乍見孺子入井，如果順應本心，自然會生怵惕惻隱之情，由此心此情所推動產生的一切營救行為，都只不過是本心的自發表現。所謂「一切運謀設法，皆是良知之妙用」。在這個意義上可以說「思慮未起」。但如果未能直接順應本心，而是轉念想到營救孺子或者可以結交其父母，或者可以在鄉里贏得好的名譽，或者至少不再聽到孺子入井時發出的惡聲，則此時的念頭已經偏離了本心。這種偏離本心而「轉念」產生的思慮，才是龍溪所謂的「起了」的思慮。

由此可見，龍溪認為「何思何慮」並不意味著對思慮的取消，正如好惡一樣，思慮也是心的本來職能。但既是「心之職」，思慮所發，就應當像日月照萬物一樣，自然而然，無有任何造作。在龍溪看來，「何思何慮」就是指心在思慮時無執無著的自然狀態。並且，只有「何思何慮」，讓本心自然發出思慮，此時的思慮，才是真思慮，而不致流於安排與算計。因此，與「如好好色、如惡惡之臭」和

「好惡無所作」相一致，「思慮」與「何思何慮」也體現為一種辯證關係。如果說「何思何慮」表現為一種似乎無思無慮的「無」的形式的話，那麼這種形式下則包含了本心真實思慮的「有」的內容。

### （3）、忘

龍溪對「好惡無所作」與「何思何慮」的解釋，都是在強調道德實踐時的行為應當順從良知心體直接與自然的反應。由於良知心體至善是整個理學普遍接受的基本命題，因此只要是直接根據良知心體所產生的行為，便自然符合道德法則。但如果好惡之情「有所作」，思慮一「起」，意識便會流於膠著粘滯甚至營謀算計，偏離良知心體。在這個意義上，「無中生有」的工夫又意味著要能在道德實踐行為發生的同時，不將道德實踐行為本身作為思慮反省的對象，從而執著於這種行為所產生的是非善惡。龍溪將這種工夫稱為「忘」，所謂「忘則澄然無事，工夫方平等，不起爐竈。」（《全集》卷三〈水西精舍會語〉）

在給周怡（字順之，號訒溪，1505-1569）的〈別言贈周順之〉中，龍溪對「忘」有如下的論述：

> 予聞之道無方所，而學無止極。淵然而寂，若可即，而非以形求；若可知，而非以知索，若可循；而非以力強也。夫非以形求，則為忘形之形；非以知索，則為忘知之知；非以力強，則為忘力之力。惟忘無可忘，斯得無所得。（《全集》卷十六）

而在嘉靖三十六年丁巳（1557）三山石雲館第之會中，龍溪在與王慎

中的問答中不僅解釋了何為「忘無可忘」，更進一步闡明了「忘」的
工夫內涵。龍溪指出：

> 忘好惡，方能同好惡；忘是非，方能同是非。蓋好惡是非，
> 原是本心自然之用，惟作好惡，任是非，始失其本心。所謂
> 忘者，非是無記頑空。率其明覺之自然，隨物順應，一毫無
> 所作、無所任，是謂忘無可忘。在知道者，默而識之。（《全
> 集》卷一）

「無記頑空」是佛教的用語，表示存有論與境界論雙重意義上的純粹
虛無。龍溪否認「忘」是「無記頑空」，就表示並不是在存有論的
意義上不講是非，不分善惡，而是讓本心明覺自然發用，所謂「率
其明覺之自然，隨物順應，一毫無所作、無所任」。顯然，「忘」和
「好惡無所作」、「何思何慮」一樣，屬於同一種工夫實踐形態。

通過對龍溪「好惡無所作」、「何思何慮」與「忘」的涵義分
析，我們應當對其「無中生有」的工夫論意涵有所把握，在第二章討
論龍溪對良知「空」、「無」、「虛」、「寂」特性的理解時，我
們已經指出，這些摹狀詞均只是良知的作用狀態，並非在存有論的
意義上將良知歸入虛無。同樣，工夫論意義上的「無中生有」，也絕
非以虛無為根據來進行道德實踐。如果說良知心體本身是「有」與
「無」二者之統一的話，那麼「有」是在存有論的意義上指其體，「無」
是在境界論的意義上言其用。前者是本質內容，後者是作用形式。
因此，「無中生有」只是指道德實踐中化除執著，使良知心體自然呈
現並起主宰作用的工夫，並非像佛教那樣將修養工夫建立在「緣起
性空」的存有論基礎之上。「無中生有」中的「無」，既可以作為

動詞來看，指「化除」、「忘卻」之意，又可以指「無」去執著、不有心作做之後所達至的無執不滯的精神狀態。並且，只有在消解了心靈執著與造作的情況下，至善的良知心體作為最真實的存在——「有」，才能朗然呈現出來，真正的道德實踐——「有」，也才得以可能。

「心體立根」和「無中生有」，可以說是龍溪對先天正心工夫的雙重規定。前者從存有論的角度立言，重在工夫的內容，強調把握作為道德實踐終極根源的良知心體。後者從境界論的角度立言，重在工夫的形式，強調化除種種執著，使道德實踐成為良知心體的自然發用。並且，「無」的形式既可以使主體在自然無滯的心靈境界下盡可能充分地進行為善去惡的道德實踐，以「不染世累」的方式去「修齊治平」、「盡性至命」，又往往是「由仁義行」的真儒家區別於「行仁義」的假道學的一種表現。龍溪主張以「無中生有」的方式「在心體立根」，既與其良知觀相一致，有其理論的內在一貫性，又和當時的士風，不無關聯。

《大學》之所以會成為理學中如此重要的經典依據，一個很重要的原因就是《大學》基本上表現為一套形式化的概念架構，不同主張的思想家往往皆可依託這套架構而展開各自的論說。自從《大學》的經典地位確立以來，儒家學者欲標立己說並獲得經典的合法性支援，往往多從《大學》入手。兩宋以來《大學》屢有改本，相當程度上也正說明了這一點。❷ 因此，儘管「正心」是《大學》的概念，

---

❷　宋以來《大學》版本的改易情況，參見李紀祥：《兩宋以來大學改本之研究》（臺北：臺灣學生書局，1988）。

但不同的思想家完全可以賦予此概念以不同的涵義。因為《大學》並未對其給出確定的意義界說。龍溪的先天正心之學，就是這樣一套雖借助《大學》的「正心」觀念，卻有著自己特定內涵的工夫論系統。

先天正心之學的關鍵，就是要將工夫的著力點直接落於道德實踐的終極根據——良知心體之上。在龍溪看來，只要始終能在心體立根，時刻以良知心體為主宰，且不要因有所執著造作而將良知心體對象化而推出身外，則意識的每一次發動，便都會是順本心之自然，成為善良意志。如此，工夫自然超乎動靜二境，不受外在環境的制約。所謂「若見得致知工夫下落，各各隨分做去。在靜處體玩也好，在事上磨察也好。譬諸草木之生，但得根株著土，遇著和風暖日，固是長養他的。遇著嚴霜烈日，亦是堅凝他的。蓋良知本體，原是無動無靜，原是變動周流，此便是學問頭腦，便是孔門教法。」（《全集》卷四〈東遊會語〉）較之那種良知心體隱沒，經驗意識形成習慣性運作並產生善惡的分別與執著之後，再不斷重新啟動良知心體進行為善去惡的對治工夫，先天正心工夫顯然更為究竟。事實上，如前所引，在以正心與誠意對照的方式提出其先天正心之學的文字中，龍溪已經流露出了這種看法。

龍溪先天正心之學的整體特色，其〈再至水西用陸象山鵝湖韻四首〉（《全集》卷十八）中的兩首頗能體現，第二首有云：

> 本來無息若為欽，對治終為未了心，萬象掃空歸一竅，諸門洞啓見孤岑。聖非剩有愚非欠，日自東升月自沈，北海玄珠忘處得，百年憂樂古猶今。

第四首則曰：

> 吾儕今日學欽欽，只恐欽欽未識心。滄海彙來忘巨浸，泰山
> 頂上失高岑。乾坤何意開還合？魚鳥從教飛共沈。自在天機
> 歸一念，寥寥非古亦非今。

而一旦先天正心工夫得以切實展開，心、知、意、物便最終呈現為一心體流行的化境。這則是龍溪四無論所討論的內容。

龍溪是以正心與誠意對照的方式提出其先天之學的，但是，龍溪提倡「心體立根」的先天正心之學，並不意味著對誠意工夫的排斥。在龍溪晚年屢屢提到的「一念之微」這一概念的工夫蘊涵中，不僅先天正心之學和後天誠意之學獲得了緊密的統一，工夫著力點從「意」到「念」的轉化，也使得誠意工夫更為深邃綿密。事實上，上引第四首詩中所謂「自在天機歸一念」的句子，已經向我們透露了龍溪一念工夫論的消息。

## 三、一念工夫

在陽明的論學問答中已有數處提到「念」這一觀念，如〈答顧東橋書〉中有云：

> 夫良知之於節目時變，猶規矩尺度之於方圓長短也。節目時
> 變之不可預定，猶方圓長短之不可勝窮也。故規矩誠立，則
> 不可欺以方圓，而天下之方圓不可勝用矣；尺度誠陳，則不
> 可欺以長短，而天下之長短不可勝用矣；良知誠致，則不可
> 欺以節目時變，而天下之節目時變不可勝用矣。毫釐千里之

謬，不於吾心良知一念之微而察之，亦將何所用其學乎？」
（《傳習錄中》）

從語脈來看，陽明這裏的「一念之微」是指良知初發後的細微狀態，是一種真誠的意識，不同於一般脫離本心的有善有惡的意念。而在《傳習錄下》中，陽明與陳明水還專門討論過「念」的問題：

> 九川（陳明水）問：「近年因厭泛濫之學，每要靜坐，求屏息念慮。非惟不能，愈覺擾擾，如何？」先生（陽明）曰：「念如何可息？只是要正。」曰：「當自有無念時否？」先生曰：「實無無念時。」曰：「如此卻如何言靜？」曰：「靜未嘗不動，動未嘗不靜。戒慎恐懼即是念，何分動靜？」曰：「周子何以言『定之以中正仁義而主靜』？」曰：「無欲故靜，是『靜亦定，動亦定』的『定』字，主其本體也。戒懼之念是活潑潑地。此是天機不息處，所謂『維天之命，於穆不已』，一息便是死。非本體之念，即是私念。」

此處的「戒懼之念」和上述「一念之微」一樣，都是作為良知心體的直接發用，也就是陽明所謂的「本體之念」，而脫離了良知心體的經驗意識，則即是所謂「私念」。另外，陽明在《傳習錄下》答黃直（字以方，嘉靖二年進士）問時，還有「念念致良知」的說法：

> 人心是天淵。心之本體無所不該，原是一個天。只為私欲障礙，則天之本體失了。心之理無窮無盡，原是一個淵。只為私欲窒塞，則淵之本體失了。如今念念致良知，將此障礙窒塞一齊去盡，則本體已復，便是天淵了。

　　不過，儘管在陽明的話語中我們已經可以解讀出「念」的不同意義，但「念」在陽明處並未成為一個確定的概念，陽明並未經常針對「念」進行討論，只是在不同的語境下使「念」自然連帶出相關的涵義。但龍溪對陽明心中隱含的意思顯然深有體會，在通行的整部《全集》中，「一念之微」、「一念之初機」、「一念獨知之微」、「一念之良」以及「一念獨知」等圍繞「一念」的說法，至少有八十多處，其中尤以「一念之微」（或「一念入微」）的說法最為頻繁。嘉靖四十三年甲子（1564），六十七歲的龍溪在所作〈書顧海陽卷〉中指出：

> 古人之學，惟在理會性情。性情者，心之體用，寂感之則也。然欲理會性情，非可以制於中而矯飾於外，其要存乎一念之微。人心本自中和，一念者，寂感之機也。致謹於一念之微，則自無所偏倚，無所乖戾，中和由此而出。中則性定，和則情順，大本立而達道行，發育萬物，峻極於天，以收位育之全功，聖學之的也。（《全集》卷十六）

隆慶三年己巳（1569）夏，七十二歲的龍溪應曾見臺之邀聚會武林，在臨別時，曾見臺提出了有關「有念無念」的問題，龍溪回答說：

> 念不可以有無言。念者，心之用，所謂見在心也。緣起境集，此念常寂，未嘗有也，有則滯矣。緣息境空，此念常惺，未嘗無也，無則槁矣。克念謂之勝，妄念謂之狂。聖狂之分，克與妄之間而已。千古聖學，惟在察諸一念之微，故曰一念萬年，此精一之傳也。（《全集》卷十六〈別曾見臺漫語摘

略〉〉

而在八十歲時寫給李漸庵的兩封書信中，❷龍溪同樣提到了要從一
念入微處作工夫。龍溪在〈答李漸庵〉第一書中說：

> 《易》曰：貞吉悔亡，悔生於動。自信良知，直心而發，天則
> 在我，是謂貞吉而悔亡。譬之日月之明，自然往來，未嘗有
> 所動也。才涉安排，即為憧憧。萬起萬滅，眾欲相引而來，
> 是為朋從爾思，非自然之往來也。試於默作反觀時，密加體
> 究，動與不動，只從一念入微處決之，此乃本心寂然之靈
> 樞，非可以意識承領而得也。（《全集》卷十一）

在〈答李漸庵〉第二書中，龍溪又說：

> 吾人此生幹當，無巧說，無多術，只從一念入微處討生死，
> 全體精神打並歸一，看他起處，看他落處。精專凝定，不復
> 知有其他。此念綿密，道力勝於業力，習氣自無從而入，雜
> 念自無從而生。此是端本澄源第一義，所謂宗要也。（同上）

　　相似的例子還有很多，且龍溪在晚年與友人的通信中，幾乎每
封信中都有強調從一念之微處用功的說法，我們在此不必贅引。現
在的問題是，龍溪既然自覺地將「念」作為一個明確的概念加以使
用，那麼，「念」在龍溪處究竟有何涵義？並且，龍溪既然認為「千
古聖學，惟在察諸一念之微」，將從一念入微處作工夫視為「端本澄
源第一義」的「宗要」以及良知作用的「自然之往來」，那麼，龍

---

❷　此書中有「不肖年巳八十」的話，故可知該書作於龍溪八十歲時。

溪的一念工夫與其先天正心之學又構成何種關係呢？

## （一）、一念工夫的涵義

### 1、念與意

〈念堂說〉是龍溪對「念」的涵義說明最為詳細的一篇文字，龍溪說：

> 人惟一心，心惟一念。念者，心之用也。念有二義：今心為念，是為見在心，所謂正念也；二心為念，是為將迎心，所謂邪念也。正與邪，本體之明，未嘗不知，所謂良知也。念之所感謂之物，物非外也。心為見在之心，則念為見在之念，知為見在之知，而物為見在之物。致知格物者，克念之功也，見在則無將迎而一矣。正心者，正此也；修身者，修此也。……孟子曰：必有事焉，而毋正，心毋忘毋助長也。必有事者，念念致其良知也；毋忘者，毋忘此一念之謂也；毋助者，無所意必，以無念為念之謂也。（《全集》卷十七）

和論述先天正心之學一樣，龍溪仍然是在《大學》的語脈中關聯著「心」、「知」、「物」來規定「念」的。這裏，龍溪將「念」視為「心」的發用，心與念構成一種體用關係。所謂「念者，心之用也」。而在前面徵引隆慶三年龍溪答曾同亨之問中，也同樣有「念者，心之用」的說法。我們在前面已經提到，陽明是將「意」作為心之所發的，這可以說是陽明學中對「心」「意」關係的一個基本規定。龍溪無疑繼承了這一講法，因而在萬曆五年丁丑（1577）為徐階

所作的〈原壽篇贈存齋徐公〉(《全集》卷十四)中，龍溪有「意者，心之用」的話頭。如果再關聯於「物」來看的話，陽明學的另一個基本命題是「意之所在為物」，而龍溪此處認為「念之所感謂之物」。這樣看來，同樣作為「心之用」，念與意應當是具有同一指謂的兩個概念。更為明顯的是，龍溪在嘉靖六年丁亥（1528）夏「天泉證道」時所謂「若悟得心是無善無惡之心，意即是無善無惡之意，知即是無善無惡之知，物即是無善無惡之物」，❷ 作為其著名的四無論的重要組成部分，至少已為治理學者所耳熟能詳，而我們將這段話與上引〈念堂說〉中所謂「心為見在之心，則念為見在之念，知為見在之知，而物為見在之物」相對照，立刻會發現兩者在句式上的對應與一致之處。四無論中的「心、意、知、物」在〈念堂說〉中變成「心、念、知、物」，「無善無惡之心」、「無善無惡之意」、「無善無惡之知」與「無善無惡之物」則變成「見在之心」、「見在之念」、「見在之知」與「見在之物」。至於四無論的具體內容與「見在之心」、「見在之念」、「見在之知」、「見在之物」的涵義，我們下一章再予以專門討論，這裏提出這一對照的意義，在於進一步說明念與意在龍溪思想中的同義性。

不過，龍溪晚年對一念之微的大量與反復論說，顯然意味著念在內涵上並不完全等同於意。同樣是心的發用，意是從整體上對於意識的指謂，而念則側重於心在每一個瞬時發動所產生的意識狀態。如果說意是從心這個原點所發出的一條線，念則是這條線上的

---

❷　見《全集》卷一〈天泉證道記〉、卷二十〈刑部陝西司員外郎特詔進階朝列大夫致仕緒山錢君行狀〉。同樣內容亦見《傳習錄下》,《王陽明年譜》。

每一個點。或者說，意偏重於指心的整體運作過程，而念則指示著
這一運作過程中的每一個瞬間狀態。在這個意義上，念與意作為心
的發動雖無本質的不同，但念卻構成意的最小單位。如果從一念之
微上用力，則工夫的展開無疑會更為嚴密。龍溪所謂「全體精神打
並歸一，看他起處，看他落處。精專凝定，不復知有其他。此念綿
密，道力勝於業力，習氣自無從而入，雜念自無從而生，」正反映
了在一念之微上「念念致其良知」的道德實踐工夫的細緻入微。也
恰恰是在這個意義上，隆慶二年戊辰（1568）龍溪應蔡國熙（號春
臺，嘉靖三十八年進士，生卒不詳）之邀至蘇州講學答諸生問格致
之旨時便指出：「大學之要，在於誠意，其機原於一念之微。」
（《全集》卷五〈竹堂會語〉）但是需要說明的是，由此我們並不能得
出這樣的結論：一念之微的工夫即是誠意的工夫，只不過前者是後
者的細密化。因為如果是這樣，我們就很難理解：龍溪在相對於誠
意工夫而提出其先天正心之學並以後者為根本的情況下，為什麼還
會一再強調一念入微的工夫是「端本澄源第一義」的「宗要」。這
是龍溪思想的矛盾之處？還是龍溪在工夫論的問題上思想前後發生
了變化呢？

### 2、正念與邪念，本念與欲念

　　從前面對龍溪先天正心之學的檢討來看，對先天正心之學立足
於良知心體與後天誠意之學著眼於意識的澄治，以及二者在工夫論
中的不同定位，龍溪有明確的分疏。因而龍溪顯然不可能在其工夫
論上發生如此的矛盾。而我們在仔細檢閱龍溪的思想材料時會發
現，儘管龍溪在晚年的論說（尤其與友人的通信）中比較頻繁地使

用「一念之微」的表達方式，但強調要立足於良知心體的先天正心之學，也始終是龍溪工夫論的一貫宗旨。因此，也並不能說龍溪晚年又回到了以誠意為工夫著重點的立場。這裏的關鍵在於：強調於「一念之微」處用力的一念工夫，其實並不僅僅是誠意工夫的細密化，因為在龍溪處，念實際上並不只是一般意義上有善有惡的經驗意識。

在〈念堂說〉中，龍溪已經提出了「正念」與「邪念」的區分。正念是所謂「今心為念」的「見在心」，邪念是所謂「二心為念」的「將迎心」。在嘉靖四十四年乙丑（1565）的留都之會中，龍溪也曾對李遂說：

> 吾人之學，不曾從源頭判斷得一番。本念與欲念，未免夾帶過去。此等處，良知未嘗不明，到本念主張不起時，欲念消煞不下時，便因循依阿，默默放他出路。（《全集》卷四〈留都會紀〉）

本念與欲念，是正念與邪念的另一種表達方式。「今心為念」，是指順應良知心體的直接發動所產生的念頭。「見在心」中的「心」也只是籠統的講法，並不是指作為良知心體本身的「本心」，而是指良知心體在經驗意識中直接與當下的細微呈現，「見在心」實際上是指「見在念」。這裏的「見在」與龍溪「見在良知」中的「見在」具有同樣的含義。作為良知心體在經驗意識中的直接與當下呈現，這時的念頭是一種與良知心體同質的真誠的意識狀態。因而稱之為正念、本念。「二心為念」，則是指由於受到後天習染的干擾，不能作為良知心體的直接與當下發用所產生的念頭。「將迎心」更不

是指本心，實際上說得是「將迎念」。而作為偏離了良知心體的經驗意識，這時的念頭是一種有善惡夾雜、能所區別的細微經驗意識，即所謂邪念、欲念。在陽明學的思想系統內，邪念與欲念並不單指違反道德法則的經驗意識，不能順應良知心體之自然而有所造作執著的一般經驗意識，也可以納入到邪念與欲念的範圍之內。在這個意義上，作為邪念與欲念的念，又和龍溪有關良知與知識的討論中所謂的「知識」具有相同的屬性。

### 3、念與良知

就整個理學傳統而言，將念視為一般有善惡夾雜的經驗意識的瞬時狀態，是較為通行的理解，如劉蕺山便將念嚴格限定經驗意識的層面，並不存在正念、本念的問題。而龍溪對正念、本念與邪念、欲念的區分，卻並不是偶然的話頭。對正念、本念的強調，構成龍溪有關一念之微論說的重要方面。龍溪在〈書查子警卷〉中曾說：

> 千古聖學，只有當下一念。此念凝寂圓明，便是入聖眞根子。時時保守此一念，動靜弗離，便是緝熙眞脈路，更無巧法。（《全集》卷十六）

在給趙錦（字元樸，號麟陽，1516-1591）的〈趙麟陽贈言〉中也曾說：

> 蓋吾人本心，自證自悟，自有天則。握其機，觀其竅，不出於一念之微。率此謂之率性，立此謂之至命。譬之明鏡照物，鑒而不納。妍媸在彼，而鏡體未嘗有所動也。敍而不

滯，縱而不溢，此千古經綸無倚之實學。了此便是達天德，
意識云乎哉？（同上）

這裏所謂的「凝寂圓明」的「一念」與「一念之微」，顯然不是有
善惡夾雜、既「縱」且「溢」的一般經驗意識，因此龍溪所謂「意
識云乎哉」，便直接將前者與後者明確區別開來。

我們已經看到，當龍溪強調在正念與本念的意義上作一念之微
的工夫時，龍溪的話語表達與其有關先天正心之學的論述相當一
致。而如果我們再關聯於龍溪有關見在良知的說法，考慮到見在良
知正是指良知在經驗意識中直接與當下的呈現，那麼，作為「見在
心」的正念與本念，顯然非常接近見在良知的概念。如果說二者之
間仍有區別的話，見在良知儘管也表現為經驗意識，即所謂「知
覺」，但相對而言側重在此知覺的所以然之本體；作為「見在心」的
正念與本念，儘管其本體即是良知心體，但側重在良知心體的發用
狀態。從「體用一源，顯微無間」的角度來看，二者實具有本質上的
同一性，作為正念與本念的一念之微可以說就是良知，否則，龍溪
不會在心體立根的意義上談從一念之微處作工夫。因此，見在良知
與正念、本念之間的區分可以說是極其細微的。龍溪在〈趨庭謾語
付應斌兒〉中曾對其子王應斌說：

> 夫今心為念。念者，見在心也。吾人終日應酬，不離見在。
> 千緒萬端，皆此一念為之主宰。念歸於一，精神自不至流
> 散。如馬之有銜，操縱緩急，自中其節也；如水之有源，
> 其出無窮也。聖狂之分無他，只在一念克與妄而已。一念明
> 定，便是緝熙之學。一念者無念也，即念而離念也。故君子

之學，以無念爲宗。然此非見解所能臆測、氣魄所能承當，須時時從一念入微，歸根反證，不作些子漏泄。動靜二境，了然不生。有事時主宰常寂，自不至逐物；無事時主宰惺惺，自不至著空。時時習靜，察識端倪，冷然自照，自然暢達，自然充周。譬之懸鏡空中，萬象畢照，而無一物能爲障礙。才欲覓靜，謂之守靜塵，非眞靜也。此中人以上境界，非一蹴所能至，（然）捨此亦無別路。（《全集》卷十五）

龍溪有關一念工夫的這段話，與其先天正心之學的描述相當一致。其中，龍溪使用了「端倪」一詞。事實上，作爲正念與本念的一念之微，正可以說是良知心體在剛剛開始發動而尚未形成固定意識時的端倪與萌芽。這一點端倪與萌芽因爲是良知心體最初的發動，顯然尚未受到任何後天物欲的習染。事實上，龍溪正有「最初無欲一念」、「最初一念」的講法。隆慶二三年（1568-1569）間，龍溪在留都應姜寶（字廷善，一作惟善，號鳳阿，1514-1593）、周怡之請爲國子監諸生講《易》時說：

夫天地靈氣，結而爲心。無欲者，心之本體，即伏羲所謂乾也。剛健中正純粹精，天德也。有欲則不能以達天德。元亨利貞，文王演之以贊乾之爲德。有此四者，非有所加也。元亨主發用，利貞主閉藏。故曰元亨者，始而亨者也。利貞者，性情也。天地靈氣，非獨聖人有之，人皆有之。今人乍見孺子入井，皆有怵惕惻隱之心，乃其最初無欲一念，所謂元也。轉念則爲納交要譽、惡其聲而然，流於欲矣。元者始也，亨通利遂貞正皆本於最初一念，統天也。最初一念，即

> 易之所謂復。復見其天地之心。意必固我有一焉，便與天地
> 不相似。顏子不失此最初一念，不遠而復。才動即覺，才覺
> 即化，故曰顏子其庶幾乎？學之的也。（《全集》卷五〈南雍諸友
> 雞鳴憑虛閣會語〉）❷

　　如果說良知心體是原點，順應良知心體所發的真誠無偽的意識
是一條線，則作為「最初無欲一念」的那一念之微，就可以說是這條
線上最接近原點而又並非原點本身的那一點。在這個意義上，一念
之微與良知心體可以說是「不一不異」的關係。顏子因為能夠不失此
最初一念，稍有偏離，便立刻回到此最初一念，所以其工夫可以稱
之為「庶幾」。而這作為良知心體萌芽與端倪的一念之微，龍溪的確
又稱之為「幾」。

### 4、幾

　　「幾」的觀念來源於《易·繫辭》，所謂「夫易，聖人之所以極
深而研幾也。唯深也，故能通天下之志；唯幾也，故能成天下之
物」。周敦頤（字茂叔，稱濂溪先生，1017-1073）也有關於幾的論
述，所謂「誠，無為；幾，善惡」（《通書·誠幾德第三章》），「寂
然不動者，誠也；感而遂通者，神也；動而未形，有無之間者，幾
也。誠精故明，神應故妙，幾微故幽。誠、神、幾曰聖人」（《通書
·聖第四章》）。龍溪以良知心體的最初發動處為幾，則以陽明為根
據。《傳習錄下》載陽明答人問至誠前知云：

---

❷　原文中未載何年，然姜寶、周怡於隆慶二年至三年分別任南京國子監祭酒和
　　司業，故南雍憑虛閣之會或在隆慶二、三年間。

誠是實理，只是一個良知。實理之妙用流行就是神，其萌動
處就是幾。誠、神、幾曰聖人。聖人不貴前知。禍福之來，
雖聖人有所不免。聖人只是知幾，遇變而通耳。良知無前
後，只知得見在的幾，便是一了百了。

陽明不僅將良知的萌動處稱為「幾」，其所謂「見在的幾」這一說
法，更進一步證說明，龍溪將作為「見在心」的一念之微視同見在
良知，實有其思想發展的必然。

　　聶雙江雖然私淑陽明，並於嘉靖十一年壬辰（1532）在蘇州由龍
溪和錢德洪共證稱陽明門生，但雙江的運思始終受到朱子分寂感、
已發未發為二這種二元論思維方式的制約，因而雙江總覺得龍溪所
講的致良知工夫落在發用上，未能真正落實到良知心體本身。在與
聶雙江論辨的〈致知議辨〉中，龍溪指出：

周子云：「誠神幾曰聖人。」良知者，自然之覺，微而顯，隱
而見，所謂幾也。良知之實體為誠，良知之妙用為神，幾則
通乎體用，而寂感一貫。故曰：「有無之間者，幾也。」（《全
集》卷六）

龍溪這裏的講法完全以上引陽明的說法為根據。「幾」雖然側重良
知的發用，但在一元論的思維方式下，體用相通，寂感一貫，則良
知即可以說就是「幾」。而將「幾」視為「有無之間者」，正說明
作為一念之微的「幾」是良知心體呈露端倪而尚未形成固定意識的
最初發動狀態，也就是那「最初無欲一念」。

　　由於在龍溪處「幾」便幾乎可以說是良知心體，因此和強調於一
念入微處作工夫相一致，致良知工夫也就是「幾」上的工夫。於此

「幾」之前或之後尋找工夫的著力點，在龍溪看來均不免有病。龍溪在〈周潭汪子晤言〉中指出：

> 予惟君子之學，在得其幾。此幾無內外，無寂感，無起無不起，乃性命之原，經綸之本，常體不易而應變無窮。譬之天樞居所而四時自運、七政自齊，未嘗有所動也。此幾之前，更無收斂；此幾之後，更無發散。蓋常體不易，即所以爲收斂，寂而感也；應變無窮，即所以爲發散，感而寂也。恒寂恒感，造化之所以恒久而不已。若此幾之前更加收斂，即滯，謂之沈空；此幾之後更加發散，即流，謂之溺境。沈與溺，雖所趨不同，其爲未得生機，則一而已。……夫沈空者，二乘之學也；溺境者，世俗之學也。周潭子不爲世俗之學，斷然信之，但恐二乘之學其辨尤微，高明者或有所滯而未之覺耳。若能於動而未形、有無之間者察之，以究其毫釐之辨，則生機常在我而氣自克，千古經綸之術，盡於此矣。

（《全集》卷三）

龍溪在〈別言贈沈思畏〉中，有一段類似於上引〈周潭汪子晤言〉的話。其中，龍溪借用《易・繫辭》的說法將這種在「幾」上用力的工夫稱爲「研幾」。龍溪說：

> 予謂千古惟在歸一。極深云者，即其幾而深之。非研幾之前，復有此段作用也。吾人感物，易於動氣，只是幾淺。幾微故幽，微者，深之謂也。惟其幾深，故沈而先物，自不爲其所動，而其要存乎一念獨知之地。若研幾之前復有此段作用，即爲世儒靜而後動之學，二而離矣。顏子未嘗不知，未

嘗復行，以其早覺也。才動即覺，才覺即化，故曰顏氏其庶
幾乎？（《全集》卷十六）

而除了顏子「庶幾」之外，研幾的工夫還包括「知幾」與「審
幾」。龍溪在〈致知議略〉中指出：

良知者，無所思為，自然之明覺。即寂而感行焉，寂非內
也；即感而寂存焉，感非外也。動而未形，有無之間，幾之
微也。動而未形，發而未嘗發也。有無之間，不可以致詰。
此幾無前後，無內外。聖人知幾，賢人庶幾，學者審幾。故
曰幾者動之微、吉之先見者也。知幾故純吉而無凶；庶幾故
恒吉而寡凶；審幾故趨吉而避凶。過之則為忘幾，不及則為
失幾。忘與失，所趨雖異，其為不足以成務均也。（《全集》卷
六）

聖人的「知幾」即是「即本體以為工夫」，意味著始終立足於良知
的端倪上；賢人的「庶幾」是指像顏子那樣「才動即覺，才覺即
化」，意識稍有偏差便立刻有所察覺而回到良知端倪本身；學者的
「審幾」則是指意識雖然不斷的偏離良知心體，但良知心體並未完全
隱沒，而是還能夠在意識不斷偏離的同時不斷覺醒，從而對偏離良
知心體的念頭加以審查，在「知善知惡」的基礎上「為善去惡」，
在「頻失頻復」的過程中回歸良知的端倪。因此，無論怎樣的研幾
工夫，最終都是要求把握住良知心體初發的端倪。而龍溪指出研幾
工夫「其要存乎一念獨知之地」，也再次顯示出幾和一念之微的同
一性。二者都是指良知心體發動的最初端倪，在體用一源的意義上
也都可以說就是良知心體。

牟宗三先生認為龍溪之「幾」不合《易傳》與《通書》原意，並將本屬感性層的「幾」上提到了與「誠」、「神」並列的超越層上，於是感性層與超越層、形而下與形而上混淆，造成大錯，知幾、庶幾、審幾的工夫意亦隨之不顯。❷⁶ 而根據我們以上的分析，龍溪恰恰是自覺地不將「幾」歸為感性層面的「意之動」，而將其規定為良知心體的初發端倪。❷⁷ 知幾、庶幾、審幾也都可以說是心體立根的先天工夫。牟先生之所以不許龍溪將幾視為超越層者，關鍵在於牟先生認為只有在感性層的意識上才可以談工夫，所謂「在幾上用功並不錯。然而現成具足者（即人心之真體用）並無工夫意。如何恢復此具足者才是工夫。」❷⁸ 但龍溪「即本體以為工夫」的關鍵正是要說明良知心體的呈現本身即是「無工夫中真工夫」，「不著力中大著力」，即是最為究竟的工夫。❷⁹ 並且，龍溪這種對「幾」的理解，在當時整個陽明學者中也並非個別現象。

羅念庵在〈答陳明水〉中說：

> 周子言幾，必先以誠，故其言曰：「誠，無為；幾，善惡」。

---

❷⁶ 牟宗三：《從陸象山到劉蕺山》，頁363-369。

❷⁷ 岡田武彥也認為龍溪的「幾」可以相當於陳白沙所說的「端倪把柄」，見氏著：《王陽明與明末儒學》，吳光、錢明、屠承先譯（上海古籍出版社，2000），頁111。

❷⁸ 牟宗三：《從陸象山到劉蕺山》，頁364。

❷⁹ 牟先生其實敏銳地看到並指出良知心體對於誠意工夫之所以可能的根源與決定意義。所謂「說誠意是工夫底著落處，這只是說意之動是問題底所在，而解決問題底根據，即誠意所以可能底超越根據，卻在良知」；以及「而致良知工夫所以可能之根據亦正在良知本身，並不是把良知空擺在那裏而繞出去取一套外在的工夫以致那良知」。同上書，頁278。只是牟先生不認為對良知心體本身可言工夫。

又曰：「寂然不動者，誠也，感而遂通者，神也」。而後繼之以幾。夫不疾而速、不行而至者謂之神，故曰「應而妙」；不落有無者謂之幾，故曰「幽而微」。夫妙與幽不可爲也，惟誠則精而明矣。蓋言吾心之應，似涉於有矣，然雖顯而實微，雖見而實隱，有近於無。以其有無不形，故謂之幾。「幾善惡」者，言惟幾故能辨善惡，猶云「非幾即惡焉耳」。必常戒懼，常能寂然，而後不逐於物，是乃所謂「研幾」也。(《明儒學案》卷十八〈江右王門學案三〉)

王時槐（字子植，號塘南，1522-1605）在〈唐曙臺索書〉中也說：

寂然不動者誠，感而遂通者神，動而未形、有無之間者幾。此是描寫本心最親切處。夫心一也，寂其體，感其用，幾者體用不二之端倪也。當知幾前別無體，幾後別無用，只幾之一字盡之。希聖者終日乾乾，惟研幾爲要矣。(《明儒學案》卷二十〈江右王門學案五〉)

羅念庵與王塘南均是二元論的思維方式（詳第六章），因此二人的思想自不同於龍溪。念庵還與龍溪多有辯難。但以上二人對「幾」的解釋上，卻顯然可以作爲龍溪之「幾」的注腳。

# （二）、一念工夫的意義

## 1、一念與正心

由以上的討論可見，在念作爲正念與本念的意義上，從作爲良知心體端倪的「一念之微」與「幾」處作工夫，其實也就等於心體

立根的先天正心之學，二者之間的區別微乎其微。因為良知心體在整個心學傳統中始終不只是靜態的道德法則，而同時又是動態的實踐機制。況且，強調體用、寂感、已發未發之間的整體一貫，也始終是陽明學的一貫原則與基本思維方式。因此，即使作為意的最小單位，由於作為正念與本念的一念之微和幾是良知心體最初發動的端倪，即所謂「最初無欲一念」，龍溪晚年對一念工夫的強調，便無疑並不意味著從主張先天正心之學回到了後天誠意工夫的立場。一念之微的工夫論與先天正心之學之間，顯然有其統一性在。

如果我們明白了在一念之微處作工夫與心體立根這二者之間的一致性，對於前引龍溪在〈念堂說〉中的所謂「以無念為念」，以及在〈趨庭謾語付應斌兒〉中所謂的「一念者無念也，即念而離念也。故君子之學，以無念為宗」，相信也應當會有恰當的瞭解。禪宗六祖惠能（638-713）《壇經·定慧品第四》中有這樣的話：

> 善知識！於諸境上心不染，曰無念；於自念上，常離諸境，不於境上生心。若只百物不思，念盡除卻，一念絕即死，別處受生，是為大錯。學道者思之！若不識法意，自錯猶可，更勸他人？自迷不見，猶謗佛經。所以立無念為宗。❸⓿

荷澤神會（686-760）以「靈知真性」（真心）為宗的如來禪或許未必合於惠能的祖師禪，❸❶ 但他也說：

---

❸⓿ 《壇經》有不同的版本，不同版本的文字表述也有諸多差異，本書所引據流通最廣的元宗寶本。但不論各種版本，「無念」都是其中的一個重要觀念。有關《壇經》各種版本的演變，可參閱印順：《中國禪宗史》第六章「壇經之成立及其演變」（上海書店，1992），頁237-280。

❸❶ 牟宗三：《佛性與般若》下冊（臺北：學生書局，1997），頁1044-1070。

但自知本體寂靜，空無所有，亦無著住，等同虛空，無處不
遍，即是諸佛真如身。真如是無念之體，以是義故，立無念
為宗。若見無念者，雖具見聞見知覺而常空寂，即戒定慧一
時齊等，萬行具備，即同如來知見，廣大深遠。❸❷

因此，勞思光先生便認為龍溪將良知宗旨混同禪門宗旨。❸❸ 然而，
就像龍溪談良知之無一樣，借用佛教常用的用語，並不表示全然接
受該用語原有的內涵。儘管從時間的先後來看，「無念為宗」的話
的確出自惠能，甚至「一念」本來也是佛教中常用的概念，如天臺
宗「一念三千」中的一念指當下現實的妄念，《大乘起信論》中的
一念指本覺的靈知等，但根據我們前面的分析可見，雖然於佛教不
無所取，龍溪卻顯然是在立足儒學基本立場的前提下對念的內涵有
自己的規定。事實上，和先天正心之學中「無中生有」的工夫論意
涵相應，龍溪所謂的「無念」、「離念」，與其對「何思何慮」的
解釋一致，其實並不是要取消念頭本身，正如陽明答陳明水時所
謂「實無無念時」、「一息便是死了」，而是意味著念的產生與作
用要自然而然，就像良知的活動那樣「如空谷之聲，前無所來，後
無所往」，不要滯而不化，形成良知心體「虛以適變，寂以通感」的
障礙。龍溪在〈念堂說〉中以「無所意必」來界定「以無念為念」，
正說明了這一點。進一步說，禪宗的無念也不是要取消念頭，所謂
「一念絕即死」，❸❹ 而是類似於「好惡無所作」的「毋意必固我」；
龍溪在境界論的意義上對「無」的發揮也的確有取於佛教「應無所

---

❸❷　神會：《神會和尚禪話錄·壇語》（北京：中華書局，1996），頁10。
❸❸　勞思光：《中國哲學史》三下（臺北：三民書局，1981），頁458。
❸❹　印順：《中國禪宗史》第八章第三節「無念」部分的討論，頁358-370。

住而生其心」(《金剛經》)的智慧,但即使如此,在存有論的意義上來看,無論是念的內涵還是一念工夫,龍溪與禪佛教均有本質的不同。前者以至善而真實不虛的良知心體為「最初一念」的內容規定,一念工夫在修齊治平的展開過程中必然指向「以萬物為一體」的經世之學,後者則以「緣起性空」為基調,一念的本性亦非實有,而是空寂性本身,由此所展開一念工夫的終極歸趨,必然是天地萬物同歸寂滅的涅槃清淨之境。前者以「人文化成」為終極關懷,後者以「捨離」為基本宗旨,無論怎樣「即世間」,最終還是要「出世間」。

最後必須說明的是,我們在看到龍溪一念工夫與其先天正心之學具有一致性的同時,更要看到二者的不同之處。只有在正念與本念的意義上,在作為「幾」的一念之微上用功,才可以說相當於先天正心工夫,但如果念是作為邪念與欲念時,一念之微的工夫便顯然不再是心體立根的先天工夫,這時在一念入微處作工夫,則委實又回到了對後天經驗意識加以澄清對治的後天誠意工夫。不過,這僅僅是簡單的回復嗎?從一念之微入手的誠意工夫與一般意義上的誠意工夫是否有所不同呢?

### 2、一念與誠意

我們在討論念與意的關係時已經指出,作為意的最小單位,念強調的是意識的每一個瞬間狀態。從一念之微處作念念致良知的工夫,也就是要對意識的每一個瞬時狀態加以反省,檢討此時的念是否偏離了良知心體。就念是心之所發來看,如果我們將整體的經驗意識劃分為構成這一整體意識的每一瞬間狀態的念,那麼,理論上

說，每一念的產生並不是前一念的結果，而都應當是由心而發。最初發動的一念自不必論，隨後的每一念都應當是重新回到良知心體這一原點之後再發出，即心→念→心→念→心→念……這樣一個不斷的過程。如此則正念、本念綿綿不絕，整個意識之流便完全表現為「誠」的狀態，這時也就等於是心體立根工夫的不斷展開。但在實際上，除了「最初無欲一念」之外，每一個念頭的發生都不免受到前一念頭的影響，未必能夠回到良知心體之後再發出，如此形成心→念→念→念……這樣一種念念相續的情況。一旦其中的一念受到後天物欲的習染，如此念念相續，不能回到良知心體，則無疑會漸行漸遠，邪念、欲念形成整體意識的慣性運作，終至良知心體隱沒不彰而麻木不仁的境地。而如果能在一念之微上作工夫，以良知心體「知善知惡」的判斷力嚴格審查每一個念頭，稍有偏失，立刻再以良知心體「為善去惡」的決斷力斬斷念念相續的因果之鏈，使之回到良知心體的原點，也仍然最終可以保持整體意識的真誠。我們前面部分徵引過龍溪〈答李漸庵〉第二書，以說明龍溪對一念之微的強調。在此，我們不妨再較為詳細地引用這封書信的相關內容，看看龍溪如何進一步描述這種在一念之微上作工夫的情形：

> 吾人此生幹當，無巧說，無多術，只從一念入微處討生死，全體精神打並歸一，看他起處，看他落處。精專凝定，不復知有其他。此念綿密，道力勝於業力，習氣自無從而入，雜念自無從而生。此是端本澄源第一義，所謂宗要也。若持念不堅，散緩浮動，道力為業力所勝，勉強支援，雜念謾而愈增，習氣廓而愈擾，所謂泥裏洗土塊，實無有清脫時也。然道力業力本無定在，相勝之機，存乎一念。一念覺與不覺

耳。不覺則非昏即散，才覺則我大而物小，内重而外自輕，
此持衡之勢也。(《全集》卷十一)

　　這封信和前面所引〈答李漸庵〉第一書都是龍溪八十歲所作，可
以視為其晚年定論。其中所謂「道力為業力所勝」便是指念頭的發生
不能始終回歸良知心體的原點，而是在前念影響後念的情況下，形
成「雜念譴而愈增，習氣廓而愈擾」的念念相續的局面。但「道力業
力本無定在」，一念覺，便意味著此念恢復到了良知心體，而念念
覺，每一念的發動便始終以良知心體為根據。龍溪經常舉顏子「才
動即覺，才覺即化」的例子，也不外是指示這樣一種在一念之微上
作工夫的情形。由此看來，在念的意義上作誠意的工夫，就使得對
後天經驗意識的澄治更為深邃嚴密。而一念之微的誠意工夫，顯然
構成一般誠意工夫的深化。

### 3、先後天工夫的統一

　　這樣看來，龍溪在晚年所格外強調的一念工夫，實際上是先天
正心之學與後天誠意之學的統一。先天正心之學與後天誠意之學這
兩套工夫都可以收攝到一念之微的實踐上。當每一念都能夠作為良
知心體直接與當下的發動，則每一念都是「最初無欲一念」，都是作
為良知心體端倪與萌芽的「幾」，這時的一念工夫實無異於心體立
根，「即念而離念」與「以無念為念」也不過是「無中生有」的另
一種表述方式。當經驗意識受到後天物欲的干擾而偏離了良知心
體，這時的一念工夫就是要對經驗意識加以澄治的誠意之學。只不
過從一念之微入手的誠意工夫是深入到經驗意識作用的每一個瞬時
狀態，依賴良知心體本身的力量截斷念念相續的意識之流，使之回

到良知心體，作為良知心體的直接與當下發用再次呈現到經驗意識的「見在」之中。於此能「精專凝定」，形成正念與本念的念念相續，則這一念入微的誠意工夫便又轉化成了心體立根的先天工夫。如此一來，在一念之微這一概念中，先天正心之學與後天誠意之學的關係，便不再像龍溪提出其先天學時那樣顯得相對較為對立，而是在彼此可以相互轉化的基礎上獲得了融合無間的統一。一念覺，意識便回到了良知心體，心體立根的工夫當下可以展開；一念不覺，意識便脫離了良知心體，此時便需要對意識加以澄治的誠意工夫。龍溪在〈答殷秋溟〉第二書中說：

> 凡與聖，只在一念轉移之間。似手反覆，如人醉醒。迷之則成凡，悟之則證聖。迷亦是心，悟亦是心，但時節因緣有異耳。（《全集》卷十二）

所謂「迷亦是心，悟亦是心，但時節因緣有異耳」，就是指迷與悟都是念的表現，只不過迷是邪念、欲念作祟，悟是正念、本念做主。而在這一念轉移之間，人的生命存在與心靈境界便發生了極大的不同，正所謂「迷之則成凡，悟之則證聖」。而對於先天正心之學與後天誠意之學在一念工夫中的統一，龍溪在〈水西別言〉中有明確的表示：

> 千古聖學，只從一念靈明識取。只此便是入聖真脈路。當下保此一念靈明，便是學；以此觸發感通，便是教。隨事不昧此一念靈明，謂之格物；不欺此一念靈明，謂之誠意；一念廓然，無有一毫固必之私，謂之正心。直造先天羲皇，更無別路。此是易簡直截根源，知此謂之知道，見此謂之見易，

千聖之密藏也。(《全集》卷十六)

而在應和蔡汝楠的〈次白石年兄青原論學韻〉一詩中，龍溪同樣對作為良知端倪的一念工夫作出了形象的描述：

> 合辟生往來，一念自昭徹。念中本無念，已發即未發。妄念斯為失，克念斯謂得。此念無動靜，往來同日月。(《全集》卷十八)

當然，龍溪對於一念之微的強調，有時會更多地傾向於作為正念、本念與幾來說，尤其是將一念關聯於「獨知」、「靈明」而言時更是如此。這不僅由於先天正心之學畢竟是在陽明工夫論所涵問題的基礎上提出，反映了龍溪工夫論的特定取向，更為重要的是，即使在誠意工夫中，也必須首先回到良知心體本身，在把握到自身良知心體真實存有的前提下，誠意工夫才能夠得以展開。意之所以能「誠」，仍然是依靠良知心體的力量。龍溪之所以念茲在茲地反覆要求「信得良知及」，要求心體立根，正是因為對此有著高度的自覺。

# 四、先天工夫的評價

無論是先天正心之學還是後天誠意之學，工夫實踐之所以可能的先驗根據都在於良知心體。在這個意義上，把握到良知心體本身，並使之呈現於經驗意識當中以為主宰，成為「見在良知」，可以說是工夫展開的最初一環，也可以說是最為根本的工夫。因此，龍溪無論在先天正心之學還是一念入微工夫的論說中，都始終強調這

一點。也正因為如此，我們將本來似乎應當屬於上一節「先天正心之學」部分對龍溪先天工夫的評價，放在龍溪整個致良知工夫的討論之後再來處理。

## （一）、脫略工夫的檢討

由於龍溪在提出其先天正心之學時採取了正心與誠意對比的方式，尤其在「即本體以為工夫」與「用工夫以復本體」、「頓入」與「漸入」以及「性之」與「反之」的對照中有所揚抑，遂不免使人在討論龍溪工夫論時過多地將視域和焦點落在了其先天正心工夫上。並且，由於龍溪以「頓」「漸」來區分正心與誠意的工夫，便招致了脫略工夫的指摘。當時聶雙江稱龍溪「自來論學，只是混沌初生，無所汙壞者而言。而以見在為具足，不犯做手為妙悟。」（《雙江聶先生文集》卷十一〈答王龍溪〉第一書）這裏所謂「不犯做手」，即脫略工夫之意。羅念庵也曾經認為龍溪「終日談本體，不說工夫。才拈工夫，便指為外道。恐陽明先生復生，亦當攢眉也。」（《羅念庵先生文錄》卷二〈寄王龍溪〉）後來黃宗羲批評龍溪有兩方面的不是：一是夾雜佛道二教；另一個就是忽視工夫的實踐，所謂「流行即是主宰，懸崖撒手，茫無把柄」（《明儒學案》卷十二〈浙中王門學案三〉）。近人亦多承此舊說，如勞思光先生也在認定龍溪落入禪門的基礎上，稱龍溪的工夫論「似深妙而實屬遊移」。❸❺

根據我們前面的討論，且不論龍溪一念之微的工夫論本身已經

---

❸❺　勞思光：《中國哲學史》三上，頁459。

容納了正心與誠意這兩套工夫，即便單就先天正心工夫而言，指責
龍溪脫略工夫的說法也並不恰當。如果說先天工夫意味著對良知心
體有直接當下的把握，所謂「頓入」，龍溪在教學活動中卻也常常
要求循序漸進。他在〈水西別言〉（《全集》卷十六）中告誡參加水
西之會的學者說：

> 一念靈明，時時著察，教學相長，實修實證，弗求速悟。水
> 到渠成，自有逢源時在。求悟之心，反成迷也。

> 行遠自邇，登高自卑。爲學之序，不限分限。希慕高遠，徒
> 長虛見，何益於學？

陸光宅（字與中，號雲臺，陸光祖之弟）是龍溪晚年頗為稱許的弟
子之一，曾建天心精舍，與包括龍溪次子王應吉在內的八人共同結
盟，以龍溪為盟主，以發揚良知之教為己任。正是在結盟時所作的
〈冊付光宅收受後語〉中，龍溪同樣諄諄告誡陸光宅說：

> 與中任道之志甚銳，親師樂友，終身可信其無他，於此學亦
> 頗有見，但尚有欲速之心、頓悟之想。此件事，不是賭性氣
> 做的，既立定千古之志，循序安分，綿綿密密，耐心做將
> 去。譬如登高，大概望見些子，會須從卑處起腳，步步耐心
> 行將去，絕不可做高山想。腳頭到來，自有超然絕頂俯視之
> 期，見當自別。欲速則反不達；急欲求悟，則反成迷。此是
> 有志者通病。（《全集》卷十五）

由此可見，龍溪並不一概推行頓法。相反，他還看到了如果一味追
求頓悟所可能產生的不良後果。

　　對於「頓」與「漸」的不同工夫取徑，龍溪在〈漸庵說〉中有較為全面的看法：

> 頓漸之別，亦概言之耳。頓漸一機，虛實之辨；乾坤一道，
> 剛柔之節也。理乘頓悟，事屬漸修；悟以啟修，修以證悟。
> 根有利鈍，故法有頓漸。要之頓亦由漸而入，所謂上乘兼修
> 中下也。真修之人，乃有真悟。用功不密而遽云頓悟者，皆
> 墮情識，非真修也。孔子自敘十五而志學，是即所謂不逾矩
> 之學，猶造衡即是權始。矩者，良知之天則也。自志學馴至
> 於從心，只是志到熟處，非有二也。權不離經，自始學以至
> 用權，只是經到化處，非有二也。孔子之學自理觀之，謂之
> 頓可也；自事觀之，謂之漸亦可也。此終身經歷之次第，學
> 道之榜樣也。（《全集》卷十七）

顯然，頓與漸的區分，在龍溪看來並不絕對。道德實踐工夫的可能，首先要對良知心體的存在有當下直接的把握，但反省到自我是一個道德的存在，良知心體呈現之後，還需要後天不斷的踐履工夫，使經驗意識始終與良知心體保持同質性。龍溪這裏借用華嚴五祖圭峰宗密（780-841）「理乘頓悟，事屬漸修」的說法，正是表達了這樣的意思。否則的話，良知心體的呈現和發生作用，便有可能像火花一般，迅速閃現而又倏忽即滅。因此，在龍溪看來，在實際的道德踐履中，頓和漸又往往展現為一種相互滲透，交互作用的過程，即所謂「悟以啟修，修以證悟」。用龍溪嘉靖四十四年乙丑（1565）留都之會對耿定向講的話來說就是：「或悟中有修，或修中有悟；或頓中有漸，或漸中有頓，存乎根器之利鈍，及其成功一

也。」（《全集》卷四）對龍溪來說，頓與漸本身並不具有終極的意義，二者只不過是因人先天稟賦不同而來的方便法門，只要各人「循其性之所近，而勉其智之所及」（《全集》卷十七〈學易說〉），道德實踐所能達至的最終結果是一樣的。

有關頓與漸的問題，本來是佛教修行工夫論所討論的一項內容。但在中晚明陽明學的話語中，也成為重要的工夫論議題之一。當然，儒家學者更多地只是借用了佛教的言說形式，中晚明陽明學者有關頓漸工夫所討論的內容，尤其道德實踐工夫所指向的聖賢境界，自然與佛教在終極歸趣上有著根本的不同。

對龍溪脫略工夫的指責，既來自於認為龍溪只講頓悟的片面瞭解，而更為重要的一個原因，則是由於對工夫這一概念本身的理解，在龍溪和其他一些學者之間不自覺地發生了偏差。一般學者所理解的工夫，大多是指對於經驗意識的澄治，即誠意的工夫。良知心體的呈現，屬本體之事而並非工夫之事。但龍溪敏銳地看到，即使是誠意的工夫，其實踐的可能性仍在於對良知心體首先有所把握，否則經驗意識亦無由得「誠」，因此自覺到良知心體在道德實踐中的根源地位，當下把握良知心體，使其呈現以為主宰，對龍溪來說亦未嘗不是一種工夫，這也就是所謂「即本體以為工夫」。並且，這種工夫對與後天漸修工夫還具有決定性的意義。以上對於工夫涵義理解上的差異，在龍溪與吳時來（字惟修，號悟齋，嘉靖二年進士，生卒不詳）長篇書信的往復辯難中有鮮明的體現。吳時來認為自己與龍溪所見之不同，不在於本體，而在於工夫，所謂「不在本體上，正在行持保任上」。對此，龍溪在回答時格外強調指出：

乃不肖所欲汲汲求正之意，卻正在本體上，是非忽於行持保
任也。真見本體之貞明，則行持保任自不容已，不復爲習染
之所移。譬之飲食養生，真知五穀之正味，則蒸溲漬糝自不
容已，不復爲雜物之所汨。凡溺於習染者，不知貞明者也；
淆於雜物者，不知正味者也。孟氏云「是集義所生，非義襲
而取之也」。集義只是致良知。良知不假學慮，生天生地生
萬物，不容自已之生機。致良知是求慊於心，欲其自得也。
苟不得其機，雖日從事於行持保任，強勉操勵，自信以爲無
過，行而不著，習而不察，到底只成義襲之學。豪傑而不聖
賢者以此。古今學術同異毫釐之辨也。（《全集》卷十〈答吳悟齋〉
第一書）

　　此外，萬曆八年庚辰（1580）龍溪曾和徐階有過一番問答，徐階
對工夫的理解仍持通常之見，因而不免對龍溪的「即本體以爲工夫」
仍覺有脫略工夫之嫌，所謂「我公見教，終日行持，只是復此無物
之體，甚善！甚善！蓋工夫本體，原非二物，故無二用。若以工夫
可無，則本體畢竟不可復，而當用之時，不免求助於幫補湊泊
矣」。對此，龍溪的回答是：

某所請教，不是謂工夫爲可無。良知不學不慮，終日學，只
是復他不學之體；終日慮，只是復他不慮之體。無工夫中真
工夫，非有所加也。（《全集》卷六〈與存齋徐子問答〉）

萬曆八年時龍溪已是八十三歲高齡，此時所言無疑可謂其晚年定
論。由此可見，龍溪始終強調心體立根工夫的重要性，這也再次說
明龍溪晚年對一念之微工夫的反復論說與先天正心工夫之間的統一

性。並且，由於強調良知心體在道德實踐中的根源性，龍溪事實上已經擴展了以往理學話語中工夫一詞的通常意義，並將對本體的把握視為一種最為究竟的工夫。對此，莫晉（字錫三，號寶齋，？-1829）在道光二年（1822）所作的〈重刻王龍溪先生全集序〉中說：「至先生論學，往往詳本體而略工夫。蓋以良知出於天，不由乎人，擬議即乖，趨向轉背。學以復其不學之體；慮以復其不慮之體，工夫專用在本體上。以自然為宗，乃是不著力中大著力處。明道云：識得仁體，以誠敬存之，不須防檢，不須窮索。猶斯意也。」可謂龍溪先天工夫論之解人。事實上，儘管對本體的理解不無差異，但龍溪「即本體以為工夫」，將道德實踐的著力點落實到道德本體的工夫論取向，卻在中晚明的陽明學甚至整個儒學中產生了廣泛的影響，也反映了當時追求究竟工夫的一種普遍傾向。許多學者儘管思想主張並不相同，但在試圖尋求一種最為徹底的道德修養工夫這一點上，卻顯示出相當的一致。對此，我們在第六章再專門予以討論。

從論證的過程來看，龍溪堅持良知心體呈現以為主宰的優先性，無疑有其邏輯上的合理性與道德實踐上的必然性。但龍溪在先天正心之學與後天誠意之學的對比中，視前者為「易簡省力」，後者為「繁難」，則不免會令學者在忽視自身條件的情況下捨難趨易。但事實上難易之別，取決於根器的不同。並且從實踐的角度來說，先天工夫要靠主體的自覺，當下回照而把握到自身良知心體的實在性，較之後天工夫對於經驗意識的澄治，反而有讓人無從下手之感。常人平時念起念滅，能不斷地在不善的念慮產生之後對之加以糾正，已經不易，而要求意識的每一次發生始終能由良知心體來

啟動，尤屬困難。對此，羅念庵在給龍溪的信中曾頗有感慨：

> 孤近日之學無他，惟時時刻刻直任良知，以凝然不動爲本
> 體，亦覺有可進步處。但念頭時復有起，不得總成片段。夫
> 懇懇切切，自謂於本體用功矣，然念頭有起，即非本無一
> 物，猶爲克伐怨欲不行之功，已落第二義。未知孔門爲仁，
> 顏子不貳過之旨，果何在乎？（《羅念庵先生文錄》卷一）

以念庵之力量，尚覺於本體用功之難，由此可見，儘管站在心學的
基本立場上，依理而言，先天工夫最爲根本，較之後天工夫也可以
說易簡省力，但在實踐上，先天工夫卻反而是極難把捉。龍溪「易
簡省力」的講法，恐不免有誤導之虞。

　　不過，當時學者對龍溪脫略工夫的指摘，往往更多地是出於龍
溪先天之學所產生的實際後果，即當時許多後學之人在未能真修實
悟的情況下，誤將自己的感性知覺和情識作爲良知心體，憑感性知
覺與情識行事而尚自以爲心體立根，更有有意縱情恣肆而偽託見在
良知者。所謂「士之浮誕不逞者，率自名龍溪弟子」（《明史・儒林
傳》卷二八三）。當然，如果我們能夠瞭解龍溪先天正心之學的側
重所在，明白無論有意無意地任知覺情識爲良知，正是未能真正心
體立根的結果，並全面領會龍溪包括先天正心之學與一念之微工夫
的整個致良知工夫論，那麼，首先在理論上，我們便應當將脫略工
夫的非預期後果與龍溪全部致良知工夫論的宗旨區分開來。事實
上，如果能夠真正切實地實踐龍溪心體立根與一念入微的致良知工
夫，不僅不會導致脫略工夫，反而會合乎邏輯地引向一種嚴格主義
的道德修持。龍溪在〈書耿子健冬遊記後語〉中指出：

> 無欲之謂仁。仁，人心也。良知者，心之明覺，一體之仁
> 也。伊尹，天民之先覺者也，視天下匹夫匹婦有不被堯舜之
> 澤，若己推而納諸溝中。一體故也。而其機原於一介取予之
> 不苟。夫人心無欲則明，有欲則昏。貪者，欲之滋也。唯一
> 介取予之不苟，而後能無欲。無欲而後能不貪，不貪而後能
> 與萬物爲一體。一體者，心之明覺，其機自不容已，非有所
> 強而然也。一塵翳日，則天地四方易位。世之人謂一介不足
> 以累心，視爲小廉曲謹，漫然不加之意，亦幾於自誣矣。

（《全集》卷十五）

這裏所謂「一念取予之不苟」，無疑是心體立根與一念入微工夫實
踐的必然結果和表現。已有學者通過對明末清初思想史的研究指
出，陽明學一元論思維方式下的人性論既可以為脫略工夫的行為提
供根據，也可能產生一種道德嚴格主義。❸❻ 這是一種顧及思想史複
雜面貌並貼近其真相的觀察與判斷。我們可以進而言之的是，同樣
是一元論的思維方式，如果說更傾向於肯定人性中感性成分而反對
禁欲主義的思想家及其思想比較容易成為脫略工夫或所謂「情欲解
放」的依據的話，對於像龍溪這樣始終並未放棄對以至善為本質內
容的良知心體之終極承諾的理學家們，嚴格主義而非脫略工夫的道
德修持，才應當更是其工夫理論的內在要求。作為龍溪弟子，袁黃
（原名表，後改黃，初號學海，後改了凡，1533-1606）所發展的功過

---

❸❻ 王汎森：〈明末清初的一種道德嚴格主義〉，《近世中國之傳統與蛻變——
劉廣京院士七十五歲祝壽論文集》上冊(臺北：中央研究院近代史研究所，
1998)，頁69-81。

格理論，其現實流傳影響或許導致他律道德的實踐形態。❸劉宗周批判袁黃而作的《人譜》，其嚴密的誠意慎獨工夫則更多地體現了儒家尤其心學傳統一貫的道德自律原則。❸但二者同樣表現為一種嚴格主義的道德實踐，而在二者與龍溪心體立根與一念入微的工夫論之間，我們或許更應當深入地體察到一種連續與必然。

## （二）、狂者之學的問題

以一念靈明為主宰，以心體立根為工夫，在道德實踐上自然會體現出「狂者之學」的形態。在經常提到的有關狂狷與鄉愿的論說中，龍溪的確力斥鄉愿，推許狂者。龍溪弟子梅守德（字純甫，號宛溪，1509-1577）向龍溪問狂狷鄉愿之辨，龍溪回答說：

> 古今人品之不同，如九牛毛。孔子不得中行，而思及於狂，

---

❸　有關袁黃及其功過格的研究，可參考Cynthia J. Brokaw, "Yuan Huang(1533-1606) and the Ledgers of Merit and Demerit", *Harvard Journal of Asiatic Studies*, Vol47, No. 1, pp.137-195.

❸　有關劉宗周工夫論的研究情況，可參閱鍾彩鈞主編：《劉蕺山學術思想論集》附錄二詹海雲、李明輝、蔣秋華所編〈劉蕺山研究論著目錄〉（臺北：中央研究院中國文哲研究所，1998），頁605-616。較為專門的研究有：（一）、牟宗三：《從陸象山到劉蕺山》第六章；（二）、東方朔：《劉蕺山哲學研究》第四、五章（上海人民出版社，1997）。對於《人譜》的專門討論，則可參閱何俊：《西學與晚明思想的裂變》第七章（上海人民出版社，1998）。但該書為了將《人譜》的定位納入其整體結構，視《人譜》為回應天主教尤其龐迪我的《七克》，恐未免牽強。儘管如該書所言，蕺山對天主教教義大致有所耳聞，批判《功過格》也並不局限於針對袁黃個人，但無論蕺山的整體思想還是其《人譜》，更多地還是應當放在儒學思想發展自身的脈絡中，才能較為確切地掌握其問題意識的來源。

又思及於狷。若鄉愿則惡絕之，甚則以爲德之賊，何啻九牛毛而已乎？狂者之意，只是要做聖人。其行有不掩處，雖是受病處，然其心事光明超脫，不作些子蓋藏回護，亦便是得力處。若能克念，時時嚴密得來，即爲中行矣。狷者雖能謹守，未辦得必做聖人之志。以其知恥不苟，可使激發開展，以入於道，故聖人思之。若夫鄉愿，不狂不狷，初間亦是要學聖人，只管學成殼套。居之行之，象了聖人忠信廉潔；同流合污，不與世間立異，象了聖人混俗包荒。聖人則善者好之，不善者惡之，尚有可非可刺。鄉愿之善，既足以媚君子，好合同處，又足以媚小人，比之聖人，更覺完全無破綻。譬如紫色之奪朱，鄭聲之亂雅，更覺光彩豔麗。苟非心靈開霽、天聰明之盡者，無以發其神奸之所由伏也。夫聖人所以爲聖，精神命脈，全體內用，不求知於人，故常常自見己過，不自滿假，日進於無疆。鄉愿惟以媚世爲心，全體精神，盡從外面照管，故自以爲是，而不可與入堯舜之道。學術邪正路頭，分決在此。（《全集》卷一〈與梅純甫問答〉）

從龍溪這段話中，我們顯然可見一種價值上的排序。理學家們道德實踐的終極追求是聖人之境，如果聖人所謂「中行」的境界難以企及的話，其次是狂者的形態，再其次是狷者的形態，而追求成聖道路上的最大敵人或者說最應當避免的則是鄉愿。正如龍溪所說，鄉愿之徒「以媚世爲心，全體精神，盡從外面照管」，「學成殼套」之後，「既足以媚君子，又足以媚小人，比之聖人，更覺完全無破綻」，結果導致「紫色之奪朱，鄭聲之亂雅」，因而實在是「德之賊」。至於在狂者與狷者之間，龍溪則更傾向於狂者。

　　陸象山曾經說：「算穩底人好，然又無病生病；勇往底人好，然又一概去了。然欲勇往底人較好。算穩底人，有難救者。」在對這段話的詮釋中，龍溪表達了在狂與狷之間他對狂者的更加欣賞。他說：

> 算穩之人似狷，勇往之人似狂。算穩底少過，自謂可以安頓此身，未嘗有必爲聖人之志。須激勵他，始肯發心，不然，只成鄉黨自好而已，所以難救。勇往底雖多過，卻有爲聖之志。若肯克念愼終，便可幾於中行。孔子思狂，不得已，而次及於狷，亦此意也。（《全集》卷一〈撫州擬硯臺會語〉）

這段話是龍溪在嘉靖四十一年壬戌（1562）冬撫州擬硯臺（撫州府臨川縣）之會上所講。不過，龍溪在狂與狷之間認爲前者更具價值優先性，決不只是由於象山本人的話中本身包含了這個意思而限於解釋的脈絡。事實上，龍溪便曾直接將狂者與鄉愿對比，儼然認爲前者最接近聖人之境。在〈友梅畢君八裘序〉中，龍溪指出：

> 昔者夫子不得中行之士，而思及於狂，於鄉愿則惡而絕之，何也？狂者之志，嘐嘐然以古人爲期，所見者大。考其行，而或有不掩焉者。雖若功行之未純，而其心事之光明廓朗，略於行迹，不務爲覆藏掩匿之態，此則狂者之所以爲狂也。若鄉愿者，彌縫鍵閉，閹然以媚世爲心，自以爲是，不可與入古人之道，與狂者作用正相反。故夫子以爲德之賊，而惡之猶深也。是豈惟人品眞僞之分？古今學術邪正之辨，決於此矣！（《全集》卷十四）

這裏的意思與前引答梅守德問的話非常接近，只是不再提及狷者。由此可見，作為鄉愿的對立面，狂者顯然是中行之聖人以下龍溪最為推許的價值座標。而萬曆元年癸酉（1573）南遊之會龍溪答人問時所謂「丈夫自有沖天志，不向如來行處行」（《全集》卷七〈南遊會紀〉），則既反映了龍溪儒釋之辨中的儒家認同，同時也正是狂者氣象的體現。

從以上龍溪對狂者的描述來看，狂者之學的最大特點就是在必為聖人這一志向之下，不以外在種種既定的規範為是非判斷的標準，而是訴諸自我內在的良知心體。因而「心事光明超脫」，即便「略於行迹」，亦不做「覆藏掩匿之態」，正所謂「不泥格套，不循典要」。狂者之學儘管尚未達到聖人的「中行」之境，但較之一般的道德實踐，卻更為接近龍溪先天工夫的要求。況且，正如龍溪〈答胡石川〉中所謂：

> 大抵吾人不欲真作聖賢則已，自古入聖入賢，須有真血脈路，與行迹把捉、格套支援絕不同。吾人致知學問，未嘗不照管行迹、循守格套，然必以行迹觀人，以格套律人，遺其自信之真機，未免以毀譽為是非、同異為得失，未免有違心之行、徇義之名，所差不但毫釐間而已。（《全集》卷九）

顯然，在龍溪看來，狂者與鄉愿之間其實突顯的是從事聖賢之學的真偽之辨，前者符合儒家自律道德尤其心學傳統的基本精神，後者則是他律道德甚至不道德的義襲偽學。事實上，在當時的社會環境下，龍溪提倡狂者之學，也的確有照殺偽道學的現實意義。

對儒學而言，如果說「仁」首先體現為一種內在真實的道德情

感,這種道德情感一定發生在社會人際關係的網路之中,而不是與自我之外的他人絕緣的純粹個體感受。因此,「仁」又必定會客觀化為「禮」,使主觀的道德情感作為「倫理」而在社會中確立為普遍的行為規範。當一個社會成員依照特定的「禮」而行為時,其他社會成員便會根據其行為而判斷此人相應表達了某種道德情感。沒有共同認可的「禮」,「仁」的表達不免流動隨意,不利於人際關係的交往與溝通;沒有「仁」作為實際的內涵,「禮」則成為無意義的虛文甚至情感表達的限制。隨著時空條件的變化,當既定的行為規範不再能夠作為道德情感的恰當表達方式時,便需要根據「仁」來對其加以調整,於是「禮」就要隨之「因革損益」;當人們道德情感的表達過於主觀任意而在人際互動的過程中造成對自身的否定時,社會便自然會尋求普遍規範的確立,通過公眾認同的「禮」而將個人道德情感的表達納入合理的軌道。這樣,「仁」和「禮」之間就體現出一種互動性的張力。二者能夠保持一種動態的平衡與和諧,承「仁」之體而達「禮」之用,由「禮」之用而顯「仁」之體,則這種張力便表現為創造性的;❸❾而二者之間發生背離,「禮」無法成為內在真實情感的自然表達,「仁」也流於個體情感的恣意張揚,張力便導致斷裂與失衡,人們的情感表達與行為規範以及整個社會的人際關係就會失去陷入無序與混亂。事實上,人類社會的發展在一定意義上正是一個「仁」與「禮」不斷互動以謀求平衡的過程。而聖人之所以為聖人,一個重要的方面就是能夠在「仁」與

---

❸❾　杜維明先生曾經對「仁」「禮」間的關係進行過發人深省的討論。見杜維明:〈「仁」與「禮」的創造性張力〉,載氏著:《人性與自我修養》(北京:中國和平出版社,1988),頁3-13。

「禮」之間保持「中行」。但對於狂者來說，則尚未達到聖人從容中道的境界，在「仁」與「禮」的互動中不免偏於「仁」之一端，而相對忽略行為表達的規範性。莫晉引程明道所謂「識得仁體，以誠敬存之，不須防檢，不須窮索」的話來形容龍溪的先天工夫，也正是狂者之學的寫照。現在的問題是，當外在行為規範不足以表達甚至桎梏了內在道德情感時，狂者之學以內在的良知心體為一切行為的最終判準，無疑有其意義。但外在規範也並非總是處於異化的狀態，當那些規範恰當地反映了人們共同的道德意願與情感時，狂者「直心而動」，不以外在的規範為行為準則，便很可能會違反社會共同體中普遍的道德意志。尤其在缺乏理性溝通的情況下，儘管有「心同理同」的本體普遍性，個體自我的良知由於主觀性太強，在具體表現時仍難免出現自己心安而他人未能心安的情況。張元忭便曾經從這種實際效果的角度對龍溪提出過質疑，所謂「今以行不掩言為狂，而忠信廉潔為鄉愿，則將使學者倡狂自恣，而忠信廉潔之行蕩然矣。」（《全集》卷五〈與陽和張子問答〉）

當然，就像對有關脫略工夫的看法一樣，對於學者流於倡狂自恣，龍溪認為這仍然恰恰是未能真正於良知心體上立根的結果，所謂「學者談妙悟而忽戒懼，至於無忌憚而不自知，正是不曾致得良知，非良知之教使然也。」（《全集》卷五〈與陽和張子問答〉）也正如前引龍溪答吳時來所云「真見本體之貞明，則行持保任自不容已，不復為習染之所移。」而除此之外我們需要注意的是，在提倡狂者之學的同時，龍溪其實也並非完全不顧毀譽，不以人言為非。隆慶四年庚午（1570），七十三歲的龍溪家遭火災，龍溪由此對自己進行了全面深刻的反省與檢討，他在所作〈自訟長語示兒輩〉中有

這樣一段話：

> 自信以爲天下非之而不顧，若無所動於中。自今思之，君子
> 獨立不懼，與小人之無忌憚，所爭只毫髮間。察諸一念，其
> 機甚微。凡橫逆拂亂之來，莫非自反以求增益之地，未可概
> 以人言爲盡非也。（《全集》卷十五）

並且，這也並非龍溪思想晚年的轉變。黃綰（字叔賢，號久庵，
1480-1544）是陽明生前好友和弟子，陽明卒後曾以女妻陽明之子正
億，力扶正億於危困之中。但晚年嚴厲批評陽明後學脫略工夫所引
起的狂蕩之風。儘管龍溪見解有與黃綰不同處，但對於黃綰之見，
龍溪卻能虛懷若谷，正視不拒。他在與內弟張叔學的書信中說：

> 此行受久庵公眞切之教，向來凡情習氣，頓覺消失，可謂不
> 虛此行矣。同志中多言此公未盡精蘊，區區向來亦有此疑，
> 細細體究，殊覺未然。且道先輩長者，肯以此學自任終身者
> 有幾？肯以此學諄諄誨人、惟恐不能及者有幾？吾輩但當領
> 其懇切之心，間或議論見解有未同處，且當存之，不必深
> 辨。但云老師處，似未盡愜。又以濂溪、明道未免爲上乘禪
> 宗，隱於心誠有不安。此亦當姑置之。惟日逐修身改過，盡
> 去凡習，以還眞純，是爲報答此公耳。（《全集》卷十二〈答張叔
> 學〉第四書）

龍溪嘉靖十年辛卯（1531）曾為籌措正億婚事與錢德洪共至金陵黃綰
處，即便龍溪信中所言之事非在此時，也必在嘉靖三十三年黃綰卒
之前，亦即在龍溪五十七歲之前。因此，正如從一念之微入手的先

天工夫既可能因掌握的不當而導致脫略工夫的非預期後果，更在邏輯上必然地指向嚴格的道德內省一樣，作為先天工夫的表現，狂者之學既有可能因「行不掩言」而失去「仁」與「禮」之間的平衡，更有可能由於「嘐嘐然以古人為期」，有必為聖人之志，加之「心事光明超脫，不作些子蓋藏回護」，因而「克念慎終，便可幾於中行」。由此看來，在龍溪處，提倡狂者之學與在虛心接受外在批評的基礎上認真從事遷善改過的道德實踐是並行不悖的。並且，逾越禮法、肆無忌憚，本來也不應當是狂者之學的必然結果。

## （三）、龍溪所臻境界

就像工夫論構成中國哲學特有的論域一樣，境界論也顯然是中國哲學有別於西方哲學的一個獨特所在。作為一種存在的現身情態與精神氣質，由動靜語默、舉手投足、出處進退所體現的人生境界與工夫實踐密切相關。工夫實踐必定指向某種境界，而境界的高低，也更標誌著工夫實踐的深淺。因此，檢討龍溪實際所臻的境界，也是考察其先天工夫論的一個角度。並且，如果說以上有關脫略工夫和狂者之學的討論更多地是圍繞龍溪對於工夫的論說，那麼，這裏對龍溪所臻境界的觀察，則主要在於顯示龍溪自己工夫的實踐效果。

劉宗周對龍溪曾有如下的看法：

> 先生孜孜學道八十年，猶未討歸宿，不免沿門持缽。習心習境，密制其命，此時是善是惡？只口中勞勞，行腳仍不脫在家窠臼，辜負一生，無處根基，惜哉！（《明儒學案 · 師說》）

可謂評價甚低。儘管黃宗羲對龍溪的評價並不完全同於其師，但由於黃宗羲將蕺山的這段話作為師說列在《明儒學案》之前，則顯然對後人的判斷影響頗大。不過，姑且不論是否對龍溪的思想有深入的瞭解，事實上蕺山根本未曾見過龍溪本人。萬曆十一年癸未（1583）龍溪以八十六歲高齡去世時，蕺山不過六歲而已。因此，蕺山的評價恐不足為憑。

龍溪八十歲在〈萬履庵謾語〉中曾經對自己所臻境界有一番描述，所謂：

> 思慮未起，不與已起相對。才有起時，便爲鬼神覷破，便是修行無力，非退藏密機。不肖於此頗見有用力處，亦見有得力處。日逐應感，只默默理會。當下一念，凝然灑然，無起無不起。時時覿面相呈，時時全體放下。一切稱機逆順，不入於心，所以終日交承，雖冗而不覺勞；終日論說，雖費而不覺擾。直心以動，自見天則。迹雖混於塵世，心若超於太古。（《全集》卷十六）

而在自題像贊中，晚年的龍溪對自己的境界也有如下的描繪：

> 志若迂而自信，行若寒而自強。才於於而若拙，識混混而若藏。處世若汙若潔，聞道若存若亡。即其見，若將洞照千古而不逾咫尺；充其量，若將俯視萬物而不異於尋常。壺邱幻身，若且示之天壤；方皋神相，若或眩於驪黃。（《全集》卷十五）

當然，這畢竟是龍溪的自我評價，亦未必能令人信服。我們不妨看

看龍溪同時代周圍的人對龍溪的描述與評價，這樣相對較為客觀。

隆慶四年至五年（1570-1571），龍溪七十三、四歲，當時在南都任職的李贄（號卓吾，又號溫陵居士，1527-1602）曾見過龍溪兩次。❹ 他對龍溪推崇備至，不僅認為「世間講學諸書，明快透髓，自古至今，未有如龍溪先生者」（《焚書》卷二〈復焦若侯〉），更稱龍溪為「聖代儒宗，人天法眼；白玉無瑕，黃金百煉」（《焚書》卷三〈王龍溪先生告文〉）。卓吾雖不免有狂蕩之舉，卻是性情中人，並對當時的假道學批評不遺餘力。如果龍溪工夫未至相當境界，以卓吾之精察，實難出此言。如果在認定龍溪與卓吾均不免脫略工夫一路而覺得卓吾之言猶未足信的話，我們可以再看一看張元忭的描述。萬曆二年甲戌（1574），七十七歲的龍溪與張元忭、周繼實、裘子充聚會天柱山房。其間，張元忭曾對龍溪當時修養工夫所至的境界有這樣一段描述：

> 先生（龍溪）見道透徹，善識人病。每聞指授，令人躍然。高年步履視瞻，少壯者所不能及，是豈可以強為？隨時應用，見其隨時收攝。造次忙冗中，愈見其鎮定安和，喜怒未嘗形於色。（《全集》卷五〈天柱山房會語〉）❹

---

❹ 李贄自己曾對禪僧無念深有說：「我於南都得見王先生者再，羅先生者一。及入滇，復於龍裏得再見羅先生焉」。此中王先生即指龍溪，羅先生指羅近溪。見李贄：《焚書》卷三〈羅近溪先生告文〉。

❹ 此篇未記何年，《龍溪會語》卷二龍溪自己所作〈天山答問〉則有明確時間記載，由其內容亦可知此〈天山答問〉即通行《全集》卷五之〈天柱山房會語〉。參見本書附錄二：〈明刊《龍溪會語》及王龍溪文集佚文——王龍溪文集明刊本略考〉。

張元忭以鄉前輩視龍溪並與龍溪交往密切，由龍溪而入道，但其學與龍溪並不相同。黃宗羲稱其「談文成之學，而究竟不出朱子」（《明儒學案》卷十五〈浙中王門學案五〉）。張元忭本人亦始終不認同龍溪的先天工夫，認為「本體本無可說，凡可說者皆工夫也」（同上），❷ 並自稱「吾以不可學龍溪之可」（同上）。❸ 況且，以上所言是張元忭對裘子充所言，並非對龍溪的面諛之詞。因此，張元忭的描述應當是龍溪較為真實的寫照。

作為龍溪的門人弟子，周海門（名汝登，字繼元，號海門，1547-1629）是龍溪身後晚明浙東地區善於發揚龍溪之學的一位思想領袖。❹ 在萬曆二十九年辛丑（1601）的剡中之會上，海門曾根據自己的所見所聞，對於有關龍溪的一些非議有較為全面的事實回應。在回答與會士子之問時，海門指出：

---

❷ 譬如，張元忭對「幾」的解釋便沿用《易傳》、《通書》原說，以之為感性層上有善有惡的意識之發動，而「研幾」相應則是誠意的工夫，所謂「周子曰：『幾，善惡』。善有善幾，惡有惡幾。於此而慎察之，善必真好，惡必真惡，研幾之學也」。見張元忭：《張陽和先生不二齋文選》卷二〈寄馮緯川〉。此顯然與龍溪對「幾」與「研幾之學」的規定不同。

❸ 另外，張元忭在為《龍溪會語》所作的〈跋〉中說：「忭於先生故不敢疑鄉人之所疑，而猶未能信先生之所信。蓋嘗以吾之不可，學先生之可，而期先生不以為謬也。」此文載《龍溪會語》卷末，可參見本書附錄二：〈明刊《龍溪會語》及王龍溪文集佚文——王龍溪文集明刊本略考〉。

❹ 歷來研究者多據黃宗羲《明儒學案》，視海門為近溪弟子而屬泰州學派，實則海門與近溪並無師承關係。無論從地域還是思想的傳承來看，海門作為龍溪弟子均當屬浙中學派。黃宗羲將海門劃歸泰州學案，實有其用意。有關這一問題的詳細討論，參見彭國翔：〈周海門的學派歸屬與《明儒學案》相關問題之檢討〉，《清華學報》新三十一卷第三期，新竹：清華大學人文社會學院，2002年10月，頁339-374。

人謂先生（龍溪）間有幹囑，予未嘗目擊一事也。或謂先生熱
腸大度，爲人暴白，無爲而爲，如此者予亦未嘗目擊一事
也。予雖不得時侍左右，而間嘗過從。先生十九在外，問之
云：往某地以主會，行往某地以訪友。視其家若郵傳。然有
時在宅，則滿堂無非講學之人，滿座無非講學之語。今日過
之如此，明日過之如此，他日偶然過之無不如此。因思先生
周流既無寧期，歸家又日聚友，豈眞無一家事可關耶？看這
一個景象，對這一副精神，謂非聖賢作用不可，不令人不心
醉之矣！予從叔震（周震），恂恂長者，不爲苟從；從兄夢秀
（周夢秀，字繼實），行實孤高，有伯夷之峻。父子信事先生
甚篤。予拜雖令君所率，實二公汲引也。❹ 予友宋君應光，
向同旅拜者，自幼以道學名，信服先生倍至，曾述先生之任
向之語曰：「吾日密邇，吾叔自閨門屋漏察之，以至外庭，
事事可師。吾叔聖人也，吾知之，外人不知；即吾三弟，亦
或未盡知」。三弟謂宗溪也。予又問趙麟陽（趙錦），公之言
曰：「人或不滿於龍溪子者，不知何指。予與比鄰，隔牆而
居，朝朝暮暮，但見其兄弟是兄弟，夫婦是夫婦，父子是父
子，朋友是朋友，如是而已，不見其有他也。」嗟乎！先生
豈可以輕議哉？（《東越證學錄》卷五〈剡中會語〉）

所謂「幹囑」之說，《明史》亦有記載，所謂「在官弗免幹請，以
不謹斥」，但並未有實指。而龍溪罷官一事，根據徐階〈王龍溪先

---

❹　隆慶四年庚午(1570)，龍溪應邀至剡中講學，時海門二十四歲爲諸生，隨
　　邑令前往拜謁。

生傳〉中的記載，非但不是由於「幹請」，卻恰恰是龍溪不趨附因
而得罪當時的首輔夏言（字公謹，號桂洲，1482-1548）所致：

> 嘉靖壬辰，龍溪始赴庭對。相國張永嘉公孚敬，聞龍溪名，
> 欲引置一甲，不應；開吉士選，又欲引之，又不應；又開科
> 道選，必欲引之，終不應。永嘉以此益重之，辛授南職方主
> 事，尋以病歸。病瘥，時相夏貴溪公言，議選宮僚，其婿吳
> 儀制春，龍溪門人也，首以龍溪薦。貴溪曰：「吾亦聞之，
> 但恐爲文選所阻，一往投刺乃可。」龍溪謝曰：「補宮僚而求
> 之，非所願也。」貴溪曰：「人投汝懷，乃敢卻耶？若負道學
> 名，其視我輩爲何如人？」遂大不懌。會三殿災，詔求直
> 言，六科疏薦王畿：學有淵源，宜列清班，備顧問，輔養聖
> 德。（貴溪）因票旨詆爲僞學，而貶薦首吏科都給事戚賢官。
> 龍溪時爲南武選郎中，再疏乞休，銓司報與告歸。逾年，以
> 大察去。（《全集》卷首）

龍溪罷官一事及其意義，或可專門討論，但顯然與其修養工夫以
及所臻境界無關。正因為龍溪寧為狂者，不為鄉愿，如張元益所謂
「寧為闊略不掩之狂士，毋寧為完全無毀之好人；寧為一世之囂
囂，毋寧為一時之翕翕」，❹ 無法作到「既足以媚君子，又足以媚小
人」，因此在當時既有世俗之見，又有朱子學與陽明學學派之爭等
錯綜複雜的情況下，自然會產生出於各種不同動機的捕風捉影之
詞。事實上，越是以聖賢人格為追求，以聖賢之學相期，以內在的

---

❹　趙錦：〈龍溪王先生墓誌銘〉，《王龍溪先生全集》（萬曆三十四年丁賓刻
　　本）〈附錄〉。

道德法則而非世俗的種種繩墨作為自己行為的依據，往往越是容易遭受世俗的非議。朱子與陽明儘管思想形態不同，甚至幾乎形成儒學內部對立的思想譜系，但二人均在當時被打成偽學，這一現象，是很值得深思的。

事實上，對於龍溪晚年的造詣，以上李卓吾、張元忭、周海門、趙麟陽以及龍溪自己的描述，尤其是龍溪自題像贊的那段話，更為鮮明地表示了龍溪自我期許的與其說是狂者氣象，不如說是「極高明而道中庸」的「中行」境界。但是，即使是「心若超於太古」，只要「迹雖混於塵世」，也仍然難免常人的議論。當聖人被無形中推出芸芸眾生之外而成為非常人所可及者時，此時講道學並追求聖賢人格的人若再有常人之行，便更容易招致世俗的議論。對此，在解釋龍溪與羅近溪這兩位均屬極高明而道中庸的人物為何仍遭人議論時，袁宏道（字中郎，號石公，又號六修，1568-1610）有深入的觀察：

> 龍溪、近溪非真有遺行挂清議，只為他鍛煉甚久，真見得聖人與凡人一般，故不為過高好奇之行。世人遂病之云：「彼既學道，如何情景與我輩相似？」因訾議之。久久即以下流歸之耳。若使二公不學道，世人決不議論他。蓋常人以異常望二公，二公惟以平常自處。（《珊瑚林》下）

至於常人為何不許以聖賢境界為追求的「學道之人」有常人一般的行為，即所謂「彼既學道，如何情景與我輩相似」？克爾凱戈爾曾經說：「當一個人擁有道德的力量，人們就喜歡將他美化成一個天才，目的是要趕他走。因為他的生命構成針對他們的一種主張、一

種要求。」❹這種解釋固然有精英主義之嫌，與儒家「人皆可以為堯舜」的立場有一定差距，但對實然層面世俗心理的刻畫可以說是入木三分、異地皆然。因此，無論從狂者之學所導致的「不以毀譽為是非」還是「中行」之境所導致的「混俗」之疑來看，非議之有無，並不能夠作為衡量一個人境界高下的決定性因素。在某些情況下，有非議也許至少可以說明一個人尚未落入鄉愿的窠臼。就龍溪而言，無論是李卓吾、張元忭的描述還是周海門的所見所聞，都顯示出龍溪通透圓熟的生命境界與人格氣象，這當然不是一蹴而就，而無疑是龍溪不斷實踐其致良知工夫理論的最終結果。

　　以上，我們探討了龍溪的致良知工夫論。不論先天正心之學還是一念之微的工夫，就其本身而言，似乎都還只是主體自我的道德修養工夫。但是，儒家的道德修養從來都不是「羅漢果位」的個體成就，而是必定展開於家國天下的社會關係網路。上下與天地同流的天道性命相貫通不是棄絕外物的「獨與天地精神相往來」；「大而化之之謂聖，聖而不可知之謂神」的神聖之境也不是我們身在所處凡俗世界之外的「無何有之鄉，廣漠之野」。因此，對龍溪來說，心體立根與一念之微工夫的展開，必定由自我通向自我之外的整個生活世界。用《大學》的概念表述，也就是必定要從「心、知」經由「意」而通向「物」。經由格物工夫的中介，心體立根與一念之微工夫實踐的終極指向，便是龍溪心知、意、物一體而化的「四無」之境。四無之境既是境界論意義上主體生命存在所達至的精神境界，更意味著存有論意義上一個萬物一體而又各正性命的本真的生活世界。

---

❹　克爾凱戈爾：《克爾凱戈爾日記選》，晏可佳、姚蓓琴譯（上海社會科學出版社，1992），頁124。

# 第四章　王龍溪的四無論

　　由於「天泉證道」成為明代陽明學的一樁重要公案，「四無」也
幾乎成為龍溪思想的象徵。當然，四無論的確代表了龍溪思想最有
特色的一個部分。龍溪致良知工夫在心、知、意、物的存有系列中
所展開的終極指向，便是龍溪四無論所包含的內容。但是，作為陽
明四句教隱含層面的揭示，陽明稱之為「天機泄露」的四無之說其實
並未被龍溪作為「談不離口」的教法，儘管在龍溪看來，四無所揭示
的存有結構與精神境界就本體而言本來如此，可是這種存有結構與
精神境界的實然呈現，卻只能是致良知工夫不斷展開的最終結果。
並且，在中晚明陽明學的發展過程中，在三教融合尤其儒釋之辨的
背景下，儒家學者圍繞龍溪四無論所提出的問題進行了相當多的討
論。因此，本章專門檢討龍溪的四無論，就既是要瞭解龍溪思想最
有特色的一項內容，更是希望深入全面掌握龍溪四無論在陽明學義
理脈絡中所具有的意涵。在此基礎上，我們也可以為後面有關中晚
明陽明學與三教融合的進一步探討奠定相應的基礎。

## 一、四無論的提出

　　在幾乎所有的文獻記載中，龍溪的四無論始終是關聯著四句教
而僅見於有關天泉證道的記載中。關於天泉證道的記載，大略有兩

類七種。第一類是當事人龍溪和錢緒山的記錄，包括《全集》卷一
〈天泉證道記〉和卷二十〈刑部陝西司員外郎特詔進階朝列大夫致仕
緒山錢君行狀〉（下簡稱〈錢緒山行狀〉）、《傳習錄下》錢緒山的
記錄，以及出自錢緒山之手的《陽明年譜》。第二類是得自聽聞或後
人的記錄。包括《東廓鄒先生文集》卷二〈青原贈處〉、徐階〈王
龍溪先生傳〉，以及《明儒學案》卷十二〈浙中王門學案二〉。黃
宗羲《明儒學案》的記載自然是本諸前人文獻。鄒東廓和徐階並非天
泉證道的當事人，其記錄顯然得自聽聞。且東廓所記，文字簡略，
並將天泉證道和嚴灘問答誤為一事，既不能作為研究陽明四句教的
根據，也不能作為研究龍溪四無論的憑藉。作為天泉證道的當事
人，錢緒山和龍溪的記載詳略微有出入，尤其在記錄陽明對二人的
評論時，二人所記更有不同，但就龍溪四無論的基本內容而言，則
並無區別。《傳習錄下》和《陽明年譜》對於天泉證道的始末記載
較為完整，可以確定龍溪四無論提出的時間與情境脈絡；而對於龍
溪四無論的具體內容，則以〈天泉證道記〉和〈錢緒山行狀〉較為
詳細。

　　嘉靖六年丁亥（1528）夏，朝廷任命陽明提督兩廣及江西湖廣軍
務兼督察院左都御史，出征廣西思恩、田州，平定當地的少數民族
暴亂。陽明九月八日起程前夕，在越城（紹興）新建伯府內的天泉
橋上回應了龍溪和錢緒山有關四句教的不同看法。❶ 而龍溪的不同

---

❶　有研究者認為天泉橋為陽明新建伯府東南側內碧霞池上的一座庭院橋。參見
　　傅振照：〈王陽明「天泉證道」新探〉，《朱子學刊》第六輯（合肥：黃山
　　書社，1994），頁194-196。按：此說為是。周海門《東越證學錄》卷四〈越
　　中會語〉載：「辛亥中秋之夜昏時，微雲稍翳，已而雲淨月朗，諸友迎先生

看法，也就是其四無之說。刊於嘉靖三十四年乙卯至三十五年丙辰（1555-1556）的《傳習錄下》載：

> 丁亥年九月，先生（陽明）起復征思、田。將命行時，德洪與汝中論學。汝中舉先生教言曰：「無善無惡心之體，有善有惡意之動，知善知惡是良知，為善去惡是格物。」德洪曰：「此意如何？」汝中曰：「此恐未是究竟話頭。若說心體是無善無惡，意亦是無善無惡的意，知亦是無善無惡的知，物亦是無善無惡的物矣。若說意有善惡，畢竟心體還有善惡在。」德洪曰：「心體是天命之性，原是無善無惡的。但人有習心，意念上見有善惡在。格致誠正，修此正是復那性體工夫。若原無善惡，功夫亦不消說矣。」是夕侍坐天泉橋，各舉請正。先生曰：「我今將行，正要你們來講破此意。二君之見正好相資為用，不可各執一邊。我這裏接人原有此二種。利根之人之從本體上悟入。人心本體原是明瑩無滯的，原是個未發之中。利根之人一悟本體，即是功夫，人己內外，一齊俱透了。其次不免有習心在，本體受蔽，姑且教在意念上實落為善去惡功夫，熟後渣滓去得盡時，本體亦明盡了。汝中之見是我這裏接利根人的，德洪之見是我這裏為其次立法的。二君相取為用，則中人上下皆可引入於道。若各執一邊，眼前必有失人，便於道體各有未盡。」既而曰：「已後與朋友講學，切不可失了我的宗旨：無善無惡是心之體，

---

（海門）凡五十餘人宴於碧霞池之天泉橋。酒數行，先生曰：此橋乃陽明夫子證道處也。證道在嘉靖丁亥歲，先三年甲申，亦以中秋宴門人於此。」海門去陽明之時不遠，當不誤，可為證。

有善有惡是意之動，知善知惡的是良知，爲善去惡是格物。只依我這個話頭，隨人指點，自沒病痛。此原是徹上徹下工夫。利根之人世亦難遇，本體功夫一悟盡透，此顏子、明道所不感承當，豈可輕易望人？人有習心，不教他在良知上實用爲善去惡功夫，只去懸空想個本體，一切事爲俱不著實，不過養成一個虛寂。此個病痛不是小小，不可不早說破。」是日德洪、汝中俱有省。

而成書於嘉靖四十二年癸亥（1563）的《王陽明年譜》中「嘉靖六年九月壬午發越中」條下也有天泉證道始末的記載：

是月初八日，德洪與畿訪張元沖（字叔謙，號浮峰，1502-1563）舟中。因論爲學宗旨，畿曰：「先生說『知善知惡是良知，爲善去惡是格物』，此恐未是究竟話頭。」德洪曰：「如何？」畿曰：「心體既是無善無惡，意亦是無善無惡，知亦是無善無惡，物亦是無善無惡。若說意有善有惡，畢竟心亦未是無善無惡。」德洪曰：「心體原是無善無惡，今習染既久，覺心體上見有善惡在。爲善去惡，正是復那本體功夫。若見得本體如此，只說無功夫可用，恐只是見耳。」畿曰：「明日先生啓行，晚可同進請問。」是日夜分，客始散，先生將入內，聞德洪與畿候立庭下，先生復出，使移宴天泉橋上。德洪舉與畿論辨請問。先生喜曰：「正要二君有此一問。我今將行，朋友中更無有論證及此者。二君之見，正好相取，不可相病。汝中需用德洪功夫，德洪需透汝中本體。二君相取爲益，吾學更無疑念矣。」德洪請問，先生曰：「有只是你自

有，良知本體原來無有。本體只是太虛。太虛之中，日月星辰、風雨露雷、陰霾鎧氣，何物不有？而又何一物得為太虛之障？人心本體亦復如是。太虛無形，一過而化，亦何費纖毫氣力？德洪功夫需要如此，便是合得本體功夫。」畿請問，先生曰：「汝中見得此意，只好默默自修，不可執以接人。上根之人，世亦難遇。一悟本體，即是功夫，物我內外，一齊盡透，此顏子、明道不敢承當，豈可輕易望人？二君已後與學者言，務要依我四句宗旨：無善無惡是心之體，有善有惡是意之動，知善知惡是良知，為善去惡是格物。以此自修，直躋聖位；以此接人，更無差失。」畿曰：「本體透後，於此四句宗旨如何？」先生曰：「此是徹上徹下語，自初學以至聖人，只此功夫。初學用此，循循有入，雖至聖人，窮究無盡。堯舜精一功夫，亦只如此。」先生又重囑咐曰：「二君以後再不可更此四句宗旨。此四句中人上下無不接著。我年來立教，亦更幾番，今始立此四句。人心自有知識以來，已為習俗所染，今不教他在良知上實用為善去惡功夫，只去懸空想個本體，一切事為俱不著實。此病痛不是小小，不可不早說破。」是日洪、畿俱有省。

不過，《傳習錄下》和《王陽明年譜》重在記錄天泉證道的始末，要瞭解龍溪四無論的具體內容，則需要以龍溪集中的〈天泉證道記〉和〈錢緒山行狀〉為依據。

在目前所有通行的《全集》中，〈天泉證道記〉都列在卷一首篇，可見編輯者認為該篇文字對於龍溪思想的重要性。不過，〈天泉證道記〉是以第三人稱方式記述的，其中稱陽明為夫子，龍溪為

先生，當為龍溪弟子據龍溪之意所撰。❷〈錢緒山行狀〉則是龍溪親筆所撰，我們先看看龍溪在〈錢緒山行狀〉中對天泉證道的回憶：

> 夫子（陽明）之學，以良知爲宗，每與門人論學：無善無惡心之體，有善有惡意之動，知善知惡是良知，爲善去惡是格物。以此四句爲教法。君（緒山）謂此是師門教人定本，一毫不可更易。予謂夫子立教隨時，未可執定。體用顯微，只是一路。若悟得心是無善無惡之心，意即是無善無惡之意，知即是無善無惡之知，物即是無善無惡之物。若是有善有惡之意，則知與物一齊皆有，而心亦不可謂之無矣。君謂：「若是，是壞師門教法，非善學也。」丁亥秋，夫子將有兩廣之行，君謂予曰：「吾二人所見不同，何以同人？盍相與就正？」夫子晚坐天泉橋上，因各以所見請質。夫子曰：「正要二君有此一問。吾教法原有此兩端，四無之說，爲上根立教；四有之說，爲中根以下通此一路。汝中所見，我久欲發，恐人信不及，徒起躐等之病，故含蓄到今。今既已說

---

❷ 龍溪生前是否有關於天泉證道的親筆記述，如今難以確定。尤時熙（子季美，號西川，1503-1580）在〈答曾確庵〉中曾說：「近見（龍溪）新刻〈三山麗澤錄〉及〈天泉一勺〉兩書，發虛寂議，蓋陽明宗旨也」，見《續中州名賢文表》卷四十四〈尤西川文表〉；孟秋（字子成，號我疆，1529-1589）在〈證道續說〉中也曾說：「壬午（萬曆十年，1582）十月，陽和子過余，示以龍溪公〈證道說〉。」見《孟我疆先生集》卷二。但由於〈天泉一勺〉與〈證道說〉今已難覓，是否可以據此認爲〈天泉一勺〉與〈證道說〉是〈天泉證道紀〉的雛形，難以斷案。但龍溪生前嘉靖四十三年（1564）甲子與耿定向會於宜興時確有對於天泉證道的評論載於萬曆四年刊刻的《龍溪會語》卷三〈東遊問答〉之中。關於該段文字的內容及其意義，詳見後文正文。

破，豈容復秘？然此中不可執著。若執四無之見，中根以下人無從接授；若執四有之見，上根人亦無從接授。德洪資性沈毅，汝中資性明朗，故其悟入，亦因其所近。若能各捨所見，互相取益，使吾教法上下皆通，使爲善學耳。」自此海內相傳，天泉辨正之論，始歸於一。

此段雖是龍溪自述，但對四無的具體內容表述仍然相對較爲簡略，詳細的記載，仍在〈天泉證道記〉：

陽明夫子之學，以良知爲宗，每與門人論學，提四句爲教法：無善無惡心之體，有善有惡意之動，知善知惡是良知，爲善去惡是格物。學者循此用功，各有所得。緒山錢子謂：「此是師門教人定本，一毫不可更易。」先生謂：「夫子立教隨時，謂之權法，未可執定。體用顯微，只是一機，心意知物，只是一事。若悟得心是無善無惡之心，意即是無善無惡之意，知即是無善無惡之知，物即是無善無惡之物。蓋無心之心則藏密，無意之意則應圓，無知之知則體寂，無物之物則用神。天命之性，粹然至善，神感神應，其機自不容已，無善可名。惡固本無，善亦不可得而有也，是謂無善無惡。若有善有惡，則意動於物，非自性之流行，著於有矣。自性流行者，動而無動；著於有者，動而動也。意是心之所發，若是有善有惡之意，則知與物一齊皆有，心亦不可謂之無矣。」緒山子謂：「若是，是壞師門教法，非善學也」先生曰：「學須自證自悟，不從人腳跟轉。若執著師門權法以爲定本，未免滯於言詮，亦非善學也。」時夫子將有兩廣之

行，錢子謂曰：「吾二人所見不同，何以同人？盍相與就正？」晚坐天泉橋上，因各以所見請質。夫子曰：「正要二子有此一問。吾教法原有此兩種。四無之說，爲上根人立教；四有之說，爲中根以下人立教。上根之人，悟得無善無惡心體，便從無處立根基，意與知物，皆從無生，一了百當，即本體便是工夫，易簡直截，更無剩欠，頓悟之學也。中根以下之人，未嘗悟得本體，未免在有善有惡上立根基，心與知物，皆從有生，須用爲善去惡工夫，隨處對治，使之漸漸入悟，從有以歸於無，復還本體，及其成功一也。世間上根人不易得，只得就中根以下人立教，通此一路。汝中所見，是接上根人教法；德洪所見，是接中根以下人教法。汝中所見，我久欲發，恐人信不及，徒增躐等之病，故含蓄到今。此是傳心秘藏，顏子明道所不敢言者。今既已說破，亦是天機該發泄時，豈容復秘？然此中不可執著。若執四無之見，不通得眾人之意，只好接上根人，中根以下人無從接授；若執四有之見，認定意是有善有惡的，只好接中根以下人，上根人亦無從接授。但吾人凡心未了，雖已得悟，仍當隨時用漸修工夫。不如此，不足以超凡入聖，所謂上乘兼修中下也。汝中此意，正好保任，不宜輕以示人，概而言之反成漏泄。德洪卻需進此一格，始爲玄通。德洪資性沈毅，汝中資性明朗，故其所得，亦各因其所近。若能互相取益，使吾教法上下皆通，始爲善學耳。」自此海內相傳天泉證悟之論，道脈始歸於一。

由上引《傳習錄下》、《王陽明年譜》、〈錢緒山行狀〉以及

〈天泉證道記〉對天泉證道的記載來看,龍溪四無之說,目前有文字可考的是在嘉靖六年(1528)丁亥九月七日日間,因與錢德洪討論陽明四句教時提出,是年龍溪三十歲。但陽明在天泉證道之前,便已經有四句教的表述,龍溪四無之說也應當是在平日對四句教已經有所思考情況下的進一步發揮。在天泉證道的整個過程中,其實包括三方面的觀點,即陽明的四句教、龍溪的四無論,以及錢德洪對四句教的理解。龍溪的「四無」是對陽明四句教的進一步發揮,德洪的「四有」則是他自己對陽明四句教的理解。❸我們後面對龍溪四無論內容涵義的分析,將主要以記載較為詳細的〈天泉證道記〉為依據。

歷來討論陽明的四句教,直接的文獻依據也都是有關天泉證道的記錄。天泉證道的事實,自然無可懷疑,但除了龍溪和錢緒山兩位當事人分別記錄天泉證道時均提到陽明四句教外,陽明晚年居越

---

❸ 牟宗三先生曾將陽明的四句教稱為「四有」而與龍溪的「四無」相對,但據陳來先生和秦家懿女士之見,「四有」當為錢德洪對陽明四句教的理解,參見陳來:《有無之境——王陽明哲學的精神》,頁200-201;Julia Ching(秦家懿),"Beyond Good and Evil:The Culmination of the Thought of Wang Yang-ming(1472-1529)", *Numen*, No. 22, 1973, pp.127-136. 不過,錢德洪的「四有」未必無法承認「無善無惡心之體」而只能像鄒東廓〈青原贈處〉所記載的那樣表述為「至善無惡者心,有善有惡者意,知善知惡是良知,為善去惡是格物」。首先,既然鄒東廓並非天泉證道的當事人,他對錢德洪語的記載亦未必準確;另外,龍溪在〈答吳悟齋〉第二書中同樣曾將陽明四句教首句表述為「至善無惡者,心之體也」,如果就心體而言「無善無惡」與「至善」無法相容,龍溪必不會有此說。但德洪之所以不能贊同龍溪四無之說,關鍵在於他雖然可以接受「無善無惡心之體」的這種表達方式,但他心中對「無善無惡」的理解卻不同於龍溪。正如對良知的理解一樣,龍溪的「無善無惡」包括至善的本質內容和無執不滯的作用形式兩方面,而德洪的「無善無惡」恐怕只有前者的意思。相關的討論見後文正文。

後所收弟子朱得之（字本思，號近齋，生卒不詳），在所錄《稽山承語》一卷中，同樣記述了陽明四句教的說法。❹《稽山承語》共錄陽明語錄四十五條，其中第二十五條為：

> 楊文澄問：「意有善惡，誠之將何稽？」師（陽明）曰：「無善無惡者心也，有善有惡者意也，知善知惡者良知也，為善去惡者格物也」。曰：「意固有善惡乎？」曰：「意者心之發，本自有善而無惡，惟動於私欲而後惡也。惟良知自知之，故學問之要曰致良知。」

天泉證道是在嘉靖六年丁亥（1527）九月七日晚，❺次日陽明即啟程往征思田，而第二年十一月陽明便於歸途中卒於南安，可見此條楊文澄與陽明的問答語當在天泉證道之前，由此可以說明兩點：一、四句教確為陽明晚年所說；二、四句教在天泉證道之前，陽明已經提出。❻而這和龍溪全集卷一〈天泉證道記〉中所謂「陽明夫子論

---

❹ 《稽山承語》和另一部記載陽明晚年語錄的《陽明先生遺言錄》中有若干語錄未見收入今本《王陽明全集》（上海古籍出版社，1992）。《稽山承語》四十五條中有四十四條，《遺言錄》百一十條中有三十八條。見陳來等〈關於《遺言錄》、《稽山承語》與王陽明語錄佚文〉，載葛兆光主編：《清華漢學研究》第一輯（北京：清華大學出版社，1994），頁176-193。《稽山承語》與《陽明先生遺言錄》的全文與注釋，參見《中國文哲研究通訊》第八卷第三期（臺北：中央研究院中國文哲研究所，1998），頁3-68。

❺ 《陽明年譜》以天泉證道為九月八日事。陳來先生據陽明十二月所作赴任謝恩疏云：「已於九月八日扶病起程」，認為天泉證道當在九月七日。見陳來：《有無之境——王陽明哲學的精神》，頁195注。如果陽明所記無誤，天泉證道自然是在七日，但陽明亦有可能記錯。當然《陽明年譜》編輯時距天泉證道日遠，陽明作赴任謝恩疏即在天泉證道當年，似當以陽明自己的回憶較為準確。

❻ 陳來先生起初認為四句教的提出，在嘉靖五年與六年之間，不能更早，見陳

學，每提四句為教法」是相一致的。四句教能夠作為陽明的晚年定論，應該沒有問題。但是，在四句偈這種文體的限制下，陽明晚年思想的全部內容及其內在一貫性，是否可以得到全面的體現呢？

陽明對「意」的規定本來有兩種。就在臨終前一年即嘉靖六年丁亥所作〈答魏師說〉中，陽明有謂：

> 意與良知當分別明白，凡應物起念處皆謂之意，意則有是有非，能知得意之是非者，則謂之良知。（《王陽明全集》卷六〈文錄三〉）

這裏「有是有非」的意，是受外物所感而產生的，所謂「應物起念」。除此之外，尚有一種不因物而起的意。陽明在給羅欽順的〈答羅整庵少宰書〉中有云：

> 理一而已。以其理之凝聚而言，則謂之性；以其凝聚之主宰而言，則謂之心，以其主宰之發動而言，則謂之意；以其發動之明覺而言，則謂之知；以其明覺之感應而言，則謂之物。（《傳習錄中》）

此處的意是主宰之心的發動，並非「應物而起」，既然心體至善，其

----

來：《有無之境——王陽明哲學的精神》，頁144注。後又認爲此條在乙酉丙戌之間，見陳來：〈《遺言錄》《稽山承語》與王陽明晚年思想〉，載吳光主編：《陽明學研究》，頁154。但《稽山承語》第十條附記曰：「此乙酉（嘉靖四年）十月與宗範、正之，惟中聞於侍坐時者，丁亥七月追念而記之」。第二十五條以及其他諸條後面並未明確何年所記。因此，我們只能說如果第二十五條楊文澄與陽明的問答是與第十條同年，則四句教至少在嘉靖四年已經提出。但似乎還不能坐實第二十五條所載之事在乙酉丙戌之間，也不能坐實四句教是在乙酉丙戌之間提出。

自然發動也應當是純善無惡的。前引楊文澄與陽明的問答語中,陽明已經對這種意作出了肯定。因此,作為「主宰之發動」的意,便不同於那種「有是有非」的意。借用康德後期哲學中「意志(Wille)和「意念」(Willkür)的區分,❼則「主宰之發動」的意相當於意志,「有是有非」的意相當於意念。或者借用後來劉蕺山的概念來說,前者是「意」,後者是「念」。當然,陽明未必有如此明確的區分和自覺,但由以上所引材料可見,在不同的言說脈絡下,陽明的意確實可以分析出兩種不同的涵義。

陽明四句教在整個中晚明思想界引起了廣泛的討論,而圍繞四句教爭論的焦點,其實就在於首句「無善無惡心之體」。有關中晚明陽明學圍繞道德本體的無善無惡之辨,我們在第六章會有專門的討論。這裏需要說明的是,鑒於良知心體的同一性,我們在第二章對陽明良知觀念的基本分析已經指出,陽明以「無善無惡」形容心體,既在境界論的意義上揭示了良知心體無執無著的作用特徵,又在存有論的意義上揭示了良知心體至善的本質內容。❽但是,從「無善

---

❼ 關於康德「意志」與「意念」的區分及其關聯,可參考李明輝:《儒家與康德》,頁21-22;114-117。

❽ 從超越經驗意義上的善來解釋「無善無惡」所包含的「至善」的涵義,這可以說是注重良知心體本質內容的方面,見蔡仁厚:《王陽明哲學》(臺北:三民書局,1992),頁125-130。而這也是明末清初以來如孫奇逢(夏峰,1584-1674)、李紱(穆堂,1673-1750)、李顒(二曲,1627-1705)等幾乎所有肯定陽明「無善無惡心之體」的學者們的一貫解釋;從無執著性來解釋「無善無惡」的涵義,則可以說強調了良知心體的存在狀態與作用形式,見陳來:《有無之境——王陽明哲學的精神》,頁203-212。當然,「無善無惡」「至善」的本質內容和「無執不滯」的作用形式是不可分割的一體兩面,蔡仁厚與陳來先生儘管在不同的解釋脈絡中顯示出不同的側重,但無疑都意識到了這兩方面的統一性。忽略後者,難以把握陽明「無善無惡」在

無惡心之體」到「有善有惡意之動」，陽明只以「意念」來界定「意」，忽略了作為心體直接發動的「意志」，而意志與良知心體是具有同質性的。龍溪提出「無善無惡之意」和「無意之意」，正是注意到了作為心之直接發動的意不同於應物而起、有是有非的意，並將心、知、意、物視為體用關係和一個演繹結構。❾當然，龍溪對「意」字的使用也並不十分嚴格，他仍然和陽明一樣籠統地用「意」字兼指作為「無善無惡之意」的意志和作為「有善有惡之意」的意念，只是在不同的言說情境（context）中自然地使「意」字顯示出兩種不同的涵義。但無論如何，龍溪之所以有四無論的提出，顯然是由意本身包含一個作為心體直接發動的「無善無惡之意」這一蘊涵所使然。而這在陽明的四句教中，則是未有反映的。

　　顯然，根據陽明「心之所發便是意，意之本體便是知，意之所在便是物」的看法。心、意、知、物顯然呈現為一種心知→意→物的體用關係和演繹結構。其中，意是聯結心知與物的樞紐。而龍溪所謂「體用顯微，只是一機，心意知物，只是一事」，正是這種體用關係和演繹結構的表現。心知是體，是微；意物是用，是顯。物由意規定，而意又由心知來規定。如果攝物歸意，攝意歸心，在心體

---

吸納佛道兩家智慧基礎上對儒家本身「無」的向度的充實與開拓；取消前者，將無善無惡理解為完全沒有道德內容的精神自由或者非本質主義，則無疑放棄了對道德本體的終極承諾，在剝奪了陽明儒者身份的同時，泯滅了儒學與佛教在存有論上的最終分際。

❾ 唐君毅先生曾認為四句教是一個描述性陳述（descriptive statement）而非演繹系統（deductive system）。見唐君毅："The Development of the concept of Moral mind from Wang Yang-ming to Wang Chi"，載Wm. T. de Bary主編：*Self and Society in Ming Thought,* Columbia University Press, 1970, pp.93-119.

是無善無惡的情況下，則意與物均應是無善無惡的。良知此時也不必顯出知善知惡的動相，因此，若悟得心是無善無惡之心，則自然心知、意、物呈現為「四無」的樣態。

就此而言，陽明四句教從首句「無善無惡心之體」到「有善有惡意之動」，顯然存在著脫節。當然，由於預設了「習心」的存在，如前引《傳習錄下》所謂「不免有習心在，本體受蔽，」陽明在四句教中其實將意視為一種脫離了心體的經驗意識，是「意念」而非「意志」，意念所在之物，自然也就不能是順心體而下的「無善無惡之物」，而是「有善有惡之物」，需要對之做「為善去惡」的格物工夫了。這樣看，四句教中的心、知、意、物便自然不能呈現為一種體用關係和演繹結構，而是分為上下兩層。上層是超越的無善無惡之心和知善知惡的良知，下層則是經驗的有善有惡之意與物。因為引入了「習心」，陽明這種表述自然也並不一定與其平時對心、知、意、物體用關係和演繹結構的理解相衝突。但是，既然心、知、意、物之間構成體用關係和演繹結構，就應當考慮「四無」的可能性。事實上，由於陽明對意的理解本有超越層的意志和經驗層的意念兩種涵義，對物也有「明覺之感應為物」和「意之所在為物」兩種說法。故當他說「理一而已，以其理之凝聚而言則謂之性，以其凝聚之主宰而言則謂之心，以其主宰之發動而言則謂之意，以其發動之明覺而言則謂之知，以其明覺之感應而言則謂之物」時，在「無善無惡心之體」這一前提下，其實未嘗不可說已經容納了「四無」的內容。因此，龍溪基於心、知、意、物的體用關係和演繹結構，以「無善無惡心之體」為起點而提出其四無論，就自然是可能的邏輯展開。而龍溪四無論的提出，既開顯了一個獨特的存有系列，又展示

了一個致良知工夫所達至的終極化境。

# 二、四無論的涵義

龍溪四無論的主要內容，在於對心、知、意、物有獨特的理解，而提出了「無善無惡之心」、「無善無惡之意」、「無善無惡之知」、「無善無惡之物」的概念。這四個概念，又稱為「無心之心」、「無意之意」、「無知之知」、無物之物」。當心作為「無心之心」時，其特徵是「藏密」，意作為「無意之意」時，其特徵是「應圓」，知作為「無知之知」時，其特徵是「體寂」，而物作為「無物之物」時，其特徵是「用神」。那麼，當心、知、意、物均為「無善無惡」時，其意義何在？作為一種體用關係和演繹結構，「四無」之下的心、知、意、物有何特點？另外，「藏密」、「應圓」、「體寂」、「用神」又是什麼意義？這些都是我們應當瞭解的。

## （一）、「四無」的概念解析

陽明對良知心體「無善無惡」的規定包含二層涵義：一是存有論意義上的至善，二是境界論意義上的無執不滯。前者是本質內容，後者是作用形式。這和我們第二章和第三章所論龍溪對良知心體「有」、「無」二重性的理解及其「無中生有」的工夫論意涵是一致的。並且，龍溪在〈天泉證道記〉也明確將「無善無惡」解釋為「至善」，所謂「天命之性，粹然至善，神感神應，其機自不容已，無善可名。惡固本無，善亦不可得而有也，是謂無善無惡」，這可以說

是指出了「無善無惡」這一用語本質內容的方面，也無疑說明了龍溪始終沒有放棄對良知心體至善本質的承諾。後世批評龍溪無善無惡之說流入佛教不思善惡或告子善惡無定性的說法，顯然對〈天泉證道記〉中龍溪這句話的意義未能正視而有所忽略。這一點，我們在後面四無論的定位部分再加以討論。現在首先需要說明的是，龍溪以陽明「無善無惡心之體」為起點，以「體用顯微，只是一機；心意知物，只是一事」為基礎，一條鞭地貫穿心、知、意、物，更使心、知、意、物這四個概念均同時具備了本質內容和作用形式這二重向度。

龍溪「無善無惡之心」，也就是陽明所謂「無善無惡心之體」。後世對「無善無惡心之體」產生異議者，基本上是不瞭解陽明「無善無惡」中至善與不執著於善惡之二重涵義所使然。我們在第二章討論龍溪的良知觀時已經指出，無善無惡既非告子意義上的善惡無定性，也不是「存在先於本質」意義上的可以為善可以為惡（即認為心體並無任何先驗內容，其本質只是在後天行為過程中獲得與形成的）。「無善無惡之心」以至善的道德法則、意志和情感為其內容規定，而作用形式上又是自然無滯，不顯善相。根據〈天泉證道記〉，「無善無惡之心」也就是「無心之心」，「無心」是指心體自然無執的存在與發用狀態，而「無心之心」畢竟還是「心」，這個心也並非毫無任何內容的白板，而是以至善為其本質內容。因此，「無心之心」的內容規定可以說就是「正心」（此處「正」字作形容詞用法），即中正無所偏之心。這一點，龍溪當時稍後的一些學者便有相應的瞭解。焦竑（字弱侯，號澹園，1541-1620）的〈古城答問〉中便記載了這樣一番對話：

謝生曰：「先輩言無心之心，乃正心也。」先生（焦竑）曰：
「然。觀有所恐懼，有所好樂，爲不得其正，即知無心爲正
心。」（《澹園集》卷四十八）

當然，如果就表述上的細微差別而言，我們也可以說，當用「心體」
一詞時，或許強調的是至善的本質內容一面，而「無善無惡之心」
尤其「無心之心」，相對而言更爲側重心體的作用形式。

正如我們在第二章論述龍溪的良知觀時指出的，「心」和「知」
均指示道德實踐之所以可能的終極根據。只是「心」偏指道德行爲的
發動機制，「知」則側重道德行爲的監督與評價原則。因此，就像良
知心體一樣，「無善無惡之知」和「無善無惡之心」也可以說是異
名同實的關係。與此相應，「無善無惡之知」也包括至善的本質內容
和無執無著的作用形式這二重涵義。和我們在第二章討論龍溪良知
觀時看到龍溪對良知「有」、「無」的二重性規定相一致，「無知
之知」也就是良知，只不過在以至善的良知作爲其「有」的本質內容
的同時，同樣是相對著重突出良知「無」的作用形式而已。

作爲良知心體的直接發動，「無善無惡之意」首先自然不會是有
善有惡的經驗意識。儘管龍溪對意的使用並不十分嚴格，有時指本
心自然而發之意，有時指應物而起之意，但後者龍溪亦曾稱之爲
「意識」、「意象」。我們在第二章討論龍溪良知觀中良知與知識的
部分曾經引用過龍溪的〈意識解〉，這篇文字不僅說明了「轉識成知」
的涵義，同時也爲「無善無惡之意」與「無意之意」的內涵提供了
詮釋：

人心莫不有知，古今聖愚所同具。直心以動，自見天則，德

性之知也。泥於意識，始乖始離。夫心本寂然，意則其應感
之迹；知本渾然，識則其分別之影。萬欲起於意，萬緣生於
識。意勝則心劣，識顯則知隱。故聖學之要，莫先於絕意去
識。絕意，非無意也；去識，非無識也。意統於心，心爲之
主，則意爲誠意，非意象之紛紜矣；識根於知，知爲之主，
則識爲默識，非識神之恍惚矣。譬之明鏡照物，體本虛，而
妍媸自辨，所謂天則也。若有影迹留於其中，虛明之體反爲
所蔽，所謂意識也。（《全集》卷八）

顯然，意識與意象在這裏是指受到習染而遠離良知心體的經驗意識，
而「統於心」、「根於知」的經驗意識，作爲良知心體的直接發用，
則是「誠意」（案：此時「誠」字是形容詞用法）、「默識」。❿ 並

---

❿ 除了〈意識解〉和〈原壽篇贈存齋徐公〉，龍溪在〈答王敬所〉第二書中也
有將作爲良知心體直接發用的意識稱爲「誠意」與「默識」的説法。此外，
與心→意、知→識這種體用關係相對應，在性→情的體用關係這一基礎上，
龍溪又提出了作爲「性」之直接發動的「至情」這一概念。所謂「夫意者心
之用，情者性之倪，識者知之辨。心本粹然，意則有善有惡；性本寂然，情
則有眞有僞；知本渾然，識則有區有別。苟得其本，盎然出之，到處逢源，
無所待於外。意根於心，是爲誠意；情歸於性，是爲至情；識變爲知，是爲
默識。」（《全集》卷十一）顯然，無論是「誠意」、「默識」還是「至情」，
都不同於一般有善惡夾雜的經驗意識和感性情感。作爲「至情」的道德情
感，也顯然無法是康德理性感性嚴格二分意義下的單純感性的道德情感。不
過，舍勒（Max Scheler）在討論「價值感「（Wertfuhlen）時爲有別於一般
感性意義上的「情感」而以 Fuhlen 取代 Gefuhl，並由此承認「精神的情感
性」（das Emotionale des Geistes），以及牟宗三先生詮釋儒家傳統中「四端
之心」所代表的道德情感時所謂的「本體論的覺情」（ontological feeling），
卻顯然可以和龍溪對「至情」觀念的理解相呼應並作爲進一步瞭解龍溪「至
情」觀念的詮釋學資源。儒家與康德在道德情感問題上的差異，參見李明
輝：《儒家與康德》；舍勒有關「價值感」的討論參見氏著：*Der*

且，「誠意」與「默識」在發生作用時又具有無執不滯的特徵。

　　對此，龍溪在為徐階七十五歲壽辰所作的〈原壽篇贈存齋徐公〉中有明確的說明。當時為萬曆五年丁丑（1577），龍溪八十歲。

> 天地之靈氣結而爲心，心之靈明謂之知，清虛昭曠，百姓之日用，同於聖人之成能。此萬化之綱，千聖之學脈也。意者心之用，識者知之倪。心體粹然，意則有善有惡；良知渾然，識則有是有非。善惡則好惡形，是非則取捨見。萬病皆起於意，萬緣皆生於識。心之良知，本無善惡，本無是非。譬之明鏡之鑑物，妍媸黑白，皆其所照之影，應而無迹，過而不留。意與識，即所謂照也。眞心無動，而意有往來；眞知無變，而識有生滅。……意者，病之所由以生；識者，緣之所由以起也。意根於心，則善惡自無所淆，而意爲誠意；識變爲知，則是非自無所眩，而識爲默識。無識則知亦忘，無意則心亦冥。譬諸太虛之體，不和諸相，而亦不拒諸相，萬象往來於太虛之中，而廓然無礙。……夫意與識非二也（案：由此可知心體與良知亦一），識有分別，意爲之主；意有期必，識爲之媒。是謂一病兩痛，交相成也。（《全集》卷十四）

這裏所謂「心之良知，本無是非」，便是「無善無惡之心」與「無善無惡之知」的另外一種表達方式。而作爲「無善無惡之心」與「無

---

*Formalismus in der Ethik und die materilae Wertethik*, Bern, 1966, S. 77ff., 82, 261ff., u. 335ff.；牟宗三有關「本體論的覺情」一說見氏著：《心體與性體》第三冊（臺北：正中書局，1995），頁 276-277。

善無惡之知」直接發動的意識,所謂「意根於心」、「識變為知」,則在以「誠意」與「默識」為其內容規定的同時,又表現出一種無所期必、不為物牽、圓應無方的品格,所謂「應而無迹,過而不留」。龍溪所謂「無意之意則應圓」,正表明了這一點。撇開康德哲學的整體架構不論,單就其屬性而言,康德歸諸上帝而不許人所具有的「智的直覺」,或許可以為龍溪「無善無惡之意」與「無意之意」的特點提供某種理解的助緣。

因此,在龍溪四無論中作為「無善無惡」良知心體直接發動的「無善無惡之意」與「無意之意」,就像良知心體一樣具有「有」與「無」這二重屬性。如果說「誠意」與「默識」指其本質內容之「有」的話,則「無善無惡之意」與「無意之意」在肯定其「有」的本質內容的前提下,更多地強調其「無」的作用形式。龍溪之後最能契會並發揮其「有無合一」思想的是周海門,而海門便曾一針見血地指出「無善無惡之意」、「無意之意」與「誠意」實具有本質內容上的同一性。所謂:「誠意乃無意之謂。周子曰誠無思、誠無為,解誠字分明。好好色,惡惡臭,觸著便應,曾容得一毫意乎?」(《四書宗旨·大學·誠意章》)而龍溪所謂「不和諸相,而亦不拒諸相」,也無疑表明了「無善無惡之意」與「無意之意」在其本質內容與作用形式這兩個方面的統一性,這與其「有無合一」的良知觀以及「無中生有」的致良知工夫論是一以貫之而若合符節的。

方以智(字密之,號曼公,1611-1671)曾經指出劉宗周持「誠意」觀念與宗龍溪「無意」之說者有所爭辯,所謂「近世劉念臺先生以誠意為主,而宗龍溪者定言無意,咬牙爭辯,未免執指忘月」(《一貫問答》)。就心與意的關係而言,蕺山將意規定為「心之所

存」而非「心之所發」，自然不同於陽明、龍溪以及大多數陽明學者對心與意那種體用關係的理解。事實上，不在體用的關係上理解心意關係，也並非蕺山的獨見。胡居仁（字叔心，號敬齋，1434-1484）便曾說：「意者，心有專主之謂，大學解意為心之所發，恐未然。蓋心之發，情也」（《明儒學案》卷二〈崇仁學案二〉）。王時槐也曾說：「意非念慮起滅之謂也，是生機之動而未形、有無之間也。獨即意之入微，非有二也」（《明儒學案》卷二十〈江右王門學案五〉）。王棟（字隆吉，號一庵，1503-1581）更是明確指出：「舊謂意者心之所發，教人審幾於動念之初。竊疑念既動矣，誠之奚及？蓋自身之主宰而言謂之心，自心之主宰而言謂之意。心則虛靈而善應，意有定向而中涵。非謂心無主宰，賴意主之，自心虛靈之中確然有主者，而名之曰意耳」（《明儒學案》卷三十二〈泰州學案一〉），可謂與蕺山之說驚人的相似。但是，不論對心意關係的理解有何不同，將意理解為真純無偽的道德意志，即所謂「誠意」，其實並不與龍溪「無善無惡之意」、「無意之意」的觀念相衝突。且不論方以智已不以為然，根據我們前面的分析，龍溪之「無意之意」就其本質內容而言即是「誠意」，只是此「誠意」在發用時自然無執，無所期必，因而似乎表現為「無意」。龍溪假如可以和蕺山當面辨析，自可指明其涵義而與蕺山兩不相違。如果宗龍溪者必欲與蕺山相辨，而認為「無意之意」與「誠意」必然相悖，則實不解龍溪而亦實未知其所宗。若蕺山必欲持「誠意」而破龍溪之「無意」，也至少可以說蕺山未能善會龍溪之意。

　　通常意義上的物，是指主體之外作為物質結構的客觀實在。陽明曾將物解作「事」，所謂「我解『格』字作正字義，『物』作事

字義」(《傳習錄下》)。對陽明來說,作為「事」的「物」其實是指
生活世界中各種具體的實踐行為,如答徐愛(字曰仁,號橫山,
1488-1518)問時所謂「如意在於事親,即事親便是一物;意在於事
君,即事君便是一物;意在於仁民愛物,即仁民愛物即是一物;意
在於視聽言動,即視聽言動即是一物」(《傳習錄上》),在〈答顧東
橋書〉中更說:「意之所用必有其物,物即事也。如意用於事親,
即事親為一物;意用於治民,即治民為一物;意用於讀書,即讀書
為一物;意用於聽訟,即聽訟為一物。凡意之所用無有無物者。」
(《傳習錄中》)因而牟宗三先生稱之為「行為物」。❶龍溪對於「物」
的理解同於陽明,而這種「物」顯然不單純是主體之外作為物質結
構的客觀實在,更不只是認識論意義上的認知對象,而是以作為意
義結構而非物質結構的事物為單元所組成的行為系列。就陽明而
言,作為「事」的物,又分「意之所在為物」和「明覺之感應為物」
兩種。前者是各種行為系列在經驗意識中的呈現與保留,可以說是
一種意向性之中的意義結構,而並非作為客體對象的事物本身。後
者則實際上便是龍溪所謂「無善無惡之物」。

　　龍溪在〈答羅念庵〉第一書中有謂:「物是良知凝聚融結出來
的」(《全集》卷十)。這種「良知凝聚融結」出來的「無善無惡之
物」,既不是經驗層上作為物質結構的客觀實在,也不是一般意向
性中的意義結構。在「無意之意」這種「智的直覺」的覺照之下,
作為「無善無惡之物」和「無物之物」的「物」便成為物自身意義
上的價值存在。當然,對於這裏所謂「物自身」的涵義,我們有略

───────────

❶　牟宗三:《從陸象山到劉蕺山》,頁233。

加解釋的必要。

提到物自身，我們首先想到的無疑會是康德。儘管在康德之前西方哲學史上許多的哲學家們都在不同程度上以不同的方式接近甚至接觸到了物自身的問題，但真正首先深入對該問題進行探討的還是康德。對康德來說，就某一事物而言，物自身意義上的該事物和現象意義上的該事物並非兩個不同的事物，而只是同一事物的兩種不同樣態。並且，這兩種不同的樣態也只是對上帝和人類的不同顯現而已，其本身並非採取兩種不同的存在方式。同一事物對上帝而言是物自身，對人類來說則是現象。作為某一事物的「本來面目」，物自身意義上的該事物是無法被人所認知到的。由於人類的認識行為必夾雜人類主體自身的感性直觀和知性範疇，因此認識所得必定無法是事物的「本來面目」。康德「物自身」的觀念在其整個哲學體系內部的不同脈絡中有著不同的側面，在其後的西方哲學史上也引發了廣泛的討論。有關這方面的內容，我們在此無法詳述。❷ 這裏需要提出的是牟宗三先生對康德「物自身」概念的批判性詮釋。依牟先生之見，就康德哲學而言，上帝的本質不過是「無限心」（或稱「無限智心」），至於對象化、實體化以及人格化則不過是人類本身「情識作用」所造成的。事物對上帝而言為物自身，其實嚴格來說應當是事物對無限心而言為物自身。而根據中國哲學儒釋道三家的傳統，人類除了具有認識論意義上的認知心這種「有限心」之外，其實也同時具有「無限心」。這種「無限心」在儒家是本心或良知，在道家是道心或玄智，在佛家是如來藏自性清淨心

---

❷ 可參考韓水法：《康德物自身學說研究》（臺北：臺灣商務印書館，1990）。

或般若智。⓭因此人類其實具有可以認識「物自身」的能力,而「物自身」也不止是一個事物「事實原樣」的概念,而是具有「高度價值論的意味」。⓮如果說人類的「有限心」是指康德意義上人的認識能力,「無限心」是指不以時間、空間這種感性直觀和知性範疇為條件的「智的直覺」,則二者的區分的確頗為接近我們在第二章所討論的龍溪對良知與知識的區別。姑且不論牟宗三先生對康德「物自身」概念的詮釋與批判相應於康德的系統是否成立,但他在《現象與物自身》的哲學建構中,卻顯然根據傳統中國哲學儒釋道三家的思想提出了自己對「物自身」的概念規定。因此,當我們說龍溪的「無善無惡之物」是物自身意義上的價值存在時,即便不是康德意義上的「物自身」,也至少可以說是牟宗三意義上的「物自身」。事實上,牟宗三先生也的確曾認為,陽明「明覺之感應為物」中的「物」是「實踐中物自身意義上的物」。⓯以上所謂「物自身意義上的價值存在」是從內容上看,從形式上看,這種物自身意義上的物又不顯物相,只是一種如如存在,此即「無物之物」。相對於「無意之意」,「無物之物」也不再是一種 Object,而呈現為一種非對象化的 Eject(「內生的自在相」,海德格爾語)。作為道德實踐行為之「事」來看的物,也不是一般的行為系列(events),而是道德實踐中良知心體貫注下合乎天理的實德實事,完全體現為「於穆不已」、「純亦不已」的德行本身。並且,這種實德實事又不顯德行相,只是生活世界中人倫日用之自然。

---

⓭ 牟宗三:《圓善論》第五、第六章的相關內容(臺北:學生書局,1985),頁 209-265

⓮ 牟宗三:《現象與物自身》第一章(臺北:學生書局,1984),頁 1-19。

⓯ 牟宗三:《圓善論》,頁 319。

　　另外，天泉證道時龍溪對陽明四句教從「無善無惡心之體」到「有善有惡意之動」之間的脫節，曾提出過質疑。龍溪根據心知、意、物之間的體用關係和演繹結構，認為如果說意有善惡，則心知與物相應的均不免於有善有惡。所謂「若說意有善惡，畢竟心體還有善惡在」（《傳習錄下》），「若說意有善有惡，畢竟心亦未是無善無惡」（《王陽明年譜》），「若是有善有惡之意，則知與物一齊皆有，而心亦不可謂之無矣」（〈錢緒山行狀〉），以及「意是心之所發，若是有善有惡之意，則知與物一齊皆有，心亦不可謂之無矣」（〈天泉證道記〉）。但是，對「物」可以說「無善無惡之物」與「有善有惡之物」，對「心」與「知」而言，卻只能說「無善無惡之心」和「無善無惡之知」，並不存在「有善有惡之心」和「有善有惡之知」。龍溪的質疑只是一種反向逆推的假設，並不能真的由意的有善有惡反推出良知心體的有善有惡，因為作為良知心體的發用，意本來應當是和良知心體具有同質性而純善無惡的意志，只有當意受到習染後才成為善惡夾雜的意念。但當意作為意念而非意志時，它已經遠離良知心體，不再和良知心體構成一種直接的體用關係，因此自然無法再根據體用關係與演繹結構而由意的屬性反過來界定良知心體的性質。顯然，在心學的系統範圍內，「心」與「知」儘管對經驗層、現象界起作用，並在經驗意識中有所呈現，但其本身卻是超越層、本體界的存有。這一點與意和物不同。既有「有善有惡之意」，又有「有善有惡之物」。陽明四句教「有善有惡意之動」和「為善去惡是格物」中的「意」和「物」，便顯然是指「有善有惡」的意和物。當然，超越層、本體界與經驗層、現象界的區分，只是為了幫助我們對心、知、意、物等陽明學甚至儒學的一些基本概念

能有進一步的瞭解,決不意味著這一兩分的架構為陽明學本身所預設或蘊涵。事實上,就像我們在第二章討論龍溪見在良知時所看到的,良知心體儘管並非一般的經驗意識,但又決非隔絕於經驗意識之外之上的「所以然之理」,而是一定要在日常的經驗意識中有所表現和呈露,這就是那種嚴格兩分的架構所無法容納的。

　　我們在第三章討論龍溪一念工夫引用〈念堂說〉這篇文字時已經注意到,同樣是根據心知、意、物的體用關係與演繹結構,龍溪又有「見在之心」、「見在之念」、「見在之知」和「見在之物」的說法。顯然,這四個概念和龍溪「無善無惡之心」、「無善無惡之意」、「無善無惡之知」、「無善無惡之物」以及「無心之心」、「無意之意」、「無知之知」、「無物之物」是相對應的。只不過似乎應當是「見在之意」的表述,換成了「見在之念」的講法。而根據我們討論龍溪一念工夫時對意與念之關係的分析,可知念不過是意的最小單位和瞬時狀態,在性質與屬性上二者並無本質的區別,「見在之念」也可以說就是「見在之意」。因此,正如「見在良知」觀念一樣,龍溪「見在之心」、「見在之念」、「見在之知」以及「見在之物」的說法,也無非是指不同於經驗層、現象界的作為超越層、本體界的「無善無惡之心」和「無心之心」、「無善無惡之意」和「無意之意」、「無善無惡之知」和「無知之知」、「無善無惡之物」和「無物之物」。只不過這四者又不是脫離於經驗層、現象界之外的獨立存在,而一定是呈現在經驗層、現象界之中。這也再次體現了龍溪「體用一源,顯微無間」的一元論思維方式。並且,這種一元論的思維方式,可以說是陽明學之所以為陽明學而有別於朱子學的一個基本特徵。

## （二）、存有論意義上的四無：萬物一體的存有系列

　　我們在第三章討論龍溪致良知的工夫論時已經指出，龍溪「無中生有」的工夫，並非是將道德實踐植根於虛無之中，而是一種化除膠著造作的去執工夫。在這種工夫之下，才能真正更好地在良知心體上立根。一切行為皆由良知心體而發，道德實踐才會歸於真實的自律，不致流為「行仁義」的「義襲之學」。與之相應，龍溪以「無」來規定心、知、意、物，也並非在存有論的意義上取消心、知、意、物的存在，而是通過揭示心、知、意、物作用形式上的「無相」，來反顯出那作為最真實存在的心、知、意、物的「實相」。「無相」是「無」，「實相」則是「有」（此處只是借用佛家「無相」與「實相」的說法。因為在佛家尤其般若學看來，「實相」仍不過是「緣起性空」之空性，在存有論的意義上仍是「無」而非「有」）。作為「實相」之「有」的心、知、意、物，構成了經驗層、現象界之上的另一種存有系列。

　　由於陽明在四句教中視意和物為「有善有惡」，因而心、知、意、物便無法體現為一種直接的體用關係和演繹結構，而是分為上下兩層。心、知處於超越層、本體界，意、物則處於經驗層、現象界。龍溪的四無論則建立在兩個前提之上：一是「若悟得心是無善無惡之心」，即致良知工夫的落實；另一個便是以心、知、意、物為一體用關係和演繹結構，所謂「體用顯微，只是一機。心意知物，只是一事」。在這兩個前提之下，意和物便作為「無善無惡」的而上升到了超越之域，成為與心、知同一層次的存有。楊國榮先生

在提到龍溪四無論時曾說：「心、意、知、物皆無善無惡，意味著作為本體的良知與已發之意念均處於同一序列，無實質的差異。從邏輯上看，由此可以引出二重結論：本體與意念既無差別，則意念亦可視為本體；本體與意念皆無善無惡，則為善去惡的工夫便失去了必要性。合本體與意念為一，固然避免了本體與已發的經驗之域的分離，但同時亦弱化了本體的超越性（道德意識的普遍性與崇高性）這一面。同時，本體與已發之意念的界限既被模糊，則對本體的自覺意識亦成為多餘，它從另一個側面抽去了為善去惡的工夫」。❶但依筆者之見，此恐未得其實，頂多可以視為龍溪四無論的非預期後果或負面效果，卻並不能作為龍溪四無論的思想內涵本身與正面的理論後果。工夫的問題我們上一章已有詳細的討論，此處不贅。就本體而言，四無之下心、意、知、物當然處於同一序列，心、知、意、物也可說無實質的差異。但是這裏的同一序列，是意與物上升到超越層而與心、知處於同一序列，而絕不是心、知下降到經驗層而與作為經驗意識的「意」和作為對象化的「物」處於同一序列。龍溪是將「意」收攝於良知心體，使之成為純粹的道德意志，而不是將良知心體放逐於經驗之域、化約為意念，從而消解良知心體的本體論存在。當然，這種處於同一層面的心、知、意、物的存在結構和關係，不同於經驗層、現象界的存有及其關係而有其特定的性質和樣態。

雖然「體用一源，顯微無間」是陽明基本的思維方式，但在陽明四句教中，由於預設了習心的存在，心知和意物之間便無法構成一

──────────

❶ 楊國榮：《心學之思──王陽明哲學的闡釋》，頁291。

種直接的體用關係，而是不免表現為一種二元對立的主——客關係。作為「有善有惡」的意和物，是心知作用的對象。心知要使意歸於「誠」、物歸於「正」，其中自然蘊涵「誠意」與「格物」的工夫。但在龍溪的四無論中，由於將意和物視為心知的直接發用和表現，因而「有善有惡」之意和物的身份發生了改變。此時，心知和意物之間二元對立的主——客關係被消解，意和物不再是心知對治的對象。作為類似於康德「智的直覺」的某種直覺能力，意是心知的自然流行發用，而物則作為物自身意義上的價值存在（axiological nomena），和心、知、意聯成一體，構成一個氣息相通的生命價值場域。這也就是存有論意義上儒家所追求的「萬物皆備於我」、「天地萬物為一體」的本然狀態。

　　對於那些對中國哲學缺乏內在瞭解者來說，孟子所謂「萬物皆備於我」以及程明道由此而發的「仁者以天地萬物為一體」往往難以索解而有神秘主義之嫌，而對於能夠內在於中國哲學傳統作相應理解者而言，則孟子與明道所論無疑是指示一種主體經由道德修養工夫所達至的精神境界。不過，我們這裏需要進一步說明的是，至少在傳統的儒家學者看來，「萬物皆備於我」以及「與天地萬物為一體」不僅是主體心靈境界的反映，更是存有論意義上自我與天地萬物本真的存在狀態。也只有自我與天地萬物的存在本體如此，才會在主體的心靈中呈現出相應的境界。

　　對於「萬物皆備於我」和「仁者以天地萬物為一體」的存有論意涵，筆者曾經透過馬丁・布伯（Martin Bubber，1878-1965）圍繞「我——你」（I—Thou）關係的相關論說加以揭示，同時也約略提示了儒學與布伯思想二者間的差異。❶顯然，「萬物皆備於我」中的「我」、

「仁者與天地萬物為一體」中的「仁者」，均可以說是良知心體的化身或體現（example），而當「我」作為「仁者」而成為良知心體的化身或體現時，「我」所面對的「天地萬物」便不再是作為客體對象意義上的物質結構，即布伯所謂的「它」，而是成為和「我」一樣的價值主體，即布伯所謂的「你」。這時「萬物皆備於我」和「仁者以天地萬物為一體」所揭示的，便相當於布伯所論的「我——你」關係。儘管布伯看到「我——它」關係和「我——你」關係同時都是自我與天地萬物之間兩種不可或缺的相關方式，但布伯同時也指出：「人無『它』不可生存，但僅靠『它』則生存者不復為人」，❸因此，布伯實際上是以「我——你」關係作為自我與天地萬物存在的本真狀態。如果我們撇開布伯的猶太——基督教傳統和「永恒你」的概念不論，其「我——你」關係的論說也頗可以對龍溪四無之下心知通過意和物所形成的關係作出說明。顯然，正如我們上面所論，四無之下的心、知、意、物是處於同一層面的存有，這時由於意是良知心體的直接發動，因此物不再是良知心體「格其不正以歸於正」的對治對象。作為一種物自身意義上的價值存在，經由「無善無惡之意」、「無意之意」的中介，良知心體也和「無善無惡之物」、「無物之物」構成一種關係，這種關係當然不是意遠離良知心體成為「有善有惡之意」那種情況下的「主——客」關係，而只能是物我一體的「我——你」關係。並且，通過四無之下心、知、意、物所呈現的那種「我——你」關係，對儒家「萬物皆備於我」、「仁者以天

❶ 彭國翔：〈孟子「萬物皆備於我」章釋義〉，北京：《中國哲學史》，1997年第3期，頁25-31。
❸ 馬丁·布伯：《我與你》，陳維綱譯（北京：三聯書店，1986），頁51。

地萬物為一體」的思想，我們也會獲得更為深入與相應的理解。

羅近溪弟子楊起元（字貞復，號復所，1547-1599）有云：「以俗眼觀世間，則充天塞地皆習之所成，無一是性者；以道眼觀世間，則照天徹地皆性之所成，無一是習者。」（《太史楊復所先生證學編》）這一段話可以和布伯的兩種關係說相呼應，同樣為龍溪四無論「萬物一體」的存有論意涵下一注腳。在「以俗眼觀世間」的情況下，自我既表現為脫離了良知心體的「習心」，此時所觀照與面對的他人與事物，自然「無一是性者」，以「它」而非「你」的身份與「我」疏離地相處，形成「我──它」關係，有衝突、鬥爭而無溝通、和諧，於是整個世界「充天塞地皆習之所成」、「天地閉，賢人隱」。而在「以道眼觀世間」的情況下，自我既呈現出良知心體的本來面目，此時所觀照與面對的他人與事物，自然「無一是習者」，無不以「你」而非「它」的身份與「我」親和地共在，形成「我──你」關係，有溝通、和諧而無衝突、鬥爭，於是整個世界「照天徹地皆性之所成」、「天地萬物為一體」。無疑，四無論所指示的世界，正是後者。

在此順帶需要說明的是，在本書的所有章節中，當我們使用「主體」的字眼來指代儒家的自我觀念時，決不意味著是將儒家的道德自我理解為西方近代哲學中與 object 相對的 subject，儒家的「主體性」也不是西方近代哲學意義上的 subjectivity。儒家的道德「主體」基本上是「我──你」關係而非「我──它」關係中的那個「我」。如果一定要尋找英文中的對應辭彙的話，本書所有在討論龍溪與中晚明陽明學時使用的「主體」一詞，也至少應當是 intersubject 而非 subject。

對儒家「萬物皆備於我」和「仁者以天地萬物為一體」的思想而言，或許會遭到唯我論這種主體主義之極端形式的質疑。龍溪由於承陽明之說通過「意」來規定「物」，其四無論似乎也要面對同樣的問題。不可否認，儒家心學傳統極端發展的可能性之一，的確會導致主體性的膨脹而不免倒向唯我論。這在王艮一脈「淮南格物」的「尊身」觀念中得到了發展，而心齋門下徐樾（字子直，號波石，？-1552）更是有云：「盡心則萬物備我。我者，萬物之體；萬物者，我之散殊」（《明儒學案》卷三十二〈泰州學案一〉）。前一句當然是依據孟子，後一句卻顯然是徐樾自己的發揮而未免取消了自我之外天地萬物自身的獨立存在。但如果我們從「我——你」關係的視角來理解龍溪四無論中心知、意、物的關係結構，便不會導致自我的無限膨脹而以為「天下之物盡在己」。當然，這並非只是選擇詮釋與理解角度和策略的問題。陽明學之所以將物規定為意義結構、實踐行為而非物質結構，恰恰是以承認天地萬物的客觀實在性為前提的。即便是陽明「心外無物」的表達形式容易引起外界事物有無客觀實在性的疑問，陽明提出這一命題的意旨其實也在於強調主體意向性對於形成意義結構的建構作用。由於對物的特殊規定，使得陽明學根本無須面對自我之外的的事物有無客觀實在性這一問題。❶❾ 以往將陽明學界說為主觀唯心主義、唯我論的研究者經常引用《傳習錄下》中陽明的一段話：

---

❶❾ 以前常常舉陽明南鎮觀花的材料而認為陽明是貝克萊（George Berkeley，1685-1753）意義上的所謂主觀唯心主義，正是不瞭解陽明本來便是將「物」規定為一種作為意向構成作用結果的意義結構，而並沒有面對並回答獨立於人們經驗意識之外客觀事實和物質結構的客觀實在性問題。有關陽明「物」概念在關聯於「心」、「意」時所具有的涵義，參見陳來：《有無之境——

> 我的靈明，便是天地鬼神的主宰。天沒有我的靈明，誰去仰
> 他高？地沒有我的靈明，誰去俯他深？鬼神沒有我的靈明，
> 誰去辨他吉凶災祥？天地鬼神萬物離卻我的靈明，便沒有天
> 地鬼神萬物了。

若單單只此而言，陽明誠不免有主觀唯我論之嫌，但事實上陽明的
話並未到此為止，他緊接著上面的話說：

> 我的靈明離卻天地萬物的靈明，亦沒有我的靈明。如此，便
> 是一氣流通的，如何與他相隔得？

由此可見，在陽明看來，儒家的自我與天地萬物其實是一種互為主
體的關係結構。陽明在指稱天地鬼神萬物時使用人稱代詞稱「他」而
非指物代詞「它」，無形中也恰恰印證了我們從「我——你」關係
而非主觀唯我論角度理解陽明學的合理與恰當。島田虔次先生也曾
經說過，在他通讀嘉靖、萬曆年代諸多陽明學者著作的過程中，印
象最深刻的便是「良知」觀念幾乎都是在與「萬物一體」相關的情
形下被提及的。[20] 因此，儒家心學傳統從孟子到龍溪這種主體性哲
學的真諦，並非以至大無外的「我」來吞沒宇宙及其他存在者，而是
一種物我之間「我——你」關係的「關係哲學」。也只有從這種關
係哲學的角度，我們才能夠對儒家所追求的「萬物一體」有相應的善
解。

　　康德在其《純粹理性批判》中反復聲稱其主張是「超越的觀念

---

王陽明哲學的精神》，頁50-61。
[20]　島田虔次：〈明代思想の一基調——スクツチ〉，京都：《東方學報》卷36，
1964，頁577-589。

論」（transcendental idealism）與「經驗的實在論」（empirical realism），
因為在康德看來，就人類而言，對於「超越」一詞所對應的物自身
世界只可言觀念，對「經驗」一詞所對應的現象世界始可說實在。
康德之所以有如此的主張，認為超越層、物自身的世界不可能對人
類的知性構成實在，關鍵在於康德不承認人可以有「智的直覺」。
但牟宗三先生根據儒釋道三家傳統中良知與知識（德性之知與聞見
之知）、智與識、真心與成心的區分，認為儒家的良知（德性之
知）、佛教的「智」以及道家的「真心」、「玄智」，就是「智的
直覺」。㉑當然，牟宗三先生就中國傳統哲學而言的「智的直覺」是
否完全等同於康德意義上的「intellektuelle Anschauung」，是一個可以
檢討的問題。㉒但我們如果根據牟宗三先生兩層存有論的說法，則
可以說龍溪四無論中的心、知、意、物構成了「無執存有層」上的
一個存有系列和結構。作為一種基本的架構，牟宗三先生的「兩層
存有論」其實更多地是汲取佛教《大乘起信論》「一心開二門」的資
源而與康德現象與物自身的兩層區分有著相當的距離，㉓但如果我
們仍然借用康德的表達方式而描述龍溪四無之下心、知、意、物這
種「無執的存有」的話，則可以說作為對康德而言「渺不可知」的

---

㉑　牟宗三：（一）、《智的直覺與中國哲學》第16-19部分（臺北：臺灣商務
　　引書館，1993），頁131-215；（二）、《現象與物自身》第六章附錄，頁
　　321-367；（三）、《中西哲學會通十四講》第六、第七講（臺北：學生書
　　局，1996），頁85-110。
㉒　參見劉述先：〈牟宗三先生論智的直覺與中國哲學〉，載《儒家思想與現代
　　化──劉述先新儒學論著輯要》（北京：中國廣播電視出版社，1992），頁
　　351-383。
㉓　參見彭國翔：〈從中國哲學自身的演進看牟宗三哲學的基本架構與核心觀
　　念〉，牟宗三與當代新儒學國際會議論文，1998年9月，濟南。

物自身意義上的價值存在，龍溪四無之下的心、知、意、物，恰恰構成超越層上的實在。當然，這種超越層上的實在又並非隔絕於感性經驗，而是一定要在感性經驗的層面上有所呈現，這也就是龍溪所強調的「見在」性。

心、知、意、物之所以會在四句教和四無論之下分別呈現為不同的關係結構和樣態，關鍵在於意。意本來可上可下，有兩層涵義。陽明由於在四句教中預設了「習心」的存在，將意視為「應物而起」的意念，如此則意遠離於心，連同物一起落於經驗層。在四無論中，龍溪則視意為良知心體的直接震動發出者，如此則攝意歸心，連同物一起提至超越層。但由於陽明本來有視心、知、意、物為體用關係和演繹結構的思想，且四句教首句又是「無善無惡心之體」，因此龍溪的四無論，自然是由「無善無惡心之體」引申分析而出，可以說是四句教的題中應有之義。

## （三）、境界論意義上的四無：天德流行的圓善之境

無論是良知之「無」性，還是「無中生有」的致良知工夫論，都可以讓我們看到，龍溪言無，基本上是就境界論的作用形式而非存有論的本質內容而言。「無心之心」、「無知之知」、「無意之意」和「無物之物」，便是側重心、知、意、物、「無心」、「無知」、「無意」與「無物」的作用與表現方式。儘管四無之下心、知、意、物的內容是作為「實相」的真實存有，但其作用和表現方式本身則並無實有的意義，而是呈現為一種心、知、意、物一體而化的終極境界。「藏密」、「體寂」、「應圓」和「用神」，便是

良知心體自性流行狀態下「動而無動」的四無之境。

雖然龍溪用「藏密」形容心，用「體寂」形容知，但由於心與知具有本質同一性，因此「藏密」與「體寂」涵義相同，可以互換。龍溪在〈藏密軒說〉中解說道：

> 密為秘密之義，虞廷謂之道心之微，乃千聖之密機，道之體也。……藏密者，精一之功，齋戒以神明其德也。湛然澄瑩之謂齋，肅然嚴畏之謂戒，齋戒洗心，而後密可藏也。……良知知是知非，而實無是無非。知是知非者，心之神明；無是無非者，退藏之密也。（《全集》卷十七）

此處以「藏密」既形容心體作用的精一隱微，又形容良知作用的不顯是非之相。而在〈致知議辨〉中，龍溪又以「寂」來形容心：

> 寂是心之本體，不可以時言。時有動靜，寂則無分於動靜。濂溪云：「無欲故靜」。明道云：「動亦定，靜亦定。」先師云：「定者，心之本體，動靜所遇之時。」靜與定，即寂也。（《全集》卷六）

而無論「藏密」還是「體寂」，均是指良知心體在「無相」（無）之下顯其「實相」（有）時所呈現的那種如如自在、淵然凝聚的境界。這種境界也就是周濂溪《通書》中所謂的「靜」，以及程明道〈定性書〉中所謂的「定」。

良知心體的「密」和「寂」，並不意味著不流行發用，所謂「良知者，無思無為，自然之明覺。即寂而感行焉，寂非內也；即感而寂存焉，感非外也。動而未形，有無之間，幾之微也。」（《全集》

卷六〈致知議略〉）良知心體正是在「靜」、「定」的狀態下，以「隨風潛入夜，潤物細無聲」（杜甫〈春夜喜雨〉）的方式流行發用，貫通內外寂感。而作為良知心體的直接發動和純粹發用，「無意之意」的作用形式便體現為「應圓」的品格。

在〈慈湖精舍會語〉中，龍溪和馮緯川等人圍繞「意」有過一番問答。龍溪在向馮緯川解說師門宗旨時首先發揮了楊慈湖（名簡，字敬仲，稱慈湖先生，1141-1225）的「不起意」之說，並在進一步的問答中對「不起意」的意義作出了解釋。其中，我們也可以看出龍溪四無論「無意之意則應圓」中所謂「應圓」這種品格的涵義。

> 馮子（馮緯川）叩闡師門宗說。先生（龍溪）曰：「意者本心自然之用，如水鑒之應物，變化云為，萬物畢照，未嘗有所動也。惟離心而起意，則為妄。千過萬過，皆從意生。不起意，是塞其過惡之原，所防未萌之欲也。不起意，則本心自清自明，不假思為，虛靈變化之妙用，固自若也。空洞無體，廣大無際，天地萬物，有像有形，皆在吾無體無際之中，範圍發育之妙用，固自若也。其覺為仁，其制裁為義，其節文為禮，其是非為知，即視聽言動，即事親從兄，即喜怒哀樂之未發，隨感而應，未始不妙，固自若也。而實不離於本心自然之用，未嘗有所起也。」馮子曰：「或以不起意為滅意，何如？」先生曰：「非也。滅者有起而後滅。不起意，原未嘗動，何有於滅？」馮子曰：「或以不起意為不起惡意，何如？」先生曰：「亦非也。心本無惡，不起意，雖善亦不可得而名，是為至善。起即為妄。雖起善意，已離本心，是為

義襲。誠偽之所分也。」(《全集》卷五)

這裏「離心而起」的意，是指有善有惡的意念，「不起意」，則並非是取消良知心體的發用，即所謂「滅意」，而是要使意作為本心自然之用而發動。並且，在龍溪看來，「起善意」之說亦不免無病，因為意本來是良知心體的發用，若能在良知心體上立定根本，良知心體所發自然是善意。這時再說「起善意」，便不免於有意而為的「有心」，很容易滑入到「行仁義」的義襲之學。顯然，這和龍溪強調良知之「無」性以及「無中生有」的致良知工夫論是相當一致的。根據我們前面對龍溪四無論中「意」的分析和詮釋，這種「不起」狀態的意，也就是「無善無惡之意」、「無意之意」。「應圓」則如同「水鑒應物」那樣，顯示出一種自然無執、活潑靈動的狀態。而意之所以能達至「不假思為，隨感而應」那種圓應無方的境界，關鍵在於此時的意已非有能所、期必和攀援的意念，而是「與物無對」的「明覺」、「智的直覺」。它打破了主——客的二元對立結構，在「我——你」關係中使心知和物達到「一體」的狀態。

在上引〈慈湖精舍會語〉中，龍溪闡發師門宗旨時首先論「不起意」之說，固然是由於身在慈湖精舍的機緣，加之「不起意」本來就是慈湖思想中的一個重要觀念，但慈湖與龍溪思想上的一致之處，則不能不說是更為重要的原因。慈湖認為，「人心本正，起而為意而後昏，不起不昏」(《慈湖遺書》卷一〈詩解序〉)，「人性皆善，皆可以為堯舜，特動乎意，則惡」(《慈湖遺書》卷一〈鄉記序〉)，因此慈湖主張「不起意」。不過慈湖的「不起意」之說，也並不是要取消意識活動的發生。所謂「不起意，非謂都不理事，凡做事只要合理，若起私意則不可」(《慈湖遺書》卷十三〈家記七·

論中庸〉)。只有在這個意義上「不起意」,才能使心體保持「明鏡」般的本來狀態,所謂「意慮不作,澄然虛明,如日如月,無思無為而萬物畢照」(《慈湖遺書》卷二〈永嘉郡學永堂記〉)。顯然,慈湖關於「意」的看法尤其對「不起意」的解釋,較之龍溪「無善無惡之意」、「無意之意」觀念的內涵,二者的確是極為相似。也正因此,後來許多學者常常將龍溪視為陽明門下的慈湖。不過,我們同時需要指出的是,如果要將龍溪和慈湖加以比較,二者在「動」、「靜」、「有」、「無」之間仍然顯示出不同的傾向。相對而言,慈湖是偏於「自有以入於無」的「靜」,而龍溪則傾向於「自無而入於有」的「動」。因而慈湖的「不起意」更多地具有「靜斂」的品格,而龍溪的「無意」則更多地意味著德性生命在生活世界的實踐行為中生化、活潑的自然流動。也正是由於這一細微的差別,龍溪在肯定慈湖「不起意」的同時,也批評慈湖有偏於寂靜之虞。所謂「慈湖已悟無聲無臭之旨,(然)未忘見。象山謂『予不說一,敬仲常說一。』此便是一障」(《全集》卷五〈慈湖精舍會語〉)。這和陽明所言「楊慈湖不為無見,又著在無聲無臭上見了」(《傳習錄下》),是一致的看法。也正是在這個意義上,岡田武彥先生認為龍溪應當更接近象山門下的傅夢泉而非楊慈湖。❷❹ 傅夢泉被認為是象山最為屬意的門人,❷❺ 但其學說卻並未流傳下來。

　　我們已經指出,龍溪四無論的提出,以心、知、意、物的體用關係和演繹結構為基礎。因而,「無物之物」之所以能達到「用神」

❷❹　岡田武彥:《王陽明與明末儒學》,頁109-110。
❷❺　所謂「先生(象山)於門人,最屬意者唯傅子淵」。見陸九淵:〈語錄上〉,《陸九淵集》,頁420。又「松(嚴松)問先生,今之學者為誰?先生屈指

的境界，是以心、知、意的「藏密」、「體寂」和「應圓」為前提
的。那麼，所謂「用神」的涵義又是什麼呢？龍溪本於陽明有將
「物」解為「事」的看法，而在「無意之意」的「圓應」作用下，作
為「事」的物，自然由有善惡之相的生活世界中的行為事件轉化為
無善無惡之相而又至善無惡的實德實事。整個生活世界的整體運作
和關聯，完全自然而然地呈現出一種各正性命、各得其所的合諧與
有序狀態，這便是「物用」之「神」的狀態。此時當可謂「宇宙秩
序即是道德秩序，道德秩序即是宇宙秩序」。王襞（字宗順，號東
崖，1511-1587）所謂「鳥啼花落，山峙川流，饑餐渴飲，夏葛冬襲，
至道無餘蘊」（《明儒學案》卷三十〈泰州學案一〉），正是對這種「用
神」境界的描繪。

在中國哲學中，雖然《莊子》中已有「境」的用語，但「境界」
一詞本來最早卻是佛教中的觀念。「境界」是對梵語 visaya（音譯「毗
舍也」）的漢語意譯。佛教中境界一詞既可指主觀的內心情狀，又可
指客觀外境的情狀，而以後者的情況居多。但隨著儒釋道三教融合
的發展，境界不僅成為一種三教通用的術語，而且成為日常語言中
常見的表述。境界指示的是存有的狀態、品格，而不在於存有的內
在結構，儘管存有的存在狀態與其內在結構是密切相關的。用儒家
的術語來說，它是對於某種「體段」的描述。我們現在談到境界
時，往往更多地與主體的心靈相關，因而主觀的意味偏重，這已經
和境界一詞原先在佛教中的意義有所差別。但是，當我們在境界論

---

數之，以傅子淵居其首，鄧文範居此，傅季魯、黃元吉又次之。」同前書，
頁422。象山〈與陳君舉〉書中亦云：「子淵人品甚高，非余子比也。」同
前書，頁128。

的意義上討論龍溪的四無說時，我們便應當注意到，境界其實是兼合主客觀兩面涵義的。事實上，通過前面對四無概念的分析以及存有論涵義的瞭解，我們已然可以看到，西方近代哲學意義上的主體與客體、主觀與客觀的二元對立對於龍溪的四無論已不再有效。因此，龍溪四無論的境界論意義，便不止是良知心體這一儒家「自我」的存在狀態，更是良知心體與天地萬物通過「我——你」關係連為一體的整個存有系列的存在狀態。龍溪所謂「藏密」、「體寂」、「應圓」、「用神」，就是從不同方面對這一整體存有系列的境界的描繪。

　　由「藏密」、「體寂」到「應圓」、「用神」的四無之境，完全體現為一種自然無執的狀態，這完全由良知心體充拓至極而達至。心知若能「藏密」、「體寂」，根於心而發的意自能「應圓」，而物也自然「用神」，於是整個流行發用自然無為，這便是「自性流行，動而無動」。而心知若不能「密」、「寂」，意離心而起變為「識」，則自不能圓應無方，物也就不能得其正。這時再用為善去惡的工夫，便非自性流行，所謂「著於有者，動而動也。」因此，道德實踐在心、知、意、物的關係結構和存有系列中達到「從心所欲不逾矩」程度，就必然歸於龍溪四無論所描繪的那種四無之境。唐君毅先生曾提出過生命存在的九重境界說，對每一種境界以及各種不同境界之間的關係均有極為細緻甚至繁複的說明。❷❻其「天德流行境」的說法，便揭示了宇宙間超越於主客觀之上的從自我到天地萬物「各正性命」而又親和一體的存在狀態。❷❼當然，這種存在狀態不

─────────────

❷❻　唐君毅：《生命存在與心靈境界》（臺北：學生書局，1976）。
❷❼　同上書第二十五至二十七章。

是一種靜態的結構，而是一種動態的流行，它包括了宇宙間萬事萬物生滅流轉卻又一氣流通不息的生生化化的過程。顯然，唐君毅先生的「天德流行境」所指示的整個存有系列的境界，正可以為龍溪四無論的境界論意義提供絕佳的詮釋與說明。並且，在龍溪的四無之境下，由於存有界與道德界的合一，幸福如何配享於道德的問題也得到了解決，因此，「天德流行」的四無之境同時也就是德福一致的「圓善」之境。當然，這種圓善之境由於是建立在「若悟得心是無善無惡之心」這一良知心體流行發用的基礎之上，因而並不同於康德的 das höchste Gute。❷但作為儒家意義上的「圓善」，龍溪的四無論又的確提供了一種統一德性與幸福、自由與必然的不同於康德的另一種方式。不過，無論是「天德流行」還是「圓善」，對龍溪來說，四無之境完全是致良知工夫所能達至和所應達至的終極境界。

## 三、四無論的定位

　　四無論歷來是龍溪思想中最具爭議的部分，我們前面已對其內涵作出了解釋。就某種意義而言，這也是一種定位工作。由於四無

---

❷　牟宗三先生在《圓善論》中重點處理了康德「幸福如何被統一到道德之上」這一所謂 das höchste Gute（以往譯作「最高善」、「至善」，牟先生譯為「圓善」）的問題，但筆者認為與其說是牟先生解決了康德的問題，不如說是牟先生轉化了康德的問題而根據中國哲學的傳統建立了自己的「圓善論」。關於這一點參見彭國翔：〈康德與牟宗三之圓善論試說〉，臺北：《鵝湖》，1997年第8期，頁21-32。不過，當我們說龍溪的四無之境是一種圓善之境時，我們倒可以說是在牟宗三而非康德的意義上來使用「圓善」這一概念的。事實上，牟先生在論述儒家圓教與圓善時，正是以龍溪的四無論作為主要的詮釋資源。參見牟宗三：《圓善論》第六章第五節，頁316-335。

論並非「龍溪子談不離口」，而只見於與陽明思想密切相關的天泉證
道，因而脫離了陽明的思想尤其四句教，便很難孤立地把握四無論
的意義。在這一部分，我們首先從歷史和理論兩個方面來考察四無
論與陽明思想的關聯，然後在龍溪思想的整體結構與中晚明陽明學
的發展脈絡這樣一個思想的關聯域中以求對龍溪四無論的思想史意
義予以較為恰當的定位。

## （一）、四無論與四句教

　　龍溪的四無論，僅見於天泉證道的相關記載。但我們在本章第
一節討論龍溪四無論的提出時已經看到，天泉證道中陽明對龍溪四
無論的態度，龍溪和緒山這兩位當事人的記載並不一致。龍溪〈天
泉論道記〉和〈錢緒山行狀〉中很重要的一句是陽明說：

> 汝中所見，我久欲發，恐人信不及，徒增躐等之病，故含蓄
> 到今。此是傳心秘藏，顏子明道所不敢言者，今既說破，亦
> 是天機該發泄時，豈容復秘？

但在《傳習錄》和《陽明年譜》緒山所作的記錄中，卻不見有這句
話。那麼，陽明究竟是否將龍溪的四無論視為自己一直含蓄未發而
為龍溪所吐露的「天機」呢？

　　天泉證道次日，龍溪和緒山等即送陽明出征廣西，至嚴灘而
別。在嚴灘，陽明與龍溪、緒山之間又有一場問答。在《傳習錄下》
和〈錢緒山行狀〉中，均有嚴灘問答的記載。研究者往往以《傳習錄》
的記載為據。事實上，龍溪〈錢緒山行狀〉中的記載，和《傳習錄》

中的記載並不相同。其中的差異，對於瞭解龍溪與陽明思想的關係，頗為重要。

《傳習錄下》中嚴灘問答是緒山所錄，㉙其文曰：

> 先生起征思田，德洪與汝中追送嚴灘。汝中舉佛家實相幻相
> 之說，先生曰：「有心俱是實，無心俱是幻。無心俱是實，
> 有心俱是幻。」汝中曰：有心俱是實，無心俱是幻，是本體
> 上說工夫。無心俱是實，有心俱是幻，是工夫上說本體。先
> 生然其言。洪於是尚未了達，數年用功，始信本體工夫合
> 一。但先生是時因問偶談，若吾儒指點人處，不必借此立言
> 耳！

而龍溪〈錢緒山行狀〉中的回憶則是：

> 夫子赴兩廣，予與君（緒山）送至嚴灘，夫子復申前說：「兩
> 人正好互相為用，弗失吾宗」。因舉「有心是實相，無心是幻
> 相，有心是幻相，無心是實相」為問。君擬議未答，予曰：
> 「前所舉是即本體證工夫，後所舉是用工夫合本體，有無之
> 間，不可致詰」。夫子莞爾笑曰：「可哉！此是究極之說，汝
> 輩既已見得，正好更相切磨，默默保任，弗輕漏泄也」。二
> 人唯唯而別。

龍溪所言與緒山有三點不同：一、就龍溪的說法而言，嚴灘問
答是天泉證道的繼續，所謂「夫子復申前說，兩人正好互相為用，

---

弗失吾宗」，而緒山的記錄，則未顯示出嚴灘問答與天泉證道的連續性；二、「有心無心」四句，照龍溪之說，是陽明繼續總結天泉證道所舉的證語，所謂「因舉」。但據緒山所錄，雖然這四句仍是陽明所言，卻是龍溪「舉佛家實相幻相之說」在先，然後陽明才因問而答。三、依龍溪之說，陽明認為「有心無心」四句以及龍溪對此四句的解說，是「究極之說」，而緒山的記錄中並沒有這樣的評語，只是「先生然其言」而已。那麼，二人的記載誰更為準確呢？

首先，儘管龍溪與緒山的記錄有差別，但「有心無心」四句內容一致。而就此四句內容來看，則顯然是對天泉證道的總結，尤其是對「無善無惡心之體」一句的解釋。「有心俱是實，無心俱是幻」，是從存有論的的角度說心體的真實不虛，指明心體至善的本質內容。「無心俱是實，有心俱是幻」，是從境界論的角度說心體，顯示心體無執無著，不著意思的作用形式和存在狀態。其次，陽明以「有心無心」四句和龍溪的解釋為「究極之說」，應當是嚴灘問答中的實際內容。緒山所謂「先生然其言」，講得很模糊，但在陽明卒時緒山和龍溪聯名所作的〈訃告同門〉文中，卻又說「冬初，追送嚴灘清益，夫子又為究極之說，由是退與四方同志，更相切磨，一年之別，頗得所省」。可見緒山當時亦承認此「究極之說」。僅就這兩方面看，已足以表明龍溪的記載更為準確，並且反映了天泉證道與嚴灘問答之間的連續性以及當時陽明思想的特徵。而緒山在《傳習錄下》中略去「究極之說」的字眼，並對陽明「有心無心」四句加上自己的按語，所謂「但先生是時因問偶談，若吾儒指點人處，不必借此立言耳」，以及在編《陽明年譜》時乾脆略去了嚴灘問答的內容，不能不說淡化了陽明對龍溪的稱許，同時也意味著淡化了「有

心無心」四句中所透露的晚年陽明的思想特徵。

嚴灘問答之後，陽明行至南浦（南昌西南）時，又發生了一件直接與龍溪有關的事情。龍溪在〈錢緒山行狀〉前引嚴灘問答之後，緊接著又說：

> （陽明）過江右，東廓、南野、獅泉、洛村、善山、藥湖諸同志二三百人，候於南浦請益。夫子云：「軍旅匆匆，從何處說起，我此意蓄之已久，不欲輕言，以待諸君自悟，今被汝中拈出，亦是天機該發泄時。吾雖出山，德洪汝中與四方同志相守洞中，究竟此件事，諸君只裹糧往浙，相與聚處，當自有得，待予歸未晚也。」

南浦請益之事，未見於《傳習錄》和《陽明年譜》。《陽明年譜》只是載：「明日至南浦，父老軍民俱頂香林立，填途塞巷，至不能行」。但此事龍溪枚舉當時所在的諸位同門，言之確確，不可能是杜撰。況且，徐階〈龍溪王先生傳〉、趙錦〈龍溪王先生墓誌銘〉和李贄《續藏書》對此事均有記載。徐階〈龍溪王先生傳〉載：

> 文成至洪都（南昌），鄒司成東廓及水洲、南野諸君，率同志百餘人出謁。文成曰：「吾有向上一機，久未敢發，近被王汝中拈出，亦是天機該發泄時，吾方有兵事，無暇為諸君言，但質之汝中，當有證也。」其為師門所重如此。

趙錦〈龍溪王先生墓誌銘〉也說：

> 無何陽明過江右，鄒東廓，歐陽南野率同志百餘人出謁。陽明謂之曰：「吾有向上一機，久未敢發，今被汝中拈出，亦

是天機該發泄時。吾方有兵事，未暇，諸君質之汝中，當必有證。」其善發陽明之蘊而為其所重也如此。

二人所說完全一致，李贄《續藏書》中的記載當是本之徐階和趙錦。徐階與趙錦的記載和龍溪所述內容基本一致，但也有差異。在徐階與趙錦的記載中，陽明是明言讓請益諸人向龍溪取證。而龍溪的記載中，陽明只是說「德洪、汝中與四方同志相守洞中，究竟此件事，諸君只裹糧而往，相與聚處，當自有得」。前面明謂天機為龍溪所發，這裏卻並未突出龍溪個人，顯然是龍溪自己撰寫時的謙讓。但陽明認可龍溪吐露其心聲，所謂「天機發泄」的話，則與〈天泉證道記〉中的敘述完全一致。當然，徐階與趙錦的記載或許參閱過龍溪〈錢緒山行狀〉中的文字，但恐怕不會僅以龍溪所說為憑。以徐階而言，徐階僅比龍溪小五歲，作為聶雙江的弟子，本人也是王門中人。並且，徐階和當時其他許多王門弟子都有交往，曾為《王文成公全書》、《陽明先生文錄續編》作序，並請南浦請益的當事人歐陽南野主持過靈濟宮的講會。此外，徐階官至禮部尚書兼東閣大學士，一度秉理國政，是陽明學發展的有力推動者。因此，無論他的記載是否參閱過龍溪〈錢緒山行狀〉中的文字，像南浦請益這樣王門中的重要事件，徐階是很難僅以龍溪個人所述為根據的。

《傳習錄》和《陽明年譜》中，緒山對陽明晚年思想活動的刪改和忽略，既可能出於當時學者掌握陽明晚年思想不當所產生的流弊日益嚴重，也可能是緒山本人無法像龍溪那樣對陽明晚年的思想有會心之得而始終難以相契。因而龍溪在〈刻陽明先生年譜序〉的末尾指出：「其於師門之秘，未敢謂盡有所發；而假借附會，則不敢自誣，以滋臆說之病」。在肯定緒山《陽明年譜》可靠性的同時，也表

達了認為緒山所編年譜未能充分揭示陽明思想底蘊的意見。無論如
何，由天泉證道、嚴灘問答和南浦請益的事實來看，陽明的確是將
龍溪的四無論視為心中所蓄而一直未發的「向上一機」。

　　事實上，除了以上史實所顯示的線索之外，從義理的邏輯關聯
來看，同樣可以看出，龍溪的四無論，不僅不與陽明的思想相悖，
反而是陽明四句教必要和可能的展開。陳來先生和秦家懿女士已經
指出天泉證道中陽明四句、龍溪四無以及緒山四有的不同，**⓾** 也有
研究者嘗試對三種不同立場之間的關係加以衡定。**⓫** 不過，不論我
們根據鄒東廓〈青原贈處〉的記載將錢緒山的「四有」界定為「至
善無惡者心，有善有惡者意，知善知惡是良知，為善去惡是格物」
（《鄒東廓先生文集》卷三），**⓬** 還是以為鄒東廓之說作為間接的材
料不足為憑而仍認為錢緒山「四有」的首句還應當是「無善無惡心
之體」，**⓭** 甚至如有的學者主要從文獻角度所認為的：既然鄒東廓

---

**⓾** 參見（一）、陳來：《有無之境──王陽明哲學的精神》，頁193-203;（二）、
Julia Ching（秦家懿）, Beyond Good and Evil．: The Culmination of the Thought
of Wang Yang-ming（1472-1529）, *Numen*, No. 22, 1973, pp.127-136.

**⓫** 高瑋謙：〈王門天泉證道研究──從實踐的觀點衡定「四無」、「四有」與
「四句教」〉，臺灣中央大學碩士論文，1993年5月。

**⓬** 〈青原贈處〉為鄒東廓對天泉證道的記載，所謂：「陽明夫子之平兩廣也，
錢王二子送於富陽。夫子曰：『予別矣，盍各言所學？』德洪對曰：『至善
無惡者心，有善有惡者意，知善知惡是良知，為善去惡是格物。』畿對曰：
『心無善無惡，意無善無惡，知無善無惡，物無善無惡。』夫子笑道：『洪
甫須識汝中本體，汝中須識洪甫工夫。二子打並為一，不失吾傳矣』。」但
東廓並非天泉證道的當事人，且將天泉證道與嚴灘問答誤為一事，因富陽即
嚴灘。

**⓭** 高瑋謙：〈王門天泉證道研究──從實踐的觀點衡定「四無」、「四有」與
「四句教」〉，頁12；頁61-76。

〈青原贈處〉是間接材料，亦不能由之確定緒山之說為相對於龍溪四無且獨立於陽明四句教的所謂四有，❷都恐怕不是本質的問題。這裏的關鍵在於：對緒山而言，四句教首句無論表述為「無善無惡心之體」還是「至善無惡心之體」，其本質意涵其實並無不同。緒山對心體的理解至少在天泉證道時的確只是在於至善的本質內容。換言之，天泉證道時緒山對陽明「無善無惡心之體」在作用形式上的「無」與本質內容上的「有」這兩方面的統一還欠缺相應的把握，其瞭解還僅在於至善的「有」這一方面。即便緒山未嘗不可以順著陽明而說「無善無惡心之體」，但他對於「無善無惡」的理解仍然只是至善的本質內容這一個方面。與之相對，龍溪卻能對陽明「無善無惡」兩方面的涵義有真切與透徹的掌握，因而在這個意義上嚴格而論，龍溪的「四無」其實並非緒山「四有」的對立一端而有待於陽明四句教的統合。限於四句的表達方式，或許難免詮釋的差異，但根據我們前面對龍溪良知觀的研究，在通觀龍溪思想整體的情況下，顯然可見龍溪對良知心體至善的本質內容與無執不滯的作用形式這兩方面的把握並非捨此取彼的一偏之見。如果再充分考慮到龍溪一念工夫對於先天與後天、頓悟與漸修的統一，我們甚至在工夫論上便也不能將龍溪視為與緒山對立的一面了。當然，這樣觀察龍溪的思想也許超越了龍溪三十歲時天泉證道的具體情境，可能會將龍溪後來思想發展的內容賦予四無之中。在這個意義上，我們仍然可以說在天泉證道時龍溪與緒山在辯難時立論不免各有側重，陽明

---

❷　方祖猷：〈天泉證道的「四句教」與「四無說」〉，載吳光主編：《陽明學研究》，頁 158。

則取其中道而令二人相互取益。可是，緒山思想的發展是否最終能夠也像龍溪那樣不墮一邊，由於「文獻不足徵」，**❸** 卻難以完整全面地加以考察了。因此，我們這裏的重點就不在於考察天泉證道時陽明、龍溪與緒山三者思想間的關係，而是希望從歷史事實與義理結構兩方面來同時說明龍溪四無論與陽明四句教之間的關聯。

前已指出，在陽明學對於《大學》的詮釋中，心知、意、物之間構成一種體用關係，而陽明對意的理解又有兩種涵義，因此，根據心知、意、物的體用關係和演繹結構來看，四無論可說是由陽明「無善無惡心之體」一句所能必然分析而出者。而陽明由於引入了瞀心的觀念，四句教中的心知、意、物之間的體用關係反而增加了一層曲折。從「無善無惡心之體」到「有善有惡意之動」之「意」與隨之而來的「有善有惡之物」中的「物」，以及從「無善無惡心之體」到「無善無惡之意」、「無意之意」中的「意」與隨之而來的「無善無惡之物」、「無物之物」中的「物」，顯然是由同一個出發點引出的兩個不同的層面和兩條不同的途徑。對此，我們可以借助佛教《大乘起信論》中「一心開二門」的講法來加以說明。**❸**

《大乘起信論》有云：「顯示正義者，依一心法有二種門。云何為二？一者心真如門，二者心生滅門。是二種門皆各總攝一切法。

---

**❸** 《四庫全書總目提要》載錢緒山有《緒山會語》二十五卷，《明史‧藝文志》載緒山有《緒山集》二十四卷，劉蕺山也曾爲王金如編輯的《錢緒山要語》作〈錢緒山要語序〉，說明當時該書尚在，然現已難覓，很有可能已經佚失。

**❸** 關於《大乘起信論》的作者及其眞僞的問題，迄今尚無定論，參見《大乘起信論眞僞辨》，收入張曼濤主編：現代佛教學術叢刊第35冊，書名爲《大乘起信論與楞嚴經考辨》（大乘文化出版社，1978）。但無論該書作者是

此義云何？以是二門不相離故」。❸ 這裏的「一心」，是指如來藏自性清淨心、真如心，而不同於唯識宗系統的阿賴耶識。由此自性清淨心直接生起的是清淨無漏法，即所謂「心真如門」。但是，由於原始無明的干擾，現實世界的各種生命與存在卻是處在「諸行無常，諸法無我」的生死流轉狀態，「心生滅門」指示的便是無明干擾之下「一心」所間接生起的生滅無常的污染法和煩惱法。當然，直接生起「心生滅門」的仍然是阿賴耶識，但是在《大乘起信論》的思想系統中，阿賴耶識卻不像在唯識宗中那樣只有虛妄的污染性，而是既有污染性，又有清淨的成分，正如《大乘起信論》本身所謂「不生不滅與生滅和合，非一非異，名為阿黎耶識」。❸ 其中生滅的方面是指污染的生死流轉法，不生不滅這一方面，指的便是其中的清淨成分，而這清淨成分是通於如來藏自性清淨心的。並且，阿賴耶識與如來藏自性清淨心相較，後者是更為根本的終極因素。因此，如來藏自性清淨心雖然不像清淨心之於心真如門那樣構成心生滅門的「生因」，但卻依然可以說是心生滅門的「憑依因」。顯然，撇開如來藏自性清淨心以及真如、生滅的佛教內涵不論，如果說同是由「無善無惡心之體」這「一心」所發的話，龍溪的「無善無惡之知」、「無善無惡之意」、「無善無惡之物」以及「無知之知」、

---

誰，是否偽造，該書所反映的思想在印度後期佛教中均有經典的依據，如《勝鬘夫人經》、《楞伽經》、《大般涅槃經》等一些有關如來藏思想的經典。

❸ 《大乘起信論校釋》，真諦譯，高振農校釋，中國佛教典籍叢刊（北京：中華書局，1992），頁 16。

❸ 阿賴耶識是玄奘以後的譯法，以前譯為阿黎耶識、阿梨耶識，也意譯為藏識。

「無意之意」、「無物之物」，構成了相當於「心真如門」的這一層面，而陽明「有善有惡意之動」和「為善去惡是格物」中的「意」與「物」，則處在相當於「心生滅門」的經驗感性層次。陽明對於「習心」的引入，也類似於《大乘起信論》中對「無明」這一因素的考慮。

因此，就陽明「無善無惡心之體」這「一心」以及陽明兩種意與物的理解而言，陽明四句教實際上可以說已經蘊涵了四無論這一層面，只不過四句教這一表述形式本身無法將其彰顯出來而已。就此而言，龍溪提出四無論，實質上並不等於相對於四句教而另立一說，只是揭示了四句教中的一個隱涵向度，並彌補了四句教在表述形式上的不足。而四句教與四無論合在一起，也可以說是一種儒家意義上的「一心開二門」。

陳來先生曾以「有無合一」來界說陽明的思想體系，在哲學和文化的意義上均準確地揭示了陽明哲學的精神特質。但他同時也指出：「從天泉證道始末來看，有無之間如何結合和表述，他（陽明）本來還未考慮得十分成熟」。❸❾ 與之相應，「陽明並沒有在他的工夫論中討論『從無處立根基』的工夫。」❹⓿ 而無論從天泉證道到嚴灘問答再到南浦請益的史實來看，還是就四句教與四無論的內在義理關係而言，我們都可以說：如果以「有無合一」來界說陽明哲學的話，那麼「無」的這一面儘管在陽明晚年的思想中已多有流露，但其系統的表述，卻是由龍溪來完成的。陽明一生為學數變，每一

---

❸❾　陳來：《有無之境——王陽明哲學的精神》，頁229。
❹⓿　同上書，頁318。

階段都有不同形式的理論表達，晚年其學已臻化境，如龍溪所謂
「居越以後，所操益熟，所得益化，信而從者益眾。時時知是知非，
時時無是無非，開口即得本心，更無假借湊泊，如赤日麗空而萬象
自照，如元氣運於四時而萬化自行」(《全集》卷二〈滁陽會語〉)，
對此化境，陽明自己並無明確的說明，而龍溪的四無論，卻正可以
作為這種化境的理論概括。

## （二）、四無論的思想定位

　　龍溪四無論在中晚明以至清初思想界所引起的爭議尤其批評，
主要在於兩個方面：一是認為「無善無惡」的思想流入佛教和告子意
義上的善惡無定性，取消了本體的至善；二是認為龍溪以四無為教
法，倡頓悟而廢漸修。前者與龍溪的良知觀相關，屬於本體方面的
問題；後者與龍溪的致良知工夫論相連，屬於工夫方面的問題。

　　對於「無善無惡」的批評，又可以分為兩種類型，一種是往往
出於對陽明的回護而將「無善無惡」的思想完全歸於龍溪，將四無
論與四句教割裂開來。包括許孚遠、劉蕺山、黃宗羲、邵廷采（字
允斯，號念魯，1648-1711）等人。有的甚至懷疑四句教的真實性。
如劉蕺山所謂「四句教法，考之陽明，並不經見。其說乃出於龍
溪，則陽明未定之見，平日嘗有是言，而未敢筆之於書，以滋學者
之惑」(《明儒學案·師說》)。黃宗羲順承師說，亦稱「無善無惡」
之說為「斯言也，與陽明平日之言無所考見，獨先生（龍溪）言之
耳」(《明儒學案》卷十二〈浙中王門學案二〉)。邵廷采在不得不承
認天泉證道中陽明四句教的表述以及認可龍溪四無的情況下，甚至

強分出兩種四無，所謂：

> 至於四無之說，流失在龍溪。而天泉夜論，其師不以爲不
> 然，故滋人口實。然其中正有可詳求者。陽明之所謂四無，
> 固異於龍溪之爲四無。龍溪之所謂四無，以無爲無者也，蕩
> 而失歸，恍惚者托之矣。故其後爲海門，爲石梁（陶奭齡），
> 而密雲悟之禪入焉。陽明之所謂四無者，以無爲有，以有爲
> 無者也。前乎此者，濂溪之「無極而太極」，後乎此者，蕺山
> 之「無善而至善」。（《思復堂文集》卷一）

而另一種則是一併將陽明、龍溪加以批評，如顧憲成（字叔時，號
涇陽，1550-1612）、高攀龍（初字雲從，後字存之，別號景逸，
1562-1621）、馮從吾（字仲好，號少墟，1556-1627）等人。但不論
是否維護陽明，這兩種類型的學者都一致將「無善無惡」之說等同
於佛教和告子取消善惡差別的看法。在這些學者看來，四句教首句
「無善無惡心之體」已經有悖於孟子性善論的基本立場，龍溪的四無
之說將心、知、意、物盡歸於無善無惡，則更是害莫大焉。由於
「無善無惡」思想的根本在於「無善無惡心之體」，因此，圍繞良知
心體的無善無惡之辨成為中晚明陽明學發展過程中的主要論題之
一。對此，我們在第六章將予以專門討論。這裏相關於龍溪的四無
論而首先需要說明的是，無論站在陽明學之內或之外來批評龍溪的
「無善無惡」，顯然未能全面與深入地掌握龍溪「無善無惡」思想的
真實涵義，這當然也是沒有理解陽明「無善無惡心之體」所使然。

我們前已指出，龍溪「無善無惡」的涵義，包括至善的本質內
容和不執著於善惡的作用形式兩個方面。後者在人生境界形態上的

表現完全可以和禪宗「無所住而生其心」（《金剛經》）、「無念、無相、無住」（《壇經》）的精神相通無礙，前者在存有論的意義上肯定良知心體為至善的實在，則完全不同於禪宗或整個佛教「無善無惡」所表達的「緣起性空」的基本立場以及告子的善惡無定性之說。而上述諸人將龍溪甚至陽明的「無善無惡」視為佛教或告子意義上的「無善無惡」，顯然未能深入瞭解陽明、龍溪「無善無惡」的內在意涵，不免於「文字障」而犯了「語言形式決定論」的錯誤。龍溪在〈答吳悟齋〉第二書中曾經將陽明的四句教表述為「至善無惡者，心之體也；有善有惡者，意之動也；知善知惡者，良知也；為善去惡者，格物也」（《全集》卷十）。黃宗羲便抓住這一點與天泉證道相較，認為龍溪「其說已不能歸一矣」（《明儒學案》卷十二〈浙中王門學案二〉）。但是，〈天泉證道記〉中龍溪已經明謂「天命之性，粹然至善，神感神應，其機自不容已，無善可名。惡故本無，善亦不可得而有也，是謂無善無惡」，以超越經驗意義上相對之善惡的絕對至善來規定「無善無惡」，而除此之外，龍溪更是多次明確將至善作為無善無惡的本質內容。在〈答中淮吳子問〉中，吳中淮向龍溪提出如何統一孟子性善論與陽明無善無惡之說的問題，龍溪指出：

> 先師無善無惡之旨，善與惡對，性本無惡，善亦不可得而名。無善無惡，是為至善，非慮其滯於一偏而混言之也。
>
> （《全集》卷三）

在〈與陽和張子問答〉中，面對張元忭類似的問題，龍溪回答得更為明確：

> 性無不善，故知無不良。善與惡，相對待之義。無善無惡，
> 是謂至善。至善者，心之本體。（《全集》卷五）

隆慶四年庚午（1570），龍溪七十三歲。是年龍溪家遭火災，龍溪曾作〈自訟長語示兒輩〉，其後又作〈自訟問答〉，進行了深刻的自我道德反省。在〈自訟問答〉中，龍溪再次提出「良知無善無惡，是謂至善」（《全集》卷十五）。由此可見，龍溪以無善無惡為至善的說法從三十歲天泉證道到晚年一以貫之，❹並不存在「其說已不能歸一」的問題。黃宗羲恰恰是不瞭解，對龍溪而言，「至善」作為「無善無惡」的內容規定，本來就不與「無善無惡」之說相悖。邵廷采強分陽明與龍溪四無之不同，認為陽明言無是「無善至善」，龍溪言無是「以無為無」，更是無視龍溪文集中一再出現的「無善無惡，是為至善」的說法。在後面第六章討論無善無惡之辨時我們會看到，明代龍溪之後，大多學者要麼不解無善無惡的實義，要麼有見於晚明無善無惡之說非預期後果的流弊而從效果倫理的角度不取無善無惡之說以為道德實踐的指導思想。惟有周海門、陶望齡（字周望，號石簣，1562-1609）等人對龍溪無善無惡之說有相契與同情的瞭解。海門所謂「維世範俗，以為善去惡為堤防，而盡性知天，必無善無惡為究竟。無善無惡，即為善去惡而無迹；而為善去惡，悟無善無惡而始真」（《東越證學錄》卷一〈南都會語〉），頗

---

❹ 龍溪以「無善無惡」為「至善」的說法，在《全集》中共有四處。除了卷三的〈答中淮吳子問〉、卷五的〈與陽和張子問答〉以及卷十五的〈自訟問答〉之外，還有一處見於卷十七的〈不二齋說〉，所謂「無善無不善，是為至善；無常無無常，是為真常；無迷無悟，是為徹悟。此吾儒不二之密旨，千聖絕學也。」

能對無善無惡的二重性心領神會。

　　對於四無之說，陽明在天泉證道時曾叮囑龍溪「不宜輕易示人」（〈天泉證道記〉）。許孚遠則有言曰：「四無之說，龍溪子談不離口」（《明儒學案》卷三十六〈泰州學案五〉）。那麼，龍溪是否的確如許孚遠所言，一味提倡四無並以之為教法呢？

　　事實上，在所有龍溪的文集之中，除了〈天泉證道記〉記載龍溪三十歲時正式提出四無論之外，其他並無龍溪論述四無思想的記錄。龍溪自己對於天泉證道的回顧與評價，在通行各種龍溪的全集中，也只有〈答程方峰〉這一封書信。其中，龍溪指出：

> 天泉證道，大意原是先師立教本旨，隨人根器上下，有悟有修。良知是徹上徹下真種子，智雖頓悟，行則漸修。譬如善才在文殊會下，得根本智，所謂頓也；在普賢行門，參德云五十三善知識，盡差別智，以表所悟之實際，所謂漸也。此學全在悟，悟門不開，無以微學，然悟不可以言思期必而得。悟有頓漸，修亦有頓漸。著一漸字，固是放寬；著一頓字，亦是期必。放寬便近於忘，期必又近於助。要之皆任識神作用，有作有止，有任有滅，未離生死窠臼。若真信得良知，從一念入微承當，不落揀擇商量，一念萬年，方是變識為智，方是師門真血脈路。（《全集》卷十二）

從這段文字中，我們看到龍溪的立場已經並不像天泉證道時那樣偏於四無的超頓主張。而刊於龍溪生前萬曆四年丙子（1576）的《龍溪會語》，是距今所知龍溪最原始的文獻，其中文字大多為龍溪以第一人稱親筆寫就，查鐸（字子警，號毅齋，1516-1589）刊刻以後很

有可能為龍溪本人所親閱，因而是研究龍溪思想的一份重要文獻依據。❷就在《龍溪會語》卷三〈東遊問答〉中，更有一段龍溪與耿定向有關天泉證道的問答，不見於後來各種龍溪文集，十分珍貴，尤其能夠顯示出龍溪當時所持的立場。其文如下：

> 楚侗曰：「陽明先生天泉橋印證無善無惡宗旨，乃是最上一乘法門。自謂頗信得及。若只在有善有惡上用功，恐落對治，非究竟，何如？」龍溪曰：「人之根器不同，原由此兩種。上根之人，悟得無善無惡心體，便從無處立根基，意與知物皆從無生。無意之意是爲誠意，無知之知是爲致知，無物之物是爲格物。即本體便是工夫，只從無處一了百當，易簡直截，更無剩餘，頓悟之學也。下根之人，未嘗悟得心體，未免在有善有惡上立根基，心與知物皆從有生，一切是有，未免隨處對治，須有爲善去惡的工夫，使之漸漸入悟，從有以歸於無，以求復其本體，及其成功一也。上根之人絕少，此等悟處，顏子明道所不敢言，先師亦未嘗輕以語人。楚侗子既已悟見心體，工夫自是省力。只緣吾人凡心未了，不妨時時用漸修工夫，不如此不足以超凡入聖，所謂上乘漸修中下也。其接引人，亦須量人根器，有此二法。不使從心體上悟入，則上根無從而接；不使從意念上修省，則下根無從而接。成己成物，原非兩事，此聖門教法也。」

---

❷ 有關《龍溪會語》的情況及其文獻價值，參見本書附錄二：〈明刊《龍溪會語》與王龍溪文集佚文——王龍溪文集明刊本略考〉。

　　龍溪〈答程方峰〉書當在晚年，因書中有「衰年艱於遠涉」句，而龍溪年八十仍不廢出遊，故此書當在龍溪八十歲以後。〈東遊問答〉則在嘉靖四十三年（1564）甲子，是年龍溪六十七歲。從這兩條不同時期龍溪本人對天泉證道評價的僅有材料來看，龍溪不僅並未「四無之說，談不離口」，在講學、論學活動中採取的立場，如上引所謂「智雖頓悟，行則漸修」，「悟有頓漸，修亦有頓漸。著一漸字，固是放寬；著一頓字，亦是期必」，尤其是所謂「上根之人絕少，此等悟處，顏子明道所不敢言，先師亦未嘗輕以語人」，「只緣吾人凡心未了，不妨時時用漸修工夫，不如此不足以超凡入聖，所謂上乘漸修中下也。其接引人，亦須量人根器，有此二法」，反而一如天泉證道時的陽明。由此可見，對龍溪而言，四無只是致良知工夫的終極理境，龍溪並未以四無之說為實際的教法在其講學、論學活動中一味提倡、推廣。上引〈答程方峰〉與〈東遊問答〉的這兩篇文字，也再次印證了我們在第三章檢討龍溪先天正心之學所謂脫略工夫問題的看法，即龍溪在致良知的工夫論上並未只講頓悟，不講漸修，而是圓融地統一了頓與漸、悟與修。事實上，不同的方法與途徑只是因人而異的方便，對龍溪來說，把握到我們每個人內在的良知心體，使之得以完滿地呈現而達至聖人之境，才是唯一終極的起點與目標。此外，龍溪在〈東遊問答〉中所謂「悟得無善無惡心體，便從無處立根基，意與知物皆從無生。無意之意是為誠意，無知之知是為致知，無物之物是為格物」（這裏的「誠」、「致」、「格」都應作形容詞用法），同樣也證明了我們前面對龍溪四無論中心、知、意、物概念的詮釋完全相應於龍溪的本懷。以「誠意」（所誠之意）、「致知」（所致之知）和「格物」（所格之物）

界定「無意之意」、「無知之知」和「無物之物」，正是龍溪在強調心、知、意、物作用形式上「無」的品格的同時，始終並未放棄其存有論意義上「有」的本質內容的表現。這一點，也恰恰是龍溪最終並未倒向佛教「緣起性空」在存有論和境界論上「我法二空」基本立場的關鍵所在。

理學的產生和發展，除了社會存在方面的因素之外，一方面固然是儒家思想的自我展開，同時也表現為一個與佛老交流互動的過程。將理學看作「陽儒陰釋（或道）」，自然失之膚淺，但佛老對儒學的刺激，也的確是一個理學成其為理學的外部原因。

我們在第三章中已經對「有」和「無」在兩個不同層次上的涵義進行了分析。在存有論的層面上，道家對世界的實在性問題，並無明確的說明，而佛教則以「緣起性空」為基調，認為世界本質上是因緣假合而成，並不具有真正的實在性。即便是佛教傳入中國後有一個入世的轉向，發展到了禪宗已經相當的人間化。❸但其基於「緣起性空」基礎之上的「捨離」宗旨，卻並無改變。如南泉普願（748-834）曾言「直向那邊去了，卻來這裏行履」（《古尊宿語錄》卷十二），顯示了積極的入世傾向，但畢竟終極的歸趣，還是彼岸而非此岸，所謂「那邊去了」。這種取消世界實在性的立場，便是存有論意義上的「無」。佛教在存有論上以「無」為本，道家亦不免有此傾向，這是儒家所無法接受的。從儒家「萬物一體」的基本觀念來看，不可能否認世界的實在性。如果認為萬事萬物包括自己的父母均不過是假合而生，這對儒家而言簡直是無法想像的。歷史上

---

❸ 余英時：《士與中國文化》（上海人民出版社，1987），頁452-461。

對儒家和釋老的區分，往往多從雙方在社會、政治、經濟上扮演角色和所起作用不同的角度著眼，但儒家與釋老之別的最終哲學根源，卻在於雙方存有論上「有」與「無」的不同立場。

　　儘管存有論上「無」的立場是儒家所不能接受的，但在人生境界上的「無」，即那種超越世俗、無執無著、自由自在的精神品格，卻是儒家所能夠認同的。事實上，佛老兩家的勝場，也均在於此。如上所言，佛教與道家在存有論上的立場嚴格而論其實並不完全相同，但在人生境界的層面上，二者「無」的特徵卻是鮮明而一致的。歷史上之所以佛老連言，也往往自覺不自覺地是從這一角度來說的。然而，追求與向往那種超越的精神境界，卻可以視為每個人的內在的基本要求（儘管因人而異、程度不同）。既然佛老在這方面表現得尤為突出。儒家僅就這方面對佛老表示欣賞和接受，就是完全可以理解的。正如排佛極為激烈的韓愈，仍對大顛和尚「壁立萬仞」和「胸中無滯礙」的高潔品格表示敬佩。❹尤其到了明代，在當時汙隆的士風之下，佛老不染世累的超越精神境界，便顯得格外可貴。龍溪在和王遵岩的問答中就曾指出：

　　　　吾儒之學，自有異端，至於佛氏之家，遺棄物理，究心虛寂，始失於誕。然今日所病，卻不在此，惟在俗耳。（《全集》

---

❹　韓愈：《韓愈全集》卷十八〈與孟尚書〉云：「潮州時，有一老僧號大顛（700-790，石頭禪師之徒），頗聰明，識道理。……與之語，雖不盡解，要自胸中無滯礙。」韓愈與大顛之交往自《祖堂集》被發現以來便成定案。參見（一）、羅香林：〈唐釋大顛考〉，載《唐代文化史研究》，上海書店影印民國叢書，原書為商務引書館1946年版，頁58-62；（二）、吉川忠夫：〈韓愈與大顛〉，載《中國中世の文物》（京都：京都大學人文科學研究所，1993）。

卷一〈三山麗澤錄〉〉

既然儒家只是在存有論上持「有」的立場，且境界論意義上的「無」和存有論意義上的「有」又屬於不同的層次而並不相悖，則儒家欣賞並吸收佛老在人生境界上「無」的精神，在龍溪所處的時代，就不僅是可能而且是必要的了。

其實，雖然佛老在人生境界的「無」上尤顯精彩，但這絕不意味著儒學在內在結構上本來缺乏這一向度。孔子對曾點的欣賞以及「毋意，毋必，毋固，毋我」的生命寫照，就體現出一種自由活潑、無執灑落的精神境界。孟子的「不動心」，也表現出一種超然的人生態度。即使偏重「以道制欲」，開後世儒家嚴肅主義先河的荀子，也曾最先引證了《書經》「無有作好，無有作惡」的說法。而我們在討論龍溪「無中生有」的工夫時便已看到，龍溪「無中生有」工夫的內涵之一，正是發揮了「無有作好，無有作惡」的觀念。此處我們無法進行思想史的總體說明。❹需要指出的是：儒學內部本來就包涵無執不滯的精神向度，只是在「濟世」的強烈色彩下，「獨善」中所內在蘊涵的這一向度，較之佛老在這方面的勝場，顯得不那麼突出罷了。而既然儒家本身包含這一精神向度，在佛老的刺激下充分調動自己的內在資源，並通過吞吐消化佛老在人生境界意義上「無」的豐富內容，從而使自己本身更為充實飽滿，便是順理成章之事。

「有無合一」既可以作為一種思想體系的靜態結構，又可以視作一種思想發展的動態過程。並且體系結構的形成，又往往是發展過程的結果。從某一視角看，整個宋明理學發展的基本主題之一就是

---

❹　參見陳來：《有無之境——王陽明哲學的精神》，頁 235-242。

如何在存有論「有」的立場上消化吸收佛老在人生境界論上「無」的豐富內容。因而宋明理學的整體發展，就可以看作一個以「有」合「無」的不斷過程，儘管不同儒者以「有」合「無」的最終結果並不相同。就此而言，陽明個人的思想，也可以視為這一過程中的一個重要環節。陽明之前，程明道的〈定性書〉已經反映了鮮明的超越精神境界。所謂「夫天地之常，以其心普萬物而無心，聖人之常，以其情順萬物而無情」，正是這種境界的集中體現。而到了龍溪，則更是繼承了陽明以「有」合「無」的自覺意識。龍溪看到了人生境界上的「無」並非屬於佛老的專利，而是一個儒釋道三家均能接受的共法，因此發揮陽明三間屋的譬喻，認為佛道兩家「無」的境界，是儒家所本有。由於「無」在禪學方面表現得最為突出，因而談「無」往往會被不加分析地視為禪。對此龍溪則指出：

> 禪固有同於儒矣，而儒者之學，淵源有自，固非有所托而逃，亦非有所泥而避也。（《全集》卷十七〈不二齋說〉）

作為陽明的得意弟子，龍溪能夠「先得陽明心之同然」，吐露了陽明含蓄已久的心聲，正是理學以「有」合「無」精神方向發展的一個自然結果。因此，龍溪四無論的提出，就儒家思想史的發展運動而言，可謂理有固然，勢所必至。事實上，較之陽明，龍溪的確更是對儒學與佛老的關係發表了大量的論說，並被推為「三教宗盟」。因此，與佛道二教的深入互動以及如何站在儒家的基本立場上對佛老進行判攝與融通，既構成龍溪思想的重要組成部分，又是中晚明陽明學發展一個基本方面的鮮明體現。

# 第五章　王龍溪與佛道二教

　　對於陽明身後王學分化的幾個不同方向和特徵，許孚遠曾經有過簡略的描述，所謂「姚江之派復分為三：吉州僅守其傳，淮南亢而高之，山陰圓而通之」(《敬和堂集》卷五〈答周海門司封諦解〉)。其中吉州是指鄒東廓，淮南是指王心齋，山陰指的便是龍溪。儘管如上一章所論，許孚遠認為龍溪四無之說「談不離口」的說法未得其實，但這裏以「圓通」來形容龍溪之學，卻委實道出了龍溪之學的基本特徵。龍溪「圓而通之」的為學取向不僅表現在圍繞有關良知本體與致良知工夫的種種論說上，這一點通過我們前面幾章的討論可以看到，還表現在以良知教為宗旨對佛道二教思想的消化吸收與創造性詮釋之上。龍溪以其個人對佛道思想的深入瞭解和實踐經驗為基礎，試圖建構出一個以儒家終極關懷為立足點而又融合儒釋道三教的良知教系統。這既是儒釋道三教融合思想長期發展的結果，作為陽明學者在儒釋道互動過程中對佛道二教的回應，又參與塑造了中晚明三教融合的歷史面貌。當然，儒者在同佛道二教的深度互動與交涉中之所以仍然可以保持其儒者的身份，顯然有其不同於佛道二教的自我認同。龍溪與佛道二教的關係，可以說是在儒家基本立場上對後者的判攝與融通。並且，龍溪與佛道二教的深度交往以及對佛道二教的融攝，也反映了中晚明陽明學自身發展的一個基本特徵和方面。

# 一、龍溪與佛道二教的因緣

在中晚明三教高度融合的思想背景與社會條件下，儒家人士與佛道二教發生關係是自然而然的。儘管明代的儒者中有像曹端（字正夫，號月川，1376-1434）、胡居仁（字叔心，稱敬齋先生，1434-1484）、何塘（字粹夫，號柏齋，1474-1543）以及黃佐（字才伯，號泰泉，1490-1566）那樣嚴守傳統正統與異端之辨從而堅決排斥佛道二教的人，❶ 但自陳獻章而王陽明以降，真正對儒家思想有所開展並在社會上產生廣泛影響的，基本上都是對佛道二教採取批判兼融會而非簡單否定的態度。並且，陽明學對於佛道二教更不止是被動地回應，而是主動地吸收。這在陽明處已經有所自覺，在龍溪處則更有鮮明的表現。而龍溪之所以能夠自覺將佛道二教納入到自己良知教的詮釋系統之中，無疑還基於其個人對佛道二教的深入瞭解和實踐經驗。因此，在討論龍溪對佛道二教的基本態度並通過對具體觀念和命題的分析以顯示龍溪如何在良知教的立場上創造性地詮釋佛道二教思想之前，我們先考察龍溪與佛道二教人物的交遊以及龍溪對道教法門的實踐經驗，以明龍溪與佛道二教的因緣。

## （一）、與道教人物的交遊

---

❶　曹端、胡居仁、何塘以及黃佐諸人排斥佛道二教之事例，分別參見《明儒學案》卷四十四〈諸儒學案上二〉「學正曹月川先生端」；卷二〈崇仁學案二〉「文敬胡敬齋先生居仁」；卷四十九〈諸儒學案中三〉「文定何柏齋先生塘」以及〈諸儒學案中五〉「文裕黃泰泉先生佐」。

　　對龍溪與佛道二教人士的交遊，我們主要以龍溪自己文集中所提供的線索為依據，兼取其他文獻的記載為支援，這樣既可保證信而有徵，又能拓寬並深入我們的瞭解。由於龍溪與道教的關係以往相對較受忽略，我們在本節以及後面考察龍溪從良知教的立場詮釋佛道二教相關觀念與命題時，都將道教放在佛教之前。

　　在文集中，龍溪所運用的道教術語之多，甚至超過禪宗。但有關龍溪與道教人士的接觸與往來，記載卻頗為簡略。只有在對明代道教的情況有相當瞭解並參之以其他文獻，才能獲得較為清晰的認識。《明儒學案》中謂龍溪曾與羅念庵一道向方與時學習過靜坐工夫，所謂：「黃陂山人方與時，自負得息心訣，謂：『聖學亦須靜中恍見端倪始得。』先生（念庵）與龍溪偕至黃陂習靜，龍溪先返，先生獨留，夜坐工夫愈密。」（《明儒學案》卷十八〈江右王門學案三〉）有關方與時其人，《明儒學案》卷三十二〈泰州學案一〉中有如下記載：

> 方與時，字湛一，黃陂人。弱冠為諸生，一旦棄而之太和山習攝心術，靜久生明。又得黃白術於方外，乃去而從荊山遊，因得遇龍溪、念庵，皆目之為奇士。車轍所至，縉紳倒屣；老師上卿，皆拜下風。然尚玄虛，侈談論。耿楚倥初出其門，久而知其偽，去之。一日謂念庵曰：「吾儕方外學，亦有秘訣，待人而傳，談聖學何容易耶？」念庵然之。湛一即迎至其里道明山中，短塌夜坐，久之無所得而返。後臺、心隱大會礦山，車騎雍容。湛一以兩僮兒一籃輿往，甫揖，心隱把臂謂曰：「假我百金。」湛一唯唯，即千金惟命。已入京師，欲挾術以幹九重，江陵（張居正）聞之曰：「方生此

鼓，從此摑破矣。」無何，嚴世蕃聞其爐火而豔之。湛一避
歸。胡廬山督楚學，以其昔嘗詆念庵也，檄有司捕治，湛一
乃逃而入新鄭（高拱）之幕。新鄭敗，走匿太和山，病瘵死。

黃宗羲的這段文字其實是本自耿定向為方與時所作的傳。而根據耿
定向所說，羅念庵隨方與時入道明山習靜時，龍溪是隨同前往的，
只不過龍溪並未久留而已，所謂「王先生（龍溪）先辭歸，羅先生
獨留。」（《耿天臺先生文集》卷十六〈里中三異傳〉）❷ 耿定向與方
與時是鄰居，對其事知之頗詳。由於黃宗羲大體上概括了耿文的基
本內容，加之耿文頗長，這裏不具引。根據以上這段文字，以及耿
定向記載方氏臨終前稱「平生所得」惟「所錄丹方與鉛汞」的話來
看，方與時無疑是位道士。他非但能將耿定理（字子庸，號楚倥，
1534-1577）這樣有出世傾向的人士納於門下，還居然能以異術一度
眩惑象龍溪、念庵這樣的儒家學者、社會名流，更欲在政治上有所
作為，所謂「欲挾術以幹九重」，顯然具備明代道士的典型特徵。
大概只有像何心隱（原名梁汝元，字柱乾，號夫山，1517-1579）那
樣的豪俠之士，才能懾服其人。雖然時人亦多謂龍溪因年幼體弱多
病而素留意道教養生之術，如徐階在〈龍溪王先生傳〉中所謂「公
（龍溪）少患羸，嘗事於養生」，❸ 故耿定向、黃宗羲所言龍溪與方
與時的接觸以及隨其習靜之事，當屬信而有徵。不過，此事不見於
龍溪文集，龍溪文集中明確記載與龍溪有深入交往的道士，是淨明
道士胡清虛。

---

❷ 所謂三異包括何心隱、鄧豁渠和方與時。
❸ 《王龍溪先生全集》（萬曆四十三年丁賓刻本）〈附錄〉。

　　龍溪集中有一篇〈祭胡東洲文〉，記載了淨明道士胡東洲與其交遊的事迹：

　　嗚呼！吾東洲子而遽止於是乎？嘉靖甲寅歲，予開講新安之鬥山。東洲隨眾北面執禮，爲締交之始。東洲顏如冰玉，動止閒默。與之語，恍然若有所悟，又嗒然若有所失。昔人行腳四方求法器，東洲非其人耶？嗣是每歲即過越，聚處浹旬而返，因得交於麟陽趙君，授以館舍，攜家爲久處之計，此生益以性命相許。因謂予曰：「棲之受業於先生，實劉師符玄老人啓之，將以廣教也。」老人年一百餘歲，得回穀之旨，發明內要延命之術，後遇習虛子受淨明忠孝性宗，當應代補元之任。舊有傳法弟子二十五人，爲出世之學，蓬首垢面，不復與世情相通。晚年受記東洲爲二十六弟子，諭以世出世法，冀以流通世教，不絕世緣。東洲既授紫雲洞譜密傳，以妻子托於浮梁東川操君，往來吳越江廣，與四方同志相切磨，以卒所學。東洲雖得所傳，役役於世法，未得專心究竟。去年春，復就居於越，聚處月餘，復還浮梁，與操君共結勝緣。秋初偕近溪羅君，偕其二子同往嶺南，赴凝齋公之約。首春，弟子朱生平豈，忽來報訃，云東洲九月二十一日巳仙遊矣。嗚呼痛哉！吾東洲子而遽止於是乎？予與東洲有世外心期，卒然捨我而去，在東洲知有落處，不復爲三徒業障所纏，而予則終寡同志之助也。東洲之學，得於師傳，以淨明忠孝爲入門，其大要皆發明性命歸源之奧，覺幻知元，住於眞常，非有邪僞之術，但世人未之盡知耳。（《全集》卷十九）

龍溪這篇祭文是寫於胡東洲卒後次年，其中提到胡東洲於前一年九月二十一日卒於偕羅近溪及其二子前往嶺南的途中。而這件事，耿定向在〈寄示里中友〉一書中也曾提及：

> 秋中，羅近溪攜二子暨胡清虛遊廣東曹溪。至肇慶，其長子病死。次子痛其兄病且死，焚香掌中，灼爛，尋又哭過毀，亦病死。無何，胡清虛亦死。余初聞羅氏二子死，傷悼甚已。已聞胡清虛死，則蹙然舉手加額曰：「天乎！天乎！其將顯明正學與？羅氏二子皆不食人間煙火者，乃爲胡子所惑，服勤茹苦，不啻七十子於孔子矣。一旦駢首客死，豈不示人顯哉？」胡方士生壬辰，羅長子生丙申，次子則癸卯生耳。死時疾苦呻吟，無以異人也。世爲生死志佛志仙者，竟何如哉？天愛我輩何厚也！其教之也至矣！近諗胡清虛，浙之義烏人，初爲此中陳大參門子，以生惡瘡逐出。無依，倚於某觀中一道人。道人率之遊匡廬，繼往終南山，幾年出，而浙中士紳遂翕然宗之。聞陶念齋令兄與龍溪先生俱納贄受教矣。余往諷龍溪，龍溪亦謂有足取者。近聞石簏閣老信之猶篤，此何說哉？想此子初拚身入山，靜極發慧，一時精神，必有可觀，以此傾動士紳，非偶也。後欲漸長，性錄（原文爲「錄」，疑當爲「靈」）漸蔽，只得欺謾過日，以擴前名，而不知人可欺，天故不可欺矣。以此推之，如此中卓小仙、王南明所述某蓬頭，即吾鄉岳蓬頭、方湛一皆然也。吾黨志學者，視此可爲深省。（《耿天臺先生文集》卷六）

將天臺此信與龍溪祭文相對照，即可知胡東洲即胡清虛。而天臺信

中除也提到方與時之外，其他提到的岳蓬頭、卓小仙，顯然都是活躍於中晚明而往來於儒釋道三教之間的道士。岳蓬頭其人不可考，而被時人稱為小仙的卓晚春，❹ 對於林兆恩（字懋勳，別號龍江，稱三教先生、三一教主，1517-1598）創立三一教，起了很大的作用。

胡清虛隨羅近溪及其二子前往嶺南，與近溪二子皆死於途中一事，近溪所作〈二子小傳〉中有較為詳細的記錄。只不過其中稱胡清虛為胡中洲，與龍溪及天臺文字相較，可知胡東洲與胡中洲實為一人。不論「東洲」與「中洲」何者因發音誤聽或傳抄有誤，均指淨明道士胡清虛無疑。且根據近溪的〈二子小傳〉，❺ 作為近溪二子之師的道士胡清虛，「泛覽群籍，旁曉諸家」，「浩蕩無涯，玄微莫測」，臨終前從容安排後事之後，又「秉燭展視素所批點《楞嚴》，達旦而完，封置，命藏笥中，無得輕發」，顯然又兼通佛教。

因此，我們綜合以上所有關於胡清虛的文字，可知胡清虛名棲，字東洲或中洲，清虛當為其號或道號，浙江義烏人，生於嘉靖十一年壬辰（1532）。胡氏本來是一位淨明道的道士，為劉符玄的第二十六位弟子。嘉靖三十三年甲寅（1554）龍溪講學於新安鬥山書院時，胡氏投身龍溪門下，其後每年均與龍溪「聚處浹旬」，關係密

---

❹ 有關卓晚春其人，參見（一）、《福建通志》卷二百六十三〈明方外傳〉；（二）、《古今圖書集成·神異典》第二百五十八卷〈神仙部〉「列傳」三十五；（三）、萬曆三年刊《興化府志》卷二十六。

❺ 近溪所作〈二子小傳〉見羅汝芳：《羅明德公文集》卷四，羅懷智彙編，日本內閣文庫明崇禎五年(1632)序刊本影印。承蒙中央研究院近代史研究所呂妙芬女士幫助提供該篇文字資料，特此致謝。

切。胡氏因龍溪的緣故又與趙錦交好，趙錦甚至「授以館舍」，安頓其家。胡氏又是羅近溪二子羅軒（字叔安、法名一復，改字復初，1536-1579）、羅輅（字叔與，法名貫玄，改字玄易，1543-1579）的師傅。萬曆七年己卯（1579）秋，胡氏偕羅軒、羅輅與近溪共往嶺南，赴劉凝齋之約。至肇慶時近溪二子病死，九月二十一日，胡氏亦隨之從容坐化而去。據龍溪所言，胡氏雖然有道教的傳授，卻因深入儒學，反而不能一心專注於其本來所學，所謂「東洲雖得所傳，役役於世法，未得專心究竟。」而由近溪的描述來看，胡氏也的確是一位不拘於儒釋道三教之畛域而能夠出入於儒釋兩家的道士。胡氏卒後次年，龍溪已是八十三歲高齡，此時龍溪門人可謂遍及天下，而龍溪在接到胡氏死的消息後能專門為胡氏寫了那樣一篇情見乎辭的祭文，除了祭文內容所顯示的之外，本身足見龍溪與其關係之深厚。

黃宗羲謂羅近溪曾師事楚人胡宗正，所謂「楚人胡宗正，故先生（近溪）舉業弟子，已聞其有得於《易》，反北面之。」（《明儒學案》卷三十四〈泰州學案三〉）在轉引楊時喬（字宜遷，號止庵，？-1609）〈上士習疏〉中胡清虛下注「即宗正」（同上），❻則是以胡清虛與胡宗正為一人。但據耿定向〈寄示里中友〉所言，胡清虛為浙江義烏人。從龍溪〈祭胡東洲文〉以及近溪自己在〈二子小傳〉中對胡清虛的描述來看，也並未提到胡清虛精於易學。因此，如果傳授近溪易學的楚人名胡宗正，則此人當與胡清虛為二人。事實上，

---

❻ 《明儒學案》中黃宗羲所引楊時喬之文亦見談遷：《國榷》卷七十八「神宗萬曆二十六年十二月甲寅」下。

黃宗羲在《明儒學案》所收耿定向的「天臺論學語」中，也有一段
有關胡清虛的文字：

> 胡清虛，浙之義烏人。初爲陳大參門子，以惡瘡出。倚一道
> 人，率之遊匡廬、終南，遂有所得。浙中士紳翕然宗之，陶
> 念齋、王龍溪具納贄受教。晚與近溪及其二子遊廣東曹溪，
> 至肇慶，近溪長子病死，次子痛其兄，爇香掌上，灼爛而
> 死，清虛亦死。（《明儒學案》卷三十五〈泰州學案四〉）

這無疑是〈寄示里中友〉中有關胡清虛記載的簡化。❼這裏既承天臺
之說以胡清虛為浙江義烏人，如何又說即楚人胡宗正呢？梨洲顯然
有疏略未審之處。而現今的道教史研究幾乎皆據黃宗羲之說而以胡
清虛與胡宗正為同一人，亦不免於此未加深究。

從上引龍溪與道教的相關文字中，可知當時儒家學者與道士的
交往是十分普遍的現象。像龍溪、念庵、近溪等人，都是當時陽明
學的中堅。不過，由龍溪的祭文與天臺的書信來看，龍溪與天臺對
胡清虛的態度，顯然極為不同。龍溪知道胡清虛為淨明道傳人，卻
認為其人「有足取者」，「非有邪偽之術，但世人未之盡知耳」，
因而將其納入門下，甚至許為法器，並直言與之「有世外心期」。而
天臺不僅對龍溪收胡清虛為徒不以為然，前往諷之，認為其人雖一
度「靜極發慧，一時精神，必有可觀」，故而能夠「傾動士紳」，
但「欲漸長，性錄漸蔽」，終不過「欺謾過日，以擴前名」，因而

---

❼ 但需要指出的是，黃宗羲的簡化縮寫有一與耿定向原文不符之處。耿定向
〈寄示里中友〉謂「聞陶念齋（陶大臨）令兄與龍溪先生俱納贄受教矣」，
非云陶念齋本人。而陶念齋令兄爲陶大順。黃宗羲則誤以陶大順爲陶大臨。

胡清虛之死，實在是上天要「顯明正學」的表現，儒家學者「視此可為深省」。由此可見，龍溪是站在儒家的立場上對道教採取相容並包的開放心態，天臺則嚴守傳統的正統與異端之辨，對道教採取排斥的態度。另外一點值得注意的是，據龍溪所引胡清虛的自我表白，胡清虛受其師劉符玄之囑，以一名道士的身份投身龍溪門下，目的是為了「將以廣教也」。較之其他道教諸派，淨明道最大的特點便是有取於儒家的社會倫理。陽明因觸劉瑾遭貶謫漂流至福建境內，曾萌生遁世入山之意，而當時勸陽明用世保家的所謂「異人」，正是舊曾相識的淨明道士。❽但是，從儒家思想中汲取資源，畢竟有別於直接投身於儒學大師的門下。胡清虛之舉，說明對劉符玄和胡清虛這樣的道教人士來說，儒道之間的疆界已經是微乎其微。耿定向雖然對胡清虛的態度與龍溪不同，但卻也指出了龍溪納胡清虛於門下的事實。而如果胡氏投身龍溪門下確是為了推廣道教，顯然說明當時的道教人士認為陽明學頗有可資借鑒之處，或至少陽明學在當時的聲勢已足以令道教的發展有所借重。這既顯示了中晚明陽明學對道教的影響，也為中晚明儒釋道三教的水乳交融，提供了道教方面的見證。

除了與胡清虛的交往之外，龍溪在〈與吳學愚〉中曾提到過常自然其人，所謂「令兄為常自然高弟，得藥結丹多年，近來調神出殼，真景象何如也？」(《全集》卷九) 可見常自然也是當時的一位道士。不過，常自然的情況現已不可考，龍溪是否與吳學愚的令兄

---

❽ 見《王陽明年譜》「武宗正德二年丁卯」條下，《王陽明全集》，頁1227。陽明的舊相識為當初新婚之夜與之暢談忘歸的南昌鐵柱宮道士，而淨明道的本山即在南昌郊外的西山，南昌城內的鐵柱宮亦為當時淨明道的重鎮。

以及常自然有過交往，也無案可稽。但是，龍溪與胡清虛、方與時等人的往來，已足見龍溪與道教人士的交遊。因此，龍溪甚至有時竟以道人自稱，如〈暮春登北固山用韻示諸友〉詩中所謂「道人自戴華陽巾，滿目鶯花入暮春。」（《全集》卷十八）在〈與吳中淮〉第二書中也以「做個活潑無依閑道人，方不虛生浪死耳」與吳中淮相共勉（《全集》卷十二）。

## （二）、與佛教人物的交遊

龍溪近禪，是《明儒學案》以來學界的通常說法，但龍溪與禪宗人物的交往情況如何，則鮮見有專門的考察。❾

龍溪〈法華大意題詞〉中曾經提到與僧人月泉的交往，所謂：

> 予昔遊江浦，訪太虛故居，得此卷（《法華大意》）於石洞中，見其詞近而旨遠，意在捲去葛藤，欲人於言前直取向上一機，以悟為則，可謂全身領荷矣。因持歸出示月泉，月泉讀而珍之。（《全集》卷十五）

而在嘉靖三十三年辛亥（1551）秋，龍溪也曾與周怡等人到天池山訪問過月泉，並於當時作七言絕句四首。所謂「辛亥秋，予偕周順之、江叔源，訪月泉天池山中，出陽明先師手書〈答良知二偈〉卷，撫今懷昔，相對黯然，疊韻四絕，聊識感遇之意云。」（《全集》

---

❾ 海內外學界大概只有荒木見悟先生在其《明代思想研究》（東京：創文社，1988）和《陽明學の開展と佛教》（東京：研文社，1984）在討論陽明學者與佛教的關涉時有所涉及。

卷十八）這裏兩處提到的月泉，是指僧人法聚（1492-1563）。

　　法聚的生平見於徐渭〈玉芝大師法聚傳〉、蔡汝楠〈玉芝大師塔銘〉以及其他一些傳記資料，❿而《中國佛學人名辭典》整理得較爲簡明扼要：

> 法聚，（明）比丘。字玉芝，號月泉，嘉禾富氏子。少孤貧，資質慧敏，好讀書，每就寺僧借閱經卷，隔宿即還付。僧訝其速，聚爲背誦，一若舊熟。十四投資聖寺剃染入道。既受具，謁吉庵、法舟等俱不契。偶値王陽明，與語，疑情頓發，一日聞僧誦古案，不覺釋然，參天通顯於碧峰，蒙印可。遂隱居湖州天池，衲子聞名而至，漸成叢林。以嘉靖四十二年（1563）寂，壽七十二。有《玉芝內外集》。⓫

其中提到玉芝法聚曾受到陽明的啓發。事實上，根據法聚的傳記資料和相關文獻，法聚和陽明學派的許多人物都有往來。⓬

　　據蔡汝楠所記，嘉靖三十七年戊午（1558），玉芝法聚於天池舉辦法會，龍溪與蔡汝楠曾前往赴會：

> 嘉靖戊午暮春，玉芝禪德舉法會於天池，大集名僧，各爲偈言。余同龍溪王子過訪斯會，諸偈適成，余二人亦次韻爲

<hr>

❿　徐渭及蔡汝楠文見焦竑：《國朝獻徵錄》卷一百一十八。其他傳記資料見《稽古略續集》卷三、《續燈存稿》卷十、《五燈嚴統》卷二十三、《高僧摘要》卷一、《五燈會元續略》卷四上、《五燈全書》卷六十、錢謙益《列朝詩集閏集》以及《兩浙名賢錄》卷六十二，惟彼此互有重複。

⓫　（比丘）明復編：《中國佛學人名辭典》（臺北：方舟出版社，1974），頁220下-221上。

⓬　荒木見悟：〈禪僧玉芝法聚と陽明學派〉，《明代思想研究》，頁81-99。

偈。偈成，龍溪誦余偈曰：「但問黃梅五百眾，不知若個是
知音。」是知音者希也，因自誦曰：「何幸鍾期共禪席，高山
流水有知音。」余不覺爽然。蓋知音者希，何異乎可者與之
之指？乃若高山流水幸有知音，豈非容眾尊賢之盛心哉？於
是乎可以考見余與龍溪之用心矣。烏乎！禪客當機截流摯
電，豈不亦猶余輩各自表見者哉？宜並存之，庶令自考。玉
芝頗以余以為然，請題於卷首，次第錄之。（《自知堂集》卷十
五〈天池法會偈引〉）

此事龍溪集中無直接的說明文字與之相應，但龍溪集中有八首五言
絕句，也是龍溪訪玉芝法聚於龍南山居所作，所謂「八山居士閉關
雲門之麓，玉芝上人往扣，以偈相酬答。時龍溪道人偕浮峰子叔學
生訪上人於龍南山居，語次，出以相示，即席口占數語，呈八山與
玉芝共參之。」（《全集》卷十八）這顯然是龍溪與玉芝法聚的又一
次聚會。而由以上這些材料，足見龍溪與玉芝法聚所交非淺。

　　玉芝法聚雖然也是一位禪僧，但其在佛教界的影響及地位顯然
不及晚明四大師之首的雲棲袾宏。而正是這位被人稱為蓮宗八祖的
袾宏，❸其實也和龍溪有過接觸。對此，龍溪的〈興浦庵會語〉有所
記載：

　　陽和張子，訪蓮池沈子於興浦山房。因置榻圓中，共修靜
　　業。沈子蓋儒而逃禪者也。適世友王子泗源訪予山中，慕陽

---

❸　關於雲棲袾宏與晚明佛教的專門研究，參見 Chun-fang Yu, *The Renewal of
　　Buddhism in China: Chu-hung and the Late Ming Synthesis.* New York: Columbia
　　University Press, 1981.

和高誼，思得一晤。乃相與拉張子太華，放剡曲之舟，夜抵
浦下，與陽和相慰勞。扣關，蓮池出迓，坐丈室。錢子正
峰，亦在座中。泗源與蓮池舉禪家察與觀之旨相辨證。蓮池
謂須察念頭起處，泗源謂察念不離乎意，如滌穢器，須用清
水，若以穢水洗之，終不能淨。佛以見性爲宗，性與意根有
辨。若但察念，只在意根作活計，所謂泥裏洗土塊也。須用
觀行，如曹溪常以智慧觀照自性，乃究竟法。若專於察念，
止可初學覓路，非本原實用處也。蓮池謂察即觀也，察念始
不落空。不然，當成枯寂。泗源謂無觀始不免落無記空，若
覺觀常明，豈得枯寂？惟向意根察識，正墮虛妄生滅境界，
不可不慎也。辨久不決，陽和請爲折衷。予謂二子所見，本
不相戾，但各從重處舉揚，所以有落空之疑。譬之明鏡照
物，鏡體本明，而黑白自辨，此即觀以該察也。因黑白之
辨，而本體之明不虧，此即察以證觀也。但泗源一向看得觀
法重，謂天地之道貞觀者也。盥而不薦，有孚顒若，乃形容
觀法氣象，故曰觀天之神道，聖人以神道設教，即是以此觀
出教化也。西方奢摩陀三觀，乃觀中頓法，二十五輪，乃觀
中漸法。若無觀行，智慧終不廣大，只成弄精魂。然蓮池所
舉察念之説，亦不可忽。不察則觀無從入。皆良工苦心也。
以吾儒之學例之，察即誠意，觀即正心，所謂正者，只在意
根上體當，無有一毫固必之私，非有二也。（《全集》卷七）

這一篇文字記錄了興浦庵夜話中袾宏與王泗源二人有關禪宗「察」與
「觀」這兩個觀念的辯論以及龍溪對於此次辯論的評判與折衷。王泗
源認爲察念頭的工夫並不究竟，主張用觀行之法，直接在自性上用

功。袾宏則認為察念工夫本身便預設了對於自性的了悟，而工夫如果不從念頭的察識上著力，則不免落空。顯然，如果以致良知工夫作為參照的話，二人所持的不同立場非常類似於先天正心之學與後天誠意之學的差別。龍溪也正是借用「正心」與「誠意」這一對儒學的觀念來加以評判與仲裁的。有趣的是，如果我們將興浦庵夜話與天泉證道這兩個不同時空中的場景相比較的話，袾宏與王泗源在工夫論上的不同，無疑與天泉證道中的錢緒山和龍溪非常接近。而興浦庵夜話時龍溪的立場，也顯然相當於天泉證道時的王陽明。從興浦庵夜話中龍溪所持的立場來看，也再次說明對於龍溪的致良知工夫論來說，先天正心之學與後天誠意之學是彼此互相統一的。

〈興浦庵會語〉沒有指出興浦庵夜話的具體時間，單就龍溪的〈興浦庵會語〉本身來看，似乎也還不能確定其中龍溪所謂的「蓮池沈子」便是袾宏。不過，除了龍溪的這篇文字之外，興浦庵夜話的參與者之一張元忭所作〈贈蓮池上人〉詩以及詩前小序，給我們提供了進一步的證據：

> 蓮池本杭城沈氏少方伯洲之弟，弱冠有聲黌校，已而棄室家，祝髮為僧。是歲乙亥冬，吾邑興浦庵結禪期，延為首座。予因獲見之，嘉其超世之勇，而猶異其歸於正也，故遺之以詩。

> 羨爾三十遺世事，獨披破衲投空門。不容一髮為身累，難把二心與俗論。皓月孤懸自皎皎，黑風時作正昏昏。應知聖果圓成後，回道還酬罔極恩。（《張陽和先生不二齋文選》卷七）

袾宏俗姓沈，字佛慧，別號蓮池，浙江杭州人。幼習儒學，曾為諸生，屢試不第，嘉靖四十五年（1566）三十二歲時出家為僧，後雲遊四方，隆慶五年（1571）回到杭州五雲山結庵而居，題名「雲棲」，成為晚明佛教復興的重鎮。❹ 由此可見，興浦庵夜話中的沈蓮池就是袾宏。此外，據袾宏的生平傳記，袾宏隆慶五年結庵雲棲之後，一直居於該地，而興浦庵則在山陰境內。因此，龍溪與袾宏的興浦庵之會，很可能就是上面張元忭所記載袾宏以首座身份至興浦庵結禪期的這一次。事實上，在袾宏的文集中，有關興浦庵夜話的五首酬答詩（《山房雜錄》卷二）恰恰證實了這一點。其中，給張元忭的兩首次韻詩作〈山陰興浦庵次韻酬張陽和太史〉和〈張太史構山房見留再用前韻奉謝〉如下：

> 玉殿傳臚第一人，杖藜今到衲僧門。剡溪興在連宵宿，蓮社情多盡日論。定水淨除心地垢，慧燈高爇性天昏。一朝勘破香嚴缽，雙抱君恩與佛恩。

> 七尺籧篨百結鶉，安貧無事謁侯門。因過古寺酬先約，卻荷仙舟接素論。出岫閒雲難駐跡，埋塵寶鏡欲磨昏。青山且辟維摩室，他日從來謝此恩。

從這兩首詩的韻腳來看，顯然是次張元忭〈贈蓮池上人〉之韻，而另外三首〈興浦庵夜話用前韻寄王龍溪武部〉、〈興浦庵夜話用前韻寄王泗源〉以及〈興浦庵夜話用前韻寄張大華〉所涉及的人物，正是前

---

❹　袾宏生平見（一）、德清：《古杭雲棲禪院記》；（二）、廣潤：《雲棲本師行略》，俱收《雲棲法彙‧手著》第13冊（南京：金陵刻經處，1897）。

引龍溪〈興浦庵會語〉中的參與者，只不過龍溪〈興浦庵會語〉中提到的張太華，在祩宏〈興浦庵夜話用前韻寄張大華〉中作「張大華」，顯係刊刻問題所致。而龍溪〈興浦庵會語〉中王泗源與祩宏的觀察之辨，在祩宏的〈興浦庵夜話用前韻寄王泗源〉中也恰恰有所反映，所謂：

> 早結仙遊出塵世，又從庭訓入黌門。揚州夢斷瓊花興，海浦情牽貝葉論。攝念僅能收掉舉，體心方可破迷昏。修養止觀顏頊語，辜負天臺教主恩。

至於〈興浦庵夜話用前韻寄王龍溪武部〉，則表達了祩宏對作為前輩的龍溪的欽仰之意：

> 道學權衡正屬君，絳幃風動馬融門。三家古教隨緣說，二字良知極口論。靜力偏從忙裏得，壯懷不為老來昏。陽明洞水今方涸，霖雨蒼生莫負恩。

由以上材料可以斷定，興浦庵夜話發生在萬曆三年乙亥（1575）冬，當時龍溪七十八歲，祩宏四十歲。所謂「壯懷不為老來昏」，也表明龍溪當時已介高年，而「三家古教隨緣說，二字良知極口論」更反映出龍溪當時以良知教範圍三教的形象。只是祩宏那時雖已聲譽漸起，但法席隆盛，卻是萬曆中後期的事。因而在當時作為「三教宗盟」的龍溪看來，祩宏恐怕還只是位「儒而逃禪者」而已。

除了萬曆三年冬的興浦庵之會以外，龍溪與祩宏是否還有過其他場合的接觸與交往，現已難考。但是，僅就這一次有關觀察之辨的興浦庵夜話而言，已經在當時的學者圈中引發了討論。如興浦庵

夜話並不在場的鄧以讚（字汝德，號定宇，1542-1599），便在〈答張陽和〉書中提出了自己的意見：

> 所論沈蓮池，信烈丈夫也。以是斬釘削鐵之志，直宜一日千里矣。向泗源歸，聞有觀察之説。弟當時未得其詳，而故漫聽之。既讀會語，乃知當日如此紛紛矣。夫道無諍，諍乎哉？弟無知，豈敢復滋多口？但以二君觀察之辨爲剩，而龍溪先生性意之説未詳也。夫性者不思不勉，天之謂也；意者有識有知，人之謂也。彼其求覺者，果不落於思勉，則勿論觀也，即推求尋逐，皆性也，何則分別亦非意也，似不得獨以觀爲性也。倘其求覺者，或未離於知識，則勿論察也，即靈心絕待，皆意也，何則聖諦亦階級也，似不得獨以察爲意也。蓋觀察皆方便之門，但可以止兒啼，不問何葉也。性意則天人之分，即有以似楮葉，必非眞楮也。故以爲諸君不必辨觀察，而但在辨性意也。（《鄧定宇先生文集》卷二）

顯然，興浦庵夜話之後，王泗源、張元忭都曾經向鄧以讚談起過當時的討論。而此書之作，則是鄧以讚在讀過龍溪〈興浦庵會語〉之後對龍溪看法的補充。上引〈興浦庵會語〉中龍溪並未直接涉及所謂「性意之辨」的問題，但鄧以讚的信中卻提到龍溪有「性意之説」。由此可見，龍溪〈興浦庵會語〉尚未能反映興浦庵夜話的完整內容。而圍繞興浦庵夜話所提出問題展開的討論，無疑是當時陽明學者與佛教人士交往互動的一個典型例證。

　　除玉芝法聚和雲棲袾宏之外，據龍溪文集所載，龍溪曾經接觸過的禪僧還有葦航、小達磨、風自然等人。葦航是杭州虎跑寺的僧

人，龍溪、張元忭、許孚遠曾在葦航講《華嚴鈔》時往聽，龍溪還作〈葦航卷題辭〉贈於葦航（《全集》卷十五）。小達磨、風自然則是萬表（字民望，號鹿園，1498-1566）供奉的兩個僧人，龍溪曾與之鬥機鋒，這在龍溪所作〈驃騎將軍南京中軍都督府僉事前奉敕提督漕運鎮守淮安地方總兵官鹿園萬公行狀〉中有過描述：

> 君（萬表）於外方禪衲，素所尊禮者爲小達磨、風自然二人，余皆及見之。達磨嘗謂：「金鱗脫網，離不得水。」予訝曰：「還有這個在？果能飛騰變化，何論離與不離乎？」一日自然顚躍放歌跳舞，縱口罵人，若狂若癡。予戲曰：「好個禪定頭陀。」已而忽收膝枯坐若木偶人，復戲曰：「何作此散亂伎倆耶？」君聞之笑曰：「龍溪饒舌。」吾於達磨表行，於自然表智，皆吾助道資糧也。（《全集》卷二十）

王陽明三十二歲時往來於南屏、虎跑諸刹，曾遇一僧。該僧坐關三年不語不視，陽明喝之曰：「這和尚終日口巴巴說甚麼？終日眼睜睜看甚麼？」（《王陽明年譜》弘治十五年條下）龍溪對風自然所語，可謂陽明此舉之重演，二者都是借用了禪宗詭辭爲用的慣用方法。當然，就像陽明雖以禪宗的方式，卻達到了奉勸那位僧人回家奉養老母的目的一樣，龍溪運用禪宗慣用的表達方式，還並不能表示龍溪在思想上倒向了禪宗。

## （三）、道教法門的修煉

除了與佛道二教人物的交遊之外，龍溪還實踐過道教的修煉法

門。到明代時，雖然佛教也早已有了自己的許多實踐法門，但就身體的修煉或者養生來說，佛教這方面的內容有相當部分是取自道教。❺明代的儒者在涉及與養生有關的身體修煉時，也主要是和道教發生關涉。

前面提到龍溪曾與羅念庵一道至黃陂隨方與時習靜，無疑是龍溪修煉道教法門的一例。此外，龍溪早年因久婚不育，還曾習煉過道教的法門以達到繁衍子嗣的目的。龍溪在所作〈亡室純懿張氏安人哀辭〉一文中說：

> 安人成婚十年不育，乃爲置妾。又七八年無就館之期。安人憂苦，幾成鬱疾。予偶受異人口訣，得其氤氳生化之機。萬物異類，與人皆然。施有度，受有期，氤氳有候。須賴黃婆入室，調和通諭，始中肯綮。予歸密語安人，欣然任之。如法練習，十餘年間，連舉八九子，或墮或傷，即禎兒與今斌、吉是也。人謂安人未嘗有子，安人笑曰：「淺哉見！螽斯百男，後妃一身，豈能自致？」惟其普惠於眾，故眾妾之子，皆其所生，一體之愛，未嘗有彼此之間也。（《全集》卷二十）

---

❺ 根據福永光司的研究，佛教由六朝以迄隋唐，重「理」不重「氣」，正是在與道教的互動過程中，佛教在實踐的層面上頗採道教胎息服氣、吐納導引等煉氣之術以及與服氣相關的醫學內容。參見福永光司：〈佛道儒三教交涉記おける「氣」の思想〉，《道教思想史研究》（東京：岩波書店，1987）。不過，印度本有瑜珈一類與控制呼吸相關的身體修煉方法，佛教密宗的修證更是有一套與身體修煉直接相關的實踐方法。因此，也不能籠統地說佛教中此類法門全然取自道教。福永光司所論，或僅就東土佛教並且是顯教而言。

「黃婆」一詞，在道教內丹法中通常是指脾內的分泌物，如《參同契注》所謂「脾內涎」。❶而在道教男女雙修之法中，黃婆則是指雙修時充任護法的同志、伴侶。如《三丰丹訣》第二篇〈金丹節要·玉液煉己篇〉中「擇侶同修」條所謂：

> 必擇同心之侶，爲生死之交。秉性純和，忠孝友悌，扶持丹室，勤勞不倦，朝夕防危。恐臨爐有失。一得丹時，如醉如癡，全在侶伴黃婆小心調護，否則生殺之機頃刻矣。❶

顯然，龍溪文中所謂以張安人充任「黃婆」，「如法練習，十餘年間，連舉八九子」，是指道教雙修法的實踐。對於道教的男女雙修而言，「黃婆」不是指女性修煉方，而是男女修煉雙方之外的「第三者」，其職能是對雙修過程中的修煉者加以監督調護，防止修煉者因產生淫欲之念行爲過度而損傷身體。既然「黃婆」必須「秉性純和，忠孝友悌，扶持丹室，勤勞不倦，朝夕防危」，在傳統的一夫多妻制度下，龍溪以夫人張氏爲「黃婆」，由妾生子，自然是再合適不過的了。

　　古代道教的雙修法，是通過男女之間的性行爲而體內結丹並最終成就神仙之身的實踐方法。雙修與房中術有關，二者都涉及到性行爲。但雙修又不同於房中術，因爲後者雖然也包含一整套身體保健的方法，但那些方法更多地服務於獲得性行爲的愉悅這一目的；

---

❶ 也有不同的意見，如（清）《道養初秉忠書》卷一〈問答四〉所謂：「黃者，中之色；黃婆者，母之稱。萬物生於土，土乃萬物之母，故曰黃婆。人之胎意是也。或謂脾神爲黃婆者，非也。」

❶ 《三丰丹訣》見（清）傅金銓輯：《證道秘書》第八冊。《證道秘書》共三篇，分別爲〈張三丰傳〉、〈金丹節要〉和〈采眞機要〉。

前者則相反,雖然也包含一整套有關性行為的方法,但性行為以及性行為過程中身體的愉悅感本身並非終極目標,只是達到體內結丹並成就神仙之身這一終極目標的途徑和方式而已。儘管房中術也常常宣稱其目標是採陰補陽,通過煉精化氣以成內丹,並不是要追求性行為的愉悅。但將兩性中的對方異化為採藥的工具,既有違「陰陽合德」的宇宙秩序與道德法則,「煉精」所化之「氣」也只能是後天的濁氣,無法獲得先天的真一之氣。雙修派就此對房中術的理論基礎提出質疑與批評,所謂「若人以人補人,則人身皆屬陰,以陰補陰,以牝雞自卵,其體不全,安得合陰陽交媾之妙?安能得先天之氣凝結為丹?」⓲ 清修派則更是痛斥房中術為「旁門」、「邪法」,所謂「妄將禦女三峰術,偽作軒轅九鼎奇。個樣畜生難懺悔,閻公不久牒來追。」⓳ 因此,雙修之法強調性行為過程中要保持不起邪念,不沈迷於身體的感官愉悅。對此,上引所謂「一得丹時,如醉如癡,全在侶伴黃婆小心調護,否則生殺之機頃刻矣」,雖已有所透露,但說得還不十分明確,趙兩弼曾明白指出:

> 凡採藥之時,即有靈官執鞭監察護持。如一心行道,便能得藥成仙;若淫念一起,便為地獄種子,立墮三途惡趣,滅迹分形,可不慎歟?(《玄微心印》卷二〈築基第三〉)

當然,在男女雙修中保持意識的真純而不以淫欲為念,需要具備嚴格的身心條件,並不具有普適性,由雙修流入房中者,歷史上亦司

---

⓲　見《紫陽真人悟真篇註疏》,洪丕謨編:《道藏氣功要集》(上)(上海書店,1991),頁159。

⓳　李道純:《中和集》卷九〈詩集〉「詠真樂」之九。

空見慣。

　　雙修之法目的是採藥結丹以成神仙之體，並不是繁衍子嗣。但由於其著眼於自然生命的「氤氳生化之機」，不免在一定程度上對人類生育的規律和機制有所觸及，因而可以在繁衍子嗣方面提供一定的幫助。龍溪在「如法練習」之後，「十餘年間，連舉八九子」，說明異人所授之法具有相當程度的有效性。至於龍溪所遇傳授其口訣的異人究竟是誰，如今雖已不得而知，但無疑是位精通雙修之法的道教人士。

　　除了為求子嗣而曾經修習道教的雙修之法外，龍溪或許還精於調息之法。黃宗羲在〈汪魏美先生墓誌銘〉中曾如此描述汪氏：

> 魏美不入城市，不設伴侶，始在孤山，尋遷大慈庵。匡床布被之外，殘書數卷。鎖門而出，或返或不返，莫可蹤迹。相遇好友，飲酒一鬥不醉，氣象蕭灑，塵世了不關懷，然夜觀乾象，晝習壬遁。余丁酉遇之孤山，頗講龍溪調息之法，各賦三詩契勘。❷⓪

汪氏是位遁迹山林的隱士，修煉道教法術，所謂「不入城市，不設伴侶」，「夜觀乾象，晝習壬遁」。而由汪氏「頗講龍溪調息之法」並與黃宗羲互相賦詩印證彼此的修煉工夫來看，龍溪的調息之法居然還有流傳影響。事實上，龍溪的確有一篇名為〈調息法〉的文字。不過，從整篇〈調息法〉的內容來看，龍溪所謂的調息雖然脫胎於道教的內丹學，但其最後的歸趣卻並不以調息本身為究竟，而是將調

---

❷⓪　黃宗羲：《黃宗羲全集》第十冊(杭州：浙江古籍出版社，1992)，頁382。

息之法納入到致良知的工夫之中。況且,龍溪對於「息」的涵義,更有其良知教立場的特殊規定。這一點,我們在後面將會有專門的討論。

以上,我們考察了龍溪與佛道二教的因緣,這也是龍溪以及中晚明陽明學研究的題中之義。但是,無論是道教法門的修煉還是與佛道二教人物的交遊,儘管可以說明龍溪對佛道二教的涉入之深,說明佛道二教對於龍溪的思想而言構成不可或缺的相關因素,但作為外緣,尚不足以決定佛道二教的思想在龍溪的整個思想系統中究竟扮演什麼樣的角色。換言之,佛道二教對龍溪思想究竟產生了何種意義的影響,龍溪究竟是如何將佛道二教容納到良知教系統之中的,還需要我們仔細檢討並分析龍溪對佛道二教的基本態度以及對佛道二教觀念與命題的具體詮釋方可確定。

# 二、龍溪的三教觀與自我認同

對三教關係的不同看法和態度,直接塑造了不同儒家學者互不相同的思想形態和行為表達。在檢討龍溪對佛道二教一些思想的具體詮釋之前,我們將首先考察龍溪的三教觀與自我認同,由之可見龍溪對佛道二教的基本態度。

## (一)、三教觀

王陽明對於三教關係的基本看法,對於龍溪有直接的影響。而陽明的三教觀,鮮明地反映在他「三間屋舍」的比喻上。嘉靖二年

癸未（1523）十一月，陽明渡錢塘至蕭山，張元沖（字叔謙，號浮峰，1502-1563）在舟中論二氏，認為其「有得於性命」、「有功於吾身」，儒學可以「兼取」。這種吸收二氏的看法在嚴守正統與異端之辨的儒者看來已經有問題，但在陽明看來還不夠。陽明說：

> 說兼取，便不是。聖人盡性至命，何物不備？何待兼取？二氏之用，皆我之用。即吾盡性至命中完養此身謂之仙；即吾盡性至命中不染世累謂之佛。但後世儒者不見聖學之全，故與二氏成二見耳。譬之廳堂三間共爲一廳，儒者不知皆吾所用，見佛氏，則割左邊一間與之；見老氏，則割右邊一間與之；而己則自處中間，皆舉一而廢百也。聖人與天地民物同體，儒、佛、老、莊皆吾之用，是之謂大道。（《年譜》「嘉靖二年十一月」條下）

同樣的比喻，在朱得之所錄《稽山承語》中，面對「三教同異」之問，陽明講得更明確：

> 或問：「三教同異。」師曰：「道大無外。若曰各道其道，是小其道矣。心學純明之時，天下同風，各求自盡。就如此廳事，元是統成一間。其後子孫分居，便有中有傍。又傳漸設藩籬，猶能往來相助。再久來漸有相較相爭，甚而至於相敵。其初只是一家，去其藩籬仍舊是一家。三教之分亦只似此。」❹

---

❹ 見（一）陳來等：〈關於《遺言錄》、《稽山承語》與王陽明語錄佚文〉，《清華漢學研究》第一輯，頁 189；（二）、《中國文哲通訊》第八卷第三期，頁 62。

顯然，無論對道家思想還是佛道二教，陽明都是採取一種相容並包的態度。所謂「道大無外」、「二氏之用，皆我之用」，更反映出陽明力圖在一個更高的起點上將佛道二教合理地容納到儒家思想之中。而在繼承了這一基本精神方向的基礎上，龍溪對佛道二教的融攝更為自覺和深入。

龍溪的三教觀，在與許多學者相與問答的講會活動中都屢有表達，也經常有學者詢問龍溪對佛道二教的看法。而龍溪有關三教問題的基本思想，集中反映在〈三教堂記〉這篇文字中：

> 三教之說，其來尚矣。老氏曰虛，聖人之學亦曰虛；佛氏曰寂，聖人之學亦曰寂，孰從而辨之？世之儒者，不揭其本，類以二氏爲異端，亦未爲通論也。春秋之時，佛氏未入中國，老氏見周末文勝，思反其本，以禮爲忠信之薄，亦孔子從先進之意。孔子且適周而問之，曰吾聞之老聃云，未嘗以爲異也。象山云：「吾儒自有異端。凡不循本緒，求藉於外者，皆異端也」。孔子曰：「吾有知乎哉？無知也。」言良知本無知也。「鄙夫問於我，空空如也。」空空即虛寂之謂。顏子善學孔子，其曰「庶乎屢空」，蓋深許之也。漢之儒者，以儀文度數爲學，昧其所謂空空之旨。佛氏始入中國，主持世教，思易五濁而還之淳。圓修三德，六度萬行，攝諸一念。空性常顯，一切聖凡差別，特其權乘耳。泊其末也，盡欲棄去禮法，蕩然淪於虛無寂滅，謂之沈空，乃不善學者之過，非其始教使然也。人受天地之中以生，均有恒性，初未嘗以某爲儒、某爲老、某爲佛而分授也。良知者，性之靈，以天地萬物爲一體，範圍三教之樞。不徇典要，不涉思爲。虛實

相生而非無也；寂感相乘而非滅也。與百姓同其好惡，不離倫物感應，而聖功微焉。學佛老者，苟能以復性爲宗，不淪於幻妄，是即道釋之儒也；爲吾儒者，自私用智，不能普物而明宗，則亦儒之異端而已。毫釐之辨，其機甚微。吾儒之學明，二氏始有所證。須得其髓，非言思可得而測也。（《全集》卷十七）

龍溪這篇總論三教的文字，主要包涵三方面的內容。第一，虛寂的思想並非佛道兩家的專屬，同時也是儒學的內在向度；第二，正統與異端的區分並不絕對地限於儒學與佛道兩家之間；第三，三教同源，以道觀之，本無儒釋道之分，而良知貫通虛實有無，爲「範圍三教之樞」。其中，第三點是龍溪三教觀的基礎與核心思想，前兩點則是在第三點基礎上的進一步展開，反映了在三教關係上龍溪對待佛道兩家的基本態度。下面，我們就以龍溪這篇總論三教的文字爲基礎，再結合其他的材料，對龍溪三教觀的主要內容進行較爲詳細的考察。

龍溪三教觀的核心思想，可以說是儒家本位的三教一源論。所謂「人受天地之中以生，均有恒性，初未嘗以某爲儒、某爲老、某爲佛而分授也。良知者，性之靈，以天地萬物爲一體，範圍三教之樞。」正是其三教觀核心思想的表述。在這兩句話中，如果說前一句反映了龍溪三教一源觀點的話，後一句則說明龍溪並非泛泛而言三教一源，而是在三教一源的主張中仍然有其歸宗與本位，認爲良知教其實可以將佛道兩家包容在內。對此，龍溪有一段話可以提供更爲明確與詳細的說明。

在嘉靖三十六年丁巳（1557）龍溪與王愼中的三山石雲館第之會

中，有人向龍溪提出了這樣的看法，所謂「佛氏雖不免有偏，然論心性甚精妙，乃是形而上一截理；吾人敘正人倫，未免連形而下發揮。然心性之學沈埋既久，一時難為超脫，借路悟入，未必非此學之助。」龍溪不以為然，作出了如下的回應：

> 此說似是而實非。本無上下兩截之分。吾儒未嘗不說虛，不說寂，不說微，不說密。此是千聖相傳之密藏，從此悟入，乃是範圍三教之宗。自聖學不明，後儒反將千聖精義讓與佛氏，才涉空寂，便以為異學，不肯承當。不知佛氏所說，本是吾儒大路，反欲借路而入，亦可哀也。夫仙佛二氏，皆是出世之學。佛氏雖後世始入中國，唐虞之時，所謂巢許之流，即其宗派。唐虞之時，聖學明，巢許在山中，如木石一般，任其自生自化，乃是堯舜一體中所養之物。蓋世間自有一種清虛恬淡、不耐事之人，雖堯舜亦不以相強。只因聖學不明，漢之儒者，強說道理，泥於刑名格式，執為典要，失其變動周流之性體，反被二氏點檢訾議，敢於主張做大。吾儒不悟本來自有家當，反甘心讓之，尤可哀也矣。先師嘗有屋舍三間之喻，唐虞之時，此三間屋舍原是本有家當，巢許輩皆其守舍之人。及至後世，聖學做主不起，僅守其中一間，將左右兩間甘心讓與二氏。及吾儒之學日衰，二氏之學日熾，甘心自謂不如，反欲假借存活。泊其後來，連其中一間岌岌乎有不能自存之勢，反將從而歸依之，漸至失其家業而不自覺。吾儒今日之事，何以異此？間有豪傑之士不忍甘心於自失，欲行主張正學以排斥二氏為己任，不能探本入微，務於內修，徒欲號召名義，以氣魄勝之，只足以增二氏

檢議耳。先師良知之學，乃三教之靈樞，於此悟入，不以一毫知識參乎其間，彼將帖然歸化，所謂經正而邪慝自無，非可以口舌爭也。（《全集》卷一〈三山麗澤錄〉）

由此可見，龍溪雖然認為從發生學的角度來看，儒釋道三教之名均屬後起，三教可以說都是人之恒性的某種表現，在這個意義上可謂三教一源。但其實儒家本來可以表現恒性之全，像巢許之流所代表的那種清虛恬淡的精神氣質，原本也非佛道兩家所獨有，而是「堯舜一體中所養之物」，是儒家內在的一個精神向度。這和前引陽明所謂：「說兼取，便不是。聖人盡性至命，何物不備？何待兼取？二氏之用，皆我之用。即吾盡性至命中完養此身謂之仙；即吾盡性至命中不染世累謂之佛。但後世儒者不見聖學之全，故與二氏成二見耳。」是完全一致的。因此，儘管漢儒將這種精神氣質失落，使後世的儒者自甘得恒性之一偏，但要真正「不忍甘心於自失」，卻並不能像「豪傑之士」那樣對佛道兩家採取簡單排斥的態度，所謂「徒欲號召名義，以氣魄勝之」，否則必不能「見聖學之全」，而是要「探本入微，務於內修」，充分吸收佛道兩家在心靈境界上無執不滯的智慧，以激發拓展儒家內在相應的精神氣質，如此才能恢復儒家三間屋舍的本來面貌。

在萬曆元年癸酉（1573）的南譙書院之會中，陸光祖也曾向龍溪詢問二氏之學，龍溪的回答是：

二氏之學，與吾儒異，然與吾儒並傳而不廢，蓋亦有道在焉。均是心也，佛氏從父母交媾時提出，故曰父母未生前，曰一絲不挂，而其事曰明心見性；道家從出胎時提出，故曰

力地一聲，泰山失足，一靈眞性既立，而胎息已忘，而其事
日修心煉性；吾儒卻從孩提時提出，故曰孩提知愛知敬，不
學不慮，曰大人不失其赤子之心，而其事曰存心養性。夫以
未生時看心，是佛氏超頓還虛之學；以出胎時看心，是道家
煉精氣神以求還虛之學。良知兩字，範圍三教之宗。良知之
凝聚爲精，流行爲氣，妙用爲神，無三可住。良知即虛，無
一可還。此所以爲聖人之學。（《全集》卷七〈南遊會紀〉）

龍溪對佛道二教觀念與命題的判攝與融通，我們後面會有具體的探
討，但這裏所謂「良知之凝聚為精，流行為氣，妙用為神，無三可
住。良知即虛，無一可還。此所以為聖人之學。」已經進一步說明
了龍溪認為良知教可以將佛道二教容攝在內，所謂「良知兩字，範
圍三教之宗」。龍溪弟子查鐸（字子警，號毅齋，1516-1589）「嘗有
養生之好」，當他悟到致良知之學可收養生之效，並向龍溪表示今
後只從致良知之學上「尋討究證，更不踏兩家船」時，龍溪回答
說：「如此行持，猶屬對法，豈能歸一得來？須信人生宇宙間，只
有此一船，更無剩欠。」（《全集》卷十六〈書查子警卷〉）這和陽明
甚至對儒學可以「兼取」佛道兩家的說法都不以為然的態度是完全
一致的。而正是龍溪的這種看法，決定了他在與佛道兩家的互動過
程中採取的是以良知教融攝、範圍後者的方式。也正是在這個意義
上，我們說龍溪的三教一源論是儒家本位或良知教立場的。

　　我們在第二章討論龍溪良知觀的有無二重性以及在第四章考察
龍溪的四無論時便已看到，龍溪強調良知心體之「無」與「無善無
惡」，是要彰顯良知心體無執不滯的境界論向度。而這一點，可以
說是龍溪將佛道二教在心靈境界方面空無虛寂的主體性智慧充分容

納到儒家思想系統之中的結果和表現。當然，龍溪並非被動的吸收，而是主動自覺地融攝，正如以上引文所謂：「吾儒未嘗不說虛，不說寂，不說微，不說密。此是千聖相傳之密藏，從此悟入，乃是範圍三教之宗。自聖學不明，後儒反將千聖精義讓與佛氏，才涉空寂，便以為異學，不肯承當。不知佛氏所說，本是吾儒大路」。在龍溪看來，空無虛寂的心靈境界本來並非佛道二教的專利，儒學傳統本身便有這方面的內在資源。

在萬曆元年癸酉（1573）的南譙書院之會上，龍溪更是明確指出：

> 人心本來虛寂，原是入聖真路頭。虛寂之旨，羲皇姬孔相傳之學脈，儒得之以為儒，禪得之以為禪，固非有所借而慕，亦非有所托而逃也。（《全集》卷七〈南遊會紀〉）

另外，龍溪有〈南譙書院與諸生論學感懷次巾石兄韻〉一首，也表達了同樣的意思。該詩也是作於南譙書院講會之時，但應當是嘉靖三十二年癸丑（1553）的那一次南譙書院之會。因為是年龍溪赴會南譙途經滁陽時，曾與呂懷（字汝德，號巾石，1492-？）聚會紫薇泉下陽明新祠，❷ 而萬曆元年南譙之會時則並無呂懷參加。該詩云：

> 吾心本自靜，弗為欲所侵。師門兩字訣，為我受金針。學慮非學慮，致虛以立本。如水濬其源，沛然成滾滾。靜虛亦非禪，盎然出天稟。虛實動靜間，萬化以為準。（《全集》卷十八）

---

❷　參見本書附錄一：〈王龍溪先生年譜〉「嘉靖三十二年癸丑」條下。

「人心本來虛寂」、「吾心本自靜」，無疑反映出龍溪認為虛寂是人心源初的屬性，而不是禪學的專利，所謂「靜虛亦非禪」。這當然是龍溪立足儒家而與佛道二教深入互動的結果，而另一方面，突出良知心體空無虛寂的屬性，也是龍溪這樣的陽明學者批判當時異化為知解之學的朱子學的表現。正如龍溪在〈宿武夷宮〉一詩中所謂：「道本虛無非異學，知從見解始多門。紫陽香火千年在，義利源頭仔細分。」（《全集》卷十八）

龍溪反對將空無虛寂作為佛老專利而將其充分融攝到儒家思想的系統內部，其方式是通過自己的詮釋，在儒家思想的經典中和源頭處尋找空無虛寂的思想要素。嘉靖四十三年甲子（1564），耿定向在宜興曾向龍溪詢問過佛老虛無之旨與儒學的同異：

> 楚侗子問：「老佛虛無之旨與吾儒之學同異如何？」先生（龍溪）曰：先師有言：『老氏說到虛，聖人豈能於虛上加得一毫實？佛氏說到無，聖人豈能於無上加得一毫有？老氏從養生上來，佛氏從出離生死上來，卻在本體上加了些子意思，便不是他虛無的本色。』吾人今日，未用屑屑在二氏身份上辨別同異，先須理會吾儒本宗明白，二氏之毫釐，始可得而辨耳。聖人微言，見於大《易》，學者多從陰陽造化上抹過，未之深究。夫乾，其靜也專，其動也直，是以大生焉；夫坤，其靜也翕，其動也辟，是以廣生焉，便是吾儒說虛的精髓。無思也，無爲也，寂然不動，感而遂通天下之故，便是吾儒說無的精髓。（《全集》卷四〈東遊會語〉）

這裏，龍溪是通過對《易傳》的詮釋，來闡發其中空無虛寂的思

想。如此，儒家空無虛寂的思想便具有了經典上的依據。而在上引〈三教堂記〉中，龍溪所謂：「孔子曰：『吾有知乎哉？無知也。』言良知本無知也。『鄙夫問於我，空空如也。』空空即虛寂之謂也。顏子善學孔子，其曰『庶乎屢空』，蓋深許之也。」便是在尋求《論語》這一經典支援的同時，論證在孔子思想中已經具有了空無虛寂的因素。而萬曆元年南譙之會上所謂「虛寂之旨，羲皇姬孔相傳之學脈」，更是將空無虛寂的思想要素上溯到孔子之前，使之具備一種「古已有之」的歷史合法性。就此而言，可以說龍溪試圖為儒家建構一種空無虛寂的歷史傳統。這一點，在後來圍繞「無善無惡心之體」的「九諦」、「九解」之辨中，為周海門所繼承並發揮。

　　由於虛寂被視為佛道兩家思想的根本特徵，龍溪不以虛寂思想為非，並認為虛寂是儒學的內在向度，便必然要涉及到儒學傳統的正統與異端之辨。因為至少自北宋理學興起以來，對大部分理學家而言，儒學與佛道二教的關係在一定意義上也可以說就是正統與異端的關係。儒學與佛道兩家之間的正統與異端之辨，也可以說是貫穿理學思想發展的基本線索之一。但是，自陽明學興起以來，相對於佛道兩家，儘管以儒學為正統的基調在儒者當中並未改變，但以陽明學者為代表的相當一部分儒家學者，在吸收佛道兩家思想並批判以僵化了的朱子學為象徵符號的世俗儒學的過程中，將異端的所指開始由佛道兩家向功利世俗化了的儒學扭轉，從而使傳統的正統與異端之辨在中晚明顯示了新的動向。這一點，我們在第七章探討中晚明的陽明學與三教融合時再專門討論。這裏，我們首先考察龍溪對該問題的看法。龍溪有關正統與異端之辨的論說不僅是其三教

觀的重要組成部分，在中晚明的陽明學者中也具有相當的代表性。

　　將佛道兩家斥為異端的保守立場，在陽明處已經有明顯的鬆動。陽明在〈別湛甘泉序〉中指出：

> 今世學者，皆知宗孔、孟，賤楊墨，擯釋老，聖人之道，若大明於世。然吾從而求之聖人不得而見之矣。其能有若墨氏之兼愛者乎？其能有若楊氏之有我者乎？其能有若老氏之清淨自守、釋氏之究心性命者乎？吾何以楊、墨、老、釋之思哉？彼於聖人之道異，然猶有自得也。而世之學者，章繪句琢以誇俗，詭心色取，相飾以偽，謂聖人之道勞苦無功，非復人之所可為，而徒取辨於言辭之文；古之人有終身不能究者，今吾皆能言其略，自以為若是亦足矣，而聖人之學遂廢。則今之所大患者，豈非記誦辭章之習！而弊之所從來，無亦言之太詳、析之太精者之過歟？夫楊、墨、老、釋，學仁義，求性命，不得其道而偏焉，固非若今之學者以仁義為不可學，性命之為無益也。居今之時而有學仁義，求性命，外記誦辭章而不為者，雖其陷於楊墨老氏之偏，吾猶且以為賢，彼其心猶求以自得也。夫求以自得，而後可與之言學聖人之道。❷

雖然此文作於正德七年壬申（1512），但其中對佛道兩家的肯定與容納以及對世俗功利化了的儒學的批判，提倡自得之學，在陽明的整個思想中可謂是一以貫之的。因此，當有人問異端時，陽明並不

---

❷ 《王陽明全集》，頁230-231。

像以往大多數傳統的儒者那樣指向佛道，而是回答說：「與愚夫愚婦同的，是謂同德；與愚夫愚婦異的，是謂異端。」(《傳習錄下》)當然，在肯定與容納的同時，陽明仍然以佛道兩家為「不得其道而偏」。龍溪則進一步提出「吾儒自有異端」的說法，明確將異端的矛頭由佛道兩家轉向了世儒俗學。

在嘉靖三十六年丁巳（1557）的三山石雲館第之會中，龍溪也曾與王慎中討論過有關異端的問題，龍溪指出：

> 異端之説，見於孔氏之書。當時佛氏未入中國，其於老氏尚往問禮，而有猶龍之歎。莊子宗老而任狂，非可以異端名也。吾儒之學，自有異端。至於佛氏之學，遺棄物理，究心虛寂，始失於誕。然今日所病，卻不在此，惟在俗耳。(《全集》卷一〈三山麗澤錄〉)

陸象山曾經表達過他對「異端」的看法，所謂：「今世儒者類指佛老為異端。孔子曰：『攻乎異端』。孔子時，佛教未入中國，雖有老子，其說未著，卻指那個為異端？蓋異字與同字為對。雖同師堯舜，而所學異緒，與堯舜不同，此所以為異端也。」❷❹前引龍溪〈三教堂記〉中所謂「吾儒自有異端。凡不循本緒，求藉於外者，皆異端也」，即是點明象山之意。而在此基礎上指出：「學佛老者，苟能以復性為宗，不淪於幻妄，是即道釋之儒也；為吾儒者，自私用智，不能普物而明宗，則亦儒之異端而已。」則說明龍溪認為正統與異

---

❷❹　陸九淵：《陸九淵集》，頁423。按：象山集中語錄部分共有兩處論及異端，除此之外，尚見頁402，然兩處文字雖略有差異，其旨則同。

端之辨並不絕對限於儒學與佛道二教之間。這裏「吾儒之學，自有異端」的說法，顯然與此正相呼應。至於龍溪在兩處均舉孔子問禮於老聃的典故，也無非是要在孔子那裏為容納講究虛寂的道家思想這一做法尋找合法性的依據。當然，龍溪將異化為功利俗學的儒學批判為「儒之異端」，並在極大程度上表示了對佛道兩家的欣賞與肯定，並不意味著根本改變了儒家傳統以佛道為異端的基本看法。如果一定要在儒釋道三家之間作出正統與異端的基本分判，龍溪顯然還是會將佛道兩家歸為異端，這是由龍溪的儒家身份和自我認同所決定的。將批判異端的重點轉移到世儒的功利俗學，既有陽明學對抗僵化、異化了的朱子學並吸收佛道兩家在心靈境界上的超越智慧這一思想史自身發展的內在因素，同時也是儒家道德理想主義對當時商品經濟發展導致貪欲、奢靡、奔競等等功利之風席捲天下的必然回應。

就龍溪的三教觀而言，不以虛寂為佛道兩家的專利並試圖建構儒家傳統的虛寂觀，以及將以往正統與異端之辨的矛頭轉向世儒的功利俗學，無疑基於其儒家本位的三教一源論這一基本立場與核心內容。而所謂儒家本位，除了表現在龍溪認為儒家本來具有佛道兩家虛寂的精神境界而以良知為「範圍三教之宗」之外，還反映在龍溪融合三教過程中的自我認同之中。當然，如果我們對三教觀採取廣義的看法，則龍溪的自我認同也未嘗不可以作為其三教觀的組成部分。

## （二）、自我認同

　　龍溪雖然認為「二氏之學，與吾儒異，然與吾儒並傳而不廢，蓋亦有道在焉」，對佛道兩家表現出了最大限度的肯定與容納。但龍溪同時也對儒學與佛道兩家的根本區別，進行了根源性的探究。正是由於龍溪與佛道兩家的深入交涉以及對佛道兩家的充分肯定，才使得龍溪對儒學與佛道兩家的毫釐之辨，達到了儒學傳統中幾乎前所未有的精微程度。而龍溪的自我認同，也正是建立在這種毫釐之辨的基礎之上。

　　以往儒者對佛道兩家的批判，有一個從針對佛道兩家所帶來的社會問題到其思想理論本身的逐漸深化的過程。無論角度的不同，一個基本的看法是以出世與入世之學來分判佛道兩家與儒學，認為佛道兩家以虛寂為宗旨，於人倫日用處多不顧及，缺乏社會性的責任意識與相應的承擔。但是，隨著唐宋之際禪佛教和新道教的興起與發展，佛道兩家越來越強化了世俗的取向，對社會倫理不斷給予肯定與重視。而儒家在與佛道兩家的交往互動過程中，也相應的不斷彰顯其超越的向度。在這種儒釋道三教日益交融的情況下，再簡單地以入世與出世的兩分法將儒學與佛道兩家各置一端，便無法全面與深入地在儒學與佛道兩家之間作出明確的區分。龍溪清楚地看到並指出了這一點，他在〈書陳中閣卷〉中說道：

　　吾儒與二氏之學不同，特毫髮間，須從源頭上理會，骨髓上尋究，方得相應，非見解言說可得而辨也。念庵子謂二氏之學起於主靜，似矣。但謂釋主空明，老主斂聚，其於真性，咸有斷絕，恐未足以服釋老之心。斷滅種性，二乘禪與下品養生之術，或誠有之，釋老尚指為外道。釋老主靜之旨，空明未嘗不普照，斂聚未嘗不充周。無住而生其心，原未嘗惡

六塵；並作而觀復，原未嘗離萬物。(《全集》卷十六)

這裏，龍溪首先指出，簡單地認為佛道兩家由於主張空明斂聚而斷絕真性，並不是對佛道兩家全面與深入的瞭解，因而「恐未足以服釋老之心」。那種完全捨棄社會倫理、斷滅種性的主張與做法，作為「二乘禪與下品養生之術」，在佛道兩家內部也不過是受到批判和否定的所謂「外道」。佛道兩家的「主靜之旨」，其實是「空明未嘗不普照，斂聚未嘗不充周」，換言之，就是在保持空無虛寂、無執不滯的心靈境界的同時，並不全然捨棄人倫日用以及應當承擔的社會責任與義務。「無住而生其心」是《金剛經》中「應無所住而生其心」的簡稱，「並作而觀復」是《老子》中「萬物並作，吾以觀復」(十六章)的略寫。而龍溪所謂「無住而生其心，原未嘗惡六塵；並作而觀復，原未嘗離萬物」，正是要說明並不能簡單地認為佛道兩家是完全不講入世的出世之學。

　　但是，如果說佛道兩家「未嘗惡六塵」、「未嘗離萬物」，既空明又普照，既斂聚又充周，並未放棄人的社會性，那麼，儒學與佛道兩家的區別又在何處呢？還是否能用入世與出世這一對概念來把握儒學與佛道兩家在價值取向上的基本差異呢？

　　在萬曆元年癸酉（1573）滁陽陽明新祠的聚會中，李漸庵曾向龍溪扣問「儒與佛同異之旨」，龍溪的回答是：

　　　人受天地之中以生，所謂性也。良知者，性之靈，即《堯典》所謂「峻德」。明峻德，即是致良知。不離倫物感應，原是萬物一體之實學。親九族，是明明德於一家；平章百姓，是明明德於一國；協和萬邦，是明明德於天下。親民正所以明其

德也。是爲大人之學。佛氏明心見性，自以爲明明德，自證
自足，離卻倫物感應，與民不相親，以身世爲幻妄，終歸寂
滅，要之不可以治天下國家。此其大凡也。（《全集》卷七〈南
遊會紀〉）

單就這一段論述來看，似乎龍溪對儒釋之辨仍然持入世與出世的兩
分法，既無法反映出對當時佛教思想的應有認識，也和前引〈書陳
中閣卷〉的講法不免自相抵牾。因此，有人便向龍溪質疑說：「佛氏
普渡眾生，至捨身命不惜，儒者以為自私自利，恐亦是扶教護法之
意」。這裏對佛教的理解，是「普渡眾生，至捨身命不惜」，並不認
為佛教自私自利，不顧人倫日用，顯然與龍溪在〈書陳中閣卷〉中看
法是一致的。面對這一問題，龍溪回答說：

佛氏行無緣慈，雖渡盡眾生，同歸寂滅，與世界冷無交涉。
吾儒與物同體，和暢欣合。蓋人心不容已之生機，無可離
處，故曰：「吾非斯人之徒與而誰與？」裁成輔相，天地之
心、生民之命，所賴以立也。（《全集》卷七〈南遊會紀〉）

而在嘉靖三十六年丁巳（1557）的三山石雲館第之會中，龍溪在答友
人問中對此有更為明確的解釋：

佛雖不入斷滅，畢竟以寂滅爲宗。只如盧行者在忍祖會下，
一言見性，謂「自性本來清淨，具足自性，能生萬法」，何故
不循中國禮樂衣冠之教，復從寶林祝法弘教度生？蓋既以寂
滅爲宗，到底不肯背其宗乘。雖度盡未來際，眾生同歸寂
滅，亦只是了得他教門中事，分明是出世之學。故曰要之不

可以治天下國家。吾儒卻是與物同體，乃天地生生之機。先
師嘗曰：「自從悟得親民宗旨，始堪破佛氏終有自私自利意
在。」此卻從骨髓上理會出來，所差只在毫釐，非言語比
並、知識較量所得而窺其際也。

夫吾儒與禪不同，其本只在毫釐。昔人以吾儒之學主於經
世，佛氏之學主於出世，亦大略言之耳。佛氏普渡眾生，盡
未來際，未嘗不以經世爲念，但其心設法一切，視爲幻相，
看得世界全無交涉處。視吾儒親民一體、眈眈之心，終有不
同。此在密體而默識之，非器數言詮之所能辨也。㉕

在龍溪看來，佛教固然「空明未嘗不普照」、「未嘗不以經世為念」，
在「無所住而生其心」的同時能夠「不惡六塵」，進而普渡眾生，
但是佛教的慈悲是以緣起性空的觀念為基礎，所謂「無緣慈」。因
此，正如我們在第四章討論龍溪四無論的思想定位時已經指出的，
佛教無論如何強化其入世的傾向，也不論各宗各派之間的思想有何
具體的差異，緣起性空都是佛教最基本的觀念，可以說是佛教的底
色。而既然從自我到家國天下，從草木瓦石到芸芸眾生其實最終都
不過是因緣假合而生，那麼「眾因緣生法，我說即是空」，　社會倫
理、天下國家乃至天地萬物對佛教來說，畢竟在存有論的意義上不
具有終極的實在性。龍溪所謂「雖渡盡眾生，同歸寂滅，與世界冷

㉕　王畿：《龍溪會語》卷二〈三山麗澤錄〉。此兩條不見於通行本《全集》，
　　參見本書附錄二：〈明刊《龍溪會語》及王龍溪文集佚文——王龍溪文集明
　　刊本略考〉。

無交涉」，「但其心設法一切，視為幻相，看得世界全無交涉處」，以及「蓋既以寂滅為宗，到底不肯背其宗乘。雖度盡未來際，眾生同歸寂滅，亦只是了得他教門中事」，正是指出了這一點。與之相較，儒家萬物一體、生生不已的價值觀和宇宙論，則顯然說明儒家在存有論上對世界的客觀實在性持肯定的態度。就此而言，不管儒學怎樣在心靈境界上發揚自身空無虛寂、無執不滯的超越的向度，也不管佛教怎樣縮短彼岸與此岸之間的距離，以至「擔水砍柴，無非妙道」，雙方在彼此融合、互相取益的過程中只要還沒有喪失各自內在的規定性，儒學與佛教之間仍然存在著基本的分野。其間的毫釐之辨，正在於雙方存有論上「有」與「無」根本立場與信念的差別。也正是這種存有論上的基本差異，決定了雙方在價值觀以及其他所有方面的不同取向。佛教對龍溪來說，正所謂「視吾儒親民一體、盹盹之心，終有不同」。儒佛之間如此，儒道之間也是同樣。而龍溪所謂「吾儒與二氏之學不同，特毫髮間，須從源頭上理會，骨髓上尋究，方得相應」，就是希望人們能夠從思想根源上把握到儒學與佛道兩家在存有論上「有」、「無」與「實」、「虛」的不同。

　　正是因為儒學與佛道兩家在存有論上存在著這樣一種根本的差異，就此而言，如果不是以入世與出世截然對立、互不相容來簡單化、極端化地分判儒學與佛道兩家，對於儒學與佛道兩家基本價值取向的不同側重，其實仍然不妨可以借用入世與出世這一對概念來加以指示。龍溪在〈與李中溪〉一書中說道：

> 先師提出良知二字，乃三教中大總持。吾儒所謂良知，即佛所謂覺，老所謂玄。但立意各有所重，而作用不同。大抵吾

> 儒主於經世，二氏主於出世。象山嘗以兩言判之：惟其主於
> 經世，雖退藏宥密，皆經世分上事；惟其主於出世，雖至普
> 渡未來眾生，皆出世分上事。順逆公私，具法眼者，當有以
> 辨之矣。（《全集》卷十）

龍溪所引象山之說，見於象山〈與王順伯〉第一書，所謂「儒者雖至
於無聲無臭、無方無體，皆主於經世；釋氏雖盡未來際普度之，皆
主於出世。」❷這裏，龍溪和象山一樣，均看到了儒學既有「退藏於
密」這出世的一面，而佛道兩家也有「普渡未來眾生」這經世的一
面。但兩者從存有論上的基本立場和價值論上的終極歸趣來比較，
仍然可以突顯出經世與出世的不同側重，所謂「立意各有所重，而
作用不同」。因此從比較的角度擇其大者而言，便仍然可以說儒學
「主於經世」，而佛道兩家「主於出世」。因此，掌握了儒學與佛道
兩家均同時具有入世與出世這兩個向度，同時又能意識到雙方存有
論上「有」與「無」的基本差別這一根源所在，在深入全面把握儒
釋道三家義理結構的基礎上再以入世與出世來彰顯儒學與佛道兩家
價值取向的不同側重，就顯然構成以入世與出世二元對立來兩分儒
學與佛道兩家這一簡單理解的否定之否定。當然，全面與周延地
看，說儒學「主於經世」，佛道兩家「主於出世」，畢竟只是突出
重點與要點的表示，所以龍溪用了「大抵」兩字。而在上引萬曆元年
滁陽陽明祠聚會答李漸庵之問，以及嘉靖三十六年三山石雲館第之

---

❷ 陸九淵：《陸九淵集》卷二，頁17。按：象山集卷二〈與王順伯〉二書辨
儒釋甚精，而其對佛老兩家的態度，委實可以說奠定了後來陽明學基本的精
神方向。

會答友人問中，龍溪在以入世與出世對比儒學與佛道兩家時，也正是明確指出這種區分只不過是其中的「大凡」與「大略言之耳」而已。

　　儒釋道三教融合在中晚明所達到的理論深度，使入世與出世或經世與出世這樣雖然總體上並不錯但畢竟不免失之籠統的傳統講法受到了相當程度的挑戰。禪佛教以及以全真道為代表的新道教在理論上早已將儒學注重社會倫理的思想盡可能的容納於自身之內，而中晚明像一些往來於三教之間的道士，以及像憨山德清、紫柏真可那樣積極投身社會活動、甚至捲入政治鬥爭的禪宗高僧，❷⑦其實踐活動本身更是使儒釋道之間變得疆界難明。在這種情況下，對於三教思想理論同異分合、交融互涉所呈現的精密複雜結構，像龍溪這樣能夠深入周延地加以掌握的人，便自然會不主張在儒釋道三家之間輕易地論同辨異。事實上，幾乎在每次應友人之問而辨儒釋道之同異時，龍溪都表示不要在言語上有所輕議。正如在前引〈書陳中

---

❷⑦　憨山德清的生平參見其自撰〈憨山老人自敘年譜實錄〉，吳應賓：〈大明廬山五乳峰法雲禪寺前中興曹溪嗣法憨山大師塔銘〉，錢謙益：〈大明海印憨山大師廬山五乳峰塔銘〉，陸夢龍：〈憨山大師傳〉。〈年譜實錄〉見《憨山大師夢遊全集》卷五十三，兩篇〈塔銘〉及一篇〈傳〉見《憨山大師夢遊全集》卷五十五，《全集》見《續藏經》第1輯第2編，第32套第5冊。紫柏真可的生平參見德清：〈達觀大師塔銘〉，《紫柏尊者全集》卷首，《續藏經》第1輯第2編，第31套第4冊；陸符：〈紫柏尊者傳〉，《紫柏尊者別集附錄》，《續藏經》第1輯第2編，第32套第1冊。有關憨山德清的研究可參考（一）、Hsu Sung-peng, *A Buddhist Leader in Ming China: The Life and Thought of Han-shan Te-ch'ing.* University Park: Pennsylvania State University Press, 1979;（二）、Wu Pei-yi, *The Spiritual Autobiography of Te-ching,* 見Wm. T. de Bary, ed., *The Unfolding of New-Confucianism.* New York: Columbia University Press, 1975, pp.67-92.

閣卷〉那段話之後，龍溪緊接著便說了以下這樣一段話：

> 吾人今日，未須屑屑與二氏作分疏對法，且須究明吾儒本教
> 一宗。果自能窮源，方可理會彼家之源頭；自能徹髓，方可
> 研究彼家之骨髓。毫髮不同處，始可得而辨。若自己不能究
> 明此事，徒欲從知解湊泊、言說比擬，以辨別同異，正恐同
> 者未必同，異者未必異，較來較去，終墮葛藤，祇益紛紛
> 耳。

而在前引萬曆元年滁陽陽明祠答李漸庵問儒佛同異的那段話之前，
龍溪其實也首先有這樣一番開場白：

> 豈易易言也？未涉斯境，妄加卜度，謂之猜語。請舉吾儒所
> 同者與諸公商之。儒學明，佛學始有所證。毫釐同異，始可
> 得而辨也。

此外，在〈水西別言〉中，龍溪在對佛道兩家予以充分肯定的同時，
更是明確表達了同樣的意思。所謂：

> 二氏之學，雖與吾儒有毫釐之辨，精詣密證，植根甚深，豈
> 容輕議？凡有質問，予多不答。且須理會吾儒正經一路，到
> 得澈悟時，毫釐處自可默識，非言思所得而辨也。（《全集》卷
> 十六）

相對於龍溪「儒學明，佛學始有所證」的話，北宋張商英（1043-1122）
也講過「吾學佛而後知儒」的話。但不論張商英所持的佛教立場與龍
溪不同，對於儒釋道三家義理的理解與把握，張商英及其同時代的
學者們，也顯然無法與龍溪所代表的中晚明陽明學者相提並論。委

實，中晚明三教高度融合情況下的陽明學者，對於儒學與佛道兩家
思想同異瞭解與掌握的精微，的確已到了「牛毛繭絲，無不辨析」的
地步。在中晚明的思想界，龍溪無論在思考還是表達上都堪稱辯才
無礙，但是，越是對不同思想系統內部以及彼此之間的錯綜複雜具
有深刻的體察，在辨別同異時由於需要顧及各種不同的層面、向度
與分際，往往就越會感到語言的限制。對於強調實踐優先性的儒釋
道三家來說，彼此交往互動發展到中晚明水乳交融的程度時，毫釐
之辨的最終結果恐怕更是「此中有真意，欲辨已忘言」了。

　　龍溪不主張輕議儒學與佛道兩家的同異，既不意味著混漫不同
思想系統之間的分際，這一點從以上龍溪對儒學與佛道兩家的辨析
中顯然可見，同時也更不意味著龍溪在儒釋道三教之間缺乏明確的
自我認同。事實上，龍溪反復要求學者「究明吾儒本教一宗」、「理
會吾儒正經一路」，並認為在對儒家思想「窮源」、「徹髓」而自
身達到「澈悟」的情況下自然能夠掌握儒學與佛道兩家的毫釐之辨，
本身便已經顯示了龍溪儒家身份的自我認同。

　　隆慶四年庚午（1570），龍溪在〈自訟長語示兒輩〉中曾將儒學
與禪學和俗學作過一番對照，所謂：

> 因此勘得吾儒之學，與禪學、俗學，只在過與不及之間。彼
> 視世界爲虛妄，等生死爲電泡，自成自住，自壞自空，天自
> 信天，地自信地，萬變輪迴，歸之太虛，漠然不以動心，佛
> 氏之超脫也。牢籠世界，桎梏生死，以身徇物，悼往悲來，
> 戚戚然若無所容，世俗之芥蒂也。修愚省愆，有懼心而無戚
> 容，固不以數數成齏自委，亦不以物之得喪自傷，內見者大
> 而外化者齊，平懷坦坦，不爲境邊，吾道之中行也。古今學

術毫釐之辨，亦在於此，有識者當自得之。（《全集》卷十五）

這裏，龍溪明確將儒學視為既有別於佛教又有別於俗學的中行之道，表示出對儒家之道的高度推崇與認同。並且，所謂「修慝省惥，有懼心而無戚容，固不以數數成虧自委，亦不以物之得喪自傷，內見者大而外化者齊，平懷坦坦，不為境遷」，也鮮明地顯示出龍溪對儒家精神的深刻體知。

而在萬曆八年庚辰（1580），八十三歲的龍溪在嘉禾舟中曾與陸光祖有過一場討論。陸光祖因歸宗佛學尤其大慧禪，始終認為良知教了不得生死。龍溪最後在感到難以說服對方時對陸光祖說道：

> 先師謂吾儒與佛學不同，只毫髮間，不可相混。子亦謂儒佛之學不同，不可相混。其言雖似，其旨則別。蓋師門歸重在儒，子意歸重在佛。儒佛如太虛，太虛中豈容說輕說重，自生分別？子既為儒，還須祖述虞周，效法孔顏，共究良知宗旨，以篤父子，以嚴君臣，以親萬民，普濟天下，紹隆千聖之正傳。儒學明，佛學益有所證。將此身心報佛恩，道固並行不相悖也。（《全集》卷六〈答五臺陸子問〉）

由此更可見出，無論對佛教如何地肯定，在最終的立場上，龍溪的認同與自我歸屬無疑是儒家。並且在龍溪看來，相對於佛教，儒學也仍然是「正傳」。

龍溪對儒家的自覺認同，在他寫的一些詩句中屢有流露。在〈用黃久庵韻六首〉之五中，龍溪開頭便說「一脈天泉自有歸，肯從別派問因依？」（《全集》卷十八）我們從第四章有關龍溪四無論的討論可見，天泉證道對龍溪具有十分重要的意義，它既意味著龍溪

思想成熟並開始提出自己獨立的見解，同時又顯示出龍溪對陽明的一脈相承與善紹。而所謂「一脈天泉自有歸，肯從別派問因依？」，無疑表示龍溪認為自己的歸屬與認同在儒家思想、陽明的良知之教，而不在於作為「別派」的佛道兩家。❷ 再如〈桐廬安樂書院與諸生論學次晦翁韻四首〉之四所謂：

> 名教之中樂有餘，肯從異學泥空虛？捨身塵剎還歸幻，入口刀圭未是腴。法界固應無內外，縱鄰終是有親疎。亡羊歧路皆妨道，豈獨雕蟲愧壯夫？（《全集》卷十八）

這裏所謂「名教之中樂有餘，肯從異學泥空虛？」，便反映出龍溪儒家歸屬感的自信與自得，而在〈經三教峰〉中，龍溪的自我認同更是在儒釋道三教的對比表達中確然無疑：

> 三教峰頂一柱驂，俯看塵世隔蒼煙。青牛白馬知何處？魚躍鳶飛只自然。（同上）

「青牛」是指道家、道教，「白馬」是指佛教。「魚躍鳶飛」語原出

---

❷　曾陽晴對龍溪「一脈天泉自有歸，肯從別派問因依？」的標點是：「一脈天泉自有歸，肯從別派問因依。」其解釋是：「王陽明一生論學幾乎以天泉證道終，而王龍溪一生論學則幾乎以天泉證道始。王龍溪接受了王陽明晚年成熟的思想體系，若要有所突破，實屬不易；或許他『肯從別派問因依』，正是其有所創新的原因吧。」見氏著：《無善無惡的理想道德主義》（臺灣大學出版社，1988），頁183。認為天泉證道標誌著陽明與龍溪論學的終始，顯然是正確的觀察。而龍溪能夠發揚推進陽明學的展開，當然也與充分吸收佛道兩家的思想資源有關，這一點陽明也不例外。但是，從文句的解讀上，這裏「肯從別派問因依」承上句顯然應當是反問句，即不必從別派問因依之意，恰恰表達了龍溪自覺歸宗儒學、歸宗陽明的立場與態度。

《詩經·大雅·旱麓篇》，所謂「鳶飛戾天，魚躍於淵」，但在儒學尤其理學傳統中，「魚躍鳶飛」大概更多會讓人聯想到《中庸》裏的話，所謂「君子之道費而隱，夫婦之愚，可以與知焉，及其至也，雖聖人亦有所不知焉；夫婦之不肖，可以能行焉，及其至也，雖聖人亦有所不能焉。天地之大也，人猶有所憾。故君子語大，天下莫能載焉；語小，天下莫能破焉。詩云：『鳶飛戾天，魚躍於淵。』言其上下察也。」龍溪此處的「魚躍鳶飛」，應當是以《中庸》的這段話為背景。而從《中庸》這段話來看，「魚躍鳶飛」指示的是一種綰合、貫通凡俗與神聖、內在與超越、此世與彼岸的「上下與天地同流」、「天人合一」的大化流行的自然之境。正如我們在第四章指出的，龍溪四無論的指向，也正是這種「魚躍鳶飛只自然」的如如自在的生活世界與主體心境。

龍溪的三教觀與自我認同，決定了他對佛道兩家必然採取融攝的態度與立場。而存有論上「有」與「無」這一儒學與佛道兩家根源性的毫釐之辨，又決定了龍溪只能是在境界論的向度上吸收佛道兩家的思想資源，或者對佛道兩家存有論、工夫論意義上的思想加以儒家境界論和工夫論的轉化和改造。這種判攝與融通，反映在龍溪對佛道兩家一些具體觀念與命題的儒家解讀與創造性詮釋之上。

## 三、道教思想的判攝與融通

儘管在三教融合日益深化的過程中，道教經過宋元之際新道教的洗禮，強化了思想理論的內容，從而不再像以往的道教那樣主要表現為追求肉體長生的形態。心性論色彩濃厚的內丹學也成為宋元

以降道教概念的主要指涉。但是，無論怎樣在與儒學和佛教的交往互動中不斷強化其精神性的向度，也不論長生的觀念經歷了怎樣從追求「含形升舉」到「無相真形」的變化，❷ 相對於儒家和佛教，或至少在儒家與佛教人士看來，基於身體修煉的神仙信仰顯然是道教無法放棄的終極承諾，也是道教之所以為道教的規定性所在。因此，理學家幾乎都是在養生的意義上與道教發生交涉，如前文所述龍溪道教法門的修煉，而在涉及到精神性的問題時，又往往總是用自己儒學的理論和信念去詮釋道教的內容。或者說，理學家視域中的道教，主要是作為養生之道的道教理論與實踐。對於認同儒家並對佛道兩家自覺採取融攝態度的龍溪來說，情況更是如此。當然，這並不意味著龍溪對道教內丹學的瞭解便僅僅限於一般的養生術，事實上，龍溪對內丹學的理論與實踐有深入的瞭解。他充分意識到一般執著於身體的養生術不過是「下士了命之說」，並不能代表道教內丹學「性命雙修」的宗旨，這和道教內丹學本身對單修「命功」的批評是一致的。但是，在龍溪看來，儘管道教內丹學的「性命雙修」與儒家的「性命合一」具有同樣的思想基礎，二者相較，仍然在「主

❷ 道教的長生觀念從魏晉到唐宋之際有一個發展變化的過程。約略而言，秦漢到西晉期間，長生基本上是指形神即即基礎上的肉體不滅；由兩晉到隋唐，長生觀念開始趨於多樣化，形神同飛躍仍是各種道法的共宗，但對形體的理解已不再是作為「舊形」的肉體；而唐代以後，肉體不滅不再是長生的追求目標，「無相真形」的追求成為長生觀念的主旨。參見楊立華：〈兩宋內丹道教及其淵源研究〉，北京大學博士論文，1998年，頁15。不過，即使是「無相真形」，也並非是一種純粹精神性的觀念。對於以「性命雙修」為基本原則的內丹學來說，儘管反對將「身」與「心」、「命」與「性」視為對立的二元，但「身」、「命」所指涉的以身體為載體的物質向度，也始終無法化約為「心」與「性」而尤其在實踐修煉（工夫）的意義上有其相對的獨立性。

神」與「主氣」、「修性」與「修命」、「養德」與「養生」之間
顯示出側重不同的毫釐之辨,這是由二者在價值論上的不同取向所
造成的。基於這種分判,龍溪又進一步對道教的觀念與命題進行了
良知教的詮釋和融攝,這具體表現在龍溪對道教「息」觀念與「調息」
工夫的創造性詮釋上。

## (一)、主神與主氣

在三教融合的過程中,宋元以降成為道教主流的內丹學充分發
展了自己的形上思想與心性理論,以肉體長生為目標,以身體修煉
為工夫,已經不足以反映其終極追求。❸因此,在新的歷史階段如
何明確儒道兩家各自的規定性,成為明代儒家學者經常需要面對和
探討的問題。

嘉靖三十六年丁巳(1557),龍溪曾應王慎中之邀至三山石雲館
第,這是龍溪江南講學活動行程最遠的一次,也是龍溪至福州府有
案可考的唯一一次。會中多有對佛道二教的討論。龍溪在與王慎中
談論唐順之(字應德,號荊川,1507-1560)修習道教「鍛煉虛空」之
術時指出:

> 蓋吾儒致知以神爲主,養生家以氣爲主。戒慎恐懼,是存神
> 工夫,神住則氣自住,當下還虛,便是無爲作用。以氣爲
> 主,是從氣機動處理會,氣結神凝,神氣含育,終是有作之

---

❸　有關宋元以降道教內丹學的心性思想,可參考張廣保:《金元全眞道內丹心
　　性學》(北京:三聯書店,1995)。

法。（《全集》卷一〈三山麗澤錄〉）

「神」與「氣」是道教中的一對重要觀念，如譚峭（字景升，五代道士）曾指出，修道即是一個「煉精化氣，煉氣化神，煉神還虛」的過程，所謂「道之委也，虛化神，神化氣，氣化形，形生而萬物所以塞也。道之用也，形化氣，氣化神，神化虛，虛明而萬物所以通也。是以古人窮通塞之端，得造化之源，忘形以養氣，忘氣以養神，忘神以養虛。虛實相通，是謂大同。」**❸**而這一表述也幾乎成為後來內丹學各派描述修煉過程的一致用語。由於「精」往往被作為「氣」的更實質性狀態，「虛」則被視為「神」的終極境界，「煉精化氣，煉氣化神，煉神還虛」的修煉過程，其實也就是一個「神」與「氣」的修煉過程，所謂「丹道千言萬語，不過神氣二字。始而神與氣離，我即以神調氣，以氣凝神，終則神氣融化於虛空。」**❷**龍溪所謂「神住則氣自住，當下還虛」，便是指這一由神氣而還虛的過程。只是在龍溪看來，似乎不需要經歷由煉精化氣到煉氣化神再到煉神還虛的次第，只要做存神的工夫，自然神住氣住，可以當下還虛。道教內丹學中在理論上也承認有這種「當下還虛」的頓悟先天之學，但並不認為具有普遍的適用性。全真道南宗之所以強調「先命後性」，也正在於此。至於龍溪將存神工夫界定為「戒慎恐懼」，則顯然是以儒家的精神修養工夫對道教修煉的改造，無疑更加突顯了精神修養的意義。

對道教內丹學來說，神氣是相互依賴作用的統一關係。如《高

**❸**　譚峭：《化書》（北京：中華書局，1996），頁1。
**❷**　《樂育堂語錄》，《藏外道書》第25冊，頁700。

上玉皇胎息經》云；「神行即氣行，神住即氣住」，《太上九要心印妙經》也說：「假一神調氣，藉一氣定神，……神不離氣，氣不離神，蓋是神定則氣定，氣定則精定」。但是在龍溪看來，道教內丹學與儒學相較，仍然可以在神與氣之間顯示出不同的側重，所謂「吾儒致知以神為主，養生家以氣為主。」當然，龍溪之所以說「為主」，也正表明他並不是簡單地以神與氣的二元對立來區隔儒道兩家，而是認為二者都兼顧神氣，只是在比較時才有輕重、主次的差異。這一點，當龍溪換用「主理」與「主氣」來分判儒道兩家時，同樣有明確的表達。

商明洲是龍溪的一位友人，素好《參同契》之說，龍溪所作的〈壽商明洲七袠序〉中，借向商明洲祝壽之機，表達了他對於儒學與道教養生術的分判：

> 龍溪子讀《易》洗心亭上，有客造而問曰：「儒者之學，與道家養生之術，有以異乎？」龍溪子曰：「一也，而毫釐則有辨矣。千古聖人之學，不外於性命，道家則有修性修命之術。《易》所謂『盡性以至於命』，乃道脈也。自聖人之道不明，儒者之學，與養生之術，各自為說，道術為天下裂，而其說始長。漢魏伯陽氏，儒而仙者也，作《參同契》以準《易》，而法象生焉。以乾坤為鼎器，以坎離為藥物，以屯蒙六十四卦為火候，稱名引喻，至不可窮詰，而其微旨，不出於身心兩字。乾，即心也；坤，即身也。坎離者，乾坤二用。神寓於心，氣寓於身，即藥物也。二用無爻無位，升降於六虛之中。神氣往來，性命符合，即所謂火候也。而其機存乎一息之微。先天肇基，後天施化。一息者，性之根，命之蒂也。

但吾儒之學主於理，道家之術主於氣。主於理，則順而公，性命通於天下，觀天察地，含育萬物，以天地萬物爲一體。主於氣，則不免盜天地竊萬物，有術以爲制煉，逆而用之以私其身，而不能通於天下。此所謂毫釐之辨。」（《全集》卷十四）

龍溪的這段話主要包含兩層意思，首先是指出儒道兩家具有共同的思想基礎。所謂「千古聖人之學，不外於性命，道家則有修性修命之術。《易》所謂『盡性以至於命』，乃道脈也。」便是認爲性與命是儒道兩家共同的基本觀念，圍繞性命觀念所展開的論說也構成儒道兩家的基本理論。在這一點上，儒道兩家可以說是「一也」。從性命的角度分判儒道兩家的同異，我們下一節再予以詳細地討論。龍溪這段話的第二層涵義，則是在指出儒道兩家具有共同思想基礎的同時，進一步從理氣的角度指出二者的毫釐之辨。

理與氣是理學傳統中的一對重要範疇，在朱子學中尤其如此。但在陽明學中，不僅使用的頻率相對較少，對理這一觀念的理解也與朱子學有著明顯的不同。由於對「心」與「理」關係的不同看法與規定，理在朱子學中基本上是「只存有不活動」的，❸❸ 而在陽明學中則理與心是一，本身具有能動性。就此而言，龍溪用「主於理」與「主於氣」來說明儒道兩家的不同側重，與其用「主神」與「主

---

❸❸　當然，這裏的朱子學主要是指宋代朱子本人及其後學這一脈。明代的朱子學者如曹端、薛瑄等已開始嘗試修正朱子有關理不能活動的看法，至於韓國李朝時代被稱爲「海東朱子」的李滉（字景浩，號退溪，1501-1670），則明確提出了「理自動靜」的主張。

氣」來分判儒道兩家是一致的。在龍溪看來，「主於理」與「主於氣」顯示了不同的理論後果與價值取向，前者是「順而公，性命通於天下，觀天察地，含育萬物，以天地萬物為一體」，後者則「不免盜天地竊萬物，有術以為制煉，逆而用之以私其身，而不能通於天下。」這同樣是對儒道兩家的一種評判。當然，龍溪認為理氣是合一的，所謂「理是氣之主宰，氣是理之運用。……理乘乎氣，氣乘乎理，不可得而離也。」（《全集》卷八〈孟子告子之學〉）因此，龍溪不會認為儒家只講理而道教只論氣，雙方只是在相比較時有各自的側重而已。順帶一提的是，龍溪很少使用理和氣的概念，這是一例。

　　由上引龍溪的文字來看，身心、乾坤、神氣、性命、理氣是一組兩兩相對的觀念。事實上，神氣與性命正是道教內丹學理論的基本觀念。並且，二者可以相互規定和互換。出於晚唐的《無能子》中便已經說「夫性者神也，命者氣也。」❸❹後來內丹學中以神氣與性命為內涵相同的一對觀念之說，更是比比皆是。如王重陽（1112-1170）所謂「性者神也，命者氣也，……性命是修行之根本。」❸❺白玉蟾（1194-1229）說：「心者氣之主，氣者形之根，形是氣之宅。神者形之真，神即性也，氣即命也。」❸❻李道純也說：「夫性者，先天至神，一靈之謂也；命者，先天至精，一氣之謂也。」❸❼對此，龍溪也有深入的瞭解。他在〈同泰伯交說〉中指出：

---

❸❹　王明：《無能子校注》（北京：中華書局，1981），頁7。

❸❺　《重陽立教十五論》，《正統道藏·正一部》「櫃字號」。

❸❻　《瓊館白真人集》，《道藏輯要》（婁集）（成都：巴蜀書社，1995），頁217。

❸❼　李道純：《中和集》卷四〈性命論〉。

夫人之所以爲人，神與氣而已。神爲氣之主宰，氣爲神之流
行，一也。神爲性，氣爲命。良知者，神氣之奧、性命之靈
樞也。良知致，則神氣交而性命全，其機不外於一念之微。

（《全集》卷十七）

龍溪這段話的前半部分完全與道教論神氣與性命的說法一致，既認
爲神氣與性命是一對可以互換的對等觀念，又認爲神氣與性命是合
一不可離的。而在這段話的後半部分，龍溪以良知爲「神氣之奧」、
「性命之樞」，並以「一念之微」的致良知工夫爲交神氣、全性命的
修煉法門，則無疑顯示出了龍溪以良知觀念與致良知工夫融攝道教
的鮮明取向。事實上，在融攝道教的話語脈絡中，龍溪又賦予了
「一念之微」以獨特的涵義。在前引〈壽商明洲七裹序〉中，龍溪已
經提到了「一息之微」的觀念。其實，「一息之微」與「一念之微」
之間的確存在著密切的關聯。前者可以視爲後者的另一種表達方
式，是龍溪在以良知教融攝道教過程中提出的一個獨特觀念。對
此，我們在後面對龍溪有關「息」與「調息」的討論中會有較爲詳
細的說明。

　　就實踐的修煉工夫而言，道教內丹學往往更經常地使用性命這
一對觀念。因此，龍溪也從性命的角度對儒道兩家進行了分判，並
試圖將道教的理論與實踐納入到良知教的系統之內。

## （二）、修性與修命

　　「性」與「命」是道教尤其內丹學中的核心觀念之一，有關性功
與命功的修煉也構成道教內丹學實踐的基本內容。所謂「煉丹之

要，只是性命二字」。❸因此，張伯端（983-1082）在〈悟真篇自序〉中說：「故老釋以性命學，開方便門，教人修種，以逃生死」，將道教與佛教皆稱為「性命學」。性與神一樣，是一個精神性的範疇，而命則與氣一樣，是一個更多地與身體修煉有關的物質性範疇。在理學家視域中的道教或一般意義上的養生術，顯然是以身體修煉的所謂「命功」為其主要內容的。而在〈壽鄒東廓翁七衮序〉中，龍溪便曾從性命的角度對一般道教養生術提出批判，並在此基礎上表達了以良知教融攝道教養生術的思想：

> 自聖學不明於世，世之學養生者，務為異術，禱謬泥執，並老氏之旨而失之。是非養生者之過，聖學不明之過也。聖人之學，復性而已矣。人受天地之中以生，而萬物備焉。性其生理，命其所乘之機也。故曰天命之謂性。此性命合一之原也。……先師嘗曰：「戒懼不睹，恐懼不聞，則神住，神住則氣住精住，而仙家長生久視之說，不外於是。」是說也，人孰不聞？亦曰有為之言耳。先生（鄒東廓）獨信之不疑，不淆於異術。故行年七十，視聽不衰，而精氣益強，非一於神守，能若是乎？而世之養生則異於是，裂性命為兩端，分內外為二物。或迷於罔象，或滯於幻形，甚至顛溟濁亂，惟軀殼渣滓之為徇，豈惟不知聖人之學，所謂並老氏之旨而失之者也。「常無欲以觀其妙，常有欲以觀其竅，萬物芸芸，以觀其復」，非老氏之言乎？觀妙即未發之中，性宗也；觀竅

---

❸　李道純：《中和集》卷三〈授諸門人〉。

即發而中節之和，以情歸性，而機在我，命宗也。觀復即慎
獨常明之旨也；不睹不聞即本體之藥物也；戒慎恐懼，即工
夫之火候也。種種名義，特假像之寓言耳。（《全集》卷十四）

龍溪這裏所批判的道教養生術，是指「裂性命為兩端，分內外為二
物」而執著於身體的專修命功者。至於龍溪這種批判的理據，則是
其「性命合一」的思想。所謂「人受天地之中以生，而萬物備焉。
性其生理，命其所乘之機也。故曰天命之謂性。此性命合一之原
也。」而在詮釋並闡發孟子人性論思想的〈性命合一說〉（《全集》卷
八）中，龍溪也開頭便說「性與命，本來是一。」

　　當然，嚴格而論，一般養生術並不能代表道教內丹學。後者在
性命問題上的基本理論是主張「性命雙修」的，即並不認為修煉僅限
於身體方面的命功，即便是學界一般認為主張「先命後性」的內丹學
南宗一脈，其實也不過是認為命功更容易為一般人所掌握，從而以
命功修煉創造性功覺悟的條件，並不否認有「頓悟圓通」的先性後命
之法，而無論是先命後性還是先性後命，最終的目標都是要性命雙
修，不能將性命打為兩橛，只修其中的一個方面。正如呂祖〈敲爻
歌〉所云；「只修性，不修命，此是修行第一病。只修祖性不修丹，
萬劫陰靈難入聖。達命宗，迷祖性，恰似鑒容無寶鏡。壽同天地一
愚夫，權握家財無主柄。」❸❾ 對此，龍溪顯然有著深入的瞭解，因
此，他批評那些一味追求身體修煉的養生術甚至連道教宗主老子的
本旨也失去了，所謂「或迷於罔象，或滯於幻形，甚至顛溟濁亂，

---

❸❾　劉一明：《道書十二種》（北京：書目文獻出版社，1996），頁476。

惟軀殼渣滓之為徇，豈惟不知聖人之學，所謂並老氏之旨而失之者
也。」而在〈遺徐紫崖語略〉中，面對徐紫崖「聖學與養生家同異
之旨」的扣問，龍溪更是將儒家的「未發」與「已發」、「寂」與
「感」與老子的「觀妙」與「觀竅」相比附，從「體用一源，顯微無
間」的思維模式出發，指出儒家與道教養生學同樣持性命合一之
見。

> 聖人之學，務在理會性情。性者，心之生理；情則其所乘以
> 生之機，命之屬也。故曰喜怒哀樂之未發謂之中，發而皆中
> 節謂之和。中和者，性情之則也。戒慎恐懼而謹其獨，立本
> 以達其機，中和所由以出焉者也。有未發之中，而後有發而
> 中節之和，中和一道也。虞廷謂之道心之微，孔門謂之寂，
> 此聖學之宗也。養生者宗老氏。老氏之言曰：「常無欲以觀
> 其妙，常有欲以觀其竅」。自今觀之，觀妙即所謂微所謂
> 寂，觀竅即所謂人心感通之機，性命之說也。（《全集》卷十六）

可是，道教內丹學既然主張性命雙修，與儒家的性命合一論似
乎具有同樣的思想基礎，那麼二者在實踐的工夫上是否也無分軒輊
了呢？在〈示宜中夏生說〉中，龍溪便遇到了這一問題：

> 予惟宜中初至會中，即舉《中庸》天命謂性為問：「聖學性命
> 合一，而養生家乃有雙修之旨，何居？」予非雲房、紫陽，
> 何以酬子之問？若聖學則嘗聞之矣。夫性命本一，下士了命
> 之說，因其貪著，而漸次導之云爾。若上士，則性盡而命亦
> 在其中，非有二也。戒慎恐懼，乃是孔門真火候；不睹不
> 聞，乃是先天真藥物。先師所謂神住則氣住、精住，而仙家

> 所謂長生久視在其中矣。此是性命合一之機，直超精氣，當
> 下還虛之秘訣。（《全集》卷十七）

這裏，龍溪雖然沒有正面回答夏宜中的問題，但顯然認為「性」的修養可以內在地容納「命」的向度。換言之，精神的修養可以帶來身體狀態的改善。而精神的修養，在龍溪看來無疑是指儒家的道德實踐、致良知的工夫，所謂「戒慎恐懼，乃是孔門真火候；不睹不聞，乃是先天真藥物。」當然，正如我們上一段已經提到的，道教內丹學也有「先性後命」的說法，但是，道教內丹學的「先性後命」和龍溪所謂的「性盡而命實在其中」，仍然有著細微但卻十分重要的差異。雖然道教內丹學本身並非鐵板一塊，而是一個包含不同流派和思想傾向的複雜形態，但在性命的問題上，仍然可以通約出一些共同的基本的認識。其中一點便是：儘管論輕重，或許「性」的方面要超過「命」，但「命」的修煉始終具有獨立不可化約的地位與意義。禪佛教講究明心見性，不重視身體方面的修煉，似乎以單純精神性的覺悟為了究生死的解脫之道，因而內丹學家們往往批評禪宗為「幹慧」、「枯禪」，只能出「陰神」而成「鬼仙」，不能出「陽神」成就「天仙」和「大羅金仙」。❹這正顯示出內丹學對於和身體修煉密切相關的「命功」的重視。而道教內丹學與禪宗的這一差異，也同樣適用於儒學。因此，龍溪的「性命合一」與道教內丹學的「性

---

❹　當然，這種批評嚴格來說只適用於一般的二乘禪學，真正圓通透悟的禪宗，在內丹學家看來也是融修命於修性之中而性命雙修的。如張伯端在其《悟真篇》後附的〈禪宗歌頌序〉中，便甚至將禪的「究竟空寂」之境作為內丹學命功修煉的歸宿。

命雙修」雖然都認為性命不可分，但相比較而言，雙方尤其在實踐
工夫上，仍然顯示出不同的側重。

龍溪「性盡而命實在其中」的說法，意味著在性與命之間，更強
調直趨本源的修性工夫，這在龍溪〈與魏水洲〉第二書中有明確的反
映：

> 近有方外傳圈中術者，徹頭徹尾只以了性為宗。性是萬劫不
> 壞之真體，所謂無漏清淨法身。只緣萬劫虛妄，凡心不了，
> 故假修命延年之術，以為煉養復性之機。徒守後天渣滓，不
> 究性源，到底只成守屍鬼，永無超脫之期，上品先天之學所
> 不屑道也。若能見性，不為境緣所移，到處隨緣，緣盡則
> 去，去來自由，無所礙滯，如金之離礦，潛藏變化，皆由自
> 得，方成大超脫，延促非所論也。（《全集》卷九）

這裏，龍溪同樣批判了專修命功者，所謂「徒守後天渣滓，不究性
源，到底只成守屍鬼，永無超脫之期，上品先天之學所不屑道
也。」認為「修命延年之術」只是為了「煉養復性」，本身並不具
有終極的意義。而若能直趨性體，頓見性真，則能「到處隨緣，緣
盡則去，去來自由，無所礙滯」，「成大超脫」。當然，道教內丹
學中的確有主張專修性功的，如龍溪所舉的「圈中術」，龍溪在這
封書信中也完全是用的道教修煉術語。但是，正如前面所引〈示宜
中夏生說〉中所謂「戒慎恐懼，乃是孔門真火候；不睹不聞，乃是
先天真藥物」，龍溪其實是用儒家的思想來詮釋道教的觀念。因
此，在同樣是給魏水洲的書信中，龍溪便說道：

> 大抵我師良知兩字，萬劫不壞之元神，範圍三教大總持。良

知是性之靈體，一切命宗作用，只是收攝此件，令其堅固，弗使漏泄消散了，便是長生久視之道。古人以日月爲藥物，日魂之光，便是良知，月魄便是收攝日光眞法象，所謂偃月爐也。（《全集》卷九〈與魏水洲〉第一書）

這裏將良知比作道教的「元神」，以之爲「範圍三教大總持」，正表明了龍溪用良知教來融攝道教的態度。在後面有關「息」與「調息」的討論中，我們會更加明確地看到這一點。顯然，龍溪以「修性」與「修命」來區別儒學與道教養生術，認爲「性盡而命實在其中」，既反映了他側重精神性的儒家立場，與其致良知工夫論中強調「心體立根」的先天之學也保持了高度的一致。而對道教來說，內丹學各派所一致追求的「內丹」，也顯然不是單純精神修養所能夠獲得的。

在龍溪看來，儒家的道德修養工夫本身便具有養生的功能，只不過儒家的養生與道教的養生顯然具有不同的價值論動機。龍溪在〈與潘笠江〉中指出：

吾儒之學，未嘗不養生，但主意不爲生死起念。陽明先師良知兩字，乃是範圍三教之宗，是即所謂萬劫不壞、先天之元神。養生家一切修命之術，只是隨時收攝、保護此不壞之體，不令向情境漏泄耗散，不令後天渣滓攪和混雜，所謂神丹也。凡鉛汞龍虎種種譬喻，不出情性兩字。「情來歸性物，乃得稱還丹」，已一句道盡，外此皆旁門小術。吾儒未發之中，發而中節之和，皆是此義，其要只是一念之微識取。戒懼慎獨而中和出焉，即火候藥物也。中和位育，即宇宙在我，萬化歸身也。此千聖相傳性命之神機，在人時時能

握其機，不為情境所奪，不為渣滓所染，謂之還丹。隨緣聚
散，一日亦可，百年亦可，更無生死執吝。與太虛同體，與
大化同流，此大丈夫超脫受用、功成行滿之時也。微軀繫
念，去道日遠；千聖過眼，良知吾師。毋謂吾儒與養生家各
有派頭，長生念重，不肯放捨。望只專心定念，承接堯舜姬
孔一派源流，亦不枉卻大丈夫出世一番。未修仙道，先修人
道。到此辨別神仙有無，未為晚也。（《全集》卷九）

一般意義上道教養生術修煉的目標，無疑在於追求自然生命的延
續。這種追求背後的動機，則顯然是貪生畏死的心態，所謂「為生
死起念」。這一點，也是幾乎所有理學家批評佛道二教的共同所
在。道教養生術固然是追求自然生命的延續，禪佛教雖然講究通過
明心見性而達到精神的解脫，並不執著於肉體生命，但在儒家看
來，生死之念仍然是其追求解脫的心理動機。而儒家學者內部不論
如何分歧，在批評佛道二教其實皆不免於「生死執吝」這一點上，則
幾乎是百慮一致的。龍溪在給潘笠江的這封信中，不僅視良知為元
神，以致良知工夫為道教內丹學的修煉，認為致良知本身可以取得
養生的功效，實際上在信的後半部更表達了他對生死問題的看法。
正是對生死問題的不同理解，使儒家與道教產生了不同的價值取
向，導致了雙方在「修性」與「修命」上各自的側重。而龍溪最後
勸「長生念重」的潘笠江「專心定念，承接堯舜姬孔一派源流」，
「未修仙道，先修人道」，就像我們前面提到龍溪勸傾向於佛教的陸
光祖「還須祖述虞周，效法孔顏，共究良知宗旨」一樣，也再次表明
了龍溪儒家的自我認同以及在儒家立場上融攝道教的基本態度。

對生死問題的不同理解，的確是儒學有別於佛道兩家的一個重

要方面。在中晚明儒釋道三教高度融合互動的情況下，生死問題也委實成為陽明學者頗為關注的論題，不再像以往的儒者那樣往往略而不談。對此，我們在第七章討論中晚明的陽明學與三教融合時再進行專門的探討。

## （三）、養德與養生

　　無論從「主神」與「主氣」、「主理」與「主氣」還是「修性」與「修命」的角度分判儒學與道教並以前者融攝後者，儒學與道教的基本差異，似乎都可以概括為「養德」與「養生」這兩種不同的價值與實踐取向。當然，從龍溪以良知教融攝道教的立場來看，養德的工夫又必然可以容納養生的向度。

　　在前引〈三山麗澤錄〉、〈壽鄒東廓翁七袠序〉和〈示宜中夏生說〉，龍溪都提到陽明所謂「神住則氣住、精住」的說法。陽明的確有過這樣的講法，在正德十六年辛巳（1521）的〈與陸原靜〉書中，陽明對欲習養生之術的陸澄（字原靜，又字清伯，生卒不詳）說：

> 聞以多病之故，將從事於養生，區區往年蓋嘗弊力於此矣。後乃知其不必如是，始復一意於聖賢之學。大抵養德養生，只是一事，原靜所云「真我」者，果能戒謹不睹，恐懼不聞，而專志於是，則神住氣住精住，而仙家所謂長生久視之說，亦在其中矣。❹

---

❹　《王陽明全集》，頁187。按：陽明此信的略寫，亦見《年譜》正德十六年

在這封信中，陽明不僅有「神住氣住精住」的說法，更明確表達了「大抵養德養生，只是一事」的看法。龍溪以「養德」與「養生」的不同側重來分判儒道兩家，並以前者融攝後者，無疑是繼承了陽明的思想。

在嘉靖四十四年乙丑（1565）的留都之會中，龍溪有兩次與學者談到過養生的問題，從中，我們對龍溪的思想可以有明確的瞭解。

> 桂岩顧子曰：「闕自幼氣體薄劣，屬意養生。今雖有志聖學，養生一念，尚未能忘。」先生（龍溪）曰：「吾人今日所講是何學？喜怒哀樂稍不中節，皆足以致疾。戒慎恐懼則神住，神住則氣住精住。雖曰養德，而養生亦在其中。老子云：『外其身而身存』。世人傷生，以其生生之厚。子惟專志聖學，將從前一切養生知見伎倆，盡情拋卻，潔潔淨淨，一毫不復蘊於胸中。如此精專，方見有用力處，方見有得力處。久久行持，方見有無可用力處。苟情存養生一念，志便有礙，不惟不能養生，聖學亦被耽擱，無從究竟，所謂兩頭失之也。」（《全集》卷四〈留都會紀〉）

這裏，龍溪顯然是秉承了陽明〈與陸原靜〉中的思想。不過，許多儒者習煉道教養生術往往是由於體弱多病，需要藉之以改善身體健康狀況，還並不是出於神仙信仰而追求長生不老。龍溪本人早年修煉道教養生術便是因身體羸弱，所謂「少患羸，嘗事於養生」。㊷ 那

---

辛巳五月條下，見《王陽明全集》，頁1282。

㊷ 徐階：〈龍溪王先生傳〉，《王龍溪先生全集》〈附錄〉，萬曆四十三年丁賓刻本。

麼，儒家精神性的道德修養工夫能否具有強身健體的功能呢？

在上引〈與陸原靜〉書中，陽明尚未具體談到儒家的道德修養工夫是否可以改善人體的健康，而龍溪則明確認為儒家「養德」的工夫可以治療身體的疾病。同樣是在留都之會中，還有這樣一番問答：

> 三渠王子出訪，見先生（龍溪）容色未衰，扣有術乎？（龍溪）曰：「無之，所守者師承之學耳。未發之中，千聖學脈。醫家以喜怒過縱爲內傷，憂思過鬱爲內傷。縱則神馳，鬱則神滯，皆足以致疾。眼看色，不知節，神便著在色上；耳聽聲，不知節，神便著在聲上。久久皆足以損神致疾，但人不自覺耳。惟戒慎不睹，恐懼不聞，聰明內守，不著於外，始有未發之中。有未發之中，始有發而中節之和。神凝氣裕，沖衍訢合，天地萬物且不能違，宿疾普消，特其餘事耳。此保命安身第一義，世間小術，名爲養生，實則傷生之媒。」
> （《全集》卷四〈留都會紀〉）

在身心兩分的思維模式下，生理狀況與心理、精神狀態是互不相屬的兩個領域。心理、精神的修養恐怕難以治療身體的疾病。但是，在龍溪看來，許多不易治癒的所謂「宿疾」，恰恰是心理、精神經常性有失調節的結果，所謂「醫家以喜怒過縱為內傷，憂思過鬱為內傷。縱則神馳，鬱則神滯，皆足以致疾。眼看色，不知節，神便著在色上；耳聽聲，不知節，神便著在聲上。久久皆足以損神致疾，但人不自覺耳。」事實上，基於身心交關的思維模式，探究人類各種疾病由於心理、精神方面的深層原因，確實是中國傳統醫學、養生學的一個基本特徵。現代醫學、生命科學的發展，也越來越意識

到各種疑難雜症的產生，與人的心理、精神向度密切相關，決非一個單純的生理現象。並且，精神修養的好，如龍溪所謂「神凝氣裕，沖衍訢合」，也的確可收延年益壽之功。古今許多大儒多享高年，卻並無特別的養生之道，恐怕不能不得益於長期怡情養性的「養德」工夫。對於人類的健康，儒家「養德」的實踐工夫同樣可以提供一筆豐厚的資源。

「養德」當然是指儒家的道德修養，對龍溪來說，自然更多地意味著致良知的工夫實踐。而「養生」在龍溪處儘管可能更多地是針對當時社會上流傳的養生術，卻也可以在一般的意義上適用於整個道教內丹學。我們在前文論「修性」與「修命」時已經指出，對以養生為主要內容的命功來說，即使在強調「性命雙修」的道教內丹學中也仍然具有不可化約的獨立地位。這裏，我們對此還需略加申論，以說明龍溪用「養生」來概括道教的基本取向確實具有普遍的意義，並非不可以將宋元以來強調心性修養的內丹理論包括在內。

眾所周知，全真道北宗是以偏重「性功」而著稱的，其中又以丘處機（亦作邱處機，字通密，號長春子，1148-1227）開創的龍門派最為突出。其實，這種似乎只言性不言命的印象，只是一種表面現象，至少並不能全面反映龍門派的面貌。事實上，即使是龍門派也仍然有自己一套調息、理氣的「修命」工夫，整個全真道北宗亦概莫能外。至於如何會給外界造成一種只言性不言命的表面印象，則與整個全真道命功授受重視親傳口授且決不輕易示人有極大的關係。全真道一般決不公開討論與調息、理氣等有關的命功修煉法門，即便本教內的傳授也極為秘密。如振興全真道的關鍵人物、全真七子之一的丘處機便有這樣的一段經歷：

一日，祖師（王重陽）閉戶與丹陽（馬鈺）論調息法，師父（丘
處機）竊聽於外，少間推戶入，即止其議論。一日乘見進問
祖師，答曰：性上有。再無所言，師父亦不敢復問。（〈北遊
錄〉，《正統道藏·正一部》「弁字號」）

由此可見，給人以重性輕命表像的全真道北宗，也仍然有一套獨立
於「性功」之外的「命功」授受傳統。只是由於傳授與修煉的保密
性，教內人機緣未到尚難以接觸，外界人士自然更是無從知曉了。
而這種傳授的機密性，也恰恰反而可以證明全真道實際上對「命功」
的格外重視。其實，道教所理解的生命無疑偏重於自然生命，相對
於儒家與佛教顯宗，❸道教內丹學最大的特點正在於為人類的身體
修煉提供了一套系統的理論解釋和實踐方法。而道教在整體上有別
於儒學、佛教甚至世界上其他宗教傳統的一個獨特所在，也正是其
致力於掌握、改變人類自然生命存在樣態的勇氣與信心。客觀而
言，這一點在現代對於人體生命科學的探索仍然不無意義。

　　既然「養生」在整體上的確可以概括道教之所以為道教的基本特
徵和取向，龍溪以上「養生」即在「養德」之中的說法，顯然反映
了龍溪儒家的自我認同以及以良知教融攝道教的立場。在前面所引
龍溪的一些文獻中，我們已經可以看到龍溪常常將儒學與道教的觀
念和命題相提並論，譬如將良知比作「元神」、「神丹」、「日魂

---

❸　佛教密宗講究「即身成佛」，如《菩提心論》所謂「惟真言法，即身成佛
　　故。」因而和道教重視「命功」的修煉一樣，對人體的氣脈修煉有一套嚴密
　　複雜的理論和實踐法門。並且，密宗尤其強調上師在傳承中的重要性。密宗
　　之所以為「密」，也和道教內丹學一樣，在於其功法授受中的保密性。

之光」，將儒家戒慎恐懼、不睹不聞的修養工夫比作道教內丹修煉的「火候」與「藥物」。除此之外，龍溪對道教的融攝，更多地表現在他對道教一些觀念與命題的創造性解讀與詮釋上。

# （四）、息與調息

嘉靖四十三年甲子（1564），龍溪與耿定向在宜興有過一次聚會，當時耿定向曾向龍溪提出過「老佛虛無之旨與吾儒之學同異何如」的問題，對此，龍溪有過一番系統的論述：

> 先生（龍溪）曰：「先師有言：『老氏說到虛，聖人豈能於虛上加得一毫實？佛氏說到無，聖人豈能於無上加得一毫有？老氏從養生上來，佛氏從出離生死上來，卻在本體上加了些子意思，便不是他虛無的本色。』吾人今日未用屑屑在二氏身分上辨別同異，先須理會吾儒本宗明白，二氏毫釐，始可得而辨耳。聖人微言，見於大《易》，學者多從陰陽造化上抹過，未之深究。夫乾，其靜也專，其動也直，是以大生焉。夫坤，其靜也翕，其動也闢，是以廣生焉。便是吾儒說虛的精髓。無思也，無為也，寂然不動，感而遂通天下之故，便是吾儒說無的精髓。自今言之，乾屬心，坤屬身，心是神，身是氣。身心兩事，即火即藥。元神元氣，謂之藥物；神氣往來，謂之火候。神專一，則自能直遂，性宗也；氣翕聚，則自能發散，命宗也。真息者，動靜之機，性命合一之宗也。一切藥物老嫩浮沈，火候文武進退，皆於真息中求之。大生云者，神之馭氣也；廣生云者，氣之攝神也。天地四時

日月，有所不能違焉，不求養生而所養在其中，是之謂至德。盡萬卷丹書，有能出此者乎？無思無為，非是不思不為。念慮酬酢，變化云為，如鑒之照物，我無容心焉，是故終日思而未嘗有所思也，終日為而未嘗有所為也。無思無為，故其心常寂，常寂故常感。無動無靜、無前無後而常自然。不求脫離而自無生死可出，是之謂大《易》。盡三藏釋典，有能外此者乎？先師提出良知兩字，範圍三教之宗，即性即命，即寂即感，至虛而實，千聖至此，騁不得一些精彩，活佛活老子至此，弄不得一些伎倆。同此即是同德，異此即是異端。如開拳見掌，是一是二，曉然自無所遁也。不務究明本宗，而徒言詮意見之測，泥執名象，纏繞葛藤，只益紛紛射覆耳。」（《全集》卷四〈東遊會語〉）

龍溪這一段話所包含的內容非常豐富，我們前面討論龍溪三教觀及其自我認同時所得出的基本結論，以及目前正在探討的龍溪對道教觀念與命題的融攝，在這段話裏都可以得到印證。除此之外，則有兩點需要格外注意：第一，是龍溪將道教的修煉和佛教的解脫工夫歸結為「無中生有」的致良知工夫；第二，是龍溪提出了「真息」的概念。

　　我們在第三章討論龍溪的致良知工夫論時已經看到，所謂「終日思而未嘗有所思」、「終日為而未嘗有所為」、「常寂常感」、「無動無靜、無前無後而常自然」，正是龍溪「無中生有」致良知工夫論的特徵所在。在以上的話語中，這些特徵卻成為道教內丹修煉甚至佛教生死解脫工夫的表現形式。而由所謂「先師提出良知兩字，範圍三教之宗，即性即命，即寂即感，至虛而實，千聖至此，

騁不得一些精彩，活佛活老子至此，弄不得一些伎倆」這樣的話語
來看，龍溪顯然是力圖將道教的修煉與佛教的解脫工夫容納到致良
知的工夫實踐之中。對此，我們可以發現進一步的證據。在萬曆二
年甲戌（1574）的天柱山房（紹興府會稽縣境內）之會中，裘子充向
龍溪詢問「衛生之經」，龍溪回答說：

> 人之有息，剛柔相摩、乾坤合辟之象也。子欲靜坐，且從調
> 息入手。調息與數息不同，數息有意，調息無意。綿綿密
> 密，若存若亡。息之出入，心亦隨之。息調則神自返，神返
> 則息自定。心息相依，水火自交，謂之息息歸根，入道之初
> 機也。然非致知之外另有此一段工夫，只於靜中指出機竅，
> 令可行持。此機非臟腑身心見成所有之物，亦非外此別有他
> 求。棲心無寄，自然玄會；恍惚之中，可以默識。要之無中
> 生有一言盡之。愚昧得之，可以立躋聖地，非止衛生之經，
> 聖道亦不外此。（《全集》卷五〈天柱山房會語〉）❹

　　儘管道教修煉工夫中本來有「無中生有」的話頭，但龍溪並不
是簡單地襲用，從所謂「非致知外別有一段工夫」以及「調息與數
息不同，數息有意，調息無意」的話來看，龍溪顯然是將道教「無
中生有」的修煉工夫賦予了致良知工夫中「無中生有」的意涵。調
息本來是道教修煉的一個基本法門，但由於龍溪力圖將道教的修

---

❹　通行《全集》中該篇文字未記時間，《龍溪會語》卷六〈天山答問〉則說明
　　爲「萬曆二年甲戌」，而《龍溪會語》之〈天山答問〉即通行全集本之〈天
　　柱山房會語〉。參見本書附錄二：〈明刊《龍溪會語》及王龍溪文集佚文
　　──王龍溪文集明刊本略考〉。

煉收攝到致良知的工夫當中，調息在龍溪這裏也就具有了不同於
道教思想脈絡中的涵義。而龍溪對「真息」概念的獨特規定，既構
成其「調息」說的基礎，同時也是龍溪對道教觀念進行創造性詮釋
這一融攝道教立場的表現。

在〈壽史玉陽年兄七十序〉中，龍溪也曾提到過「真息」的字
眼：

> 夫儒者之學，以盡性爲宗。性者，萬劫無漏之眞體。只緣形
> 生以後，假合爲身，而凡心乘之，未免有漏，故假修命之術
> 以攝煉之，使滌除凡心，復還無漏之體。所謂借假修眞，修
> 命正所以復性也。即養生家言之，性以心言，命以身言。心
> 屬於乾，身屬於坤。身心兩字，即火即藥，一切斤兩法度、
> 老嫩淺深，皆取於眞息。眞息者，性命之玄機，非有待於外
> 也。是故盡性以至於命者，聖人之學也。（《全集》卷十四）

「息」是道教本身固有的一個概念，在道教內丹學中基本上是指呼吸
之氣。「真息」則是指有別於口鼻呼吸的所謂「先天清氣」，如李
道純所謂：「呼則接天根，是之謂闢；吸則接地根，是之謂合。一
呼一吸，化生金液，是之謂變。呼吸即玄牝之門，天地之根矣。所
謂呼吸者，非口鼻呼吸，乃真息合闢也。」（《中和集》卷三〈問答
語錄〉）但是，依龍溪之見，作為「性命之玄機」而「非有待於外」
的「真息」，在儒家聖人之學「盡性以至於命」的工夫實踐中，究
竟又有什麼特定的內涵呢？

在〈與李原野〉一書中，龍溪也曾經對「息」有所說明，所謂：

> 湖中請教息之一字，非止對治之方，乃是養生要訣，亦便是

學問眞正路頭。至人有息而無睡，睡是後天濁氣，息是先天
清氣。莊生所謂六月息，孔子所謂向晦入燕息。息者，隨時
休息之謂。終日間，眼視色，耳聽聲，鼻聞臭，口吐聲音，
手足動觸，魂魄精神隨意流轉，隨在泄漏，是謂生機。循晦
至夜，機事已忘，萬緣漸消，目無所見，耳無所聞，鼻無所
臭，口止不言，四肢靜貼，魂魄藏伏，精神翕凝，一意守
中，如潛如蟄，如枝葉剝落而歸其根，是謂殺機。生機爲
順，殺機爲逆。逆順相因，如迴圈然，在知道者默而識之。
若果信息之一字，可使終夜不打一鼾，不作一夢。一念炯
然，自由自在，先天補益之功，自有出於昏睡之外者矣。若
果信得及，可使終日酬應萬變，而此念寂然，不爲緣轉，是
謂通乎晝夜之道而知。聖功生焉，神明出焉。蓋養德養生，
原非兩事，但其求端用力，作用不同。（《全集》卷九）

我們在第二章討論龍溪的良知觀時看到，作爲信仰的對象，關聯於
「信得及」而言者是「良知」這一龍溪思想的核心觀念。在第三章討
論龍溪的致良知工夫時也發現，龍溪所謂「炯然」、「寂然」的「一
念」，是指良知初發的端倪，可以說也就是良知本身。龍溪經常以
「一念靈明」指代良知，正是在這個意義上來使用的。但是在這裏，
「信得及」的對象變成了「息」，一念之所以能夠炯然、寂然，也變
成了「信得及」「息」的結果。那麼，「息」和良知又構成什麼關係
呢？其實，在道教來說，不論是作爲「先天清氣」的「息」還是作
爲「後天濁氣」的呼吸之「息」，「息」都是一種「氣息」，但在
龍溪看來，「息」卻不僅僅是「氣息」，還具有「生生之機」的涵
義。龍溪在《大象義述》中指出：

> 息者，生生之機也。……顏子如愚，三月不違，三月一息
> 也；日月而至，日月一息也，堯之允恭，舜之玄德，文之不
> 顯，孔之無知，群聖一息也；專而直，翕而辟，天地一息
> 也。尺蠖之屈，龍蛇之藏，萬物一息也；通古今於一息，萬
> 年一息也。……息有二義：有止息，有生息，如水之凝而時
> 釋也，如蟲之蟄而時啟也。此造化出入之機，聖人至誠無息
> 之學也。

確切而言，這種作為「生生之機」的「真息」，也就是良知。在嘉
靖四十四年乙丑（1565）的留都之會上，龍溪對從事養生之術的王子
實說：

> 千古聖學，存乎真息。良知便是真息靈機。知得致良知，則
> 真息自調，性命自復，原非兩事。若只以調息為事，未免著
> 在氣上理會，與聖學戒慎不睹、恐懼不聞、致中和工夫，終
> 隔一層。邵子弄丸，亦只是邵子從入路頭。若信得良知過
> 時，方是未發先天宗旨，方是一了百當，默而存之可也。

（《全集》卷四〈留都會紀〉）

由此可見，就龍溪「養德養生，原非兩事」這種以致良知工夫融攝道
教養生修煉工夫的立場而言，在道教內丹學中作為「先天清氣」的
「真息」概念，顯然成為龍溪良知觀念在融攝道教時的特定表達方
式。換言之，在龍溪以儒家良知教判攝道教的理論話語中，真息就
是良知。而所謂「若果信息之一字」，也不過是「信得良知過時」在
特定語境下的另一種說法而已。需要注意的是，我們前面提到，龍
溪在萬曆二年的天柱山房之會中曾明確要裘子充「從調息入手」，這

裏卻又說「若只以調息為事，未免著在氣上理會，與聖學戒慎不睹、恐懼不聞、致中和工夫，終隔一層」。當然，這並非龍溪的自相矛盾，而恰恰說明龍溪對「調息」的理解，也有其不同於一般道教調息概念的獨特內涵。這種情形和龍溪的「真息」概念是一樣的。

事實上，龍溪有一篇名為〈調息法〉的文字，從中，我們可以瞭解龍溪「調息」說的具體涵義。其文如下：

> 息有四種相：一風，二喘，三氣，四息。前三爲不調相，後一爲調相。坐時鼻息出入覺有聲，是風相也；息雖無聲，而出入結滯不通，是喘相也；息雖無聲，亦無結滯，而出入不細，是氣相也；坐時無聲，不結不粗，出入綿綿，若存若亡，神資沖融，情抱悅豫，是息相也。守風則散，守喘則戾，守氣則勞，守息則密。前爲假息，後爲真息。欲習靜坐，以調息爲入門，使心有所寄，神氣相守，亦權法也。調息與數息不同，數爲有意，調爲無意。委心虛無，不沈不亂。息調則心定，心定則心愈調。真息往來，而呼吸之機，自能奪天地之造化。含煦停育，心息相依，是謂息息歸根，命之蒂也。一念微明，常惺常寂，範圍三教之宗。吾儒謂之燕息，佛氏謂之反息，老氏謂之踵息，造化合辟之玄樞也。以此微學，亦以此衛生，了此便是徹上徹下之道。（《全集》卷十五）

如果說「調息」是一個儒釋道三家可以通用的說法的話，龍溪又進一步以所謂「燕息」、「反息」和「踵息」這三個不同的概念來區分三家的調息工夫。「踵息」之說來自莊子，所謂「真仙之息以

踵」。陳致虛也說：「《悟真篇》云；『漫守藥爐看火候，但安神息看天然。』神息者，即莊子云：『真仙之息以踵』，廣成子云：『丹竈河車休砣砣，鶴胎龜息目綿綿。』此龜息、神息、踵息名雖殊而用之則一。」（《金丹大要》三〈妙用九章〉）而「燕息」之說，龍溪在嘉靖三十六年丁巳的三山石雲館第之會中曾向王慎中作過解釋：

> 遵巖子問先師在軍中，四十日未嘗睡，有諸？先生（龍溪）曰：「然。此原是聖學。古人有息無睡，故曰向晦入燕息。世人終日擾擾，全賴後天渣滓厚味培養，方夠一日之用。夜間全賴一覺熟睡，方能休息。不知此一覺熟睡，陽光盡爲陰濁所陷，如死人一般。若知燕息之法，當向晦時，耳無聞，目無見，口無吐納，鼻無呼吸，手足無動靜，心無私累，一點元神，與先天清氣相依相息，如爐中種火相似，比之後天昏氣所養，奚啻什百？是謂通乎晝夜之道而知。」（《全集》卷一〈三山麗澤錄〉）

無論是〈調息法〉還是前引萬曆二年甲戌天柱山房之會中龍溪對裘子充語，都表明對龍溪來說，調息是靜坐的入門工夫。並且，從作爲「燕息」的調息法來看，龍溪還明確提供了一套有關靜坐的切實可行的實踐工夫。自從程明道「見人靜坐，便歎其善學」，理學家幾乎都在不同程度上肯定靜坐的意義，但靜坐的具體方法，卻大都未有論及。龍溪在與道教的交往互動中提出「調息法」，顯然於此有所彌補。

　　不過，既然「真息」在龍溪處只是「良知」的另名，從龍溪融攝道教的立場來看，調息也只能爲致良知工夫所必涵。因此，在龍

溪看來，作為「燕息」的儒家調息法，自不同於一般道教的調息工夫。事實上，在〈調息法〉的最後，龍溪正是明確地將調息歸結到了「一念之微」的致良知工夫上·，所謂「一念微明，常惺常寂，範圍三教之宗。」在前引龍溪〈壽商明洲七裘序〉中，龍溪有認為「性命之學」「其機存乎一息之微」的說法，現在，我們在掌握龍溪「真息」概念所指的基礎上再將「一息之微」這一說法關聯於〈調息法〉而加以考察，相信立刻可以看到調息法與致良知工夫二者之間內在的緊密聯繫。依龍溪所論，調息工夫的究竟，所謂「一念微明，常惺常寂」，顯然是要時時刻刻以「一念靈明」為主宰而「念念致良知」，這無疑又回到了我們第三章所論龍溪「一念之微」致良知工夫論的宗旨。由此可見，調息在龍溪處已不再僅僅是道教內丹學的一種修煉法門，而具有了致良知工夫精神性自我轉化的意義。這是龍溪以其包括良知觀與致良知工夫在內的整個良知教融攝道教，在前者的立場上對後者的觀念與命題進行創造性詮釋的必然結果。❹

　　關於龍溪對靜坐的看法，我們在後面第六章討論中晚明陽明學的本體與工夫之辨時再詳細討論。這裏需要略加說明的是，對於靜坐，龍溪和陽明一樣，雖然並未否定，而是認為在一定程度上可以起到收攝身心的作用，所謂「補小學一段工夫」，且龍溪本人也不

---

❹　有研究者認爲〈調息法〉意味著龍溪用道教思想詮釋和改造了陽明學，參見吳震：〈王龍溪の道教觀──調息法をに中心〉，大阪：《大阪産業大學論集》第83號，1994。當然，龍溪將道教的話語引入陽明學，並通過調息法而賦予了靜坐具體的方法，確實可以說在一定意義上改造了陽明學。但是，在這種將道教引入陽明學的過程中，從龍溪的三教觀與自我認同來看，更爲準確地說，顯然是龍溪用陽明學思想詮釋和改造了道教而非相反。這一點對佛教而言同樣如此。

無相應的經歷，❻但畢竟不以之為究竟，所謂「亦權法也」。這從龍溪雖尊白沙為明代理學開端，但終以為白沙近於邵雍（字堯夫，諡康節，1011-1077）之「靜」而未能「動靜一貫」可見，所謂「白沙翁靜中養出端倪，自是白沙入路，亦便是他受用處，與聖門動靜合一宗旨，微隔一層。白沙終身學堯夫，明道作堯夫志云：『究其所至，可謂安且成矣』。此是千古斷案，默識當自知之。」（《全集》卷十六〈書陳中閣卷〉）在龍溪的話語中，調息是關聯於靜坐的，前者是後者的「入門」與「入手處」。因此，即使是作為養生之道的靜坐，在龍溪看來，也無疑可以並且應當容納到致良知工夫的展開過程之中，構成致良知工夫的一個環節。

# 四、佛教思想的判攝與融通

龍溪以良知為「範圍三教之宗」，在其建構良知教系統的過程中，對道教的觀念與命題加以判攝與融通，和對佛教的觀念與命題加以判攝與融通，是緊密交織在一起的。恰如上引龍溪〈調息法〉，事實上便既是融攝道教內丹學的表現，也是融攝佛教思想的

---

❻ 龍溪投身陽明門下而得悟之前，曾有一段「靜修」的過程。徐階〈龍溪王先生傳〉云：「（龍溪）試禮部不第，歎曰：『學貴自得，吾向者猶種種生得失心，然則僅解悟耳。』立取京兆所給路券焚之，而請終身受業於文成。文成為治靜室，居之逾年大悟。」由此可見，龍溪的工夫次第中其實包含了「靜」的環節，並非一蹴而就，這是歷來大多數研究者常常忽略的。因此，龍溪後來思想成熟後對羅念庵、聶雙江等偏於「靜」的致良知工夫的匡正，嚴格而論並非站在與「靜」相對的「動」的一邊，而應當說是在超越動靜兩邊的基礎上由「動靜合一」的立場而發。

一個極佳範例。❹因為從形式上看，〈調息法〉更直接地是取材於天臺智顗（538-597）的〈修習止觀坐禪法要〉（又稱〈小止觀〉或〈童蒙止觀〉）中論調息的內容：

> 息有四種相：一風、二喘、三氣、四息。前三爲不調相，後一爲調相。云何爲風相？坐時則鼻中息出入覺有聲，是風也。云何爲喘相？坐時息雖無聲，而出入結滯不通，是喘相也。云何氣相？坐時息雖無聲，亦不結滯，而出入不細，是氣相也。云何息相？不聲、不結、不粗，出入綿綿，若存若亡，資神安隱，情抱悅豫，此是息相也。守風則散，守喘則結，守氣則勞，守息則定。坐時有風、喘、氣三相，是名不調，而用心者，復爲心患，心亦難定。若欲調息之，當依三法：一者下著安心，二者寬放身體，三者想氣遍毛孔出入通無障礙，若細其心，令息微然，息調則衆患不生，其心易定，是名行者初入時調息方法。❹

將此段文字與龍溪的〈調息法〉相較，可以發現後者前半部分幾乎完全取自前者。但龍溪並非簡單襲取，而是在關鍵之處有所改易。一是將「息」與「風」、「喘」、「氣」的對照由智顗所論的「調相」與「不調相」進一步表述爲「真息」與「假息」；二是在後半部首先引入道教內丹學的話語，如所謂「神氣相守」、「心息

---

❹ 有研究者曾注意到了〈調息法〉可以視爲龍溪三教合一思想的案例並進行了相應的分析。見林惠勝：〈試論王龍溪「三教合一說」——以〈調息說〉爲例〉，臺北：《中國學術年刊》第 14 期，1993 年，頁 161-179。

❹ 《大正藏》第 46 卷，頁 462-475；亦見《卍藏經》，第 32 套，第 9 冊。

相依」，最後歸結為「一念之微」的致良知工夫，所謂「一念微明，
常惺常寂，範圍三教之宗」。如果說「調」與「不調」還只是同一
性質下兩種相反狀態的話，「真息」與「假息」則顯示了兩種不同
性質的對照。而由龍溪「良知便是真息靈機。知得致良知，則真息
自調，性命自復，原非兩事」這一原則來看，龍溪顯然是將以良知
教融攝道教的手法同樣地運用到了佛教之上。至於捨棄〈修習止觀
坐禪法要〉中論調息法的最後部分而代之以「一念微明，常惺常
寂，範圍三教之宗」，並以「一念微明」為「造化合辟之玄樞」、
既「徵學」又「衛生」的「徹上徹下之道」，則更體現了龍溪以良
知教為歸宗的立場。其實，智者大師〈修習止觀坐禪法要〉共分「具
緣」、「訶欲」、「棄蓋」、「調和」、「方便」、「正修」、「善
發」、「覺魔」、「治病」、「證果」等十意。其中「調和第四」
又分「調食」、「調睡眠」、「調身」、「調息」以及「調心」五
法。上引調息法並非一種孤立的修煉法門，而只是其緊密關聯的
「調和」五法中的一個環節而已。並且，作為調和五法之一的調息
法，還預設了智顗一整套的止觀思想與實踐方法作為其有效性與
合理性的存有脈絡。❹因此，從天臺的角度而言，龍溪取材於智顗
〈修習止觀坐禪法要〉所作的〈調息法〉，就不免於「斷章取義」和
「改頭換面」。對於道教的一些觀念與命題，在道教人士看來或許
也存在同樣的問題。然而，撇開其中合法性的問題不論，正是這
些屬於創造性詮釋的改易之處，表明了龍溪是基於其良知教立場

---

❹ 有關天臺止觀的專門研究，可參考關口眞大：(一)、《天臺小止觀の研究》
（京都：山喜房佛書林，1974）；(二)、《天臺止觀の研究》（東京：岩波
書店，1969）。

而對佛教的判攝與融通。這一點,在龍溪對「禍福善惡」、「因果報應」、「生死輪迴」這些佛教觀念與命題的詮釋與評價中,得到了更為具體的反映。

## (一)、善惡禍福

嚴格而論,佛教最初對善惡的理解並不完全等同於一般倫理道德意義上的善惡,凡有利於覺悟佛法、佛理而得解脫者為善,反之為惡。所謂「順理為善,違理為惡」,❺⓿「能為此世他世順益,故名為善;能為此世他世違損,故名不善」。❺① 但是隨著佛教在中土的流傳,由於中國傳統善惡觀念的影響,佛教善惡觀念中倫理道德的意義日益突顯,與儒家以及一般常識對於善惡的理解已經並無太大的區別。至於禍福觀念的涵義,佛教與一般常識的理解也基本上並無不同。對佛教而言,其特點更多地不在於對善惡禍福這四種觀念涵義的各自理解,而在於在善惡與禍福之間建立的那種必然對應關係,以及對這種必然對應關係得以存在的原因或根據的解釋。

佛教在善惡與禍福之間建立的必然對應關係,簡單地說就是為善必得福,為惡必致禍。如《旃檀越王經》云:「罪福影響,如影隨形,未有為善不得福,行惡不得殃者。」❺② 慧遠(334-416)《明報應論》云:「是故失得相推,禍福相襲,惡積而天殃自至,罪成則

---

❺⓿ 《大乘義章》卷十二,《大正藏》第44卷,頁697。
❺① 《成唯識論》卷五,《大正藏》第31卷,頁26。
❺② 《大正藏》第14卷,頁791。

地獄斯罰。此乃必然之數，無所容疑。」(《弘明集》卷五) 李師政
《內德論》云：「罪福之性，平等不二，而福以善臻，禍因惡至。」
(《廣弘明集》卷二) 永明延壽（904-975）曾說：「為善福隨，履惡
禍追。」(《萬善同歸集》卷三) 紫柏真可也曾說：「惡積則受苦，
善積則受樂。」(《紫柏老人集》卷九) 不過，單純這種必然的對應
關係，還不能說是佛教的特色，因為這在中西方不同觀念系統中具
有一定的普遍性。佛教東來之前，中國古代便有這樣的思想。如
《尚書・商書・伊訓篇》所謂「惟上帝無常，作善降之百祥，作不善
降之百殃」；《國語・周語》所謂「天道賞善而罰淫」；《老子》(七
十九章) 所謂「天道無親，常與善人」；《易傳》所謂「積善之家，
必有餘慶；積不善之家，必有餘殃」；《韓非子・安危》所謂「禍
福隨善惡」等。至於這種必然對應關係存在的原由，或者說靠什麼
來保證這種對應關係的必然性，佛教則純粹歸之於善惡行為主體自
身的所謂「業力」(梵文 Karma)，而不像中國先秦思想以及西方一
神論宗教那樣將之歸於「天道」或者「上帝」。前者靠的是自力和
內力，後者則是他力和外力。

　　與之相較，傳統儒家的看法與之有一點相近，一點不同。首
先，自孔子「為仁由己」尤其孟子「盡心、知性、知天」的思想確立
以來，儒家雖從不否認「天」、「天道」的終極性意義，但從「天命
之謂性」的角度來看，超越的價值根源即內在於主體的心性，這在心
學、陽明學處尤其得到了高揚。就此而言，這種主體性的進路和佛
教強調自我覺悟的「自力」性質有相近之處。當然，之所以只是相近
而不相同，則在於佛教的主體或「自我」最終仍不過是因緣和合的「虛
體」、「空體」，儒家的主體與自我至少在陽明學處卻是具有道德創

造性的「實體」。其次,從孟子「性命對揚」、「義命分立」的原則來看,儒家認為善惡與禍福屬於兩個不同的領域,並不主張善惡與禍福之間有必然的對應關係,著眼點在於善之當為與惡之當去,禍福則非所與論。佛教的終極關懷雖然是超越層面的清淨解脫,但其對善惡與禍福之間關係的界定,就世俗層面導人為善去惡的宣教而言,卻無疑預設了人們求福避禍的普遍心理願望與行為取向。而在人們求福避禍心理支配下善惡的取捨之間,為善去惡成為手段,求福避禍才是目標。這顯然與儒家有別。就善惡禍福的觀念從倫理學的角度而言,儒家表現為一種義務論倫理學(deontological ethics)或存心倫理學(Gesinnungsethik),而佛教表現為一種目的論倫理學(teleological ethics)或功效倫理學(Erfolgsethick)。㊼這是在一般意義上對儒家與佛教在善惡禍福觀念上的比較,而龍溪對善惡禍福的論述,則向我們透露了新的思想消息。

隆慶四年庚午(1570),龍溪家遭火災,在所作〈自訟問答〉中,龍溪講過這樣一段話:

> 聖賢之學,根於所性,雖不從禍福起因,而亦未嘗外於禍
> 福。禍福者,善惡之徵;善惡者,禍福之招,自然之感應

---

㊼ 義務論倫理學和目的論倫理學是英美學界的區分,其內涵參見 William K. Frankena, *Ethics*. Englewood Cliffs/New Jersey, 1973, pp.14-17。存心倫理學和功效倫理學則是歐陸尤其德國學界的用語。在內涵上,義務論倫理學大體相當於存心倫理學,目的論倫理學則大體相當於功效倫理學。對於存心倫理學、功效倫理學關聯於儒家倫理的辨析,可參考李明輝:〈存心倫理學、責任倫理學與儒家思想〉,《臺灣社會研究季刊》第 21 期,1996 年 1 月,頁217-244。

也。聖賢之處禍福與常人同，而認禍福與常人異。常人之
情，以富壽爲福，以貧夭爲禍，以生爲福，以死爲禍。聖賢
之學，惟反諸一念以爲吉凶。念苟善，雖顏之貧夭，仁人之
殺身，亦謂之福；念苟惡，雖蹠之富壽，小人之全生，亦謂
之禍，非可以常情例論也。（《全集》卷十五）

從龍溪這段話開頭的兩句來看，龍溪認爲聖賢之學「未嘗外於禍
福」，和傳統儒家判善惡與禍福分兩途、不相關聯的看法有所差
異。在龍溪看來，如果說聖賢之學以善惡問題爲著眼點和作用點的
話，則善惡又並非將禍福的問題排除在外。二者之間存在著自然的
感應關係，所謂「禍福者，善惡之徵；善惡者，禍福之招，自然之
感應也。」這種對善惡與禍福之間相關性的肯定，無疑表明龍溪對
佛教思想的吸收。不過，從以上這段文字來看，龍溪對善惡禍福觀
念的理解與側重，仍然顯示出不同於佛教的立場和價值取向。

　　首先，龍溪所謂聖賢之學不從禍福起因，其實是指出了儒家聖
賢之學與佛教在善惡禍福之間目的與手段的不同立場。從禍福起
因，也就是說出於求福避禍的心理動機而從事爲善去惡的道德實
踐。不從禍福起因，則意味著爲善去惡本身即是目的，凡事爲所當
爲而不計禍福利害，恰如董仲舒（西元前197-西元前104）所謂「正
其義不謀其利，明其道不計其功」。這可以說是儒家的基本原則之
一。在龍溪看來，善惡意識與行爲是否從禍福起因，應當是區別儒
家聖賢之學與常人之情的一個標準。而當時在善惡禍福問題上的所
謂「常人之情」，顯然是長期以來早已深入廣大社會民眾文化心理
結構的佛教觀念。

　　不過，最能反映龍溪善惡禍福觀念的是該段文字中聖賢之學對

待禍福的理解和態度。「聖賢之處禍福與常人同」，是說就作為客觀事實的禍福而言，發生在聖賢身上與發生在常人身上都是一樣的，如聖賢與常人都會遇到富壽、貧夭、生死的問題。聖賢也無法改變這些客觀事實。但是，聖賢之所以為聖賢而不同於常人，在於聖賢對這些客觀事實的理解和態度與常人有別，所謂「認禍福與常人異」。龍溪說得很清楚，對於富與貧、壽與夭、生與死，常人以前者為福，後者為禍。而對聖賢之學來說，富與貧、壽與夭、生與死本身都無所謂禍福，何者為禍，何者為福，取決於主體與自我的一念之善惡。正所謂「聖賢之學，惟反諸一念以為吉凶。念苟善，雖顏之貧夭，仁人之殺身，亦謂之福；念苟惡，雖蹠之富壽，小人之全生，亦謂之禍」。顯然，從龍溪這裏對禍福的理解和規定來看，禍福已經失去了自身的獨立性，不再與善惡分屬「客」與「主」、「所」與「能」以及「命」與「義」兩個不同的領域，而是消融於善惡。可以說，善即福，惡即禍。這與佛教的看法顯然有別。

事實上，善惡禍福涉及的是中西方思想中一個普遍的問題，即道德與幸福的關係問題。康德曾在其有關「圓善」（das höchste Gute）概念的討論中對道德與幸福這兩個概念的涵義以及二者如何統一的問題進行了解說。依康德之見，道德的本質規定是善良意志，❺❹幸福是指人的種種感性意欲得到滿足時產生的感受狀態。❺❺前者繫屬於人的自由意志，後者則受制於現象世界的自然法則。雙方是異質異

---

❺❹ 康德：《道德形而上學原理》，苗力田譯，頁43；牟宗三譯注：《康德的道德哲學》（臺北：臺灣學生書局，1983），頁15。

❺❺ 康德：《實踐理性批判》，關文運譯（北京：商務印書館，1960），頁127；牟宗三譯注：《康德的道德哲學》，頁372。

層的綜合關係，二者的統一需要靈魂不滅和上帝存在這兩個所謂實踐理性的設準來加以保證。牟宗三先生也曾在其《圓善論》中直接基於康德的思想提出了自己的看法。在此，我們無需對康德以及牟宗三有關「圓善」問題的不同解答加以分析和檢討。㊻需要指出的是，牟宗三以「自由無限心」保證道德與幸福統一的圓善論，其思想資源的重要組成部分之一，正是龍溪的「四無」論。我們在第四章考察龍溪四無論時已經看到，由於心知、意、物之間的體用關係，在四無論中，物通過且與意一道實際上被提到了心知所在的同一層面，換言之，本來尚未完全失去客觀實在性的「意之所在為物」被進一步收攝於良知心體的流行發用之中而轉換為「明覺之感應為物」。事實上，較之前引龍溪〈自訟問答〉中取消禍福的獨立性而將其化約為善惡，二者之間存在著內在的一致性與對應關係。也正因此，牟宗三以龍溪的四無論為建構儒家式圓善論的主要資源，便最終仍然無法避免像龍溪那樣「銷福歸德」，在相當程度上又回到了斯多葛（Stoic）主義的立場。顯然，這同樣是龍溪善惡禍福觀念所要面對的問題。

當然，我們應當看到，在善惡禍福的問題上，龍溪儘管最終仍然持守的是儒家不以禍福利害動其心，而惟以為所當為繫其念的基本立場，但龍溪「禍福者，善惡之徵；善惡者，禍福之招」的說法畢竟有取於佛教基於因果報應說之上的善惡禍福觀。在儒釋道三教密切融合，各種善書、寶卷、功過格廣泛流行的中晚明，這是很自然的。㊼龍溪弟子袁黃及再傳陶望齡、陶奭齡（陶望齡之弟，1565-

---

㊻ 參見彭高翔（彭國翔）：〈康德與牟宗三之圓善論試說〉，臺北：《鵝湖》，1997年8月，頁21-32。
㊼ 相關的研究可參考（一）、酒井忠夫：《中國善書の研究》（東京：弘文堂，

1639）等人所大力推行的的功過格，⑱ 則進一步容納了佛教善惡禍福與因果報應的思想，肯定了趨福避禍的大眾心理對於道德教化的現實意義。就此而言，從倫理學的角度來看，至少中晚明陽明學所體現的儒家倫理，雖然可以借助西方義務論倫理學或存心倫理學以為詮釋的資源，但顯然無法完全歸於義務與目的、存心與效果嚴格二分之下的義務論或存心倫理學。對於目前學界以西方德性倫理（virtue ethics）詮釋儒家倫理的趨向，我們也應當意識到其中的複雜與分際。

## （二）、因果報應

佛教善惡禍福的觀念與其因果報應的思想是密不可分的。善惡與禍福之間之所以存在必然的對應關係，就在於因果報應的存在；因果報應的實際內容，也就是善與福、惡與禍之間的配享。因果報應之說廣泛地見於佛教的各種經典，如《菩薩瓔珞本業經》所謂「善果從善業生，惡果從惡因生。」⑲ 《中阿含經》中世尊告諸比丘說：「若有故作業，我說彼必受報。或現世受，或後世受。若不故作業，我說此不必受報。」⑳ 《無量壽經》所謂「天地之間，五道分明，

---

1960）；（二）、Cynthia J. Brokaw, *The Ledgers of Merit and Demerit: Social Change and Moral Order in Late Imperial China*, Princeton: Princeton University Press, 1991.

⑱　二人的功過格思想參見（一）、袁黃：《了凡四訓》、《立命篇》；（二）、陶望齡：《功過格論》。按：《功過格論》署名陶望齡編，但酒井忠夫認為實際應當是陶奭齡所編。

⑲　《大正藏》第 24 卷，頁 1019。

⑳　《大正藏》第 54 卷，頁 651。

恢廓窈冥，浩浩蕩蕩，善惡報應，禍福相承。」❻佛教傳入中土以後，也和中國傳統固有的善惡報應理論相結合，從而更加深入人心。慧遠曾專門作《三報論》與《明報應論》來論證善惡禍福的因果報應「乃必然之數」，對後世影響極大。明代佛教的特點不在於高僧大德的造論立說、開宗創派，而在於佛教思想廣泛深入地普及於社會並與儒家、道家道教思想水乳交融。因此，因果報應之說也無疑早已成為當時人們文化心理結構的歷史積澱。

較之一般哲學上因果律（causality）所謂的「有果必有其因」，佛教的因果（梵文 Hetu-phala）更進一步強調相同性質的原因造成相同性質的結果，具體而言，即通常所謂「善有善報，惡有惡報」。並且，善惡的果報往往關聯著禍福，善報即是福報，惡報即是禍報。❷因此，如果說善惡最終不免要歸結到主體的意志而言的話，那麼，佛教的因果報應說其實也是要像康德那樣，在意志自由法則支配的道德世界與自然法則支配的現象世界之間建立一種必然的關聯。只不過這種必然關聯的保證在康德處是上帝與靈魂，在佛教是主體自身的業力而已。並且，由於與善惡禍福密切相關，佛教因果報應說的直接結果使人們在行為時往往更加注意的是該行為會產生怎樣的實際結果，是得福還是遭禍，而不是行為本身的應當與否。即使是為善去惡的行為，在因果報應觀念的支配下，也不免是出於趨福避禍、趨利避害的動機。這不免導致儒家所極力反對的「行仁

---

❻　《大正藏》第 54 卷，頁 405。

❷　對佛教因果觀念較為全面的檢討，見中村元：「因果」，《佛教思想》第 3 期，佛教思想研究會編，東京：平樂寺書店，1978，頁 3-35。

義」而非「由仁義行」的「義襲之學」。❻

　　據龍溪自己的記載，其夫人張氏安人是一位虔誠的佛教徒，所謂「中年好佛，虔事觀音大士，掃靜室，持《普門品》及《金剛經》，出入必禱，癆瘵精神，時相感通，若有得於圓通觀法者。」（《全集》卷二十〈亡室純懿張氏安人哀辭〉）可見龍溪所在是一個多元宗教的家庭。張氏安人曾經向龍溪詢問過因果報應之說。

> 問因果報應。予謂一念善因，終成善果；一念惡因，終成惡果，其應如影。止惡修善，不昧因果，便是大修行人。一念萬年，無有生滅，即無輪迴。知生則知死矣。

細觀這裏龍溪對因果報應的解釋，顯然與佛教有別。與對善惡禍福觀念的理解相應，龍溪將因果報應的焦點與重點由客觀世界的「果」轉移到了主體自身的「因」，由對禍福的趨避轉向對善惡的關注。就「一念善因，終成善果；一念惡因，終成惡果」而言，固然也可以說龍溪未嘗不接受佛教的因果報應說，但仔細在語脈中體貼「終成」的涵義，可見龍溪關注的焦點其實並不在於得什麼樣的「果」，而在於一念的善惡與否。在對善惡禍福的理解中，如果可以說龍溪的立場是惟一念之善惡是問，禍福非所論也，那麼對因果報應來說，龍溪則同樣可以說是惟一念之善惡是問，果報非所論也。這無疑是儒家道德哲學的基本立場。而把握了這一點，對於龍溪在其他場合不主張講學活動中宣傳佛教因果報應之說，我們或許就不難理解了。

---

❻　劉蕺山後來作《人譜》，反對袁黃的功過格思想，正是基於儒家講求動機、存心與應當的道德嚴格主義立場。而袁黃的功過格思想，正是主要由佛教而來。

　　龍溪聽聞羅近溪在講學活動中「時及因果報應之說」，曾委婉地提出過批評或至少是提醒。他在給羅近溪的信中說道：

> 傳聞吾兄主教，時及因果報應之說，固知引誘下根之權法，但恐癡人前說夢，若不喜聽，又增夢語，亦不可以不慎也。何如？何如？不肖數時行持，只尋常此學，只從一念入微處自信自達，與百姓同作同止，不作一毫奇特伎倆，循此以報知己而已。（《全集》卷十一〈與羅近溪〉第一書）

同樣的意思，龍溪也曾在給門人貢安國（字玄略，號受軒，生卒不詳）的書信中表達過，所謂：

> 近溪兄主盟一方，吾道尤幸。聞提省人，頗涉禪家因果。中人以下以此作接引階梯，堅其通道之心，亦是權法。上根敦行之士不能相諒，或不免於有疑，亦或不可以不慎也。惟只時時提省良知，從一念不可欺、不容昧處默默體究，高者俯而就，下者跂而及，至微而彰，至近而神，以共進此道，更覺省力無弊耳。（《全集》卷十二〈與貢玄略〉第二書）

由此可見，對龍溪的整體思想而言，佛教的因果報應說充其量不過是講學活動中用來接引下根人士的「權法」而已。並且，若使用不當，還會出現癡人前「又增夢語」的情況。而「一念入微」的致良知工夫，才是龍溪念茲在茲、反覆提倡的不二宗旨。從前引龍溪對張氏安人所作因果報應的解釋來看，龍溪也正是立足於其「一念入微」的致良知工夫論而對之作出了儒家式的詮釋。

## （三）、生死輪迴

生死輪迴也是佛教的基本觀念之一，**❻** 是指主體生命在未悟佛法以斷無明、絕因果情況下在「天、人、阿修羅、畜牲、餓鬼、地獄」這所謂「六道」中周而復始的生死流轉。就因果報應的觀念而言，生死輪迴既是其進一步的展開，又為其合理性提供了思想基礎。依生死輪迴之說，地獄、餓鬼、畜牲、阿修羅、人、天這六道本身便構成一個由低到高不同等級的存在序列。其中前三者為三惡道，後三者為三善道。人為善，其生死的流轉便可以在六道中漸次上升，不墮三惡道；作惡，其生死流轉則漸次下降。顯然，死後因其生前的善惡不同而在六道中獲得不同的存在形式，這本身就是不同的果報。因此，生死輪迴可以說是因果報應觀念的進一步展開。另外，生死輪迴觀念蘊涵著三世說，即所謂前世、現世與來世。人生前的生命存在為前世，死後的生命存在為後世，當下的生命存在則為現世。人的生死流轉也就是三世之間的不斷綿延。而因果報應的具體落實，既有現世因果的「現世報」，更多地是展開於三世之間，正如《佛說善惡因果經》中所謂「欲知前世因，今生受者是；欲知後世果，今生所為是」。因果報應說在日常經驗中經常受到挑戰的是現實生活中大量善惡禍福不相配稱的業報反常現象，而生死

---

**❻** 輪迴觀念最早並非佛教提出，在印度婆羅門教的《奧義書》中便已有輪迴之說。但佛教輪迴的觀念卻是流傳最廣的。因此，目前人們一般接受的輪迴觀念，大都是透過佛教而來。有關佛教輪迴觀念較為具體的研究，參見木村泰賢：〈業與輪迴之研究〉，張蔓濤主編：現代佛教學術叢刊第54冊，《佛教根本問題研究》（二）（臺北：大乘文化出版社，1978），頁133-151。

輪迴中的三世說，則從理論上化解了善惡禍福不相配稱的矛盾。因為這種矛盾只不過是現世的現象，而在以生死輪迴為基礎的三世因果說中，報應的發生不必在先世，還可以在來生甚至來生之後的來生。對此，慧遠在《三報論》中曾有解釋，所謂：「業有三報，一曰現報，二曰生報，三曰後報。現報者，善惡始於此身，即此身受。生報者，來生便受。後報者，或經二生、三生、百生、千生，然後乃受。」（《弘明集》卷五）俗語所謂「善有善報，惡有惡報，不是不報，時候未到」，也一語道破了三世因果說的關鍵所在。

　　生死輪迴之說結合因果報應的觀念，一方面可以使人接受現世的決定論（determinism），因為今生的吉凶禍福，乃前世的善惡所造就，作為前世之「因」的現世之「果」，是無可改變的。一方面又賦予人們自己決定自己命運的權利，因為後世的吉凶禍福，乃今生的善惡所造就，而今生為善亦或作惡，是可以「操之在我」的。就前一方面而言，人們對現實生活的一切可以安之若素，從後一方面來看，人們又會積極為善去惡，為今後的生命廣植福田。加之佛教生死輪迴與因果報應又不同於佛教東來之前中國傳統報應論原有的「承負說」，認為善惡的結果完全由生死流轉中的主體自身承擔，而不會由其子孫後代分擔承負，這樣更加促進了個體自我的善惡責任意識。中國歷代提倡佛教的統治者們，也往往是著眼於佛教有利於社會教化的這一點。

　　不過，以上兩個方面是正面積極而言，若從反面消極來看，也同樣存在兩方面的問題。其一，既然今生皆由前世決定，為善去惡雖於來世有益，卻不足以改變現實的生活狀況，於是人們不免會視為善去惡為無所謂，淡化甚至取消善惡是非的道德意識。其二，既

然今生為善去惡之可為來世先植福田，那麼人生在世的種種為善去惡便不免於成為謀求來世幸福的手段，而失去了是非善惡為所當為的道德意義。這種基於功利主義的考慮，則是和儒家的道德思想適成對反的。

在萬曆三年乙亥（1575）的新安鬥山書院之會中，龍溪也表達過他對於佛教生死輪迴之說的看法。

> 或問生死輪迴有無之說。先生（龍溪）曰：「此是神怪之事，夫子所不語。力與亂，分明是有，怪與神，豈得謂無？但君子道其常，此等事，恐惑人，故不以語耳。大眾中尤非所當問，亦非所當答。」諸友請扣不已。先生曰：「人之有生死輪迴，念與識為之祟也。念有往來。念者，二心之用，或之善，或之惡，往來不常，便是輪迴種子。識有分別。識者，發智之神，倏而起，倏而滅，起滅不停，便是生死根因。此是古今通理，亦便是見在之實事。儒者以為異端之學，諱而不言，亦見其惑也矣。夫念根於心，至人無心，則息念，自無輪迴。識變為知，至人無知，則識空，自無生死。為凡夫言，謂之有可也。為至人言，謂之無可也。道有便有，道無便無，有無相生，以應於無窮。非知道者，何足以語此？」

（《全集》卷七〈新安鬥山書院會語〉）

以上龍溪對生死輪迴說的看法，包含三層意思。首先，龍溪雖然認為生死輪迴之說屬於非常的「神怪之事」，不宜作為言說的對象，但卻明確承認其存在。這在整個理學傳統甚至陽明學中都是非常大膽和罕見的。陽明雖然也常常談到生死，但似乎並未肯定過輪迴之

說。龍溪不僅肯定其存在，並且對儒者視之為異端避而不談的做法提出了批評。所謂「儒者以為異端之學，諱而不言，亦見其惑也矣」。

其次，龍溪對生死輪迴產生的根源作出了解釋。在龍溪看來，念與識分別是產生輪迴與生死的根源所在，所謂「輪迴種子」、「生死根因」。對於「念」與「識」的涵義，我們在第三章一念工夫與第二章良知與知識的部分已進行過檢討。作為「二心之用，或之善，或之惡，往來不常」的「念」，顯然是指脫離了良知心體的欲念與邪念，或者說康德、劉蕺山意義上的「意念」，而非作為良知心體直接發用的本念與正念。而作為「發智之神，倏而起，倏而滅，起滅不停」的「識」，也無疑不是良知心體的明覺感應，而是有能所、分別的計較之心，是龍溪〈意識解〉中的「意識」。就像生滅門最終仍由如來藏自性清淨心所開一樣，念與識的終極根源仍在於良知心體，本身乃良知心體受到習染所生，並無終極的實在性。恰如陰霾乃陽光受到雲氣蒙蔽產生，雲氣散去，陰霾自消，依舊陽光普照，陰霾本身並非陽光一樣的最後實在。值得注意的是，龍溪對生死輪迴產生根源的解釋，和佛教本身的解釋有相似之處。因為佛教也是將生死輪迴歸因於離心所起的妄見。**⑥⑤** 不過，龍溪的良知心體和佛教的自性清淨心、妙明真淨妙心在內容規定上卻有著極大的不同，而儒釋之辨的毫釐所在，正在於這種不同之處。

最後，龍溪則提出了超脫生死輪迴的方法。由於念與識在終極

---

**⑥⑤**　如阿難曾向佛祖詢問六道輪迴的起因，佛祖便認為是脫離了妙明真淨妙心的妄見、妄習所致。見《楞嚴經》卷八，《大正藏》第19卷。

意義上的非實在性，念與識所產生的生死輪迴顯然也並不具有終極存在的真實性。一旦「化念還心」（借用劉蕺山語）、「轉識成智」，生死輪迴自然也就不存在了。正所謂「念根於心，至人無心，則息念，自無輪迴。識變為知，至人無知，則識空，自無生死」。而在龍溪的整個思想系統中，「念根於心」、「識變為知」以及「息念」、「無知」，恰恰是「心體立根」與「無中生有」的致良知的工夫。因此，對龍溪來說，生死輪迴儘管對「凡夫」而言是客觀存在的，但完全可以通過致良知的工夫加以超越。而能夠實踐致良知工夫，通過精神性的自我轉化來超越生死輪迴的「至人」，自然是儒家的大人君子、聖賢人物。就此而言，龍溪顯然是立足於良知教的立場。

當然，對於生死輪迴之說，龍溪最後是將其歸於超名言之域，而採取了如維根斯坦所謂「對於不可言說者當保持沈默」的態度。正如他在給張元忭的信中所謂「區區近來勘得生死一關頗較明切，皆從一念妄想所生。道有輪迴，便是覓空中之華，道無輪迴，便是撈水底之月。有無之間，不可以致詰，默契之可也。」（《全集》卷十一〈與張陽和〉第一書）對生死輪迴的態度，顯示出龍溪對佛教思想的充分容納。就一位並未放棄自己儒家身份認同的理學家而言，龍溪對佛教的開放在以往的理學史上是罕見的。當然，龍溪的這種容納顯然也不是無條件的接受。在龍溪的緘默之中，究竟隱含的是儒釋之間終究不可調和的張力，還是「道通為一」之後的圓融無礙，我們或許也只能「默契之可也」。然而，至少就龍溪的自覺而言，其「默契」中所包含的，無疑更多還是對以良知教融攝佛教的高度自信。這一點，在龍溪有關生死的論述中有明確的表達。

生死可以說是佛教的基源問題，正如憨山德清所謂：「從上古

人出家本為生死大事,即佛祖出世,亦特為開示此事而已,非於生死外別有佛法,非於佛法外別有生死。」⑯而在中晚明,生死問題同樣也成為龍溪以及其他許多陽明學者經常探討的課題。在龍溪的文集中,有時間可考龍溪談論生死最晚的文字,應當是給李漸庵以下的這封信:

> 不肖年已八十,百念盡灰,一日亦可,百年亦可,任之而已。孔氏云:「未知生,焉知死。」此是究竟語,非有所未盡也。吾人生於天地間,與萬緣相感應,有得有失,有好有醜,有稱有譏,有利有害。種種境界,若有一毫動心,便是臨時動心樣子。一切境界,有取有捨,有欣有戚,有一毫放不下,便是臨時放不下樣子。生之有死,如晝之有夜,知晝則知夜,非有二也。於此參得透,方為盡性,方為立命,方是入聖血脈路。若不從一念微處徹底判決,未免求助於外,以為寶飾。雖使勳業格天、譽望蓋世,檢盡世間好題目,轉眼盡成空華,與本來性命未有分毫交涉處也。不肖中夜默坐,反觀眼前,有動心處,有放不下處,便是修行無力,便是生死關頭打疊不了勾當。常以此自盟於心,頗有深省。

(《全集》卷十一〈答李漸庵〉第二書)

從所謂「不肖年已八十」的話來看,這封信至少是龍溪八十歲所作。而在龍溪文集所有討論生死的文字中,再沒有比這更晚的了。因此,這可以說是龍溪論生死的「晚年定論」。而在這封信中,龍溪不

---

⑯ 釋德清:《憨山大師夢遊全集》卷三〈法語·示妙湛座主〉,《續藏經》第1輯第2編,第32套第2冊。

僅以孔子「未知生，焉知死」的話為「究竟語」，認為生死如晝夜，不過是一氣的周流復始，更要求將了究生死之道「從一念微處徹底判決」。顯然，龍溪在生死問題上同樣是立足於致良知的根本立場，而將生死解脫之道納入到「一念入微」致良知工夫的綿密展開過程之中。這也再次說明龍溪是自覺地力圖將佛教有關生死的觀念融攝到良知教的系統之內。

龍溪對生死輪迴起因的解釋以及所提出的超越生死輪迴的方法，都和佛教有一致之處。因為佛教不僅也是將生死輪迴歸因於「妄心」，而且也是認為就俗諦而言可言輪迴，對真諦來說則輪迴亦是虛妄，並不具有存在的真實性。❻就此而言，也再次說明龍溪對佛教思想深有瞭解並多有所取。但是，這仍然可以說只是形式上的。因為在對終極實在的理解上，龍溪和佛教是分道揚鑣的。儒釋之別的關鍵，最終也歸結於這一點。

明代是禪佛教盛行的時代，禪佛教的一個核心命題是「明心見性」，而就禪佛教來說，所要明的「心」以及所要見的「性」，恰可以說是佛教的終極實在。顯然，以孟子的「盡心、知性、則知天」為源頭，在理學的話語中，心性同樣可以說是指示終極實在的概念。而在陽明學中，心性即是良知。因此，陽明學「致良知」的核心命題也完全可以表述為「明心見性」。但是，恰恰在內容規定上，陽明學的良知心體顯示出與佛教「明心見性」中「心」、「性」的本質區別。

以往對禪佛教心性論的解釋，多是將其置於《大乘起信論》、

---

❻　參見常覺：〈佛教的輪迴思想〉，《佛教根本問題研究》（二），頁307。

華嚴宗一脈的真常心系統之下。在以如來藏自性清淨心為首出的真常心系統中，如來藏性（佛性）本身即具有覺性，因此如來藏性與如來藏自性清淨心其實是一，只不過分別從客觀與主觀兩方面來說而已。但也有學者認為以真常心的系統來理解禪宗的心性論，只適用於神會一脈的荷澤禪，惠能的心性思想並非「真心即性」，而是相當於天臺宗「一念三千」、「法性無明同體依而復即」以及「三道即三德」的特徵。❻❽ 不過，無論是從心性是一還是從心性非一非異來理解禪宗的心性論，心與性在禪宗處都是指清淨的空寂性，這種空寂性本身並不包含實質的內容。推而言之，甚至各宗佛教言心言性都不以之為具有終極的實在性，否則即有落入佛教所根本反對的「梵我」之嫌。佛心與佛性固然可以說是眾生成佛的超越根據，但既然眾生的存在本身便是因緣假合而成，並不具有真實不虛的獨立存在價值，那麼，佛心佛性自身也並無對眾生所當承擔的道德責任。換言之，佛心佛性並沒有道德的性理作為其本質內容。

與之相較，我們在第二章討論龍溪的良知觀時已經看到，良知心體在龍溪看來，是「有無合一」、「虛實合一」的。「有」與「實」，是從存有論的角度指明其存在的真實不虛；「無」與「虛」，是從境界論的角度指出良知心體作用的無執不滯。良知心體在龍溪處儘管具有「空無虛寂」的「無」性，但這只能是良知心體流行發用時的存在狀態，或者說良知心體的作用形式。至於良知心體本身，則顯然不是空無一物、毫無內容的空寂性本身。它本身即是道德的至善，一切道德實踐所當為的原則都蘊涵在良知心體之中，所謂「萬

---

❻❽　參見牟宗三：《佛性與般若》（下），頁 1039-1070。

化皆從此出」。由於前文對此已有較為詳細的檢討，這裏就不再引文贅述了。朱子曾說：「如釋氏說空，空亦未是不是。但空裏面須有道理始得。若只說道我見得個空，而不知他有個實底道理，卻做甚用得？」（《朱子語類》卷六十七）龍溪若見此言，當必以為是。顯然，龍溪的良知心體與佛教的心性無疑在內容規定上有著根本的不同。雖然都可以說「明心見性」，但其實是各明其所明，各見其所見。同樣的命題表述形式下，雙方在對「心」、「性」的內容理解上包含著深刻的內涵差別。正如龍溪所謂：「良知者，性之靈，即堯典所謂峻德，明峻德，即是致良知，不離倫物感應，原是萬物一體之實學。……佛氏明心見性，自以為明明德，自證自悟，離卻倫物感應，與民不相親，以身世為幻妄，終歸寂滅。」（《全集》卷七〈南遊會紀〉）

從龍溪的儒家立場來看，佛教不能肯定以道德理性（天理）為其本質內容的心性是真實不虛的創生實體（creative reality），自然在存有論上陷入完全的虛無主義。這是所有儒家學者評判佛教的共識。從佛教的立場來看，良知心體不能完全捨棄對道德理性的終極承諾，仍不免有所執著、愛根未斷。因此，晚明高僧雖對陽明學多有肯定，但在陽明學的良知與佛教的心性之間，仍然有所區別而以前者為尚未究竟之說。如雲棲袾宏便曾反對將良知與佛教的真知混同，批評良知已落入愛親敬長的經驗領域，無法做到真常寂照。[69]當然，儒佛兩家在心性論上對心性內涵的不同理解，根本還是來源於雙方存有論上「有」與「無」的不同立場。儒家以心性為真實不

---

[69] 參見袾宏：《竹窗隨筆‧初筆》〈良知〉條。

虛的道德創造實體，以及佛教以心性為「本來無一物」的空寂性本身，可以說是雙方存有論不同立場在心性論上的反映。就此而言，通過前面對龍溪思想各個方面的分析可見，龍溪儘管對佛教思想作出了最大化的容納與吸收，充分將佛教尤其禪宗空無虛寂的人生智慧彰顯為良知心體的一個內在向度，但是，這種融攝只能是境界論的，一旦涉及到存有論上「有」的底線，作為「三教宗盟」的龍溪仍然無法放棄儒家的基本立場。在中晚明三教高度融合的局面下，儒釋之間幾乎到了無處不可以會通融合的境地，但彼此質的規定性與身份認同並沒有喪失，原因正在於雙方存有論上「有」與「無」的對立。對此，我們在前面有關龍溪自我認同的部分也已有較為詳細的討論。而這一點，恐怕才是在中晚明三教水乳交融情況下辨別儒家學者是否「未始出吾宗」的終極標尺。

在前面的幾章中，我們集中對龍溪思想的各個方面進行了較為詳細的討論，從中，我們也已經觸及到了中晚明陽明學的一些基本問題。但是，儘管龍溪的思想對於研究中晚明的陽明學來說是一個極好的個案取樣，要進一步掌握陽明學在中晚明的展開，我們還需要將視野放大，進入中晚明不同陽明學者話語所共同構成的思想脈絡之中，考察其基本問題的歷史發展與理論內涵。並且，龍溪的思想之所以有代表性，恰恰因為是在與中晚明其他陽明學者廣泛與深入的對話和互動中形成的。因此，掌握了中晚明陽明學基本問題的發展與內涵，也無疑將會反過來深化與拓展我們對龍溪思想的瞭解。

# 第六章　中晚明陽明學的本體與工夫之辨

　　理學所有話語的終極指向無疑都是「成聖成賢」。這一追求包括成聖成賢的可能根據和具體途徑這兩個基本方面。還原到理學本身的話語中，前者是本體的問題，後者是工夫的問題。而如果說本體與工夫構成整個理學傳統兩大基本問題的話，有關良知與致良知的討論，便構成中晚明陽明學本體與工夫之辨的基本內容。陽明身後學者對良知觀念的不同理解，即龍溪所謂的各種「良知異見」，以及在追求究竟工夫這一共同目標下所產生的各種側重不同的工夫論說，都是本體與工夫之辨的直接表現。而知識之辨、現成良知之辨、無善無惡之辨、格物工夫之辨，則可以說是中晚明陽明學本體與工夫之辨的具體展開。這些重大論辨，無不與龍溪密切相關。龍溪的良知觀及其致良知工夫論，作為中晚明陽明學本體與工夫之辨的重要組成部分，也正是在與當時其他陽明學者的相互辯難中提出的。就此而言，龍溪委實可以說是中晚明陽明學本體與工夫之辨的核心人物。因此，通過對中晚明陽明學本體與工夫之辨的考察，我們不僅可以使中晚明陽明學一些基本問題的發展與內涵得以呈現，還可以進一步瞭解龍溪的立場。

# 一、良知異見

嚴格而論，陽明在世時其門人後學對於良知本體的理解已不能無異，如天泉證道時龍溪與錢緒山對「無善無惡心之體」在內涵理解上的不同。陽明身後，對良知本體在理解上的差異逐漸演化為許多不同的現實形態，對此，龍溪首先提出了敏銳的觀察與分判。

嘉靖三十二年癸丑（1553）初夏，龍溪赴南譙之會途中先與呂懷等人有滁陽之會。就在滁陽之會中，龍溪對陽明身後良知觀的分化有如下的描述和評判：

> 慨自哲人既遠，大義漸乖而微言日湮。吾人得於所見所聞，未免各以性之所近爲學，又無先師許大爐冶，陶鑄銷熔以歸於一，雖於良知宗旨不敢有違，而擬議卜度，攙和補湊，不免紛成異說。有謂良知落空，必須聞見以助發之；良知必用天理，則非空知。此沿襲之說也。有謂良知不學而知，不須更用致知；良知當下圓成無病，不須更用消欲工夫。此淩躐之病也。有謂良知主於虛寂，而以明覺爲緣境，是自窒其用也。有謂良知主於明覺，而以虛寂爲沈空，是自汩其體也。蓋良知原是無中生有，無知而無不知。致良知工夫，原爲未悟者設，爲有欲者設。虛寂原是良知之體，明覺原是良知之用。體用一原，原無先後之分。學者不循其本，不探其源，而惟意見言說之勝，只益其紛紛耳。（《全集》卷二〈滁陽會語〉）

而在嘉靖四十一年壬戌（1562）冬的撫州擬硯臺之會中，龍溪再次
對當時流行的幾種有關良知的不同看法進行了概括與評價：

> 先師首揭良知之教以覺天下，學者靡然宗之，此道似大明
> 於世。凡在同門、得於見聞之所及者，雖良知宗說不敢有
> 違，未免各以其性之所近擬議攙和，紛成異見。有謂良知
> 非覺照，須本於歸寂而始得。如鏡之照物，明體寂然而妍
> 媸自辨，滯於照，則明反眩矣。有謂良知無見成，由於修
> 證而始全。如金之在礦，非火符鍛煉，則金不可得而成
> 也。有謂良知是從已發立教，非未發無知之本旨。有謂良
> 知本來無欲，直心以動，無不是道，不待復加銷欲之功。
> 有謂學有主宰、有流行，主宰所以立性，流行所以立命，
> 而以良知分體用。有謂學貴循序，求之有本末，得之無內
> 外，而以致知別始終。此皆論學同異之見，差若毫釐，而
> 其謬乃至千里，不容以不辨者也。寂者心之本體，寂以照
> 為用，守其空知而遺照，是乖其用也。見入井之孺子而惻
> 隱，見嘑蹴之食而羞惡，仁義之心，本來完具，感觸神
> 應，不學而能也。若謂良知由修而後全，擾其體也。良知
> 原是未發之中，無知而無不知，若良知之前復求未發，即
> 為沈空之見矣。古人立教，原為有欲設，銷欲正所以復還
> 無欲之體，非有所加也。主宰即流行之體，流行即主宰之
> 用。體用一原，不可得而分，分則離矣。所求即得之之
> 因，所得即求之之證，始終一貫，不可得而別，別則支
> 矣。吾人服膺良知之訓，幸相默證，以解學者惑，務求不
> 失其宗，庶為善學也已。（《全集》卷一〈撫州擬硯臺會語〉）

由上可見，龍溪在滁陽之會中共指出了四種良知異見，在每一種之後即予以評判。在撫州擬峴臺之會中則首先列舉六種良知異見，然後再分別加以評判。

不過，以上龍溪五十六歲和六十五歲時分別指出的良知異見顯然有重複之處，滁陽之會中的第二種，所謂「有謂良知不學而知，不須更用致知；良知當下圓成無病，不須更用消欲工夫」，即撫州擬峴臺之會中的第四種，所謂「有謂良知本來無欲，直心以動，無不是道，不待復加銷欲之功」。滁陽之會中的第三種，所謂「有謂良知主於虛寂，而以明覺為緣境」，即撫州擬峴臺之會中的第一種，所謂「有謂良知非覺照，須本於歸寂而始得。如鏡之照物，明體寂然而妍媸自辨，滯於照，則明反眩矣」。因此，龍溪所指當時的良知異見，實為如下八種：

1、有謂良知落空，必須聞見以助發之；良知必用天理，則非空知。

2、有謂良知不學而知，不須更用致知；良知當下圓成無病，不須更用消欲工夫。

3、有謂良知非覺照，須本於歸寂而始得。如鏡之照物，明體寂然而妍媸自辨，滯於照，則明反眩矣。

4、有謂良知主於明覺，而以虛寂為沈空。

5、有謂良知無見成，由於修證而始全。如金之在礦，非火符鍛煉，則金不可得而成也。

6、有謂良知是從已發立教，非未發無知之本旨。

7、有謂學有主宰、有流行，主宰所以立性，流行所以立命，而以良知分體用。

8、有謂學貴循序，求之有本末，得之無內外，而以致知別始
　終。

第一種對良知的看法，在強調聞見之知的重要性這一點上，基
本上反映了朱子學傳統影響下許多學者的共識，這在第二章龍溪良
知觀中有關良知與知識的部分已經可以看到。❶而所謂「良知必用
天理，則知非空知」，強調天理作為良知的內容規定，則顯然是指
湛若水一派的觀點。甘泉曾明確指出：「良知必用天理，天理莫非
良知」（《湛甘泉文集》卷七〈答何吉陽〉），「若知良知即天理，則
知非空知」（《湛甘泉文集》卷二十三〈天關語通錄〉）。雖然甘泉和
陽明都可以說「良知即天理」，但相對而言，以「致良知」為宗旨
的陽明更強調以良知來規定天理，而以「隨處體認天理」為宗旨的
甘泉，則無疑更著重於以天理來規定良知；良知畢竟側重內在的主
體性，天理也畢竟側重超越的客體性。在明中後期的儒家思想界，
甘泉一脈雖不如陽明學發展之盛大，影響之深廣，但也的確構成陽
明「致良知」之外的另一統緒，並對陽明學產生的流弊產生了一定
的限制與救正作用。並且，甘泉門人弟子與陽明門下後學多有交
遊，於陽明學亦多有取益，如洪垣（字峻之，號覺山，生卒不詳）
「調停王、湛二家之學」（《明儒學案》卷四十〈甘泉學案四〉），唐
樞（字惟中，號一庵，1497-1574）「慕陽明之學而不及見」（同上），

---

❶ 唐君毅先生謂這是呂懷的主張，所謂「甘泉學案呂巾石復黃損齋書明有是
　言」。見唐君毅：《中國哲學原論原教篇──宋明儒學思想之發展》（臺北：
　臺灣學生書局，1990），頁363。然甘泉學案中呂巾石有〈復王損齋〉，其
　中「良知必藉見聞而後致」之語乃王損齋語，非巾石語。唐先生誤王損齋為
　黃損齋，又誤王損齋語為巾石語，恐未核之故。

以及蔡汝楠「師則甘泉，而友皆陽明門下也」（同上）。而這些甘泉門人又全都與龍溪有較為密切的交往。不過，在龍溪看來，包括湛甘泉一派在內的這些學者，不免仍未脫離傳統朱子學的舊典範。所以龍溪批評這一種看法為「沿襲之說」。因此，嚴格而論，第一種看法更多地反映了陽明學之外較為傳統的儒家學者對良知觀念的修正或限制，還不能說是陽明學內部的一種「異見」。

第二種看法應當是指泰州王艮（字汝止，號心齋，1483-1540）一脈。❷王艮之子王襞（字宗順，號東崖，1511-1587）曾經如此描述過王艮之學的特點：

> 見陽明翁而學尤純粹，覺往持循之過力也。契良知之傳，工夫簡易，不犯做手，而樂夫天然率性之妙，當處受用。

（《新鐫王東崖先生遺集》卷一〈上昭陽太師李石翁書〉）

王艮本人也曾對同門歐陽南野說自己「以日用現在指點良知」，講「良知致」而不同於師門的「致良知」。❸王襞則繼承了王艮的良知觀，強調良知的自然圓成以及致良知工夫的順適簡易，所謂「才提起一個學字，卻似便要起幾層意思。不知原無一物，原自現成，順

---

❷ 唐君毅先生認為是指孟秋（字子成，號我疆，1525-1589），所謂「良知本來無欲，則北方王門孟我疆，亦明有是言。」見唐君毅：《中國哲學原論原教篇──宋明儒學思想之發展》，頁363。按：《明儒學案》卷二十九〈北方王門學案〉中僅錄孟我疆五條論學語，其中第三條雖無「良知本來無欲」的確語，然卻有此意。黃宗羲亦謂我疆持現成良知之論。但僅憑此孤語恐不足以我疆為此說之代表，若以持現成良知為據，龍溪、心齋較之我疆更有代表性。故唐先生此說不切。

❸ 王元鼎：《王心齋先生年譜》「嘉靖十二年」條下，見《重鐫心齋王先生全集》〈附錄〉。

明覺自然之應而已。自朝至暮，動作施為，何者非道？更要如何，便是與蛇添足」。(《新鐫東崖王先生遺集》卷一〈語錄〉)誠然，王艮、王襞強調良知的自然和樂、當下圓成，相對而言的確容易導致道德實踐上的過度樂觀主義❹，忽略人性中消極負面的因素，以至於脫略工夫，所謂「不須更用致知」，「不須更用消欲工夫」。不過，這種看法在強調「良知不學而知」、「良知當下圓成無病」這一點上，與龍溪自己的見在良知說是一致的。見在良知或現成良知也歷來被認為是龍溪與王艮、王襞等泰州一派的共同主張。❺然而，龍溪將這種看法作為一種良知異見提出並加以批評，認為「此淩躐之病也」，則顯然說明龍溪並不認同這種「現成良知」。正如唐君毅先生所言：「王龍溪之學，亦似有此現成良知之說，故人亦可本其說以成其狂肆。然實則龍溪言現成良知，乃悟本體，而即此本體以為工夫；非悟本體後，更無去蔽障嗜欲工夫者也。」❻當然，龍溪此處所指的這第二種良知異見，在「不須更用致知」、「不須更用消欲工夫」這一點上是否需要王艮等人自己負責，還是主要表現為王艮、王襞的弟子、後學對現成良知說理解不透、運用不善的結果，是需要我們加以簡別的。但是，就像脫略工夫的批評雖然對於龍溪本人並不允當，對於其影響所及的流弊卻仍有意義一樣，

---

❹ 這集中表現在王艮的〈樂學歌〉中，所謂「人心本自樂，自將私欲縛。私欲一萌時，良知還自覺。一覺便消除，人心依舊樂。樂是樂此學，學是學此樂。不樂不是學，不學不是樂。樂便然後學，學便然後樂。樂是學，學是樂。嗚呼！天下之樂，何如此學？天下之學，何如此樂？」

❺ 如岡田武彥先生便將龍溪與心齋共同作為王門之現成派的兩個代表人物。參見氏著：《王陽明與明末儒學》第三章。許多學者均接受此說。

❻ 唐君毅：《中國哲學原論原教篇──宋明儒學思想之發展》，頁378。

無論是否適用於王艮、王襞，這第二種良知異見都不無現實的針對性。

第三種良知異見是指聶雙江為代表的歸寂說。❼聶雙江在〈贈王學正之宿遷序〉中也曾指出他所認為的兩種主要的良知觀，所謂：

> 今講良知之學者，其說有二：一曰，良知者，知覺而已，除卻知覺別無良知。學者因其知之所及而致之，則知致矣。是謂無寂感、無內外、無先後而渾然一體者也。一曰，良知者，虛靈之寂體，感於物而後有知，知其發也。致知者，惟歸寂以通感，執體以應用，是謂知遠之近，知風之自，知微之顯而知無不良。夫二說之不相入，若枘鑿然。主前說者，則以後說為禪定，為偏內；主後說者，又以前說為義襲，為逐物。（《雙江聶先生文集》卷四）

這裏兩種良知觀的對比，正是指龍溪的見在良知說和雙江自己主張的歸寂說。龍溪的「見在良知」是否只是作為經驗意識的一種「知覺」，我們在第二章龍溪良知觀見在良知的部分已經有所討論，此處不贅。而雙江此處以良知為「虛靈之寂體，感於物而後有知，知

---

❼ 羅念庵也曾一度認同聶雙江的歸寂之說，認為「雙江所言，真是霹靂手段，許多英雄瞞昧，被他一口道著，如康莊大道，更無可疑」。見《明儒學案》，頁373。但念庵思想有一變化的過程，非可以歸寂說一概而論。有關聶雙江、羅念庵思想的專門研究，可參見林月惠：〈良知學的轉折——聶雙江與羅念庵思想之研究〉，臺灣大學中國文學研究所博士論文，1995年6月。其中對雙江與念庵思想的差異以及念庵思想的發展過程有較為深入細緻的分析。

其發也」，則與龍溪對雙江的概括和比喻是相一致的。雙江以良知為「寂體」，以良知為「未發之中」，並以虛、寂、獨、密來形容良知，所謂「此四者，同出而異名，均之為未發之中也。虛寂言其湛一之體，密獨言其歸止之奧。」（《雙江聶先生文集》卷九〈答陳履玄給舍〉）這一點與龍溪並無不同，對此由我們第二章對龍溪有關良知之「無」的討論可以看到。雙方的不同之處，在於設定與安頓良知的基本架構有別。由雙江以上的文字已大體可以看到，這種基本架構的差別具體反映在對寂感、內外、未發已發之間關係的不同理解上，總而言之可以歸結為雙方體用觀的根本差異。龍溪與雙江之間的諸多辯難，可以說是這一差異的集中反映。事實上，正是這種體用觀的根本差別，構成了中晚明陽明學良知觀念產生分化的重要原因之一。而這種體用觀的不同，也是朱子學與陽明學在思維方式上存在基本分歧的一個重要表現。這一點也貫穿於中晚明陽明學本體與工夫之辨的許多具體問題之中。

　　第四種良知異見與上述聶雙江之見正相對反，而如果根據雙江上引文中對龍溪良知說的描寫，這種「有謂良知主於明覺，而以虛寂為沈空」的看法，簡直就是龍溪以知覺為良知的見在良知說的表述。但龍溪既然以之為一種「異見」，不論其實際指涉如何，至少說明龍溪自認為其見在良知說並非單純以良知為明覺，以虛寂為沈空。並且，從我們第二章對龍溪良知觀的考察來看，虛寂反倒正是龍溪賦予良知的重要特徵。就龍溪常舉「良知知是知非，而實無是無非」的話而言，「明覺」與「虛寂」並不對立，而是良知本體統一的兩個方面。

　　第五種良知異見的主張是否定良知的見在性。反對見在良知說

的陽明學者有許多，如聶雙江、羅念庵、劉獅泉等人。劉獅泉便曾經舉過未經鍛鍊的在礦之金不可名金的比喻，所謂「赤子之心，孩提之知，愚夫婦之知能，如頑礦未經鍛鍊，不可名金。其視無聲、無臭、自然之明覺，何啻千里！是何也？為其純陰無真陽也。復真陽者，更須開天闢地，鼎立乾坤，乃能得之。以見在良知為主，決無入道之期矣。」(《明儒學案》卷十九〈江右王門學案四〉)但這些人的良知觀並不完全一致。因此，這第五種良知異見似乎只能代表一種反對見在良知說的基本傾向，並非某位學者所持的特定立場。❽

　　第六種良知異見的看法是在區分未發已發的基礎上反對將良知視為已發之物，而主張良知應當是未發之物，所謂「未發無知之本旨」。龍溪是否具體有所指，我們不得而知，但這種良知異見顯然也可以適用於聶雙江的歸寂說。因為雙江反對龍溪見在良知說的立場，正是在區分未發已發的基礎上認為良知是虛寂的「未發之中」，所謂「中是心之本體，虛寂是也。虛靜便是未發之中，即《中庸》之不睹不聞是也。」(《雙江先生雙江先生困辨錄》卷一〈辨誠〉)

　　第七種良知異見是指劉獅泉之說。我們在第二章有關龍溪見

---

❽　有學者認為這種良知異見是指鄒守益，見左東嶺：《王學與中晚明士人心態》(北京：人民文學出版社，2000)，頁407。這或許是對龍溪所謂「有謂良知無見成，由於修證而始全」中的「修證」一詞缺乏內在於理學脈絡的相應瞭解所致。以往的研究者大都將鄒守益作為修證派，這大概多承岡田武彥先生之說。稱鄒守益為修證派，自有其立論的根據。但龍溪這裏所謂「修證」一詞的所指，卻是針對見在良知說的對立面而言。在這種語境下，主張「良知無見成，由於修證而始全」的「修證派」、「主修派」，可以指聶雙江、羅念庵、劉獅泉，卻不適用於鄒守益。不過，瑕不掩瑜，該書雖屬文學思想的研究，但對許多陽明學者的思想分析常常亦能得其內蘊。

在良知的討論中已經看到，劉獅泉正是站在兼修性命的立場上反對龍溪見在良知說的。黃宗羲曾經引述過劉獅泉關於這一主張的明確表述，所謂：

> 夫人之生有性有命。性妙於無爲，命雜於有質。故必兼修而後可以爲學。蓋吾心主宰謂之性，性無爲者也，故須首出庶務以立其體。吾心流行謂之命，命有質者也，故須隨時運化以致其用。常知不落念，是吾立體之功。常運不成念，是吾致用之功。二者不可相離。常知常止，而念常微也。是說也，吾爲見在良知所誤，極探而得之。（《明儒學案》卷十九〈江右王門學案四〉）❾

這段話和第二章見在良知部分所引龍溪〈與獅泉劉子問答〉中劉獅泉的自述大體一致，這說明龍溪所謂「學有主宰、有流行，主宰所以立性，流行所以立命」，的確是指劉獅泉的主張。

　　第八種良知異見龍溪講得比較簡略，我們目前難以確認具體的代表人物。唐君毅先生認爲是指王艮，所謂「則蓋指泰州王艮之安身爲本，齊家治國平天下爲末之論也」。❿王艮之「淮南格物」論確以安身爲本，但所謂「學貴循序，求之有本末，得之無內外，而以致知別始終」，似乎主要是從致良知工夫的角度立論，嚴格說來並不能反映對良知本體的看法。

　　這八種良知異見，自然在當時的思想界都有實際的指涉，但

---

❾　《明儒學案》中作「劉師泉」，我們依《全集》卷四〈與獅泉劉子問答〉作「劉獅泉」，特此說明。

❿　唐君毅：《中國哲學原論原教篇──宋明儒學思想之發展》，頁363。

從以上的簡略說明與分析來看，龍溪所論的這八種良知異見，尚不是一種統一標準之下的嚴格分類。如聶雙江固然是第三種良知異見的代表，但第六種良知異見同樣可以適用於雙江。劉獅泉固然是第七種良知異見的確指，但第五種良知異見也一樣可以為獅泉所接受。顯然，這並不意味著雙江與獅泉每人持兩種不同的良知觀，而只能意味著二人各自的良知觀在不同視角下和語境中可以有不同的表達方式。因此，對龍溪指出的良知異見，我們還需要加以進一步的考察。

在上述對各種良知異見的說明與評判中，龍溪實際上圍繞兩個中心環節。一是見在良知的問題；一是「體用一源，始終一貫」的基本架構。我們在第二章檢討龍溪見在良知的觀念時指出，見在良知是指良知本體在感性經驗中的當下呈現。換言之，良知既具有先驗的本體屬性，又體現為經驗的感性知覺，必然表現為「見在」。而根據龍溪見在良知的這種涵義，第二種良知異見和第五種良知異見恰好構成對立的兩端，前者片面誇大見在良知「不學而知」、「當下圓成」的現實完滿性與作為感性知覺的向度，忽略了其作為本體的先驗屬性，結果不免將良知放逐到單純感性經驗的領域，以知覺為良知，導致縱情恣肆的「淩躐之病」。後者片面強調良知的本體先驗性，忽略了良知必然要在表現為感性經驗，看不到表現為感性知覺的見在良知和作為先驗本體的良知之間的同質性，結果不免將良知隔離於乾枯的先驗與超越之域，導致龍溪批評的所謂「擾其體也」。從「體用一源，始終一貫」的角度思考良知本體，便會看到第三種、第六種良知異見和第四種良知異見又恰好構成對立的兩端。前者偏於未發、內、寂、靜，守體遺

用，所謂「是自窒其用也」；後者偏於已發、外、感、動，逐用遺體，所謂「是自泪其體也」。換言之，如果從已發未發、內外、寂感、動靜這些二元一組的範疇來看的話，前者與後者都是在分已發未發、內外、寂感、動靜為二的基礎上各執一端。既然龍溪對此提出批評，則說明龍溪不取這種二元論的立場。

再進一步思考，這兩個中心環節又並非平行的關係。事實上，「體用一源，始終一貫」的中道圓融的思考方式，可以說是龍溪評判各種良知異見的最終座標和基本預設。第三、第六種良知異見與第四種良知異見的對立固然是各執體用之一端而流於邊見，第二種良知異見與第五種良知異見的分歧雖然是圍繞見在良知，但由以上的分析可見，雙方共同的問題也恰恰正在於無形中將良知的先驗屬性（體）與經驗屬性（用）裂為兩橛而各自墮入一邊，未能達到「體用一源、始終一貫」的中道圓融。至於第七種和第八種良知異見雖然似乎能夠兼顧「體用」與「始終」而不墮落邊見，但卻是基於「分體用」、「別始終」之上的兼顧，仍然不是「體用一源，始終一貫」的結果。因此，對第七和第八種良知異見的評判，同樣反映了龍溪是以「體用一源，始終一貫」的思維方式作為衡量的座標。而龍溪在兩處討論良知異見的文字中最後都以強調「體用一源」總結，也正是龍溪這種一元論思維方式的反映。

除了龍溪在〈滁陽會語〉和〈撫州擬峴臺會語〉中的描述之外，陽明的另一同鄉弟子胡瀚（字川甫，號今山，1381-？）對當時流傳的主要幾種良知異見也有說明與評價：

> 先師標致良知三字於支離泪沒之後，指點聖真，真所謂滴骨血也。吾黨慧者論證悟，深者研歸寂，達者樂高曠，精

> 者窮主宰流行，俱得其說之一偏。且夫主宰即流行之主
> 宰，流行即主宰之流行，君亮之分別太支。汝中無善無惡
> 之悟，心若無善，知安得良？故言無善，不如至善，天泉
> 證道其說不無附會。汝止以自然爲宗，季明德又矯之以龍
> 惕。龍惕所以爲自然也，龍惕而不怡於自然，則爲拘束；
> 自然而不本於龍惕，則爲放曠。良知本無寂感，即感即
> 寂，即寂即感，不可分別。文蔚曰：「良知本寂，感於物而
> 後有知，必自其寂者求之，使寂而常定，則感無不通。」似
> 又偏向無處立腳矣。（《明儒學案》卷十五〈浙中王門學案五〉）

胡瀚之說與龍溪的不同在於既指出了當時幾種主要良知異見的特
徵，又明確舉出了這幾種不同說法的代表人物。當然，在今山的分
判中，龍溪也是良知諸說的其中一家。所謂「慧者論證悟」，說的
便是龍溪。但是，且不論「證悟」的描述並不足以概括龍溪對良知
本體的基本看法，根據我們第四章對龍溪四無論的深入檢討，今山
對龍溪的質疑和批評，所謂「汝中無善無惡之悟，心若無善，知安
得良？故言無善，不如至善」，顯然對「無善無惡心之體」這一命
題的內在意涵與要領缺乏相應的理解。而認爲「天泉證道其說不無
附會」，則更表明今山於陽明晚年時不在左右，不瞭解陽明晚年的
思想與活動。至於其他三家，依今山之見，所謂「深者研歸寂」，
說的是聶雙江，其失在於「偏向無處立腳」。所謂「達者樂高曠」，
說的是王艮，其失在於「放曠」。季本（字明德，號彭山，1485-1563）
雖欲以龍惕矯之，卻又不免失之於「拘束」。❶ 所謂「精者窮主宰

---

❶　季彭山作〈龍惕〉書是要反對以良知的自然性爲宗，所謂「然是時方與慈湖

流行」，說的是劉獅泉，其失在於「分別太支」。較之前面龍溪對雙江、心齋、獅泉良知說的描述與評價，可謂若和符節。如此看來，對於當時陽明學者對良知本體的不同理解，至少就聶雙江、王心齋、劉獅泉的觀點而言，龍溪的說明可以說反映了當時的實際狀況。事實上，除了龍溪本人之外，雙江、心齋以及獅泉諸說，也正是當時最有代表性的幾種不同的良知之教，恰如黃宗羲所謂「陽明歿，諸弟子紛紛互講良知之學，其最盛者山陰王汝中、泰州王汝止、安福劉君亮、永豐聶文蔚。」(《明儒學案》卷十五〈浙中王門學案五〉)

　　就我們目前的研究而言，指出龍溪理解良知本體背後所採取的那種「體用一源」的一元論思維方式，並不意味著要像龍溪那樣以之為「判教」的標準，將凡不符合此種思維方式的說法皆視為「異見」。而是要從此入手，進一步分析中晚明陽明學者對良知本體產生各種不同見解的原因所在。而如果我們對「異見」一詞取「各種不同的見解」這種中性用法的話，則正如胡瀚所論，龍溪之說也不過為諸多「異見」之一種而已。

---

楊氏之書，同門諸友，多以自然為宗，至有以生言性，流於欲而尚不知者矣。余竊病之。越三年，轉二吉安，乃為龍惕書以貽月山(楊月山)，亦未以為然也。雙江聶子獨深信之，則為心龍之說，以發其義。」見《季彭山先生文集》卷一〈贈都閫楊君擢清浪參將序〉。而龍溪則曾作〈答季彭山龍鏡書〉(《全集》卷九)，認為「夫學當以自然為宗，警惕者，自然之用」，反對將「自然」與「警惕」對立起來，所謂「若以乾主警惕，坤貴自然，警惕時未可自然，自然時無事警惕，此是墮落兩邊見解。」鄒東廓也進一步調和自然與警惕，所謂「不警惕則不足以言自然，不自然不足以言警惕。警惕而不自然，其失也滯；自然，而不警惕，其失也蕩。」見《鄒東廓先生文集》卷四〈再簡季彭山〉。不過，有關自然與警惕的討論更多地著眼於致良知的工夫而非良知本體自身。

　　自從程伊川提出「體用一源，顯微無間」以來，經過朱子的運用與提倡，「體用一源」逐漸成為幾乎所有理學家共同接受的命題。⑫ 更為確切地說，就是理學家們一致力圖將其作為一種基本的思維方式運用到對儒學觀念、命題的理解與詮釋當中。到了明代，「體用一源」更是成為儒釋道三教共同提倡的一種思維方式。⑬ 但是，朱子和陽明這理學傳統中兩大典範對「體用一源」本身的理解其實並不一樣。朱子對伊川「體用一源，顯微無間」的話頭是這樣解釋的：

> 體用一源者，自理而觀，則理為體，象為用，而理中有象，是一源也。顯微無間者，自象而觀，則象為顯，理為微，而象中有理，是無間也。……且既曰：有理而後有象，則理象便非一物。故伊川但言其一源而無間耳。其實體用顯微之分，則不能無也。今曰：理象一物，不必分別，恐陷於近日含胡之弊，不可不察。（《朱文公文集》卷四十〈答何叔京〉第三十書）

顯然，朱子反對「理象一物，不必分別」的看法，認為這種看法不免陷於「含胡之弊」。而通過對「理」與「象」關係的解釋，說明

---

⑫　朱子對「體用一源」的闡發與運用，可參考（一）、David Gedalecia, "Excursion into Substance and Function: The Development of the ti-yung paradigm in Chu Hsi ", *Philosophy East and West*, 26（1974），pp.443-451；（二）、張永儁：〈朱熹哲學思想之「方法」及其實際運用〉，《國際朱子學會議論文集》（上冊）（臺北：中央研究院中國文哲研究所，1993），頁343-369。
⑬　唐順之便曾經指出：「儒者曰體用一原，佛者曰體用一原；儒者曰顯微無間，佛者曰顯微無間。其孰從而辨之？」見《唐荊川集》卷十〈中庸輯略序〉。

朱子認為二者之間是「不離不雜」的關係。所謂「一源」、「無間」，對朱子而言只是表示一種不相分離的關係，並不意味著「理」與「象」、「體」與「用」之間沒有分別，所謂「其實體用顯微之分，則不能無也」。依朱子之見，「體」是形而上之「理」，「用」則為形而下之「象」。對此，朱子在〈答呂子約〉第十二書中說的更為明確，所謂「至於形而上下卻有分別。須分別得此是體，彼是用，方說一源。合得此是象，彼是理，方說的無間。若只是一物，卻不須更說一源、無間也。」（《朱文公文集》卷四十八）由此看來，朱子是將「體用一源」理解為一種相即不離的關係，但這種相即不離的基礎卻是體用之間形上與形下的區別。無疑，朱子的體用觀反映的是一種二元論的思維方式。並且，朱子將這種二元論的體用思維方式廣泛貫徹到了理氣、性情、未發已發、內外、寂感、陰陽、動靜、中和等幾乎理學的所有範疇。

　　與朱子相較，陽明對「體用一源」的理解顯示出殊為不同的特點。陽明曾有以下論體用的話頭：

> 蓋體用一源，有是體即有是用，有未發之中，即有發而中節之和。（《傳習錄上》）

> 體即良知之體，用即良知之用，甯復有超然於體用之外者乎？（〈答陸原靜〉，《傳習錄中》）

當薛侃（字尚謙，號中離，1486-1545）問陽明：「先儒以心之靜為體，心之動為用，如何？」陽明也回答說：

> 心不可以動靜為體用。動靜時也，即體而言用在體，即用

而言體在用，是謂體用一源。（《傳習錄上》）

薛侃所謂的先儒，應當是指朱子，而陽明強調「心不可以動靜為體用」，並以「即體而言用在體，即用而言體在用」來解釋「體用一源」，已經流露出與朱子不同的意味。不過，單憑這幾句話還不能判斷陽明與朱子的體用觀不同，因為朱子儘管強調體用須有別，但畢竟還主張二者不相離，似乎也未必不可以接受陽明「即體而言用在體，即用而言體在用」的表達。但是，正如體用觀作為一種基本的思維方式被朱子普遍運用於理氣、性情、未發已發、內外、寂感、陰陽、動靜等範疇一樣，陽明在從未發已發、動靜、寂感、內外的角度論述良知本體時，貫徹的也同樣是作為其基本思維方式的體用觀。因此，從陽明相關的討論中，我們可以更為明確地把握到他對「體用一源」的理解。在〈答陸原靜〉中，陽明指出：

> 未發之中即良知也，無前後內外而渾然一體者也。有事無事，可以言動靜，而良知無分於有事無事也。寂然感通，可以言動靜，而良知無分於寂然感通也。動靜者所遇之時，心之本體固無分於動靜也。（《傳習錄中》）

在朱子的思想系統中，前後、內外、動靜、寂感等均表現為一種二元的關係，雖不相分離，卻各自有別。而陽明認為良知本體「無前後內外而渾然一體」，「無分於有事無事」，「無分於寂然感通」，「無分於動靜」，顯示出明顯的一元論傾向。為了打破傳統朱子學那種二元論的思維方式，陽明甚至運用了禪宗慣用的弔詭（paradoxical）的表達方式和比喻。《傳習錄下》有這樣一段問答：

　　或問「未發已發」。先生（陽明）曰：「只緣後儒將未發已
發分說了，只得劈頭說個無未發已發，使人自思得之。若
說有個未發已發在，聽者依舊落在後儒見解。若真見得無
未發已發，說個有未發已發，原不妨原有個未發已發在。」
問曰：「未發未嘗不和，已發未嘗不中。譬如鐘聲，未扣不
可謂無，既扣不可謂有，畢竟有個扣與不扣，何如？」先生
曰：「未扣時原是驚天動地，既扣時也只是寂天寂地。」

這裏有關「未發已發」的討論，顯然是針對朱子學「將未發已發分
說」而發。「未扣時驚天動地，既扣時是寂天寂地」的弔詭之辭，
以及所謂「人之本體常常是寂然不動的，常常是感而遂通的。未應
不是先，已應不是後」（《傳習錄下》），也鮮明地反映出陽明對「體
用一源」的理解委實不同於朱子，而表現為一種一元論的思維方
式。陽明身後除龍溪之外，如鄒東廓所謂「寂感無二時，體用無二
界」（《明儒學案》卷十六〈江右王門學案一〉），歐陽南野所謂「蓋
良知妙用有常而本體不息。不息故常動，有常故常靜。常動常靜，
故動而無動，靜而無靜」（《歐陽南野先生文集》卷一〈答陳盤溪〉），
黃洛村所謂「存主之明，何嘗離照？流行之照，何嘗離明？是則天
然良知，無體用先後、內外深淺、精粗上下，一以貫之者也」（《明
儒學案》卷十九〈江右王門學案四〉），陳明水所謂「心本寂而恒感
者也。寂在感中，即感之本體，若復於感中求寂，辟之謂『騎驢覓
驢』，非謂無寂也。感在寂中，即寂之妙用，若復於感前求寂，辟
之謂『畫蛇添足』，非謂無感時也」（同上），都對這種「體用一源」
的思維方式有自覺地把握。因此可見，同樣是「體用一源」，朱子
是以二元論為基礎，陽明則可以說是一元論為前提。對於這種差

異，龍溪有著明確的意識，所謂「存省一事，中和一道，位育一源，皆非有二也。晦翁隨處分而為二，先師隨處合而為一。」（《全集》卷二〈書婺源同志會約〉）可以說一針見血地道出了朱子與陽明在體用觀這一基本思維方式上的根本差別。

　　陽明學產生時，朱子學作為儒家思想的權威與正統已經存在了數百年。經由與科舉制的結合，朱子的思想無疑已深入廣大儒家學者的意識結構。而朱子學二元論的體用思維方式，恐怕更是沁人心脾，成為「習焉而不察」、「日用而不知」的「前見」（Vorurteil）。即使在陽明學派獲得成功建構之後，在陽明學內部，這種思維方式也並未銷聲匿跡。從前文檢討龍溪對各種「良知異見」的評判可見，龍溪批評諸多「良知異見」的共同癥結，正是這種二元論的體用思維方式。不妨說，這些良知異見在龍溪看來不過是這種二元論思維方式的不同表現而已。

　　由於聶雙江持論立說言必稱先師、陽明先生，❹ 文必引《傳習錄》為據，並編《傳習錄節要》，自謂該書「本欲發明先師正意。」（《雙江聶先生文集》卷九〈寄羅念庵〉第十一書）但其對良知本體的思考，儘管有救正僅從知覺發用處致良知所產生的流弊的考慮，背後其實不自覺地採取的是朱子二元論的體用思維方式。❺ 而親炙

---

❹ 陽明生前聶雙江未得及門，陽明死後嘉靖十一年壬辰(1532)，雙江在蘇州由龍溪和錢緒山共證稱陽明門生。參見本書附錄一：〈王龍溪先生年譜〉「嘉靖十一年壬辰」條下。

❺ 黃宗羲其實也看到了雙江二元論的思路與李侗（字願中，稱延平先生，1093-1163）、朱子相同。所謂「按陽明以致良知爲宗旨，門人漸失其傳，總以未發之中，認作已發之和，故工夫只在致知上，甚之而輕浮淺露，待其善惡之形而爲克治之事，已不勝其艱難雜糅矣。故雙江、念庵以歸寂救之，

陽明的及門弟子如龍溪、錢緒山、鄒東廓、黃洛村、陳明水等人，
雖然思想並不相同，但在陽明一元論的體用思維方式這一點上，卻
有著一致的自覺。因此，雙江歸寂說一出，立刻引起王門諸子包括
龍溪、鄒東廓、歐陽南野、陳明水、黃洛村等人的群起而攻。所謂
「當時同門之言良知者，雖有深淺詳略之不同，而緒山、龍溪、東
廓、洛村、明水皆守『已發未發非有二候，致知即所以致中』，獨
雙江以歸寂為宗，功夫在於致中，而和即應之。故同門環起難端，
雙江往復良苦。」（《明儒學案》卷十七〈江右王門學案二〉）在圍繞
「致知」與雙江展開的論辨中，龍溪便曾站在陽明「體用一源」的立
場批評雙江裂未發已發為二，所謂「良知之前無未發者。良知即是
未發之中，若復求未發，則所謂沈空也。良知之外無已發者，致此
良知即是發而中節之和，若別有已發，即所謂依識也。」（《全集》
卷六〈致知議辨〉）歐陽南野也曾注意到雙江對「體用一源」的理解
不同於陽明，雙方並就體用的問題展開過直接的辯論。❻雙江以
「源泉」與「江淮河漢」、「根本」與「枝葉花實」的比喻表達過他
對於體用關係的理解，認為體與用是先驗的「所以然」與經驗的
「然」的關係，立體可以自然生用，但卻無法即用以為體。❼歐陽南
野則以「水之流」與「流之水」的比喻來說明他對於體用關係的理
解，強調體用之間本質的同一性，恰如作為體的水和作為用的流本

---

　　自是延平一路上人。」見《明儒學案》卷十九〈江右王門學案四〉「郎中陳
　　明水先生九川」，頁458。
❻　雙江與南野有關體用的辯論，林月惠曾有較為細緻的檢討，見林月惠：〈良
　　知學的轉折——聶雙江與羅念庵思想之研究〉，頁317-320。故此處不贅，
　　惟點出其主旨所在。
❼　見聶豹：《雙江聶先生文集》卷八〈答歐陽南野〉第二書。

來是一物。⓲ 總之，在雙江與龍溪、南野等雙方的往復辯難之中，正聚焦了朱子學與陽明學在體用思維方式上的根本分歧。

像聶雙江這樣自覺認同陽明學並以陽明學的話語展開其論說，但卻不自覺地沿襲了傳統朱子學體用思維方式的情況，在中晚明的陽明學中決非孤立的現象。從前面龍溪、胡瀚有關當時良知異見的文字可見，劉獅泉以心之主宰與流行分性命也是二元論的思維架構，如龍溪所謂「以良知分體用」。而在羅念庵、劉獅泉等人與龍溪有關見在良知的辯難中，同樣反映出朱子學二元論與陽明學一元論兩種體用思維方式的碰撞，儘管雙方辯論的具體內容並非關於體用，涉及到的問題也並非思維方式這一種視角可以觀察。對此，我們在下面現成良知之辨的部分再作討論。

龍溪、雙江、南野等陽明第一代弟子之後，江右的王時槐（字子植，號塘南，1522-1605）提出「透性研幾」、「悟性修命」的宗旨。王塘南師事劉文敏（字宜充，號兩峰，1490-1572），而兩峰為陽明及門弟子，因此塘南為陽明學的第二代傳人。雙江提出其良知觀後，兩峰也曾和龍溪、東廓、南野、明水、洛村等人一道站在陽明「體用一源」的立場上致書駁難，但黃宗羲又謂兩峰對雙江之說「晚乃信之」（《明儒學案》卷十七〈江右王門學案二〉），可見兩峰思想有一變化的過程。這一傾向於雙江二元論思路的變化，恐對塘南不無影響。事實上，塘南雖也有一些看似一元論的說辭，如所謂「良知實貫徹於天地萬物，不可以內外言者」（《塘南王先生友慶堂合稿》卷二〈答楊晉山〉第二書），「捨發而別求未發，恐無是理」（《塘

⓲ 見歐陽德：《歐陽南野先生文集》卷五〈答聶雙江〉第二書。

南王先生友慶堂合稿》卷一〈答錢啟新邑侯八條〉「其一」），但以
體用分言性命的二元論思維模式，卻是其根本預設。所謂：

> 性命雖云不二，而亦不容混稱。蓋自其眞常不變之理而言
> 曰性，自其默運不息之機而言曰命。一而二，二而一者
> 也。《中庸》「天命之謂性」，正恐人於命外求性，則離體用
> 而二之，故特發此一言。若執此語，遂謂性命果無分別，
> 則言性便剩一命字，言命便剩一性字，而「盡性至命」等語
> 皆贅矣。故曰性命雖不二，而亦不容混稱也。盡性者，完
> 我本來眞常不變之體；至命者，極我純一不息之用，而造
> 化在我，神變無方，此神聖之極至也。（《塘南王先生友慶堂合
> 稿》卷一〈答鄒子尹〉）

並且，塘南對良知的理解頗為獨特，他在〈答蕭勿庵〉中指出：

> 性之一字本不容言，無可致力。知覺意念總是性之呈露，
> 皆命也。性者先天之理。知屬發竅，是先天之子，後天之
> 母也。此知在體用之間，若知前求體，則著空；知後求
> 用，則逐物。知前更無未發，知後更無已發，合下一起俱
> 了，更無二功，故曰獨。獨者，無對也。無獨則一，故曰
> 不二。意者知之默運，非與之對立而爲二也。是故性不假
> 修，只可云悟。命則性之呈露，不無習氣隱伏其中，此則
> 有可修矣。修命者盡性之功。（《塘南王先生友慶堂合稿》卷一）

這一段話可謂塘南之綱領。其中，塘南並不像雙江等人那樣以知為
經驗意識層面的「用」，而是認為「此知在體用之間，若知前求體，

則著空；知後求用，則逐物」，這比雙江等人從知覺發用來理解良知要接近陽明對良知本體的規定。可是塘南畢竟認為「知屬發竅」，視良知之上、之後尚有一「性」，因而在其性命體用二元的架構之下，良知終究不能是「體用一源，顯微無間」的終極實在。牟宗三先生曾認為兩峰、獅泉、塘南等都像是龔自珍（定庵，1792-1841）所謂的「病梅」，在王學的話語內展轉扭曲，不能得陽明之正傳，充其量是從陽明到劉蕺山思想的過渡。❶⑨ 這種僅以是否合乎陽明思路來檢討塘南等人思想的「判教」方式，自然不免化約思想的豐富性，難以對塘南等人學說理論與時代的雙重意義有同情的瞭解，在思維方式上，劉蕺山繼承的也恰恰是陽明的一元論而非獅泉、塘南的二元論，但認為由兩峰、獅泉、塘南而逐漸開啟了脫離陽明學形態的契機，則顯然是正確的觀察。

　　與王塘南同時的還有李材（字孟誠，別號見羅，1519-1595），為李遂之子，曾經從學於鄒東廓，因而也可以說是陽明的第二代弟子。但李材以「止修」立說，公開反對陽明的良知教。見羅之所以提出「止修」之說，關鍵在於他認為不能以良知為本體。他在〈答詹養澹〉一書中說：

> 從古立教，未有以知為體者。經書星日炳然，吾敢無徵而說此？予二十年前，即不信之矣，故有「致知者，致其知體」之說。良知者，發而不加其本體之知者也，非知體也。辛酉之歲，又覺其非，復為性覺之說。今思之，總之鼠遷穴中，未離窠臼。陽明先生曰：「良知即是未發之中，即是

────────────

❶⑨　牟宗三：《從陸象山到劉蕺山》第五章，頁399-447。

寂然不動、廓然而大公的本體。」盡力推向體邊，其實良知
畢竟是用，豈可移易？（《見羅先生書》卷十一）❷

顯然，見羅認為陽明的良知畢竟屬於經驗層面的發用，而不是先驗
的本體。因此批評以良知為本體，「畢竟是隨感而見，前念後念，
不相照應」（《明儒學案》卷三十一〈止修學案〉），「以致知為主腦
者，是知有流行，而不知有歸宿者也。」（《見羅先生書》卷十二〈答
董蓉山〉）在見羅看來，本體只能是至善的性體，所謂「四端之發，
固自有性根在也」，因此他十分認同王塘南以性體為本體的說法，
所謂「王塘南先生云：『聖賢千言萬語，無非欲人識其性之本體，
學問千頭萬緒，亦只求復其性之本體。』斯言甚確。」（《明儒學案》
卷三十一〈止修學案〉）而其「止修」中的「止」，便是要依託《大
學》中「止於至善」的話頭，主張不以良知為宗，而以性體為本。
至於「止修」中的「修」，則同樣是以《大學》中「修身」的觀念
為憑藉，強調切己的道德實踐。「止」是言本體，「修」是說工夫，
正所謂「止為主意，修為工夫」（同上）。見羅將良知判為已發的知
覺，判為不足恃的「用」，必欲向上、向後返求一個未發至善的天
命之體，由此看來，其思路明顯同於雙江，是一種二元論的體用思
維方式。這一點，見羅以下的論述表示得猶為明確：

> 善一也，有自主宰言者，有自流行言者。故止一也，有自
> 歸宿言者，有自感應言者。君臣父子朋友之交，所謂止之

---

❷　黃宗羲《明儒學案》卷三十一〈止修學案〉曾引此書，但文字微有不同，「從
上立教」作「從古立教」，且無「經書星日炳然，吾敢無徵而說此」句。參
見黃宗羲：《明儒學案》，頁 677。

> 感應者也，故仁敬孝慈信，所謂善之流行者也。歸宿不
> 明，而直於感應上討止，猶主宰不悟，而直於流行之際看
> 善也。（同上）

事實上，在體用思維方式上持一元論立場的黃宗羲，已經敏銳地看
出見羅與雙江屬於同一種思路，所謂「若單以知止為宗，則攝知歸
止，與雙江之歸寂一也。」（同上）即便為了避免雙江所曾遭受的
「沈空守寂」之評而以「修身」作為補充，在其體用二元的思維方式
下，也只能是回歸於朱子學「敬存動察」的路數。因此黃宗羲又評
價見羅之學說：「其實先生之學，以止為存養，修為省察，不過換
一名目，與宋儒大段無異，反多一張皇耳。」（同上）不過，雙江、
念庵完全是在陽明學的內部展開其論說，兩峰、獅泉雖已開啟了脫
離陽明學的契機，但畢竟尚在陽明學的話語籠罩之下，甚至塘南也
還並未完全逸出陽明學的範圍，至於見羅則明確打出反對良知教的
旗幟而別立宗旨。見羅雖受學於東廓，而黃宗羲將其別立學案，原
因之一或許在此。當然，必須說明的是，雙江、念庵、獅泉、塘
南、見羅從提出良知異見到走出良知教，主觀上無疑並不是要回歸
於朱子學，而毋寧說更多地是為了回應良知教在發展演變過程中所
產生的一系列問題，特別是要對治現成良知說所產生的流弊。尤其
是塘南、見羅，身處陽明學風行的時代，也許未必有雙江、念庵那
樣程度的朱子學「前見」。但是，即使在發展最盛的隆慶、萬曆時
代，陽明學也並未能取代朱子學的正統地位。❷❶ 與科舉制的結合使

---

❷❶ 陽明從祀一事萬曆二年提出，屢經波折，至萬曆十二年方才被朝廷通過，便
　　是明證。有關陽明從祀一事所引發的爭論以及所反映的問題，參見 Chu

得朱子學在廣大儒家士子中間始終發揮著難以消解的持久影響力，李見羅自幼便耳沾目染陽明學，卻自謂「二十年前，即不信之矣」，可見其對陽明學並未能契入。因此，不論主觀的認同以及問題意識的來源如何，在中晚明陽明學的展開過程中，在對良知本體的理解上，確實交織著一元論與二元論這兩種不同體用思維方式的衝突。

　　由以上的討論可見，即使在共同的陽明學話語之下，仍然潛伏著朱子學的思維方式。也正是在這個意義上，我們說朱子學與陽明學的互動，依舊是影響中晚明不同陽明學者之間各種辯難的因素之一。除了心與理關係的不同立場之外，體用思維方式上一元論與二元論的差別，也應當是觀察陽明學與朱子學基本分野的一個視角。因為無論對朱子還是陽明來說，作為基本思維方式的體用觀都滲透於各自的思想系統並在背後發揮著重要的支配作用。並且，陽明學內部兩種思維方式的分歧，也正是陽明身後分化出各種良知異見，由雙江、念庵、獅泉到塘南、見羅而逐漸走出陽明學典範與形態的重要原因之一。

# 二、究竟工夫

　　對於始終強調實踐優先性的儒家學者而言，在致良知工夫過程中不同的體會與心得，會影響學者對於良知本體的理解。而對

---

Hung-lam, "The Debate Over Recognition of Wang Yang-ming", *Harvard Journal of Asiatic Studies* 48, 1(1988), pp.47-70。

良知本體的不同理解，更會引導出不同的致良知工夫。因此，就像工夫論在龍溪的良知教中佔據相當的比重一樣，如何致良知的問題同樣是中晚明陽明學者討論的重要內容。

　　對中晚明不同陽明學者的工夫論，海內外學界已積累了一定的研究成果。首先要提到的是日本學者岡田武彥先生「王門三派」的說法。❷ 岡田先生認為中晚明的陽明學大體可以分為以龍溪、心齋為中心的現成派（左派）、以聶雙江、羅念庵為中心的歸寂派（右派）以及以鄒東廓、歐陽南野為中心的修證派（正統派）。現成派由於持現成良知之說，拋棄或輕視工夫，歸寂派與修證派雖然不同，但都強調在真切的工夫中去追求良知本體。❷ 岡田先生雖然沒有明確專門從工夫論的角度立言，但其三派的劃分其實是認為現成派專從本體入手，並無真正的工夫論可言，對工夫論的研究只能著眼於歸寂派與修證派。大陸學界較為通常的觀點是首先區分本體派與工夫派或者現成派與工夫派兩大系統，然後在兩大系統內部再作進一步的劃分。這一作法的基本預設也是認為本體派或現成派專從本體入手，不講或忽略工夫，並無真正的工夫論，真正不同的工夫主張體現在工夫派這一系統內部更進一步的區分上，如包括聶雙江、羅念庵、劉兩峰的所謂「主靜派」、包括鄒東廓、季彭山、劉獅泉在內的所謂「主敬派」以及包括錢緒山、歐陽南野、張元忭在內的「主事派」等。❷ 顯然，這種觀點可以說是從岡田武彥三派說

---

❷　荒木見悟先生也是研究明代陽明學的大家，但荒木先生偏重於深入的個案與專題研究，似乎並未從整體上對陽明學進行某種劃分類型、區別流派的研究。

❷　岡田武彥：《王陽明與明末儒學》，頁 103-105。

❷　如錢明：〈王學流派的演變及其異同〉，《孔子研究》第六期，1987；屠承

中發展而來。當然，無論是岡田先生還是以上所舉大陸學者的觀點，對工夫論都是持較為狹義的看法。但是，從我們第三章對龍溪工夫論的研究可見，無論我們對工夫論持廣義還是狹義的理解，即無論是否將「即本體以為工夫」視為一種工夫，龍溪顯然都有一套完整而嚴密的工夫理論。因此，以上的觀點將龍溪、心齋、近溪、海門等人排除於工夫系統之外，認為他們都因相信現成良知而取消工夫，不免未能得其底蘊而有失片面。港臺學界較有代表性的是唐君毅先生的看法。❷❺唐先生認為陽明後學的工夫論可以概括在「悟本體即工夫」與「由工夫以悟本體」這兩種基本類型之下。龍溪、心齋、近溪等人屬於前者，錢緒山、季彭山、鄒東廓、聶雙江、羅念庵等人屬於後者。而在這兩種基本類型之下，每個人還可以再區分不同的形態。❷❻唐先生能夠正視龍溪等人「悟本體即工夫」其中的工夫論意義，這是其有進於前兩種觀點之處。

　　以上諸說的確揭示了中晚明陽明學工夫論的某些方面，也為我們進一步的研究提供了不可或缺的基礎。不過，這些對中晚明陽明學工夫論的觀察，都是基於對中晚明陽明學不同學派的劃分。可是，在目前個案與專題研究仍嫌不足的情況下，學派的劃分往往難以曲盡不同學者豐富的思想內容，甚至不免削足適履，

---

　　先：〈陽明學派的本體功夫論〉，《中國社會科學》第六期，1990。

❷❺ 牟宗三先生在《從陸象山到劉蕺山》一書中對陽明後學的發展也有深入的研究，但牟先生主要以是否符合陽明思想為標準而對陽明後學採取一種判教式的研究，並未從工夫論的角度加以考察。且牟先生雖然稱讚龍溪之學對陽明能有「調適上遂」的發展，但似乎也不太能正視龍溪「即本體以為工夫」的工夫論意義。

❷❻ 參見唐君毅：《中國哲學原論原教篇——宋明儒學思想之發展》第十三至十六章。

無法反映思想史的真實面貌。因此，我們在此不求對中晚明不同陽明學者的工夫論再進行那種以劃分學派為基礎的研究，而是要首先指出中晚明陽明學在工夫論問題上追求究竟工夫的一致趨向，然後再根據一元論與二元論體用思維方式的不同這一視角，對這種一致趨向中的分殊之處加以揭示。當然，對於以往基於流派劃分的諸多研究，我們這種考察的方式並非提出某種修正，而毋寧說是希望提供又一種觀察問題的角度，為以往的研究增加一個新的理解層面。

從朱子到陽明，理學的工夫論有一個由外到內的轉換過程。雖然以外向性指稱朱子的工夫論未必能盡其全，但朱子心理不一的前提和格物窮理的路數，也的確包含一種導致「義外」的可能性與向外用力的知性傾向。陽明自幼有以學聖賢為第一等事的志業，但朱子指示的門徑卻未能產生良好的效果，反而誤導出十五、六歲時格竹子的一幕。經由龍場之悟，陽明確立了「心即理」的第一原則，並通過將「物」規定為一種意向性中的意義結構，使得「格物」工夫由外在對象的探求，轉化為內在意識的範導。如此，工夫的著力點便由「物」內收到「意」。但是，正如我們在第三章討論龍溪致良知工夫論時指出的，雖然對陽明來說「工夫到誠意始有著落處」，而誠意工夫之所以可能，又需要預認良知心體的先在性，站在心學的立場上，良知心體是最終的決定機制。在陽明「誠意」與「致知」工夫之間所蘊涵的問題，正是龍溪提出其先天正心之學與一念工夫的內在原因。龍溪將工夫的著力點再由「意」內收到「心」，顯然是陽明工夫論進一步的必然展開。如此看來，從朱子到陽明再到龍溪，工夫論呈現出一個由外向內不斷

深化的過程，從最外部的客觀對象，回歸於最內在的良知心體。
事實上，陽明之後在工夫論上追求最終的決定機制，在不同的陽
明學者中間表現為一種共同的趨向。

　　我們在第三章第一部分檢討陽明工夫論的重點與問題時提
到，陳明水於陽明在世時已經感到誠意與致知之間的邏輯先後問
題。而在嘉靖二十八年己酉（1549）的沖玄之會上，明水便明確表
示在產生善惡的意念之後再施以為善去惡的工夫並不究竟，而應
當直接從本體上入手。鄒東廓在記錄沖玄之會的〈沖玄錄〉中曾記
明水的話說：

> 某近有覺悟，直從本體精明，時時儆惕，一有凝滯，不容
> 放過。視向者補過救缺，支撐悔尤，更透一格。（《東廓鄒先
> 生文集》卷九）

而在給龍溪的書信中，明水自己對此說的更為清楚：

> 誠意之學，卻在意上用不得工夫。直須良知全體洞徹普
> 照，旁燭無纖毫翳障，即百慮萬幾，皆從此出，方是知幾
> 其神，乃所謂誠其意也。若俟意之不善，倚一念之覺，即
> 已非誠意，落第二義矣。卻似正心，別是上面一層工夫，
> 故竊謂炳於幾先，方是誠意之學。（《明儒學案》卷十九〈江右
> 王門學案四〉）

明水雖未像龍溪那樣明確將「正心」與「誠意」相對而提出先天之
學與後天之學的區分，但此處對誠意之學的解釋，卻顯然是指出
立足於良知心體，所謂「炳燭幾先」的工夫，才是誠意之學的根

本。

至於鄒東廓，其工夫以主張「戒懼」著稱。但對東廓而言，戒懼工夫也有深淺不同的層次。東廓曾論及自己工夫的三次變化如下：

> 戒慎恐懼之功，命名雖同，而命意則別。出告反面，服勞奉養，珍宅兆而肅蒸，嘗戒懼於事爲也。思貽令名，必果爲善，思貽羞辱，必不果爲不善，戒懼於念慮也。視於無形，聽於無聲，全生而歸之，戒懼於本體也。戒慎不睹，恐懼不聞，帝規帝矩，常虛常靈，則沖漠無朕。未應非先，萬象森然；已應非後，念慮事爲，一以貫之。是爲事親事天仁孝之極。（《東廓鄒先生文集》卷八〈書謝青罔卷〉）

這裏，東廓顯然以「戒懼於本體」的工夫最爲究竟。而龍溪在強調「心體立根」時有過類似更爲明確的說法：

> 懲欲之功有難易，有在事上用功者，有在念上用功者，有在心上用功者。事上是過於已然，念上是制於將然，心上是防於未然。懲心忿窒心欲，方是本原簡易工夫。在意與事上過制，雖極力掃除，終無廓清之期。（《全集》卷四〈留都會紀〉）

對明水、東廓來說，本體自然是良知心體，因此，無論是明水的「直從本體精明，時時儆惕」，還是東廓的「戒懼於本體」，顯然和龍溪的立足於良知心體的先天工夫在工夫的著力點上是一致的。明水曾自敍其工夫的變化次第，指出最終之所以能夠「盡掃平

日一種精思妙解之見，從獨知幾微處嚴謹緝熙」，乃是「就正龍溪，始覺見悟成象」的結果。❷ 東廓為學工夫三變而立足於本體，或許也是受到龍溪的影響。東廓對龍溪評價甚高，所謂「汝中兄，同志之雋，所得最深。」（《東廓鄒先生文集》卷五〈復戚司諫秀夫〉）而龍溪也在〈壽東廓翁七十序〉和〈漫語贈韓天敘分教安成〉（兩篇文字分別見《全集》卷十四和卷十六）中特別轉述東廓自述的這為學三變，引為自己先天工夫的同調。

明水與東廓可能受到龍溪的影響，但其他一些學者則恐怕更多地是出於對問題本身的認識。如歐陽南野在〈答胡仰齋〉書中曾指出：

> 所論比來同志但講良知，而遺卻致的意思，是蓋億想談說而未嘗實用力者，正恐良知亦未能知得耳。夫知良知而後知所以致良知。……故某嘗言一切應物處事，只要是良知。蓋一念不是良知，即不是致知矣。（《歐陽南野先生文集》卷一）

在〈答歐夢峰〉第二書中也強調「故知良知之所以為良知，則知所以致知」（同上）。由此可見，南野同樣要求將致良知工夫的作用點用在最根本的良知心體上。

聶雙江的思維方式不同於陽明以及龍溪、東廓、南野、明水，這是前文已經指出的，而雙江也批評誠意工夫有不究竟之處。他說：

---

❷　黃宗羲：《明儒學案》卷十九〈江右王門學案四〉，頁458。

> 蓋意者，隨感出現，因應變遷，萬起萬滅，其端無窮，乃
> 欲一一制之，以人力去其欺而反乎慊，是使初學之士，終
> 身不復見定、靜、安、慮境界。勞而無功，只自廢以速化
> 耳。（《雙江聶先生文集》卷九〈答錢緒山〉）

至於如何是究竟法，雙江認為：

> 若在意上做誠的工夫，此便落在意見。不如只在良知上做
> 誠的工夫，則天理流行，自有動以天的機括。故知至則意
> 無不誠也。（《雙江聶先生文集》卷九〈答錢緒山〉）

撇開思想的整體架構不論，就工夫論本身而言，雙江此處的看
法，和龍溪先天工夫所要追求的目標，不能不說是相當的一致。

王棟（字隆吉，號一庵，1503-1581）師事王心齋，屬於陽明學
的第二代。他也曾指出陽明以來的誠意工夫並非究竟之學：

> 舊謂意者心之所發，教人審幾於動念之初。竊疑念既動
> 矣，誠之奚及？蓋自身之主宰而言謂之心，自心之主宰而
> 言謂之意。心則虛靈而善應，意有定向而中涵。非謂心無
> 主宰，賴意主之，自心虛靈之中確然有主宰者而名之曰意
> 耳。大抵心之精神無時不動，故其生機不息、妙應無方。
> 然必有所以主宰乎其中而寂然不動者。所謂意也，猶俗言
> 主意之意，故意字從心從立，中間象形太極圖中一點，以
> 主宰乎其間，不著四邊，不賴倚靠。人心所以能應萬變而
> 不失者，只緣立得這主宰於心上，自能不應而知。不然，
> 孰主張是？孰綱維是？聖狂之所以分，只爭這主宰誠不誠

耳。若以意為心之發動，情念一動，便屬流行，而曰及其
乍動未顯之初用功防慎，則恐恍惚之際，物化神馳，雖有
敏者，莫措其手。聖門誠意之學、先天簡易之訣，安有此
作用哉？（《一庵王先生遺集》卷一）

歷來研究者對一庵此段文字，大都僅留意其對「意」概念的理解不
同於陽明學的一般規定，而與後來劉蕺山嚴分「意」「念」基礎上
的「意」概念具有相同的內涵，對一庵提出此說的目的卻未甚措
意。誠然，一庵與蕺山對「意」的理解確實前後一揆，至於蕺山是
否知道一庵有此一說並受到一庵的影響，學界有不同的看法，此
處不及。需要指出的是，由上引文字明確可見，一庵之所以要以
心之主宰來界定「意」，正是認為在作為心之所發的意上做工夫並
不究竟，所謂「恐恍惚之際，物化神馳，雖有敏者，莫措其手」。
而在一庵處既然意為心之主宰，則一庵的誠意工夫在目標與效果
上便其實也無異於龍溪的先天工夫。

　　王塘南雖然已不以良知為終極實在而開始回歸性體，這是我
們上一節已經指出的。但塘南「悟性」的主張，也同樣顯示了追求
究竟工夫的要求。當有人問：「有謂性無可致力，惟於念上操存、
事上修飾，則性自在」時，塘南回答說：

悟性矣，而操存於念、修飾於事可矣。性之未悟，而徒於
念與事上致力，所謂「可以為難矣，仁則吾不知也」。（《塘
南王先生友慶堂合稿》卷四〈語錄·三益軒會語〉）

顯然以悟性作為在事為與念慮上做工夫的前提與根據。

　　唐樞雖與龍溪多有交往，但畢竟是湛甘泉的弟子，他對於工

夫也提出了相應的看法：

> 工夫就是本體，不容添得一些。尋見本體不走作，才是真
> 工夫。若以去人欲，作存天理工夫，便如捕賊保家。所謂
> 「克己復禮」，惟其禮，故己克；所謂「閑邪存誠」，惟其
> 誠，故閑邪。故存天理是去人欲的下手處。荀卿性惡之
> 說，不曾教人從惡，只要人反轉克治，這便矯枉過正。不
> 在本體上做工夫，卻從外邊討取，不自信，將誰以爲據
> 乎？（《木鍾臺集》亨卷〈景行館論・論功夫〉）

由此可見，追求究竟工夫的趨向，在當時已經不限於陽明的門
下，而成為一種普遍的現象。

劉蕺山對陽明之學是「始疑之、中信之，終而辯難不遺餘
力」，[28] 對龍溪的批評更為嚴厲。相對於陽明的良知教，蕺山思想
自成系統，對陽明學在中晚明所產生的流弊，也無疑具有救正的
價值和意義，此處不贅。就工夫論來說，蕺山曾批評陽明的四句
教，所謂「因有善有惡而後知善知惡，是知為意奴也，良在何
處？」[29] 認為陽明使「知」落後於「意」，即良知在善惡的意念產
生之後才發揮作用，無法顯示出良知的主宰定向功能。對此，他
在〈答韓參夫〉一書中說得更為明確：

> 只教人在念起念滅時，用個爲善去惡之力，終非究竟一

---

[28] 此爲蕺山之子劉汋（伯繩，1613-1664）語，見《劉宗周年譜》「先生六十六
歲，著〈證學雜解〉及〈良知說〉」條下，《劉宗周全集》（第五冊）〈附錄〉，
頁 480。

[29] 劉宗周：《劉宗周全集》（第二冊）《語類》卷十〈良知說〉，頁 373。

著。與所謂「只於根本討生死，莫向支流辨清濁」之句，不免自相矛盾。❸

就此而言，蕺山雖然曾經批評龍溪「即本體以為工夫」，但他要求在作為道德實踐的終極根據——意體、知體、誠體上用功，這種追求「究竟一著」的用心，卻與龍溪提出先天工夫的目標是相當一致的。陳來先生曾指出，心學的工夫從象山到陽明再到蕺山，呈現出一個不斷深入意識內部的過程。❸ 其實，就心學的立場而言，工夫不斷內化，到了龍溪「心體立根」、「一念之微」的先天工夫，可以說已經在邏輯上達到了終點。因為良知心體已經是終極的實在，不論是「意體」、「知體」、「誠體」、「獨體」，在功能和地位上，也只能相當於龍溪的先天工夫中的良知心體。

龍溪緊隨陽明之後提出其先天工夫，關鍵即在於他看到良知心體作為終極實在，不僅是道德行為發生後的最終裁判原則，更是道德行為之所以發生的最初發動與主宰機制。只有始終立足於良知心體，具體行為的每一次發生，均直接以良知這一「定盤針」為根據，❸ 修養工夫才會最為徹底，道德實踐也才會最為純粹。而由對以上諸人的討論，我們可以看到，陽明之後理學工夫論發

---

❸　劉宗周：《劉宗周全集》（第三冊上）《文編》卷七，頁422。

❸　陳來：《宋明理學》（瀋陽：遼寧教育出版社，1991），頁406-407。

❸　雖然蕺山喜用「定盤針」的字眼，但龍溪亦有此說，所謂「人人自有良知，如定盤針，針針相對，謂之至善。稍有所偏，或過或不及，即謂之惡。」（《全集》卷六〈格物問答原旨〉），就此而言，蕺山的用法不外於龍溪。唐君毅先生已看到此點。見唐君毅：《中國哲學原論——原性篇》（臺北：臺灣學生書局，1984），頁476注。

展所表現出的那種普遍趨向，恰恰與龍溪不謀而合，即要求將工
夫的用力點落實於道德實踐的終極根據上去，而不論對這一終極
根據的概念規定是如何的因人而異。

　　當然，在中晚明陽明學「牛毛繭絲，無不辨析」的豐富思想話
語中，即使是單單就工夫論而言，這種追求究竟工夫的一致趨向
也仍然只是其中的一個方面。況且，就在這種一致的追求中，不
同學者的工夫實踐也仍然表現出不同的取徑和各自的側重。

　　龍溪曾有「三悟」之說，所謂：

> 君子之學，貴於得悟，悟門不開，無以徵學。入悟有三：
> 有從言而入者，有從靜坐而入者，有從人情事變煉習而入
> 者。得於言詮者，謂之解悟，觸發印證，未離言詮。譬之
> 門外之寶，非己家珍。得於靜坐者，謂之證悟，收攝保
> 聚，猶有待於境。譬之濁水初澄，濁根尚在，才遇風波，
> 易於淆動。得於煉習者，謂之徹悟，磨礱鍛煉，左右逢
> 源。譬之湛體冷然，本來晶瑩，愈震蕩愈凝寂，不可得而
> 澄淆也。根有大小，故蔽有淺深，而學有難易，及其成功
> 一也。（《全集》卷十七〈悟說〉）㉝

在這「三悟」中，第一種「解悟」由於尚未實有諸己，所謂「門外

---

㉝　相同而較爲簡略的表達見《全集》卷十六〈留別霓川漫語〉，所謂「師門常
有入悟三種教法。從知解而得者，謂之解悟，未離言詮；從靜坐而得者，謂
之證悟，猶有待於境；從人事煉習者，忘言忘境，觸處逢源，愈搖蕩愈凝
寂，始為徹悟，此正法眼藏也。」而在龍溪最早的文集《龍溪會語》卷四
〈自訟問答〉中，第二悟作「心悟」，參見本書附錄二：〈明刊《龍溪會語》
及王龍溪文集佚文——王龍溪文集明刊本略考〉。

之寶，非己家珍」，因而還不能算是一種致良知的工夫進路。只有「從靜坐而入」的「證悟」以及「從人情事變煉習而入」的「徹悟」，才真正構成兩種不同的工夫取徑。在龍溪看來，「證悟」工夫從靜處的收攝保聚入手，對外在的環境有所依賴，一旦環境由「靜」轉「動」，置身於紛繁纏繞的境況下，內心的寧靜不免會被打亂。就像澄清的濁水一樣，由於濁根並未徹底清除，一受到搖蕩，便又會恢復到渾濁的狀態。「徹悟」工夫從人情事變入手，則已達到「湛體冷然，本來晶瑩」的境界，無論外在的環境如何紛繁纏繞，總是可以氣定神閑地應對自如，所謂「左右逢源」、「愈震蕩愈凝寂」，始終可以保持明道所謂「定性」的狀態。當然，龍溪這裏明顯有高下的評判，並且自覺認同「徹悟」的工夫與境界。不過，暫且不論龍溪的評判，龍溪所謂「證悟」與「徹悟」的工夫入路，倒的確透露了中晚明陽明學在工夫問題上追求一致趨向下兩種不同的取徑。

　　一元論與二元論這兩種不同的體用思維方式，不僅制約著陽明學者對良知本體的理解，也同樣制約著他們的致良知工夫論。由於龍溪、鄒東廓、歐陽南野、陳明水、錢緒山等人均持守陽明那種「體用一源，顯微無間」的一元論體用觀，他們在工夫論上的一個共同之處就是不主張與日常經驗相脫離，而是要在「事上磨練」，這也正是龍溪所謂的「從人情事變煉習而入」。表面上看，這種工夫取徑與「從靜坐而入」相對，似乎應當是主於「動」。但是，正如我們前面已經指出的，從陽明那種「體用一源，顯微無間」的思維方式出發，動與靜、寂與感、未發與已發、理與事之間本來並不存在區隔。由於體在用中、寂在感中、未發寓於已發，靜寓於動、理

寓於事，從「人情事變」入手，便並不是將工夫落在與體相對的用、與寂相對的感、與未發相對的已發、與靜相對的動以及與理相對的事上，而其實是超越了體用、寂感、未發已發、動靜、理事的二元對立並同時貫穿了雙方。正如龍溪在強調「心體立根」工夫時所說的那樣，「若見得致知工夫下落，各各隨分做去。在靜處體玩也好，在事上磨察也好。譬諸草木之生，但得根株著土，遇著和風暖日，固是長養他的，遇著嚴霜烈日，亦是堅凝他的。蓋良知本體，原是無動無靜，原是變動周流。此便是學問頭腦，便是孔門教法。」（《全集》卷四〈東遊會語〉）在這一點上，龍溪、東廓、南野以及明水諸人並無二致。至於在不同境遇下表述的差異，不但這幾位學者會因人而異。對同一位而言，在不同的情況下也會有不同的相機表達。但是其中一貫而共同的原則，則是我們應當把握到的。

同樣，由於聶雙江、羅念庵等人採取的是二元論的體用思維方式，在他們看來，「感」、「已發」、「動」以及「事」都屬於「用」的範疇，因此，在追求究竟工夫的情況下，他們無疑會要求將工夫的著力點放在屬於「體」範疇的「寂」、「未發」、「靜」以及「理」之上，而認為只要能默識本體，便自然會貫動靜、攝內外。如雙江所謂：「思慮營欲，心之變化。然無物以主之，皆能累心。惟主靜則氣定，氣定則澄然無事，此便是未發本體。然非一蹴可至，須存養優柔，不管紛擾與否，常覺此中定靜，積久當有效。若不知緊切下功，只要驅除思慮，真成弊屋禦寇矣。」（《雙江聶先生文集》卷十〈答戴伯常〉）念庵也說：「吾心之知無時或息，即所謂事狀之萌應，亦無時不有。若諸念皆泯，炯然中存，亦即吾之一事，此處不令他意攙和，即是必有事焉，又何茫蕩之足慮哉？此等辨別，言不

能悉，要在默坐澄心，耳目之雜不入，自尋自索，自悟自解，始見覿面相見。」（《羅念庵先生文集》卷三〈答劉月川〉）與此相應，他們在現實的工夫實踐中，也就往往表現出重視靜坐、要求擺脫日常經驗干擾的內收靜斂的傾向。雙江體認未發之「寂體」的經驗以及念庵閉關石蓮洞三年的經歷，都是這種內收靜斂工夫的體現。❸❹ 龍溪所論「從靜坐而入」，其實指的就是雙江與念庵。顯然，這與宋儒道南一脈從楊時（字中立，稱龜山先生，1053-1135）到羅從彥（字仲素，稱豫章先生，1072-1135）再到李侗（字愿中，稱延平先生，1093-1163）「體認大本以前未發氣象」的工夫路數是一致的。❸❺ 雙江曾謂：「龜山為程門高弟，而其所傳，不過令人於靜中以體夫喜怒哀樂未發之中。此是頂門上針，往聖之絕學也。」（《雙江聶先生文集》卷八〈答唐荊川〉）也正印證了這一點。

　　從理論上說，儘管龍溪、東廓、南野、明水、緒山等人一元論的體用思維方式與雙江、念庵等人二元論的體用思維方式不同，但既然前者的工夫謀求的是超越體用、寂感、未發已發、動

---

❸❹ 念庵晚年徹悟仁體後，開始反思雙江寂感、動靜、內外兩分的二元論思路。如他曾對龍溪說：「當時之為受攝保聚偏矣。蓋識吾心之本然者猶未盡也，以為寂在感先，感由寂發。夫謂感由寂發可也，然不免於執寂有處；謂寂在感先可也，然不免於執感有時。彼此既分，動靜為二，此乃二氏之所深非以為邊見者。我堅信而固執之，其流之弊，必至重於為我，疏於應物，蓋久而後疑之。」（《石蓮洞羅先生文集》卷十二〈甲寅夏遊記〉）其收攝保聚的工夫也開始追求超越動靜、內外的分別，在思維方式上開始向陽明的「體用一源」靠近。有關念庵晚年工夫的變化與特徵，可參見林月惠：〈良知學的轉折——聶雙江與羅念庵思想研究〉，頁231-246。

❸❺ 有關道南一脈體驗未發的工夫路數，參見陳來：《朱子哲學研究》第二章第二節〈體驗未發〉（上海：華東師範大學出版社，2000），頁48-52。

靜、理事的二元對立並同時貫穿雙方，就不應當構成後者立足於體、寂、未發、靜與理這種內收靜斂工夫的對立面。不過，由於雙方的立場不同，在實際的論辨中，前者由於要糾正後者的一偏，不免於用、感、已發、動與事方面提揭過重，就很容易被理解為後者的對立面而似乎成為立足於用、感、已發、動與事的工夫論。但這實際上並不符合前者工夫論的內涵與自我要求。這是我們應當注意的。

龍溪所謂的「從靜坐而入」，雖然反映了雙江、念庵等人二元論思維方式下追求究竟工夫的路數與實踐，但二元論思維方式下對於究竟工夫的追求，卻還有另外一種形態，那就是從劉獅泉到王塘南、李見羅的路數與實踐。與雙江、念庵用力於未發心體的內收靜斂工夫不同，這一工夫形態是在分體用為二的前提下在體與用兩方面同時作工夫。劉獅泉曾說：

> 夫人之生有性有命。性妙於無為，命雜於有質，故必兼修而後可以為學。蓋吾心主宰謂之性，性無為者也，故須首出庶物以立其體。吾心流行謂之命，命有質者也，故須隨時運化以致其用。常知不落念，是吾立體之功。常運不成念，是吾致用之功。（《明儒學案》卷十九〈江右王門學案四〉）

依獅泉之見，性命之分的內容就是心之主宰與流行之分，前者是體，後者為用，前者是「妙於無為」，後者是「雜於有質」，因此，工夫必須從性命兩個方面同時入手，既要「首出庶物以立其體」，又要「隨時運化以致其用」。這種二元論的思維方式和雙江、念庵相同，但既要「立體」又要「致用」的「兼修」之法，則不同於雙

江、念庵專求「立體」的工夫。而由上一節所引王塘南〈答蕭勿庵〉書可見，雖然塘南對良知的理解較為獨特，但其「悟性修命」的工夫路數，則顯然與獅泉的性命、體用兼修之法如出一轍。

我們在上一節曾經指出，李見羅和聶雙江的思路其實是相當一致的。只不過雙江被陽明學的話語所籠罩，仍然以良知作為本體或終極實在，而見羅則自覺地脫離良知教的典範，不再以良知為首出與核心的觀念，所謂「故《大學》未嘗廢知也，只不以知為體，蓋知本非體也。《大學》未嘗不致知，只不揭知為宗，蓋知本用，不可為宗也。」（《見羅先生書》卷十二〈答董蓉山〉）在工夫實踐上，見羅不以致良知為究竟，要求「攝知歸止」、「攝情歸性」，止於作為終極實在的至善的性體，所謂「四端之發，固自有性根在也。吾養吾性，隨在皆至善之流行矣。」（《明儒學案》卷三十一〈止修學案〉）顯然，這與雙江以立足於未發寂體為究竟工夫的思路同樣十分接近。但是，和雙江不同的是，見羅在強調立足於性體的同時，又提出「修」的工夫作為補充。與立足於性體的「止」的工夫相較，「修」的工夫則側重於日常經驗中的道德實踐（「用」）。對於「止修」的宗旨，見羅是這樣描述的：

> 止修者，謂性自人生而靜以上，此至善也。發之而為惻隱四端，有善便有不善。知便是流動之物，都向已發邊去，以此為致，則日遠於人生而靜以上之體。攝知歸止，止於人生而靜以上之體也。然天命之真，即在人視聽言動之間，即所謂身也。若刻刻能止，則視聽言動各當其則，不言修而修在其中矣。使稍有出入，不過一點提撕修之工夫，使之常歸止而已。故謂格致誠正，四者平鋪。四者何

病？苟病其一，隨病隨修。（同上）

雖然就「止」與「修」而言，見羅最終的重點仍在「止」，且見羅反對將「止」與「修」分別開來，所謂「人皆知止善與修身為兩語，然不知兩者原是一條脈絡也。」（《正學堂稿》卷五〈答黃光普書〉）但是，就見羅二元論的思維方式來說，「止善」與「修身」畢竟前者的著力點在未發之「體」而後者的著力點在已發之「用」。而見羅之所以要在「止」之外又以「修」為補充，很可能是要避免雙江、念庵等人所曾受到的非議，因為雙江單純著力於「體」的歸寂工夫曾經面臨「沈空守寂」的批評。對此，黃宗羲也說：「若單以知止為宗，則攝知歸止，與雙江之歸寂一也。先生（見羅）恐其鄰於禪寂，故實之以修身。」（《明儒學案》卷三十一〈止修學案〉）如此看來，見羅的工夫實踐也可以和劉獅泉、王塘南歸為一類，都是在體用二元的基礎上同時在體與用兩方面作工夫。

總之，由以上討論可見，陽明身後，中晚明的陽明學在追求究竟工夫這一一致的趨向下，又表現為三種不同的形態。在內外、寂感、動靜、理事、未發已發一源無間的基礎上，龍溪、鄒東廓、歐陽南野、陳明水、錢緒山等第一代陽明及門弟子主張著力於良知心體。而在內外、寂感、動靜、理事、未發已發二元兩分的前提下，雙江、念庵等人不滿於將工夫的著力點用於他們理解為屬於已發的「現成良知」，而要求再向後、向內推求，將著力點用於他們理解為未發之體的良知本體上去。作為第三種形態，從劉獅泉到王塘南、李見羅，則在內外、寂感、動靜、理事、未發已發二元兩分的前提下，要求在「體」與「用」兩方面同時作工夫。從時間的發展上來看，雙江、念庵雖然服膺陽明的良知教，

並完全使用陽明學的話語，但對良知的理解其實已經開始有別於
陽明本人以及龍溪、東廓、南野、明水、緒山等人。獅泉雖然也
和以上諸人同屬陽明的第一代傳人，但獅泉不但也和雙江、念庵
那樣對良知有了不同的理解，更在話語的使用上顯示了偏離陽明
學的徵兆。作為陽明學的第二代傳人，王塘南進一步繼承了獅泉
的發展方向。不過，塘南雖實際上已經開始逸出陽明學的典範，
但尚未公開反對陽明學的良知教。而與塘南屬於一代的李見羅，
便公開與陽明學決裂，打出了回歸於性體的旗幟。事實上，從雙
江、念庵、獅泉到塘南、見羅，是一個逐漸脫離陽明學的發展線
索。這一線索的最終指向，其實是對作為良知觀念之核心內涵的
「心即理」這一陽明學的根本命題產生了懷疑。從雙江、念庵質疑
「現成良知」，到見羅根本視良知為不足為最終憑藉的已發之用而
回歸性體，正是「心即理」說受到動搖這一發展線索由隱而顯的表
現。❸❻陽明學一元論的思維方式無論在本體還是工夫上都使超越
與內在、主體性與客體性之間的距離與張力趨於消解，這在流傳
影響的過程中就有可能導致以感性知覺為良知本體、以自然主義
的脫略工夫為「率性之謂道」。如此看來，明末劉蕺山標舉性天之
學，顧憲成、高攀龍等東林學人對陽明學的批判，以及明末清初
以陽明學全面式微為主要內容的學風轉變，便顯然是理有固然、

---

❸❻ 王汎森先生較早注意到了「心即理」說在明清之際所受到的挑戰，參見氏
著：〈「心即理」說的動搖與明末清初學風之轉變〉，《中央研究院歷史語
言研究所集刊》第六十五本第二分，1994年6月，頁333-373。惟王先生對
該現象的解釋是從德性與知性的關係尤其後者對前者必要性的角度來加以說
明。

勢所必至了。不過，陽明學這種逐漸式微的發展趨向，並不能簡單地視為向朱子學的回歸。因為無論是劉蕺山之學還是戴震、顏元所代表的清代儒學，儘管一致反對「心即理」的命題，但他們在思維方式上卻偏偏又採取了陽明學一元論而非朱子學二元論的思維方式，這在人性論的問題上有集中的反映。因此，中晚明陽明學的逐漸式微，並不簡單地意味著朱子學的再興。其間變化過程的豐富性，決非那種心學、理學彼此興替或「朱陸異同」的簡單理解模式所可以範圍。這一點，是我們必須指出的。

　　最後需要說明的是，不論是雙江、念庵，還是獅泉、塘南、見羅，就他們自己的主觀用意來說，之所以提出有別於龍溪等人的工夫論，當然更多地恐怕是要針對中晚明陽明學所產生的流弊，還不是出於思維方式的考慮，更不是自覺地要在一元論的體用思維方式之外另起爐竈。但是，就客觀的義理結構而言，陽明學在中晚明的發展，除了有關良知本體的各種異見之外，的確產生了上述三種不同的工夫形態。並且，這三種不同的工夫形態也確實基於一元論與二元論兩種體用思維方式的差異。我們這裏對工夫形態差別的分析，其角度在於思想結構上的客觀原因，而不在於不同工夫實踐者的主觀用意。

# 三、知識之辨

　　我們在第二章曾經考察了龍溪對良知與知識的看法，事實上，知識之辨是中晚明思想界的一個普遍論題，它構成了中晚明陽明學有關本體之辨的一項具體內容。在中晚明陽明學的發展過

程中，陽明學與朱子學的互動在知識之辨的問題上尤其得到了鮮明的體現。如果說朱子學元代以降由於成為意識形態而出現了異化的話，那麼，知識化則是這種異化在明代的一個重要方面。作為對知識化了的朱子學的回應，中晚明陽明學知識之辨的發展方向，便是在區分良知與知識的前提下強調前者的優先性。儘管陽明學的主流在一元論的體用思維方式下仍然試圖將良知與知識統一起來，承認知識對於成就德性的必要性。但是，在嚴格分辨良知與知識異質性的前提下堅持良知第一性的原則，不僅難以使良知與知識真正構成一元論的體用關係，而且不可避免地產生了輕視甚至反對知識的傾向。這一點，不但使中晚明的陽明學體現出獨尊德性、刊落知性的特徵，從而為儒學的社會化提供了思想基礎，也使得對儒家聖人甚至儒學基本性格的理解發生了深刻的轉變。

　　由我們第二章對龍溪在良知與知識問題上的檢討可見，無論陽明還是龍溪，都是在堅持德性之知與聞見之知區別的前提下試圖將良知與知識圓融無間地統合起來，這可以說是從陽明以降中晚明陽明學在這一問題上的主流看法。在此，我們不妨再以陽明學第一代傳人歐陽南野、第二代傳人查鐸以及第三代傳人楊起元的相關論述為例來加以說明。

　　相對於陽明學，朱子學比較強調成就聖賢人格過程中的知識要素。由於朱子學在意識形態上的正統地位，從陽明學興起以來，陽明學者便經常會遇到良知與知識究竟是何關係這樣的質疑。曾經有人因王艮輕視知識，所謂「專以天德為知而惡見聞」，而與歐陽南野討論有關「天德之知」與「聞見之知」的關係問題。

顯然，天德之知與聞見之知也就是良知與知識。對此，南野提出過如下的解釋：

> 良知不由見聞而有，而見聞莫非良知之用。猶聰明不由視聽而有，而視聽莫非良知之用。心齋傳習師訓，必不致專以天德爲知而惡聞見。專以天德爲知而惡聞見，是以聰明爲聰明而惡視聽矣。吾契又謂天資高者可無聞見，而其次則不可無聞見，是耳聰目明者可無視聽，而其次則不可無視聽矣。夫良知者，見聞之良知；見聞者，良知之見聞。致其良知之見聞，故非良知勿視，非良知勿聽，而一毫不以自蔽。致其見聞之良知，故見善則遷，聞過則改，而一毫不以自欺。是致知不能離卻聞見，以良知聞見本不可得而二也。然多聞擇善而從之，多見而識，則以聞見爲主而意在多識，是二之矣。二之則非良知第一義，蓋已著在聞見，落在第二義而爲知之次矣。今謂天德之知與聞見之知初無二理，謂聞見之知即所以致天德之知，是知其本無二。然於所謂第二義者，或未深究，而語意之間猶有彼此，則於所謂本無二者，亦未免察焉不精，至謂天資高者頓悟，不由聞見，其次必由聞見，則已居然二之。而究其實，則有大不然者。夫孩提知愛敬，乞人知恥嘑蹴，皆不由學慮而自知，豈皆天資高者耶？伏羲至聖，然仰觀俯察，遠求近取，豈無聞見而能類萬物之情耶？（《歐陽南野先生文集》卷四〈答馮州守〉）

由於南野的這段話起於問者對王艮「專以天德為知而惡聞見」的質

疑，我們不妨先對心齋對良知與知識的看法略作說明。《重刻王心齋語錄》卷上中有這樣一段記載：

> 先生（心齋）問在座曰：「天下之學無窮，惟何學可以時習之？」江西塗從國對曰：「惟天命之性可以時習也。」童子周泣對曰：「天下之學雖無窮，皆可以時習也。」先生曰：「如以讀書爲學，有時作文，有時學武。如以事親爲孝，有時又事君；如以有事爲學，有時又無事；烏在可以時習乎？」童子曰：「天命之性，即天德良知也。如讀書時也依此良知，學作文時也依此良知，學事親、事君、有事、無事無不依此良知，學乃所謂皆可時習也。」先生喟然歎曰：「信予者從國也，始可與言專一矣。啓予者童子也，始可與言一貫矣。」

塗從國所謂「惟天命之性可以時習也」的觀點，無疑有將讀書、作文等知性活動排除於「學」之外的傾向。「學而時習之」對塗從國來說，恐怕更多地意味著單純的道德修養。而從心齋所謂「信予者從國也」的話來看，塗從國的這種看法大概更能代表心齋本人平時的主張。因此，心齋被質疑「專以天德爲知而惡見聞」，恐怕也並非全屬子虛烏有。但是，我們也不能夠認爲心齋完全排斥知識。相對於塗從國的看法，童子周泣對「學」的理解則顯然將讀書、作文等知識活動明確地容納在內，而將良知作爲整個「學」中的主宰與頭腦，所謂「讀書時也依此良知，學作文時也依此良知，學事親、事君、有事、無事無不依此良知」。心齋既然肯定童子爲「啓予者」，便說明他並不反對童子的主張。事實上，童子此處的說法

恰恰反映了陽明、龍溪等人在良知與知識問題上基本態度。南野首先為心齋辯解，所謂「心齋傳習師訓，必不致專以天德為知而惡聞見」，也正是在這個意義上而言。南野的意思很清楚，陽明所傳的「師訓」並不是「專以天德為知而惡聞見」，心齋既傳師訓，則不至於此；若竟至於此，則心齋所傳便非陽明之教。

南野在為心齋辯解的同時，無疑也表明了自己的立場。很明顯，前引南野這段話的重點，在於圍繞陽明「良知不由見聞而有，而見聞莫非良知之用」的話，強調良知與知識的不可相離，所謂「良知者，見聞之良知；見聞者，良知之見聞」，「良知聞見本不可得而二也。」而聰明與視聽之關係的比喻，也正是要說明這一點。在南野看來，良知決非天資高者所獨有，所謂「孩提知愛敬，乞人知恥嘑蹴，皆不由學慮而自知，豈皆天資高者耶？」另一方面，良知本體得到充分展現的聖賢人物，在實際的道德實踐過程中，也需要具體知識的幫助，才能「範圍天下，曲成萬物」，所謂「伏羲至聖，然仰觀俯察，遠求近取，豈無聞見而能類萬物之情耶？」

陽明、龍溪、南野等人均在作為良知之「用」的意義上肯定知識，這在陽明學的第二代傳人那裏也有明確的表現。查鐸是安徽甯國府涇縣人，曾師事龍溪與錢緒山。嘉靖四十二年癸亥（1563）五十歲中進士之前，查鐸曾長期開館授學，門人達百人之多，涇縣年輕一代的學者多出其門。任職京師期間，又與張元忭、鄧以讚、趙志皐等當時著名的陽明學者結社講學。晚年更是主講水西書院，成為陽明學深入民間社會的有力推動者之一。❸ 在講會的

---

❸ 黃宗羲在《明儒學案》卷二十五〈南中王門學案一〉中對查鐸其人僅有簡略的介紹，當為文獻不足徵之故。因此，這裏根據查鐸之子查琪所撰〈明故中

語錄中，查鐸曾說：

> 良知與知識不同。良知是天命之性，至善者也；知識是良
> 知之用，有善有惡者也。認知識爲良知，則善惡混矣。如
> 石中有火，擊石火出，神觸神應，一毫人力不得與焉。此
> 是用不離體，所謂體用一原也。禪家謂之石火之間，即乍
> 見孺子入井，皆有怵惕惻隱之心是也。知識則火從石出後
> 至於延燒燎原，此良知與知識之辨也。（《毅齋查先生闡道集》
> 卷四〈會語〉）

顯然，如果說歐陽南野的視聽之喻已經蘊涵了以良知與知識爲體
用關係的話，那麼，查鐸這裏的石火之喻，同樣是將良知與知識
理解爲體用的關係。並且，查鐸明確使用了「用不離體」、「體用
一原」的用語來形容這種關係。在這種思考方式下，知識是作爲良
知本體的發用而被肯定的，正所謂「知識是良知之用」。

在試圖統一良知與知識的這一發展方向上，羅近溪首座弟子
楊起元的一段問答之詞也對此提供了進一步的說明。

> 明德之明，一明也；明明德之明，又一明也。明德之明，
> 明之出乎天者也；明明德之明，明之繫乎人者也。繫乎人
> 者，必由學問之力以求其明。學問一毫之未至，即其明亦
> 未徹。若其出於天者，則虛靈之體，人人完具，聖非有
> 餘，凡非不足，豈容一毫人力哉？人之有是明德也，猶其

---

憲廣西按察司副使先考毅齋查公諱鐸行實〉（《毅齋查先生闡道集》卷末），
對其生平略作交代。

有是面貌也。由學問以求明，猶欲自識其面貌者援鏡以自照也。一照之後，不過自識其面貌而已，不能以分毫加之。然則未識之前，亦豈容以分毫損哉？識與不識，而面貌自如；明與不明，而明德自若。今人不達明字之義，遂疑明德之體有拘、有蔽、有昏，必待人之磨淬洗滌然後明也，如此則明德乃人造作而成，安得言天哉？是不求自識其面貌，而徒欲以粉澤膏脂裝點。雖裝點妍美，與自己面貌了不相干。要之，皆不達此一明字之誤也。

問：「明德既本明矣，又欲求明之，何也？」曰：「此聖人修道立教之事也。太古之時，不識不知，順帝之則，故其本明者足矣，無事於教也。天下之生久矣，習染漸深，知識漸起，求欲漸廣，而民始苦也。聖人者，思有以救之。而救之之道，又非政刑之所能齊也。於是乎自明其明德，而鼓舞天下以共明之，然後天下知識漸忘，而安於作息耕鑿之常，用其本明者以自樂，實聖人救之也。然本明之德，實不因明而有所增，如人之有面貌，何以照鏡為哉？然出入關津，當之圖形相，必假鏡自照，然後得其真。其實相貌不照，亦是如此。深山窮谷之中，人民無有鏡者，亦是如此。所以云明德雖不同，亦未嘗不明也。然苦樂關津，吾人何以度越，則明明德之鏡，何可少哉？」（《太史楊復所先生證學編》卷一〈筆記〉）

楊起元這裏區分的「明德之明」與「明明德之明」，即是指良知與知識、德性與知性。而楊起元這兩段話的主要意思不外兩點。首

先，強調作為明德之明的良知是人人所固有的先驗本體，其本體性的存在不依賴於後天的「學問之力」，否則即是「造作而成」，所謂「出於天者」、「人人完具、聖非有餘，凡非不足」。就像人照鏡子一樣，照鏡子固然可以認識自己的面貌，但照與不照，對於自己的本來面貌並無加損，所謂「由學問以求明，猶欲自識其面貌者援鏡以自照也。一照之後，不過自識其面貌而已，不能以分毫加之。然則未識之前，亦豈容以分毫損哉？識與不識，而面貌自如；明與不明，而明德自若。」「深山窮谷之中，人民無有鏡者，亦是如此。」其次，面對「明德既本明矣，又欲求明之，何也？」楊起元又指出了知識之於良知、知性之於德性的必要性。雖然良知本體先天固有，所謂「明德本明」，但由於後天的習染，人們的良知本體已經受到蒙蔽，所謂「天下之生久矣，習染漸深，知識漸起，求欲漸廣，而民始苦也。」在這種現實的情況下，人們要使其良知本體重新煥發光明，便需要借助於後天的學問知識，就像人們出入關津需要借鏡以辨圖形真假一樣，所謂「必由學問之力以求其明」，「苦樂關津，吾人何以度越，則明明德之鏡，何可少哉？」

從以上歐陽南野、查鐸以及楊起元的相關論述來看，和陽明、龍溪相一致，陽明學主流在良知與知識問題上的基本立場是試圖仍然以一元論的體用思維方式將二者統一起來。然而，無論是龍溪有關良知與知識的看法，還是以上南野、查鐸、楊起元的論述，我們從中都可以看到，統一良知與知識的前提是明確二者在性質上的根本差別。南野在強調良知與知識不可「二之」的同時，畢竟認為良知是「第一義」，知識是「第二義」。雖然「致知不能離卻聞見」，

但若「以聞見為主而意在多識」，便會失去良知的主宰與頭腦作用，所謂「著在聞見，落在第二義而為知之次矣。」查鐸以體用來統合良知與知識的出發點更是首先指出「良知與知識不同。良知是天命之性，至善者也；知識是良知之用，有善有惡者也。認知識為良知，則善惡混矣。」至於楊起元，儘管指出了知識對於良知的必要性，但仍然是要首先明辨良知與知識，反復強調良知作為本體性的存在是獨立於知識之外而為人所先天固有的。並且，在回答為什麼「明德本明」還需要知識以「求明之」的第二段文字中，楊起元的解釋還有兩點需要注意：第一，聖人是「自明其明德」的，不需要借助後天知識；第二，天下眾人在聖人鼓舞之下「假鏡自照」，通過學問之力以明其本明，而達到共明其明德之後，作為假借之物的知識便不再具有存在的必要，所謂「然後天下知識漸忘，而安於作息耕鑿，用其本明者以自樂」。如此看來，知識在終極的意義上並不具有獨立的價值。用龍溪的話來說，知識屬於「不必盡知」的領域，而良知則是「不可不知」的。顯然，作為德性之知的良知具有絕對的優先性，知識只有在成就德性的意義上才有價值。傳統德性之知與聞見之知在異質性區分的基礎上又以「第一義」與「第二義」的關係被賦予了價值論的排序。這可以說是整個中晚明的陽明學者在良知與知識問題上普遍接受的基本原則。如不太為人所知的耿定向弟子祝世祿（字延之，號無功，1540-1611）曾說：

> 學莫病於認識作知，知與識疑而致甚遠。知從性生，識從習起，知混識別，知化識留。嬰兒視色而不辨為何色，聞聲不辨為何聲。夫知視知聽，知也；辨色辨聽，識也，非知也。真知之體，即能辨不加，不能辨不損也。（《明儒學

案》卷三十五〈泰州學案四〉）

　　王塘南雖然未必以良知為最終的本體而有回歸性體的傾向，但他「意與形之靈」與「性靈之真知」的區分，同樣顯示了明辨德性之知與聞見之知並以前者為優先的特徵。所謂：

> 識察照了分別者，意與形之靈也，亦性之末流也。性靈之真知，非動作計慮以知，故無生滅。意與形之靈，必動作計慮以緣外境，則有生滅。性靈之真知無欲，意與形之靈則有欲矣。今人以識察照了分別為性靈之真知，是以奴為主也。（《塘南王先生友慶堂合稿》卷四〈語錄‧三益軒會語〉）

也正是在這個意義上，劉蕺山認為德性之知與聞見之知只有到陽明處才被真正對立起來而成為理學話語中的一個中心問題，所謂「聞見、德性分言，自陽明子始。」❸

　　事實上，中晚明朱子學者批判陽明學的焦點之一，正是陽明學嚴格區分德性之知（良知）與聞見之知（知識）的這一基本立場。與陽明同時的王廷相（字子衡，號浚川，1474-1544）曾經指出：

> 心者，棲神之舍；神者，知識之本；思者，神識之妙用也。自聖人以下，必待此而後知。故神者在內之靈，見聞者在外之資。物理不見不聞，雖聖哲亦不能索而知之。使嬰兒孩提之時，即閉之幽室，不接物焉。長而出之，則日用之物不能辨矣。而說天地之高遠，鬼神之幽冥，天下古

> 今事變，杳無端倪，可得而知之乎？夫神性雖靈，必藉見
> 聞思慮而知；積知既久，以類貫通，而上天下地，入於至
> 細至精，而無不達矣。雖至聖莫不由此。……夫聖賢之所
> 以為知者，不過思與見聞之會而已。世之儒者乃曰思慮見
> 聞為有知，不足為知之至，別出德性之知為無知，以為大
> 知。嗟乎！其禪乎？不思甚矣。殊不知思與見聞必由吾心
> 之神，此內外相須之自然也。德性之知，其不為幽閉之孩
> 提者幾希矣。（《雅述》「上篇」）

王廷相這裏所謂「別出德性之知為無知，以為大知」的「世之儒
者」，顯然是指陽明。與陽明「良知不由見聞而有」的立場正相對
反，王廷相認為並不存在完全與見聞無關的「德性之知」，一切
「知」都是「思」與「見聞」內外會合的結果，所謂「神性雖靈，必
藉見聞思慮而知」，「聖賢之所以為知者，不過思與見聞之會而
已」。羅欽順（字允升，號整庵，1465-1547）在給歐陽南野的信中
也指出：

> 然人之知識不容有二，孟子本意但以不慮而知者名之曰
> 良，非謂別有一知也。今以知惻隱、知羞惡、知恭敬、知
> 是非為良知，知視、知聽、知言、知動為知覺，是果有二
> 知乎？夫人之視、聽、言、動，不待思慮而知者亦多矣。
> 感通之妙捷於桴鼓，何以異於惻隱、羞惡、恭敬、是非之
> 發乎？且四端之發，未有不關於視、聽、言、動者。是非
> 必自其口出，恭敬必形於容貌，惡惡臭臭輒掩其鼻，見孺
> 子將入於井，輒匍匐而往救之，果何從而見其異乎？知唯

一爾，而強生分別，吾聖賢之書未嘗有也。（《困知記》卷五附
錄〈答歐陽少司成崇一〉）

由此可見，羅欽順無疑也是將分別良知與知識作為陽明學的基本
觀念來加以批判的。歐陽南野對羅欽順的上述批評有所回應，所
謂：

> 某之所聞，非謂知覺有二也。惻隱、羞惡、恭敬、是非之
> 知，不離乎視、聽、言、動，而視、聽、言、動未必皆得
> 其惻隱、羞惡之本然者。故就視、聽、言、動而言，統謂
> 之知覺，就其惻隱、羞惡而言，乃見其所謂良者。知覺未
> 可謂之性，未可謂之理。知之良者，蓋天性之眞，明覺自
> 然，隨感而通，自有條理，乃所謂天之理也。猶之道心、
> 人心非有二心，天命、氣質非有二性，源頭、支流非有二
> 水。（《歐陽南野先生文集》卷一〈答羅整庵先生困知記〉）

南野與羅欽順的這一論辨還涉及到現成良知的問題，此處暫且不
論。而由南野的回應可見，南野是希望繼續以一元論的體用觀來
論證良知與知識的統一性。但是，由於將良知與知識視為在本質
與屬性上有別，南野的「非謂知覺有二」其實預設了良知與知識的
二元關係。這時良知與知識的統一便只能成為一種現實狀態中「不
離不雜」的關係，所謂「惻隱、羞惡、恭敬、是非之知，不離乎
視、聽、言、動，而視、聽、言、動未必皆得其惻隱、羞惡之本
然者」。顯然，根據我們前面對朱子與陽明體用觀的分析，在良知
與知識的關係問題上，南野的體用觀實際上已由陽明學的一元論
滑向朱子學的二元論。當然，這種無形的滑轉是南野所未必自覺

的。

　　因此，儘管陽明學一元論的體用思維方式仍然延伸到了良知與知識的問題上，但在嚴格區分良知與知識的情況下，這種一元論體用觀的有效性在此不免發生問題。在以良知的本體存在不依賴於知識且具有絕對的第一性這一立場下，良知與知識實難構成真正的體用關係。並且，由於這種強勢的德性優先立場，使得中晚明的陽明學在良知與知識的問題上產生了嚴重輕視甚至反對知識的傾向。

　　薛侃是親炙陽明的第一代弟子，他就曾經明確流露出輕視並反對知識的態度，這由以下的兩則問答可見：

> 客有問「知識不足，故其心未明者」。先生（薛侃）曰：「去其知識則明矣。」

> 問「學須博求，乃能有見」。曰：「見個甚麼？」曰：「見道。」曰：「見道如見天，或隔一紗，或隔一壁，或隔一垣，明暗不同，其蔽一也。欲見，須是辟開垣壁，撤了紗紙，便自見，何須博求？博求正未辟未撤耳。」（《研幾錄》）

顯然，此處薛侃已經不僅僅是將知識視為「第二義」的東西，而是將知識視為道德實踐的對立面。在這個意義上，從事道德實踐以成就聖賢人格不但不需要知識以為必要的輔助，反而必須以去除知識為條件。這一點，在王棟那裏也有更為鮮明的表現。王棟曾說：

> 不識不知，然後能順帝之則。今人只要多增見聞，以廣知

識，攪雜虛靈眞體，如何順帝則乎？蓋人有知識，則必添卻安排擺佈，用智自私，不能行其所無事矣。故曰：「所惡於智者，爲其鑿也。」（《一庵王先生遺集》卷二）

這裏，王棟同樣將知識視為良知之障。知識已經完全成為消極性的東西，由於「人有知識，則必添卻安排擺佈，用智自私，不能行其所無事」，因此，只有消除知識，才能「行其所無事」，真正實踐「順帝之則」的道德修養，以成就道德的人格。

客觀而論，雖然陽明、龍溪以及以上所舉如歐陽南野、查鐸、楊起元等人在一元論的思維模式下力圖以體用關係來統一良知與知識的做法並不成功，他們畢竟並不反對知識，甚至肯定知識對於道德實踐的必要性。這與薛侃、王棟等人明確反對知識的取向顯然有別。就此而言，我們還不能將陽明學的主流視為反智論（anti-intellectualism）。不過，由於強調良知與知識的異質性以及德性優先的基本立場，我們仍然可以在陽明學的主流話語中發現若干輕視知識或至少有輕視知識嫌疑的言論。如龍溪曾說：「吾人學不足以入聖，只是不能蒙。知識反為良知之害，才能反為良能之害，計算反為經綸之害。若能去其所以害之者，復還本來清淨之體，所謂溥博淵泉，以時而出，聖功自成，大人之學在是矣。」（《全集》卷五〈與陽和張子問答〉）因此，陽明學在中晚明的發展出現如上述薛侃、王棟等人那樣明顯輕視並且反對知識的傾向，決非偶然。較之朱子學，陽明學也的確可以說在整體上顯示出一種輕視客觀知識的價值取向。

如果說理學話語展開所圍繞的中心以及儒家道德實踐的終極指向是成就聖賢人格的話，中晚明陽明學的知識之辨，則無疑使

傳統聖賢人格的內容規定發生了鮮明的變化。**㊴** 以下陽明晚年的
這段話，明確地道出了陽明學所理解的聖人形象。

> 「吾有知乎哉？」人皆以聖人爲多知，而不知聖人初不從事
> 於知識也。故曰：「無知也。有鄙夫問於我，我只空空而
> 已。」但於所問，只舉是非之兩端，如此而爲是，如此而爲
> 非，一如吾心之天理以告之，斯已矣。蓋聖功之本，惟在
> 於此心純乎天理，而不在於才能。從事於天理，有自然之
> 才能。若但從事於才能，則非希聖之學矣。後人不知此
> 意，專以聖人博學多知而奇之，如商羊萍實之類，以爲聖
> 人不可及者在此，盡力追之，而不知聖人初不貴也。故
> 曰：「君子多乎哉？不多也。」又曰：「賜也，汝以予爲多
> 學而識者？非也。」**㊵**

陽明的意思很清楚，聖人之所以為聖人，並不在於博學多知，而
在於「此心純乎天理」。聖人的本質規定性只有德性這一個向度，
有無知識並不能決定聖人與否，所謂「聖人初不從事於知識也」。
並且，在陽明看來，專注於內在的德性，便自然會產生相應的才
能，反之便非聖學，所謂「從事於天理，有自然之才能。若但從事
於才能，則非希聖之學矣。」萬曆元年癸酉（1573），龍溪在與李

---

㊴　當然，陸象山所謂「若某則不識一個字，亦須還我堂堂地做個人。」（《陸九
　　淵集》卷三十五〈語錄下〉，頁447），可以說已經發了純粹從德性角度理
　　解聖人這種觀念的先聲。

㊵　《陽明先生遺言錄》（上），第53條。《清華漢學研究》第一輯，頁185；《中
　　國文哲研究通訊》第八卷第三期，頁28。

漸庵的一段問答中，也透露了他對聖人的理解。

> 李子（李漸庵）問顏子屢空之義。先生（龍溪）曰：「古人
> 之學，只求日減，不求日增。減得盡，便是聖人。一點虛
> 明，空洞無物，故能備萬物之用。聖人常空，顏子知得減
> 擔法，故庶乎屢空。子貢、子張諸人，便是增了。顏子在
> 陋巷，終日如愚，說者謂與禹稷同道。吾人與學顏子，須
> 盡捨舊見，將從前種種鬧嚷伎倆盡情拋捨，學他如愚，默
> 默在心地上盤植，始有用力處。故曰『爲道日損』。若只在
> 知識聞見上拈弄，便非善學。」
>
> 問曰：「然則廢學與聞見，方可以入聖乎？」
>
> 先生曰：「何可廢也。須有個主腦。古今事變無窮，得了主
> 腦，隨處是學，多識前言往行，所以蓄德。蓄德便是致良
> 知。舜聞善言、見善行，沛然若決江河，是他心地光明，
> 圓融洞徹，觸處無礙，所以謂之大知，不是靠聞見幫補些
> 子。此千聖學脈也。」（《全集》卷七〈南遊會紀〉）

龍溪起先對顏子與子貢、子張的比較與評價以及「減」與「增」的
對比，顯然有將德性與知識對立起來的意思，因此李漸庵馬上追
問成為聖人是否必須否定知識。而龍溪儘管補充說知識不可廢
棄，但由龍溪的話中可見，知識對於聖人之為聖人，只有助緣的
作用，並無決定的意義。聖人之所以為聖人，完全是由德性這一
個因素來規定的。如此看來，如果說以往傳統儒家的聖人觀包含
德性與知性這兩個方面的話，❹ 在陽明學的視域中，聖人則成為

擺脫了知性向度的純粹德性人格。這種聖人觀，甚至對中晚明的孔廟從祀制產生了影響。相對而言，如果說以往儒者從祀孔廟的資格大多有賴於其知性學術成就的話，明中葉以後，從祀孔廟的資格則明顯逐漸向德性傾斜。㊷

「人皆可以為堯舜」，是儒家傳統的共識。就此而言，儒學的自覺指向不是專屬於士人階層、知識份子的精英文化。但是，當像堯舜那樣的聖人除了崇高的道德品質之外又被視為具有無所不知的才能時，聖人的目標在現實中就無法是人人可以企及的了。陽明學的知識之辨將德性與知性分離，使聖人的目標單憑道德修養便可以達至，顯然使「人皆可以為堯舜」這一命題在性善論的基礎上獲得了更為堅實的論證，並為中晚明儒學的民間化與宗教化奠定了基礎。如果說聖人之學並不是指知識的獲得與積累，而意味著人人所同具的本然善性的開發與充拓，那麼，聖人便不再只是士人階層、知識份子才可以追求的目標，而成為社會各個階層、各行各業的所有人士都可以自我成就的榜樣。王棟對此有著高度的自覺：

㊶ 孟子曾說：「仁且智，夫子既聖矣。」(《孟子·公孫丑上》) 這句話中，孟子對聖人是從「仁」與「智」兩方面來規定的。而如果說仁指內在的德性，智則更多地代表知識的向度。並且，朱子學也是從德性與知性兩方面來理解聖人，並試圖通過知性的探求來最終成就德性。對於朱子學通過知性探求來建立德性這一為學途徑的討論，參見(一)、陳來：《朱子哲學研究》第十三章〈格物與窮理〉，頁294-314；(二)、劉述先：《朱子哲學思想的發展與完成》(臺北：臺灣學生書局，1982)。

㊷ 參見黃進興：〈「聖賢」與「聖徒」：儒教從祀制與基督教封聖制的比較〉，《中央研究院歷史語言所集刊》第七本第三分，2000年，頁509-729。

自古士農工商雖不同，然人人皆可學。孔門弟子三千，而
身通六藝者才七十二，其餘皆無知鄙夫耳。至秦滅學，漢
興，惟記誦古人遺經者，起爲經師，更相授受，於是指此
學獨爲經生文士之業，而千古聖人與人人共明共成之學，
遂泯沒而不傳矣。天生我師（王艮），崛起海濱，慨然獨
悟，直超孔、孟，直指人心，然後愚夫俗子，不識一字之
人，皆知自性自靈，自完自足，不暇聞見，不煩口耳，而
二千年不傳之消息，一朝復明。（《一庵王先生遺集》卷一）

誠然，由於基於知識之辨之上的聖人觀使儒學的身份特徵在人們的
心目中發生了重大的變化，陽明學使得儒學在中晚明不再「獨爲經
生文士之業」，而成爲社會各界人士都可以奉行的「共明共成之
學」。被王棟稱爲「崛起海濱，慨然獨悟，直超孔、孟，直指人心」
的王艮本人是一介布衣，這一點自不必論。黃宗羲在《明儒學案·
泰州學案》中提到的樵夫朱恕、陶匠韓貞、田夫夏廷美，也不過是
當時大量將儒學奉爲人生準則的普通百姓中的幾個例證而已。在這
個意義上，儒學的實踐既不需要寄寓於某種特定的職業，也不必一
定依賴於某種特定的社會身份。誠如龍溪所謂：「予惟古者四民異
業而同道。士以誦書博習，農以力穡務本，工以利益器用，商以貿
遷有無。人人各安其分，即業以成學，不遷業以廢學，而道在其
中。」（《全集》卷七〈書太平九龍會語〉）顯然，擺脫了知性向度而
單純突顯德性的儒學已經成爲一種價值信仰。也正因爲中晚明的陽
明學極大強化了儒學的精神性與宗教性，儒學才可以在當時深入到
民間社會，真正成爲每一個人都可以體現的生存方式，而不再僅僅
是知識階層的專利。在這一點上，陽明學知識之辨的社會學意義的

確像馬丁·路德等人倡導的宗教改革那樣，將聖人變成常人的同時，又把常人變成了聖人；將人們從聖人不可企及的神聖性下解放出來的同時，又在每一個人的心中建立起了完滿自足的道德的神聖性。

　　就德性的培養與境界的提高而言，知識委實並非必要條件。知識的積累也並不意味著道德水準一定有相應的提升。就此而言，陽明學的知識之辨無疑有其意義。在以德性優先於知性這一點上，朱子學與陽明學其實並無不同。聖人如果只能具有一種單一性格的話，朱子學也一定會將德性而非知性作為那種性格的內容。但問題的關鍵是，理想的聖人究竟只能是單一德性的化身，還是可以同時兼具德性與知性這兩方面。儒學究竟只是一種單純的道德修養與價值信仰，還是可以同時表現為一種高度知性的學術傳統。陽明學與朱子學之間，也確實深深蘊涵著對聖人甚至儒學內涵的不同理解。因此，陽明學的知識之辨固然使「人皆可以為堯舜」的可能性大大提高，也為儒學以宗教信仰的身份深入社會提供了思想基礎。但是，根據孟子「仁且智，夫子既聖矣」(《孟子·公孫丑上》)的話來看，孟子認為像孔子那樣的聖人是同時具備道德與知識這兩方面高度成就的。就中國歷史上的整個儒家傳統而言，儒學既表現為一種價值信仰，又表現為一種學術傳統，還表現為一種政治社會實踐。在這一點上，陽明學知識之辨的後果，又不免化約了儒家思想的豐富內容。

　　作為一個具有普遍性的理論問題，道德與知識的關係問題，也可以說是貫穿儒學史的基本線索之一。宋儒德性之知與聞見之知觀念的提出，使這一問題由隱而顯。中晚明陽明學的知識之

辨，則將其聚焦為儒學問題意識的中心之一。從一元論的思考方式出發，以體用關係來解釋道德與知識，固然並不成功，也有悖於其本身嚴辨良知與知識這一二元論的前提。但撇開一元論的體用觀不論，陽明學堅持良知與知識異質性的立場，卻顯然看到了道德與知識在各自屬性以及認識方式上的差異。近代以降，許多學者多認為朱子學「格物窮理」的觀念可以成為吸收西方科學思想的資源。其實，這只能就基本的態度來說。較之陽明學，朱子學自然具有注重知性的特徵，但在道德與知識的關係問題上，朱子學卻未能像陽明學那樣自覺地意識到道德與知識的異質性，而明確道德與知識的異質性，才是正確理解二者關係並合理地將西方知識取向的科學思想吸收到中國思想傳統之中的出發點。在這個意義上，撇開輕視知識的態度不論，陽明學的知識之辨反而更具有契接西方科學思想的學理基礎。事實上，近代以降，在西方科學思想的強勢刺激下，現代儒家學者進一步深入思考道德與知識這一儒家思想史內在問題的出發點，正是首先對道德與知識的不同性質加以區分。❸

## 四、現成良知之辨

在第二章中，我們曾經對龍溪「見在良知」的觀念進行了分析。由於龍溪這一觀念在當時就遭到聶雙江、羅念庵、劉獅泉等人的非議，龍溪也與雙江尤其念庵就此問題進行了長期的往復辯

---

❸ 唐君毅先生曾明確從純理論的角度提出道德與知識的四種關係說，見氏著：《中國哲學原論——導論篇》(臺北：臺灣學生書局，1984)，頁360-367。

難。並且，晚明的許多學者也繼續對「現成良知」說提出自己的看法。因此，有關「見在良知」或「現成良知」的討論，便構成中晚明陽明學有關本體之辨的具體內容之一。

我們在第二章已經指出，「見在良知」作為一個明確的觀念雖然始於龍溪，但其涵義實來自於陽明。事實上，甚至連龍溪常用的「昭昭之天與廣大之天」的比喻，也於陽明處有本。《傳習錄下》載：

> 黃以方問：「先生格致之說，隨時格物以致其知，則知是一節之知，非全體之知也。何以到得溥博如天、淵泉如淵地位？」

> 先生（陽明）曰：「人心是天淵。心之本體無所不該，原是一個天。只為私欲障礙，則天之本體失了。心之理無窮盡，原是一個淵。只為私欲窒塞，則淵之本體失了。如今念念致良知，將此障礙窒塞一齊去盡，則本體已復，便是天淵了。」乃指天以示之曰：「比如面前見天，是昭昭之天；四外見天，也只是昭昭之天。只為許多房子牆壁遮蔽，便不見天之全體。若撤去房子牆壁，總是一個天矣。不可道眼前天是昭昭之天，外面又不是昭昭之天也。於此

---

牟宗三先生的「良知坎陷說」，其實也是確定道德與知識關係的一種模式。而二人對道德與知識關係的論證，都以明確二者的異質性為前提。這一點，在唐、牟之後的新儒家學者那裏也是共識。杜維明先生儘管反對道德與知識二分，但杜先生反對的是將道德與知識劃為兩個不相管屬的範疇，而不是反對認為二者具有不同的性質、屬於不同的層次。見杜維明：《一陽來復》（上海文藝出版社，1997），頁176-181。

> 見一節之知，即全體之知；全體之知，即一節之知。總是
> 一個本體。」

「一節之知，即全體之知」，是說具體的感性經驗中包含著先驗而普遍的「良知」；「全體之知，即一節之知」，是說先驗而普遍的良知必然要表現為具體的感性經驗。顯然，陽明這裏「一節之知，即全體之知；全體之知，即一節之知」的說法，其實也正表達了「見在良知」的涵義。如此看來，龍溪「見在良知」的觀念實在是發陽明所欲發。但是，雙江、念庵等人雖自認為服膺陽明之學，卻並不接受龍溪「見在良知」的觀念。

雙江在〈答王龍溪〉第一書中說：

> 尊兄高明過人，自來論學，只從混沌初生、無所汙壞者而言，而以見在為具足，不犯做手為妙悟。以此自娛可也，恐非中人以下所能及也。……仁是生理，亦是氣，理與氣一也，但終當有別。告子曰：「生之謂性」，亦是認氣為性，而不知繫於所養之善否。杞柳、湍水、食色之喻，亦以當下為具足。「勿求於心，勿求於氣」之論，亦以不犯做手為妙悟。孟子曰：「苟得其養，無物不長。苟失其養，無物不消」。是從學問上驗消長，非以天地見成之息冒認為己有而息之也。（《雙江聶先生文集》卷八）

在〈答王龍溪〉第二書中同樣批評龍溪的「見在良知」說「以見在為具足，以知覺為良知，以不起意為工夫。樂超頓而鄙堅苦，崇虛見而略實功。」（同上）對此，龍溪的答復是：

公謂不肖「高明過人，自來論學只從混沌初生無所汙壞者而言，而以見在為具足，不犯做手為妙悟」，不肖何敢當？然竊窺立言之意，卻實以為混沌無歸著，且非汙壞者所宜妄意而認也。觀後條於告子身上發例可見矣。愚則謂良知在人，本無汙壞。雖昏蔽之極，苟能一念自反，即得本心。譬之日月之明，偶為雲霧之翳，謂之晦耳。雲霧一開，明體即見，原未嘗有所傷也。此是人人見在不犯做手本領工夫。人之可以為堯舜，小人之可使為君子，捨此更無從入之路、可變之幾。故非以妙悟而妄意自信，亦未嘗謂非中人以下所能及也。（《全集》卷六〈致知議辨〉）

念庵起初對龍溪極為信服，**❹** 但致良知工夫實踐的切身經驗，卻使念庵對龍溪的「見在良知」發生了由信而疑再到辯難不已的轉變。在念庵與龍溪長達三十年的交往過程中，與龍溪就「見在良知」的問題進行了多次的書信往復與當面切磋。嘉靖四十一年壬戌（1562）的松原之會，是念庵生前與龍溪的最後一次會面，二人最終在「見在良知」的問題上仍未能達成共識。念庵在其〈松原志晤〉中記載兩人的對話如下：

（龍溪）問曰：「君信得乍見孺子入井怵惕與堯舜無差別否？

---

**❹** 念庵回憶初見龍溪時云：「憶壬辰歲（嘉靖十一年，1532）與君處，君是時犖犖然，神不外馳，惟道之求。汎觀海內，未見與君並者，遂託以身之不疑。」見羅洪先：《念庵文集》卷八〈書王龍溪卷〉。顧憲成也說：「始先生（念庵）傾慕陽明，真如孔孟復出。見陽明之高足弟子王龍溪，如見陽明焉。以故一顰一笑，亦步亦趨，無不奉為蓍蔡。」見顧憲成：《顧端文公文集》附錄〈南嶽商語〉。

信毫釐金即萬鎰金否？」

（念庵）曰：「乍見孺子，乃孟子指點眞心示人，正以未有納交、要譽、惡聲之念。無三念處始是眞心。其後擴充，正欲時時是此心，時時無雜念，方可與堯舜相對。」

次早，縱論二氏與《參同契》。

龍溪曰：「世間那有現成先天一氣，非下萬死工夫，斷不能生，不是現成可得。……」

余應聲贊曰：「兄此言極是。世間那有現成良知？良知非萬死工夫，斷不能生也，不是現成可得。今人誤將良知作現成看，不知下致良知工夫，奔放馳逐，無有止息，茫蕩一生，有何成就？諺云：『現錢易使』，此最善譬。……」（《念庵文集》卷八）

龍溪在〈松原晤語〉中也記載了此事並重申自己了「見在良知」的觀點，所謂：

至謂「世間無有現成良知，非萬死工夫，斷不能生」，以此校勘世間虛見附和之輩，未必非對症之藥。若必以現在良知與堯舜不同，必待工夫修整而後可得，則未免於矯枉之過。曾謂昭昭之天與廣大之天有差別否？此區區每欲就正之苦心也。夫聖賢之學，致知雖一，而所入不同。從頓入者，即本體以爲功夫，天機常運，終日兢夜保任，不離性

體。雖有欲念，一覺便化，不致為累，所謂性之也。從漸
入者，用功夫以復本體，終日掃蕩欲根，祛除邪念，以順
其天機，不使為累，所謂反之也。若其必以去欲為主，求
復其性，則頓與漸未嘗異也。（《全集》卷二）

另外，劉獅泉也反對龍溪的「見在良知」說，念庵曾記載獅泉
與龍溪二人的論辨以及自己的調停之詞如下：

龍溪問：「見在良知與聖人同異？」獅泉曰：「不同。赤子
之心，孩提之知，愚夫婦之能知，如頑礦未經鍛煉，不可
名金。其視無聲無臭、自然之明覺，何啻千里！是何也？
為其純陰無真陽也。復真陽者，便須開天闢地，鼎立乾
坤，乃能得之。以見在良知為主，決無入道之期矣。」龍溪
曰：「謂見在良知便是聖人體段，誠不可。然指一隙之光，
以為決非照臨四表之光，亦所不可。譬之今日之光，非本
不光，卻為雲氣掩蔽。以愚夫愚婦為純陰者，何以異此？」
予（念庵）曰：「聖賢只是要從見在尋源頭，不曾別將一心
換卻此心。獅泉欲創業，不享見在，豈是懸空做得？只時
時收攝保聚，使精神歸一便是。但不可直任見在以為止足
耳。」（《石蓮洞羅先生文集》卷十二〈甲寅夏遊記〉）

以上圍繞龍溪「見在良知」的論辨，包括三方面的問題：一、
良知與知覺的關係問題；二、見在良知具足與否的問題；三、由
見在良知所引出的工夫論問題。龍溪對這三方面問題的看法，我
們在第二章已有較為詳細的分析。在此，我們將著重指出雙江、
念庵和獅泉有關「見在良知」的看法，進而對龍溪與雙江、念庵和

獅泉雙方立論的不同與意義加以詮釋。

　　雙江、念庵和獅泉都認為龍溪見在良知的觀念不免將良知混同於知覺，所謂「以知覺為良知」。而在他們看來，作為先天本體的良知與後天的感性經驗具有本質的區別，以良知為「見在」，即用求體，於已發求未發，於感上求寂，難以把握到真正的良知本體。念庵曾向龍溪坦言自己對良知與知覺的體認：

> 來教云：「良知非知覺之謂，然捨知覺無良知；良知即是主宰，而主宰淵寂，原無一物。」兄之精義，盡在於此。夫謂知覺即主宰，主宰即又淵寂，則是能淵寂亦即能主宰，能主宰亦即自能知覺矣，又何患於內外之二哉？今之不能主宰者，果知覺紛擾故耶？亦執著淵寂耶？其不淵寂者，非以知覺紛擾故耶？其果識淵寂者，可復容執著耶？自弟受病言之，全在知覺，則所以救其病者，捨淵寂無消除法矣。夫本體與工夫固當合一，源頭與現在終難盡同。弟平日持源頭本體之見解，遂一任知覺之流行，而於見在工夫之持行，不識淵寂之歸宿。是以終身轉換，卒無所成。（《明儒學案》卷十八〈江右王門學案三〉）

可見，念庵認為表現為知覺的「見在良知」畢竟不是作為本體的良知，所謂「源頭與現在終難盡同」。而雙江更是指出：「夫知覺乃良知之影響，良知自然知覺，而以知覺為良知，其與逐塊之犬何異？」（《雙江聶先生文集》卷九〈答胡青崖〉）「若乃今之以知覺為良知者，特緣情流注，逐物變遷。」（《雙江聶先生文集》卷八〈答唐荊川〉第二書）由於二元論的體用思維方式，雙江與念庵將良知

與知覺分屬於兩個異質性的領域，很難認同龍溪「見在良知」的觀念。另外，對知覺這一概念缺乏共同的明確界定，或許也是雙方產生分歧的一個原因。對龍溪來說，就像四端之心、孩提之愛敬一樣，作為見在良知表現與發用的知覺並非一般的感性經驗，而更多的是一種道德理性與道德情感的合一體。但對雙江、念庵來說，知覺一詞在當時的通行涵義，卻顯然泛指一般日常的感性經驗。良知與知覺究竟是何種關係，委實成為當時儒家學者普遍反省的一個問題。除了我們前面提到歐陽南野曾與羅欽順辨良知與知覺之外，就連遠在嶺南，「以不得及陽明之門為憾」的盧寧忠（字獻甫，號冠岩，生卒不詳）也曾意識到：「陽明先生之致良知，當先辨於知也。夫知有知覺之知，有意見之知，有本然之知，昧者均以為良知。夫知覺之知，人與物一也，有真率，無節制。意見之知，萌於念慮，善惡幾焉。雖本然之知出於性天之靈覺，不待學慮，童而知愛親，長而知敬兄，感觸而應，孺子入井而怵惕，見嘑蹴之食，無禮儀之萬鍾而辭讓，此謂本然之良知，所當致焉者也。」（《明儒學案》卷五十四〈諸儒學案下二〉）

在良知與知覺關係問題上的分歧，反映的其實是雙方一個更為根本的差異。即見在良知是否具足的問題。龍溪見在良知的內容規定，便是強調作為先驗本體的良知必然要表現於後天的感性經驗。而表現為感性經驗的見在良知又和作為先驗本體的良知具有本質的同一性。所謂「昭昭之天即廣大之天」以及「一隙之光即照臨四表之光」的比喻，便是要說明這一點。但是，無論雙江、念庵還是獅泉，卻都認為不能將表現為感性經驗的良知之用（見在良知）等同於先驗的良知之體。二者之間的差別，念庵在解釋雙江反對「以知

覺為良知」的用意時曾有一喻：

> 譬之於水，良知源泉也，知覺其流也；流不能不雜於物，
> 故須靜以澄汰之，與出於源泉者，其旨不能以不殊，此雙
> 公（雙江）所為辨也。（《念庵羅先生文集》卷四〈讀雙江先生困
> 辨錄抄序〉）

而獅泉所謂「赤子之心，孩提之知，愚夫婦之能知，如頑礦未經鍛
煉，不可名金」，以及念庵所謂「源頭與現在終難盡同」，表達的
都是同樣的意思。也正是由於在雙江、念庵和獅泉等人看來，龍
溪的「見在良知」將表現為知覺的良知之用視為完滿無缺的良知本
體或良知本體的完成與現實狀態，他們便更多地將龍溪的「見在良
知」表述為「現成良知」。龍溪本人其實並未明確使用過「現成良
知」這一表達方式，後來對龍溪「見在良知」的瞭解多透過雙江、
念庵等人，於是在晚明思想界流行更廣的便是「現成良知」而非「見
在良知」。當然，從龍溪並不否認「現成良知」的用法來看，「見
在良知」與「現成良知」在內涵上無疑具有相當的重疊性，但「現
成」一詞更具有「已完成」的意思，這是「見在」一詞所欠缺的。
因此，如果說龍溪「見在良知」強調的是良知在存有論或本體意義
上的先驗完滿性的話，「現成良知」的用語卻更容易使人聯想到良
知本體在現實經驗意識中的完成與完滿狀態。就此而言，中晚明
對現成良知說的批評都著眼於認為是說有混知覺為良知以及脫略
工夫的問題，便非偶然。這是我們必須注意的。當然，對現成良
知說的批評並非完全出於這種用語差別情況下焦點意識的分化，
隨著流弊的愈演愈烈，對現成良知的批評在中晚明陽明學的發展

中越來越具有了現實的針對性。

　　既然認為龍溪以「見在良知」為良知本體的具足與完滿狀態，批評龍溪現成良知說導致忽略致良知工夫的實踐，便是自然的邏輯結果。雙江所謂「以見在為具足，不犯做手為妙悟」，「樂超頓而鄙堅苦，崇虛見而略實功」，以及念庵所謂「世間那有現成良知？良知非萬死工夫，斷不能生也，不是現成可得。今人誤將良知作現成看，不知下致良知工夫，奔放馳逐，無有止息，茫蕩一生，有何成就？」顯然都是從工夫論的角度對龍溪「見在良知」說的批評。在雙江、念庵看來，現成良知不過是良知本體的發用狀態，這種發用狀態就像遠離了源泉的水流一樣，需要「澄汰」才能不雜於物。同樣，只有充分意識到作為良知之用的現成良知與良知本體之間的差異性，通過致良知工夫的不斷實踐，才能最終獲得良知本體的完滿實現。

　　雙江、念庵與龍溪在「現成良知」問題上的辯難，在一定意義上表現為某種存在主義（existentialism）與本質主義（essentialism）的差異。雙江、念庵具有某種存在主義的立場，龍溪則具有某種本質主義的特徵。不過，雙江、念庵不許「現成良知」，並不同於薩特式的掏空本質，以為道德、倫理的行為毫無內在的先驗根據，否則勢必消解良知本體存有論意義上的實在性，如前引念庵在調停龍溪與獅泉爭辯時所謂「聖賢只是要從見在尋源頭，不曾別將一心換卻此心」。而龍溪肯定現成良知，強調表現為感性知覺的見在良知與作為先天本體的良知具有本質的同一性，不以「昭昭之天」與「廣大之天」為異，也並非純粹西方哲學意義上的本質主義，認為良知是既得性（given）而非構成性（making）的。龍溪並不認為良知在日

常經驗中的表現與發用便已完滿無缺，不再需要艱苦不懈的致良知工夫，所謂「謂見在良知便是聖人體段，誠不可。」因為龍溪對世間假託現成良知之說所產生的流弊亦深有所見，所謂「世間熏天塞地，無非欲海；學者舉心動念，無非欲根，而往往假託現成良知，騰播無動無靜之說，以成其放逸無忌憚之私。所謂行盡如馳，莫之能止。」(《全集》卷二〈松原晤語〉)事實上，雙江、念庵與龍溪的差異並不導出前者要求工夫而後者可以無須工夫的結論。雙方對良知的不同理解均直接以強調工夫為邏輯結果。只是前者對現成良知的批評更多地與工夫的必要性相關，後者對現成良知的肯定則更多地與工夫之可能性相連。對於龍溪是否因主張現成良知而忽略致良知的工夫論，以及龍溪本人是否有脫略工夫的問題，我們在第三章也已經進行了頗為詳細的檢討與論證，此處不贅。

在前引龍溪的〈松原晤語〉中，由於對現成良知的不同看法，龍溪將自己與念庵在工夫論上致思路向的差別概括為「即本體便是工夫」與「用工夫以復本體」。儘管這兩種不同的工夫取向仍然分別具有某種本質主義與存在主義的特徵，但嚴格而論，「即本體便是工夫」既不等於先驗的本質結構決定經驗的存在過程那種本質主義，「用工夫以復本體」也不等於薩特意義上完全取消任何先驗本質的「存在先於本質」。「即本體便是工夫」並不意味著先驗的良知本體已經完成，無需在經驗的層面通過歷史性的過程而獲得其充分的現實性；「用工夫以復本體」也並非放棄對先驗的良知本體的終極承諾，從而主張良知本體本來無有，完全是通過經驗層面意義活動（工夫）的歷史性而後天建構的。可以肯定的是，雙方都承認良知心體作為成就聖賢人格的先天根據，也承認這一先天根據需要

在經驗層面意義活動的歷史性中才能獲得完滿的現實性，成為具體而非抽象的普遍性。在這一前提下，「即本體便是工夫」重在強調在成聖這一使良知本體獲得自身完滿的現實性以成就具體普遍性的歷史性過程中，先驗的良知本體始終是這一過程得以展開的根據與動力；而「用工夫以復本體」則更多地是要指出良知心體儘管已經是先驗的存在，但這一存在結構充分發育成為具體的普遍，一定要在經驗的層面上，通過意義活動的歷史性過程方可達成。因此，龍溪與念庵、雙江的兩種思路只是各有側重，並非互相對立。

事實上，當龍溪反復強調現成良知與良知本體的同一性時，龍溪的著眼點在於人們應然的本質結構。當雙江、念庵等人不斷要求意識到現成良知與良知本體的差異性時，他們其實是在談論人們實然的存在過程。❹ 對於人的生存來說，本質結構與存在過程是不可分割、相互規定的兩個方面。人的現實生命總是一個不斷生成變化的過程，人總是其所將是、是其所能是。但是，人在成為「將是」、「能是」的過程中，又總是必須根據其所「已是」。當人被拋入此世時，時間、空間、種族、性別等等，便已經賦予了人們某種先天的規定性。正是這種先天規定性，成為人們後天自由發展不可脫離而必須依據的本質結構。因此，說人是一個本質結構，並不意味著人已經喪失了成長與發展的多種可能性；說人是一個存在過程，也並不意味著人可以在缺乏任何憑藉與根據的情況下「為所欲為」。恰恰是在「已是」的本質結構與「將是」、「能是」的存在

---

❹ 「本質結構」與「存在過程」的說法借自杜維明先生。在關聯於成聖之學的論述中，杜先生對二者關係的闡釋極富啟發性。見〈主體與實體——王陽明思維方式闡述〉，《人性與自我修養》，頁132-133。

過程這兩方面的雙重規定下,人獲得其生命發展的現實狀態。就儒家的成聖之學而言,儒家所追求的聖人生命境界是「肉身成道」,即人本身完全成為良知的化身。在這個意義上,成聖這一存在過程的終點與起點的確具有某種同一性,終點不過是在更高的意義上回到起點自身。存在過程的展開也就是本質結構充分實現自身的過程。不過,就以聖人境界為目標的道德實踐來說,從起點到終點或者說實現自身並回歸自身,卻是一個理想上可能而現實上無盡的過程。換言之,良知既是一個決不會喪失的本真實在,又是一個難以完滿實現的可能性。

由以上的詮釋可見,龍溪與雙江、念庵有關現成良知的論辨,其實只是雙方視域有別,焦點互異。可惜在論辨的過程中,雙方並未能充分理解對方的立場與重點所在。當然,在體用思維方式上一元論與二元論的不同以及對這種不同缺乏自覺,是造成雙方不免自說自話的根源所在。雙江、念庵批評龍溪以知覺為良知以及忽略工夫,顯然對龍溪「見在良知」的內涵缺乏相應的正解,龍溪在回應雙江、念庵對見在良知的批評時,往往反復重申自己的觀點,也缺乏必要的視域轉換。❹ 不過,如果說雙江、念庵對龍溪「見在良知」

---

❹ 如隆慶三年己巳(1569),時雙江與念庵俱已作古,曾見臺與龍溪會於武林,重提念庵的收攝保聚說以質疑龍溪的見在良知。龍溪再次表明了自己見在良知的一貫立場:「見臺舉念庵子收攝保聚之說,以為孩提愛敬,乃一端之發見,必以達之天下繼之,而後為全體。孩提之知,譬諸昭昭之天;達之天下之知,譬諸廣大之天。收攝保聚,所以達之也。予謂昭昭之天即廣大之天,容隙所見,則以為昭昭;寥廓所見,則以為廣大,是見有所梏,非天有大小也。齊王觳觫堂下之牛,特一念之昭昭耳,孟子許其可以保民而王,此豈有所積累而然哉?充而至於保民,亦惟不失此一念而已。故曰『大人者,不失赤子之心』。大人之所以為大人,惟在不失之而已,非能有加毫末也。

的批評欠缺理論上針對性的話，對於「現成良知」說造成的流弊，則不無救正的意義。並且，晚明有關現成良知討論的主題，也從良知現成與否轉換成了聖人現成與否。這是現成良知之辨發展的一個必然結果。

我們前已指出，現成良知說（更為準確地說應當是「見在良知」說）實為陽明思想的題中之義。因此，現成良知在中晚明並非龍溪個人的主張。在體用思維方式上持一元論立場的陽明學者，幾乎都不反對現成良知說，儘管對現成良知觀念的理解可以有細微的差別。如王艮曾說：「良知天性，往古來今，人人具足，人倫日用之間舉而措之耳。」（《王心齋先生遺集》卷一〈答朱思齋明府〉）王棟也說：「吾人日用之間，只據見在良知，爽然應答，不作滯泥，不生遲疑，乃是健動而謂之易。」（《一庵王先生遺集》卷一）正是由於現成良知說在中晚明的思想界形成了一股思潮，在流傳影響的過程中，現成良知說強調良知本體必然呈現於感性經驗，試圖消解道德理性與感性經驗之間必要張力的傾向，便不免的確產生了以知覺為良知，以縱情恣肆為率性而行的非預期後果。例如，在晚明與龍溪齊名的羅近溪也主張現成良知說，並且，與龍溪側重於同當時的

---

但以為近來講學之弊，看得良知太淺，說得致良知工夫太易。良知萬古不息，吾特順之而已，其有所存照，有所修持，皆病其未悟良知本體。然則聖人之兢兢業業，終身若以為難者，果何謂耶？予嘗為之解曰：易者，言乎其體也；難者，言乎其功也。知易而不知難，無以微學；知難而不知易，無以入聖。非難非易，法天之行，師門學脈也。」（《全集》卷十六〈別曾見臺漫語摘略〉）當然，所謂「易者，言乎其體也；難者，言乎其功也。知易而不知難，無以微學；知難而不知易，無以入聖。」也顯示出龍溪力圖使自己的看法能夠達到圓融中道，不墮一偏。同樣的話還見於《全集》卷八〈致知難易解〉。

儒家知識份子進行理論的辨析相較，近溪更多地致力於儒學在民間的傳播，是晚明陽明學在民間最為有力的推動者之一。❹ 而近溪在宣講現成良知時經常從人們的日常經驗中加以指點：

> 今抱赤子而弄之，人從左呼則目即盼左，人從右呼則目即盼右。其耳蓋無時而不聽，其目蓋無處而不盼；其聽其盼蓋無時無處而不展轉，則豈非無時無處而無所不知能哉？
> （《盱壇直詮》下卷）

類似的比喻還有很多，著名的如「童子捧茶是道」等等，強調的都是良知的當下圓成。青原惟信曾說：「老僧三十年來未參禪時，見山是山，見水是水。及至後來親見知識，有個入處，見山不是山，見水不是水。而今得個休歇處，依前見山只是山，見水只是水。」（《指月錄》卷二十八）客觀而論，近溪這裏的比喻，和龍溪的四無論一樣，其實都是指示致良知工夫圓熟之後的終極化境，即「見山不是山，見水不是水」之後的「見山只是山，見水只是水」。但是，由於近溪的比喻正是用人的感性經驗、生理本能來形容現成良知的自然流行發用，對於大多數尚停留在「見山不是山，見水不是水」之前「見山是山，見水是水」階段的人來說，近溪這種「以悟後語語未悟之人」的做法，便很容易使人自覺不自覺地以知覺為良知，以感性揮灑、意氣承當為良知運用，自以為已躋聖地。正如黃宗羲

---

❹　當然，這並不是說龍溪的活動只限於儒家知識份子的理論思辨，近溪的活動只限於平民百姓的日常教化。事實上，近溪的講學活動既無法脫離當時以士大夫為主體的儒家學者圈子，龍溪遍佈大江南北的講會活動無疑也廣泛涉及到民間的日常教化活動。因此，這種差別只是相對而言的。

所謂：「以夫婦知能言道，不得不以耳目口鼻四肢之欲言性。」（《明儒學案》卷三十四〈泰州學案三〉）晚明信從李卓吾者甚眾，劉元卿（字調父，號瀘瀟，1544-1621）對此不解，請教於東廓之子鄒善（號穎泉，嘉靖丙辰進士，生卒不詳），穎泉回答說：「人心誰不欲為聖賢？顧無奈聖賢礙手耳。今渠謂酒色財氣，一切不礙菩提路，有此便宜事，誰不從之？」（《穎泉先生語錄》）穎泉之答，也在相當程度上深中當時現成良知說的流弊。

　　如果說針對龍溪「見在良知」觀念的批評無論在理論還是實踐上都還缺乏嚴格針對性的話，由於晚明社會和思想界以知覺為良知，以感性揮灑、意氣承當為良知運用的情況日益嚴重，對現成良知的批判就越來越具有了現實的意義。但是，隨著理解的深化，後來現成良知的批判者們對現成良知批判的具體內容也發生了變化。我們前面已經指出，在承認良知具有先驗的本質結構以及現成良知與良知本體具有本質的同一性這一點上，雙江、念庵等現成良知的批評者們其實並無異議，否則必將對宋代以來已經成為儒家知識份子共識前提的孟子性善論構成挑戰，動搖人皆可以為堯舜這一普遍命題的理論基礎。他們所強調的其實只是良知本體在現實中的完滿實現應當是致良知工夫歷史展開過程的最終結果。但是，在和龍溪圍繞「見在良知」的論辨過程當中，由於雙方缺乏「視域的交融」，這一點並沒有被明確地意識到。後來的現成良知批判者們便逐漸意識到了這一點。如顧憲成在解釋念庵對現成良知的批評時指出：

> 羅念庵先生曰：「世間那有見成良知？」良知不是見成的，那個是見成的？且良知不是見成的，難道是做成的？此個道理稍知學者，類能言之，念庵能不曉得而云爾？只因人

自有生以來，便日向情欲中走，見聲色逐聲色，見貨利逐貨利，見功名逐功名，勞勞攘攘，了無休息。這良知卻擲在一邊，全然不採，有時□面相逢，亦默然不認，久久習熟那一切後來添上的，日親日近，遂爾不招而集，不呼而應，反似見成。那原初見成的日疏日遠，甚且嫌其能覺察我，能檢點我，能阻礙我，專務蒙蔽，反成胡越。於此有人焉為之指使本來面目，輒將見成情識，冒作見成良知。這等亂話，豈不自欺欺人？於此又有人提出個致字，謂須著實去致，方得良知到手。輒又言良知不慮而知，不學而能，本自見成，何用非纖毫氣力？這等大話，豈不自誤誤人？其為天下禍甚矣。念庵目擊心恫，不得已特開此口，以為如此庶幾。（《小心齋劄記》卷十一）

在顧憲成看來，念庵已不再簡單地是一味反對現成良知，因為就道德本體而言，存有論意義上良知的實在性是不容懷疑的，否則儒家成聖成賢之所以可能的道德實踐必將失去終極的先天根據。念庵批評現成良知只是出於對「將見成情識，冒作見成良知」以及由此而來脫略工夫的憂慮，所謂「其為天下禍甚矣。念庵目擊心恫，不得已特開此口」，而不是針對現成良知觀念本身的理論內涵，所謂「良知不是見成，難道是做成的？此個道理稍知學者，類能言之，念庵能不曉得而云爾？」顯然，顧憲成這裏的解釋其實更多地反映了他自己對現成良知觀念的認識。而這種認識說明，像顧憲成這樣晚明的現成良知批判者，已經自覺地意識到：自己所要否定的，是那種在以知覺為良知情況下自以為已獲得良知本體現實完滿性而無需不懈道德實踐的論調，而不是要懷疑甚至取消現成良知的本體實在

性或現成良知與良知本體之間的本質同一性。這一點，對現成良知
持肯定態度的學者也看得很清楚。如耿定向曾說：

> 吉水諸公之學，大率不欲享用現成良知，別尋主宰。此亦
> 懲冒認良知、倡狂自恣者之過耳。良知若非現成，又豈有
> 造作良知者乎？予嘗謂良知如靈魂然，顧投胎何如。如骨
> 根不正，至於倡狂自恣，非良知之罪也。亦如靈魂投胎
> 時，所遇則然耳。（《明儒學案》卷三十五〈泰州學案四〉）

就此而言，如果說聖人是良知本體現實完滿性的體現的話，對現成
良知說的批判，便必然地轉換成了對現成聖人論的批判。

晚明現成良知之辨在內容上所發生的變化，顧憲成弟子史孟麟
（字際明，號玉池，萬曆癸未進士，生卒不詳）概括得最為簡明扼
要，所謂：

> 人心有見成的良知，天下無見成的聖人。（《當下繹》）

「人心有見成的良知」，是從本體的意義上肯定良知的實在性，指出
每個人都是潛在的聖人。肯定了「人心有見成的良知」，便為人們
從事道德實踐以成就聖賢人格（「人皆可以為堯舜」）提供了可能性
的擔保。「天下無見成的聖人」，是從現實的角度指出聖人人格的
成就或者說良知本體現實完滿性的實現，是要在意義活動的歷史性
過程中方可達成的。每個人都有成為聖人的潛質，但每個人又都不
是天生的聖人，只有通過不懈的道德實踐，人們才能優入聖域，成
為良知本體的現實化身與體現。前者說的是人的本質結構，後者說
的是人的存在過程。無視後者，自然是現成良知批判者們一致反對

的。否定前者，最終也不免會動搖成就聖賢人格的先天根據與終極承諾。顧憲成本人在對念庵批判現成良知作出以上詮釋的同時，也進一步指出：「究竟不如說個世間無現成聖人較穩當，免得惹人吹求。」（同上）這裏所謂「免得惹人吹求」，便是意識到了後一種情況的可能性。在晚明思想界，顧憲成、史孟麟的這種看法並不是個別的，劉蕺山也同樣一方面批評現成良知說流弊所導致的「情熾而肆」，認為「自古無現成的聖人，即堯舜不廢兢業」，（〈人譜·證人要旨〉）一方面不再對現成良知加以簡單地否定與懷疑，而是肯定「良知本是現成」。（〈重刻王陽明先生傳習錄序〉）顯然，顧憲成、史孟麟以及劉蕺山等人雖然仍對龍溪為代表的現成良知說持批判的立場，但根據我們第二章對龍溪見在良知觀念的分析，以及前面對雙江、念庵和獅泉現成良知批判論的檢討，可見就客觀的學理而言，顧憲成、史孟麟和劉蕺山所代表的對現成良知說的看法，既不構成龍溪見在良知觀念的直接對立面，也不是雙江、念庵和獅泉批判現成良知思想的簡單延續，而是在一定意義上顧及並統合了龍溪與雙江、念庵、獅泉雙方立論的不同層面與各自問題意識的焦點。如果說「人心有見成的良知」是龍溪見在良知觀念的重點所在的話，「天下無見成的聖人」則其實正是雙江、念庵、獅泉批判現成良知所要強調的關鍵所在。另外，現成良知的持論這們也越來越能夠正視現成良知批判論者們強調工夫實踐就成就現實聖賢人格而言的意義。如羅近溪在肯定良知現成的同時，在聖人之所以為聖人的問題上，便也指出聖人的成就是一個長期工夫實踐的結果。所謂：

> 聖人之為聖人，只是把自己不慮不學的現在，對同莫為莫致的源頭。……久久便自然成個不思不勉而從容中道的聖

人也。(《近溪子明道錄》卷四〈會語〉)

如此看來,在中晚明樣陽明學的發展過程中,這種由批判良知現成到批判聖人現成的變化,從相對而言的各執一端到一定程度上的視域融合,無疑意味著現成良知之辨的深化。

當然,除了像顧憲成、史孟麟和劉蕺山所代表的這種對現成良知的看法之外,在晚明以至清初,還有很多對現成良知持嚴厲批判態度的學者。如王嗣槐曾說:「陽明之致良知也是從現成說的,去人欲也是從現成說的。不但從聖人說也是個現成的聖人,從孩提說也是個現成的孩提,即從庸眾人說,也是個滿街都是現成的聖人。」(《桂山堂讀傳習錄辨》卷一〈事物辨一〉)不過,這類說法顯然對現成良知說缺乏相應的瞭解,與其說具有多少理論上的內涵,不如說更多地顯示了晚明以降陽明學式微的歷史動向。

# 五、無善無惡之辨

在整個理學傳統中,無論不同理學家的思想是如何的分歧,孟子的性善論卻無疑是所有理學家一致接受的基本前提。在儒釋道三教互動交融日益密切的情況下,是否堅持性善論的基本立場,也無形中成為分別儒家與釋道尤其佛教的關鍵所在。由於陽明在四句教中將心體表述為無善無惡,龍溪更在「無善無惡心之體」的基礎上提出其四無論,使「無善無惡」的觀念成為當時學者關注的焦點,於是在整個中晚明的思想界,便圍繞有關「無善無惡」展開了廣泛而持續的討論。在此,我們首先對無善無惡之辨的歷史發展略作交代,然後著重分析其理論內涵與相關的意義。

　　雖然以「無善無惡」形容心體的說法並非陽明偶發之論，但畢竟是陽明晚年居越之後才提出。由於陽明早逝，當時無論在學界還是陽明的弟子當中都尚未引發正式的討論。❹ 使「無善無惡」的觀念成為中晚明思想界關注與論辨焦點的，顯然更多地要歸因於龍溪的四無論。後來一些批判無善無惡說而又同情陽明的學者，甚至將「無善無惡心之體」的說法歸於龍溪，如方學漸（字達卿，號本庵，1540-1615）所謂：「王龍溪〈天泉證道記〉以『無善無惡心之體』為陽明晚年之密傳。陽明，大賢也。其於心體之善，見之真，論之確，蓋已素矣。何乃晚年臨別之頃，頓易其素，不顯示而密傳，倘亦有所附會而失真歟？」（《心學宗》）在龍溪的講學活動中，經常有人感到無善無惡之說似乎與孟子的性善論有矛盾，而龍溪也經常需要對此加以解釋。我們在第四章檢討龍溪四無論的思想定位時已經提到，吳中淮和張陽和就曾經向龍溪提出無善無惡之說如何面對孟子性善論的問題。這裏，我們不妨詳細徵引雙方的問答之詞，作為分析無善無惡之辨的思想材料。在〈答中淮吳子問〉中，吳中淮和龍溪之間有這樣一段問答：

　　問：「繼善成性」，《易》言之。後世之論性紛紛矣，豈非見下愚不移者多而言然耶？見孺子之入井而惻隱，見委壑而有泚，則性善之說，不辨自明。而陽明先生又謂『無善無

❹ 湛甘泉曾對「無善無惡」說有過評論，如有人問「有善有惡爲二，無善無惡爲不二法門，如何？」甘泉答曰：「謂不著有善惡之見則可。既云『繼之者善』，無善無惡終是寂相。吾儒自有不二法門，正以其能善善惡惡耳。」（《湛甘泉集》卷二十三）但甘泉高壽，對「無善無惡」的批評應當更多地是針對龍溪。

惡者性』，此與『性無善無不善』者何異？豈以才言善，便
有不善，未免一滯於偏，故混言爲是，而孟子性善之說，
亦有所不得已，而姑爲救弊之言耶？若是，則『無善無惡者
性』與『性無善無不善』，辭同而意實殊也，然否？

（龍溪答）孟子道性善，本於大《易》「繼善成性」之言。人
性本善，非專爲下愚立法。先師無善無惡之旨，善與惡
對，性本無惡，善亦不可得而名。無善無惡，是爲至善，
非慮其滯於一偏而混言之也。孟子論性，莫詳於公都子之
問。世之言性者，紛紛不同。無善無不善，似指本體而
言；性可以爲善爲不善，似指作用而言；有性善有性不
善，似指流末而言。斯三者，各因其所指而立言，不爲無
所見，但執見不忘，如群盲摸象，各得一端，不能觀其會
通，同於日用之不知，故君子之道鮮矣。孔子「性相近，習
相遠」、「上智下愚不移」三言，又孟軻氏論性之本也。至
於直指本原，徵於〈蒸民〉之詩。孔子說詩之義，斷然指爲
性善。說者謂發前聖所未發，亦非姑爲救弊之言也。而諸
子之議，乃謂「性本無善無不善」，既可以言善，亦可以言
惡；「有善有惡」，亦可以言善惡混，而性善之論，若有時
而窮，大都認情爲性，不得孟子立言之本旨。先師性無善
惡之說，正所以破諸子之執見而歸於大同，不得已之苦心
也。（《全集》卷三）

在〈與陽和張子問答〉中，張元忭也與龍溪有過類似的一段問答：

問：良知不分善惡，竊嘗聞之矣。然朱子云：「良者本然之善」，恐未爲不是。「繼之者善」，孟子道性善，此是良知本體。顏子有不善，未嘗不知，即良知也。知之未嘗復行，即致良知也。學者工夫，全在於知善知惡處，爲之力，去之決。如好好色，如惡惡臭，必求自慊而後已。此致知之實學也。若曰「無善無惡」，又曰「不思善，不思惡」，恐鶻突無可下手處，而甚者自信自是，以妄念所發爲良知，人欲肆而天理微矣。請質所疑。

（龍溪答）性無不善，故知無不良。善與惡，相對待之義。無善無惡，是謂至善。至善者，心之本體也。性有所感，善惡始分。本體之知，未嘗不知也。致其本體之知，去惡而爲善，是謂格物。知者寂之體，物者感之用，意者寂感所乘之機也。毋自欺者，不自欺其良知也。如好好色，如惡惡臭，良知誠切，無所作僞也。眞致良知，則其心常不足，無有自滿之意，故曰此之謂自慊。才有作僞，其心便滿假而傲，不誠則無物矣。知行有本體有工夫，良知良能，是知行本體。顏子有不善，未嘗不知，知之未嘗復行，皆指工夫而言也。人知未嘗復行爲難，不知未嘗不知爲尤難。顏子心如明鏡止水，纖塵微波，才動即覺，才覺即化，不待遠而後復，所謂庶幾也。若以未嘗不知爲良知，未嘗復行爲致良知；以知爲本體，行爲工夫，依舊是先後之見，非合一本旨矣。不思善，不思惡，良知知是知非，而善惡自辨，是謂本來面目，有何善惡可思得？非鶻

突無可下手之謂也。妄念所發，認爲良知，正是不曾致得
良知。誠致良知，所謂太陽一出，魍魎自消。此端本澄源
之學，孔門之精蘊也。（《全集》卷五）

不過，以上吳中淮、張元忭對龍溪的發問，雖有質疑，但更多
的屬於後學向前輩請益的性質，還沒有形成正式的論辨。龍溪對
「無善無惡」的解釋似乎也未能獲得普遍的認同。因此，在龍溪卒
後，「無善無惡」之說便引發了更大範圍的討論。萬曆二十年（1592）
前後，在當時南都（南京）一次「名公畢集」的講會上，被時人目
為「今之龍溪」的周海門❹與唐一庵門人許孚遠正式圍繞「無善無
惡」展開了一場辯論。許孚遠提出九條批判「無善無惡」，名為「九
諦」。次日，周海門則作「九解」，逐條加以回應。羅近溪門人、
海門好友楊起元也作《天泉要語》支援「無善無惡」說。周海門的
《東越證學錄》和黃宗羲的《明儒學案》全文收錄了「九諦」、「九
解」，足見此次論辨的重要性。

諦一：《易》言元者，善之長也。又言繼之者善，成之者
性。《書》言德無常師，主善爲師。《大學》首提三綱，而
歸止於至善。夫子告哀公以不明乎善，不誠乎身。顏子得

---

❹ 陶望齡在〈海門文集序〉中說：「海門子少聞道龍溪之門，晚而有詣焉。自
信力，故尊其師說也益堅，其契也親，故詞不飾而甚辨。四方從遊者皆曰：
先生，今龍溪也。」見陶望齡：《歇庵集》卷三，亦見周汝登：《東越證學
錄》卷首。事實上，海門當爲龍溪弟子而歸入浙中一脈。關於這一點，詳細
的考證與分析參見彭國翔：〈周海門的學派歸屬與《明儒學案》相關問題之
檢討〉，《清華學報》新三十一卷第三期，新竹：清華大學人文社會學院，
頁 339-374。

一善，則拳拳服膺而弗失。《孟子》七篇，大旨道性善而已。性無善無不善，則告子之說，孟子深辟之。聖學源流，歷歷可考而知也。今皆捨置不論，而一以無善無惡為宗，則經傳皆非。

解一：維世範俗，以為善去惡為堤防，而盡性知天，必無善無惡為究竟。無善無惡，即為善去惡而無迹；而為善去惡，悟無善無惡而始真。教本相通不相違，語可相濟難相非。此天泉證道大較也。今必以無善無惡為非然者，見為無善，豈慮入於惡乎？不知善且無，而惡更從何容？無病不須疑病。見為無惡，豈疑少卻善乎？不知惡既無，而善不必再立，頭上難以安頭。故一物難加者，本來之體；而兩頭不立者，妙密之言。是為厥中，是為一貫，是為至誠，是為至善，聖學如是而已。經傳中言善字，故多善惡對待之善，至於發心性處，善率不與惡對。如中心安仁之仁，不與忍對；主靜立極之靜，不與動對。《大學》善上加一至字，尤自可見。蕩蕩難名為至治，無得而稱為至德，他若至仁至禮等，皆因不可名言擬議，而以至名之。至善之善，亦猶是耳。夫惟善不可名言擬議，未易識認，故必名善，乃可誠身。若使對待之善，有何難辨，而必先明乃誠耶？明道曰：人生而靜以上不容說，才說性時，便已不是性也。凡人說性，只是說繼之者善也，孟子言人性善是也。語此，益可通於經傳之旨矣。

諦二：宇宙之內，中正者爲善，偏頗者爲惡，如冰炭黑白，非可以私意增損其間。故天地有貞觀，日月有貞明，星辰有常度，嶽峙川流有常體，人有眞心，物有正理，家有孝子，國有忠臣。反是者，爲悖逆，爲妖怪，爲不祥。故聖人教人以爲善而去惡，其治天下也必賞善而罰惡。天之道亦福善而禍淫，積善之家必有餘慶，積不善之家必有餘殃，自古及今未有能違者也。而今曰無善無惡，則人將安所趨捨者歟？

解二：曰中正，曰偏頗，皆自我立名，自我立見，不幹宇宙事。以中正與偏頗對，是兩頭語，是增損法。不可增損者，絕名言而無待者也。天地貞觀，不可以貞觀爲天地之善；日月貞明，不可以貞明爲日月之善；星辰有常度，不可以常度爲星辰之善。嶽不以峙爲善，川不以流爲善。人有眞心，而莫不飲食者此心，飲食豈以爲善乎？物有正理。而鳶飛魚躍者此理，飛躍豈以爲善乎？有不孝而後有孝之名，孝子無孝；有不忠而後有忠之名，忠臣無忠。若有忠有孝，便非忠非孝矣。賞善罰惡，皆是可使由之邊事。慶殃之說，猶禪家談宗旨，而因果之說，實不相礙。然以此論性宗，則粗悟性宗，則趨捨二字，是學問大病，不可有也。

諦三：人心如太虛，元無一物可著，而實有所以爲天下之大本者在。故聖人名之曰中、曰極、曰善、曰誠，以至曰

仁、曰義、曰禮、曰智、曰信，皆此物也。善也者，正中純粹而無疵之名，不雜氣質、不落知見，所謂人心之同然者。故聖賢欲其止之。而今曰無善，則將何以爲天下之大本？爲其爲物不貳、則其生物不測？天地且不能無生，而況於人乎？

解三：說心如太虛，說無一物可著，說不雜氣質，不落知見，已得斯旨矣。而卒不放下一善字，則又不虛矣，又著一物矣，又雜氣質，又落知見矣，豈不悖乎？太虛之心，無一物可著者，正是天下之大本，而更曰實有所以爲天下大本者在，而命之曰中，則是中與太虛之心二也。太虛之心與未發之中，果可二乎？如此言中，則曰極、曰善、曰誠，以至曰仁、曰義、曰禮、曰智、曰信等，皆以爲更有一物而不與太虛同體，無惑乎？無善無惡之旨不相入，以此言天地，是爲物不貳失其主矣。

諦四：人性本善，自蔽於氣質、陷於物欲，而後有不善。然而已善者，原未嘗泯滅。故聖人多方訓迪，使反其性之初而已。祛蔽爲明，歸根爲止，心無邪爲正，意無妄爲誠，知不迷爲致，物不障爲格，此徹上徹下之語，何等明白簡易！而今曰：心是無善無惡之心，意是無善無惡之意，知是無善無惡之知，物是無善無惡之物，則格致誠正工夫，俱無下手處矣！豈《大學》之教，專爲中人以下者設歟？近世學者皆上智之資，不待學而能者歟？

解四：人性本善者，至善也。不明至善，便成蔽陷。反其性之初者，不失赤子之心耳。赤子之心無惡，豈更有善耶？可無疑於大人矣！心、意、知、物，只是一個，分別言之者，方便語耳。下手工夫，只是明善。明則誠，而格致誠正之功更無法。上中根人，皆如是學。捨是而言正誠格致，頭腦一差，則正亦是邪，誠亦是偽，致亦是迷，格亦是障。非明之明，其蔽難開；非止之止，其根難拔，豈《大學》之所以教乎？

諦五：古之聖賢，秉持世教，提撕人心，全靠這些子秉彝之良在。故曰民之所好好之，民之所惡惡之。斯民也，三代之所以直道而行也。惟有這秉彝之良，不可殄滅，故雖昏愚而可喻，雖強暴而可馴。移風易俗，反薄還純，其操柄端在於此。奈何以為無善無惡，舉所謂秉彝者而抹殺之？是說唱和流傳，恐有病於世道非細。

解五：無有作好作惡之心，是秉彝之良，是直道而行。著善著惡，便作好作惡，非直矣。喻昏愚，馴強暴，移風易俗，須以善養人。以善養人者，無善之善也。有其善者，以善服人，喻之馴之必不從，如昏愚強暴何？如風俗何？至所謂世道計，則請更詳論之：蓋凡世上學問不力之人，病在有惡而閉藏；學問用力之人，患在有善而執著。閉惡者教以為善去惡，使有所持循，以免於過。惟彼著善之人，皆世所謂賢人君子者，不知本自無善，妄作善見，捨

彼取此，拈一放一，謂誠意而意實不能誠，謂正心而心實
不能正。象山先生云；惡能害心，善亦能害心。以其害心
者而事之，則亦何由誠、何由正也？夫害於其心，則必及
於政與事矣。故用之成治，效止歡虞；而以之撥亂，害有
不可言者。後世若黨錮之禍，雖善人亦不免自激其波，而
新法之行，即君子亦難辭其責。其究至於禍國家、殃生
民，而有不可勝痛者，是豈少卻善哉？范滂之語其子曰：
我欲教汝爲惡，則惡不可爲；教汝爲善，則我未嘗爲惡。
蓋至臨刑追考，覺無下落。而天下方恥不與黨，效尤未
休。眞學問不明，而認善字不徹，其蔽乃一至此！故程子
曰：東漢尚名節，有雖殺身不悔者，只爲不知道。嗟乎？
使諸人皆知道，而其所造就、所康濟，當爲何如！秉世教
者可徒任其所見而不喚醒之，將如斯世斯民何哉？是以文
成於此，指出無善無惡之體，使之去縛解粘，歸根識止。
不以善爲善，而以無善爲善；不以去惡爲究竟，而以無惡
證本來。夫然後可言誠正實功，而收治平至效。蓋以成就
君子，使盡爲皐夔稷契之佐，轉移世道，使得躋唐虞三代
之隆。上有不動聲色之政，而下有何有帝力之風者，捨茲
道其無由也。孔子曰：聽訟吾猶人也，必也使無訟乎！無
訟者，無善無惡之效也。嗟乎！文成茲旨，豈特不爲世道
之病而已乎？

諦六：登高者不辭步履之難，涉川者必假舟楫之利，志道
者必竭修爲之力。以孔子之聖，自謂下學而上達，好古敏

求，忘食廢寢，有終其身而不能已者焉。其所謂克己復禮，閑邪存誠，洗心藏密，以至於懲忿窒欲，改過遷善之訓，昭昭洋洋，不一而足也。而今皆以為不足取法，直欲頓悟無善之宗，立躋聖神之地，豈退之所謂務勝於夫子者耶？在高明循謹之士，著此一見，猶恐其涉於疏略而不情，而況天資魯鈍根器淺薄者，隨聲附和，則吾不知其可也。

解六：文成何嘗不教人修為？即無惡二字，亦足竭力一生，可嫌少乎？既無惡而又無善，修為無迹，斯真修為也。夫以子文之忠，文子之清，以至原憲克伐怨欲之不行，豈非所謂竭力修為者？而孔子皆不語其仁，則其所以敏求忘食，與夫復禮而存誠，洗心而藏密，亦自可思。故知修為自有真也。陽明使人學孔子之真學，疏略不情之疑，過矣。

諦七：《書》曰：有其善，喪厥善。言善不可衿而有也。先儒亦曰：有意為善，雖善亦粗。言善不可有意而為也。以善自足則不宏，而天下之善，種種固在；有意為善則不純，而古人為善，常惟日不足。古人立言，各有攸當，豈得以此病彼，而概目之曰無善？然則善果無可為、為善亦可已乎？賢者之疑過矣。

解七：有善喪善，與有意而為、雖善亦私之言，正可證無善之旨。堯舜事業，一點浮雲過太虛。謂實有種種善在天

下，不可也。古人爲善，爲此不有之善、無意之善而已。


諦八：王文成先生致良知宗旨，元與聖門不異。其集中有
云：性無不善，故知無不良。良知即是未發之中，即是廓
然大公、寂然不動之本體。但不能不昏於物欲，故須學以
去其昏蔽。又曰：聖人之所以爲聖人者，以其心之純乎天
理而無人欲之私也。學聖人者，期此心之純乎天理而無人
欲，則必去人欲而存天理。又曰：善念存時，即是天理；
立志者，常立此善念而已。此其立論，至爲明晰。無善無
惡心之體一語，蓋指其未發廓然寂然而言之，而不深惟《大
學》止至善之本旨，亦不覺其矛盾於平日之言。至謂有善有
惡意之動，知善知惡是良知，爲善去惡是格物，則指點下
手工夫，亦自平正切實。而今以心、意、知、物俱無善惡
可言者，竊恐其非文成之正傳也。

解八：致良知之旨，與聖門不異，則無善無惡之旨，豈與
致良知異耶？不慮者爲良，有善則慮而不良矣。無善無惡
心之體一語，既指未發廓然寂然處言之，已發後豈有二
耶？未發而廓然寂然，已發亦只是廓然寂然。知未發已發
不二，則知心、意、知、物，難以分析。而四無之說，一
一皆文成之秘密。非文成之秘密，吾之秘密也。何疑之
有？於此不疑，方能會通其立論宗旨，而工夫不謬。不
然，以人作天，認欲作理，背文成之旨多矣。夫自生矛

盾，以病文成之矛盾，不可也。

諦九：龍溪王子所著天泉橋會語，以四無四有之説，判爲兩種法門，當時緒山錢子已自不服。《易》不云乎：神而明之，存乎其人。默而成之，不言而信，存乎德行。神明默成，蓋不在言語授受之際而已。顏子之終日如愚，曾子之眞積力久，此其氣象可以想見。而奈何以玄言妙語，便謂可接上根之人。其中根以下之人，又別有一等説話，故使之扞格而不通也！且云：汝中所見，是傳心密藏，顏子明道所不敢言。今已説破，亦是天機該發洩時，豈容復秘！嗟乎！信斯言也。文成發孔子之所未發，而龍溪子在顏子明道之上矣。其後四無之説，龍溪子談不離口，而聰明之士，亦人人能言之。然而聞道者，竟不知爲誰氏！竊恐天泉會語，畫蛇添足，非以尊文成，反以病文成。吾儕未可以是爲極則。

解九：人有中人以上、中人以下二等，所以語之亦殊。此兩種法門，發自孔子，非判自王子也。均一言語，而信則相接，疑則扞格。自信自疑，非有能使之者。蓋授受不在言語，亦不離言語。神明默成，正存乎其人。知所謂神而明，默而成，則知顏子之如愚、曾子之眞積，自有入微之處。而云想見氣象，抑又遠矣。聞道與否，各宜責歸自己，未可疑人，兼以之疑教。至謂顏子明道所不敢言等語，自覺過高，然要之論學話頭，未足深怪。孟子未必過

於顏閔，而公孫丑問其所安，絕無遜讓，直曰故捨是而學孔子。曹交未足比於萬章輩，而孟子教以堯舜，不言等待，而直言誦言行行，是堯而已。然則有志此事，一時自信得及，誠不妨立論之高、承當之大也。若夫四無之說，豈是鑿空自創？究其淵源，實千聖所相傳者：太上之無懷，《易》之何思何慮，舜之無為，禹之無事，文王之不識不知，孔子之無意無我、無可無不可，子思之不見不動、無聲無臭，孟子之不學不慮，周子之無靜無動，程子之無情無心，盡皆此旨，無有二義。天泉所證，雖陽明氏且為祖述，而況可以龍溪氏當之也？雖然，聖人立教，俱是因病設方。病盡方消，初無實法，言有非真，言無亦不得已。若惟言是泥，則何言非礙？而不肖又重以言，或者更增蛇足之疑，則不肖之罪也夫！

在「九解」中，周海門將陽明、龍溪「無善無惡」的思想加以充分發揮，而許孚遠的「九諦」，也顯示了「無善無惡」說批判者們的立論層面與關注焦點。因此，對於澄清中晚明陽明學「無善無惡」之辨的理論內涵與意義來說，「九諦」、「九解」是一個極佳的分析個案。不過，我們這裏不對「九諦」「九解」加以單獨討論，❺⓪ 而

---

❺⓪　這一方面是由於本書的結構與篇幅限制，一方面也是由於對「九諦」「九解」之辨的討論，已經有了像蔡仁厚先生那樣持論平正通達的專門研究。見蔡仁厚：〈王門天泉「四無」宗旨之論辨——周海門「九諦九解之辨」的疏解〉，收入氏著：《新儒家的精神方向》（臺北：臺灣學生書局，1989），頁239-276。

是要將其納入中晚明「無善無惡」之辨的脈絡之中，和前面龍溪與吳中淮、張陽和的問答一起，作為我們下面分析無善無惡之辨理論內涵與相關意義的主要思想材料。

九諦九解之辨雖然已經頗能揭示有關無善無惡的意蘊，但辯難仍未結束。到了明末，以顧憲成為代表的東林人士等人皆對陽明、龍溪的「無善無惡」之說提出批駁，劉蕺山、黃宗羲等人則將「無善無惡」之說歸於龍溪而加以批評。萬曆二十六、七年間（1598-1599），耿定向門人、當時以「絕學」自居的管志道（字登之，號東溟，1536-1608），❺又在蘇州回應顧憲成對「無善無惡」的批駁。雙方往復書牘達十餘萬言，成為繼「九諦」「九解」之後又一次在思想界產生深遠影響的論辨。其後，「其學多得自海門」的陶望齡之弟陶奭齡，又在紹興與劉蕺山、黃宗羲師徒繼續圍繞無善無惡展開辯論。黃宗羲甚至「邀吳越知名之士六十餘人，共侍（蕺山）講席，立摧石梁（陶奭齡）之說，惡言不入於耳。」（〈黃梨洲先生年譜〉「崇禎二年」條下）由於雙方辯論的理論內涵基本上並未超出「九諦」「九解」之辨，加之篇幅所限，我們就不再將雙方的辯難文字列出。在以下對無善無惡之辨理論內涵與相關意義的詮釋中，我們也將主要以龍溪與吳中淮、張陽和的問答以及許孚遠與周海門的「九諦」「九解」為文獻依據。

無論在龍溪與吳中淮、張陽和的問答中，還是在周海門、許孚

---

❺ 黃宗羲僅在《明儒學案》卷三十二〈泰州學案〉前言中提及管志道，故知者不多。然管志道實為晚明融通三教、博學精思人物之一。黃宗羲亦謂其「著書數十萬言，大抵鳩合儒釋，浩漢而不可方物。」參見荒木見悟：《明末宗教思想研究——管東溟の生涯とその思想》（東京：創文社，1979）。惟中文世界似乎尚未見有專門研究。

遠的「九諦」「九解」之辨中，我們都首先應當看到的是，所有對無善無惡說的批評，其焦點與關鍵都是認為有悖於孟子的性善論。因此，以往一些學者便從分別心性的角度出發，認為陽明的無善無惡是指心體而非性體，試圖以此來化解無善無惡說與孟子性善論之間的矛盾，從而維護無善無惡說。如面對史孟麟對陽明「無善無惡」的批駁，楊東明（號晉庵，1548-1624）在給史孟麟的書信中便回應說：

> 某往亦有是疑，近乃會得無善無惡之說。蓋指心體而言，非謂性中一無所有也。夫人心寂然不動之時，一念未起，固無所謂惡，亦何所謂善哉？夫子曰：「吾有知乎哉？無知也。」夫知且無矣，何處覓善惡？譬如鑑本至明，而未臨於照，有何妍媸？故其原文曰：「無善無惡心之體。」非言性之體也。今謂其說與告子同，將無錯會其旨歟！（《明儒學案》卷二十九〈北方王門學案〉）

後來劉蕺山也說：

> 陽明先生言「無善無惡者心之體」，原與性無善無不善之意不同。性以理言，理無不善，安得云無？心以氣言，氣之動有善有不善，而當其藏體於寂時，獨知湛然而已，安得謂之有善有惡乎？（〈學言中〉）

黃宗羲秉承楊東明、劉蕺山的這一說法，也認為「陽明言無善無惡心之體，原與性無善無不善之意不同」（《明儒學案》卷三十六〈泰州學案五〉），並因而稱讚東明此說為「真得陽明之肯綮也」（《明儒

學案》卷二十九〈北方王門學案〉)。當然,僅就四句教字面而言,陽明無善無惡的所指的確是心體,以上的這種解釋也是出於維護陽明的立場。但是,陽明的無善無惡是否只能是指心體而不能指性體呢?

在陽明的思想中,區分心體與性體其實是不必要的,陽明曾明確指出「心之本體即是性」,(《傳習錄上》)㊽ 這也是陽明學有別於朱子學的一個關鍵所在。對陽明來說,心體與性體是異名同實的關係,而良知則可以說既是心體,又是性體。心、性與良知無疑都是道德本體與終極實在的共同指涉。事實上,陽明也曾明確以無善無惡來形容過性體。《傳習錄下》有這樣兩段話:

> 又曰:告子病源從「性無善無不善」上見來。性無善無不善,雖如此說,亦無大差;但告子執定看了,便有個無善無不善的性在內。有善有惡又在物感上看,便有個物在外。卻做兩邊看了,便會差。無善無不善,性原是如此。

> 問:古人論性,各有異同,何者乃為定論?先生曰:性無定體,論亦無定體。有自本體上說者,有自發用上說者,有自源頭上說者,有自流弊處說者。總而言之,只是一個性,但所見有淺深耳。若執定一邊,便不是了。性之本體原是無善無惡的,發用上也原是可以為善,可以為不善的,其流弊也原是一定善一定惡的。

---

㊽ 《王陽明全集》,頁24。如果說《傳習錄上》反映的是陽明早年思想的話,反映陽明晚年思想的《大學問》中亦有「心之本體則性也」的話,見《王陽明全集》,頁971。這說明,心體與性體的同一性在陽明處是一貫的。

正因為對陽明而言心體與性體的區分並無實質意義，用後來周海門的話來說即是「心性有兩名而無兩體」(《王門宗旨》卷首〈王門宗旨序〉)，且陽明又的確曾以無善無惡形容性體，無善無惡說才會不斷地遭到從站在孟子性善論立場而來的質疑與批判，就像吳中淮、張陽和的發問以及許孚遠「九諦」中所顯示的那樣。並且，也正因為無善無惡還可以用來形容良知，對於前引吳中淮與龍溪的問答中中淮為什麼會劈頭便問「陽明先生又謂『無善無惡者性』，此與『性無善無不善』者何異？」，以及張陽和與龍溪的問答中陽和為什麼同樣會劈頭便說「良知不分善惡，竊嘗聞之矣」，我們就不難理解了。如此看來，以分別心體與性體來為陽明的無善無惡之說辯護，是既不恰當也不必要的。問題的關鍵是，當陽明、龍溪、海門等人以無善無惡來形容心、性以及良知所指的道德本體與終極實在時，「無善無惡」的涵義究竟是什麼。只有在充分釐清了這一點的基礎上，我們才能進而討論「無善無惡」之說與孟子性善論之間的關係，並對無善無惡之辨的理論內涵與相關意義獲得相應的瞭解與把握。

　　我們在第四章討論龍溪的四無論時已經指出，陽明與龍溪的「無善無惡」包括兩層涵義：一是存有論意義上的至善；一是境界論意義上的無執不滯。前者是本質內容，後者是作用形式。對此，當時除了龍溪之外，陽明的其他弟子們其實也有相應的瞭解。如何廷仁（字性之，號善山，1486-1551）曾說：「師稱無善無惡者，指心之應感無迹，過而不留，天然至善之體也。」(《明儒學案》卷十九〈江右王門學案四〉) 董澐（字復宗，號蘿石，晚號從吾道人，1457-1533）也曾說：「性者，天地萬物之一原，即理是也。初本無名，皆

人自呼之。以其自然，故曰天；脈絡分明，姑曰理；人所享受，故曰性。生天生地，為人為物，皆此而已。至虛至靈，無聲無臭，非惟無惡，即善字亦不容言。然其無善無惡處，正其善之所在也，即所謂未發之中也。」（同上）之所以選擇「無善無惡」來表示至善，是由於一般日常語言中的善，都是指與惡相對的經驗層面的善。而作為道德本體的心性與良知，則是絕對的至善或者說善本身。這種絕對的至善或善本身與經驗層面善惡相對的善是不在同一層面的。這是在存有論的意義上來看道德本體。因此，無善無惡的說法，是為了不使對作為道德本體的至善的理解落入相對的善惡之中的善。正如龍溪在答吳中淮與張陽和時所謂「先師無善無惡之旨，善與惡對，性本無惡，善亦不可得而名。無善無惡，是為至善。」「性無不善，故知無不良。善與惡，相對待之義。無善無惡，是謂至善。」周海門在「九解」中「解一」至「解四」，也同樣對此有更為詳細的說明。海門說得很清楚，「經傳中言善字，固多善惡對待之善；至於發心性處，善率不與惡對。如中心安仁之仁，不以忍對；主靜立極之靜，不與動對；《大學》善上加一至字，尤自可見。」對於「絕名言而無待者」的至善本身而言，如果再以善名，便是「頭上安頭」。以「無善無惡」表示不與惡相對的絕對至善，正所謂「一物難知者，本來之體；而兩頭不立者，妙密之言。」在這一點上，明末清初的陽明學者如孫奇逢（字啟泰，號鍾元，稱夏峰先生，1584-1675）、李顒（字中孚，稱二曲先生，1627-1705）、李紱（穆堂，1675-1750）等人也能理解「無善無惡」所表示的「至善」的涵義。㊳

---

㊳ 分別參見孫奇逢：《理學宗傳》〈義例〉；李顒：《二曲集》卷十八〈答朱自綠書〉（北京：中華書局，1996），頁216-218；李紱：《李穆堂初稿》卷

　　另外，從境界論的意義上來看，道德本體的「現身情態」（存有狀態）與流行發用又具有無執不滯的先驗品格。這種在落實於經驗層面「為善去惡」、「是是非非」的情況下又不自居於善、自居於是的品格，也是「無善無惡」一語所要揭示的道德本體的境界論向度。龍溪著力發揮的良知之「無」以及「無中生有」的致良知工夫，正是要表示「無善無惡」這一方面的涵義。歐陽南野也曾指出：「吾人良知，非但不沾惡習，雖善亦未有著處。於此有得，則融化痕迹、削磨觚棱，內不失己，外足以同人。」（《歐陽南野先生文集》卷三〈答周以介〉）而在「九解」中，海門所謂「無善無惡，即為善去惡而無迹」，「太虛之心，無一物可著者，正是天下之大本」，「無有作好作惡之心，是秉彝之良」，「既無惡而又無善，修為無迹，斯真修為也」，「有善喪善，與有意而為，雖善亦私之言，正可證無善之旨。……古人為善，為此不有之善、無意之善而已」，既對此無執不滯的先驗品格作了極為系統與詳細的闡發；在最後的「解九」中，所謂「太上之無懷，《易》之何思何慮，舜之無為，禹之無事，文王之不識不知，孔子之無意無我、無可無不可，子思之不見不動、無聲無臭，孟子之不學不慮，周子之無靜無動，程子之無情無心，盡皆此旨，無有二義。」又追溯了「無善無惡」這種涵義在儒家思想發展史上的一貫性，從而為「無善無惡」說的合法性提供了歷史的論證。正所謂「若夫四無之說，豈是鑿空自創？究其淵源，實千聖所相傳者。」「天泉所證，雖陽明氏且為祖述，而況可以龍溪氏當之也？」在海門看來，切實把握到良知心體這種不著是

十八〈心體無善無惡說〉。

非善惡的境界論向度，甚至是保證道德實踐真實性的必要條件。對此，陶望齡也有明確的意識，所謂「無善即進善之捷徑，無非乃去非之要津」(《歇庵集》卷十四〈書周子九解後〉)。這與龍溪「無中生有」的工夫論意涵是完全一致的。其實，從無執不滯的作用形式來理解心性本體，陽明當時其他的儒家學者甚至也不無相同的論調。如王鏊（字濟之，1450-1524）晚年作性善論云：「欲知性之善乎？曷反而內觀乎？寂然不動之中，而有至虛至靈者存焉。湛兮其非有也，窅兮其非無也；不墮於中邊，不雜乎聲臭。當是時也，善且未行，而惡有所謂惡者哉？惡有所謂善惡混者哉？惡有所謂三品者哉？性，其猶鑑乎！鑑者，善應而不留，物來則應，物去則空，鑑何有焉？」❺ 陽明在為王鏊作傳時特別引述這段話，顯然是感到「與我心有戚戚焉」。

　　無論對陽明本人是否持較為同情的態度，中晚明不同學者批評無善無惡都是以孟子的性善論為共同立場，以龍溪的四無論為批判的中心。並且，對「無善無惡」的批評也都集中在兩點：一是認為無善無惡說同於告子的善惡無定性；一是認為無善無惡說流於禪佛教意義上的「不思善，不思惡」。❺ 不論是前引吳中淮、張陽和與龍溪的問答，還是許孚遠與周海門的「九諦」「九解」之辨，都鮮明

---

❺ 王守仁：〈太傅王文恪公傳〉，《王陽明全集》，頁946。按：值得注意的是，不論王鏊對心與性的關係持何種看法，這裏「無善無惡」也仍然說的是性而非心。

❺ 禪宗六祖慧能得五祖法嗣南還時，僧慧明追求說法，慧能曰：「不思善，不思惡，正與麼時，那個是明上座本來面目。」見宗寶本《六祖壇經》〈行由品第一〉。敦煌本《壇經》雖中無該段文字，但所謂「惡之於善，善法、惡法、盡皆不捨，不可染著，猶如虛空，名之為大」，顯然與「不思善，不思惡」的思想一致。

地顯示了這一點。但是，從我們以上對「無善無惡」涵義的分析來看，這兩點批評其實都並不相應。首先，告子以無善無惡說性，是單純從經驗的層面立言，指現實的人性可以表現為善，也可以表現為惡，在這個意義上可以說人性並無所謂善惡。告子在與孟子辨人性時的流水之喻，說明告子完全是經驗主義、自然主義的立場，並沒有認為人性可以具有先驗與超越的根據。與之相反，孟子性善論意義上的人性，則恰恰不是指經驗層面的人性，而是指人之所以為人的先驗與超越根據。因此，作為超越了經驗層面善惡對待的絕對至善，孟子性善論中的「善」，正是陽明、龍溪、海門等人「無善無惡」說之本質內容的「至善」。如陽明、龍溪所謂「無善無惡，是為至善」，亦如海門所言「人性本善者，至善也。」其次，佛教意義上的「不思善，不思惡」，就存有論的意義而言，是指心性只是一種空寂性本身，並不具有善或者惡構成其本質內容的實在性。也正因此，心性的作用才體現出一種不執著於任何善惡觀念與行為的境界論意義。就境界論意義的不執著於善惡而言，陽明、龍溪和海門等人的「無善無惡」，的確有和佛教有相似之處。事實上，從陽明到龍溪再到海門，良知心體「無」的向度之所以會不斷得到突顯，也正是不斷吸收融攝佛教的結果。但是，與佛教「不思善，不思惡」根本不同的是，對陽明、龍溪和海門等人來說，就存有論而言，必須肯定心性或者說良知本體真實不虛的實在性。正如海門所謂「無善者，無執善之心，善則非虛」（《東越證學錄》卷七〈立命文序〉）。在陽明、龍溪和海門等人看來，這種以「無善無惡」所表示的實在性，也就是超越於經驗層面之善惡的絕對至善。正如我們在第五章討論龍溪與佛道二教的最後部分所指出的，是否在存有論

的意義上肯定作為道德本體的心性的這種至善的實在性，可以說是
分判儒學與佛教的最終所在。陽明、龍溪和海門批評佛教的關鍵之
處，也均在於此。

　　當然，對於存有論與境界論的區分，陽明、龍溪和海門等人不
必有自覺的意識。因而他們在回應對「無善無惡」的批評時，就現
代的理論眼光來看，有時還不免欠缺清晰的分疏，甚至會有一些
「險語」。如海門在「九解」之「解七」中所謂「謂實有種種善在天
下，不可也」，便是未能瞭解許孚遠「諦七」中「天下之善，種種
固在」是在存有論的層面立言，與自己在境界論的層面著力發揮的
不執著於善並不構成對立，而在存有論的層面上是必須肯定善的實
在性的。此外，對於「無善無惡」說分別在存有論與境界論兩種意
義上不同涵義的分疏，從陽明到龍溪再到海門，也有一個在表述上
由隱到顯逐漸明確的過程。比如境界論意義上不執著於善的涵義，
陽明已有表示，龍溪關聯於良知之「無」作了進一步的發揮，而到
了海門的「九解」，則可謂展露無遺。這一點，海門的好友、名重
晚明士林的鄒元標（字爾瞻，別號南皋，1551-1624）當時便已敏銳
地看到，所謂：

> 天泉證道初語，如花欲吐，尚含其萼。後龍溪氏稍稍拈
> 出，聞者多不開悟。周子復揚其波，何耶？鄒子曰：學必
> 知性體而後為真學，證必徹性地而後為實證。山窮水盡，
> 能者從之。龍溪見地，非不了義者所能究竟。繼元後龍溪
> 而出者，雙目炯炯，橫衝直撞。所至令人膽落心驚，亦能
> 使人神怡情曠。東越之學，從今益顯益光者，非繼元氏
> 乎？（《願學集》卷四〈東越證學錄序〉）❺❻

　　另一方面，就對「無善無惡」說的批評而言，則存在一個焦點意識的轉換問題。起初，「無善無惡」的批評者也並未自覺意識到「無善無惡」分別在存有論與境界論這兩個不同層面上的涵義差別，對陽明、龍溪和海門在彰顯「無善無惡」境界論意義上不執著於善的同時並未放棄存有論意義上作為「無善無惡」本質內容的「至善」，也缺乏應有的瞭解。無論是由吳中淮、張陽和對「無善無惡」的質疑，還是從許孚遠「九諦」中對「無善無惡」的批評，都可以清楚地看到這一點。譬如在「九諦」的「諦七」中，許孚遠似乎已經能夠意識到海門「無善無惡」說的境界論意義，但在肯定「有意為善，雖善亦粗」、「善不可有意而為」的同時，卻又認為海門「以此病彼」，僅取此義而否定存有論意義上善的實在性。這說明許孚遠並不瞭解：境界論意義上的「為此不有之善、無意之善」與存有論意義上的「天下之善，種種固在」其實是「無善無惡」的雙重規定。前者是良知心體的作用形式，後者是良知心體的本質內容。㊗當然，更為準確地說，在「九諦」「九解」之辨中，對於「無善無惡」的兩方面涵義，周海門與許孚遠都並非只能瞭解一個方面，只是在論辨的過程中由於所強調的重點不同，因而彼此欠缺視域的融合而已。如許孚遠所謂「人心如太虛，元無一物可著，而實有所以為天下之大本者在」，便是在肯定道德本體無執不滯品格的同時，強調其存有論意義上至善的本質內容。一旦雙方對「無善無惡」在存有

---

㊱　亦見周汝登：《東越證學錄》卷首。
㊲　當然，正如我們剛剛提到的，海門在「解七」中的回應，也因過於側重發揮「無善無惡」的境界論涵義而未審許孚遠說「天下之善，種種固在」時的立言層面。因為若在存有論的意義上說「謂實有種種善在天下，不可也」，則正坐許孚遠所論之病。

論與境界論意義上的不同以及彼此立言的層面有所簡別與正視，應當可以「相視而笑，莫逆於心」，恰如海門所謂「教本相通不相違，語可相濟難相非。」

不過，隨著論辨的深入與發展，對「無善無惡」的批評，在實際的針對性上也開始發生了變化。劉蕺山也是無善無惡說的批評者，但他曾指出：

> 吾師許恭簡公與周海門在南都，有〈九諦〉〈九解〉，辨有辨無，可謂詳盡。而師論辭嚴而理直，凜乎日月爲昭。今即從海門作妙解，亦只是至善作注腳，終脫不得善字。❺❽

所謂「今即從海門作妙解，亦只是至善作注腳，終脫不得善字。」顯然說明蕺山對「無善無惡」的「至善」之義其實有所瞭解。但在這種情況下依然堅持對「無善無惡」的批評，則說明蕺山另有用意。事實上，晚明對「無善無惡」的批評，更多地是針對「無善無惡」說在工夫實踐上所產生的流弊。換言之，批評更多地是考慮理論所產生的實際效果而非理論本身。如顧憲成〈與李孟白〉書中言：

> 佛學三藏十二部，五千四百八十卷，一言以蔽之曰：「無善無惡。」第辨四字與告子易，辨四字與佛氏難。以告子之見性粗，佛氏之見性微也。辨四字與佛氏易，辨四字與陽明難。在佛自立空宗，在吾儒則陰壞實教也。夫自古聖人教人，爲善去惡而已。爲善爲其固有，去惡去其本無也。本

---

❺❽ 《劉宗周全集》（第二冊）卷十五〈會錄〉，頁643。按：標點略有改動。

體如是，工夫如是，其致一而已矣。陽明豈不教人爲善去惡？然既曰無善無惡，而又曰爲善去惡，學者執其上一語，不得不忽其下一語也。……陽明曰：「四無之說爲上根人立教，四有之說爲中根以下人立教。」是陽明且以無善無惡掃卻爲善去惡矣。既掃之，又欲留之，縱曰爲善去惡之功自初學至聖人究竟無盡，彼直以爲是權教，非實教也。其誰肯聽？既已拈出一個虛寂，又恐人養成一個虛寂，縱重重教戒、重重囑咐，彼直見以爲是爲眾人說，非爲吾黨說也。又誰肯聽？夫何故？欣上而厭下，樂易而苦難，人情大抵然也。投之以所欣，而復困之以所厭；畀之以所樂，而復攖之以所苦，必不行矣。故曰惟其執上一語，雖欲不忽下一語，而不可得；至於忽下一語，其上一語雖欲不弊，而不可得也。羅念庵曰：「終日談本體，不說工夫，才拈工夫，便以爲外道。使陽明復生，亦當攢眉。」王塘南曰：「心意知物，皆無善惡。使學者以虛見爲實悟，必依憑此語，如服鴆毒，未有不殺人者。海內號有超悟，而竟以破戒負不韙之名，正以中此毒而然也。且夫四無之說，主本體言也，陽明方曰是接上根人法，而識者至等之鴆毒；四有之說，主工夫言也，陽明第曰是接中根以下人法，而昧者遂等之外道。然則陽明再生，將有摧心扼腕、不能一日而安者，何但攢眉已乎？」（《明儒學案》卷五十八〈東林學案一〉）

顧憲成將陽明、龍溪的「無善無惡」與告子、佛教相提並論，固然未明其實義，但顧憲成這裏批評的重點，顯然不在於辨析「無善無

惡」的涵義，而在於指出「無善無惡」在工夫實踐上所產生的負面
效果。從顧憲成的話來看，他認為龍溪的四無論尤其要對此負有不
可推卸的責任。

就工夫實踐而言，「無善無惡」說的核心思想強調的是讓至善
的道德本體自然流行發用，不要有意去為善，如海門所謂「古人為
善，為此不有之善、無意之善」。否則，一起心轉念，有所思慮計
算，便不免使善行的發生異化為獲取善名或別有所圖的工具與手
段，喪失了為善本身為所當為的自在價值。如乍見孺子入井時由於
「納交」、「要譽」、「惡其聲」這三轉念，救援行為便不再是惻隱
之心的表現而成為義襲的偽善。正如我們在第三章指出的，這也正
是龍溪在其致良知工夫論中提出「無中生有」思想的意義所在。不
過，這種想法其實只考慮了善行的發生，未免忽略了惡行發生的問
題，所以劉蕺山說：「無善無惡，語雖雙提，而意實寄於無善。」❺❾
對於善行而言，無心、無意那種「無」的智慧固然可以使善行的發
生不必因轉念而異化，但對於惡行的發生來說，無心、無意卻不免
可以成為推脫責任的口實。顧憲成曾說：

> 所謂無善無惡，離有而無耶？即有而無耶？離有而無，於
> 善且薄之而不屑矣。何等超卓！即有而無，於惡且任之而
> 不礙矣。何等灑脫！是故一則可以抬高地步，為談玄說妙
> 者樹標榜；一則可以放鬆地步，為恣情肆欲者決堤防。宜
> 乎君子小人咸樂其便，而相與靡然趨之也。（《小心齋劄記》卷
> 四）

---

❺❾ 《劉宗周全集》（第二冊）卷十五〈會錄〉，頁643。

　　儘管陽明、龍溪、海門等人的「無善無惡」並不在存有論的意義上否定善的實在性，如顧憲成所謂「離有而無」。但憲成所謂「即有而無，於惡且任之而不礙矣」以及「可以放鬆地步，為恣情肆欲者決堤防」，卻正指那種藉口無心之惡而滋生的道德淪喪。而在與學者有關「無善無惡」的討論中，周海門便曾直接面對過這樣的質疑：「合無善之體者，無心為善也。既可無心為善，獨不可無心為惡乎？」（《東越證學錄》卷五〈剡中會語〉）對此，海門的回答是：「善可無心，惡必有心。有無心之善，決無有無心之惡。身為體驗，當自知之。」海門否認有「無心之惡」的解釋，是純粹從動機論的角度立言。不是有意而為的錯誤行為，只能叫做「過」，而不能稱為「惡」。這在陽明、龍溪那裏也是一致的看法。由於心性是至善的道德本體，其流行發用自然不會有惡的產生。海門所謂「惡必有心」、「決無有無心之惡」，便是說惡行的產生一定是人們有意而為，沒有依本心而行、率本性而為。但是，既然心性至善無惡，「有心為善」中的「心」又是何心？此心又從何而來呢？當然，這裏「有心」、「無心」其實是指「有意」、「無意」。不過，既然對陽明、龍溪和海門來說意是心之所發，至善的本心又如何會產生「有心為惡」的不良之意呢？這就觸及到了惡的起源這一陽明學所必須面對的基本理論問題。

　　在陽明學的系統中，心性或良知是道德法則、道德意志和道德情感的統一，自然不存在惡的問題。對於經驗層面惡的產生，龍溪多次指出其根源在於意，如所謂「吾人一切世情嗜欲，皆從意生。心本至善，動於意始有不善。」（《全集》卷一〈三山麗澤錄〉）「萬欲起於意，萬緣生於識。意勝則心劣，識顯則知隱。」（《全集》卷

八〈意識解〉）「千過萬惡，皆從意生。不起意，是塞其過惡之源。」
（《全集》卷五〈慈湖精舍會語〉）當然，這裏的意，是指「有善有惡」
的經驗意識，而不是直接由良知心體所發的「無善無惡之意」、「無
意之意」。可是，本來作為良知心體直接發動的善良意志，為何會
脫離良知心體而成為產生惡的經驗意識呢？我們在第四章曾經指
出，龍溪的四無論相當於從良知心體開出了「心真如門」這一層
面，而在陽明四句教的表述形式下，意與物均處在經驗的層面，相
當於「生滅門」。良知心體相當於「如來藏自性清淨心」，順良知
心體開出四無論，恰如由「清淨心」開出「真如門」一樣，是自然
而然、沒有什麼曲折的，反而由超越層的良知心體到經驗層的意和
物，則含有一步曲折。對佛教的一心開二門來說，由「清淨心」生
出「生滅門」下的污染法，是由於「無明」的存在。而在心與意的
體用關係下，對由「無善無惡心之體」為何會產生「有善有惡意之
動」，陽明的解釋是由於「習心」的存在，即因為人有習心，意識
的發動才會脫離良知心體的控制。對佛教而言，「無明」可以說是
宇宙中一個與「清淨心」並存的終極成分，它與生俱來，本身便是
源始的存在，所謂無始無明。但與佛教不同的是，對陽明學來說，
終極的實在只能是良知心體，「習心」並不能是和「本心」並存的
終極成分。龍溪也繼承了「習心」的說法。然而，如果是「習心」的
存在導致了「意」脫離「本心」而成為「欲」，則惡的根源就應當
是「習心」而非「意」。可是，既然「習心」並非一個終極性的存
在，它又從何而來？和「本心」又構成何種關係？這對陽明學來說
不能不說是個難以索解的問題。事實上，在東西方的文化傳統中，
惡的起源問題也是一個普遍性的難題。我們不能要求陽明學者對此

給出一個完滿的答案，也無法在此對該問題本身做出進一步的探討。我們只想指出的是，就「無善無惡」說的理論相關性而言，必然會觸及到惡的起源問題，這一問題最終也將牽動陽明學「心即理」的第一原則。由於陽明、龍溪與海門等人對惡的起源缺乏明確與合理的解釋，加之晚明社會道德風氣的墮落，「無善無惡」說的批評者們便對惡的問題或者說人們的「幽暗意識」投入了更多的關注。❻ 當然，這種關注更多地表現為為善去惡的道德實踐而非理論說明。如劉蕺山在其《人譜》中雖然也對惡的起源問題加以說明，❻ 但主要還是制定了一整套嚴格的道德實踐工夫。明末清初各種「省過會」與「省過書」（如功過格、記過格、自反錄、自監錄之類）的大量出現，❻ 也正表明了這一點。

在「解九」中，周海門為儒家「無善無惡」在境界論意義上無執不滯的涵義追尋了一條歷史發展的一貫線索。但是，佛道兩家心靈境界向度上「無」的智慧，的確是陽明、龍溪和海門等人「無善無惡」思想的重要資源。而從陽明到龍溪再到海門，對佛道兩家尤其禪宗的涉入也不斷深入，海門與晚明高僧大德的交遊亦較陽明、龍溪更為廣泛與頻繁。❻ 事實上，幾乎所有贊同或同情「無善無惡」

---

❻ 「幽暗意識」一語取自張灝先生。「所謂幽暗意識是發自對人性中或宇宙中與始俱來的種種黑暗勢力的正視和省悟：因為這些黑暗勢力根深蒂固，這個世界才有缺陷，才不能圓滿，而人的生命才有種種的醜惡，種種的遺憾。」見張灝：《幽暗意識與民主傳統》（臺北：聯經出版公司，1989），頁4。

❻ 可參考李明輝：〈劉蕺山論惡之根源〉，見《劉蕺山學術思想論集》，頁93-126。

❻ 有關這一現象的研究，參見王汎森：〈明末清初的人譜與省過會〉，《中央研究院歷史語言研究所集刊》，第63本第3分（1993年7月），頁679-712。

❻ 參見彭國翔：〈周海門先生年譜稿〉（待刊稿）。

說的儒家學者都對佛道兩家持較為開放的態度,而「無善無惡」說的批評者們,則幾乎無不嚴守儒釋之辨,對佛老採取排斥的保守態度。因此,在中晚明三教融合的背景之下,無善無惡之辨的背後,還蘊涵著不同儒家學者在正統與異端問題上深刻的思想差異。或者說,對於儒釋道三家正統與異端的不同理解,也是導致不同儒家學者在中晚明無善無惡之辨中分別採取不同立場的一個重要因素。

# 六、格物工夫之辨

對《大學》中「格物」觀念的不同詮釋,或許是最能反映陽明學與朱子學不同取向的一個方面。不過,即使在中晚明陽明學的系統內部,不同學者對「格物」觀念也有互不相同的理解並且相互之間進行過辯難。格物之辨不僅是一個經典詮釋學的問題,更多地反映了不同學者對工夫問題的各自看法,構成中晚明陽明學工夫之辨的一項具體內容。明末的劉蕺山曾謂「格物之說,古今聚訟有七十二家」。❻❹ 這當然是就整個宋明理學傳統而言,但其中有相當一部分應當是中晚明的儒家學者提出的。在此,我們無法也不打算對中晚明的格物諸說一一分析求證,而是希望通過考察一些學者之間有關「格物」的論辨,進一步掌握中晚明陽明學在展開過程中工夫理論的某些動向與特徵。

龍場悟道是陽明擺脫朱子學的籠罩,確立其一生精神方向的轉捩點。而龍場之悟的核心內容,正是對「格物」觀念有了不同於朱

---

❻❹ 劉宗周:〈大學雜言〉,《劉宗周全集》(第一冊),頁 771。

子學的嶄新理解。所謂「忽中夜大悟格物致知之旨，寤寐中若有人語之者，不覺呼躍，從者皆驚。始知聖人之道，吾性自足，向之求理於事物者誤也。」（《年譜》「正德三年戊辰」條下）儘管朱子未必將認識客觀事物作為其思想學說的終極追求，但「格物」觀念在朱子學的解釋中的確主要在於探究外在客觀事物的規律，所謂「窮理」。❻❺ 而陽明龍場之悟對「格物」的重新詮釋，正是將對外在客觀事物的認識轉向內在自我意識的端正，所謂「正念頭」。這一基本取向的轉變，體現了陽明學與朱子學在工夫問題上的基本差異。並且，正如本章第二節所論，中晚明陽明學工夫論的一個重要發展方向便是繼續「鞭辟入裏」，不斷向主體意識的深層發掘，直至最後的終極實在。然而，陽明學這種內向的道德修養工夫如何避免將道德實踐封限於單純自我意識的領域，不僅是儒家「萬物一體」基本觀念的必然要求，在當時也是聖學工夫區別於佛老的標誌之一。

　　事實上，陽明在提出其有別於朱子對「格物」的解釋之後，便立刻面對了這一問題。當時學者如湛若水、羅欽順、顧璘（字華玉，號東橋，1476-1545）等人與陽明關於「格物」的論辨，❻❻核心也正是圍繞這一問題。在湛若水和羅欽順看來，陽明「正念頭」的「格物」說既與《大學》「正心」、「誠意」的說法有文義上的重複，

---

❻❺ 朱子的「格物」雖然也包括對內心念慮的省察，但窮格心之念慮在朱子的「格物」說中並不占主要的地位。並且，朱子的「格物」說恰恰是作爲以反觀內省解釋「格物」的對立主張而提出的。這從朱子對楊時（字中立，稱龜山先生，1053-1135）將「格物」解釋爲「反身而誠」的批評即可見。對朱子格物說的考察，可參考陳來：《朱子哲學研究》第十三章，頁294-314。

❻❻ 陽明與湛若水、羅欽順、顧東橋有關格物致知之辨的內容及有關的討論，參見陳來：《有無之境──王陽明哲學的精神》，頁135-151。

又難以與釋老的自我修養工夫劃清界限，總之不免「局於內而遺其外」。經過這些論辨，陽明的「格物」說表現出一個發展的過程，由單純自我意識的端正轉變為道德實踐中行為的正當化。前者如正德年間所謂「『格物』如孟子『大人格君心』之『格』，是去其心之不正，以全其本體之正。但意念所在，即要去其不正，即無時無處不是存天理，即是窮理。」（《傳習錄上》）後者如嘉靖年間所謂「事事物物皆得其理者，格物也。」（《傳習錄中》之〈答顧東橋書〉）「物者，事也。凡意之所發，必有其事，意之所在謂之物。格者，正也。正其不正以歸於正之謂也。正其不正者，去惡之謂也；歸於正者，為善之謂也。夫是之謂格。」（《大學問》）由於陽明始終認為不能離開人的意識活動來談事物，所謂「意之所在為物」，因此，即使在晚年強調「格物」是在行事過程中的為善去惡，將良知的發用流行充拓推廣到事事物物當中使之皆得正當化，陽明對「格物」的理解也並沒有因為在有關格物之辨中受到朱子學者或認同朱子格物說學者的批評而回到認識客觀事物的道路上去。陽明「格物」說的發展過程，其實反映出陽明對「格物」觀念理解的深化。就此而言，作為工夫論而非認識論的格物說，其最終內涵應當說既非單純探究外在客觀事物而與朱子學的「格物窮理」有著根本的不同，又非單純內在自我意識的端正而與「誠意」有別。不過，陽明對此尚未有明確的分疏。這一點，在龍溪與一些學者的「格物」之辨中，得到了進一步明確的揭示。

　　相對於朱子學，陽明的「格物」說在整體上畢竟體現出主體主義的傾向。因此，隨著陽明學影響的日漸深遠，許多學者無形中受到陽明正德年間以「正念頭」詮釋「格物」這種說法的影響，在對

「格物」觀念的理解上又走到了朱子學「格物」觀的對立面，確實出現了將「格物」工夫收縮於單純自我意識領域的傾向。對此，王艮的「淮南格物」說可為一例。對王艮而言，自我與天地萬物都可以說是「物」，但二者是有本末之別的。所謂「身與天下國家一物也，惟一物而有本末之謂。」(《心齋語錄》)「身也者，天地萬物之本也；天地萬物，末也。」(同上)因此，「格物」的根本涵義便是「正身」，身正則天地萬物、家國天下也就隨之而正。所謂「格，絜度也。絜度於本末之間，而知『本亂末治者否矣』，此格物也。」(同上)「吾身是個矩，天下國家是個方，矩則知方之不正，由矩之不正也。是以只去正矩，卻不在方上求。矩正則方正矣，方正則成格矣，故曰物格。」(同上)儘管「正身」思想中的「身」還容納了感性甚至肉體生命的向度，但更多地仍然是指主體的自我意識。因此，將「格物」的工夫限定於主體自身，是「淮南格物」說的基本特徵所在。正如王棟所謂：「格物之學，究竟只是反身工夫。」(《一庵王先生遺集》卷一)這一傾向的影響之廣，甚至波及到了湛若水的門下。如湛若水的再傳許孚遠認為：

> 格物之說，彼謂「待有物而後格，恐未格時，便已離根者」，此其論似高而實非也。若得常在看到方寸地灑灑不挂一塵，乃是格物真際。人有血氣心知，便有聲色，種種交害雖未至目前，而病根常在，所以誠意工夫透底，是一格物。孔子江漢以濯、秋陽以暴，胸中一毫渣滓無存，陰邪俱盡，故能毋意、毋必、毋固、毋我。此非聖人，不足以當格物之至。(《明儒學案》卷四十一〈甘泉學案五〉)

這實際上是將「格物」等同於「誠意」。而明末師承許孚遠的劉蕺山稱讚王艮的「格物」說，所謂「後儒格物之說，當以淮南為正」（《明儒學案》卷六十二〈蕺山學案〉），並將「誠意」、「慎獨」作為「格物致知」的實質內容，⑰無疑也是將「格物」工夫收縮於自我意識領域的表現。當然，這一傾向更為鮮明的反映，是聶雙江「格物無工夫」以及王宗沐以「無欲」解「格物」的主張。但是，這一傾向並不能代表所有陽明學者對「格物」的看法，而正是在與聶雙江、王宗沐的格物之辨中，龍溪進一步闡發了陽明晚年的「格物」思想，顯示了中晚明陽明學中「格物」說的另一種致思取向。

　　聶雙江與龍溪曾經展開過系統的往復辯難，其中涉及到了陽明學的許多重要方面。⑱除了我們前面討論過的現成良知之外，「格物」觀念也是雙方辯論的問題之一。聶雙江對「格物」的理解，是與其「致知」觀念緊密相關的。他說：「致知者，止至善之全功。格物者，止至善之妙用。意也者，感於物而生於知者也。誠言其

---

⑰ 如〈學言上〉將「格物」歸為「誠意」，所謂：「《大學》之教，只教人知本。天下國家之本在身，身之本在心，心之本在意。意者，至善之所止也，而工夫則從格致始。正致其知止之知，而格其物有本末之物，歸於止至善云耳。格致者誠意之功，功夫結在主意中，方為真功夫。如離卻意根一步，亦更無格致可言。故格致與誠意二而一、一而二者也。」見《劉宗周全集》（第二冊），頁458，標點略有改動。又如〈大學雜言〉將「格物」歸為「慎獨」，所謂「慎獨，是格物第一義。才言獨便是一物，此處如何用工夫？只戒謹恐懼，是格此物正當處。」見《劉宗周全集》（第一冊），頁776。

⑱ 龍溪方面的文獻記載見《全集》卷六〈致知議辨〉，雙江方面的文獻記載見《雙江聶先生文集》卷十一〈答王龍溪〉第一書。雙方文字略異，大旨相同，而以雙江記載較為詳細。對於龍溪與雙江的系統論辨，牟宗三先生曾根據龍溪的〈致知議辨〉而有詳細的逐條疏解，見牟宗三：《從陸象山到劉蕺山》第四章〈「致知議辨」疏解〉，頁315-395。

順，格言其化，致言其寂也。寂以妙感，感以速化，萬而一者也。」
（《雙江聶先生文集》卷三〈大學古本臆說序〉）顯然，雙江從體用的
角度來理解「致知」與「格物」的關係。而既然「致知」是「立體」
的「全功」，「格物」便不過是致知工夫所取得的效果，本身並不
具備工夫論的意涵（嚴格而論，雙江的「格物」其實應當是「物
格」）。在與龍溪論辨的書信中，雙江便明確提出了「格物無工夫」
的說法。所謂：

> 愚夫愚婦之知未動於意欲之時與聖人同，是也。則夫致知
> 之功要在於意欲之不動，非以「周乎物而不過」之爲致也。
> 鏡懸於此而物自照，則所照者廣。若執鏡隨物以鑒其形，
> 所照幾何？延平此喻未爲無見。致知如磨鏡，格物如鏡之
> 照。謬謂格物無工夫，以此。（《雙江聶先生文集》卷十一〈答王
> 龍溪〉第一書）

在雙江看來，工夫如果落在「格物」而不本於「致知」，就會像「執
鏡隨物以鑒其形」那樣所照有限。而如果工夫本於「致知」，即將
著力點落在良知心體，就會像「鏡懸於此而物自照」那樣，收到「所
照者廣」的功效，所謂「充滿乎虛靈本體之量，而不以一毫意欲自
蔽，則自此而發者，自然中節。」（同上）當然，如果雙江強調「格
物」須本於「致知」的重點在於指出格物工夫之所以可能的先天根
據在良知心體，格物工夫的實踐須預設良知心體的先在性，則龍溪
並不能反對，龍溪致良知工夫尤其先天正心之學的重點也正在於
此。不過，正如我們前面已經指出的，雙江是二元論的體用思維方
式。因此，「致知」與「格物」便不會是相互蘊涵的關係。既然雙

江歸寂說的宗旨在於「充滿乎虛靈本體之量」的「致知」，「格物」
失去其獨立的工夫論意義，便是必然的理論後果。

由於雙江的「格物」說關聯於「致知」，龍溪也從「格物」與
「致知」關係的角度表達了他對「格物」觀念的看法。龍溪全集中共
收錄兩封給雙江的書信。其中都談到了「格物」的問題。在〈答聶
雙江〉中，龍溪指出：

> 所謂致知在格物，格物正是致知實用力之地，不可以內外
> 分者也。若謂工夫只是致知，而謂格物無工夫，其流之
> 弊，便至於絕物，便是仙佛之學。徒知致知在格物，而不
> 悟格物正是致其未發之知，其流之弊，便至於逐物，便是
> 支離之學。爭若毫釐，然千里之謬，實始於此，不可不察
> 也。(《全集》卷九)

在這封信中，龍溪講得比較圓融，既批評了只講「致知」不講「格
物」的「絕物」，又批評了只講「格物」不講「致知」的「逐物」。
對龍溪來說，「格物」與「致知」其實是相互蘊涵的關係。❻ 而在
〈與聶雙江〉中，龍溪則進一步針對雙江歸寂立體的主張強調了「格
物」的工夫論意義。龍溪指出：

> 然欲立定命根，不是懸空做得。格物正是致知下手實地，

---

❻ 如龍溪在〈答毛治卿〉中所謂：「來教疑致知反在格物之先，夫先師格物致
知之旨，本無先後，致知者，致不學之知，是千古秘密靈明之竅；格物者，
格見在之物，是靈明感應之實事。故致知在於格物，則知非空知；格物本於
致知，則物非外物。此孔門一貫之旨，無內外，無精粗，而不可以先後分者
也。」見《全集》卷九。

故曰「在格物」。格是天則，良知所本有，猶所謂天然格式
也。若不在感應上參勘得過，打疊得下，終落懸空，對境
終有動處。良知本虛，格物乃實，虛實相生，天則常見，
方是眞立本也。（《全集》卷九）

　　由龍溪與雙江的格物之辨可見，雙江「格物無工夫」的主張完
全將道德實踐的工夫收縮到了自我意識的領域。針對雙江之說，龍
溪「格物」說強調工夫不能只限於主體自身，還必須落實到人倫日
用的各種實事上去，否則不免產生兩方面的問題。首先，如果道德
實踐僅僅封限於自我意識的領域，一旦與外物交接，便難以保證實
際的行為仍然符合道德法則，所謂「若不在感應上參勘得過，打疊
得下，終落懸空，對境終有動處。」另外，佛道兩家的基本特徵便
是缺乏「經世之學」而將修養的工夫限於個體自我。雙江只講「致
知」而否定「格物」的工夫論意義，在龍溪看來，就不免同樣是將
道德實踐封限於個體自我而難以與佛道兩家劃清界限。所謂「若謂
工夫只是致知，而謂格物無工夫，其流之弊，便至於絕物，便是仙
佛之學。」而龍溪強調致良知工夫必須落實到不離倫物感應的「格
物」上去，與陽明在〈答聶文蔚〉書中要求「必有事焉」的告誡，
是完全一致的。

　　王宗沐（字新甫，號敬所，1523-1591）師事歐陽南野，屬於陽
明學的第二代。他曾將「格物」中的「物」字解作「欲」，將「格
物」解作「無欲」。這種將「格物」解釋為消除欲念的工夫，顯然
與朱子學有著本質的不同而接近於陽明正德年間「正念頭」的立
場。但是，當王宗沐致書於龍溪時，龍溪並不以是說為然，而是更
為明確地強調了「格物」不能離開人倫日用而限於自我意識的領

域。

龍溪指出，將「物」解作「欲」在經典詮釋的傳統中並無依據，所謂「兄徑以物字作欲字看，從古無此訓釋。」（《全集》卷六〈格物問答原旨——答敬所王子〉）但是，對龍溪來說，問題的關鍵尚並不在此。在龍溪看來，作為「誠意」工夫的「格物」並非一種與外界事物無關的單純自我意識活動，而是必然要關聯於「倫物感應之實事」。「物」泛指人倫日用中的各種行為。不符合道德法則的行為實際上是人們私欲的反映，在這個意義上「為善去惡」的「格物」工夫，也可以說就是要消除人們的私欲的「無欲」工夫。不過，這種「無欲」的「格物」工夫是要消除人倫日用中不合乎道德法則的行為，而不是要取消人倫日用的各種行為本身，使道德實踐的工夫僅僅退縮到自我意識的領域。正如龍溪所謂：「即如顏子非禮毋視毋聽，視聽物也，非禮之視聽，方謂之欲，毋視毋聽，正是克己無欲工夫，亦非並視聽為欲而欲格去之也。」以「無欲」為「格物」，不免有導致離卻「倫物感應」的可能。因此，針對王宗沐將「格物」解作「無欲」，龍溪格外強調了「格物」中「即物」的一面，所謂「無欲須於人倫事物上磨。……在人倫事物上磨，格其不正以歸於正，正是無欲工夫」。（同上）並明確指出：

> 天生蒸民，有物有則。良知是天然之則，物是倫物感應之實事。如有父子之物，斯有慈孝之則；有視聽之物，斯有聰明之則。倫物感應實事上循其天然之則，則物得其理矣。是之謂格物。（同上）

顯然，這裏龍溪對「格物」的界定，所謂「倫物感應實事上循其天

然之則」，與陽明晚年所謂「事事物物皆得其理者，格物也」的說法是一致的。

　　不過，無論在與聶雙江還是王宗沐的論辨中，龍溪在「格物」問題上對不離「倫物感應之實事」的強調，決不意味著龍溪回到了朱子學「格物窮理」的思想。龍溪的「格物」說無疑繼承了陽明有別於朱子學的基本取向，如他在〈與萬合溪〉中所謂：

> 意之所用爲物，是吃緊要語。物之善惡無定形，意善則物善，意惡則物惡。格者，正也。格其不正以歸於正，爲困勉立法。正與不正，皆從意根上用力。故曰格物者，格其意之物也。若在物上求正，即爲義襲之學，非大學本旨矣。敬所兄認物爲欲，似抑之太過；吾丈訓格物爲至善，似揚之太過，恐皆未得孔門立言之旨也。（《全集》卷十一）

不論萬合溪「訓格物為至善」的涵義究竟是什麼，龍溪這段話的主要意思顯然是反對朱子學的「格物」說。進一步說，龍溪認為格物工夫的著力點不應當落在外在的客觀事物上，而應當放在主體的意識活動中，否則道德實踐的自律性不免喪失。所謂「正與不正，皆從意根上用力。故曰格物者，格其意之物也。若在物上求正，即為義襲之學，非大學本旨矣。」當然，龍溪將「格物」工夫理解為主體的意識活動，並非意味著這種主體的意識活動僅限於單純自我意識的領域。對龍溪來說，作為主體意識活動的「格物」工夫始終必須關聯於自我之外的各種事物。正如前文所論，龍溪對聶雙江、王宗沐「格物」說的批評，強調的無非都是這一點。

　　我們在第三章討論龍溪的致良知工夫以及本章第二節「究竟工

夫」的部分時曾經指出，龍溪致良知工夫論的一個顯著特點便是將
陽明對朱子學外向工夫的內向扭轉繼續推進，貫徹到了最為根本的
良知心體這一向內追究的邏輯終點。但是，通過以上龍溪對聶雙
江、王宗沐「格物」說的批評，我們可以看到，龍溪的致良知工夫
論儘管立足於最內在的良知心體，卻又並非離卻倫物感應而退居於
單純自我意識的領域，而是必然要展開於由自我而家、國、天下的
整個社會關係網路之中，正所謂「非即其物而格之，則無以致其
知」，「致知在格物，謂不離倫物感應以致其知也」（《全集》卷六
〈格物問答原旨——答敬所王子〉），如此才能最終達到四無論所揭
示的萬物一體與天德流行的圓善之境。這一點，也可以對前面第三
章的內容略作補充。

　　如果說朱子學的「格物窮理」不免「忘內求外」的話，聶雙江
的「格物無工夫」和王宗沐的「無欲」說所代表的傾向則均不免「務
內遺外」。這兩種「格物」說的取向都不為龍溪所取，在龍溪看來，
「格物」工夫應當是一種「合內外之道」。在上引〈答聶雙江〉書中，
龍溪對「支離之學」「逐物」與「仙佛之學」「絕物」的兩方面批判，
便已經顯示了龍溪在「格物」觀念上的基本立場，而在萬曆三年乙
亥（1575）的新安鬥山書院之會中，七十八歲的龍溪對此更有明確的
表達：

> 或問格物之義：或以格物為至其理，或以格物訓作無欲，
> 其旨何如？先生（龍溪）曰：「天生蒸民，有物有則。良知
> 是天然之則，物是倫物所感之應迹。如有父子之物，斯有
> 慈孝之則；有視聽之物，斯有聰明之則。應感迹上，循其
> 天則之自然，而後物得其理，是之謂格物，非即以物為理

也。人生而靜，天之性也。物者因感而有，意之所用爲物。意到動處，便易流於欲，故須在應迹上用寡欲工夫。寡之又寡，以至於無，是之謂格物，非即以物爲欲也。夫身心意知物，只是一物；格致誠正修，只是一事。身之主宰爲心，心之發動爲意，意之明覺爲知，知之感應爲物。正者，正此也；誠者，誠此也；致者，致此也；格者，格此也。此虞廷精一之旨，合內外之道。物從意生，意正則物正，意邪則物邪。認物爲理，則爲太過；訓物爲欲，則爲不及，皆非格物之原旨也。」（《全集》卷七〈新安鬥山書院會語〉）

由此可見，在格物的問題上，龍溪採取的是雙譴兩邊之見的中道立場。既不將工夫的實踐對象繫於外在事物，又不取消外在事物的客觀實在性以至於將其化約爲純粹的自我意識。通過對「格物」觀念的闡發，龍溪使陽明學的工夫論在繼續針對朱子學「格物窮理」外向路線不免削弱道德主體性這一問題的同時，又力圖避免將致良知工夫化約爲單純自我道德意識的修養，以便與佛道的心性工夫劃清界限。後者從龍溪與聶雙江、王宗沐的格物之辨來看，在中晚明陽明學的展開過程中更具有理論的針對性和現實意義。

作爲陽明晚年成熟的「格物」說的進一步展開，龍溪這種將「格物」工夫作爲「合內外之道」而指向「我」與「物」之間感應關係的立場和取向，在中晚明的思想界也具有相當的代表性，反映了中晚明陽明學「格物」說發展的另一個基本方向。周海門後來便對王艮的淮南格物說提出批評，所謂：

> 心齋格物之說，自是歸根之旨，然亦不能捨卻家國天下心
> 意，另求一物。陽明子所謂致吾心之知在事事物物之間，
> 格其不正以歸於正。夫事物非迹，即是吾知；吾知非虛，
> 即是事物。工夫即格即致，本末難分。如此修證，於孔門
> 博約中和之訓，無不合轍。故區區謂惟當遵陽明子之說，
> 著實做去，不必別立新奇也。（《東越證學錄》卷十〈與趙學博懷
> 蓮〉）

這顯然是秉承龍溪「合內外之道」的格物宗旨，認為王艮之說不免
會限於自我意識。「捨卻家國天下心意」中的「心意」是虛說，「家
國天下」才是實指。海門是龍溪之後最能發揚龍溪思想的的弟子，
在格物工夫上與龍溪保持一致是很自然的。此外，我們可以歐陽南
野、王塘南對「格物」的看法為例加以說明。這兩個人物既分別屬
於陽明學的第一代和第二代傳人，又各自具有不同的思維方式，但
在「格物」的問題上均與龍溪持論相當，應當比較能夠說明問題。

對於聶雙江「格物無工夫」的說法，歐陽南野也曾經作出過回
應。南野在給聶雙江的書信中指出：

> 夫知以事為體，事以知為則。事不能皆循其知，則知不能
> 皆極其至。故致知在格物，格物以致知，然後為全功。後
> 世以格物為功者，既入於揣摩義襲，而不知有致知之物；
> 以致知為功者，又近於圓覺真空，而不知有格物之知，去
> 道愈遠矣。（《歐陽南野先生文集》卷四〈寄雙江〉第三書）

在南野看來，朱子學「以格物為功」，不免入於「揣摩義襲」，而
雙江主張「格物無工夫」，僅「以致知為功」，又不免淪於佛教的

沈空守寂之學，所謂「近於圓覺真空」。將南野此信與前引龍溪〈答
聶雙江〉相對照，我們立刻會發現，就對雙江的批評而言，無論在
基本立場還是論證方式上，南野與龍溪簡直可謂如出一轍。

　　我們前已指出，由於二元論的體用思維方式，王塘南在一些根
本問題上的所見並不同於龍溪、南野，並開啟了脫離陽明學典範的
契機。但是，在對「格物」的理解上，塘南卻又與龍溪、南野保持
了高度的一致。首先，在對「物」的理解上，塘南認同陽明「意之
所在為物」的說法：

> 陽明以意之所在為物，此義最精。蓋一念未萌，則萬境俱
> 寂，念之所涉，境則隨生。且如念不注於目前，則雖泰山
> 覿而不睹；念苟注於世外，則雖蓬壺遙閣而成象矣。故意
> 之所在為物，此物非內非外，是本心之影也。（《塘南王先生
> 友慶堂合稿》卷四〈語錄·三益軒會語〉）

在此基礎上，塘南也認為「致知」的工夫必須落實在「格物」上。
當有人提出「致知焉盡矣，何必格物」這一認同聶雙江「格物無工
夫」主張的問題時，塘南回答說：

> 知無體，不可執也。物者知之顯迹也。捨物則何以達此知
> 之用？如窒水之流，非所以盡水之性也，故致知必在格
> 物。（同上）

這種從「格物」與「致知」關係的角度對於前者的強調，也與龍溪、
南野相同。另外，塘南還曾說：

> 盈天地間皆物也，何以格之？惟以意之所在為物，則格物

之功，非逐物亦非離物也，至博而至約矣。（同上）

這種「非逐物亦非離物」的「格物」觀，與龍溪既反對「逐物」又反對「絕物」的立場也是完全一致的。

由以上的討論可見，中晚明陽明學「格物」觀念的發展雖然總體上有別於朱子學而具有主體主義的基本特徵，但在其內部仍然可以區分出兩種不同的取向。一種是將「格物」完全收縮到自我意識的領域，不免取消了「格物」這一經典用語本身所具有的面對客觀事物的致思方向。如聶雙江、王宗沐、王艮以及劉蕺山等人的「格物」說。另一種則是通過將「物」理解為意向性中的對象或者作為各種實際生活行為的「事」，使「格物」工夫不再是一種單純自我意識的孤立活動，而是展開於自我與外界事物的關係結構與互動過程。這是從陽明到龍溪等人的「格物」說所代表的方向。這一方向不再像前一種那樣構成朱子學「格物」說的簡單對立，而是在相當程度上吸取了朱子學重視探究外界客觀事物的精神。當然，這種對外界事物的重視如果在朱子學那裏更多地具有認知主義意味的話，在陽明、龍溪等人這裏，則完全服從於倫理中心的原則。

從陽明到龍溪，「格物」說不再僅僅作為朱子學「格物窮理」的對立面表現為單純自我意識的端正（正念頭），而是發展成為一種既不「逐物」又不「絕物」的「合內外」工夫，其實反映了陽明學在與朱子學互動過程中由反對到吸收的動向。事實上，陽明本人格物說之所以會有一個從「正念頭」到「事事物物皆得其理」的轉變，正是與湛若水、羅欽順和顧東橋等朱子學立場或傾向於朱子學立場的學者相互論辨的結果。此外，這種動向並非僅僅發生在陽明學之中，中晚明的朱子學者或傾向於朱子學的學者在「格物」的問題

上，也修正了朱子的看法而在實際上對陽明學主體主義進路的「格物」說不無所取。這一點，在羅欽順、顧憲成和高攀龍等幾位中晚明的主要人物那裏都有鮮明的反映。如羅欽順在與陽明辨「格物」時曾批評陽明將「格物」解釋為「格心」的說法不免「局於內而遺其外」，但羅欽順最終對「格物」的解釋也並非完全採取朱子學的立場。朱子學以「至」訓「格」，陽明正德年間以「正」訓「格」，而羅欽順則將「格」解為「通徹無間」。所謂「格物之格，正是通徹無間之意。蓋工夫至到則通徹無間，物即我，我即物，渾然一致，雖合字亦不用矣。」（《困知記》卷上）如果說陽明正德年間的「格物」說與朱子的「格物」說分別有內外之偏的話，羅欽順這種將「格物」工夫既不推向外物又不收回內心，而是強調心物交融、物我交融的「格物」觀，顯然是吸取了陽明「格物」說的結果。這種將「格物」理解為物我之間彼此相通的看法，在陽明學中甚至頗有同調，如晚於羅欽順的楊起元曾說：「格亦有通徹之義，通而謂之格，猶治而謂之亂也。格物者，己與物通一無二也。如此，則無物矣。有則滯，滯則不通；無則虛，虛則通。物本自無，人見其有。格物者，除其妄有，而歸其本無也。」（《太史楊復所先生證學編》）這也向我們透露了陽明學與朱子學在「格物」問題上漸趨融合的消息。東林的顧憲成與高攀龍雖然對「格物」的看法不盡相同並進行過討論，⓻似乎顧憲成強調格物要落實在性情上的看法受到陽明學的影響，而高攀龍則更接近朱子學的立場而肯定了格「一草一木之理」的意義，但是，由於根據自身的內在體驗而預設了心與理同一

---

⓻　參見高攀龍：《高子遺書》卷八〈答涇陽先生論格物〉。

的前提，❼ 高攀龍對格「一草一木之理」的肯定其實並不同於朱子，而是將「一草一木之理」納入到自我的心中，如此則「格物」工夫的基本取向仍在於反觀自得，所謂「才知反求諸身，是真能格物者也。」(《高子遺書》卷一〈語〉)也正是因此，黃宗羲認為高攀龍這種訴諸於主體的「格物」說「是與程、朱之旨異矣」(《明儒學案》卷五十八〈東林學案一〉)，反而與陽明並無本質的區別，所謂「先生之格物，本無可諍，特欲自別於陽明，反覺多所扞格耳。」(同上)如此看來，顧、高二人雖對陽明均有批評，但在「格物」的問題上，卻也都不免在實際上受到陽明學的影響而注意到了心與物之間的融通。此外，甚至連歸宗氣學的王廷相在解釋「格物」時也有可能受到陽明的影響，批評朱子學解「格」為「至」而認同陽明以「正」訓「格」。所謂：「格物之解，程朱皆訓『至』字。程子曰『格物而至於物』，此重疊不成文義，朱子則曰『窮至事物之理，是『至』字上又添出一『窮』字。聖人之言直截，決不如此，不如訓以『正』字』。」(《雅述》上篇)「格物者，正物也，物各得其當然之實則正矣。」(《慎言・潛心篇》)當然，不論是羅欽順、顧憲成、高攀龍還是王廷相，其「格物」說的具體內涵都值得深入探討，但由於我們研究的對象是中晚明陽明學的展開，因此，這裏只是指出他們的「格物」說都或多或少有取於陽明學這一一般特徵，以便與前面所論以龍溪等人為代表的陽明學在「格物」問題上吸收朱子學這

---

❼ 高攀龍曾經有過極其豐富的神秘體驗，可參考 Rodney L. Taylor, *The Cultivation of Sagehood as d Religious Goal in Neo-Confucianism: A study of Selected Writings of Kao P' an-lung (1562-1661)*. Missoula, Mont: Scholars Press/American Academy of Religion, 1978。

一發展方向相對照，使我們可以進一步窺見中晚明陽明學與朱子學互動交融下所產生的新的發展動向與特徵。

當然，正如陽明與湛若水、羅欽順以及龍溪與聶雙江、王宗沐的論辨所顯示的那樣，由於在「格物」的過程中是否能夠作到「及物」而不「絕物」在當時還是聖學工夫區別於佛老的一個標誌，因此，格物之辨還糾結著儒釋之辨的因素，而不是一個只限於儒學內部的問題。從我們前面的討論也可以看到，這一點還表現在無善無惡之辨等本體與工夫之辨的許多方面。事實上，除了朱子學之外，與佛老的互動交融，同樣是制約中晚明陽明學發展的一條重要線索。

# 第七章　中晚明的陽明學與三教融合

　　龍溪思想的豐富內涵，已經向我們提供了陽明學與佛道兩家互動交融的極佳個案。在中晚明陽明學的本體與工夫之辨中，也滲透糾結著佛道兩家的因素。顯然，中晚明陽明學的發展過程，絕非一個儒家思想不與其他思想系統發生關涉的自我展開。除了與朱子學的互動這一線索之外，中晚明陽明學的許多方面與特徵，是在當時三教融合的歷史與思想脈絡中生發出來的。換言之，儒學與佛道兩家的深度融合，塑造了中晚明陽明學發展過程中一些特有的問題意識。因此，除了圍繞本體與工夫這兩大基本問題所展開的一系列討論之外，我們還需要在三教融合尤其儒學與佛教思想互動交融這一線索與視域之下，考察中晚明陽明學在展開過程中那些特有的問題意識以及隨之而來的某些方面。只有較為深入地考察這些方面，對於中晚明陽明學展開過程中的基本問題，我們才能夠獲得較為全面的把握。由於龍溪是中晚明陽明學與佛道兩家交融互動的代表人物，我們這一章從儒學與佛道兩家互動融合的視角觀察中晚明陽明學的展開，就仍然以龍溪為中心或線索。而通過本章的討論，我們不僅可以對中晚明陽明學的展開這一「面」有更為完整的瞭解。對於龍溪思想這一「點」，也將會由於獲得了其存在的更為廣闊的脈絡而使我們的理解更為深入。

# 一、三教融合

「三教融合」可以指示一種社會歷史現象，我們這裏所論，是指一種會通儒釋道三家的思想主張。當然，這兩者是相輔相成的關係，前者的存在為後者培育了土壤，後者的發生發展又推動了前者的深入。三教融合的思想主張起源甚早，有明確文獻記載的可以追溯到東漢末年牟融的《理惑論》，其後歷代儒釋道三方幾乎都或多或少有提倡此說者。❶ 唐代官方舉辦的三教講論活動促進了三教的交融，於是宋、元時代出現了一批較有代表性的主張三教融合的著作，如契嵩（1007-1072）的《輔教編》、張商英（1043-1121）的《護法論》、夏元鼎（生卒不詳）的《三教歸一圖說》、李純甫的《鳴道集說》、陶宗儀（約 1320-1402）的《三教一源圖》以及劉謐（生卒不詳）的《三教平心論》等。而到了明代尤其是明中後期，無論是思想主張還是社會現實，三教融合都可以說達到了中國傳統社會的高峰。在此，我們無法對中晚明儒釋道三家的三教融合思想進行全面的檢討，而是要以陽明學有關三教融合的思想作為考察的對象。從總體來看，是否對佛道兩家持較為開放的態度並肯定三教融

---

❶ 有關中國歷史上三教關係與融合的歷史研究，參見常盤大定：《支那に於ける佛教と儒教道教》，東洋文庫，1930；久保田量遠：（一）、《支那儒釋道三教史論》，東方書院，1931；（二）、《支那儒道佛交涉史》，大東出版社，1943。迄今為止海內外學界專門研究三教關係史的專著大概仍只有此三書，但久保田量遠《支那儒道佛交涉史》一書於明代陽明學與佛道兩家關係全無涉及，常盤大定書分前後編，前編討論儒學與佛教的交涉，後編討論道教與佛教的交涉，前編「下」第二、三、四章討論明儒與佛教，但僅涉及胡居仁、王陽明與羅欽順三人，於陽明後學則全未提及。因此，對三教關係史的研究尚有待於進一步的開拓。

合的發展方向，在一定程度上可以說是中晚明區分陽明學與朱子學的一個指標。幾乎所有朱子學或傾向於朱子學的學者都反對三教融合的思想，在陳建（字廷肇，號清瀾，1497-1567）、唐伯元（字仁卿，號曙臺，1540-1598）、馮少墟、顧憲成、高攀龍等人對陽明學的批判中，一個重要的方面就是反對陽明學者的三教融合思想。因此，三教融合的思想的確構成中晚明陽明學的一個基本特徵，恰如四庫館臣所謂：「蓋心學盛行之時，無不講三教歸一者。」（《四庫全書總目提要》）不過，我們不打算對不同陽明學者有關三教融合的思想逐一加以檢討，而是要指出從陽明到龍溪以降中晚明陽明學三教融合論發展的一條重要線索。作為儒學與佛道兩家長期互動交融的必然結果，這一發展線索也是中晚明陽明學展開過程中的一個重要方面。

在明代陽明學以前的理學傳統中，幾乎每一位理學大師都與佛道兩家有著或多或少的交往，而這種交往本身便是三教互動的表現。正是以往理學與佛道不斷深入互動所形成的傳統以及明朝統治者保護、提倡佛道二教所營造的意識形態，為中晚明陽明學三教融合論的深入發展奠定了思想基礎並創造了社會條件。不過，雖然陽明學以前的儒者幾乎都有泛濫佛老多年的經歷，但對佛道兩家一般均視之為異端而採取排斥和批判的態度，鮮有明確提倡三教融合之說者。只有到了明代陽明學興起之後，隨著中晚明陽明學者對佛道二教的瞭解與吸收較之宋儒更為精微深入，理學傳統中三教融合的思想主張才逐漸得到發展。

陽明雖未明確提出三教融合的說法，但其思想中實際上已經包含了三教融合的主張。我們在第五章討論龍溪的三教觀之前，曾經

提到陽明有關三教問題的兩條材料，這裏需要再次引用，以便分析陽明三教融合思想的具體內涵。嘉靖二年癸未（1523）十一月，陽明渡錢塘至蕭山時，曾與張元沖討論過三教關係的問題：

> 張元沖在舟中問：「二氏與聖人之學所差毫釐，謂其皆有得於性命也。但二氏與性命中著些私利，便謬千里矣。今觀二氏作用，亦有功於吾身者，不知亦須兼取否？」先生（陽明）曰：「說兼取，便不是。聖人盡性至命，何物不備？何待兼取？二氏之用，皆我之用。即吾盡性至命中完養此身謂之仙；即吾盡性至命中不染世累謂之佛。但後世儒者不見聖學之全，故與二氏成二見耳。譬之廳堂三間共爲一廳，儒者不知皆吾所用，見佛氏，則割左邊一間與之；見老氏，則割右邊一間與之；而己則自處中間，皆舉一而廢百也。聖人與天地民物同體，儒、佛、老、莊皆吾之用，是之謂大道。二氏自私其身，是之謂小道。」（《年譜》「嘉靖二年十一月」條下）

張元沖「兼取二氏」的說法已經是三教融合的主張，但在陽明看來還不夠。或者說，張元沖三教融合的根本內涵與陽明是有差別的。因為張元沖的說法預設了儒釋道三教作為三種獨立思想系統的不同，而由陽明「說兼取，便不是」的態度及其三間屋舍的比喻來看，陽明其實認為佛道兩家的思想本來完全可以為儒學所容納，只是後來儒者畫地為牢，才將本來家當割捨與佛道兩家。因此，陽明的話中蘊涵著三教融合的思想，只是這種融合可以說是三教歸儒，因為在陽明看來，三教共同的源頭就是他所理解的儒家思想。陽明的這種思想，在其晚年又發生了微妙的變化。在朱得之所錄的《稽山承語》

中，陽明再次以三間屋舍的比喻闡發了他對於三教關係的理解：

> 或問：「三教同異。」師曰：「道大無外。若曰各道其道，是
> 小其道矣。心學純明之時，天下同風，各求自盡。就如此廳
> 事，元是統成一間。其後子孫分居，便有中有傍。又傳漸設
> 藩籬，猶能往來相助。再久來漸有相較相爭，甚而至於相
> 敵。其初只是一家，去其藩籬仍舊是一家。三教之分亦只似
> 此。」❷

初看起來，陽明這裏三間屋舍之喻與對張元沖所論並無不同，但仔
細觀察，如果說陽明在與張元沖之論中將三教的本源與全體歸為儒
家的話，由此處所謂「道大無外。若曰各道其道，是小其道矣」，以
及「其初只是一家，其去其藩籬仍舊是一家。三教之分亦只似此」的
話來看，儒家本位的色彩顯然大為淡化，儒釋道三教的本源與全體
似乎已不再是儒，而是宇宙間無外的大道。當然，陽明的意思尚不
甚顯豁，需要我們仔細地體會。然而，陽明思想的這種隱微變化，
事實上卻正指示了中晚明陽明學者三教融合論的一個主要發展方
向。這一方向，在龍溪處得到了明確的揭示。

　　我們在第五章考察過龍溪的三教觀，而龍溪儒家本位的三教一
源論，可以說是將陽明上述思想的進一步明確化。一方面，龍溪始
終沒有放棄儒家的自我認同，在三教融合的問題上顯示了儒家的本
位；另一方面，龍溪又表現出了超越儒釋道三家的傾向。所謂「人

---

❷　見（一）陳來等：〈關於《遺言錄》、《稽山承語》與王陽明語錄佚文〉，
　　《清華漢學研究》第一輯，頁189；（二）、《中國文哲通訊》第八卷第三
　　期，頁62。

受天地之中以生，均有恒性，初未嘗以某為儒、某為老、某為佛而分授也」（《全集》卷十七〈三教堂記〉），顯然認為人的「恒性」是儒釋道三教共同的基礎與根源，而儒釋道三教則可以說是這種「恒性」的表現。這兩個方面，構成龍溪三教融合思想的具體內容。由於我們在第五章對此已有較為詳細的說明，這裏就不再贅述了。而龍溪之後，晚明陽明學者在三教融合思想上的一個重要發展方向，則正是表現為進一步淡化並超越儒家的本位，將儒釋道三教平等地視為宇宙間一個更為根本的本源的不同表現。這一點，我們可以焦竑為列加以說明。

焦竑（字弱侯，號澹園，又號漪園，1541-1620）師從耿定向，並曾在南京親聆過龍溪、近溪的講席，在晚明不僅是一位陽明學的中堅，還是一位學識淵博的鴻儒，所謂「博極群書，自經史至稗官、雜說，無不淹貫。」（《明史》卷二八八）作為一位百科全書式的人物，在當時享有崇高的學術地位與社會聲望，被譽為「鉅儒宿學，北面人宗」。❸四方學者、士人無不以得見焦竑為榮，所謂「天下人無問識不識，被先生容接，如登龍門。而官留都者自六官以下，有大議大疑，無不俯躬而奉教焉。」❹並且，焦竑曾著《老子翼》、《莊子翼》、《楞嚴經精解評林》、《楞伽經精解評林》、《圓覺經精解評林》以及《法華經精解評林》等，更是當時會通三教的思想領袖。❺焦竑曾明確指出：

❸　徐光啓：〈尊師澹園焦先生續集序〉，見焦竑：《澹園集》附編二，頁1219。
❹　黃汝亨：〈祭焦弱侯先生文〉，見焦竑：《澹園集》附編三，頁1234。
❺　焦竑當時三教領袖的地位，甚至利瑪竇（Matteo Ricci，1552-1610）在其回憶錄中也曾提到。利氏這樣寫道：「當時，在南京城裏住著一位顯貴的公民，他原來得過學位中的最高級別(按：焦竑曾中狀元)，中國人認為這本

道一也，達者契之，眾人宗之。在中國曰孔、孟、老、莊，其至自西域者爲釋氏。由此推之，八荒之表，萬古之上，莫不有先達者爲師，非止此數人而已。昧者見迹而不見道，往往瓜分之，而又株守之。(《澹園集》卷十七〈贈吳禮部序〉)

對於這種三教同是一道之表現的觀點，焦竑還曾用「天無二月」的比喻來加以說明：

道是吾自有之物，只煩宣尼與瞿曇道破耳。非聖人一道、佛又一道也。大抵爲儒佛辨者，如童子與鄰人之子，各詫其家之月曰：「爾之月不如我之月也。」不知家有爾我，天無二月。(《澹園集》卷四十九〈明德堂答問〉)

由於這種將儒釋道三家平等地視爲「一道」的表現，焦竑甚至對「三教合一」的說法也表示反對：

三教鼎立，非聖人之意也。近日王純甫、穆伯潛、薛君采輩始明目張膽，欲合三教而一之，自以爲甚偉矣。不知道無三也，三之未嘗三。道無一也，一之未嘗一。如人以手分擘虛空，又有惡分擘之妄者，隨而以手一之，可不可也？夢中占夢，重重成妄。(《支談》上)

這裏焦竑提到三位主張三教合一的人物分別是王道(字純甫，號順

---

身就是很高的榮譽。後來，他被罷官免職，閒居在家，養尊處優，但人們還是非常尊敬他。這個人素有我們已經提到過的中國三教領袖的聲譽。他在教中威信很高。」參見利瑪竇、金尼閣：《利瑪竇中國箚記》，高澤譯，北京：中華書局，1983年版，頁358-359。

渠，1487-1547）、穆孔暉（字伯潛，號玄庵，1479-1539）和薛蕙（字君采，號西原，1489-1541），據黃宗羲之說，王道最初從學陽明，後「因眾說之淆亂，遂疑而不信」，又從學湛若水，但「其學亦非師門之旨」（《明儒學案》卷四十二〈甘泉學案二〉）。而穆孔輝則是陽明弟子，被列入北方王門。三教合一之說，可以構成三教融合論的一種具體主張。焦竑三教同出一道的看法，其實也未嘗不可以說甚至恰恰正是三教合一說的思想基礎。在道術已裂為儒釋道三家的情況下，正是由於三教原出一道，合一方有可能。而合一的目標，也是要彙歸於一道。但是，焦竑為了強調三教本來便是一道的表現，並不接受三教合一的說法。這裏的關鍵在於，在焦竑看來，這些三教合一的持論者們之所以主張三教合一，其背後的預設並非三教本於一道，而是將三教視為三種各自獨立的思想系統或者說三種各自不同的「道」。而對焦竑來說，既然「道」本來是一非三，也就無所謂合一。焦竑站在「道無三」的立場上不接受三教合一說，正如陽明不許張元沖的所謂「說兼取，便不是」。所不同者，對陽明來說，最後的道即是儒；對焦竑而言，最後的道則是超越於儒釋道之上的更為源初的東西。

　　錢新祖（Edward T. Ch'ien）曾經認為，焦竑的三教融合論與以往各種三教融合論存在著本質的區別。前者是非區隔化（noncompartmentalization)的立場，而以往各種三教融合說則都是區隔化（compartmentalization）的立場。換言之，焦竑三教融合思想的具體內容不預設三本質上有別且以某一家為本位，而以往各種三教融合說則不免首先預設了儒釋道三教作為三種「道」的區隔。❻誠如余英時先生所言，以非區隔化與區隔化在焦竑與以往的的三教融

合論之間作出截然的劃分，不免過於絕對而忽略了思想發展的連續性。❼ 事實上，正如我們已經指出的，龍溪雖並未放棄儒家的自我認同以及三教問題上的儒家本位，但龍溪的思想中也的確流露出超越三教區隔的傾向，這一傾向甚至在陽明處已經埋下了端倪。因此，從陽明到龍溪，或者至少說龍溪，已經為焦竑的思想開闢了道路。不過，以非區隔化來形容焦竑三教融合論的思想內涵，認為焦竑不預設儒釋道三教作為三種「道」的區隔，倒不失為正確的觀察。事實上，至少就中晚明陽明學三教融合思想的發展來看，從陽明到龍溪再到焦竑，也的確體現出一種由區隔化到非區隔化的變化過程。只是這一過程是逐漸發生的，我們很難從中截取一個環節而認為突變是從該環節開始的。就整個儒學思想史上的三教融合論而言，情況恐怕更是這樣。

　　另外，如果說焦竑的三教融合論採取的是這種非區隔化的立場，那麼，這種平等地將三教視為一道之表現的三教融合論，當時也並非僅僅是焦竑個人的主張。何繼高是山陰人，其生平不詳，但何繼高曾於萬曆二十六年戊戌（1598）刊刻過八卷本的《卓吾先生批評龍溪王先生語錄鈔》，當為龍溪後學而與焦竑屬同時代人。他在為鄧豁渠（名鶴，號太湖，約1498-1578）《南詢錄》所作的跋中說道：

　　無分中國外夷，同戴天，同履地，無分中國外夷之人。……

---

❻　參見Edward T. Ch'ien, *Chiao Hung and the Restructuring of Neo-Confucianism in the Late Ming.* New York: Columbia University Press, 1986.

❼　Ying-shih Yu, "The Intellectual Word of Chiao Hung Revisited: A Review article", *Ming Studies* 25 (1988), pp. 24-26。當然，余先生對錢新祖的批評尚不止這一點，而是從方法論到具體的文獻史料對錢書進行了全面的檢討。

> 同一血氣心知，同一性命，性命之外無道，豈於道而獨有二
> 乎？聖，此道也，人聖之；佛，此道也，人佛之；仙，此道
> 也，人仙之。聖人之所以聖，此性命也；佛之所以佛，此性
> 命也；仙之所以仙，此性命也。聖佛仙之名不同，聖佛仙之
> 道，未始不一也。世人目之曰三教，自其教而言，可曰三，
> 自其道而言，不可謂三也。❽

何繼高並非知名的陽明學者，但他在三教的問題上持論與焦竑相當
一致，這足以說明焦竑的三教融合說在當時具有相當的代表性。對
於龍溪之後陽明學者繼承由龍溪所開啟的三教融合論的這一發展方
向，我們之所以選擇焦竑為例來加以說明，原因也正在於此。當
然，三教融合的思想在中晚明是儒釋道三家共同的論調，並非陽明
學的獨唱。不過，就儒家傳統而言，明確肯定三教融合並表現出超
越三教的傾向，卻的確是中晚明陽明學發展所特有的產物。事實
上，林兆恩創立三一教，以「歸儒宗孔，教復以一」為宗旨，正是以
陽明學三教融合的思想為其主要的理論基礎。❾在這個意義上，我
們可以說林兆恩的三一教是陽明學三教融合思想影響下的具體實
踐。

由於陽明學三教融合的基本立場以及對佛道兩家的開放態度，
在晚明尤其隆慶、萬曆年間成為當時思想界最具影響力的思想潮流
的情況下，陽明學甚至成為刺激佛道兩家發展與復興的重要因素。

---

❽ 鄧豁渠：《南詢錄》（日本內閣文庫萬曆二十七年刊本）卷末。轉引自荒木
　見悟：〈鄧豁渠的出現及其背景〉，《中國哲學》第十九輯，頁19。
❾ 林國平：《林兆恩與三一教》第二章第一節（福州，福建人民出版社，
　1992），頁30-36。

我們在第五章考察龍溪與道教人物的交遊時曾經介紹過淨明道士胡清虛其人。胡清虛既是龍溪門人，又是近溪二子的老師，還精通佛典，是一位往來於三教之間的人物。而胡清虛奉了「將以廣教」的師命投身龍溪門下，至少是為了借助陽明學的聲勢。這既顯示了中晚明陽明學對道教的影響，也為中晚明儒釋道三教的水乳交融，提供了道教方面的見證。至於陽明學對晚明佛教復興運動的刺激與接引之功，則更是歷來有目共睹的一個重要歷史現象。根據釋聖嚴的統計，明末禪僧 117 人中有 72 人出生於江蘇、浙江、安徽、江西、福建以及兩湖這 7 個省，浙江一省即有 31 人。❿而浙江不僅是王陽明的故鄉，在晚明無疑更是陽明學的重鎮。江蘇、江西、安徽等東南一帶，也是陽明學傳播最盛的地區。即以晚明四大師而論，袾宏是浙江杭州人，真可是蘇州吳江人，德清是安徽全椒人，智旭是江蘇吳縣人。這恐怕並非偶然的巧合。事實上，對於陽明學之於晚明佛教的作用，當時儒釋兩家的一些重要人物都已經深有所感。如陶望齡曾說：「今之學佛者，皆因良知二字誘之也。」(《歇庵集》卷十六〈辛丑入都寄君奭弟書〉)劉宗周也說：「今之言佛者，大都盛言陽明子。止因良知之說與性覺較近，故不得不服膺其說，以廣其教門，而衲子之徒亦浸假而良知矣。」(《劉子全書》卷十九〈答胡嵩高朱綿之張奠夫諸生〉)藕益智旭也說：「陽明一人，直續孔顏心脈。佛門居士，唐梁肅、宋陳瓘、明袁宏道，蓋未可軒輊也。」(《靈峰宗論》卷六十四〈西方合論序〉)由此看來，陽明學不僅提出

---

❿　釋聖嚴：《明末中國佛教之研究》，關世謙譯(臺北：學生書局，1988)，頁 9-23。

並發展了三教融合的思想主張，並且推動強化了三教融合的社會現
實。

我們在討論龍溪的三教觀時還指出，在龍溪看來，空無虛寂的
心靈境界不是佛道兩家的專利，而是儒家思想的內在向度。這一
點，在中晚明的陽明學中也具有相當的代表性，可以說是中晚明陽
明學者提倡三教融合思想的一個重要表現和結果。如劉文敏曾說：

> 上天之載，以無聲無臭為至；君子之學，以不睹不聞為功。
> 知體常虛，則其真明常止，千念萬念，總是無念。生生化
> 化，自協天則，故先天而天弗違，後天而奉天時。（《明儒學
> 案》卷十九〈江右王門學案四〉）

羅念庵也曾說：

> 佛氏曰空，聖人不諱。空，鄙夫之問也；空空，顏氏之庶
> 也，屢空，第其言不數數也。老氏曰無，聖人不諱。無，言
> 上天則無聲無臭，言大易則無思無為，第於言不數數然也。
> 原憲之不得為仁也，為其不無；子貢之未達一貫也，為其不
> 空。然其與仁與一，亦不數數然也，何哉？夫焉有倚中庸
> 也？是故聖人謹庸德，雖下愚可易行也。故嘗言近而因材。
> 二氏窺真，原非上智不易語也，故嘗行獨而違也。（《石蓮洞
> 羅先生文集》卷十四〈雜著‧寱言〉）

薛侃更是明確指出：

> 後儒謂：「釋空老無，為異。」非也。二氏之蔽在遺倫，不在
> 虛無。著空淪無，二氏且以為非，以是罪之，故弗服也。聖

人亦曰虛明，曰以虛受人，亦曰無極，曰無聲無臭，雖至玄
妙，不外彝倫日用，即聖學也，安可以虛無二字歸之二氏？
以是歸之二氏，則必落形器、守方隅、泥文義，此聖學所以
不明也。（《研幾錄》）

甚至認為聖學不明恰恰是由於將虛無的精神境界歸於佛老的結果。
此外，正如我們在上一章討論無善無惡之辨時看到的，周海門繼承
陽明尤其是龍溪無善無惡的思想，著力闡揚良知心體「無」的境界
向度，其實也與海門對佛教尤其禪宗思想的吸收密切相關。以上所
舉這些陽明學者對待佛老的立場並不完全相同，並非都持開放與吸
收的態度，如劉文敏便認為「引佛老之言以證其說，借修煉之術以
秘其養，皆非卓然以聖為歸者也。」（《明儒學案》卷十九〈江右王
門學案四〉）但在不以空無虛寂的心靈境界為佛老的專利，而視之為
儒家傳統固有精神境界這一點上，卻又是彼此一致的。這正是與佛
道兩家交融互動的結果之一，像劉文敏那樣在態度上對佛老較為嚴
厲的陽明學者，其實也身在其中、概莫能外，只是未必有足夠的自
覺而已。

　　在提倡三教融合並對佛道兩家思想採取開放與吸收的情況下，
中晚明的許多陽明學者都不再諱言空無虛寂，而是力圖自覺地將以
往佛老所著力闡揚的空無虛寂的心靈境界與智慧進一步融攝到儒家
思想的內部。正是由於這一點，從陽明開始，中晚明陽明學發展的
一個重要方面，便表現為這樣一個如何立足於儒家「有」的基本立場
而充分吸納佛道兩家「無」的精神境界的過程。

# 二、有無之境

　　陳來先生曾以「有無之境」來概括王陽明哲學的精神，並認為對陽明來說，有無之境的具體內涵是站在儒家「有」的立場上充分吸收佛老尤其禪宗「無」的智慧而達到「有無合一」的境界。❶ 而我們在第四章則進一步指出，「有無合一」不僅僅可以作為陽明個人思想所追求的體系結構，還可以視為整個宋明理學發展所呈現的動態過程。在這一過程中，陽明個人的思想也只是其中的一個重要環節。事實上，從前面我們對龍溪思想的個案解析可見，從陽明到龍溪，正表現為以「有」合「無」這一過程的日趨完善。不過，龍溪在使這一發展方向得到明確揭示的同時，也並沒有終結這一過程，反而進一步推動了後來的發展，成為中晚明陽明學「有無之境」展開過程中承上啟下的人物。就儒學與佛道兩家的互動交融而言，中晚明陽明學發展的一個主要方向也恰恰體現為以「有」合「無」的不斷深入。

　　在第三章對龍溪思想的考察中，我們曾經對「有」和「無」分別在存有論和境界論意義上的不同涵義進行過分析。儘管境界論上的「有」不必只有缺乏超越性、有所執著的負面涵義，也有正面的意義，如儒家一貫的「擇善固執」精神。但是，從儒釋道互動融合的視角來看，陽明學對佛道兩家的融攝，基本上表現為一個站在儒家「有」的立場上吸收佛道兩家「無」的精神境界的過程。因此，從陽明到龍溪所追求的有無合一之境，確切而言主要是指存有論意義上的「有」與境界論意義上的「無」的結合。這種「有無之境」中的「無」只是一種境界論意義上的主體心境，即那種超越世俗，無執無

---

❶　陳來：《有無之境——王陽明哲學的精神》第八、九章，頁193-276。

著，自由自在的精神品格，而決不是等於佛教「緣起性空」意義上的「無」，後者在存有論的意義上根本否定道德本體與各種道德實踐行為的客觀實在性。這一點，在陽明的相關論說中已經有所流露，但還並不十分顯豁，需要經過我們的詮釋才能獲得較為清晰的顯示。而經過龍溪良知之「無」以及「無中生有」致良知工夫論的闡發，隨著中晚明陽明學的展開，有無之境的這種涵義與指向，在許多陽明學者那裏獲得了日益明確的自覺意識。

在前面對龍溪思想的專案考察中，我們已經可以看到龍溪屢屢言及這種「有無之境」。在此，我們不妨再引一段龍溪對「有無之境」較為系統的表述。龍溪在〈太極亭記〉中指出：

> 夫千古聖人之學，心學也。太極者，心之極也，有無相生，動靜相承。自無極而太極，而陰陽五行而萬物，自無而向於有，所謂順也。由萬物而陰陽五行，而太極而無極，自有而歸於無，所謂逆也。一順一逆，造化生成之機也。粵自聖學失傳，心極之義不明，漢儒之學，以有為宗，仁義、道德、禮樂、法度、典章，一切執為典要，有可循守。若以為太極矣，不知太極本無極，胡可以有言也？佛氏之學，以空為宗，仁義為幻，禮樂為贅，並其典章法度而棄之，一切歸於寂滅，無可致詰。若以為無極矣，不知無極而太極，胡可以無言也？一則泥於迹，知順而不知逆；一則淪於空，知逆而不知順。拘攣謬悠，未免墮於邊見，無以窺心極之全，學之蔽也久矣。濂溪生於千載之後，默契道原，洞見二者之蔽，建圖立說，揭無極太極之旨以救之，說者以為得千載不傳之秘，信不誣也。……周子數百年之後，陽明先師倡明良知之

> 教以覺天下，而心極之義復大明於世。寂然不動者，良知之
> 體，感而遂通者，良知之用。常寂常感，忘寂忘感，良知之
> 極則也。夫良知知是知非，而實無是無非。無中之有，有中
> 之無，大易之旨也。(《全集》卷十七)

這裏，龍溪借對濂溪「無極」和「太極」觀念的創造性詮釋，明確
揭示了良知心體「有無合一」的二重向度。在龍溪看來，漢儒「一切
執為典要」，「以有為宗」，「不知太極本無極」，是忽略了良知
心體的作用具有無執不滯的先驗品格，而佛教「一切歸於寂滅」，
「以空為宗」，則是從存有論上根本否定了良知心體的實在性。雙方
「一則泥於迹」，「一則淪於空」，均「未免墮於邊見」。良知心體
一方面「常寂常感」，一方面又「忘寂忘感」；一方面「知是知非」，
一方面又「無是無非」。「常寂常感」與「知是知非」是「有」，
「忘寂忘感」與「無是無非」是「無」，前者是在存有論的意義上肯
定良知心體的真實不虛，後者是在境界論的意義上指出良知心體的
無執不滯。前者是本質內容，後者是作用形式。只有把握到良知心
體的這二重向度，才能夠「窺心極之全」。良知心體既是這樣一種
「有無合一」的結構，根據良知心體而進行的道德實踐必然表現為
「無中之有，有中之無」的「有無之境」。

由於陽明哲學的精神的確蘊涵並指向這樣一種「有無之境」，除
龍溪之外，其他一些親炙陽明並真得陽明精神的弟子對此便也不無
相應的瞭解。譬如，歐陽南野就曾經同樣向友人解釋過良知心體的
這種「有無之境」。南野在〈答賀龍岡〉書中說：

> 凡事求討格子，固是捨本逐末。然心之良知，怵惕必於入

井，慚憤必於嘑蹴，恭敬必於賓祭，雖屢變而不亂，至於凡
事莫不皆然，謂之有格子可也。然變易無常，惻然而怵惕
矣，忽赧然而慚憤，又忽肅然而恭敬，雖不亂而屢變，至於
動靜有無，莫不皆然，謂之無格子可也。（《歐陽南野先生文集》
卷五）

南野的這段話前半部分是說良知心體的「有」，後半部分是說良知心
體的「無」。首先，良知心體雖然在道德行為的不同情況下會有不同
的表現形式，似乎沒有一定的法則可以依循，但「怵惕必於入井，
慚憤必於嘑蹴，恭敬必於賓祭」，卻「屢變而不亂」，這就說明良知
心體並非毫無內容。良知心體在不同的境況下始終能夠決定人們採
取適當的道德行為表達，這本身足以說明自己是真實不虛的終極實
在。在這個意義上說「謂之有格子可也」，便是在存有論的意義上肯
定良知心體的這種「有」的本質內容。同時，良知心體雖然一定要發
用流行、表現為各種具體的道德行為，似乎有種種規矩法則需要遵
守，但「惻然而怵惕矣，忽赧然而慚憤，又忽肅然而恭敬」，卻又
「變易無常」，「雖不亂而屢變」，這又說明良知心體在作用時並不
會拘泥、膠著於各種僵化的格套和教條，而總是會根據不同境遇的
具體要求選擇道德行為的相應表達方式。在這個意義上說「謂之無
格子可也」，則是在境界論的意義上指出良知心體這種「無」的作用
形式。

　　當然，在陽明門下，還是龍溪對此「有無之境」最能有得於心，
也是龍溪於此發揮最詳，這是在我們前面對龍溪思想的專門研究中
已經可以看到的。因此，在晚明陽明學的發展中，陽明學所指向的
這種「有無之境」，也在龍溪這一脈的傳承中得到了尤為明確的表

達。龍溪弟子查鐸曾說：

> 蓋天地原有變者，有不變者。剛柔所以立本，變通所以趨
> 時，道之全者如此也。彼昧於立本者，既流蕩情識，出入內
> 外，罔知所止，昧於趨時者，又拘執典要，通志成務，難於
> 成能。其於易道者，胥失之矣。此聖人所以不得不反復開示
> 也。知其不可為典要，則天地萬物莫非變遷之迹也，安所執
> 之以為常？知其有典要，則食息語默莫非天則之存也，安可
> 忽之而不慎？故君子身在天地萬物之中，心超於天地萬物之
> 外。（《毅齋查先生闡道集》卷五〈典要〉）

查鐸此處所論，與前引歐陽南野的那段話不僅涵義相同，在表達方
式上也非常接近。查鐸首先批評了兩種人及其行為取向，一是「昧
於立本者」，這種人「流蕩情識，出入內外，罔知所止」，是流於
「無」而不知「有」（存有論意義上）。一是「昧於趨時者」，這種
人「拘執典要，通志成務，難於成能」，是執著於「有」而不知「無」
（境界論意義上）。二者都如龍溪所謂「未免墮於邊見」。在此基礎
上，查鐸提出了自己的看法，這種看法則同樣顯示了「有無之境」的
追求。所謂「知其不可為典要，則天地萬物莫非變遷之迹也，安所
執之以為常？」，是從「無」的角度立言；所謂「知其有典要，則
食息語默莫非天則之存也，安可忽之而不慎？」，是強調「有」的一
面。而「君子身在天地萬物之中，心超於天地萬物之外」，則為畫龍
點睛之語，前一句說的是「有」，後一句講得是「無」，形象而貼
切地揭示了「君子」所達到的那種「有無合一」的精神境界。

　　查鐸的這段話中並沒有直接使用「有」、「無」字眼，周海門

則直接以「有」、「無」為概念而發揮了「有無之境」的思想。

> 問：「老子云『有之以爲利，無之以爲用』，如何？」

> 先生（海門）曰：「即是此屋，居住全是空處，明取牖，由取足，是空如此。桌上面鋪設是空，此椅坐處亦是空。至如人身，目竅空，故能視；耳竅空，故能聽；鼻竅空，故能嗅，口竅空，故能食。總之只是受用得個空。然空亦離不得有，非有空亦無。世有一種著空的，又要並去其有，譬如因住處是空，連屋也不用，如何使得？可見有以成無，無以成有。實處是空，空處是實。有無空實，分不得，取捨不得，於此圓融，方稱妙悟。」（《東越證學錄》卷五〈剡中會語〉）

這裏，問者是就老子的思想向海門提問，而海門運用比喻的方法對「有」「無」關係的闡釋，實際上卻是對陽明、龍溪以來陽明學者所追求的「有無之境」的極佳說明。即以屋子為例，屋子之所以能居住，是因為屋子的空間，而不是屋子的構成實體如磚瓦木石本身，所謂「只是受用得個空」。而屋子之所以為屋子，人們往往又總是從它所提供空間的居住功能這一角度去理解和界定。但是，屋子之所以能夠提供空間，從而被人們認為它是一所屋子，卻在於構成屋子實體本身的磚瓦木石，所謂「空亦離不得有，非有空亦無」。屋子所形成的居住空間是「無」，構成屋子實體本身的磚瓦木石是「有」。前者是「用」，後者是「體」。離開了前者，後者本身固然失去了屋子的意義，只是一堆磚瓦木石；而否定後者，作為居住空間的屋子更將會蕩然無存，所謂「因住處是空，連屋也不用，如何使得？」海

門的這一比喻，正可以表示道德活動中良知本體的存在本身及其作用。良知心體的作用固然隨不同的境遇而變化無端，似乎無一定的程式可以執守，但良知心體作為至善的道德實在本身，卻又始終給人們提示著一個「應當」，只有在這個「應當」的要求之下，人們才會進一步根據不同的境況來選擇表達這種「應當」的恰當、具體的行為。如歐陽南野和查鐸所論，前者可以說是「無格子」、「不可為典要」，後者可以說是「有格子」、「有典要」。而二者則又密不可分，所謂「有以成無，無以成有」，「分不得，取捨不得」，如此才能達到「圓融」與「妙悟」的「有無之境」。

　　存有論意義上的「有」，是儒家傳統一直較為強調和突出的方面，因此，陽明思想的「有無之境」，重點在於彰顯境界論意義上「無」的一面，這在陽明晚年的思想中尤其得到了流露，更在龍溪的思想中得到了充分的發揮。不過，隨著陽明學對「無」的強調和突顯，如果一往不返，執「無」而遺「有」，如海門所謂「因住處是空，連屋也不用」，便又會從根本上喪失了儒家的基本立場。海門曾指出：

> 陽明子曰：「目無體，以萬物之色為體；耳無體，以萬物之聲為體；鼻無體，以萬物之臭為體；口無體，以萬物之味為體；心無體，以天地萬物感應之是非為體。」予更為一轉語以足之：色無體，以吾之目為體；聲無體，以吾之耳為體；臭無體，以吾之鼻為體；味無體，以吾之口為體；天地萬物無體，以吾之心為體。（同上）

表面上看，海門之論與陽明正相對反，但實際上二者卻又相輔相

成。在陽明的話中，強調的重點是「無」，「耳無體」、「目無體」、「鼻無體」以及「口無體」的比喻，最後都落實到「心無體」上，而「心無體，以天地萬物感應之是非為體」，就是說心體在流行發用時並不拘泥於某些固定的格套，而是要根據天地萬物在具體情況下的感應來是是非非。「心無體」中的「體」字，並不是存有論意義上的本體之義。但是，心體的流行發用根據天地萬物在具體情況下的感應來是是非非之所以可能，又因為心體就是至善的道德本體，本身足以決定和發動道德實踐。因此，如果說在陽明的時代為了回應異化了的朱子學給儒家知識份子帶來的心靈僵化，而有必要在吸收佛道兩家思想的基礎上彰顯「無」這一面的話，在海門的時代，由於陽明學派的成功建構，陽明學的廣為流傳，學者對陽明、龍溪所談之「無」已至少是耳熟能詳，此時面臨的問題相對而言便不再是「無」強調得不夠，而很有可能是執「無」而忘「有」，於是海門認為需要對陽明的話「更為一轉語以足之」，重新強調儒家「有」的一貫立場。所謂「天地萬物無體，以吾之心為體」，便是指出道德實踐的動源與準則並不在於外在的事事物物，而在於內在的心體。在存有論的意義上，心體具有真實不虛的實在性。陽明的話與海門的這一「轉語」相合，正是對「有無之境」的形象說明。此外，正如我們在上一章無善無惡之辨的部分所見，海門也的確是秉承了由陽明而龍溪這一以「有」合「無」的發展線索，使陽明學的「有無之境」這一基本結構與精神方向得到了進一步的開展。

　　當然，這一「有無之境」的自覺意識並不僅僅限於龍溪的門人與後學，晚明的許多陽明學者對此都有著相當的自覺。如焦竑在比較孔孟與老莊所各自代表的儒學與道家思想時，就曾明確指出：

> 夫老之有莊，猶孔之有孟也。老子與孔子同時，莊子又與孟
> 子同時。孔子未嘗攻老莊也。後之學者顧譆譆然，沸不少
> 置，豈以孔孟之言詳於「有」而老莊詳於「無」，疑其有不同
> 者歟？嗟乎！孔孟非不言「無」也，「無」即寓於「有」。
> 而孔孟也者，故因後之所明者引之，所謂下學而上達者也。
> 彼老莊生其時，見夫爲孔孟之學者，局於「有」而達焉者寡
> 也，以爲必通乎「無」而後可以用於「有」焉，取其所略者而
> 詳之，以庶幾乎助孔孟之所不及。（《莊子翼》卷首）

在焦竑看來，「無」並非道家的專利，而是儒家思想固有的東西，所謂「孔孟非不言『無』也，『無』即寓於『有』」，只不過與道家相比未詳言而已。由此來看，儒家思想的基本結構理當是「有無合一」的「有無之境」。不過，通過前面的考察，我們還是應當並且可以看到，的確是通過龍溪的著力發揮，作爲陽明學的一個基本結構和精神方向，「有無之境」才得以成爲晚明陽明學者心目中日益明確的自覺意識並獲得了長足的發展。陽明之後，從龍溪到海門等人，使站在儒家「有」的基本立場上充分吸收佛道兩家「無」在心靈境界意義上的智慧，在中晚明陽明學的發展中形成了一條鮮明的發展脈絡。這一方向和發展的脈絡，應當說最能代表和體現陽明的思想基調。

我們前面曾不止一處指出，儒釋之辨的最終分際在於雙方存有論上「有」與「無」的不同立場，因此，中晚明陽明學無論怎樣充分吸納佛道兩家的智慧，其發展過程中所展示的「有無之境」中的「無」，只能是境界論而非存有論意義上的。這一點，至少在陽明、

龍溪和海門等人那裏是有著自覺意識的。而隨著中晚明陽明學的展開，陽明學者已經越來越清楚地意識到了這兩種「無」的不同。

鄒東廓之孫鄒德涵（字汝海，號聚所，1526-1581）就曾經明確指出：

> 空亦不同。有一等閒人的空，他這空，是昏昏懵懵，胸中全沒主宰，才遇事來，便被推倒，如醉如夢，虛度一生。有異教家的空，是有心去做空，事物之來，都是礙他空的，一切置此心於空虛無用之地。有吾儒之空，如太虛一般，日月、風雷、山川、民物，凡有形象色貌，俱在太虛中發用流行，千變萬化，主宰常定，都是礙他不得的，即無即有，即虛即實，不與二者相似。（《鄒聚所先生語錄》）

「空」和「無」是一對可以互換的概念，鄒德涵這裏論「空」，也就是說「無」。這段話前面都是說「空」，而最後卻說「即無即有」，也可以說明「空」與「無」至少在聚所的這段話中是相同的概念。聚所這裏雖然提出了三種「空」，其實關鍵是後兩種「空」的比較。第一種「空」說的只是世俗之人的一般生活態度，第二種與第三種「空」，才具有理論上的意義。所謂「異教家的空」，是指佛老兩家尤其是佛教的「無」，聚所認為這種「空」是「有心去做空」，就如同陽明所謂「佛氏不著相，其實著了相；吾儒著相，其實不著相」（《傳習錄下》），是批評佛教執著於「空」，反倒不能真「空」。而所謂「事事物物之來，都是礙他空的，一切置此心於空虛無用之地」，則是指出佛教的「空」是「緣起性空」之「空」，是否定事物自身實在性的存有論之「空」。與此相較，儒家的「空」既然「如

太虛一般」，將「日月、風雷、山川、民物」等「凡有形象色貌」的
事物都容納於其中而不否定所有這些事物的實在性，那麼，這種
「空」便不是存有論意義上的「空」，只能是境界論意義上的「空」。
而「太虛」雖然容納了萬事萬物的「發用流行」與「千變萬化」，
其中卻有著「常定」的「主宰」，是那些「發用流行」與「千變萬
化」都「礙他不得的」。這「常定」的「主宰」，則是存有論意義
上的「有」，在陽明學的話語中確切而言，便是良知心體。至於「即
無即有，即虛即實」的話，也正反映出聚所對陽明學「有無之境」的
高度自覺。

　　此外，師事耿定向的江右陽明學者劉元卿（字調父，號瀘瀟，
1544-1621），在其論學語中曾經提到過有關羅近溪的一則故事，並
加以評論。從中，我們也可以看到調父頗能自覺意識到對儒家與佛
教言「無」的不同以及儒家以「有」合「無」的「有無之境」。

> 近溪羅先生會講，有僧在座。近溪問之曰：「儒者言心、言
> 性、言念、言意、言慮、言才，紛若繭絲，諸微細惑，試一
> 一為我破。」僧久之謂近溪曰：「我今見近溪，喚作近溪矣，
> 不知夫人作何稱謂？」曰：「稱相公。」曰：「父母云何？」
> 曰：「稱行。」曰：「為諸生時廣文云何？」曰：「稱字。」
> 僧大聲向近溪云：「汝乃有許多名色！」近溪恍然下拜。丘汝
> 止述之。調父曰：「夫紛紛名號，由人所稱，信矣。然令夫
> 人喚先生名，家公稱先生號，先生能安之耶？以斯知三千三
> 百，探之則漠然而無，達之則森然而有。強有其所無，命之
> 曰鑿，強無其所有，命之曰滅。鑿與滅，皆不可以為道。」

（《明儒學案》卷二十一〈江右王門學案六〉）

這裏僧人對近溪所說的話，意在指出世間種種名色的非實在性。僧人的「禪機」其實並不難理解，在僧人看來，近溪各種不同稱呼的獲得，所謂「許多名色」，只是不同條件下的產物，本身並無客觀實在性。這無疑顯示出佛教「緣起性空」這一基本立場下對「無」的理解。而僧人向近溪的大聲喝問，也無非是以禪宗慣用的方式希望近溪能頓悟到這一點。對於僧人話中的涵義與用意，調父顯然很清楚，所以他首先說「夫紛紛名號，由人所稱，信矣」，肯定了非實在性的「無」的意義。但是，調父接著所作的反問，則立刻表明他所能接受的只是境界論意義上的「無」。所謂「然令夫人喚先生名，家公稱先生號，先生能安之耶？」其實是要指出名號固然「由人所稱」，似乎並無自性，可是名號在不同社會關係脈絡中的使用不能錯亂，卻又說明決定這些名號不同使用的種種社會關係有其實在性。肯定這些名號背後種種社會關係的實在性，便反映了存有論意義上「有」的立場。而最後調父所謂「以斯知三千三百，探之則漠然而無，達之則森然而有」，既反對「強有其所無」的「鑿」，又反對「強無其所有」的「滅」，也同樣說明了他對以儒家之「有」合佛老之「無」這種「有無之境」的自覺與認同。

　　鄒德涵與劉元卿在陽明後學中都並非聲名顯赫的人物，在以往的研究中也很少受到注意，但前者對不同「空」的區分以及後者對「有」的堅守，顯然與陽明、龍溪、周海門、查鐸和焦竑等人對「有無之境」的理解相一致，這足以說明中晚明陽明學的主流或者說一個主要的方向的確是在不喪失儒家根本立場的前提下將佛道兩家「無」的精神境界融攝到儒學傳統內部中來。然而，也有一些陽明學者未能夠站穩腳跟，把握住「有」與「無」在不同意義上的分際。

如李贄和鄧豁渠便是這樣兩位始於陽明學而終至失去儒家矩矱的人物。也許正因為二人明顯有失儒家的基本立場而倒向佛教,黃宗羲才未將二人列入《明儒學案》。

李贄曾說:「學者只宜於倫物上識真空,不當於倫物上辨倫物。」(《焚書》卷一〈答鄧石陽〉)而這種「真空」在李贄處具有本體的地位,並非後天獲得之物,也並不僅具有境界的意義。所謂:

> 世間有一種不明自己心地者,以爲吾之眞心如太虛空,無相可得,祇緣色想交雜,昏擾不寧,是以不空耳。必盡空諸所有,然後完吾無相之初,是爲空也。夫使空可爲,又安得謂之眞空哉!縱然爲得空來,亦即是掘地出土之空,如今之所共見太虛空耳,與眞空總無交涉也。(《焚書》卷四〈解經文〉)

李贄的思想歷來被認為是於龍溪處多有所取,他也確實對龍溪表示了最高的景仰。**⑫**但李贄所謂的「童心」,卻與龍溪的良知心體有著重要的差別。我們在第二章已經指出,龍溪的良知心體是「有無合一」的結構,而李贄的的「童心」則未免抽空了「有」的本質內容,成為只能「無是無非」而不能「知是知非」的光板鏡照之心。僧人無念深有數十年曆參當時的許多名僧而未有所得,卻在李贄處找到

---

⑫ 李贄對龍溪的稱讚在其言論中隨處可見,如稱龍溪爲「聖代儒宗,人天法眼;白玉無暇,黃金百煉。」(《焚書》卷三〈王龍溪先生告文〉)。稱讚龍溪的學問著述無人能及,所謂「蓋先生學問融貫,溫故知新,若滄州瀛海,根於心,發於言,自時出而不可窮,自然不厭而文且理也。而其誰能贊之歟!故余謂先生此書(按:指二十卷本《全集》),前無往古,今無將來,後有學者可以無復著書矣,蓋逆料其決不能條達明顯一過於斯也。」(《焚書》卷三〈龍溪先生文錄抄序〉)

自己思想上的歸宿並常年追隨李贄左右，這恐怕不是偶然的。❸

　　鄧豁渠初從趙貞吉（字孟靜，號大洲，1508-1576）入道向學，亦屬於陽明學者的範圍，但他二十多年遍訪高人求道的結果，卻最終超出了陽明學的範圍。❹ 甚至連對禪宗多有肯定並被其他一些儒者目為「近禪」的趙大洲最後也對鄧豁渠表示難以容忍，所謂「自負張皇之甚，輕侮前訓，以表己能，墮於罪業而不自覺。」在鄧豁渠看來，陽明的良知教「了不得生死」（《南詢錄》第三條），「有生滅，縱能透徹，只與造化同運並行，不能出造化之外。」（《南詢錄》第四條）而他認為：

> 眞精妙明，本覺圓淨，非留生死，及諸塵垢，乃至虛空，皆因妄想之所生起，此言性命眞竅，原是無一物的。今欲透上去，必須空其所有，乾乾淨淨，無纖毫沾帶，故曰心空及第歸。（《南詢錄》第七十九條）

並且，鄧豁渠根本否定現實世界的價值與意義，這由以下的一段問答可見：

---

❸　有關無念深有的傳記資料參見《續燈存稿》卷十二、《五燈嚴統》卷十六、《高僧摘要》卷二等佛教史著作。另鄒元標在其《太平山房外集》中亦有〈無念禪師小傳〉。

❹　有關鄧豁渠的生平，參見（一）、耿定向：《耿天臺文集》卷十六〈里中三異傳〉中的〈鄧豁渠傳〉；（二）、島田虔次：〈異人鄧豁渠傳〉，收入《吉川博士退休紀念論文集》。有關鄧豁渠思想的研究，參見荒木見悟：〈鄧豁渠的出現及其背景〉，《中國哲學》第十九輯，頁1-21。該文爲荒木先生《中國心學の鼓動と佛教》（福岡：中國書店，1995年9月版）一書的第六章。

> 或曰：「以堅（按：疑當爲「見」）性爲宗。有此宗旨而已，
> 情欲宛然如雲中日、波中水，本色不得呈露，如何得以見
> 性？」渠曰：「性宗之學，如彼岸有殿閣，八寶玲瓏，迥出尋
> 常。我原是那裏頭人，不知何時誤到此岸來了。投宿人家臭
> 穢不堪。忽有長者，指我彼岸。八寶莊嚴處，是我家當。我
> 未曾見，今得見之，一心只要往那裏去。此岸臭穢，安能羈
> 絆哉？（《南詢錄》第三十六條）

顯然，李贄與鄧豁渠這樣的人物，也是晚明陽明學與佛教深入
交融的產物。但是，他們在陽明學以「有」合「無」這一發展過程
中自覺不自覺地接受了存有論意義上的「無」，從而使陽明學「有無
之境」的應有涵義發生了變異，最終也不免失去了儒家的身份認
同。因此，像那些雖深入佛教卻能夠從根本上把握住儒學與佛教最
終分際的陽明學者，便自然對此不以爲然。如周海門就曾批評鄧豁
渠喪失了儒家的基本立場，於儒佛之間的毫釐之辨不免有失，所
謂：

> 嘗觀鄧子《南詢錄》，亦以爲良知不足了生死，惟人睡著不做
> 夢時，方是妙心眞脈。是此非彼，邊見爲祟，卒至枯槁淪陷
> 而無歸。學術之謬，只在毫釐。弁可不蚤乎哉！（《東越證學
> 錄》卷六〈寄李槲山序〉）

袁宏道嚴格而論或非陽明學者，但他也曾看出鄧豁渠與陽明在有關
佛教問題上的立場截然異趣，陽明是「以儒而濫禪」，鄧豁渠卻是
「以禪而濫儒」（《袁宏道集》卷二十二〈答陶石簣〉）。不過，陽明
學者在「有無之境」的問題上，像李贄和鄧豁渠這樣偏離了陽明學

基本精神方向的人物畢竟是少數。從陽明到龍溪再到海門等人，才
體現出中晚明陽明學發展的主流。或者說，由龍溪到海門這一發展
方向，才最能夠繼承和發揚陽明以「有」合「無」的價值取向。

　　在以往的一些研究中，常常不加分別地將中晚明許多提倡三教
融合的陽明學者一概斥為喪失了儒家的立場而流入佛教尤其禪宗。
這其實大多是沿襲了明清以降學術史的一般講法，對儒釋之辨的根
本分際並無深入的瞭解和明確的自覺。但是，提倡三教融合並對佛
道兩家採取開放與吸納的態度是一回事，在根本的哲學立場與宗旨
上認同佛道兩家又是一回事。因此，究竟哪些學者像李贄與鄧豁渠
那樣在存有論上自覺不自覺地接受了佛教「無」的立場從而真正喪失
了儒者的身份認同，還需要我們在對相關學者加以專門研究的基礎
上才可以作出判斷，並不能簡單地認為那些對佛道兩家採取開放甚
至肯定的態度以及提倡三教融合者便都喪失了儒者的身份。對此，
龍溪便是一個最有代表性的例證。以前通常的研究大都順著黃宗羲
《明儒學案》的說法而認為龍溪流入於禪。而我們第五章的考察已經
足以說明，以往在這個問題上對龍溪的判斷不免因佛老的忌諱而失
之簡單與偏頗。同樣，中晚明其他一些因提倡三教融合而在以往的
學術、思想史中被認為有失儒者矩矱的人物，也需要在全面與深入
研究的基礎上才能予以較為恰當的定位。

# 三、生死關切

　　以往對儒學的瞭解常常認為，儒家重視生命存在的價值和意
義，對死亡的問題並沒有過多的措意。尤其沒有像西方哲學那樣，

將死亡作為一個重要的人生課題來加以思考。在面對死亡這一生命現象時，古代儒家也採取一種「以生制死」的態度，以禮儀的方式來安頓生者對死者的哀悼之情，以「立德」、「立功」、「立言」來實現精神生命的不朽。❶孔子所謂「未能事人，焉能事鬼」、「未知生，焉知死」(《論語·先進》)，也幾乎被屢屢引用來作為這種看法的根據。因此，如果說所謂生死關切主要是針對死亡問題的話，則儒家似乎更多地對此保持緘默。如果僅僅就中晚明之前的儒學籠統而言，這一判斷並非無據。至少在儒家的文獻記載中，死亡問題的確並非話語的關注所在。正如朱子所說：「六經記載聖賢之行事備矣，而於死生之際無述焉，蓋以為是常事也。」(《朱文公文集》卷八十〈跋鄭景元簡〉)但是，我們是否能夠斷言整個儒家傳統中缺乏對死亡問題的深度探索呢？杜維明先生曾經對《中庸》的宗教性意涵進行了深入的發掘，他說：「固然，未能事人，必不能事鬼；未知生，必不能知死。但既然能事人、知生，則應進一步學習事鬼、知死。不僅如此，事人的起點雖不必涉及事鬼，事人的極致則不得不包括事鬼。同理，知生的起點雖不必涉及知死，知人的極致則不得不包括知死。我因為選擇了這樣一條詮釋的策略，才不得不強調儒家的宗教性。」❶儒家宗教性的問題，我們後面再作討論。需要指出的是，探討儒家傳統中生死關切的問題，並不只是一種詮釋的策略。事實上，生死關切已經成為中晚明陽明學者普遍的焦點

---

❶ 參見康韻梅：《中國古代死亡觀之探究》(臺灣大學文史叢刊，1994)，頁198-236。當然，該書並未將中晚明的儒家包括在內。

❶ 杜維明：〈儒家人文精神的宗教涵義──《論儒學的宗教性》中文版代序〉，《鵝湖》，1999年第10期，頁28。

意識之一。如果將這一重要的儒家歷史階段考慮在內，便勢必會對那種認為儒家傳統忽略死亡問題的通常判斷作出重大修正。

　　直至宋代理學，儒家學者對生死問題基本上仍秉承孔子以降不願多言的態度，將死亡視為一種不可逃避亦無需逃避的自然現象而坦然面對。橫渠所謂「存，吾順事；沒，吾寧也。」（《正蒙・乾稱篇》）正是這一基本態度的最佳概括。因此，生死關切成為中晚明陽明學焦點意識的表現，首先便是許多陽明學者不再將生死視為佛老兩家專屬的問題意識，而是儒家終極關懷的內在向度。在這方面，龍溪仍然具有相當的代表性。我們在第五章曾經指出，龍溪對佛教生死輪迴的觀念有所融攝。事實上，龍溪並不僅僅在關聯於佛教時才談論生死問題。在龍溪看來，了究生死已經成為儒家聖人之學的根本方面。所謂「若非究明生死來去根因，縱使文章蓋世，才望超群，勳業格天，緣數到來，轉眼便成空華，身心性命了無干涉，亦何益也？」（《全集》卷十五〈自訟問答〉）深得龍溪精神的周海門更是認為究明生死是最為根本的問題，應當進入自覺反省的意識層面，而不應當加以諱言。所謂「生死不明，而謂能通眼前耳目見聞之事者，無有是理；生死不了，而謂能忘眼前利害得失之動者，亦無有是理。故於死生之說而諱言之者，其亦不思而已矣。」（《東越證學錄》卷三〈武林會語〉）徐用檢（字克賢，號魯源，1528-1611）也說：「如執定不信生死，然則《中庸》可以言至誠無息？將此理生人未有、未生既化之後俱息耶？抑高明博厚悠久無疆之理，異於天地耶？」（《蘭遊錄語》）正是在這個意義上，管志道批評宋儒沒有關注生死問題，是未能深究儒家的題中應有之義，所謂「有宋大儒，扶綱常而尊聖道，厥功不細，而未嘗深究吾夫子幽明死生遊魂

為變之說,是以失之。」(《憲章餘集》卷下〈注觀自在菩薩冥示末
法中比丘毀滅正法一十五事法語引〉)「其蔽在不能原始反終而知死
生之說,遂並二家出世之宗而遏之,則行門何所歸宿?孔子所謂知
至知終之學豈其如是?」(《續問辨牘》卷二〈答趙太常石梁丈書〉)
至於論證的方式,則都是訴諸儒家經典,尋求話語的根據。《論語》
和《易傳》中分別有「未知生,焉知死」、「朝聞道,夕死可矣」以
及「原始反終,故知死生之說」的話。因此,這兩句話便經常被陽
明學者在討論生死問題時所引用。如楊起元說:「佛學有脫離生死
之說,即孔子『朝聞道,夕死可矣』之說。」(《太史楊復所先生證
學編》)鄒元標說:「此路(了究生死)一提,不知事者硬以為佛氏
之學,不知《易》曰:『原始反終,故知死生之說』,吾夫子先道
之矣。」(《願學集》卷二〈答馮少墟侍御〉)焦竑也說:「世以出離
生死之說,創於西極之化人,而實非也。孔子不云乎?曰『朝聞
道,夕死可矣』。曰『未知生,焉知死』。曰『原始反終,故知死
生之說』。」(《澹園集》卷四十八)以上這些學者的思想並不相同,
但在以生死問題作為儒家傳統以及自身終極關懷的重要內容這一點
上,則是百慮一致、不謀而合的。❶

　　人自降生之始,便隨時面臨著死亡的可能。生與死是生命不可
分割的兩個方面,對生命意義有真正體驗者,都不可能將死亡視為
遙遙無期者而加以漠視。正是在這個意義上,雅斯貝爾斯

---

❶ 龔鵬程在對李贄、焦竑、袁宏道、袁中道等人的研究中也認為生死問題構成
　這些人的核心關懷與存在焦慮。參見氏著:《晚明思潮》(臺北:里仁書
　局,1994)。

（Jaspers，1883-1969）認為死亡是「一種一直滲透到當前現在裏來的勢力。」海德格爾甚至將人規定為「向死的存在」，認為本真的存在正是將死亡視為一種無從閃避的東西，只有在對死亡的時時警覺下，存在的本真性與整體性才會得到澄明。❶ 恰如舒茲（A. Schutz）所言，生死關切是人類的「基本焦慮」（fundamental anxiety）。❶ 正因為生死並非佛道二教人士才會面對的特殊問題，中晚明的許多陽明學者同樣時常會感受到這種「基本焦慮」。如龍溪曾在和徐階的詩中有云：「相看皆白首，不學待何時？於己苟無得，此生空浪馳。百年開道眼，千里赴心期。人命呼吸間，回首已較遲。」（《全集》卷十八〈會城南精舍和徐存齋少師韻四首〉之一）焦竑也有詩云：「庭前有芳樹，灼灼敷春榮。秋霜中夜隕，枝條忽已零。我有同懷子，疏忽如流星。生者日已乖，死者日已泯。徘徊顧四海，誰能喻中情？」（《澹園集》卷三十七〈送別〉）其實，這種充分流露生死關切的詩句在中國歷史上是不勝枚舉的。因此，即便中晚明以前的儒家對生死問題保持相對的緘默，也未必意味著對生死問題的忽視。緘默的背後，或許反而恰恰隱涵著高度的重視。

宋代理學家批判佛老究心於生死問題的重要方面，是認為二氏以出脫生死為根本不過是出於貪生畏死的自私心理。如明道所謂「佛學只是以生死恐動人，可怪二千年來，無一人覺此，是被他恐動

---

❶ 參見海德格爾：《存在與時間》第二篇第一章〈此在之可能的整體存在與向死亡存在〉，頁 283-320。
❶ 參見舒茲：《舒茲論文集》第一冊，盧嵐蘭譯（臺北：桂冠圖書公司，1992）。

也。聖賢以生死為本分事，無可懼，故不論生死。佛之學為怕生死，故只管說不休。」（《河南程氏遺書》卷一〈端伯傳師說〉）這一看法，在中晚明陽明學的發展中也發生了顯著的改變。陽明已經認為「人於生死念頭，本從生身命根上帶來，故不易去。」（《傳習錄下》）耿定向進一步肯定好生惡死乃人之常情，所謂「孟子曰：『生，我所欲也。』即如弘忍禪者，見虎而怖，亦不免有這個在矣。蓋好生惡死，賢愚同情，即欲不著，焉得不著耶？」（《耿天臺先生文集》卷七〈出離生死說〉）焦竑則秉承了耿定向的這一立場並明確肯定了生死之念的正當性。他說：

> 古云：黃老悲世人貪著，以長生之說，漸次引之入道（按：此語本自張伯端〈悟眞篇後序〉）。余謂佛言出離生死，亦猶此也。蓋世人因貪生乃修玄，玄修既徹，即知我自長生。因怖死乃學佛，佛慧既成，即知我本無死。此生人之極情，入道之徑路也。儒者或謂出離生死為利心，豈其絕無生死之念耶？抑未隱諸心而漫言此以相欺耶？使果毫無悅生惡死之念，則釋氏之書政可束之高閣，第恐未悟生死，終不能不為生死所動。雖曰不動，直強言耳，豈其情乎？（《澹園集》卷十二〈答友人問〉）

在焦竑看來，「悅生惡死」本是人之常情，只有在了悟生死之道之後，才能真正不為生死所動。如果不能正視貪生畏死的自然心理，視之為自私自利之心而一概加以否定，不免自欺欺人。所謂「未悟生死，終不能不為生死所動。雖曰不動，直強言耳，豈其情乎？」在這一點上，楊起元不僅與焦竑有同樣的看法，並且進一步肯定了

「怕死」對於追求聖人之道的正面意義。在楊起元看來，怕死是人們普遍的心態，聖人也不能免，以往儒家不能正視「怕死」的日常心理，不但有違人情，甚至反而會使人離聖人之道愈行愈遠。他在〈答友人不怕死說〉中指出：

> 《傳》曰：道不遠人。人之爲道而遠人，不可以爲道。死者，人人所共怕也，聖人亦人耳，謂其不怕死，可乎？……凡聖人所以濟世之具，皆起於怕死而爲之圖，此之謂不遠人以爲道也，而聞道以離生死。尤其濟世之大而舟楫之堅者，惟怕死之極，然後有之。後世儒者諱言怕死二字，故其始也，姑以不怕死爲名，而昧其中情。其既也，遂以不怕死爲實，而去道實遠。嗚呼！其亦不思而已矣。（《太史楊復所先生證學編》）

由焦竑和楊起元的話可見，對死亡的恐懼不但是人之常情，更有可能是促使人們求道的內在動力。怕死之心愈重，求道之心便愈切。顯然，在肯定生死關切構成儒家傳統終極關懷重要內容的基礎上，中晚明的許多陽明學者也不再像以往的儒者那樣對貪生怕死的心理持否定的態度，而是開始正視這種內在經驗並試圖將其轉化為追求聖人之道的動源。當然，從陽明以降，這些中晚明的陽明學者肯定「生死之念」以及「悅生惡死」是人們原初心理結構的基本內容，並不意味著與明道所謂「以生死為本分事，無可懼」相悖。後者作為聖賢的精神境界，無疑是儒家學者的一致追求，這一點中晚明的陽明學者也概莫能外。問題在於，在這些中晚明的陽明學者看來，恰恰需要從承認「悅生惡死」的人之常情出發，才能達到「以生

死為本分事，無可懼」的境界，從而最終擺脫生死之念，坦然面對死亡。事實上，陽明龍場悟道的關鍵，正是對「生死一念」而非其他得失榮辱之類的超越。

　　既然生死關切被視為儒家終極關懷的內在向度，「生死之念」以及「悅生惡死」也是追求聖賢之道的契機，那麼，在死亡來臨之際能否坦然面對，自然成為衡量是否達到聖賢境界的一個標準。龍溪在〈答殷秋溟〉書中所謂：「平時澄靜，臨行自然無散亂。平時散亂，臨行安得有澄靜？」（《全集》卷十二）正反映了這樣的看法。龍溪弟子查鐸也說「古人每謂生死為大事，此處了得，則諸念了矣，然非臨時所可襲取。」（《毅齋查先生闡道集》卷二〈再與蕭兌嵎書〉）並且，查鐸也的確從是否能夠坦然面對死亡的角度考察了龍溪的臨終狀況。龍溪去世後，查鐸在給友人的書信中寫道：

> 今海內宗盟咸歸龍溪先生，今忽忽化去，殊甚愴然。初聞化去時頗有散亂，此末後一著，若就此散亂，則平時所論謂何？今寓府詢知，惟氣息奄奄，心神了了，無異平時。化於初七日，初六日與麟陽（趙錦）面訣語，初五日與乃郎語，今其言俱在，非心神了了，安能若此？傳者尚屬未知。（同上）

查鐸對龍溪臨終時「頗有散亂」的傳聞非常重視，因為這直接關涉到龍溪是否能將平時的講論「體之於身，驗之於心」的問題，所謂「若就此散亂，則平時所論謂何？」直到親自到龍溪府上詢問，得知龍溪臨終前「心神了了，無異平時」，才終覺釋然。並且，查鐸此信及其專門撰寫的〈紀龍溪先生終事〉（《毅齋查先生闡道集》卷九），也意在澄清傳聞的不實。同樣，查鐸弟子蕭彥在為查鐸所作

的祭文中，也記載了查鐸坦然面對死亡的情況。在蕭彥的描述中，查鐸臨終前不僅神氣不亂，甚至能夠預知自己的死期。

事實上，類似的記載在中晚明的陽明學者中還有許多。如王艮〈年譜〉記載其臨終前的情況如下：

> 先是臥室內竟夜有光燭地，眾以爲祥。先生（王艮）曰：「吾將逝乎。」至病革，諸子泣，請後事。顧仲子褧曰：「汝知學，吾復何憂？」……神氣凝定，遂瞑目。是爲八日子時也。及殮，容色瑩然不改。（《重鐫王心齋先生全集》卷一）

羅近溪臨終的情況：

> 九月朔，盤櫛出堂，端坐，命諸孫次第進酒，各各微飲，隨拱手別諸生曰：「我行矣。」諸生懇留盤桓一日，許之。初二日午刻，整衣冠，端坐而逝。（《羅近溪先生全集》卷一）

鄧以讚的臨終情況：

> 己亥三月，先生偶微咳，依圓覺寺靜攝，侄履高輦侍。一日呼履高曰：「天地是這樣，人心是這樣。此心直與太虛合而爲一，天下之理，何不可通？天下之事，何不可任？」至閏四月十二日，呼履高曰：「吾本知造化在手，已可留這幾日，又覺不欲留矣。」豫章士夫十九日相率，黎明詣圓覺問疾，適先生命還，已就輿，辭曰：「遠勞未晤。」履高輦扶輿，先生問曰：「行幾里？」對曰：「將五里。」曰：「吾留留。」呼履高曰：「汝輩要知學問，萬事萬念皆善，只一事一念不善，一事一念不善就筭了。萬事萬念皆善，都不

籌。」高唯唯。先生色喜，又曰：「行當近。」履高曰：「將
及渡。」先生曰：「再留留。」至中廷，先生下輿，連呼大是
奇事者二，入寢室，端坐不語，逾時而化。（《鄧文潔佚稿》卷
一）

根據以上的傳記資料，這些陽明學者不僅在面對死亡時都能夠從容
不迫，氣定神閑，羅近溪、鄧以讚甚至可以控制自己的生死，決定
自己的死期，王艮臨終前竟然「臥室內竟夜有光燭地」。有學者曾
經對傳記究竟能夠在多大程度上反映傳記主人公的真實生命表示過
懷疑，❷ 這的確可以使我們警覺到傳記與記實之間的距離。但是，
不論這些傳記資料的可信度如何，這種敍述本身卻足以反映當時的
記述者將坦然面對死亡視為一種得道與悟道的表現。事實上，譬如
高攀龍就曾明確從臨終狀態的角度來評價曾子與陽明道德修養所達
到的境界，所謂「曾子易簀而卒，便顯出個曾子，陽明至南安而
卒，便顯出個陽明。曾子曰：『吾得正而斃焉，斯已矣。』此曾子
所以為曾子矣。陽明曰：『此心光明，更復何言？』此陽明所以為
陽明也。」（《高子遺書》卷一）這一點，可以說是生死關切成為中
晚明陽明學甚至整個儒學焦點意識的第三個表現。

　　由以上幾個方面可見，儒家傳統諱言生死的情況在中晚明的思
想界發生了明顯的改變，生死關切在儒家的問題意識中由「幕後」轉
至「臺前」，從以往較為邊緣的話語地位突顯成為當時以陽明學者為
代表的儒家學者問題意識的焦點之一。死亡已不再是儒者諱言的問

---

❷　參見Ira Bruce Nadel, *Biography: Fiction, Fact and Form.* London: The Macmillan Press, 1984.

題，而成為關聯於聖人之道的一項重要指標。

　　生死關切可以說是佛道兩家一貫的焦點所在，而在生與死之間，佛教對於死的問題則提供了更多的思想資源。因此，生死關切之所以會突顯為中晚明許多陽明學者的焦點意識，與佛教長期的交融互動以及陽明學者對佛教思想的主動吸收，顯然是一個重要的原因。❹ 換言之，生死關切成為中晚明陽明學展開過程中的一個重要方面，可以說是儒釋交融的結果之一。上述陽明學者生死關切的三方面表現，其實都與佛教思想密切相關。將生死關切明確作為終極關懷的重要組成部分，本來就是佛教的基本特徵。如憨山德清所云：「從上古人出家本為生死大事，即佛祖出世，亦特為開示此事而已，非於生死外別有佛法，非於佛法外別有生死。」(《憨山大師夢遊全集》卷三〈法語・示妙湛座主〉)現代佛教學者傅偉勳也說：「『生死大事』四字足以說盡佛教的存在意義」。❷ 前引龍溪詩中「人命呼吸間」的句子，便是出於佛教的典故。❸ 正視「悅生惡死」的「基本焦慮」並將其轉化為求道的內在動力，也是歷史上許多佛教徒共同的經驗。就連以臨終之時是否能夠坦然面對死亡作為是否悟道、得道的衡量標準，在佛教傳統中也是早就有案可循。如上引有

---

❹　呂妙芬在研究晚明儒家聖人觀的特點時，曾經指出了生死問題成為晚明儒學重要內涵這一現象，並將這一現象歸因於儒釋的交融。見呂妙芬：〈儒釋交融的聖人觀：從晚明儒家聖人與菩薩形象相似處及對生死議題的關注談起〉，《中央研究院近代史研究所集刊》第32期，1999年12月，頁165-207。

❷　傅偉勳：《生命的尊嚴與死亡的尊嚴》(臺北：正中書局，1994)，頁141。

❸　「人命呼吸間」的說法出自佛教《四十二章經》第三十八章，所謂：「佛問沙門：『人命在幾間？』對曰：『數日間。』佛言：『子未知道。』復問一沙門：『人命在幾間？』對曰：『飯食間。』佛言：『子未知道。』復問一沙門：『人命在幾間？』對曰：『呼吸間。』佛言：『善哉！子知道矣。』」

關龍溪、王艮、羅近溪、鄧以讚臨終的傳記資料，其中提到這些陽明學者都能神氣不亂，甚至還能預知、控制死期，臨終前有異象出現，顯然與南朝時梁慧皎（497-554）《高僧傳》中對許多高僧大德圓寂時神色安詳和悅並有各種神迹出現的大量記載頗有相似之處。

除了三教融和背景之下佛教的影響這一思想方面的主要因素之外，明代政治高壓體制對儒家學者的殘酷迫害，經常使他們面臨生死關頭，恐怕也是使生死關切成為中晚明陽明學重要問題意識的一個外部原因。許多陽明學者都曾經因政治迫害而身陷九死一生之地。陽明龍場處困的例子自不必言。此外，錢德洪因郭勳事下獄，在〈獄中寄龍溪〉書中說：「親蹈生死真境，身世盡空，獨留一念瑩魂。耿耿中夜，豁然若省，乃知上天為我設此法象，示我以本來真性，不容絲毫挂帶。」（《明儒學案》卷十一〈浙中王門學案一〉）聶雙江被逮下獄，在獄中發生心體呈露的體驗，所謂「獄中閑久靜極，忽見此心真體，光明瑩澈，萬物皆備。」（《明儒學案》卷十七〈江右王門學案二〉）親炙陽明的魏良弼（字師說，號水洲，1492-1575）兩年之內先是「受杖於殿廷，死而復蘇」，後「又下獄拷訊」，以至於「累遭廷杖，膚盡而骨不續。」（《明儒學案》卷十九〈江右王門學案四〉）「受學於陽明，卒業於東廓」的劉魁（字煥吾，號晴川，1488-1552）入獄四年，被釋後「未抵家而復逮」。（同上）龍溪弟子周怡與劉魁同座一事而為獄友。（《明儒學案》卷二十五〈南中王門學案一〉）其他如鄒元標遭廷杖九死一生而至殘的例子也比比皆是。經常由於政治迫害而面臨死亡的威脅，迫使儒家知識份子不得不進一步思考生死的問題，並將生死關頭作為自己見道真切與否的最大考驗。這一點，也是明代儒家學者在整體上有別於宋代儒家

學者的一個方面。

　　三教融合尤其是與佛教的互動以及外部政治的壓力，使得生死關切成為中晚明陽明學發展的一個重要課題。但是，在如何了究生死的問題上，雖然也有像李贄、鄧豁渠之類最終倒向佛教的情況，但大多數陽明學者仍然立足於儒學存有論上「有」的根本立場，提供了有別於佛老的生死智慧與解脫之道。

　　《傳習錄上》記載過一段陽明與弟子蕭惠有關「死生之道」的問答：

> 蕭惠問死生之道。先生曰：「知晝夜即知死生。」問晝夜之道。曰：「知晝則知夜。」曰：「晝亦有所不知乎？」先生曰：「汝能知晝！懵懵而興，蠢蠢而食，行不著，習不察，終日昏昏，只是夢晝。惟息有養，瞬有存，此心惺惺明明，天理無一息間斷，才是能知晝。這便是天德，便是通乎晝夜之道，而知更有甚麼死生？」

陽明對生死問題雖然有深刻的體認，但在與門人弟子的問答中尚未多加闡發，而是基本上秉承傳統「未知生，焉知死」的說法。龍溪對於生死的根源以及超脫生死的方法則有較為明確的解釋。在萬曆三年乙亥（1575）的新安鬥山書院之會中，龍溪指出：

> 人之有生死輪迴，念與識爲之祟也。念有往來，念者二心之用，或之善，或之惡，往來不常，便是輪迴種子。識有分別，識者發智之神，倏而起，倏而滅，起滅不停，便是生死根因。此是古今通理，亦便是見在之實事。儒者以爲異端之學，諱而不言，亦見其惑也矣。夫念根於心，至人無心，則

> 息念，自無輪迴。識變爲知，至人無知，則識空，自無生
> 死。爲凡夫言，謂之有可也。爲至人言，謂之無可也。道有
> 便有，道無便無，有無相生，以應於無窮。非知道者，何足
> 以語此？（《全集》卷七〈新安鬥山書院會語〉）

我們在第五章考察龍溪對佛教生死輪迴觀念的融攝時引用過這段
話。在龍溪看來，「生死根因」在於有分別對待的「念」、「識」，
而「化念還心」、「轉識成智」，便可以超脫生死。這種將生死的
根源與超脫生死的方法繫於主體意識的看法，在中晚明的陽明學者
中是具有普遍性的。如周海門在答弟子問如何了得生死時說：「生
死俱是心。心放下，有甚生死可了。」（《東越證學錄》卷五〈剡中
會語〉）鄒元標也說：「人只是意在作祟，有意則有生死，無意則無
生死。」（《明儒學案》卷二十三〈江右王門學案八〉）海門弟子劉塙
（字靜主，號沖倩，生卒不詳）說：「四大聚散，生死之小者也。一
念離合，生死之大者也。忘其大而惜其小，此之謂不知生死。」
（《明儒學案》卷三十六〈泰州學案五〉）

客觀而言，將「生死根因」與生死解脫之道歸於主體的自我意
識，仍然可以說來源於佛教的理論。像劉塙那樣批評佛教僅從肉體
生命的角度來理解生死，所謂「四大聚散，生死之小者也」，其實並
不恰當。因為佛教對生死理解的關鍵並非只是「四大聚散」，而毋寧
說反倒是「一念離合」。認為窮究生死的根源在於阿賴耶識的種子，
❷這雖然是唯識學派的講法，卻也是佛教各宗的基本共識，只不過

---

❷　參見印順：《唯識學探源》（臺北：正聞出版社，1987），頁163。

其他宗派不使用唯識的名相而已。問題的關鍵在於，陽明學者儘管
和佛教一樣將生死的根源與解脫生死的方法訴諸於主體的自我意
識，但對於主體自我意識本質的理解，卻和佛教有著根本的不同。
也正因此，幾乎所有將生死關切作為自己問題意識焦點之一的陽明
學者，包括以上提到的那些，均在超脫生死的問題上自覺保持了高
度的儒家認同。這也說明，儒家在生死關切的問題上的確與佛教蘊
涵著深刻的差異。

對於超脫生死之道，同樣在萬曆三年的華陽明倫堂之會上，龍
溪在回答有關「孔子答季路知生知死之說」的疑問時，有更為明確的
說明：

> 或問孔子答季路知生知死之說。先生曰：「此已一句道盡。
> 吾人從生至死，只有此一點靈明本心為之主宰。人生在世，
> 有閒有忙，有順有逆，毀譽得喪諸境。若一點靈明時時做得
> 主，閒時不至落空，忙時不至逐物，閒忙境上，此心一得
> 來，即是生死境上一得來樣子。順逆、毀譽、得喪諸境亦
> 然。知生即知死。一點靈明，與太虛同體，萬劫常存，本未
> 嘗有生，未嘗有死也。」（《全集》卷七〈華陽明倫堂會語〉）

我們在第五章「生死輪迴」的部分曾引用過龍溪晚年給李漸庵的一封
書信。龍溪在該信中指出：

> 孔氏云：「未知生，焉知死。」此是究竟語，非有所未盡也。
> 吾人生於天地間，與萬緣相感應，有得有失，有好有醜，有
> 稱有譏，有利有害。種種境界，若有一毫動心，便是臨時動
> 心樣子。一切境界，有取有捨，有欣有戚，有一毫放不下，

> 便是臨時放不下樣子。生之有死，如晝之有夜，知晝則知
> 夜，非有二也。於此參得透，方爲盡性，方爲立命，方是入
> 聖血脈路。若不從一念微處徹底判決，未免求助於外，以爲
> 賁飾。雖使勳業格天、譽望蓋世，檢盡世間好題目，轉眼盡
> 成空華，與本來性命未有分毫交涉處也。不肖中夜默坐，反
> 觀眼前，有動心處，有放不下處，便是修行無力，便是生死
> 關頭打疊不了勾當。常以此自盟於心，頗有深省。（《全集》卷
> 十一〈答李漸庵〉第二書）

當周海門以「心放下」來回答弟子「如何了得生死」的問題之後，
那位弟子緊接著又問：「心如何一時放得下？」海門回答說：「要
知孔門說知生知死，則放下二字俱多。」（《東越證學錄》卷五〈剡
中會語〉）徐用檢也有如下一段答問：

> 問：「先生既不非生死之說，何不專主之？而曰性、曰學，
> 何也？」曰：「性率五常，學求復性，大公至正之道也。如此
> 而生，如此而死，何不該焉？專言生死，生寄死歸，自私耳
> 矣。」（《蘭遊錄語》）

由此來看，在龍溪、海門、魯源等陽明學者的問題意識中雖然有著
強烈的生死關切，但在對待生死的基本態度上，卻又都訴諸於《論
語》中孔子「未知生，焉知死」的經典依據，而回到了儒家傳統從生
的角度來理解死這一基本立場。這與陽明答蕭惠問死生之道中的看
法也是完全一致的。顯然，對像陽明、龍溪、海門、魯源來說，生
死解脫的關鍵不在於對死後世界的探索，而在於對當下生命意義的
覺悟。可以說，對生的覺解越多，對死的體認也就越深入。因此，

孔子「未知生，焉知死」的話不必是對死的忽略，毋寧說是強調知生是知死的前提，並指示了由知生而知死這樣一種瞭解死亡的方向。其實，因材施教的孔子在回答子貢同樣是詢問死亡的問題時，卻並未避而不談，而是旁徵博引，以至子貢發出了「大哉死乎！」的感歎。㉕而通過這些陽明學者的詮釋與論說，孔子「未知生，焉知死」之中的深刻蘊涵，也獲得了充分的展開。佛教從印度的原始佛教到大乘佛教乃至禪佛教，雖然在二諦中道的思想下日益強調「生死即涅槃」，但在六道輪迴的信仰基礎上，其實仍然更多地關注死後的問題，祈求死後往生淨土而脫離人世間的苦海。㉖這與陽明學者對待生死的態度可以說是截然異趣的。

　　陽明學者對生死解脫之道的理解之所以終歸不同於佛教，更深一層的原因仍然在於雙方存有論上「有」與「無」的根本差異。我們前面提到，在討論生死問題時，中晚明陽明學者所訴諸的經典依據與詮釋資源除了《論語》中孔子「未知生，焉知死」的話之外，還有《易傳》中「原始反終，故知死生之說。精氣為物，遊魂為變，是故知鬼神之情狀」的說法。所謂「原始反終」，其實是指一氣周流的往復不已。作為道德創造性現實化所不可或缺的物質基礎，氣具有不可消解的實在性。陽明學者雖然對「氣」的觀念談的相對較少，但對這一點卻也從不否認。生死的根源固然繫於主體的意識，

----

㉕ 《荀子‧大略》載：「子貢問於孔子曰：『賜倦於學矣，願息事君？』孔子曰：『《詩》云：溫恭朝夕，執事有恪。事君難，事君焉可息哉！』……『然則賜無息者乎？』孔子曰：『望其壙，皋如也，嵮如也，鬲如也，此則知所息矣。』子貢曰：『大哉死乎！君子息焉，小人休焉。』」見王先謙：《荀子集解》（下）（北京：中華書局，1988），頁510-511。

㉖ 傅偉勳：《生命的尊嚴與死亡的尊嚴》，頁152-153。

所謂「有意則有生死，無意則無生死」，「一念離合，生死之大者
也」。但生死之心的破除，並不意味著認同因緣假合的緣起觀，將
生死的主體視為無自性的存在。在佛教看來，死意味著構成生命因
緣的離散。由於生命本來便是因緣和合而成，並無存有論的實在
性，死亡因此恰恰可以使作為生命本質的「無」這種空寂性得以揭
示。對陽明學者來說，作為道德主體之本質的良知固然「千古不
磨」，如龍溪所謂「與太虛同體，萬劫常存，本未嘗有生，未嘗有
死也」，「緣此一點靈明，窮天窮地，窮四海，窮萬古，本無加
損，本無得喪，是自己性命之根。盡此謂之盡性，立此謂之立命。
生本無生，死本無死，生死往來，猶如晝夜。」（《全集》卷四〈留
都會紀〉）自然生命的生死更不過是氣之聚散而非氣之有無。就作為
構成自然生命物質基礎的「氣」來說，始終是「有」而非因緣假合
的空寂性之「無」。以晝夜之喻而言，死之於生恰如夜之於晝，並
不意味著終結與斷裂，而不過是無限連續性不同方式的周而復始而
已。無論是從道德本體的創造性還是從一氣的「原始反終」來看，
死亡都不意味著生命流於虛無。因此，儒家固然是以道德修養的方
式超越生死，將有限的生命昇華於無限的精神之中，實現心靈境界
意義的生死解脫。然而，這種生死解脫之道的背後，還有著一氣周
流、原始反終的存有論和宇宙論基礎。如耿定向所謂「始自太虛
來，終還太虛去，原始反終，本自無生，亦自無滅，一切眾生，總
皆如是。」（《耿天臺先生文集》卷七〈出離生死說〉）高攀龍和劉蕺
山也從這一角度區別了儒家與佛教的生死解脫之道。雖然高、劉二
人嚴格而論或許並不屬於陽明學者的範圍，但由於這相對佛教而言
其實可以說是晚明儒家學者的共識，我們便不妨仍然可以他們的某

些相關論說為據來加以說明。

　　高攀龍於萬曆四十六年曾有〈戊午吟〉詩二十首，其中兩首云：

> 聞道如何夕可死，死生原是道之常。不聞有晝可無夜，幾見
> 無陰只有陽。道在何從見壽夭，心安始可等彭殤。更與此外
> 求聞道，踏遍天涯徒自忙。

> 精氣為軀造化功，遊魂為變浩無窮。如何謂死為滅盡，反落
> 禪訶斷見中。神化自然稱不測，有無不著是真空。莫將空字
> 譏歸佛，虛實原與顯微同。（《高子遺書》卷六）

另外在〈夕可說〉中，高攀龍通過對孔子「朝聞道，夕死可矣」的
詮釋，發揮了與這兩首詩同樣的意思：

> 此物何動靜？何生何死耶？噫嘻！我知之矣。死生，道也。
> 譬之於漚，其滅，一水也，寂然不動者也。吾欲復寂然者，
> 豈遺棄世事，務一念不起之謂哉？君君、臣臣、父父、子
> 子，萬象森羅，常理不易。吾與之時寂而寂，時感而感，萬
> 感萬寂而一也，故萬死萬生而一也。（《高子遺書》卷三）

而劉蕺山說得更為明確詳細：

> 理會生死之說，本出於禪門。夫子言原始反終，這是天地萬
> 物公共的道理，絕非一身生來死去之謂，與禪門迥異。自聖
> 學不明，學者每從形器起見，看得一身生死事極大，將天地
> 萬物都置之膜外，此心生生之機早已斷滅種子了。故其工夫
> 專究到無生一路，只留個覺性不壞。再做後來人，依舊只是

> 貪生怕死而已。吾儒之學，宜從天地萬物一體處看出大身
> 子，天地萬物之始即吾之始，天地萬物之終即吾之終，終終
> 始始，無有窮盡，只此是死生之說。原來死生只是常事，程
> 伯子曰：「人將此身放在天地間，大小一例看，是甚快活。」
> 余謂生死之說正當放在天地間大小一例看也。於此有知，方
> 是窮理盡性至命之學。藉令區區執百年以內之生死而知之，
> 則知生之盡，只是個貪生之生；知死之盡，只是個怕死之
> 死。然則百年生死不必知乎？曰：奚而不知也？子曰：「朝
> 聞道，夕死可矣」是也。如何是聞道？其要只在破除生死
> 心。此正不必遠求百年，即一念之間一起一滅，無非生死心
> 造孽。既無起滅，自無生死。（〈證人社語錄·第九會附記〉）

通常意義上的生死，往往是就個體生命的生滅而言。但如果從一氣
的聚散和原始反終以及萬物一體的觀點來看，個體生命的生滅不過
是生死之念的結果，宇宙間其實只是物質守恆與能量轉化，如此更
不存在生死的問題。高攀龍和劉蕺山從這一角度對生死的理解與超
越，進一步說明了儒家與佛教在生死關切問題上的差異源於雙方存
有論上「有」與「無」的基本立場。

通過對中晚明陽明學者生死關切的考察，我們可以看到，對於
死亡這一人類普遍的終極關懷，儒家傳統並非始終採取漠視的態
度，而是同樣可以與世界各大宗教 —— 倫理傳統一道提供豐富的精
神資糧。事實上，在西方精神思想的發展史上，死亡這一課題也並
非始終處於問題意識的焦點。在不同的歷史階段，西方的思想家們
對死亡的關注同樣表現出輕重詳略的不同。❷

# 四、正統與異端

　　我們在第五章討論考察龍溪的三教觀時曾經指出：傳統的正統與異端之辨在龍溪的思想中發生了重點的變化，正統與異端之辨由傳統的儒家與佛道之間更多地向真儒與俗儒、身心之學與口耳之學之間傾斜。事實上，這一點在整個中晚明的陽明學中具有相當的代表性。正統與異端的問題意識與相關討論，也構成三教融合之下中晚明陽明學發展過程中的一個重要方面。在此，我們將進一步在中晚明陽明學的整體脈絡中考察正統與異端問題的發展特徵，並分析這一發展特徵產生的原因及其所具有的意義。

　　如果說孟子時代儒家所面對的異端是楊、墨的話，認為唐宋以降儒家傳統最大的異端是佛老，應當是一個基本不錯的判斷。就理學傳統而言，儒家在總體上對佛老尤其佛教一直視為異端而採取較為嚴厲的排斥態度，這種局面一直延續到陽明學興起之前。明太祖時，大理寺卿李仕魯對朱元璋崇佛不滿，曾直言切諫說：「陛下方創業，凡意旨所向，即示子孫萬世法程，奈何捨聖學而崇異端乎？」並且「章數十上」，但朱元璋未予理睬。李仕魯「性剛介，由儒術起，方欲推明朱氏學，以辟佛自任」，見朱元璋不以為意，便對朱元璋說：「陛下深溺其教，無惑乎臣言之不入也。還陛下笏，乞賜骸骨，歸田里。」說完竟將笏板置於地下。以朱元璋之專制殘暴，自然大怒，於是「命武士捽搏之，立死階下。」(《明史》卷一百三

---

❷　參見段德智：《死亡哲學》(武漢：湖北人民出版社，1996)。

十九〈李仕魯傳〉）當然，這是儒家學者辟佛的一個極端事例，但明代陽明學興起之前的儒家學者的確大都深排佛老。如薛瑄（字德溫，號敬軒，1392-1464）曾說：「如佛老之教，分明非正理，而舉世趨之。雖先儒開示精切，而猶不能祛其惑。」（《讀書錄》卷七）胡居仁（字叔心，稱敬齋先生，1434-1484）也說：「禪學絕滅物理，屏除思慮，以謂心存，是空其心，絕其理。內未嘗有主，何以具天下之理哉？」（《居業錄》卷七）「楊墨老佛莊列，皆名異端，皆能害聖人之道。為害尤甚者，禪也。」（《胡敬齋集》卷二〈歸儒峰記〉）丘濬（字仲深，號瓊臺，稱瓊山先生，1421-1495）更是嚴厲指出：「秦漢以來異端之大者，在佛老。必欲天下之風俗皆同，而道德無不一，非絕去異端之教不可也。」（《大學衍義補》卷七十八）至於像曹端（字正夫，號月川，1376-1434）「朝夕以聖賢崇正辟邪之論」奉勸「勤行佛老之善」的父親（《明儒學案》卷四十四〈諸儒學案上二〉），何塘（字粹夫，號柏齋，1474-1543）「入郡城見彌勒像，抗言請去之，」（《明儒學案》卷四十九〈諸儒學案中三〉）則將對佛老的排斥進一步落實到了具體的行為之中。

　　然而，明代前期儒者對佛老的深排，恰恰反映出佛老尤其佛教在儒家知識份子中影響的深廣。上引薛瑄的話，其實也正透露了這一點。隨著中晚明三教融合的日益深入，儒家學者對佛老的態度也日漸開放。以佛老為異端的看法，在陽明學興起與發展的過程中，發生了明確而意義深遠的變化。當然，這種思想史的變化不可能突如其來，總是淵源有自、由積累而成。將陸象山之學視為陽明學的先驅絕不是偶然的，事實上，即便在對異端的理解上，象山也同樣發了陽明學的先聲：

今世類指佛老爲異端。孔子時佛教未入中國，雖有老子，其
說未著，卻指那個爲異端？蓋異與同對，雖同師堯舜，而所
學之端緒與堯舜不同，即是異端，何止佛老哉？有人問吾異
端者，吾對曰：子先理會得同底一端，則凡異此者，皆異
端。（《陸九淵集》卷三十四〈語錄上〉）

象山這裏雖然並未推翻以佛老爲異端這一理學傳統的基本看法，但
對異端的理解，重點卻顯然已另有所指。而陽明在論及異端時，無
疑繼承了象山的思想。《傳習錄上》載：

或問異端。先生曰：「與愚夫愚婦同的，是謂同德。與愚夫
愚婦異的，是謂異端。」

這裏，陽明面對異端之問絕口不提佛老，而是以與愚夫愚婦的同異
作爲分判正統與異端的標準，其實具有豐富的思想史意涵。這一
點，在龍溪的相關論說中獲得了明確的展開。我們在第五章已經看
到，正統與異端之辨的重點，在龍溪那裏由儒學與佛老之間轉換到
了儒學內部。依龍溪之見，至少在當時的思想界，最需要面對的異
端不是佛老，而是所謂「俗學」。對此，我們不妨再引以下的一段文
獻資料以爲說明：

夫異端之說，見於孔氏之書。先正謂吾儒自有異端，非無見
之言也。二氏之過，或失則泥，或失則激，則誠有之。今日
所憂，卻不在此，但病於俗耳。世之高者，溺於意識；其卑
者，緇於欲染。能心習見，縱恣謬幽，反爲二氏所嗤。有能
宅心虛寂、不流於俗者，雖其蹈於老釋之偏，猶將以爲賢，

蓋其心求以自得也。學者不此之病，顧汲汲焉惟彼之憂，亦見其過計也矣。（《龍溪會語》卷三〈別見臺曾子漫語〉）

龍溪所謂先正是指象山，而「俗學」的所指包括兩種情況：一是「溺於意識」；一是「緇於欲染」。在當時的情況下，這種「俗學」顯然更多地是指異化了的朱子學。作為官方的意識形態，由於朱子學與科舉制的結合，研習朱子學對許多人來說便主要不是出於追求聖人之道的終極關懷，而是為了通過科舉考試以謀求功名富貴。這種「緇於欲染」的情況固然是「俗學」，而即便尚未將當時作為儒學正統的朱子學作為謀求功名富貴的工具，可是將對朱子學的研究僅僅作為一種單純理智的活動，不是「求以自得」，這在龍溪看來也同樣是「溺於意識」，出於「能心習見」的俗學。因此，正統與異端的對立在當時與其說是在儒學與佛老之間，不如說更多地體現在儒學內部的「真」與「偽」之間。

陽明對異端的看法雖然已發生了微妙的變化，但陽明並未放棄以佛老為異端的基本立場。龍溪以俗學為異端，也沒有推翻以佛老為異端的大前提。異端並非只能有一種，在龍溪看來，佛老與俗學顯然都是異端，只是在當時的情況下，俗學對聖人之道的危害要超過佛老，因此，俗學是首先需要加以對治的異端。然而，隨著三教融合的深化，龍溪的這種看法卻開啟了新的契機，晚明的許多陽明學者將龍溪的這種重點轉移進一步推進，甚至完全放棄了以佛老為異端的看法。如焦竑在給耿定向的信中說：

士龍遞至手書，知拳拳以人惑於異學為憂。某竊謂非惑於異學之憂，無真為性命之志之憂也。學者誠知性命之真切，則

直求知性而後已，豈其以芬芬議論爲短長，第乘人而斬其截
哉！佛雖晚出，其旨與堯、舜、周、孔無以異者，其大都儒
書具之矣。（《澹園集》卷十二〈又答耿師〉）

這一封信主要是不以佛教爲異端，同樣，焦竑還爲道家思想進行了
辯護：

老子，古史官也，聞先聖之遺言，閔其廢墜，著五千言以存
之，古謂之道家。道也者，清虛而不毀萬物，上古南面臨民
之術也，而豈異端者哉！古道不傳，而世儒顧以老子爲異，
多詘其書而不講，至爲方士所託。於是黃白男女之說，皆以
傳著之。蓋學者之不幸，而亦道之辱也。（《澹園集》卷十六〈盤
山語錄序〉）

在此基礎上，焦竑明確指出：

學者誠有志於道，竊以爲儒釋之短長可置勿論，而第反諸我
之心性。苟得其性，謂之梵學可也，謂之孔孟之學可也。即
謂非梵學、非孔孟學，而自爲一家之學可也。（《澹園集》卷十
二〈答耿師〉）

無疑，焦竑不以佛老爲異端的看法，與其平等看待儒釋道三教的立
場是一致的。而楊起元所謂「二氏在往代則爲異端，在我朝則爲正
道」（《太史楊復所先生證學編》卷一），則既是指出了明代朝廷三
教共倡的社會現實，更是透露了大部分陽明學者不以佛老爲異端的
心聲。馮少墟曾經指出：

蓋異端可駁也，而以駁異端者駁時事，則爲越俎。異端可辟

　　也，而以辟異端者辟宋儒，則爲操戈。此尤人情之異流、學
　　術之隱痛，不可不亟辨也。（《少墟集》卷一〈辨學錄跋〉）

顯然，傾向於朱子學的馮少墟已經敏銳地感受到，隨著中晚明陽明
學的展開，陽明學者已經開始入室操戈，排斥異端的鋒芒在相當程
度上由佛老轉向了朱子學。對少墟這樣的學者而言，這種異端觀的
轉變決不是一件無足輕重的事，所謂「人情之異流、學術之隱痛，
不可不亟辨」的話，鮮明地流露出少墟對這一思想動向的重視與焦
慮。

　　在中晚明陽明學的發展中，發生這種正統與異端之辨的重點轉
移並不是偶然的。儒釋道三教的深入互動與高度融合，是中晚明陽
明學出現這一特徵的重要原因。我們可以看到，以龍溪為代表，將
正統與異端之辨的重心轉移到儒學內部真僞之間的陽明學者，幾乎
無一例外都提倡三教融合或至少對佛道兩家持較為開放的態度。龍
溪的三教觀我們已經在第五章進行了專門的考察，此處不贅，其他
許多陽明學者對佛道兩家涉入的深淺容或有不同，但與以往理學傳
統普遍地明確斥佛道為異端相較，採取包容甚至肯定的態度則是其
一致之處。對這些陽明學者來說，要麼像龍溪那樣不主張在儒學與
佛道兩家之間輕易地論同辨異，而以能否自得於心、有所受用作為
評判取捨的標準。如當有人問周海門「象山陽明之學雜禪是否」
時，海門便回答說：「子還體認見之？抑隨聲和之者？夫禪與儒名
言耳，一碗飯在前，可以充饑，可以養生，只管吃便了，又要問是
和尚家煮的？百姓家煮的？」（《東越證學錄》卷一〈南都會語〉）焦
竑在解釋自己為何主張三教本一時也說：「僕非左袒釋氏者，但以

學者不究明己事，日梦梦二氏之辨，所謂如人數他寶，自無半錢分，故一為曉之耳。」(《澹園集》卷十二〈答錢侍御〉)要麽直接指出佛道兩家並無危害。如趙貞吉就不僅不以自己習禪為諱，反而以自己的切身體驗論證禪不足以害人，他在答友人的書信中說：「夫僕之為禪，自弱冠以來矣，敢欺人哉？公試觀僕之行事立身，於名教有背謬者乎？則禪之不足以害人明矣。僕蓋以身證之，非世儒徒以口說諍論比也。」(《明儒學案》卷三十三〈泰州學案二〉)楊起元則在以儒學與佛道兩家「其教雖異，其道實同」的前提下不僅認為佛道兩家不會造成人心的淪喪，甚至認為學習佛道兩家之說乃是良知本心的內在要求，排斥佛老者不過是執著於名稱而已，所謂「學之者本心之良，而辟之者名義之束也。」(《太史楊復所先生證學編》卷一)這些學者之所以大都對佛道兩家持較為開放的態度，自然是因為他們比理學傳統中以往的儒者對佛道兩家有著更為深入的涉入。像龍溪那樣與佛道二教頗有交涉的情況，在陽明的第一代傳人與後學中並不是個別現象。如蕭蕙好佛老，魏水洲長期修煉道教養生術，羅念庵習靜等等。而龍溪之後許多陽明學者與佛道兩家的關係則更為密切。如周海門、陶望齡與禪僧的交往，焦竑對佛道兩家經典的研究等等。對佛道兩家思想的深度涉入，無疑使得這些陽明學者對佛道兩家的瞭解遠比以往的儒家學者來得深入。

　　另外，陽明學這種正統與異端觀念的轉化，也不能排除朱子學與陽明學之間學派之爭的因素。由於朱子學在整個有明一代始終居於意識形態的正統地位，作為對朱子學的反動，陽明學本身恰恰可以說是儒學內部的異端。事實上，在當時以至於後來清代的朱子學者眼中，陽明學也的確是和佛教一道被視為異端的。羅欽順、呂

枏、魏校（字子才，號莊渠，1483-1543）、崔銑（字子鍾，號後渠，1478-1541）、陳建、馮柯（字子新，號寶陰，1523-1601）等人，曾經從各個不同的方面和角度對陽明學進行過程度不同的批評。這些批評的共同之處，就是都認為陽明學與禪宗難脫干係。而禪宗既然歷來被儒家視為異端，陽明學自然也就不言而喻。極端的朱子學者如清初的呂留良（字用晦，號晚村，1629-1683）等人，甚至視陽明學為洪水猛獸。此外，陽明學確實被作為異端邪說而於嘉靖年間三次遭到官方的明令禁止，其中雖然包含著權力鬥爭的因素，而朱子學與陽明學作為兩種不同學派的對立，也是其中不可忽視的一個重要因素。❷❸ 至於從萬曆二年到萬曆十二年圍繞陽明從祀一事的爭辯，同樣在政治權力爭奪的同時，糾結著朱子學與陽明學之間的學派之爭。因此，陽明學者將正統與異端之辨由儒學與佛道兩家之間逐漸轉換到儒學內部的「為己之學」與「為人之學」之間，在一定程度上也是為自己謀求合法性的一種表現。並且，就像在三教融合思想上的基本差異一樣，如果說中晚明的朱子學或傾向於朱子學的學者基本上普遍堅持視佛道兩家為異端這一固有立場的話，陽明學者在正統與異端這一問題上的不同看法，在一定程度上也成為在總體取向上區分朱子學與陽明學的標準之一。

　　不過，即便我們不能忽略學派之爭的因素，陽明學者將正統與異端之辨由儒學與佛道兩家之間逐漸扭轉到儒學內部，還有一個更重要的原因是出於對儒學異化的批判。對於儒學的異化現象，許多陽明學者都有痛切的觀察和反省。譬如，唐順之在給羅念庵的信中

---

❷❸　參見鄭德熙：〈從官私學派糾紛到王學傳習禁令〉，《中國哲學》第十九輯，頁250-270。

曾感歎佛老求道真切而學聖賢者卻多假託之人，所謂：

> 近會一二方外人，見其用心甚專，用工最苦，慨然有歎於吾
> 道之衰。蓋禪家必欲作佛，不生化超脫則無功；道人必欲成
> 仙，不留形住世則無功，兩者皆假不得。惟聖賢與人同而與
> 人異，故爲其道者皆可假託潤帳，自誤誤人。（《明儒學案》卷
> 二十六〈南中王門學案三〉）

龍溪嘉靖四十一年壬戌（1562）在松原會晤羅念庵時，曾提到唐順之
此書並深表同感：

> 嘗憶荊川子與兄書，有云偶會方外一二人，其用心甚專，用
> 力甚苦，以求脫離苦海，袪除欲根，益有慨於吾道之衰。蓋
> 禪宗期於作佛，不坐化超脫則無功；道人期於成仙，不留形
> 住世則無功。此二人者，皆不可以僞爲。聖賢與人同而異，
> 皆可假託混帳，誤己誑人。以其世間功利之習心而高談性
> 命，傲然自以爲知學，不亦遠乎？甚矣！荊川子之苦心，有
> 類於兄也。（《全集》卷二〈松原晤語〉）

從龍溪的這段話來看，羅念庵也顯然持同樣的看法。另外，焦竑在
給耿定向的信中對此也有一針見血的觀察與批評：

> 承諭「學術至今貿亂已極」，以某觀之，非學術之貿亂也，大
> 抵志不眞、識不高也。蓋其合下講學時，原非必爲聖人之
> 心，非眞求盡性至命之心，只靳一知半解，苟以得意於榮利
> 之途，稱雄於愚不肖之林已耳。（《澹園集》卷十二〈答耿師〉）

朱子學與科舉制相結合並成為官方意識形態的重大流弊，便是導致儒家思想由「身心性命之學」異化為口耳之學、利祿之門。這可以說是儒家「為己之學」的最大異化。因此，對儒學異化的批判，不免在實際的針對上更多地指向當時的朱子學。但是，就這些學者的議論本身而言，批評的對象卻並非只是異化了的朱子學，凡是不能出於「必為聖人之心」、「真求盡性至命之心」者，都可以「假託混帳」，以至於「誤己誆人」，都可以說是儒家內部的異端之學。當然，對儒學異化為功利俗學的批判，並不僅僅來自於陽明學者，許多朱子學者也對這一現象嚴加伐撻。這說明，儘管被作為官方意識形態與科舉的典範，朱子學本身在當時還並不就等於功利俗學。在秉承儒家道德理想主義的朱子學與假朱子學以為利祿之媒的功利俗學之間，始終存在著本質的區別。

如此看來，陽明學者將異端的矛頭由佛老轉向功利俗學，又顯然不只是學派之爭的反映，而其實可以說是儒家道德理想主義在當時的一種表現方式，顯然具有鮮明的現實批判意義。在中國歷史上，儒家對佛老的批判，往往主要是著眼於其社會影響與效果的層面。而一旦儒學變質為功利俗學所產生的社會危害超過了佛老，這種功利俗學便理應成為儒家批判精神的首要目標。韓德森（John B. Henderson）曾經以早期基督教、猶太教、伊斯蘭教以及理學傳統為素材，探討了不同宗教傳統中正統與異端形成過程中一些具有普遍性和共同性的特徵。在有關異端的建構（the construction of heresy）的討論中，韓德森指出，異端本身是一個包含不同等級系統，不同異端的等級區分取決於其危害性的大小。❷換言之，最高等級或者說最大的異端是那種對社會最為有害的思想。儘管韓德森的理學傳

統主要以程朱理學為依據，但這一點也適用於中晚明的陽明學。對中晚明的陽明學者來說，功利俗學的危害既然已經遠遠超過了佛道兩家，儒家批判異端的鋒芒首先指向儒學異化而成的功利俗學，無疑便是理所當然的了。其實，朱子本人也曾稱讚佛教可以使人超脫世俗，所謂：「蓋佛氏勇猛精進，清淨堅固之說，猶足以使人淡泊有守，不為外物所移也。」（《朱子語類》卷一百三十二）這說明在朱子內心的價值座標中，即使佛教作為異端毋庸置疑，但與功利俗學相較，佛教也仍然處在較高的位置。而朱子生前遭黨禁並被貶為偽學，死後其學卻在被定為官方意識形態和科舉考試典範的情況下竟淪為俗儒作為謀求功名富貴的工具，不能不說是歷史發展的一大弔詭。當然，儒學異化的現象之所以在中晚明達到空前嚴重的程度，除了朱子學與科舉制結合所產生的流弊之外，還與當時商品經濟發展所導致的社會變遷密切相關。由於中晚明商品經濟的高度發展，奔競、功利之風席捲天下，這無疑給當時的儒家知識份子帶來了極大的衝擊。儒家傳統的許多價值觀念如義利之辨、公私之辨等等，都遭受到了相當程度的挑戰而逐漸開始發生變化。❸ 而這一點，是在尚未受到西方文化這一「外力」強行介入之前就已經產生於中國社會內部的了。

---

❷　John B. Henderson, *The Construction of Orthodoxy and Heresy: Neo-Confucianism, Islamic, Jewish, and Early Christian Patterns*. New York: State University of New York Press, 1998, pp.131-132.

❸　參見（一）、溝口雄三：《中國前近代思想的演變》，索介然、龔穎譯（北京：中華書局，1997）；（二）、余英時：〈士商互動與儒學轉向——明清社會史與思想史之表現〉，見氏著：《現代儒學論》（上海人民出版社，1998），頁58-127。

# 五、儒學的民間化與宗教化

在中晚明儒釋道三教水乳交融的思想和社會條件下，陽明學發展的另一個重要特點是出現了民間化與宗教化的傾向。並且，民間化和宗教化這兩種傾向又彼此配合，互相推動，使得中晚明的陽明學具有了不同於以往儒家傳統的鮮明特徵。因此，檢討儒學民間化與宗教化的歷史現象，顯然也應當是我們深入理解中晚明陽明學發展的一項重要內容。

陽明所謂「與愚夫愚婦同的，是謂同德。與愚夫愚婦異的，是謂異端」的話，其實已經開啟了陽明學民間化的契機。這一點，《傳習錄下》中的一段記載表示得更為明確：

> 洪（錢德洪）與黃正之、張叔謙、汝中（龍溪）丙戌會試歸，為先生道途中講學，有信有不信。先生曰：「你們拿一個聖人去與人講學，人見聖人來，都怕走了，如何講得行？須做得個愚夫愚婦，方可與人講學。」

陽明這番話無疑為陽明學後來的展開指示了一個民間化的方向。如果說儒學的民間化在陽明在世時尚未充分展開的話，陽明卒後，隨著王門諸子與陽明後學大規模社會講學活動的影響所及，儒學的民間化達到了中國歷史上空前的程度。清代的焦循（字理堂，晚號里堂老人，1763-1820）曾說：

> 余謂紫陽之學所以教天下之君子，陽明之學所以教天下之小人。……至若行其所當然，復窮其所以然，誦習乎經史之

文，講求乎性命之本，此惟一二讀書之士能之，未可執頑愚
頑梗者而強之也。良知者，良心之謂也。雖愚不肖、不能讀
書之人，有以感發之，無不動者。（《雕菰集》卷八〈良知論〉）

這裏所謂「君子」、「小人」，更多地不是就道德意義而言，而是
從社會地位的角度來說。「君子」是指具有較高社會地位的知識階
層，「小人」則是指一般文化程度不高的平民百姓。當然，君子小人
之分以「位」不以「德」，是春秋之前通行的用法。在《論語》中，
孔子雖然還偶爾保留了以往的用法，但君子、小人已經主要成為表
示德性修養高低的名詞。而在孔子以降的儒家傳統中，君子、小人
也基本上是在表示道德修養高低的意義上來使用的。焦循使用「君
子」、「小人」在當時幾乎已棄之不用的的古義來指代朱子學與陽明
學影響所及的主要對象，或許流露了他自己對朱子學與陽明學的不
同價值判斷，但這裏對陽明學「所以教天下之小人」，能令「愚不
肖、不能讀書之人」無不感動的觀察，卻無形中向我們透露了陽明
學深入影響到社會大眾層面的消息。並且，「紫陽之學所以教天下
之君子」與「陽明之學所以教天下之小人」的區分，也說明中晚明儒
學的民間化是一個主要與陽明學而非朱子學密切相關的歷史現象。
換言之，中晚明儒學的民間化可以說是陽明學發展特有的產物。

　　中晚明陽明學發展所帶來的儒學民間化，是一個以往許多研究
者都曾經注意到並有所探討的問題。然而，所謂「民間化」的實際
指涉或者說具體內涵是什麼，以及應當如何理解這種民間化的動
向，還有進一步分疏的必要。首先，儒學的民間化是指儒者群體的
成員構成以及儒家社會講學活動的參與者由以往的士大夫階層擴展
到了包括農工商賈在內的其他社會階層，簡單地說即大批布衣儒者

的出現。自從儒學成為中國文化的主流以來，儒家思想便無疑逐漸影響並滲透到民間社會的方方面面，甚至積澱成為社會大眾普遍的文化心理結構。例如，漢代的循吏便在儒學的民間教化方面發揮了重要的作用。❸ 不過，中晚明儒學的民間化主要還不是在這個意義上來說的。這裏的關鍵在於，不論儒學的觀念如何在社會的各個層面發揮影響，儒者群體由知識份子、士大夫階層構成，儒家講學活動的參與者或者說儒學的話語專屬於「士農工商」中「士」這一階層，卻是中晚明之前中國社會的一個基本事實。可是，隨著陽明學的發展，陽明學者卻不再是一個專屬於士人階層的群體，士農工商不同社會階層的人物都可以因為講習和實踐陽明學而成為布衣儒者。王艮以一介布衣從遊陽明門下，最後成為開啟泰州學派的一代儒學宗師，自然是一個最能說明問題的例證，而樵夫朱恕、陶匠韓貞（字以貞，號樂吾，1509-1585）、田夫夏廷美由習陽明學而被黃宗羲列入《明儒學案》，則更是以往儒家傳統中不曾有過的事。顏鈞雖「辭氣不文，其與人劄，三四讀不可句」，❸ 但卻參加過大學士徐階主持的靈濟宮講會，並應邀至徐階府第論學，且令羅近溪這樣的士大夫儒者終生拜倒門下。❸ 韓貞雖以陶業為生，但同時卻又在鄉間積極傳播儒家之道。黃宗羲稱其：

---

❸ 參見余英時：〈漢代循吏與文化傳播〉，氏著：《士與中國文化》（上海人民出版社，1988），頁129-216。

❸ 羅汝芳：〈揭詞〉，《顏鈞集》（北京：中國社會科學出版社，1996），頁44。

❸ 參見黃宣民：〈顏鈞年譜〉，《顏鈞集》，頁117-153。

> 以化俗爲己任，隨機指點農工商賈，從之遊者千餘。秋成農
> 隙，則聚徒講學，一村既畢，又之一村，前歌後答，弦誦之
> 聲，洋洋然也。（《明儒學案》卷三十二〈泰州學案一〉）

這裏不僅向我們提供了一位民間儒者的形象，其中所描繪的以農工商
賈爲聽眾的大規模佈道的場景，更是在以前的理學傳統中難以看到
的。有學者還對泰州學派成員的身份構成進行過量化研究，指出在王
艮與王襞文集中所錄的成員中，士人與庶民所占比例分別爲32.2％：
67.4%和14.3%：85.7%。[34] 由於以往的傳記史料都是以士大夫階層爲
構成主體，即使像《明儒學案》這樣非官方的學術史書也不例外，
在中晚明像韓貞這樣的民間儒者恐怕還有很多是如今已經難以稽考
的了。不過，如果深入考察各種地方誌，我們其實可以發現中晚明
的社會中存在著大批的布衣儒者。《明儒學案》中記載的幾位，只
不過是其他大批無法進入到歷史傳記材料中的布衣儒者的幾個代表
而已。當然，就儒者群體的總體而言，仍然以士大夫階層爲主體，
這是不容懷疑的，但布衣儒者的大批湧現，也的確是中晚明一個特
有的現象。此外，陽明學者遍及全國各地的講會儘管仍然以生員爲
主要參與者，[35] 但其中也不乏農工商賈之人。在一些宗族形式的講
會中，農工商賈的成分可能還要高一些。譬如，龍溪曾經主講過的
太平九龍會，參與者便不僅僅是知識階層。龍溪在其所作的〈書太
平九龍會籍〉中寫道：

---

[34]　程玉瑛：〈王艮與泰州學派〉，《臺灣師範大學歷史學報》第17期，1989
　　　年6月，頁123-127。
[35]　參見呂妙芬：〈陽明學講會〉，《新史學》第九卷第二期，1998年6月，頁
　　　48-52。

予赴會水西，太平杜子質，偕同志二十餘輩，詣會所請曰：
質昔聞先生之教，歸而約諸鄉，立會於九龍。始而至會者，
惟業舉子也，既而聞人皆可以學聖，合農工商賈，皆來與
會。（《全集》卷七）

龍溪的這段記載很能說明問題。九龍會的參與者起初只是單純的
「業舉子」者，後來則擴展到了農工商賈。之所以出現「合農工商
賈，皆來與會」的情形，是因為「聞人皆可以學聖」，而「人皆可
以學聖」，正是陽明學所著力發揮的一個命題。

儒學民間化的這一方面，與當時陽明學者觀念上的變化是相配
合的。更為明確地說，中晚明陽明學者對什麼是儒者的理解，為儒
者的範圍擴展到民間社會農工商賈的階層提供了觀念上的支援。余
英時先生曾經援引過王陽明嘉靖四年乙酉（1525）為商人方麟（節庵）
所作的〈節庵方公墓表〉，認為陽明肯定士、農、工、商在「道」的
面前完全處於平等的地位，不再有高下之分，從而使傳統的四民論
發生了重要的變化。❸❻ 而龍溪在同樣一篇為商人所作的序中，則在
陽明這一思想的基礎上進一步明確提出了究竟什麼才是「儒」這一
根本性的問題。在〈贈南山黃君歸休序〉中，龍溪這樣寫道：

世有沾沾挾冊，猥云經史之儒，而中無特操。甚或竊餂餂以
媒青紫，及踐朘葦，輒乾沒於銖兩，舉生平而弁髦之，謂經
術何？卒使士人以此相詆訾，恥吾儒之無當於實用，而卻走

---

❸❻ 余英時：〈中國近世宗教倫理與商人精神〉，氏著：《士與中國文化》，頁
525-527。

不前矣。夫其人之不敢步趾儒也，豈誠儒足恥哉！亦謂心不
純夫儒耳。乃若跡與贏牟息者伍，而其心爵然不溜於出入，
不悖於人倫，若南山黃君，斯非赤幟夫儒林者耶？（《全集》卷
十三）

在龍溪看來，「儒」已經不再是一個外在的職業和身份，而是某種內
在精神價值的體現。是不是真正的儒者，不在於是否操儒業，而在
於是否「心」能夠「純夫儒耳」。因此，龍溪批評那些「沾沾挾冊」
的所謂「經史之儒」「中無特操」，甚至以儒學作為謀求利祿的工具，
所謂「竊餖飣以媒青紫，及踐膴華，輒乾沒於銖兩」，認為這些人其
實並非真正的儒者。而像南山黃君那樣的人，雖然從事於商業，卻
「其心爵然不溜於出入，不悖於人倫」，反而可以說是一位能夠「赤
幟夫儒林」的真正儒者。中晚明的士商互動是一個很重要的歷史現
象，**❸❼** 其中，儒家學者在為商人撰寫的各種序、表、墓誌銘裏肯定
所寫商人具有儒者之風的例子也比比皆是。龍溪這篇文字直接將儒
學視為一種精神價值或者說「道」，將儒者理解為這種精神價值或
「道」的人格體現，可以說道出了當時許多儒家學者的心聲。這也是
龍溪這篇文字重要的思想史意義所在。而正是在這種思想觀念的支
援下，雖然像顏鈞、韓貞那樣的人物與士大夫階層的陽明學者在許
多方面仍然顯示了頗為不同的特徵，卻仍然能夠被接納為儒家群體
的一員。

---

**❸❼** 余英時：〈士商互動與儒學轉向──明清社會史與思想史之表現〉，見氏
著：《現代儒學論》，頁58-127。

　　儒學民間化的另一個方面，是陽明學者儒學實踐致力方向的側重點由廟堂轉向了民間社會。這一點，又表現在以下兩個方面。第一，是陽明學者大規模、大範圍面向社會的講學活動。呂妙芬曾經對陽明學的講會進行過專門研究，❸ 陳來先生也寫過有關嘉靖時期陽明學者會講活動的專題論文。❸ 不過，我們這裏所謂的「社會講學活動」，還不僅僅限於「講會」或者「會講」活動。「講會」或「會講」當然不無面向平民大眾的教化活動，但主要還是陽明學者的內部活動。而除了「講會」或「會講」之外，陽明學者的社會講學活動還包括直接針對社會大眾所組織的民間宣教活動。在這樣的民間宣教活動中，主要的參與者往往是以農工商賈為主體的社會大眾，而非以生員為主的知識階層。譬如，王陽明正德年間在江西時便推行過鄉約教育，羅近溪在任甯國知府時也「以講會鄉約為治」。(《明儒學案》卷三十四〈泰州學案三〉)而周海門在遭貶謫任兩淮鹽運判官時，甚至「建學延師」，將講學活動推廣到鹽場工人之中，以至於收到了「場民向化」的效果。❹ 陽明、近溪和海門等人是士大夫儒者，至於布衣儒者，則更是以民間社會為其宣教的

---

❸ Lu Miaw-fen, Practice as Knowledge: Yang-ming learning and Chiang-hui in Sixteenth-Century China, Ph. D. Dissertation, University of California, Los Angeles, 1997.

❸ 陳來：〈明嘉靖時期王學知識人的會講活動〉，《中國學術》第四輯(北京：商務印書館，2000)，頁1-53。

❹ 《欽定大清一統志》卷二百二十七載：「周汝登，字繼元，嵊人。萬曆進士，授南京工部主事。榷稅蕪湖關時，當道增稅額，汝登不忍苛民，以缺額謫兩淮鹽運判官。建學延師，場民向化。」文淵閣四庫全書，第479冊，頁237。

主要空間，以社會大眾為其施教的對象。如顏鈞在家鄉舉辦的「三都萃和會」，「士農工商皆日出而作，晚皆聚宿會堂，聯榻究竟。會及兩月，老者八九十歲，牧童十二三歲，各透心性靈竅，信口各自吟哦，為詩為歌，為頌為贊。」[41] 在南昌張貼〈急救心火榜文〉，所救對象也包括「四方遠邇仕士耆庶。及赴秋闈群彥與仙禪、賢智、愚不肖等。」[42] 而在泰州、如皋、江都各鹽廠的三年期間，跟隨顏鈞學習的人竟達幾千百眾。[43] 第二，是陽明學者領導或參與的地方自治和宗族倫理建設。例如，王陽明在江西推行的鄉約教育，一方面具有社會講學的內容，一方面還包含一整套具體的組織形式和操作方法。鄉約設有約長、約副、約正、約史、知約、約贊，有同約人名冊、彰善簿、糾過簿，有固定的會所和每月望日舉辦的同約人大會，[44] 是結合地方民眾管理與社會教化的一種政教合一的組織。除了鄉約之外，陽明還實行十家牌法的戶籍管理制度，而在頒發十家牌法的告諭中，幾乎完全是倫理教育的內容。[45] 因此，這實際上也是一種行政管理與倫理教化相結合的地方制度。江右的鄒東廓、董燧等人也都以陽明學的思想從事於鄉里宗族的倫理建設。[46] 前面提到龍溪曾去主講過的甯國府太平縣的九龍會，同樣是一種以

---

[41] 顏鈞：〈自傳〉，《顏鈞集》，頁 24。

[42] 顏鈞：《顏鈞集》，頁 2。

[43] 顏鈞：〈自傳〉，《顏鈞集》，頁 26。

[44] 王守仁：〈南贛鄉約〉，《王陽明全集》，頁 599-604。

[45] 王守仁：〈十家牌法告諭各府父老子弟〉，《王陽明全集》，頁 528。

[46] 董燧以陽明學思想從事家鄉宗族建設的情況，參見梁洪生：〈江右王門學者的鄉族建設——以流坑村為例〉，《新史學》第八卷第一期，1997年，頁 43-85。

杜氏宗族為核心的地方倫理建設活動。至於何心隱在家鄉江西永豐
創建的「聚和堂」，無疑是從其師顏鈞的「三都萃和會」轉手而來。
我們從何心隱的〈聚和率教論族俚語〉、〈聚和率養論族俚語〉可
以看到，這更是以家族為單位將教育、經濟和行政等多方面職能結
合在一起的一種帶有地方自治性的組織形式。其中，老人統一撫
養，子弟共同教育，年輕人的婚嫁則由族人統一經辦，賦役也大家
共同承擔。這種組織形式，可以說是何心隱將儒家傳統政教合一的
理想切實貫徹於宗族教育和管理的一種嘗試。❹

　　對中晚明陽明學的發展而言，儒學的民間化與過去所謂「左派
王學」尤其泰州學派的關係最為密切。❹由於過去一些學者在特定
的歷史背景下過於強調泰州學派的平民化與反封建性，引起了晚近
一些學者的反激，指出即使是泰州學派的成員構成以及交遊範圍，
仍然以士大夫階層為主體。例如，余英時先生根據最近新發現的
《顏鈞集》中顏鈞遭難入獄時捐錢營救者的名單，指出信仰和支援顏
鈞的人仍然以士大夫、各級官吏、普通儒生等為最多，因此不能過

---

❹　有關「聚和堂」的情況，參見吳宣德：《江右王學與明中後期江西教育發展》
　　（南昌：江西教育出版社，1996），頁343-350。而有關何心隱生平與思想
　　較為全面的研究，可參考Ronald G. Dimberg, *The Sage and Society: The Life and*
　　*Thought of Ho Hsin-yin.* Honolulu: University Press of Hawaii, 1974. 其中對「聚
　　和堂」的情況也有介紹。

❹　「左派王學」大概最早是嵇文甫先生提出的，主要是指龍溪與王艮所開啟的
　　思潮。參見氏著：《左派王學》（上海：開明書店，1934）。迄今海內外許
　　多研究者仍然沿用這一說法。其實這種說法的根源還是在黃宗羲《明儒學
　　案》中〈泰州學案〉前的序言，所謂「陽明先生之學，有泰州、龍溪而風行
　　天下，亦因泰州龍溪而漸失其傳。」儘管這種講法自有其根據和意義，但如
　　果從全面深入的研究要求來看，此說不免失之籠統與混漫。

分強調顏鈞的「平民性」。❹的確，如果說「平民化」或「平民性」是就價值觀念來說的話，根據我們以上所論，作為儒學民間化的一個重要方面，布衣儒者的大批湧現，恰恰主要是意味著更多的社會大眾開始接受士大夫階層所認同的價值觀念，而不是居於社會上層的儒家士大夫們接受了世俗大眾的價值取向。不過，我們也不能矯枉過正，從歷史發展的縱向比較來看，中晚明的儒家群體開始打破「士」階層與「農、工、商」階層的鴻溝而向後者開放，儒學話語也不再是「士」階層的專屬，卻又委實是一個重要而有意義的歷史現象。同樣，作為儒學民間化的另一方面，中晚明陽明學者儒學實踐的側重點由廟堂朝廷轉向民間社會，儘管並不意味著那些陽明學者完全捨棄了政治取向而但單純致力於民間社會的講學活動，如恰恰是為官不高、任期甚短且以講學活動為其社會實踐主要成就的龍溪，就曾經在萬曆登基前夕編輯過一部以宦官為教育對象、以正確引導年幼的萬曆皇帝為最終目標的《中鑒錄》。❺但是，就儒學發展的整體動態而言，較之以往的儒家傳統，這種由「得君行道」到「移風易俗」的側重點的轉換，也的確是中晚明儒學基調發生調整與變化的反映。❺

---

❹　余英時：〈士商互動與儒學轉向──明清社會史與思想史之表現〉，氏著：《現代儒學論》，頁101。

❺　彭國翔：〈王龍溪的《中鑒錄》及其思想史意義〉，《漢學研究》第19卷第2期，2001年12月，頁59-81。

❺　余英時先生認為明清儒學的一個新基調就是「移風易俗」的下行路線取代了「得君行道」的上行路線，見氏著：〈現代儒學的回顧與展望──從明清思想基調的轉換看儒學的現代發展〉，《現代儒學論》，頁31。如果我們不把這種基調的轉換理解為捨此取彼，而只是重點的相對轉化，余先生的觀察無疑是正確的。

　　對於中晚明陽明學者儒學實踐的側重點轉移到民間社會，余英時先生認為根本原因在於君主專制的高壓。㊺這無疑是一個重要原因。而對於中晚明儒學民間化的整體動向來說，除了政治上的因素之外，思想本身內在的因素同樣值得我們關注。換言之，陽明學自身的某些特質，是導致中晚明儒學民間化的內在機制。我們前面提到，甯國府太平縣的九龍會起初參加者只是那些習舉子業的諸生，但後來的發展卻是「合農工商賈，皆來與會」。而參與者普及到農工商賈的原因，九龍會的組織者杜質告訴曾經主講的龍溪說是由於那些農工商賈聽說「人皆可以學聖」。「人皆可以為堯舜」雖說是一個儒學的傳統命題，但事實上「學聖」歷來卻只是「士」階層才可以考慮的事情，農工商賈是與此無緣的。其中的關鍵在於，傳統的聖人形象，不僅是道德完美的人格，還是博學多知的典範，即同時具備「仁且智」這兩個方面。由於「知性」這一面需要許多先後天的條件，只有知識階層才能夠滿足這一方面的要求，「學聖」在現實生活中只能成為讀書人的事，便似乎是在所難免的了。但是，一旦聖人剔除了知性的因素，成為單純德性的化身，通向聖賢境界的大門自然會立刻向所有人敞開，知識階層在「學聖」的道路上也就和農工商賈處在同一條起跑線上了。布衣儒者韓貞有這樣一首詩：

> 一條直路與天通，只在尋常日用中。靜來觀空空亦物，無心應物物還空。固知野老能成聖，誰道江魚不化龍？自是不修修便得，愚夫堯舜本來同。㊻

---

㊺　同上文，《現代儒學論》，頁32-35。
㊻　韓貞：《韓貞集·七言絕句》〈勉朱平夫〉，見《顏鈞集》附錄，頁180。

不但對儒家「無」的境界有相應的了悟，更反映了剔除知性因素後對人皆可學而至聖人的高度自信。而中晚明陽明學知識之辨的內在指向和必然結果，正是儒家傳統聖人觀的重大改變。在陽明學者看來，聖人之所以為聖人，不在於「多學而識」，而在於良知明定、常作主宰。因此，恰恰是知識之辨這一陽明學的重要方面，為儒學的民間化提供了思想基礎，使儒學作為精英文化的現實形態發生了改變，也將「人皆可以為堯舜」這一非精英論的儒學基本命題落實到了現實性的層面。

對於中晚明陽明學知識之辨的內涵及其所導致的儒家聖人觀的改變，我們前面已經進行過專門的考察，故此處不贅。這裏需要說明的是，中晚明儒學的民間化雖然以泰州王艮一脈的推動最為有力，但其理論基礎，卻正在於陽明學者有關良知與知識的分辨。而知識之辨雖由陽明發端，後來陽明學者中在理論的辨析上發揮最詳的，恐怕要首推龍溪了。我們在本書第二章「良知與知識」一節以及第六章「知識之辨」的部分，可以很清楚地看到這一點。在龍溪遍及大江南北的講學活動中，雖然主要的內容是與當時思想界的其他儒家學者討論儒學的各種觀念與命題，與泰州一脈學者如羅近溪等人重在深入民間、化民成俗的講學活動有所差別。但是，我們必須看到，由於知識之辨為龍溪所著力發揮，因此，在中晚明儒學民間化的問題上，龍溪同樣具有相當的貢獻。當然，在知識之辨或者說良知與知識（德性與知性）的關係問題上，龍溪的思想理論較為圓融周洽，知識並不處在被簡單否定的地位。但是在儒學民間化的過程中，知識對於成就聖賢人格的意義不僅日益減弱，甚至淪為德性的對立面而終有反智主義的出現。在像顏鈞、韓貞那樣的許多布衣儒

者那裏，都有鮮明的反知識化傾向。這其間的差異，也是我們應當注意到的。

在中晚明陽明學的發展過程中，與民間化密切相關且同時出現的是儒學的宗教化。以前也有一些研究者注意到了中晚明儒學宗教化的問題，但對「宗教」的理解往往大都未經說明地預設了西方傳統中「religion」的涵義，以至於無法顧及到中晚明儒學宗教化的不同情況。事實上，中晚明儒學宗教化的具體內涵與指涉有兩種，或者可以說，中晚明儒學的宗教化表現為兩種不同的發展方向和類型。一種是儒學日益強化並突顯其精神性（spirituality）的方面而明確地成為一種終極關懷和「安身立命」之道；另外一種才是在西方傳統「religion」意義上所理解的宗教化。以往的研究基本上關注的是後者，但前者其實更為重要。因為只有在出現前者這種宗教化的前提下，後者的發生才有進一步的可能。

事實上，在本書第二章討論龍溪作為信仰對象的良知部分，我們已經接觸到了儒學宗教化的問題。而龍溪將對良知的信仰理解為內在自我的覺悟，本真人性的開發，不是表現為對外在於主體的超越者的頂禮膜拜，而是展開為不斷深入本然善性以轉化實然自我的致良知工夫，也正向我們展示了儒學宗教化的一種方向與形態。我們還指出，這種以通過自我的創造性轉化來實現「天人合一」的終極關懷與「安身立命」之道，儘管與傳統西方以基督教為代表的「religion」極為不同，但卻和基督教以及世界其他各大宗教傳統一樣，向世人提供了一種回應終極實在（the Real）的方式。而既然在世界各大宗教傳統多元互動的情況下，許多基督教背景的學者和神學家已經調整了傳統「religion」的狹窄涵義，不再過分強調人格神、組織化等因素

對於「宗教」的必要性，那麼，將中晚明陽明學對儒家傳統中超越性與精神性向度的著力發揮稱為「宗教化」，就完全是合理的。事實上，即便是就西方傳統中以基督教為背景的「religion」來說，最為核心的成分，也仍然並非各種外在的宗教形式，而同樣是內在的價值信仰與宗教情操。離開了後者這種「宗教性」（religiosity, religiousness），任何宗教形式包括制度、組織等等，都不免流於「玉帛云乎哉」和「鐘鼓云乎哉」的形同虛設。

　　龍溪所展示的這種儒學的宗教特徵，在中晚明陽明學的發展中具有相當代表性。如果說這種宗教化的趨勢以良知信仰論為核心，強調對自我良知心體的高度自覺自信，由此獲得成就聖賢人格的終極根據，與天地萬物建立一種彼此感通的親和一體關係，那麼，中晚明許多陽明學者都在不同程度上表現出這種良知信仰論的特徵。如周海門曾說：「信能及者，當下即是。稍涉擬議，即逐之萬里。然有程途可涉，人便肯信；不行而至，便自茫然，所以開口實難。」（《東越證學錄》卷一〈南都會語〉）「人人本同，人人本聖。而信是此人人本同、人人本聖之本體。故信，則人人同，而為聖人；不信，則人人異，而為凡人。」（《東越證學錄》卷六〈重刻心齋王先生語錄序〉）劉塙也說：「當下信得及，更有何事？聖賢說知說行，只不過知此行此，無剩技矣。只因忒庸常、忒平易、忒不值錢，轉令人信不及耳。」（《明儒學案》卷三十六〈泰州學案五〉）焦竑更是指出：「信者，實有諸己之謂。吾人果能信得及，則實有諸己矣。此信一真，美大聖神相因而至。」（《澹園集》・卷四十九〈明德堂答問〉）而羅近溪為了強調肯信內在良知的重要性，甚至將「尊德性」中的「尊」解釋為「信」。他說：「所謂尊者，尊也，信也。故不

尊德性,則學為徒學矣。然尊而不信,則尊焉能成實尊耶?」(《近溪子集》〈庭訓紀上〉)對於這些陽明學者來說,作為道德實踐、成就聖賢人格以及「知性、知天」的根據與始基,良知心體不是知解求索的對象,而是實有諸己的先天實在。因此,對於良知心體的肯定,就應當表現為當下即是的信仰而不是理智的認識活動。只有當下「信得良知及」,「成己」、「成物」的道德實踐才能得以展開,聖賢人格的成就才有可能,「知性」、「知天」而「上下與天地同流」的「天人合一」之境也才能夠實現。

羅伯特·貝拉(Robert N. Bellah)曾經指出,「早期現代宗教」(early modern religion)的一個基本特徵在於「個人與超越實在之間的直接關係」(the direct relation between the individual and transcendent reality)。❺ 換言之,個人可以無須通過教會組織的中介,而只要在內心中建立真實的信仰,便可以得到救贖。用馬丁·路德的話來說就是「單憑信仰,即可得救」(salvation by faith alone)。當然,貝拉雖然承認伊斯蘭教、佛教、道教等都發生過程度不同的變革,但他所謂的「早期現代宗教」,主要是以西方宗教改革之後的新教為背景和實際指涉的。但是,如果我們確實可以將不通過某種組織化中介的「個人與超越實在之間的直接關係」視為早期現代宗教的基本特徵,那麼,在陽明學者的推動下,中晚明儒學宗教化的一個方向與特點,恰恰表現為謀求建立一種「自我與超越實在之間的直接關係」。只不過對基督教和伊斯蘭教來說,超越實在是外在於主體的上帝、安

---

❺ Robert N. Bellah, "Religious Evolution", William A. Lessa & Evon Z. Vogt eds., *Reader in Comparative Religion*. New York: Harper & Row, Second Edition, 1965, pp.82-84.

拉。而對於中晚明以龍溪為代表的陽明學者而言，超越實在則是內在的良知心體。這個意義上儒學的宗教化，可以說是儒家主體性取徑的「為己之學」的極致。

　　不過，即使以西方傳統意義上的「religion」作為宗教這一概念的主要參照，隨著陽明學的展開，中晚明儒學的宗教化仍然具有類似的方向和形態。對此，我們可以顏鈞與林兆恩為例加以說明。由於最近《顏鈞集》的重新發現和整理出版，使我們對這位布衣陽明學者思想和實踐的瞭解有了第一手的可靠材料。從中我們可以看到，宗教化的傾向，正是顏鈞思想和實踐的一個重要方面。顏鈞稱陽明為「道祖」，㊵試圖建立「教統」；稱孔子為「聖神」，㊶將儒學的理性傳統神格化；還實行類似於道教修煉的七日閉關靜坐法。這顯然都是其將儒學宗教化的具體內容。而他在〈自傳〉中回憶嘉靖二十三年甲辰（1544）與羅近溪聚會王艮祠堂時感格上天所發生的天象之變，㊷更是接近於基督教傳統中所謂的「神迹」。此外，林兆恩在福建創立的三一教，以「三教合一」為形式，以「歸儒宗孔」為宗旨，融儒釋道三家為一教，有教主，有教義，有組織，有信徒，

㊵　稱陽明為「道祖」一說分別見於〈急救心火榜文〉、〈自傳〉，見《顏鈞集》，頁1、頁23。

㊶　「聖神」之說分別見於〈論三教〉、〈引發九條之旨‧七日閉關開心孔昭〉以及〈耕樵問答‧晰行功〉，見《顏鈞集》，頁16、頁37以及頁51。

㊷　「秋盡放棹，攜近溪同止安豊場心師祠。先聚祠會半月，洞發心師傳教自得《大學》、《中庸》之止至。上格冥蒼，垂懸大中之象，在北辰圓圈内，甚顯明，甚奇異。鈞同近溪眾友跪告曰：『上蒼果喜鈞悟通大中學庸之胐靈，乞及大開雲蔽，以快鈞多斐之肯啓。』剛告畢，即從中開作大圓圈，圈外雲露不開，恰如皎月照臨。鈞等縱睹渝兩時，慶樂無涯，叩頭起謝師靈。是夜洞講轔轔徹雞鳴。出看天象，竟泯沒矣。」見《顏鈞集》，頁25-26。

無論從各個方面衡量，都符合「religion」的標準。嚴格而論，林兆恩並不屬於陽明學者的範圍，在其約百萬言的著作中，屢屢提到的也是宋代諸儒而非陽明及其後學。但事實上，不僅林兆恩的祖父林富與陽明的關係十分密切並於致仕歸鄉後設立講壇宣講陽明學，林兆恩自幼一直從祖父學習，而且林兆恩本人也與羅念庵、何心隱等陽明學者有過密切的往來。與此相關且更為重要的是，就三一教的思想內容來看，其理論基礎可以說完全在於陽明學。因此，林兆恩三一教的建立，應當可以作為陽明學影響下儒學宗教化的一個具體例證。事實上，當時管志道就曾指出林兆恩的三一教「稽其品，其在泰州王氏後耳。」(《覺迷蠡測・林氏章第六》)而清代學者徐珂也認為林兆恩可以說是「姚江別派」。(《清稗類鈔・宗族類》)這些都指出了陽明學之於林兆恩三一教的淵源關係。林兆恩之所以絕少提到陽明及其後學的名號，或許是出於創立新說的需要，或許有著其他種種原因。然而欲蓋彌彰，其實反而透露了陽明學對於其思想的重要意義。有關林兆恩及其三一教，學界已經有了許多專門的研究。❺❽《顏鈞集》雖然正式出版才五年，也已經積累了一些研究成果。❺❾因此，我們這裏不必再詳細介紹其思想與實踐的具體內容。需要指出的是，顏鈞、林兆恩等人所體現的儒學宗教化，儘管或許

---

❺❽　如以下三部專著：(一)Judith A. Berling, *The Syncretic Religion of Lin Chao-en*. New York: Columbia University Press, 1980；(二)、鄭志明：《明代三一教主研究》(臺北：學生書局，1988)；(三)、林國平：《林兆恩與三一教》(福州：福建人民出版社，1992)。其中林國平的書尤其注意到了陽明學與林兆恩三一教的關係。還有散見於各種期刊的論文，此處不列。

❺❾　如黃宣民：〈顏鈞及其「大成仁道」〉，《中國哲學》第十六輯，1993 年 9 月；鍾彩鈞：〈泰州學者顏山農的思想與講學——儒學的民間化與宗教

更符合「宗教」這個概念在其西方語源學中的涵義，但其實並不能代表陽明學的主流。⑥ 對構成陽明學主體的儒家知識份子而言，龍溪所代表的那種宗教化的方向和形態，可能更容易為他們所接受和認同。不過，如果撇開外在的宗教形式和種種「神道設教」的行迹不論，龍溪良知信仰論所體現的高度精神性，仍然可以說構成顏鈞、林兆恩所代表的那種宗教化方向和形態的核心成分。

　　無論是儒家知識份子的聚會講學，還是面向社會大眾的宣教活動，大規模的聚會講學，是中晚明儒學宗教化兩種不同方向和類型的一個共同形式。而這一形式本身，也是儒學宗教化的一個重要反映。這種大規模的聚會活動有兩方面的特徵。首先，聚會往往以山林、寺廟、道觀為場所，在此期間，參與者通常遠離自己的家庭，衣食起居都在一起，組成一種大家庭式的生活社群。而這種社群的維繫，完全有賴於參與者共同的精神追求。其次，在這種聚會活動中，彼此之間勸善改過、互相監督，力求不斷提高個人的道德修養，構成參與者們日常生活的基本內容。無論在羅念庵的〈冬遊記〉、〈夏遊記〉中，還是在顏鈞、何心隱的「萃和會」、「聚合堂」中，我們都可以看到這一點。從這兩方面來看，這種群體性的

---

化〉，《中國哲學》第十九輯，1998年9月；陳來：〈顏山農思想的特色〉，《中國傳統哲學新論──朱伯崑教授七十五壽辰紀念文集》。另外，余英時先生在其〈士商互動與儒學轉向──明清社會史與思想史之表現〉一文的最後一節中也專門以顏鈞爲例討論了儒學的宗教轉向。見《現代儒學論》，頁98-112。

⑥ 這一方向和形態在清代民間社會有所發展，參見王汎森：(一)、〈道咸年間民間性儒家學派──太谷學派研究的回顧〉，《新史學》，五卷四期，1994年12月，頁141-162；(二)、〈許三禮的告天之學〉，《新史學》，九卷二期，1998年6月，頁89-122。

聚會講學活動，顯然可以同西方宗教團體的集會相提並論，具有某種宗教「團契」（fellowship）的意涵。陽明學者這種宗教性的聚會活動，其實是受了佛道兩家的影響。鄧元錫（字汝極，號潛谷，1528-1593）曾從學鄒東廓，但其實卻傾向於朱子學。他在辨儒釋異同時有這樣一段話：

> 其棄人倫、遺事物之迹，則爲世人執著於情識，沈迷於嗜欲，相攻相取，膠不可解，故群其徒而聚之，令其出家，以深明夫無生之本，而上報四恩，下濟三途，如儒者之聚徒入山耳，爲未悟人設也。（《明儒學案》卷二十四〈江右王門學案九〉）

潛谷這段話意在批判佛教遺棄人倫事物，而竟以「儒者之聚徒入山」與之相比，無形中恰恰透露了在潛谷這樣儒者的心目中，陽明學者的講學聚會活動實類似於佛教的出家生活。作為講學活動的代表人物，龍溪在萬曆二年甲戌（1574）與張元忭等人聚會天柱山房時曾說：「時常處家，與親朋相燕昵，與妻孥佃僕比狎，又以習心對習事，因循隱約，固有密制其命而不自覺者。才離家出遊，精神意思，便覺不同。」（《全集》卷五〈天柱山房會語〉）本來，儒家聖人之道的追求是首先要落實於家庭生活之中的，但在龍溪的話語中，家庭生活竟然成為求道的妨礙。龍溪對與道友、同志「團契」生活的向往，不能不說是具有宗教性的心態。並且，這種遠離甚至捨棄家庭生活而在道友的聚會活動中獲得心靈安頓的宗教性心態，在許多陽明學者中也都有不同形式的反映。像李贄、鄧豁渠那樣出家求道的極端情況自不必論，而何心隱早年雖致力於宗族建設而頗有成效，「數年之間，幾一方三代矣」，❻后來卻終於放棄家庭，試圖

通過道友、同志的凝聚來實現其政治社會理想，所謂「欲聚友以成孔氏家云」(《耿天臺先生文集》卷十六〈里中三異傳〉)。耿定向屬於較為保守的學者，他與李贄的衝突很大一部分即在於強調家庭倫理而無法接受李贄那種置家庭於不顧的生活方式。但耿氏臨終前三年卻是在這樣一種境況下度過的，所謂「不言家事，亦不言國事，日以望道未見為懷，開導後學。」(《愓若齋集》卷四〈祭先師天臺先生文〉)甚至連辟佛甚嚴的劉元卿也認為「正欲離其妻子，捐親戚，杖劍慨然以萬里為志，不少回頭，乃於堯舜之道有少分相應。」(《山居草》卷一〈答尹甥一紳〉)

如果說宗教經驗是宗教現象的一項重要內容的話，與中晚明儒學宗教化密切相關的，還有許多陽明學者的神秘體驗問題。對陽明學而言，既然個人可以與超越實在建立直接的關係，而超越實在又是內在的良知心體，那麼，自我對良知心體的體認活動，就常常具有神秘體驗的現象發生。事實上，在整個儒學傳統中，恰恰以中晚明陽明學中的神秘體驗現象最為豐富與突出。因此，有關神秘體驗的問題，也可以說是儒學宗教化的一個重要方面。由於陳來先生對此問題已經作過專門的考察，[62]我們這裏就不再贅述了。但有一點需要指出的是，從理性主義的立場來看，儒家道德主體性與道德形上學的建立自然不必以種種形式的神秘體驗為預設。諸多中晚明儒家學者雖有神秘體驗的經歷，但他們道德主體性與道德形上學的建立，也不必自覺地以自己的神秘體驗為基礎。這裏關鍵的問題是，

---

[61]　鄒元標：〈梁夫山傳〉，見《何心隱集》(北京：中華書局，1960)頁120。
[62]　陳來：〈心學傳統中的神秘主義問題〉，見氏著：《有無之境——王陽明哲學的精神》〈附錄〉，頁390-415。

為什麼許多不同的學者在同樣的求道過程中、在不同的條件下都會
產生一些類似的神秘體驗？這些神秘體驗有沒有共同的基礎？如果
有，那麼它只是一種心理現象還是某種具有先驗屬性的實在？如果
神秘體驗其實不過是將我們引向這種更為深層實在的表象，那麼，
這種實在又是什麼？就此而言，究竟如何認識這種神秘體驗，或許
還值得我們進一步思考。

在神聖與凡俗、自我與社會之間，西方的思想傳統或許更多地
強調彼此的對立與緊張。但對儒學傳統來說，卻始終謀求二者之間
的「中庸」之道。自我的超越之路雖然可以由「盡心、知性」而「知
天」，最終達至「大而化之」且「不可知」的「神聖」之境，以至
於「與天地合其德，與日月合其明，與四時合其序，與鬼神合其吉
凶。先天而天弗違，後天而奉天時」，但個體自我這種「極高明」的
超越並非指向「無何有之鄉、廣漠之野」，而是必然要「道中庸」，
以「共他存在」、「在世存有」的身份內在地展開於「人間世」的
各種社會關係網路之中。如果說「君子之道費而隱，夫婦之愚可以
與知焉，及其至也，雖聖人亦有所不知焉」，指示了神聖與凡俗的
統一，「吾非斯人之徒與而誰與」，則表明了自我與社會的同構，而
這兩個方面，都可以在「不離日用常行內，直造先天未畫前」中得到
反映。不過，在中晚明陽明學興起之前，儒學傳統在其歷史發展過
程中更多地展示了凡俗與社會的一面。有一種通常而流行的看法，
即將儒學理解為主要是一種調節人與人之間關係的社會倫理，也基
本上由此而來。但是，隨著中晚明陽明學的展開，特別是儒學的民
間化與宗教化，儒學傳統中本來所蘊涵的神聖與自我的一面，尤其
是即凡俗而神聖、深入社會而成就自我的獨特性格，得到了較為充

分的展現。而龍溪的人格思想與社會實踐，也正可以說是中晚明陽明學所開啟的這一獨特視域中的一個縮影。

# 附錄一　王龍溪先生年譜

## 王畿，字汝中，別號龍溪，浙之山陰人。

趙錦〈龍溪王先生墓誌銘〉曰：「先生系出晉右軍，世居越之山陰，與陽明為同郡宗人。大父理，臨城縣令。父經，貴州按察副使，先任台中，有直聲。」

趙錦(1516-1592)，字元樸，號麟陽，餘姚人。嘉靖二十三年(1544年)進士。累官至太子少保，兵部尚書，諡端肅。學宗陽明，立身清正。焦竑《國朝獻徵錄》卷四十五有朱賡撰〈資德大夫正治上卿太子少保刑部尚書贈太子太保趙公錦墓誌銘〉。張廷玉《明史》卷二百十列傳九十八有傳。

徐階〈龍溪王先生傳〉曰：「公先世出王右軍，考貴州按察副使，諱經。」

徐階(1503-1583)，字子升，號存齋，松江華亭人。聶雙江弟子。嘉靖癸未(1523年)進士，授翰林編修。曆官浙江提學僉事、司經局洗馬兼侍講、國子祭酒，禮部侍郎、禮部尚書、文淵閣大學士、武英殿大學士。贈太師、諡文貞。有《世經堂集》二十六卷、《世經堂續集》十四卷。黃宗羲《明儒學案》卷二十七〈南中王門學案三〉有錄。

## 弘治十一年戊午　1498 年　一歲

是年五月六日，龍溪生。

徐階〈龍溪王先生傳〉曰：「妣陸，感神人異夢，以弘治戊午五月六日生公。」

是年，陽明二十七歲，寓京師，談養生。

陽明《年譜》十一年戊午條下載：「先生自念辭章藝能不足以通至道，求師友於天下又不數遇，心持惶惑。一日讀晦翁上宋光宗疏，有曰：『居敬持志，為讀書之法。』乃悔前日探討雖博，而未嘗循序以致精，宜無所得；又循其序，思得漸漬洽浹，然物理吾心終若判而有二也。沈鬱既久，舊疾復作，益委聖賢有分。偶聞道士談養生，遂有遺世入山之意。」（案：此處舊疾復作，當指昔日官署格竹，思理不得所引生之疾。）

三月，陳白沙撰〈重修梧州府學記〉（《白沙子》卷一）。十月，朝廷復徵白沙翰林檢討（《國榷》卷四十三）。

## 弘治十二年己未 1499年 二歲

是年春，陽明會試舉南宮第二人，賜二甲進士出身第七人，觀政工部。

夏，陳白沙撰〈慈元伯記〉（《白沙子》卷一）。

八月，湛若水與張博之、鄧順之、趙景鳳、李子長、李天秩相偕遊西樵。有〈遊西樵記〉（《湛甘泉先生文集》卷十八）

是年鄒東廓九歲，從父南大理官邸。羅欽順見而奇之，相慶署中有顏子（《明儒學案》卷十六、《聖學宗傳》卷十五、《理學宗傳》卷二十一）。

鄒守益(1491-1562)，字謙之，號東廓，江西安福人。陽明弟子。正德六年(1511年)會試第一，授翰林編修。歷官南考功、太常少卿、侍讀學士、南京國子祭酒。隆慶元年，贈禮部右侍郎，諡文莊。有《東廓鄒先生文集》十二卷。《明儒學案》卷十六〈江右王門學案一〉有錄。

## 弘治十三年庚申　1500年　三歲

是年，王陽明授刑部雲南清吏司主事。

七月，陳白沙卒，葬於圭峰之麓，遠近會葬者幾千人。（《陳白沙先生年譜》）

## 弘治十四年辛酉　1501年　四歲

是年，王陽明以刑部主事審錄江北，遊九華山，宿化城寺。薛侃年十六，聞講《中庸》，遂志聖賢之學（《薛中離先生全書》卷首、《理學宗傳》卷二十一）。王艮年十九，奉父命商遊四方，以山東闕里所在，徑趨山東（《王心齋年譜》）。

薛侃（1486-1545），字尚謙，號中離，廣東揭陽人。正德十二年(1517年)進士。從學陽明於贛，四年後而歸。正德十六年(1521年)授行人。有《研幾錄》，《薛中離先生全書》。《明儒學案》卷三十〈粵閩王門學案〉有錄。

王艮(1483-1540)，原名銀。陽明易名為艮，字以汝止。號心齋，泰

州安豐場人。陽明卒後，歸泰州授學，影響頗廣。有《心齋王先生全集》、《明儒學案》卷三十二〈泰州學案一〉有錄。

## 弘治十五年壬戌　1502年　五歲

是年，陽明漸悟仙釋二氏之非，告病歸越，築室陽明洞。

是年，聶豹年十六，督學無錫二泉邵寶取為弟子員，一見奇之。（《華陽館集》卷十）。

## 弘治十六年癸亥　1503年　六歲

是年，王棟、徐階生（《王一庵先生遺集》卷首、《疑年錄彙編》卷七、《國榷》卷七十二）。

## 弘治十七年甲子　1504年　七歲

是年秋，王陽明聘主山東鄉試，舉穆孔暉第一（《順渠先生文錄》卷九、《理學宗傳》卷二十一）。

九月，陽明改兵部武選清吏司主事。

是年，羅洪先生。

羅洪先（1504-1564），字達夫，別號念庵，吉水人。嘉靖八年（1529年）進士第一。歷任翰林修撰、左春坊左贊善。隆慶改元，贈光祿少卿，諡文恭。服膺陽明之學，然於陽明稱後學未稱弟子。有《羅念庵集》

十三卷、《石蓮洞羅先生文集》二十五卷。《明儒學案》卷十八〈江右王門學案三〉有錄。

## 弘治十八年乙丑 1505年 八歲

是年,陽明在京師與湛甘泉定交,共以倡明聖學為事。門人始進。

湛若水(1466-1560),字元明,號甘泉,廣東增城人。弘治乙丑(1505年)進士,授翰林院庶吉士。曆官侍讀、南京國子祭酒、吏部、禮部右侍郎、南京禮部、吏部、兵部尚書。主張隨處體認天理。有《甘泉先生文集》內篇二十八卷、外篇十二卷。《明儒學案》卷三十七有〈甘泉學案〉。

## 正德元年丙寅 1506年 九歲

是年二月,陽明抗疏下詔獄,謫龍場驛丞。

## 正德二年丁卯 1507年 十歲

是年夏,陽明赴謫。徐愛此年始師事陽明。

徐愛(1487-1517),字曰仁,號橫山,餘姚馬堰人。正德三年(1508年)進士,官至南京兵部郎中。陽明妹婿。於陽明弟子中及門最早。有《橫山集》。《明儒學案》卷十一〈浙中王門學案一〉有錄。

## 正德三年戊辰 1508年 十一歲

是年春,陽明至龍場,居夷處困,大悟格物致知之旨,著《五經臆說》。

## 正德四年己巳 1509 年 十二歲

是年，陽明在貴陽，提學副使席書聘主貴陽書院，始論知行合一。

## 正德五年庚午 1510 年 十三歲
## 正德六年辛未 1511 年 十四歲

是年正月，陽明調吏部驗封清吏司主事。二月，陽明以吏部主事同考官會試。

## 正德七年壬申 1512 年 十五歲

是年三月，陽明升考功清吏司郎中。十二月，升南京太僕寺少卿，便道歸省。

## 正德八年癸酉 1513 年 十六歲

是年二月，陽明至越。五月，與徐愛共遊越中諸勝。十月，至滁州督馬政，地僻官閑，日與門人遊滁之勝境，四方之士皆來學，從遊之眾自滁始。此間與孟源論靜坐。孟源問：「靜中思慮紛雜，不能強禁絕。」陽明曰：「紛雜思慮，亦強禁絕不得；只就思慮萌動處省察克治，到天理精明後，有個物各付物的意思，自然精專無紛雜之念。《大學》所謂『知止而後有定』也。」

## 正德九年甲戌 1514 年 十七歲

是年四月，陽明升南京鴻臚寺卿。五月，至南京。自滁遊學之士，多放言高論，亦有漸背師教者。故南畿論學，只教學者存天理，去人欲，為省察克治實功。

## 正德十年乙亥　1515 年　十八歲

是年，龍溪成婚，娶妻張氏。

《龍溪王先生全集》（下稱《全集》）卷二十龍溪所作〈亡室純懿張氏安人哀辭〉曰：「安人少予三歲。成婚時，安人年十五。」

趙錦〈龍溪王先生墓誌銘〉曰：「配張安人，賢淑無出，為置側室。」

徐階〈龍溪王先生傳〉曰：「公歷官不滿二考，每以安人未有封命為念。安人曰：『君不聞古孟光、桓少君乎？布素妾能自安也。』紹興守建三江閘成，謂石畫出自公，即以新開沙田二頃致謝。安人以為非義，力贊勿受。」

是年，羅汝芳生。

羅汝芳（1515-1588），字惟德，號近溪，江西南城人。嘉靖癸丑（1553年）進士。曾知太湖縣，後歷任刑部主事，知甯國府、東昌府、雲南副使、參政。萬曆十六年（1588年）卒。與龍溪皆為王門後學之佼佼者。陶望齡謂時人有「龍溪筆勝舌，近溪舌勝筆」之說。有《近溪子文集》等。《明儒學案》卷三十四〈泰州學案三〉有錄。

## 正德十一年丙子　1516 年　十九歲

是年九月，陽明升都察院左僉都御史，巡撫南贛，汀漳等處。十月，陽明歸省至越。

## 正德十二年丁丑　1517 年　二十歲

是年，陽明春平漳南象湖山，冬平南贛橫水、桶岡。

五月十七日，徐愛卒。

案：《明儒學案》云徐愛卒於正德十二年丁丑五月十七日。《甘泉文集》之〈寄王陽明都憲書〉云：「曰仁處莫愧遲，奠文已具，早晚當討梁進士轉達也。」其書在丁丑十一月。又甘泉〈祭徐郎中曰仁文〉云：「維正德十二年歲在丁丑十一月，友人翰林院編修養病增城湛若水敬寓香中致祭」，其文亦在丁丑十一月。而陽明《年譜》則以徐愛卒於十三年戊寅，誤也。過庭訓《明分省人物考》謂徐愛卒時「年才三十有七」，亦誤。蓋徐愛卒時年三十一。

## 正德十三年戊寅　1518 年　二十一歲

是年春，陽明平三浰，升都察院右副都御史。七月，刻《古本大學》，傍刻《朱子晚年定論》。八月，門人薛侃刻《傳習錄》。

## 正德十四年己卯　1519 年　二十二歲

是年，龍溪領鄉薦。

趙錦〈龍溪王先生墓誌銘〉云：「先生以正德己卯領鄉薦。」

夏，陽明平甯王朱宸濠亂，兼巡撫江西。

是年，錢緒山補邑庠弟子。

《全集》卷二十〈刑部陝西司員外郎特詔進階朝列大夫致仕緒山錢君行狀〉云：「正德己卯，補邑庠弟子，舉業日有聲，屈其項背。」

## 正德十五年庚辰　1520 年　二十三歲

是年九月，陽明還南昌。泰州王銀來學，與之反復論難，大服，遂稱弟子。陽明易其名為艮，字以汝止，始歸。

## 正德十六年辛巳　1521 年　二十四歲

是年，陽明始倡良知之教。九月歸餘姚。十月，封新建伯。

九月，錢德洪及門受業於陽明。

陽明《年譜》正德十六年辛巳九月條下載：「德洪昔聞先生講學江右，久思及門，鄉中故老猶執先生往迹為疑，洪獨潛伺動支，深信之，乃排眾議，請親命，率二侄大經、應揚及鄭寅、俞大本，因王正心通贄請見。」

錢德洪(1496-1574)，名寬，字德洪，後以字行，改字洪甫，餘姚

人。嘉靖十一年（1532年）進士。官至刑部郎中。與龍溪同為陽明高弟子。陽明平濠歸越後從學者甚眾，多先由龍溪、德洪為之疏通大旨，稱為教授師。有《續山會語》二十五卷，已佚。《明儒學案》卷十一〈浙中王門學案一〉有錄。

## 嘉靖元年壬午 1522年 二十五歲
## 嘉靖二年癸未 1523年 二十六歲

是年，龍溪赴京師試禮部不第，歸請終身受業於陽明。

徐階〈龍溪王先生傳〉曰：「試禮部不第，歎曰：『學貴自得，吾向者猶種種生得失心，然則僅解悟耳。』立取京兆所給路券焚之，而請終身受業於文成。文成為治靜室，居之逾年大悟。」

案：龍溪試禮部不第，歸請終身受業於陽明是在此年，然龍溪始受業於陽明，當更早。尹守衡《明史竊》列傳卷七十六曰：「王陽明初以良知之學倡起，姚江士駭之。畿弱冠舉於鄉，首往受業。入試禮部不第，即取京兆所給路券焚而歸，願棄舉子舉，求卒學於師門。」可見龍溪試禮部前已受業於陽明。又《全集》卷二十〈刑部陝西司員外郎特詔進階朝列大夫致仕緒山錢君行狀〉亦云：「追惟夫子還越，惟予與君二人最先及門。」徐階〈龍溪王先生傳〉亦謂德洪與龍溪於陽明歸越後最先及門。而德洪及門陽明是在正德十六年九月陽明歸越後。但陽明《年譜》載德洪及門之從者，卻未見龍溪之名。由此可見，龍溪始受業於陽明，或稍晚於德洪，然不至晚至嘉靖二年。故大略可斷在正德十六年末或嘉靖元年初。

又，龍溪受業陽明，乃陽明誘入門牆，頗具傳奇色彩。袁宗道《白蘇齋類集》卷二十二〈雜說〉云：「於時王龍溪妙年任俠，日日在酒肆博場中，陽明亟欲一會，不來也。陽明卻日令門人弟子六博投壺，歌呼飲酒。久之，密遣一弟子瞰龍溪所至酒家，與共賭。龍溪笑曰：『腐儒亦能博乎？』曰：『吾師門下日日如此。』龍溪乃驚，求見陽明，一睹眉宇，便稱弟子矣。」《明儒學案》卷十九〈江右王門學案·魏良器傳〉亦有類似記載，蓋陽明所遣弟子，即魏良器也。趙錦〈龍溪王先生墓誌銘〉云：「先生英邁天啓，穎悟絕倫，陽明以為法器，故其欲得先生也，甚於先生之欲事陽明。」張岱《明越人三不朽圖贊·立德·理學一》亦曰：「王龍溪，畿，山陰人。負高才，不喜學，倡論與陽明相角。文成曰：『此學種也。』多方勸掖，方委贄為弟子。穎敏異常，能闡明師教，分教乃門，多得其力。」

## 嘉靖三年甲申　1524年　二十七歲

是年，陽明門人日進，辟稽山書院講學。十月，門人南大吉續刻《傳習錄》。

南大吉(1487-1541)，字元善，號瑞泉，陝之渭南人。正德辛未(1511年)進士，歷官戶部主事、員外郎、郎中、紹興知府。嘉靖辛丑（1541年）卒。《明儒學案》卷二十九〈北方王門學案一〉有錄。

## 嘉靖四年乙酉　1525年　二十八歲

是年九月，陽明歸餘姚省墓，會於龍泉寺中天閣，時龍

溪對陽明思想已能心領神會。

《傳習錄下》載：「王汝中、省曾侍坐。先生（陽明）握扇命曰：『你們用扇。』省曾起對曰：『不敢。』先生曰：『聖人之學，不是這等綑縛苦楚的，不是裝作道學的模樣。』汝中曰：『觀仲尼與點言志一章略見。』先生曰：『然。以此章觀之，聖人何等寬容包涵氣象！且為師者問志於群弟子，三子皆整頓以對。至於曾點，飄飄然不看那三子在眼，自去鼓起瑟來，何等狂態。及至言志，又不對師之問目，都是狂言。設在伊川，或斥罵起來了。聖人乃復稱許他，何等氣象！聖人教人，不是個束縛他通做一般：只如狂者便從狂處成就他，狷者便從狷處成就他。人之才氣如何同得？』」

案：《傳習錄下》未載此事何年。然陽明《年譜》記嘉靖四年九月陽明歸餘姚省墓，定會於龍泉寺中天閣，可推知此事在是年。

## 嘉靖五年丙戌 1526年 二十九歲

是年，龍溪奉陽明之命偕錢德洪復試禮部，二人同舉南宮，因閣臣不喜陽明之學，二人不就廷試而歸。同榜者有戚賢。

徐階〈龍溪王先生傳〉云：「復當試禮部，文成命公往，不答。文成曰：『吾非欲以一第榮子。顧吾之學，疑信者猶半，而吾及門之士，樸厚者未盡通解，穎慧者未盡敦毅。觀試仕士咸集，念非子莫能闡明之。故以屬子，非為一第也。』公曰：『諾。此行僅了試事，縱得與選，當不廷試而歸卒業

焉。』文成曰：『是惟爾意。』乃覓大舟，聚諸同志以行。其
在途，自良知外口無別談，自《六經》、《四書》、《傳習錄》
外手無別擬。間有及時藝者，曰：『業已忘之矣。』有及試事
者，曰：『業已任之矣。』及抵都，歐陽南野宗伯、魏水洲諫
議、王瑤湖憲伯，泊郡縣入覲諸同志，爭迎公，與相辨證，
由是公名盛一時。」

　　《全集》卷二十〈刑部陝西司員外郎特詔進階朝列大夫致仕
緒山錢君行狀〉云：「丙戌，予與君同舉南宮，不就廷試而
歸，夫子迎會，笑曰：『吾設教以待四方英賢，譬之店主開行
以集四方之貨，奇貨既歸，百貨將日積，主人可無乏行之歎
矣。』」

　　陽明《年譜》是年四月條下載：「德洪與王畿並舉南宮，
俱不廷對，偕黃弘綱、張元沖同舟歸越。先生喜，凡初及門
者，必令引導，俟志定有入，方請見。」

　　案：查繼佐《罪惟錄·列傳》卷十〈理學諸臣列傳·龍溪
傳〉謂：「正德丙戌，文成強令會試，主司破格置高等，卒不
就廷試還。」誤以嘉靖丙戌為正德丙戌。

　　《全集》卷十九〈祭戚南玄文〉云：「丙戌之歲，忝兄同
榜。」

## 嘉靖六年丁亥　1527 年　三十歲

　　是年，龍溪曾至歸安訪戚賢。

　　《全集》卷十九〈祭戚南玄文〉云：「追惟丙戌之歲，忝兄
同榜，予以陽明先生在越，圖告南還。次年，兄出宰歸安，

與越臨壤，余嘗與玉溪扁舟過茗溪，期兄出會。兄泥於時
忌，意向雖切，行迹稍存。余以腳跨兩家船戲之，兄即幡然
愧悔，出頭擔當，興學育才，能聲大起。每公事過越，必謀
數日之會，而情益親。」

是年九月七日，天泉證道。龍溪發「四無」奧義。

《全集》卷一〈天泉證道記〉載：「陽明夫子之學，以良
知為宗，每與門人論學，提四句為教法：『無善無惡心之體，
有善有惡意之動，知善知惡是良知，為善去惡是格物。』學者
循此用功，各有所得。緒山錢子謂：『此是師門教人定本，一
毫不可更易。』先生謂：『夫子立教隨時，謂之權法，未可執
定。體用顯微，只是一機。心意知物，只是一事。若悟得心
是無善無惡之心，意即是無善無惡之意，知即是無善無惡之
知，物即是無善無惡之物。蓋無心之心則藏密，無意之意則
應圓，無知之知則體寂，無物之物則用神。天命之性，粹然
至善，神感神應，其機自不容己，無善可名。惡固本無，善
亦不可得而有也。是謂無善無惡。若有善有惡，則意動於
物，非自然之流行，著於有矣。自性流行者，動而無動；著
於有矣，動而動也。意是心之所發，若是有善有惡之意，則
知與物一齊皆有，心亦不可謂之無矣。』緒山子謂：『若是，
是壞師門教法，非善學也。』先生謂：『學須自證自悟，不從
人腳跟轉，若執著師門權法以為定本，未免滯於言詮，非善
學也。』時夫子將有兩廣之行，錢子謂曰：『吾二人所見不
同，何以同人？盍相與就正夫子？』晚坐天泉橋上，因各以所

見請質。夫子曰：『正要二子有此一問，吾教法原有此兩種。四無之說為上根人立教。四有之說，為中根以下人立教。上根之人，悟得無善無惡心體，便從無處立根基，意與知物，皆從無生，一了百當，即本體便是功夫，易簡直截，更無剩欠，頓悟之學也。中根以下之人，未嘗悟得本體，未免在有善有惡上立根基，心與知物，皆從有生，須用為善去惡工夫，隨處對治，使之漸漸入悟，從有以歸於無，復還本體。及其成功一也。世間上根人不易得，只得就中根以下人立教，通此一路。汝中所見，是接上根人教法，德洪所見，是接中根以下人教法。汝中所見，我久欲發，恐人信不及，徒增躐等之病，故含蓄到今。此是傳心秘藏，顏子明道所不敢言者。今既已說破，亦是天機該發泄時，豈容復秘？然此中不可執著。若執四無之見，不通得眾人之意，只好接上根人。中根以下人，無從接授。若執四有之見，認定意是有善有惡的，只好接中根以下人，上根人亦無從接授。但吾人凡心未了，雖已得悟，仍當隨時用漸修功夫，不如此不足以超凡入聖，所謂上乘兼修中下也。汝中此意正好保任，不宜輕以示人。概而言之，反成泄漏。德洪卻須進此一格，始為玄通。』」

案：天泉證道，《傳習錄下》與陽明《年譜》亦有記載，內容無大差異。只是陽明《年譜》謂天泉證道為丁亥九月八日事，然陽明丁亥十二月所作《赴任謝恩疏》云：「已於九月八日扶病起程」，則陽明當於八日發越中，而天泉證道即當在七日矣。如陽明所記不差，則《年譜》所載有誤。

　　九月下旬，陽明征思田，龍溪偕錢德洪等人送陽明遊吳山、月岩、嚴灘，至釣臺。

　　陽明《年譜》六年丁亥「九月壬午，發越中」條陽明過釣臺詩後跋曰：「嘉靖丁亥九月二十二日書，時從行進士錢德洪、王汝中、建德尹楊思臣及元材，凡四人。」

　　十月初，嚴灘問答，龍溪再發有無合一之論。

　　《王文成公全書》卷三十七〈訃告同門文〉載：「前年秋，夫子將有廣行，寬、幾各以所見未一，懼遠離之無證也，因夜侍天泉橋而請質焉，夫子兩是之，且進之以相益之義。冬初追送嚴灘，請益，夫子又為究極之說。」

　　《傳習錄下》載：「先生起征思田，德洪與汝中追送嚴灘。汝中舉佛家實相幻相之說，先生曰：『有心俱是實，無心俱是幻。無心俱是實，有心俱是幻。』汝中曰：『有心俱是實，無心俱是幻，是本體上說功夫。無心俱是實，有心俱是幻，是工夫上說本體。』先生然其言。洪於是時尚未了達，數年用功，始信本體工夫合一。」

　　案：此條為錢德洪所錄，《傳習錄》誤作黃以方錄。

　　《全集》卷二十〈刑部陝西司員外郎特詔進階朝列大夫致仕緒山錢君行狀〉載：「夫子赴兩廣，予與君送至嚴灘。夫子復申前說：『二人正好互相為用，弗失吾宗。』因舉『有心是實相，無心是幻相；有心是幻相，無心是實相』為問。君擬議未答。予曰：『前所舉是即本體證工夫，後所舉是用工夫合本

體。有無之間，不可以致詰。』夫子莞爾笑曰：『可哉！此是究極之說。汝輩既已見得，正好更相切磨，默默保任，弗輕漏泄也。』

案：此處龍溪所記嚴灘問答與緒山所記不同，讀者幸留意焉。

嚴灘問答後，龍溪、德洪與陽明告別歸越。陽明行至洪都，鄒東廓、魏水洲、歐陽南野等率百餘人出謁請益。陽明囑其裹糧往質龍溪。

徐階〈龍溪王先生傳〉云：「文成至洪都，鄒司成東廓暨水洲南野諸君，率同志百餘人出謁。文成曰：『吾有向上一機，久未敢發，近被王汝中拈出，亦是天機該發泄時，吾方有兵事，無暇為諸君言，但質之汝中，當有證也。』其為師門所重如此。」

趙錦〈龍溪王先生墓誌銘〉曰：「陽明過江右，鄒東廓、歐陽南野率同志百餘人出謁，陽明謂之曰：『吾有向上一機，久未敢發，今被汝中拈出，亦是天機該發泄時，吾方有兵事，未暇，諸君試質之汝中，當必有證也！』其善發陽明之蘊而為其所重也如此。」

李贄《續藏書》卷二十〈龍溪傳〉曰：「文成至洪都，鄒東廓暨水洲、南野率三百餘人請益。文成曰：『吾雖出山，汝中與同志裹居，究竟此事，諸君只裹糧往浙，相與質之，當證也。』

魏良弼(1492-1575)，字師說，號水洲，南昌新建人。與其弟魏良

政、魏良器皆於陽明撫豫時受學。萬曆乙亥(1575年)卒,年八十四。有
《魏水洲先生文集》六卷。《明儒學案》卷十九〈江右王門學案四〉有錄。

　　歐陽德(1496-1554),字崇一,號南野,江西泰和人。陽明弟子。嘉
靖癸未(1523年)進士。曆官刑部員外郎、翰林院編修、南京國子司業、
太僕寺少卿、南京鴻臚寺卿、太常卿、禮部尚書兼翰林院學士。嘉靖甲
寅(1554年)卒,年五十九。贈太子少保,諡文莊。有《歐陽南野先生文
集》三十卷。《明儒學案》卷十七〈江右王門學案二〉有錄。

## 嘉靖七年戊子　1528年　三十一歲

　　是年九月,陽明平思、田,與龍溪、德洪書。十月,又
與龍溪、德洪書,促其北上赴廷試。(二書俱見陽明《年譜》是
年九、十月條下。)


　　十一月,陽明平思、田歸,卒於南安,龍溪方偕錢德洪
赴廷試,因陽明歸,渡江復返,迎至嚴灘,聞訃,與德洪議
服制。德洪以為父母在,麻衣布絰弗敢加。龍溪請服斬衰以
從,共奔廣信。

　　徐階〈龍溪王先生傳〉云:「文成平思田歸,卒於南安,
公方偕錢公赴廷試,抵彭城聞訃,即同馳還。」

## 嘉靖八年己丑　1529年　三十二歲

　　是年正月,龍溪偕德洪等門人為陽明成喪於廣信,並訃
告同門,扶櫬歸越。奔喪過玉山時檢收陽明遺書。歸越於西
安時與德洪等共定每歲會期。抵越之後,因朝中奸佞把持,

盡革陽明封爵，龍溪與德洪扶持陽明遺孤，經紀其家，並築室陽明墓場，守喪三年。

陽明《年譜》八年己丑正月條載：「先是德洪與畿西渡錢塘，將入京殿試，聞先生歸，遂迎至嚴灘，聞訃，正月三日成喪於廣信，訃告同門。」

陽明《年譜·附錄一》十四年乙未條載：「先是洪、畿奔師喪，過玉山，檢收遺書。」

陽明《年譜·附錄一》十三年甲午三月條下載：「先自師起征思田，舟次西安，門人樂惠、王璣等數十人雨中出候。師出天真二詩慰之。明年師喪，還玉山，惠偕同門王修、徐霈、林文瓛等迎櫬於草萍驛，憑棺而哭者數百人。至西安，諸生追師遺教，莫知所寄。洪、畿乃與璣、應典等定每歲會期。」

陽明《年譜·附錄一》十年辛卯五月條下載：「先是師殯在堂，有忌者行譖於朝，革錫典世爵。有司默承風旨媒孽，其家鄉之惡少遂相煽，欲以魚肉其子弟。胤子正億方四齡，與繼子正憲離怵竄逐，蕩析厥居。」

《全集》卷二十〈刑部陝西司員外郎詔進階朝列大夫致仕諸山錢君行狀〉云：「及歸越襄事，時權貴忘師德業之盛，盡革身後錫典。有司默承風旨媒孽，其家鄉之惡少，行將不利於胤子。內訌外侮並作。君與予意在保孤寧家為急，遂不忍離，相與築室於場，妥綏靈爽，約同志數人，輪守夫子盧室，以備不虞。暇則與四方同志往來聚會，以廣師門教旨。」

趙錦〈龍溪王先生墓誌銘〉云：「陽明既沒，嗣子未離母

懷。內外諸釁並作,而一時讒構,有力者復風行頤指其間。先生為之履艱叢謗,卒植遺孤,無愧古嬰杵之義。故議者謂陽明之教,得先生以益章,而陽明之後,亦得先生以有今日。嗚呼!豈虛語哉?」

## 嘉靖九年庚寅 1530年 三十三歲

是年,龍溪與德洪、王臣、薛侃共建天真書院,以祀陽明。

陽明《年譜·附錄一》三十四年乙卯條下載:「歲庚寅,同門王子臣、薛子侃、王子畿暨德洪建書院,以祀先生新建伯。」

## 嘉靖十年辛卯 1531年 三十四歲

是年五月,龍溪偕錢德洪赴金陵黃綰處,籌措陽明子正億婚事。

陽明《年譜·附錄一》十年辛卯五月條下載:「是月,洪、畿趨金陵為正億問名。綰曰:『老母家居,未得命,不敢專。』洪、畿復走臺,得太夫人命,於是同門王艮遂行聘禮焉。」

徐階〈王龍溪先生傳〉云:「時文成嗣子孤弱,且內外忌毀交搆,悍宗豪僕,窺伺為奸,危疑萬狀。龍溪極力擁護,謀托孤於黃尚書綰,結婚定盟,久之乃定。」

黃綰(1480-1554),字叔賢,號久庵,臺之黃岩人。陽明歸越後及門稱弟子。歷任南京二部員外郎、光祿寺少卿、南京禮部右侍郎、禮部尚

書、翰林院學士。有《石龍集》。《明儒學案》卷十三〈浙中王門學案三〉有錄。

是年，程文德有〈與王龍溪同年書〉。

程文德《程文恭公遺稿》卷三十四〈與王龍溪同年書〉云：「丙戌之春，自隆興奉別，星霜凡六易矣。聞吾兄已有聞，邁往甚勇，近來復築室天真為依歸地，意氣修為，無愧六年矣。」

案：自丙戌起第六年為辛卯，故可推知程文德此信在是年。

程文德(1497-1559)，字舜敷，號松溪，婺之永康人。陽明弟子。嘉靖己丑(1529年)進士第二，授翰林院編修。歷官安福知縣、南京兵部主事、禮部郎中、都御史、禮部右侍郎、吏部左侍郎、翰林院學士。萬曆間贈禮部尚書、諡文恭。有《程文恭遺稿》三十二卷。初學於楓山，卒業於陽明。《明儒學案》卷十四〈浙中王門學案四〉有錄。

## 嘉靖十一年壬辰　1532 年　三十五歲

正月，龍溪偕德洪赴廷試，授南職方主事。期間，結識羅念庵，並與戚賢、王璣等同僚同志定月會於京師，聚會講學不已。

徐階〈龍溪王先生傳〉曰：「初，公赴廷對，故相永嘉公欲引置一甲，公不應。開吉士選，又欲引之，又不應，又開科道選，必欲引之，終不應，久乃授南職方主事。」

《全集》卷二十龍溪所作〈中憲大夫都察院右僉都御史在庵

王公墓表〉云：「壬辰，余與緒山錢君赴就廷試，諸君相處益密，且眾至六七十人，每會輿馬塞途，至不能行，乃分處為四會，而江右同志居多。每期會，余未嘗不與。眾謬信謂余得師門晚年宗說，凡有疑義，必歸重於余，若為折衷者。舊會仍以翰林科道部屬官資為序。余請曰：『會以明學，官資非所行於同志，盍齒序為宜？』君倡言以為然，至今守以為例。」

《全集》卷十九〈祭戚南玄文〉曰：「及余壬辰就廷試，兄時亦以行取補吏科，乃就居密邇。出則並馬，燕則共席，寢則連床。日以聚友講學為事。每大會中有所商訂，或有所指陳，兄以余能道其師說，必謬屬於予。從而贊之，以起人信心。闔辟鼓舞。一時同志，多賴以興起。」

羅念庵《念庵文集》卷八〈書王龍溪卷〉云：「憶壬辰歲，與君處，君是時孳孳然，神不外馳，惟道之求。汎觀海內，未見與君並者，遂託以身之不疑。」

王璣（1490-1556），字在叔，號在庵，後更號六陽山人。浙江西安（衢州）人。陽明弟子。嘉靖八年進士，授兵科給事中，升山東按察僉事，遷江西布政使參議。官至右僉督御史，巡撫淮陽。嘉靖三十二年罷歸。

是年，龍溪與錢德洪遊姑蘇，共證聶雙江稱陽明門生。

陽明《年譜》嘉靖五年丙戌條下載：「（錢德洪）按，豹初見稱晚生，後六年出守蘇州，先生（陽明）已違世四年矣。見德洪、王畿曰：『吾學誠得諸先生，尚冀再見稱贊，今不及

矣。茲以二君為證，具香案拜先生。』遂稱門人。」

　　案：由此處所謂「後六年出守蘇州」、「先生已違世四年」，可知當在嘉靖十一年壬辰。

　　陽明《年譜・附錄二》錢德洪〈答論年譜書之四〉云：「聶雙江文蔚見先生於存日，晚生也；師沒而刻二書於蘇，曰：『吾昔未稱門生，冀再見也，今不可得矣。』時洪與汝中游蘇，設香案告師稱門生，引予二人以為證。」

　　案：宋儀望〈雙江聶公行狀〉載雙江於嘉靖九年庚寅往守蘇州，嘉靖十年辛卯十月奔父喪，則嘉靖十一年雙江已離開蘇州。故〈雙江聶公行狀〉所記與陽明《年譜》有衝突，雙方必有一誤，今暫繫此事於此年下。

　　聶豹(1487-1563)，字文蔚，號雙江，永豐人。正德丁丑(1517年)進士。歷官華亭知縣、御史、蘇州知府、陝西按察司副使、巡撫蘇州右僉都御史、兵部侍郎、兵部尚書、太子少傅。嘉靖癸亥(1563年)十一月卒。隆慶元年贈少保，諡貞襄。有《雙江聶先生文集》十四卷。《明儒學案》卷十七〈江右王門學案二〉有錄。

# 嘉靖十二年癸巳　1533年　三十六歲

　　是年六月，林春曾兩次訪問龍溪，皆未遇。（林春《林東城文集》卷七〈訪王龍溪不遇紀事〉、〈再遊崇壽寺記〉）

　　林春(1498-1541)，字子仁，號東城，泰州人。嘉靖壬辰會試第一。歷官戶部主事、禮部主事、吏部主事、員外郎。師事王心齋，友王龍溪、鄒東廓、歐陽南野、羅念庵、唐荊川、趙大洲、湛甘泉、洪覺山、呂涇野等人。嘉靖辛丑(1541)卒官，年四十四。有《林東城文集》，為

其門人張純及其子林曉暉手錄遺文所成。

## 嘉靖十三年甲午　1534 年　三十七歲

是年，龍溪離開京師，正式赴南都就職。臨行時黃綰有〈贈王汝中序〉，已經開始對龍溪的思想表示異議。

黃綰《石龍集》卷十三〈贈王汝中序〉云：「王汝中選南京職方主事，將行，同志之士請予贈言。」

是年正月，鄒守益建復古書院於安福，祀陽明。

## 嘉靖十四年乙未　1535 年　三十八歲

是年，戚補之、貢玄略、周順之、沈思畏、梅純甫等人受業於龍溪門下。

《全集》卷二十〈文林郎項城縣知縣補之戚君墓誌銘〉云：「嘉靖乙未，予為南職方，因偕玄略、周順之、沈思畏、梅純甫輩，受業於予。」

戚袞，字補之，號竹坡。曾任項城知縣。初及門鄒東廓、歐陽南野，後卒業於龍溪。《明儒學案》卷二十五〈南中王門學案一〉有簡述。其餘如《明史》、《國朝獻徵錄》等皆未有錄。

貢安國，字玄略，號受軒，宣州人。嘗師事歐陽南野。《明史》、《國朝獻徵錄》等皆未有錄。唯《明儒學案》卷二十五〈南中王門學案一〉有簡述。

周怡（1505-1569），字順之，號訥溪，宣州太平人。嘉靖戊戌（1538年）進士。歷任順德推官、吏科給事中、太常少卿。隆慶乙亥（1575年）

卒。天啓初追謚恭節。有《周恭節公文集》二十七卷。《明儒學案》卷二十五〈南中王門學案一〉有錄。

沈宏，字思畏，號古林，宣城人。嘗問學歐陽南野，後就學於龍溪、錢德洪。歷任監察御史、湖廣江防僉事、廣西左參議。隆慶辛未（1571年）卒。《明儒學案》、《明史》、過廷洲《明分省人物考》皆不見有傳，惟《國朝獻徵錄》卷一百一有萬士和撰〈廣西布政司左參議沈君宏墓表〉。

梅守德，字純甫，號宛溪，宣城人。嘉靖辛丑（1541年）進士。任臺州府推官、戶部主事、山東督學副使、雲南分守左參政。萬曆丁丑（1577年）卒。年六十八。《明史》、《明儒學案》、《國朝獻徵錄》等皆未見有錄，惟《明分省人物考》卷三十八有傳。

## 嘉靖十五年丙申　1536年　三十九歲

是年，龍溪在任南京兵部武選郎中時，周怡卒業南雍，投於龍溪門下。

《周恭節公年譜》「嘉靖十五年丙申，先生（周怡）三十二歲」條下載：「卒業南雍，適山陰王公畿為南京兵部職方郎中。東廓、龍溪，皆陽明高弟。時先生與東廓相違背有六年，心甚快快。得龍溪在南畿，喜甚，即往拜從學焉。」

案：龍溪〈文林郎項城縣知縣補之戚君墓誌銘〉謂周怡嘉靖十四年乙未受業門下，《周恭節年譜》則謂為嘉靖十五年丙申，或有一方有誤。

五月，龍溪與王心齋會於金山，相偕訪唐順之於武進家

中。

《王心齋先生年譜》丙申十五年五十四歲條下載：「夏五月，會王龍溪畿金山，訪唐荊川順之武進。」

《明唐荊川先生年譜》十五年丙申三十歲條下載：「家居。王心齋、王龍溪相偕來訪。」

唐順之(1506-1560)，字應德，稱荊川先生，武進人。文行為學者所宗。嘉靖己丑(1529年)會試禮部第一。歷官翰林編修、兵部主事、太僕少卿、右通政、右僉都御史。禦倭寇有功，於學無所不窺。嘉靖庚申(1560年)卒，年五十四。崇禎中，追謚文襄。有《荊川先生文集》。《明儒學案》卷二十六〈南中王門學案二〉有錄。


十一月，黃宗明卒。

黃宗明，字誠甫，號致齋，寧波鄞縣人。陽明弟子。正德甲戌(1514年)進士。歷官南京兵部主事、福建鹽運使、光祿寺卿、兵部右侍郎、福建參政、禮部侍郎。《明儒學案》卷十四〈浙中王門學案四〉有錄。

## 嘉靖十六年丁酉 1537年 四十歲

是年，龍溪因病歸里，與薛侃聚學杭州天真精舍。

是年四月，各地私創書院遭禁，民間講學活動受挫。

《明通鑒》卷五十七「世宗嘉靖十六年十五條」曰：「是年四月，御史遊居敬論劾王守仁、湛若水偽學私創，罷各處私創書院。」

# 嘉靖十七年戊戌　1538 年　四十一歲

是年，張元忭生。

張元忭，字子蓋，別號陽和。山陰人。龍溪弟子。曾作〈龍溪會語·跋〉、〈祭王龍溪先生文〉。隆慶辛未（1571 年）進士。歷任編修、南京祭酒、禮部右侍郎。萬曆戊子（1588年）卒。贈禮部尚書、諡文節。有《張陽和先生不二齋文選》。《明儒學案》卷十五〈浙中王門學案五〉有錄。

# 嘉靖十八年己亥　1539 年　四十二歲

是年，龍溪病癒改任南武選郎中，時羅念庵召拜春坊右贊善，自江西北上，十月二日抵鎮江，龍溪邀念庵共遊南京。

十月，邀羅念庵至南京. 六日，龍溪與王鯉湖於南京城外東流寺迎接羅念庵。十一日，龍溪邀念庵觀都城，入觀音寺，相與論學。十二日，龍溪上午入城了部事，下午與念庵、鯉湖遊靈谷寺，晚宿月泉寺。

十一月，二十二日，龍溪攜酒肴至江東報恩寺與念庵相聚，次日回城入部。二十四日，龍溪再至報恩寺與念庵等人論學。二十六日，龍溪至江東會王遵岩。二十七日，龍溪赴報恩寺之會，與念庵等論學。二十八日，龍溪與念庵等人入城晤湛甘泉，晚念庵留宿龍溪家中。

十二月，一日晚，龍溪與念庵等人宿牛首寺，連臥論學。八日，龍溪偕念庵東遊觀音山，論佛老之辯。九日，龍溪送別念庵。

案：以上據羅洪先《念庵文集》卷五〈冬遊記〉整理。念庵〈冬遊記〉為日錄體，記載頗詳，惟冗長不便引，加之其中敍述以念庵為主，故撮要整理如上。

## 嘉靖十九年庚子　1540 年　四十三歲

是年十二月八日，王艮卒。

《王心齋先生年譜》十九年庚子五十八歲條下載：「冬十二月八日子時卒。鄒東廓、王龍溪為位哭於金陵。」

## 嘉靖二十年辛丑　1541 年　四十四歲

是年春，龍溪知王艮卒，與時任南京國子祭酒的鄒守益率同志設位哭祭。

是年四月，戚賢舉薦龍溪可備館員，因龍溪不欲結納時相夏言在前，遭其進言否決。旨下戚賢降一級謫山東布政司都事，尋致仕，龍溪亦以病陳乞去位。

《全集》卷二十〈刑科都給事中南玄戚君墓誌銘〉云：「戊戌，丁繼母朱氏憂。辛丑，服除，擢工科都給事中。未幾太廟災，君上進賢退不肖疏，遂落職，居家十二年以卒。」

## 嘉靖二十一年壬寅　1542 年　四十五歲

## 嘉靖二十二年癸卯　1543 年　四十六歲
## 嘉靖二十三年甲辰　1544 年　四十七歲

是年，王廷相卒。

王廷相(1474-1544)，字子衡，號浚川，河南儀封人。生於成化十年（1474年），弘治十五年（1502年）進士。曾任御史、右副都御史、南京兵部尚書、左都御史。幼有文名，為明代文學「前七子」之一。有《雅述》、《慎言》。《明儒學案》卷五十〈諸儒學案四〉有錄。

## 嘉靖二十四年乙巳　1545 年　四十八歲

是年四月，薛應旂以南京考功郎中考察南京，龍溪被黜罷官。

徐階〈王龍溪先生傳〉云：「時相夏貴溪公言，議選宮僚，其婿吳儀制春，龍溪門人也，首以龍溪薦。貴溪曰：『吾亦聞之，但恐為文選所阻，一往投刺乃可。』龍溪謝曰：『補宮僚而求之，非所願也。』貴溪曰：『人投汝懷，乃敢卻耶？若負道學名，其視我輩為何如人？』遂大不懌。會三殿災，詔求直言。六科疏薦王畿學有淵源，宜列清班，備顧問，輔養聖德。因票旨詆為偽學，而貶薦首吏科都給事中戚賢官。龍溪時為南武選郎中，再疏乞休。銓司報與告歸。踰年，以大察去。故龍溪名雖高，仕乃竟不達。」

《明唐荊川先生年譜》二十四年乙巳條云：「薛應旂為南京考功郎中，考察南京。部郎王畿、白悅及本州守符驗並置，察典被黜。士論駭然。」

薛應旂（生卒不詳），號方山，江蘇武進人。嘉靖乙未（1534）進

士。曆官慈溪知縣、南考功、浙江提學副使。有《四書人物考》四十卷、《宋元通鑒》一百五十卷、《憲章錄》四十六卷、《薛方山先生全集》四十六卷。

案：黃宗羲謂其嘗及南野之門，將其歸入南中王門。然方山自己在〈更定陽明先生祠額告文〉中則謂「某等雖未及門，竊幸私淑」。

是年，龍溪曾與萬表共過嘉禾龍淵寺。

萬表《玩鹿亭稿》卷一〈春日同王龍溪過嘉禾龍淵寺〉詩云：「蘭橈共秉春氣早，龍淵遙向夕陽開。香階草滿雙林接，古塔雲連一水回。因登寶地窺金相，偶與詩僧話茗杯。自笑浮生亦何事，行吟無處不徘徊。」

案：《玩鹿亭稿》卷一是詩後附曰：「以上皆甲辰乙巳年作。」姑暫繫於此。

萬表(1498-1556)，字民望，號鹿園。曆官浙江把總署都指揮僉事、督運、浙江府掌印都指揮、南京錦衣衛僉事、廣西副總兵左軍都督、漕運總兵僉書、南京中軍都督府都督僉事。掌漕運、禦倭皆有功。其學多得自龍溪，重躬行。有《玩鹿亭稿》八卷等。《明儒學案》卷十五〈浙中王門學案五〉有錄。

## 嘉靖二十五年丙午　1546 年　四十九歲

是年春，龍溪與羅念庵、戚南玄、唐荊川、萬鹿園、陳明水、呂沃洲等在毗陵相聚旬日。

《全集》卷二十龍溪所作〈刑科都給事中南玄戚君墓誌銘〉

云：「丙午春，念庵再訪君，君送至毗陵，因與予及荊川、鹿園、陳明水、呂沃洲復為旬日之聚。」

《明唐荊川先生年譜》二十五年丙午四十四歲條下載：「春，戚南玄、羅念庵來訪。周七泉、王龍溪、萬鹿園、陳明水、呂沃洲亦至。」

八月，龍溪為季本《廟制考議》作〈廟制考議序〉。

季本《廟制考議》篇首龍溪〈廟制考議序〉文末署：「嘉靖丙午歲秋八月既望東浙龍溪王畿汝中甫書。」

季本(1485-1563)，字明德，號彭山，會稽人。陽明弟子。正德十二年(1517)進士。曆官建寧府推官、御史、揭陽主簿、蘇州同知、南京禮部郎中。有《廟制考議》一卷、《易學四同》八卷、《別錄》四卷、《讀禮疑圖》六卷、《春秋私考》三十六卷、《樂律纂要》一卷、《詩說解頤》四十卷、《孔孟事迹圖譜》四卷、《說理會編》十六卷和《季彭山先生文集》四卷。季本與龍溪對良知學有不同的理解，參見龍溪《全集》卷九〈答季彭山龍鏡書〉。

九月，龍溪為林春《林東城文集》作〈東城子文集序〉。

林春《林東城文集》篇首龍溪〈東城子文集序〉文末署：「嘉靖丙午秋九月山陰龍溪王畿書。」

## 嘉靖二十六年丁未　1547 年　五十歲

是年，羅欽順卒。

羅欽順(1465-1547)，字允升，號整庵，江西泰和人。弘治六年(1493

年）進士，授翰林編修。歷官南京國子司業、太常寺少卿、禮部侍郎、吏部尚書、禮部尚書。有《困知記》。明代朱子學代表人物，有「朱學後勁」之稱。《明儒學案》卷四十七〈諸儒學案中一〉有錄。

## 嘉靖二十七年戊申　1548年　五十一歲

是年春，龍溪往赴青原，取道於涇縣，與諸友共訂每歲春秋水西之會。

《龍溪會語》卷一〈水西會約題辭〉云：「先是戊申春仲，余因江右諸君子期之青原，道經於涇。諸友聞余至，相與報聚，信宿而別，溫溫若有所興起。諸君懼其久而成變，復相與圖會於水西。歲以春秋為期，蘄余與緒山錢子疊至，以求相觀之益。」

夏，龍溪赴青原之會。六月一日龍溪偕錢德洪於豐城聚合羅念庵，有〈過豐城問答〉，後數人返行赴吉水念庵居處。二日，晤張浮峰等人於臨江。七日，於念庵講學處石蓮洞與念庵辨析學術二日。青原之會自六月二十五日始，七月二十三日解。會後龍溪偕念庵等人至貴溪縣龍虎山，尋堪江浙大會之所。初在青原議江浙會地，因見上清宮喧鬧，八月二十日赴沖元（玄），至秋仲南還。乃定於沖玄為每歲江浙大會之約。

案：《龍溪會語》卷一〈沖元會紀〉僅曰：「戊申之夏，既赴沖元之會。秋仲，念庵諸君送余南還，相與涉鵝湖之境，陟象山之墟。」記載簡略。以上據《念庵文集》之〈夏遊

記〉，然因念庵日錄體繁冗，乃整理如上。

十二月十五日，龍溪訪錢薇於秦溪草堂。

錢薇《海石先生文集》（萬曆四十一年至四十二年錢氏刻清增修本）卷十九〈送王龍溪序〉曰：「歲在戊申臘月之望，龍溪王子偕石山沈子過我秦溪草堂。談燕既集，慰我夙懷。」

錢薇(1502-1554)，字懋垣，號海石，浙江海鹽人。嘉靖十一年進士。由行人擢禮科給事中。因星變極言主失，世宗深銜之。已又書諫南巡，斥為民。既歸，務講學，足迹不及公府。卒年五十三。隆慶時贈太常少卿。有《海石先生文集》。

## 嘉靖二十八年己酉　1549 年　五十二歲

是年四月，龍溪赴涇縣水西會。十五日發自錢塘，由齊雲、曆紫陽，至水西。臨別龍溪作〈水西會約題辭〉。

《龍溪會語》卷一〈水西會約題辭〉篇末記：「己酉夏五月下浣書於水西風光軒中。」

秋，龍溪偕錢德洪赴會沖元，道出睦州（今浙江建德）時，為《鄒東廓先生續摘稿》作序。離睦州後至信江，因人之求，作〈雲塢山人集序〉。至沖玄觀大會同志百餘人。後有〈沖玄會紀〉。

《全集》卷一〈沖元會紀〉云：「己酉仲秋，先生偕緒山錢子，攜浙徽諸友，赴會沖元，合百餘人，相與抽繹參互。」

《全集》卷十二〈鄒東廓先生續摘稿序〉云：「嘉靖乙酉秋，

予偕緒山子赴沖元之會，道出睦州，少府對崖周子示予以東廓先生之集，曰此第三續稿也，且屬之言。」

案：此處題為「嘉靖乙酉秋」，有誤。蓋乙酉為嘉靖四年（1525 年），龍溪方二十八歲，且後文有「先師云云」，當在陽明卒後，故應為「己酉」。

## 嘉靖二十九年庚戌　1550 年　五十三歲

是年，羅近溪至維楊，約龍溪、錢緒山會於留都天壇道場，未果。

羅近溪《盱壇直詮》下卷云：「庚戌，師至維楊，約龍溪王公、緒山錢公大會於留都天壇道觀，竟不果行。」

是年，萬表以左軍都督漕運總兵任因病乞歸，居杭州養病。時龍溪居杭州金波園，常與萬表共閱《明名臣奏議》及《十三省九邊圖考》。萬表採編二書，成《皇明經濟文錄》四十一卷，龍溪頗為讚賞。（見萬表《玩鹿亭稿》卷三〈皇明經濟文錄序〉。）

是年，龍溪有〈答羅念庵〉書二封。

是年，唐順之有〈答王龍溪郎中〉（見《明唐荊川先生年譜》）。

## 嘉靖三十年辛亥　1551 年　五十四歲

是年秋，周順之來訪。龍溪偕其遊東南諸勝，聚講數

月，其間訪禪僧玉芝法聚於天池山（盧山天池峰）作四絕詩。過姑蘇，聚會道山亭。後又過武進訪唐荊川，過溧陽訪史玉陽於玉潭仙院，作〈辛亥長至玉潭仙院同天卿史玉陽吳周二司諫祝聖用韻〉。

《全集》卷十八詩序云：「辛亥秋，予偕周順之、江叔源，訪月泉天池山中，出陽明先師手書〈答良知二偈〉卷，撫今懷昔，相對黯然。疊韻四絕，聊識感遇之意云。」詩共四首，其一云：「四十年前參學時，分明舉似眾中知。深山落木虛堂夜，衣缽於今付阿誰？」其二云：「衣缽於今付阿誰？良知知處本無知。會須領取言前句，才落絲毫即強為。」其三云：「十月風霜葉落時，天然公案少人知。行歌燕坐非無事，些子機關舉向誰？」其四云：「些子機關舉向誰？謾從痛癢覓靈知。分明月在天池上，不著絲毫亦強為。」

《全集》卷二〈道山亭會語〉云：「嘉靖辛亥秋，太平周子訪予山中，因偕之西遊，將曆觀東南諸勝。遇同志之區，則隨緣結會，以盡切磨之益。過蘇，值近沙方大夫、開府吳中，聞予與順之（案：唐荊川）至，集同志數十輩，會於道山亭下，延予二人往蒞之。」

案：《龍溪會語》卷一之〈道山亭會記〉作「丁亥」，蓋丁亥為嘉靖六年（1527 年），有誤，當為「辛亥」。

《周恭節公年譜》「三十年辛亥　　先生四十七歲」條下載：「秋，往山陰訪龍溪。適武陵趙公為浙江僉事，遂至越。湖上一會，將即同龍溪並雲門、敬所諸公，經行臺州，窺探奇勝。遊天臺，聚講數月，乃發瘧於越。治弗止，不能強振，

遂別諸公，獨侍龍溪。從湖州過蘇州，曆宜興、溧陽諸處，一遊而返，至故蘇已冬月矣。訪質山黃公姬水。……既與質山別，即從龍溪過武進，訪荆川唐公順之。又同掌科龍津吳公及雲淘、雲莊、雲淵諸友過溧陽，訪玉陽史公。適逢至日，在玉潭仙院，同祝聖壽。」

《全集》卷十八〈辛亥長至玉潭仙院同天卿史玉陽吳周二司諫祝聖用韻〉詩云：「瞳瞳曉日映初霞，一逕迴看閣道斜。漸喜陽和旋地脈，遙分春色到山家。虛堂想像鈞天奏，瓊樹參差上苑花。絳節瞻依同拜舞，無雲飛處是京華。」

案：單從龍溪此詩，未易判斷此辛亥是何年。然與《周恭節公年譜》「三十年辛亥　先生四十七歲」條合觀，則可斷定為嘉靖三十年辛亥無疑。

《明唐荆川先生年譜》三十年四十五歲條下載：「冬，周訥溪從王龍溪來訪。」

法聚（生卒不詳），字玉芝，號月泉，嘉禾富氏子。少孤貧，資質慧敏，好讀書，每就寺僧借閱經卷，隔宿即還付。僧訝其速，聚為背誦，一若舊熟。十四投資聖寺剃染入道。既受具，謁吉庵、法舟等俱不契。偶值王陽明，與語，疑情頓發，一日聞僧誦古案，不絕釋然，參天通顯於碧峰，蒙印可。遂隱居湖州天池，衲子聞名而至，漸成叢林。以嘉靖四十二年（1563）寂，壽七十二。有《玉芝內外集》。

史際(1495-1571)，字恭甫，號玉陽，又號燕峰，江蘇溧陽人。陽明弟子，又學於湛若水。嘉靖十一年進士，官春坊乞歸。因禦倭有功，進太僕少卿。晚年專事養生。其生平傳記見焦竑《國朝獻徵錄》卷七十二李春芳所撰〈太僕寺少卿史公際墓誌銘〉、《嚴文靖公文集》卷十一〈史

玉陽公傳〉。鄧元錫《皇明書》卷四十一、何喬遠《名山藏》卷一百以及查繼佐《罪惟錄列傳》卷二十四中也有簡略的介紹。

## 嘉靖三十一年壬子 1552年 五十五歲

是年冬，龍溪偕錢德洪赴會南譙並訪戚賢。時戚賢已病重，然扶病參加，為會五日。

《全集》卷二十〈刑科都給事中南玄戚君墓誌銘〉云：「壬子冬，予與錢緒山再往南譙，時君已病，猶強起赴會，眾若不能堪，君言笑自若。」

## 嘉靖三十二年癸丑 1553年 五十六歲

是年二月，戚南玄卒。龍溪趕赴全椒拜祭，並作〈祭戚南玄文〉。

《全集》卷二十〈刑科都給事中南玄戚墓誌銘〉云：「嘉靖癸丑二月十七日，南玄戚君卒於家，予聞訃，既哭諸寢，亟走全椒為文以哀之。」

戚賢，字秀夫，號南玄，全椒人，陽明門人，嘉靖丙戌(1526年)進士。歷官歸安知縣、吏科給事中、刑科給事中。《明史》卷二百零八、《國朝獻徵錄》卷八十、《明分省人物考》卷十一有錄。

初夏，龍溪往赴南譙水西之會，途中於滁陽拜謁陽明新祠於紫薇泉，與呂懷等數十人聚會祠下，有滁陽之會，會中龍溪指出了陽明之後王門良知觀的分化。別後作〈書滁陽會語兼示水西宛陵諸同志〉。水西會後又有宛陵（宣城）會，會中與沈寵、汪尚甯（周潭）闡發研幾之學，龍溪有〈別言贈沈思

畏〉、〈周潭汪子晤言〉。

《全集》卷二〈滁陽會語〉曰：「予赴南譙，取道滁陽，拜瞻先師新祠於紫薇泉上。太僕巾石呂子，以滁為先師講學名區，相期同志，與其雋士數十人，大會祠下。……慨自哲人既遠，大義漸乖而微言日湮。吾人得於所見所聞，未免各以性之所近為學，又無先師許大爐冶，陶鑄銷熔以歸於一，雖於良知宗旨不敢有違，而擬議卜度攙和補湊，不免紛成異說。有謂良知落空，必須聞見以助發之；良知必用天理，則非空知。此沿襲之說也。有謂良知不學而知，不須更用致知；良知當下圓成無病，不須更用消欲工夫。此淩躐之病也。有謂良知主於虛寂，而以明覺為緣境，是自窒其用也。有謂良知主於明覺，而以虛寂為沈空，是自汨其體也。蓋良知原是無中生有，無知而無不知。致良知工夫，原為未悟者設，為有欲者設。虛寂原是良知之體，明覺原是良知之用。體用一原，原無先後之分。學者不循其本，不探其源，而惟意見言說之勝，只益其紛紛耳。」

《龍溪會語》卷一〈書滁陽會語兼示水西宛陵諸同志〉云：「余既別滁陽，赴水西，因憶巾石諸兄相屬，今日之會，不可以無記。」篇末署：「癸丑夏四月朔書。」

《全集》卷三〈水西精舍會語〉云：「嘉靖丁巳春，先生赴水西之會。周潭汪子偕諸友晨夕周旋，浹旬而解。汪子因次集所與答問之詞，執簡以請曰：『甯執侍先生久矣，先是癸丑會於郡城，辱先生示以研幾之旨。乃者溫繹舊聞，幸賜新知筆錄記存。』」

　　《全集》卷四〈周潭汪子晤言〉云：「周潭子別予若干年，茲予來赴水西之會，使得相會於敬亭山中。見周潭子之學，津津日進矣。尚以氣弱為患，時有所滯。扣予所聞，以證交修。予惟君子之學，在得其幾。此幾無內外，無寂感，無起無不起，乃性命之源、經綸之本，常體不易，而應變無窮。譬之天樞居所，而四時自運，七政自齊，未嘗有所動也。此幾之前，更無收斂；此幾之後，更無發散。該常體不易，即所以為收斂，寂而感也；應變無窮，即所以為發散，感而寂也。恒寂恒感，造化之所以恒久而不已。若此幾之前更加收斂，即滯，謂之沈空；此幾之後更加發散，即流，謂之溺境。沈與溺，雖所趨不同，其為未得生機，則一而已。浩然之氣，由集義所生，即是致良知，即是獨知。獨知者，本來不息之生機也。時時致其良知，時時能握其幾，所行時時慊於心，而浩然之氣自然盛大流行，充塞無間。」

　　陽明《年譜・附錄一》三十二年癸丑九月條下載：「太僕少卿呂懷、巡按御史成守節改建陽明祠於琅邪山。山去城五里。舊有祠在豐樂亭右，湫隘不容俎豆。茲改建紫薇泉上。是年，畿謁師祠，與懷、戚賢等數十人大會於祠下。」

　　案：戚賢已於是年二月卒，而《龍溪會語》又載〈滁陽會語〉作為是年夏四月，故陽明《年譜・附錄一》此處所記恐誤。

　　呂懷，字汝德，號巾石，廣信永豐人。嘉靖壬辰（1532年）進士。歷官庶吉士、給事中、南京司業、太僕寺少卿。湛若水弟子。《明儒學案》卷三十八〈甘泉學案二〉有錄。

　　汪尚寧（1509-1578），字廷德，號周潭，江西新安人。嘉靖己丑

（1529）進士，授行人，曆官戶部郎中出知袞州府，累遷雲南布政使，右副都御史。有《周潭集》。

## 嘉靖三十三年甲寅 1554 年 五十七歲

是年春，龍溪再往全椒展拜戚南玄墓，並為戚賢作墓誌銘。

《全集》卷二十〈刑科都給事中南玄戚君墓誌銘〉云：「嘉靖癸丑二月十七日，南玄戚君卒於家，予聞訃，既哭諸寢，亟走全椒為文以哀之。明年甲寅春，再往展墓。尋經紀其家政。諸孤汝學輩，持念庵羅達夫所述狀，乞銘於予。嗚呼！銘豈待於乞耶？君之知予，予之受知之於君，三十年於茲。吉凶同患之迹，大道同軀之志，無間生死，雖微羅君之狀與諸孤之請，志以銘之，固所自盡也。」

秋，龍溪入武夷，曆鵝湖，返棹廣信，赴聞講書院之會，有〈問講書院會語〉。

《全集》卷一〈聞講書院會語〉云：「嘉靖甲寅春，先生赴江右之約，秋入武夷，曆鵝湖，返棹廣信，郡中有聞講書院之會。吉陽何子，請先生往蒞之。」

何遷，字益之，號吉陽，江西德安人。嘉靖辛丑（1541年）進士。曆官戶部主事、南刑部侍郎。萬曆甲戌（1574年）卒。湛若水弟子。《明儒學案》卷三十八〈甘泉學案二〉有錄。

是年，龍溪曾開講於新安鬥山書院，淨明道士胡東洲隨

眾來學。

　　《全集》卷十九〈祭胡東洲文〉云:「嘉靖甲寅歲,予開講新安之鬥山,東洲隨眾北面執禮,為締交之始」

　　案:《王龍溪先生全集》卷十九〈祭胡東洲文〉中載胡東洲名樓,東洲當為其字。羅近溪《羅明德公文集》卷四〈二小子傳〉中則有胡中洲其人,為近溪二子之師,與近溪二子同死於肇慶,時近溪亦在側。由耿定向《耿天臺先生文集》卷六〈寄示里中諸友〉則可知胡東洲即胡中洲,又稱胡清虛,生嘉靖壬辰(1532),浙江義烏人,蓋清虛當為其號。《明儒學案》謂胡清虛即楚人胡宗正,有誤。


　　是年,巡按直隸監察御史闐東、甯國知府劉起宗建水西書院,祀陽明。劉起宗禮聘龍溪、錢德洪間年至會。

　　陽明《年譜·附錄一》三十三年甲寅條下載:「水西在涇縣、大溪之西,有上中下三寺。初與諸生會集,寓於各寺方丈。既而諸生日眾,僧舍不能容,乃築室於上寺之隙地,以備講肆。又不足,提學御史黃洪毗與知府劉起宗創議建精舍於上寺右。未就,巡按御史闐東、提學御史趙鎧繼至。起宗復申議。於是屬知縣邱時庸恢弘其制,督成之。邑之士民好義者,競來相役。南陵縣有寡婦陳氏,曹按妻也,遣其子廷武輸田八十畝有奇,以廩餼來學。於時書院館穀具備,遂成一名區云。起宗禮聘洪、畿間年至會。」

# 嘉靖三十四年乙卯　1555年　五十八歲

是年春，龍溪往赴水西，途中講學於九龍及杜氏祠中。

《全集》卷十七〈太平杜氏義田記〉云：「宣歙舊有講會，歲嘉靖乙卯春，予將赴水西，道出九龍。杜子質，偕其族黨同志若干人來與會，遂迎予入九龍問學焉。惟時精舍翕合，遠邇聞風至者，凡二百餘人。杜氏父老，以九龍地隘，復邀予入杜氏祠，以終講業。」

是年，龍溪有〈致知議略〉之作。

案：《全集》卷六〈致知議略〉云：「徐生時舉將督學敬所君之命，奉奠陽明先師遺像於天真，因就予而問學。」陽明《年譜》卷二附錄載：「嘉靖三十四年改建天真仰止祠，江右提學副使王宗沐（王敬所）訪南康生祠塑師像，遣生員徐應隆（時舉）迎至新祠為有司公祭，下祠塑師燕居像為門人私祭。」故可知〈致知議略〉當作於是年。

## 嘉靖三十五年丙辰　1556 年　五十九歲

正月，萬表卒於杭州。龍溪撰〈驃騎將軍南京中軍都督府都督僉事前奉敕提督漕運鎮守淮安地方總兵鹿園萬公行狀〉。（文見《全集》卷二十）

冬，唐荊川入閩，龍溪送之蘭江之上，作贈別詩。

《龍溪會語》卷二〈三山麗澤錄〉曰：「先是丙辰冬，唐子荊川以乃翁狀事入閩，予送之蘭江之上。」

《全集》卷十八〈萬履庵偕其師荊川唐子南行，予送之蘭

溪，用荊川韻贈別〉詩云：「江涵夕照浴文空，去棹歸帆尚此同。可是狂歌託衰鳳，謾將絕響寄寒蛩。亡羊路覺千歧少，彈指心知萬古通。迷悟兩途應自驗，唐門衣缽可無公？」

## 嘉靖三十六年丁巳　1557年　六十歲

是年四月，龍溪赴甯國水西之會，沈寵、梅守德前往迎接。四月一日抵會，汪尚甯、周怡等百餘人參加，十三日會解。臨別，龍溪作〈水西同志會籍〉，又汪尚寧以其所錄問答筆記請龍溪訂正，乃有〈水西精舍會語〉。五月初六日，龍溪壽六十，周怡作〈龍溪王先生六十壽序〉。

《全集》卷二〈水西同志會籍〉曰：「甯國水西之有會，聞於四方久矣。嘉靖丁巳歲，值予赴會之期，思畏、國賢、時一、允升、純甫輩，迓琴溪道中，遂同遊仙洞。薄暮乘風抵水西。則汪子周潭、周子順之輩，已候予浹旬矣。先至後至者百餘人。晨夕聚處，顯論微言，隨解證悟，充然各自以為有得。予籍諸友，相與意懇神專，亦惕然不容以自己。信乎此會之不為虛矣。會自四月朔，至十三日而解。」

《全集》卷三〈水西精舍會語〉云：「嘉靖丁巳春，先生赴水西之會。周潭汪子，偕諸友晨夕周旋，浹旬而解。」

周怡《周恭節公年譜》「三十六年丁巳　先生五十三歲」條載：「春，龍溪主涇縣水西會，先生與焉。……五月初六日，龍溪壽六十，在會諸同人，屬先生為文致祝。」

周怡《訥溪先生文錄》卷三〈龍溪王先生六十壽序〉云：「嘉靖丁巳，乃予師龍溪王先生耳順之年。夏五月六日，其誕

辰也。……先生之壽，宜有言以祝，命怡執役。」

五月，龍溪從齊雲趨會星源，與洪覺山等數十人聚會普濟山房，作〈書婺源同志會約〉。訪楊應詔於華陽山中。楊應詔有〈與王龍溪別言〉（《天遊山人集》卷十四、卷十九）。

《全集》卷二〈書婺源同志會約〉云：「嘉靖丁巳五月端陽，予從齊雲趨會星源，覺山洪子，偕諸同志，館予普濟山房。聚處凡數十人，晨夕相觀，因述先師遺旨及區區鄙見，以相訂繹，頗有所發明。同志互相參伍，亦頗有所證悟。」

洪垣，字峻之，號覺山，婺源人。嘉靖壬辰（1532年）進士。曆官永康知縣、御史、溫州知府。湛若水弟子。《明儒學案》卷三十九〈甘泉學案三〉有錄。

夏，龍溪赴新安福田之會，應門人葉茂芝、葉獻芝之邀，入葉氏雲莊宣教，作〈書進修會籍〉。

《全集》卷二〈書進修會籍〉云：「蓬萊葉君，嘗作見一堂銘。蓋取見道於一之意。君素抱經世之志，而化始於家。嘗欲示法和親，以敦睦為己任。限於年未就，公既歿。二子茂芝、獻芝，乃作見一堂於雲莊之麓，謀於父兄子侄，倡為進修會，以會一族之人，相與考德而問業，以興敦睦之化，承先志也。歲丁巳夏，予赴新安福田之會，二子既從予遊，復邀入雲莊，集其會中長幼若干，肅於堂下而聽教焉。」

夏，龍溪會王遵岩於三山（福州）石雲館第，共十九日。

臨別有〈三山麗澤錄〉，即此會相與問答之記。

《龍溪會語》卷二〈三山麗澤錄〉云：「予與遵岩子相別且十餘年矣。每書相招，期為武夷之會。時予羈於迹，辭未有以赴也。嘉靖丁巳夏杪，始得相會於三山石雲館第。」

王慎中，字道思，初號遵岩居士，後號南江，晉江人。十八歲舉嘉靖五年（1526年）進士。歷官戶部主事、禮部祠祭司、吏部考功員外郎、禮部員外郎、山東提學僉事、江西參政、河南參政。與唐順之並以文名天下。有《遵岩先生文集》二十一卷、《王遵岩家居集》七卷。

## 嘉靖三十七年戊午　1558年　六十一歲

是年三月，龍溪與蔡汝楠同訪天池法會，相與次韻為偈。龍溪偈云：「何幸鍾期共禪席，高山流水有知音。」

蔡汝楠《自知堂集》卷十五〈天池法會偈引〉云：「嘉靖戊午暮春，玉芝禪德舉法會於天池，大集名禪，各為偈言。余同龍溪王子過訪斯會，諸偈適成。余二人亦次韻為偈。偈成，龍溪頌余偈曰：『但聞黃梅五百眾，不知若個是知音。』是知音者希也。因自頌曰：『何幸鍾期共禪席，高山流水有知音。』（案：此句龍溪集中未見）余不覺爽然。蓋知音者希，何異乎可者與之之指？乃若高山流水幸有知音，豈非容眾尊賢之盛心哉？於是乎可以考見余與龍溪之用心矣。烏呼！禪客當機截流掣電，豈不亦猶余輩各自表見者哉？宜並存之，庶令自考。玉芝頗以余以為然，請題於卷首，次第錄之。」

蔡汝楠《自知堂集》卷五有〈戊午秋日會同年王龍溪、謝狷齋、陳紫墩、吳中山、許銘山、何虛泉、趙尚莘於瑞石岩

二首〉。其一云：「岩畔琅玕翠十尋，江城連海樹森森。相期桂月看秋影，同著荷衣到石林。絳關少憐陪侍從，青山老倦不登臨。因思雁塔當年事，欲扣群公白社吟。」其二云：「無端世故各歸田，頃洞風塵復數年。皓月幾回虛勝會，停雲今夕傍文筵。攀翻桂樹情彌切，宴樂江城地更偏。舊忝題名稱最少，清樽相對總華顛。」

　　案：蔡汝楠《自知堂集》中尚有多首與龍溪共遊時所作詩，然難以確定年代。

　　蔡汝楠（1516-1565），字子木，號白石，浙江德清人。少聞湛若水講學，有解悟。嘉靖十一年進士，授行人，轉南京刑部員外郎，出守歸德、衡州，曆江西參政、山東按察使、江西布政使、右副都御使，至南京工部右侍郎。雖師湛若水，而友人則皆陽明門下。有《自知堂集》。《明史》卷二百八十七、《明儒學案》卷四十有錄。


　　是年，龍溪過宛，由九華抵新安。定會所於涇縣之水西，與錢德洪主教席。

　　沈懋學《郊居遺稿》卷五〈王龍翁老師八十壽序〉云：「戊午，先生（龍溪）過宛，由九龍抵新安。諸郡士颺颺乎多所興起，乃定會所於涇之水西。與緒山錢先生主教席，而信從者日益眾。」


　　是年，嚴嵩起唐順之為兵部主事，次及羅洪先，念庵辭之不起（《明儒學案》卷十八）。三月，唐順之赴部就職，龍溪有〈送唐荊川赴召用韻〉。

　　《明唐荊川先生年譜》三十七年戊午五十二歲條下載：「三月，祭告有懷公廟，赴部就職。」

　　《全集》卷十八〈送唐荊川赴召用韻〉云：「與君卅載臥雲林，忽報徵書思不禁。學道固應來眾笑，出山終是負初心。青春照眼行偏好，黃鳥求朋意獨深。默默囊琴且歸去，古來流水幾知音。」

## 嘉靖三十八年己未　1559年　六十二歲

　　是年，龍溪赴杭州天真之會並訪胡宗憲，周怡從之。

　　周怡《周恭節公年譜》「三十八年己未　先生五十五歲」條載：「春往杭州，從龍溪赴天真會，並訪梅林胡公宗憲。」

　　是年，程文德卒。（案：《明實錄》謂卒於十月，《明儒學案》則謂卒於十一月。）

## 嘉靖三十九年庚申　1560年　六十三歲

　　是年春，胡宗憲平倭有功，天子嘉獎，龍溪作〈三錫篇贈宮保梅林胡公〉。鄒東廓是年七十大壽，龍溪作〈壽鄒東廓翁七十序〉。

　　《全集》卷十三〈三錫篇贈宮保梅林胡公〉云：「嘉靖庚申春，宮保制師梅林胡公，以平倭偉績，受天子明命，署以青宮之銜，錫以圍玉，蔭以錦衣，寵至渥也。凡在交承之下者，咸旅進於庭，所以頌公之德，表公之功，彰公之寵，殆將無所不用其情矣。予復何言哉？竊惟居德者忌、居功者

怠、居寵者危。古人深處戒也。爰述三錫篇，以為萬一之
助。」

《全集》卷十四〈壽鄒東廓翁七十序〉云：「是年先生壽
七十，春二月某日，值其懸弧之辰，宣州水西門人周子怡，
率其同門之友若干輩，將旅進於庭，以壽先生，而屬言於
予。」

案：文中未明言何年，然由東廓生卒年，可推知其七十
歲在嘉靖三十九年。

胡宗憲，字汝貞，別號梅林。績溪人。嘉靖戊戌（1538年）進士。
歷官益都、餘姚知縣、御史、右僉都御史、兵部右侍郎、右都御史、少
保。萬曆初，諡襄懋。平倭有功。《明史》卷二百零五有傳。


是年，湛若水卒。唐順之卒。龍溪作〈祭唐荊川文〉（文見
《全集》卷十九）


## 嘉靖四十年辛酉 1561年 六十四歲

是年五月，黃洛村卒。

黃弘綱（1492-1561），字正之，號洛村，江西雩縣人。位列陽明高弟
子。歷任江洲推官、刑部主事。《明儒學案》卷十九〈江右王門學案四〉
有錄。


八月，陳明水卒。

陳九川（1494-1561），字惟濬，號明水，臨川人。正德甲戌（1514年）
進士，授太常博士。歷任禮部員外郎、郎中。位列陽明高弟子。頗契陽

明良知即寂即感宗旨。各處周流講學不輟。有《明水陳先生文集》十四卷附錄一卷。《明儒學案》卷十九〈江右王門學案四〉有錄。

## 嘉靖四十一年壬戌 1562 年 六十五歲

是年冬仲十月七日,龍溪往赴松原,與羅念庵等聚會,雙方就現成良知的問題進一步交換了意見,雖仍見解不一,彼此卻友好如初。十月十四日,念庵五十九歲生日,龍溪作〈松原晤語壽念庵羅丈〉,並為念庵之子羅世光作〈世光以昭說〉。臨別,龍溪請念庵為其三子留言,念庵有〈書王龍溪卷〉之作。

《全集》卷二〈松原晤語〉云:「予不類,辱交於念庵子三十餘年,兄與荊川子,齊雲別後,不出戶者,三年於茲矣。海內同志,欲窺見顏色,而不可得,皆疑其或偏於枯靜。予念之不能忘。因兄屢書期會。壬戌冬仲,往赴松原新廬,共訂所學。」

《全集》卷十七〈世光以昭說〉云:「羅生名世光,冠而字曰以昭,予友念庵羅君之子也。壬戌仲冬,予訪君於松原。生晨夕侍教,醒然若有所省,臨行授冊求說於予,以發明冠字之義,俾得祗承不忘,固通家之情,錫類之意也。」

仲冬,龍溪自洪都趨撫州,赴會撫州擬硯臺,有〈撫州擬硯臺會語〉,其中,龍溪繼嘉靖三十二年滁陽之會後再次指出了陽明之後王門後學良知觀的分化。

《全集》卷一〈撫州擬硯臺會語〉云:「壬戌仲冬,先生

　　自洪都趨撫州，元山曾子、石井傅子、偕所陳子率南華諸同
志扳菠硯臺之會。……先師首揭良知之教以覺天下，學者靡
然宗之，此道似大明於世。凡在同門、得於見聞之所及者，
雖良知宗說不敢有違，未免各以其性之所近擬議攙和，紛成
異見。有謂良知非覺照，須本於歸寂而始得。如鏡之照物，
明體寂然而妍媸自辨，滯於照，則明反眩矣。有謂良知無見
成，由於修證而始全。如金之在礦，非火符鍛煉，則金不可
得而成也。有謂良知是從已發立教，非未發無知之本旨。有
謂良知本來無欲，直心以動，無不是道，不待復加銷欲之
功。有謂學有主宰、有流行，主宰所以立性，流行所以立
命，而以良知分體用。有謂學貴循序，求之有本末，得之無
內外，而以致知別始終。此皆論學同異之見，差若毫釐，而
其謬乃至千里，不容以不辨者也。寂者心之本體，寂以照為
用，守其空知而遺照，是乖其用也。見入井之孺子而惻隱，
見嘑蹴之食而羞惡，仁義之心，本來完具，感觸神應，不學
而能也。若謂良知由修而後全，擾其體也。良知原是未發之
中，無知而無不知，若良知之前復求未發，即為沈空之見
矣。古人立教，原為有欲設，銷欲正所以復還無欲之體，非
有所加也。主宰即流行之體，流行即主宰之用。體用一原，
不可得而分，分則離矣。所求即得之之因，所得即求之之
證，始終一貫，不可得而別，別則支矣。吾人服膺良知之
訓，幸相默證，以解學者惑，務求不失其宗，庶為善學也
已。」

十月，龍溪赴復古之會，候問鄒東廓。十日東廓即卒。龍溪作〈祭鄒東廓文〉（見《全集》卷十九）

《全集》卷十六〈漫語贈韓天敘分教安成〉云：「昔年予赴會所，適值東廓示疾，予往候問，數千里之交，半日證果，遂成永訣。」

是年，龍溪為友人周有之殤子作〈周生可學小傳〉（文見《全集》卷二十）。

## 嘉靖四十二年癸亥　1563 年　六十六歲

是年五月，陽明《年譜》歷多年而成，龍溪作〈陽明先生年譜序〉，雖然對《年譜》予以高度肯定，但也指出未能盡發陽明思想的底蘊。

錢德洪〈陽明先生年譜序〉云：「嘉靖癸亥夏五月，陽明先生年譜成。」

陽明《年譜·附錄一》嘉靖四十二年癸亥四月條下載：「師既沒，同門薛侃、歐陽德、黃弘綱、何性之、王畿、張元沖謀成年譜，使各分年分地搜集成稿，總裁於鄒守益，越十九年庚戌，同志未及合併。洪分年得師始生至謫龍場，寓史際嘉義書院，具稿以復守益。又越十年，守益遺書曰：『同志注念師譜者，今多為隔世人矣，後死者甯無懼乎？譜接龍場，以續其後，修飾之役，吾其任之。』洪復寓嘉義書院具稿，得三之二。壬午十月，至洪都，而聞守益訃。遂與巡撫胡松吊安福，訪羅洪先於松原。洪先開關有悟，讀年譜若有先得

者。乃大悅,遂相與考訂。促洪登懷玉,越四月而譜成。」

龍溪〈陽明先生年譜序〉云:「友人錢德洪氏與吾黨二三小子慮學脈之無傳而失其宗也,相與稽其行實終始之詳,纂述為譜,以示將來。其於師門之秘,未敢謂盡有所發;而假借附會,則不敢自誣,以滋臆說之病。善讀者以意逆之,得於言銓之外,聖學之明,庶將有賴,而是譜不為徒作也已。故曰所以示訓也。」

八月,龍溪曾往宣城志學書院講學。

陽明《年譜·附錄一》嘉靖四十二年癸亥八月條下載:「提學御史耿定向、知府羅汝芳建志學書院於宣城」及「是年,畿至。」

十一月,聶雙江卒。龍溪作《祭聶雙江文》。(文見《全集》卷十九)

是年,季本、王璣卒,龍溪作〈祭季彭山文〉和〈中憲大夫督察院右僉都御史在庵王公墓表〉,又為周鳳(更名廷通,字時亨,號梅嶺)作〈梅嶺周君墓誌銘〉。(三文分別見《全集》卷十九、二十)

## 嘉靖四十三年甲子 1564 年 六十七歲

是年春,李見羅來訪龍溪,聚會浹旬。秋,萬思默過杭州訪龍溪,臨別時龍溪作〈書見羅卷兼贈思默〉,囑其轉交見

羅。

　　《全集》卷十六龍溪〈書見羅卷兼贈思默〉云：「嘉靖甲子春，比部見羅李子，在告南還，訪予金波園中，得為浹旬之會。往復證悟，頗盡交修。臨別出卷授予，索書緒言，用徵贈處。予受而藏之。因循至今，未有以應也。秋仲，庫部思默萬子，復以差事過武林，三宿而別，因憶所授之卷，欲追述數語，托以攜歸。」

　　李材(1519-1595)，字孟誠，別號見羅，豐城人。嘉靖壬戌(1562年)進士。歷任刑部主事，雲南按察使。嘗學於鄒東廓。戍邊平緬有功。有《見羅先生書》二十卷。《明儒學案》卷三十一〈止修學案〉有錄。

　　暮春，龍溪於宜興會耿定向，作〈擊壤集序〉，並應羅近溪之約聚會宛陵。期間四月十六日為近溪之父生日，龍溪因友人之請作〈贈前峰羅公壽言〉。會中遇顧海陽，偕其先抵水西，與貢安國、周怡、王維楨等人有信宿之聚。後抵太邑，遊黃山諸勝，於紫陽山麓作〈壽近溪羅侯五秩序〉，臨別應顧海陽之請作〈書顧海陽卷〉。

　　《全集》卷四〈東遊會語〉曰：「甲子暮春，先生赴水西之會，道出陽羨，時楚侗耿子，校夕宜興。晨啓，堂吏入報，瞿然離座曰：『異哉。』亟出訪，握手相視，歡若平生。」

　　耿定向(1524-1596)，黃安人。嘉靖丙辰(1556年)進士。歷官監察御史、大理寺丞、太僕寺少卿、右僉都御史、刑部侍郎、戶部尚書。贈太子少保，諡恭簡。有《耿天臺先生文集》二十卷。《明史》、《明分省人物考》、《明儒學案》等皆謂其字在倫，號天臺，未言其號楚侗，

惟何三畏《雲間志略卷》卷之四謂其「字端芝，號楚侗，更號天臺。」龍溪集中多有楚侗之稱。

《全集》卷二〈宛陵會語〉云：「近溪羅侯之守宣也。既施化於六邑之人，復裒六邑之彥。聚於宛陵，給之以館餼，陶之以禮樂。六邑之風，蹶然震動。甲子暮春，予以常期赴會宛陵，侯大集六邑之士友，長幼千餘人，聚於至善堂中。」

《全集》卷十三〈擊壤集序〉云：「嘉靖甲子，予赴宛陵之期，與督學使者耿子會於陽羨，索唐仁甫氏《擊壤集》善本，授池守鍾君鋟梓以傳，屬言於予。」

《全集》卷十四〈壽近溪羅侯五秩序〉云：「嘉靖甲子暮春，予赴近溪使君之期，相會於宛陵，晨夕證悟，頗盡交修。且得觀菁莪之化，聞弦誦之聲。若身際武城，而神遊中阿之曲，可謂千載一時之盛矣。浹辰復過水西，與諸友為信宿之處。貢子玄略、周子順之、王子惟楨輩，率諸友請於予曰：『近溪公蒞吾宣州，以萬物同體之學，施化於六邑。其施六邑之人，若一家之子弟，無不欲煦養而翼誨之。其於水西諸生，尤嘉惠栽培，若楚之有翹，將藉此以六邑之倡也。諸生感德於公，尤深且至。五月二日，值公五秩初度之辰，諸生稱觴致祝，不敢後於六邑之人。公之知心，莫如先生，敢蘄一言，以侑觴祝。』予曰：『可哉！斯固予之情也。』既歷天都黃山，假縮於紫陽之墟，方期構思屬稿。」

《全集》卷十六〈書顧海陽卷〉云：「甲子暮春，予赴甯國近溪羅侯之會，遇海陽顧子於宛陵。談及黃山天都溫泉之勝，欣然命駕，由水西抵太邑，遍觀弦歌之化。信宿合併，

意廓如也。顧子質粹氣和，有志於學。與之語，傾耳注目，神與偕來，可謂虛受之鹹矣。臨別授冊索一言，以輔成此志。爰述相與問答之語數條，錄以就正。」

## 嘉靖四十四年乙丑　1565 年　六十八歲

是年春，龍溪赴會留都，李克齋迎接於百下門前，大會於城中新泉精舍為仁堂。與會者有李克齋、耿定向、許孚遠、蔡汝楠等人，相與問答為〈留都會紀〉，並作〈跋徐存齋師相教言〉。

《全集》卷四〈留都會紀〉云：「嘉靖乙丑春，先生之留都，抵白下門。司馬克齋李子出邀於路，遂入城，偕諸同志，大會於新泉之為仁堂。」

《全集》卷十五〈跋徐存齋師相教言〉云：「嘉靖歲乙丑春，予赴留都同志之會，學院楚侗子出示羅甸國所記元宰存齋公教言一編，予得受而讀之。」

春暮四月十八日，龍溪赴新安福田之會，洪覺山率徽州六邑弟子講會十餘日。臨別龍溪應邀作〈新安福田山房六邑會籍〉，強調講學之必要。

《全集》卷二〈新安福田山房六邑會籍〉云：「嘉靖丁丑春暮，予赴新安福田之會，至則覺山洪子，偕六邑諸子，已顒顒然候予久矣。舊在城隅鬥山精舍，改卜於此。蓋四月十八日也。晝則大會於堂，夜則聯鋪，會宿閣上，各以所見所疑，相與質問酬答，顯證默悟，頗盡交修之誼。諸生颙颙然

有所興起。可謂一時之盛矣。凡餘十日而會解。臨別，諸友相與執簡乞言，申飭將來，以為身心行實之助，且使知此學之有益，不可以一日不講也。」

夏，龍溪往弔羅念庵，作〈祭羅念庵文〉（文見《全集》卷十九），拜聶豹、鄒東廓墓，後與李見羅等人講會洪都，有〈洪都同心會約〉，並作〈王瑤湖文集序〉。後回舟過彭蠡講學白鹿洞，有〈白鹿洞續講義〉。

《全集》卷三〈洪都同心會約〉云：「嘉靖乙丑夏，予赴弔念庵君，復之安城永豐，展拜雙江、東廓諸公之墓，回途與敬吾、見羅、汝敬、恭整諸同志，會於洪都。」

《全集》卷十三〈王瑤湖文集序〉云：「嘉靖乙丑春，予赴弔念庵子，與諸友會於洪都。厥子輯錄君（王瑤湖）遺文一編示予。予展而讀之，多與同志問答觀法切磨之說，及詠歌酬應之詞，與夫當官興革宜民之疏。雖不屑屑以文名家，要皆以真志發之。……因弁數語於冊，授而歸之。」

案：此處謂「嘉靖乙丑春」，與〈洪都同心會約〉所謂「嘉靖乙丑夏」不符，較之〈留都會紀〉與〈跋徐存齋師相教言〉，龍溪是年夏有留都之會，故赴弔念庵及洪都之會，或當均在是年之夏，或弔念庵在是年春末，而洪都之會已在夏，此未可確定，故繫於此。

《全集》卷十七龍溪〈重修白鹿書院記〉云：「嘉靖乙丑夏，予趨江右之會，回舟南康，入謁洞中，與諸生聚講信宿。歷覽諸形勝。諗知公之有功於茲洞也。洞主陳司訓汝簡，及諸

生張文端、萬鑒輩，相率徵予一言，以記其盛。」

## 嘉靖四十五年丙寅　1566 年　六十九歲

是年仲春，龍溪赴會杭州天真書院，後至平湖天心精舍講會，作〈天心題壁〉（文見《全集》卷八）。在天心精舍講會中，主持講會的龍溪弟子陸光宅選擇包括丁賓、周夢秀以及龍溪三子王應吉等八人，共定天心盟約，立志聖學，並推龍溪為盟主。龍溪因作〈天心授受冊〉和〈盟心會約〉。

《全集》卷十五〈天心授受冊〉云：「天心精舍，門人陸生光宅所建，後為尊師閣。以予久從陽明夫子，頗能傳其晚年精義，謬以北面之禮屬予。群集四方同志共明此學，其志可謂遠矣。又念群處泛聚，未免玩惕無歸，擇其中志粹志真、終身可信託者八人，相與焚香對越，定為盟約，而吾兒應吉與焉。」

《全集》卷十五〈盟心會約〉云：「予覽盟心會約數條，見諸友此生任道苦心，樂虛受，銳交儆，懲小就，且切切於源流授受，可謂知所重矣。……不肖年幾七十，精神向衰，誠宜愛惜保聚。乃為愛人心切，或致牽情，過於潑灑而不自覺者。自今以後，一切應感，務為簡約，終身打併，幹辦一路，無復紛於外膠。所謂日應萬變而心常寂然。不敢不自勉也。」

案：〈盟心會約〉中龍溪謂自己「不肖年幾七十」，故繫於是年。

是年八月，龍溪等人與唐樞相聚金波圓。唐樞有〈金波圓聚咨言〉（《木鍾臺集再集》元卷）。

唐樞(1497-1574)，字惟中，號子一，稱一庵先生。浙江歸安人。從學湛若水。嘉靖五年進士，授刑部主事，以疏請立福達罪，斥為民，隆慶初復官。有《木鍾臺集》。《明史》卷二百零六、《明儒學案》卷四十有錄。

是年，陽明《文錄續編》刻成。

陽明《年譜·附錄一》嘉靖四十五年丙寅條載：「師文錄久刻於世。同志又以所遺見寄，彙錄得為卷者六。嘉興府知府徐必進見之曰：『此於師門學術皆有關切，不可不遍行。』同志董生啟予徵少師存齋公序，命工入梓，名曰《文錄續編》，並《家乘》三卷行於世。」

## 隆慶元年丁卯 1567年 七十歲

是年五月，龍溪七十初度，門人王褆有〈慶龍溪夫子壽七十〉詩，王宗沐亦為壽序。

袁承業編《王東隅先生殘稿》載王褆〈慶龍溪夫子壽七十〉詩云：「張主師門七十翁，身如海鶴面如童。文章山鬥卑韓愈，吾道東南陋馬融。到處好花皆擁耀，百年枯木頓生榮。不才叨列春風末，拈筆無能狀德容。」

王宗沐《敬所王先生文集》卷六〈壽龍溪王先生七十序〉云：「山陰龍溪王先生，鄉之先進，以理學師海內。而余與同志友人趙君麟陽、徐君龍川間以遊，雅及通家。……隆慶元

年五月某日，先生七十初度，於是共謀所以壽先生。」

王褆(1519-1587)，字宗飭，號東隅，王艮第三子，師事龍溪。有《先公語錄私繹》，今佚。《王東隅先生殘稿》收錄其詩歌九十三首、序文一篇。

同月，詔贈陽明新建侯，諡文成。

## 隆慶二年戊辰　1568 年　七十一歲

是年六月，陽明子正億襲伯爵。龍溪為之作〈襲封行〉。

陽明《年譜·附錄一》隆慶二年戊辰六月條下載：「先生嗣子正億襲伯爵。」

《全集》卷十八〈襲封行〉云：「襲封行，為吾師嗣子仲時承襲封爵而作也。」

秋八月，南京右僉都御史吳時來自鎮江訪龍溪於金波園，信宿論學，與龍溪未能相合，返後寄書論學，龍溪有〈答吳悟齋〉第一書作答，吳時來接信後未安，又寄數千言書信一封，龍溪又有〈答吳悟齋〉第二書之作。信中對良知學進行了較為充分與詳盡的闡釋。

案：龍溪〈答吳悟齋〉兩書未名言何年，但據《明史》，吳時來隆慶二年始拜南京右僉都御史、提都操江，駐地在鎮江。而龍溪〈答吳悟齋〉第一書開首言：「首秋，領兄鎮江發來書，疊疊數百餘言。」故將龍溪與吳時來論學事及兩封論學書繫於是年。

吳時來（生卒不詳），字惟修，號悟齋，浙江仙居人。嘉靖三十二年進士，擢刑科給事中。因劾嚴嵩父子，下詔獄，戍橫州。隆慶元年復故官，次年升南京右僉都御史，提都操江。萬曆中，累遷左副都御史，被劾，乞休卒。有《江防考》。《明史》有傳。

冬，龍溪應蔡國熙（春臺）之請，講學於姑蘇竹堂。

《全集》卷五〈竹堂會語〉云：「隆慶戊辰冬，先生赴春臺蔡子之請，抵姑蘇，館於竹堂。」

十二月初，龍溪自松江過嘉興，與諸友會宿東溪山房，因諸友請問慎樂之意而有〈慎樂說〉（《全集》卷八）。

## 隆慶三年己巳 1569年 七十二歲

是年夏，龍溪與曾見臺約會杭州，冒暑西渡赴會，兩人晨夕共聚，聯床論學。臨別，曾見臺出卷請龍溪贈言，龍溪於是作〈別見臺曾子漫語〉。

《龍溪會語》卷三〈別見臺曾子漫語〉篇末署：「隆慶己巳夏閏月上浣書。」

《全集》卷十六〈別曾見臺漫語摘略〉云：「見臺曾子，質粹思澄，服膺家庭之訓，自幼有志聖學，傑然以千古經綸為己任，深信陽明先師良知之旨，虛明寂感，為千聖直截根源，以為捨此更無從入之路。質粹則專，思澄則精，家學則服習久。精專且久，而又知所從入，其進於道也孰禦？起家進士，歷吏曹，陟奉常。己巳夏，請假南還，先期折簡，寓

先師嗣子龍陽，約會武林。予辱交尊翁莓臺先生素愛，又聞頗邃於學，情不容已，乃冒暑西渡趨會。」

曾同亨(1533-1607)，字於野，號見臺，江西吉水人。嘉靖三十八年進士，歷官貴州巡撫、工部尚書、南京史部尚書。《明史》有傳。

是年，龍溪又應蔡春臺之請至蘇州講學，曾與蔡春臺等人同遊報恩臥佛寺，作〈報恩臥佛寺德性住持序〉。

《全集》卷十四〈報恩臥佛寺德性住持序〉云：「隆慶己巳，……時蔡侯方育才興化，延予至蘇，與諸士友談學，助成弦歌之政。眾謂塔功落成，周望退覽，可以盡東南之勝，乃相期蔡侯、別駕招君、司理張君，同往觀之。予先至。」

案：觀此處龍溪所云，似初到蘇州，是否此次與以上〈竹堂會語〉所言為一事，而龍溪記憶有誤，則不得而知，姑依其所述繫年於此。

是年，龍溪友人黃子鍾之父松軒黃公卒，龍溪應其請作〈松軒黃君墓誌銘〉。（文見《全集》卷二十）

是年冬，龍溪為《歐陽南野先生文選》四卷作序。

案：《全集》中《歐陽南野文選序》未署作於何年，然明刊本《歐陽南野先生文選》卷首龍溪所作《歐陽南野先生文選序》末署「隆慶己巳孟冬朔日同門友人山陰王畿拜序。」

是年，周怡（順之）卒。

## 隆慶四年庚午 1570年 七十三歲

是年，龍溪曾應邀往剡中講學，周汝登往謁。

周汝登《東越證學錄》卷五〈剡中會語〉云：「予少年不知學，隆慶庚午，邑令君請先生入剡，率諸生旅拜，不肖與焉。」

周汝登(1547-1629)，字繼元，號海門。嵊縣人。曾與許孚遠有「九諦」、「九解」之辯，闡發龍溪「無善無惡」意旨，為龍溪之學在浙中的有力傳人。有《東越證學錄》、《聖學宗傳》、《王門宗旨》、《四書宗旨》等。《明儒學案》將其歸入泰州一脈，於史實有悖，參見拙作「周海門的學派歸屬與《明儒學案》相關問題之檢討」，載《清華學報》（新竹），新31卷第3期。

歲末，龍溪家遭火災，所藏典籍、圖畫和陽明手迹等皆付之一炬。痛心之餘，龍溪作〈自訟長語示兒輩〉，進行了深刻的自我反省。

《全集》卷十五〈自訟長語示兒輩〉云：「隆慶庚午歲晚，十有二日之昏候，長兒婦廳簷積薪起火，前廳後樓盡毀，僅餘庖湢數椽，沿毀祖居及仲兒側廈、季兒廳事之半。賴有司救權，風回焰息，幸存後樓傍樹，及舊居堂寢。所藏誥軸、神廚、典籍，及先師遺墨，多入煨燼，中所蓄奩具器物，服御諸侔，或攘或毀，一望蕭然。」

## 隆慶五年辛未 1571年 七十四歲

正月，門人張元益作〈龍溪先生自訟帖後序〉。

　　《龍溪會語》卷四張元益〈龍溪先生自訟帖後序〉篇末謂：
「隆慶辛未春正月元日吉門人張元益撰。」

　　二月，龍溪友人商明洲作〈自訟帖題辭〉。

　　《龍溪會語》卷四商明洲〈自訟帖題辭〉篇末謂：「隆慶
辛未春二月上浣會下生明洲商廷試撰。」

　　商廷試(1497-1584)，字汝明，別號明洲，會稽人。嘉靖辛丑(1541)
進士。歷官刑部主事、陝西行太僕寺卿。《明史》、《明分省人物考》等
皆未載，惟《國朝獻徵錄》卷一百有張元忭撰〈陝西行太僕寺卿商公廷
試行狀〉。另張萱《西園聞見錄》錄其數則佚事。

　　案：張元益〈龍溪先生自訟貼後序〉及商明洲〈自訟貼題
辭〉《全集》俱未錄，載《龍溪會語》。可參見拙作「明刊《龍
溪會語》及王龍溪文集佚文──王龍溪文集明刊本略考」附錄
三。（現載本書附錄二。）

　　六月，諸友念龍溪自遭室人張氏之變後心情哀痛，恐其
有傷，崇酒肴邀其會聚白雲山房。龍溪作〈白雲山房答問紀
略〉。

　　案：《全集》卷七作〈白雲山房問答〉。

　　《龍溪會語》卷四〈白雲山房答問紀略〉篇末署：「隆慶辛
未歲六月念日書。」

　　案：龍溪夫人張氏或於是年六月之前不久卒。《全集》卷
二十〈亡室純懿張氏安人哀詞〉云：「安人少予三歲。成婚時，
安人年十五。聚首五十餘年，中間違順好醜、得失榮枯、利

害凶吉，色色種種，其變如奕，其紛如絲，其倏忽如雲，至不可窮詰。」且〈白雲山房答問紀略〉云：「予自遭室人之變，意橫境拂，哀情慘慘不舒。諸友慮予之或有傷也，謀於白溪王子，崇酒與肴，旋集於白雲山房。」所謂「自遭室人之變，意橫境拂」，亦距張氏卒必不甚久，或在六月前不久，故將張氏卒年暫繫於此。

## 隆慶六年壬申 1572年 七十五歲
## 萬曆元年癸酉 1573年 七十六歲

是年秋，龍溪赴會南滁、留都，與李漸庵、陸五臺、耿楚侗等人的相與問答為〈南遊會記〉。

《全集》卷七〈南遊會記〉云：「萬曆癸酉，冏卿漸庵李子、五臺陸子、緘詞具舟，迎先生為南滁之會。既而學院楚侗耿子，使命適至，期會於留都，先生乃以秋杪發錢塘，達京口。」

是年，龍溪《中鑒錄》書成，致書京中諸友，希引導中官，以輔養聖躬。

案：關於龍溪《中鑒錄》的基本情況及其思想史意義，參見拙作〈王龍溪的《中鑒錄》及其思想史意義〉，載《漢學研究》（臺北）第19卷第2期。

## 萬曆二年甲戌 1574年 七十七歲

是年，張元忭因父病請假由北都歸里，於紹興雲門山習

靜。五月二十日，張元忭邀龍溪至雲門相會，三宿山中，相與論學。張元忭出示北都同志贈言並請龍溪略綴數語，龍溪於是作〈書同心冊卷〉（見《全集》卷五）。

　　張元忭〈龍溪會語·跋〉開篇云：「是歲仲夏，柱棹雲門，相從累日，或默而坐，或步而遊，一時疊為唱和，欣欣焉舞雩風詠之樂，不是過也。忭不自量，乃出所數條請正於先生，而先生條答之，疊疊數千言，所以啓師門之關鑰，指後學之迷津者，至詳懇矣。」篇末署曰：「萬曆甲戌夏正月之吉張元忭謹跋。」

　　是年閏十二月，立春前一日，張元忭再約龍溪與周繼實、裘子充等人聚會天柱山房，尋歲寒之盟。龍溪有〈天山答問〉之作。

　　《龍溪會語》卷六〈天山答問〉開篇云：「甲戌間立春前一日，陽和子相期會宿天柱山房，尋歲寒之盟，任沛裘子充與焉。」篇末署：「萬曆二年至日書於洗心亭中。」

　　案：《全集》卷五作〈天柱山房會語〉。

　　十月，錢德洪卒於杭州。十二月，龍溪作〈刑部陝西司員外郎特詔進階朝列大夫致仕諸山錢君行狀〉。

　　《全集》卷二十龍溪〈刑部陝西司員外郎特詔進階朝列大夫致仕諸山錢君行狀〉云：「君善攝養，去冬始覺少衰。今年九月，念同志之會，忽戒僕束裝西渡，寓表忠觀，謝絕有司，以靜養為事，飲食言笑如常。十月二十六日猶衣冠夙與。翌

日丑時，趺坐，氣息忽微，奄然逝矣。」

案：《明儒學案》謂「二十六日卒」，有誤，當為二十七日。

冬，麻城趙望雲，攜子來訪龍溪請益，盤桓閱歲。臨別，乞龍溪贈言，龍溪因作〈趙望雲別言〉。

《全集》卷十六〈趙望雲別言〉云：「麻城趙子望雲，素有志於學。萬曆甲戌冬，攜其子伯茲，走數千里，訪予山中，盤桓閱歲，虛心求益，意甚款款！」

## 萬曆三年乙亥 1575年 七十八歲

是歲春，查鐸與俞允升、程平甫、蕭以甯一行四人往杭州吊錢德洪，後往謁龍溪門下。

查鐸〈龍溪會語·後序〉云：「乙亥春，始得與俞允升、程平甫、蕭以甯三兄由武林吊緒山先生，因謁門下。」

查鐸(1516-1589)，字子警，號毅齋，涇縣人。歷任刑科給事中、山西參議廣西副使。學於龍溪、德洪。有《毅齋查先生聞道集》。《國朝獻徵錄》卷一百一有〈廣西憲副毅齋查先生墓誌銘〉記載較詳。《明儒學案》卷二十五〈南中王門學案一〉及《明史·列傳》一百十五有簡述。惟《國朝獻徵錄》與《明儒學案》均謂其為嘉靖乙丑（1565年）進士。《明史》則謂其為嘉靖丙寅（1566年）進士。

夏初，門人貢安國作〈龍溪先生會語序〉。

〈龍溪先生會語序〉篇末署：「萬曆三年歲在乙亥季夏初吉

門人貢安國頓首書於宛陵精舍。」

　　秋，龍溪在華陽與丁賓等百數十人聚會華陽明倫堂，有〈華陽明倫堂會語〉。後赴新安鬥山書院之會，有〈新安鬥山書院會語〉。

　　《全集》卷七〈新安鬥山書院會語〉云：「新安舊有六邑大會。每歲春秋，以一邑為主，五邑同志士友，從而就之。乙亥秋，先生由華陽達新安，郡守全吾蕭子，出迎曰：『先生高年，得無車馬之勞乎？郡中士友相望久矣。』乃灑掃鬥山書院，聚同志大會於法堂，凡十日而解。」

　　《全集》卷七〈華陽明倫堂會語〉云：「句曲邑令丁子禮原，請於陽山宋子，迎先生（龍溪）至。集諸生百數十人，大會於明倫堂。」

　　冬，龍溪偕張元忭等人與雲棲袾宏聚會山陰興浦庵，有〈興蒲庵會語〉。

　　《全集》卷七〈興蒲庵會語〉云：「陽和張子，訪蓮池沈子於興蒲庵山房。因置榻園中，共修靜業。沈子蓋儒而逃禪者也。」然文中未言何年。張元忭《張陽和先生不二齋文選》卷七〈贈蓮池上人〉詩前小序則曰：「蓮池本杭城沈氏少方伯洲之弟，弱冠有聲黌門，已而棄室家，祝發為僧。是歲乙亥冬，吾邑興蒲庵結禪期，延為首座。予因獲見之，嘉其超世之勇，而猶異其歸於正也，故遺之以詩。」由是可知事在乙亥。是年，被後人稱為蓮宗八祖的雲棲袾宏年尚四十。

是歲，江西南贛黃鄉葉楷叛亂，中丞江新源、憲伯太谷朱使君及南贛水營郭將軍合力平叛。時龍溪子應斌在南贛水營郭將軍幕下，平叛後請龍溪一言為賀。龍溪有〈賀中丞江公新源武功告成序〉、〈贈憲伯太谷朱使君平寇序〉以及〈賀郭將軍平寇序〉之作。

《全集》卷十三〈賀郭將軍平寇序〉云：「萬曆乙亥，黃鄉葉楷，因軍門議立縣治，謀為叛。將軍以計剿平之。予兒應斌承乏水營，屬在幕下。驅馳行陣，與有微勞。遣人馳報予曰：『黃鄉舊有兵三百在贛營，屬參府團練，參府撫之，人人布以腹心，蓋得以策中之隱微。一旦舉兵，奮身先進，即命黃鄉之兵自隨，而大兵繼之。人多疑畏，勸弗輕進。參府曰：予籌之熟矣。既得其腹心，方將用此成功，何至自疑若此？是非篤於自信，沈毅忠勇，不惑於利害，能若此乎？此不世出之功，願大人一言以為賀。』」

案：由〈賀中丞江公新源武功告成序〉與〈贈憲伯太谷朱使君平寇序〉所敘，知皆為平定葉楷事，故此二文亦當作於同時。

## 萬曆四年丙子　1576年　七十九歲

是年《龍溪會語》六卷書成。查鐸作〈龍溪先生會語後序〉。

〈龍溪先生會語後序〉篇末署：「萬曆四年歲在丙子仲夏吉門查鐸書於汾州公署。」

## 萬曆五年丁丑　1577 年　八十歲

夏，龍溪赴會水西，道出桐川，講學於復初法堂，作〈圖書先後天跋語〉、〈書先師過釣臺遺墨〉。赴宣歙之會，道出太平九龍山，應門人杜質之請，為杜氏家譜作序。

《全集》卷十五〈圖書先後天跋語〉曰：「中淮使君，素信師門良知之學。丁丑夏，予赴水西之會，道出桐川。桐川，予舊同東廓子開講之所，使君因偕諸學博，集新舊諸生數十輩，開復初法堂，晨夕聚處，顯參默證，頗證交修，益若自信。臨別，復舉書及先後天之義，請質於予。蘄予一言以發其旨，並置二冊，列像畫圖，彼此手中二義，各藏一冊，以為通家傳世之符，其用心可謂厚矣。」

《全集》卷十六〈書先師過釣臺遺墨〉云：「予赴水西之會，道出桐川界。牧伯中淮吳使君，一見歡若平生。謙抑由衷，無所矯飾。所謂傾蓋如故者非耶？使君天性純毅，志於聖學，深信良知宗旨。一切感應，盎然而出。以貞教育才為己任，漸成弦歌之化。偶出先師遺墨一卷見示，丁亥過釣臺手筆也。末記從行進士王汝中，即予賤字。五十年相從之迹，恍如昨夢，而仙蹤渺不可攀矣！」

《全集》卷十三〈太平杜氏重修家譜序〉云：「萬曆丁丑夏，予赴宣歙之會，道出太平九龍山。杜生質偕叔侄子弟咸赴講下，出所藏譜牒，乞予一言弁首，以詔後人。」

夏，龍溪作〈壽東邱吳君七秩序〉。（文見《全集》卷十

四）

秋，龍溪赴陽羨之會，作〈書貞俗卷序〉。

《全集》卷十三〈書貞俗卷序〉云：「萬曆丁丑秋，予赴陽羨之會，與諸友論學，言及風俗。會中有舉吳母守節事為言者。」

秋，徐階壽七十五，龍溪作〈原壽篇贈存齋徐公〉以賀之。

《全集》卷十四〈原壽篇贈存齋徐公〉云：「萬曆丁丑歲，存齋徐公壽七秩有五。秋九月二十日，值其懸弧令辰，走羈俗緣，未能如期赴候。道述卮言一編，屬通家門人陸子光宅，泊季兒應吉，往畀賓筵，用中觴祝之敬。」

是年，龍溪曾訪周順之之廬，並作〈太平杜氏義田記〉。

《全集》卷十七〈太平杜氏義田記〉云：「越萬曆丁丑，予復過太邑，訪故友周順之之廬。杜子復率子弟謁予，請記其事，予惟興事倡始，屢省乃成。」

閏八月，鄧以讚（定宇）將北上，渡錢塘，訪龍溪於會稽，與張陽和（元忭）、羅康洲（萬化）等會宿龍南山居，龍溪有〈龍南山居會語〉。

張元忭《不二齋文選》卷四〈秋遊記〉云：「　予與定宇鄧子告假還，相後先尋丁家嚴之變，亦如之。契闊者五載

矣。是歲丁丑春，定宇服除，秋八月，將北上，既發，乙太
夫人不與俱，輒懷歸。閏八月望，抵錢塘，走價要予曰：『予
念母病復舉，歸志決矣。自三衢而下，意在山陰也。子且西
渡，偕我窮吳山之勝，而後放耶溪之棹，可乎？』予聞定宇
至，喜狂，方為仲兒畢婚，冗甚，盡卻之。十六日晚，遂
行。過龍溪宅，約與偕。翁譴使要會。次日午，予渡江，會
定宇舟中。……二十日，相與入城，了應酬。午後至雲居
庵。……漏下二鼓，各就寓，則聞龍溪翁已至金波園矣」。

鄧以讚《鄧定宇先生文集》卷三〈秋遊記〉云：「是歲丁
丑服闋，以八月二十日赴闕下，而予毋不往，既發，灼如
也。然猶割情以去。……十二日午抵錢塘。十三日入天真，
謁陽明先生像。……十四日，龍溪翁及陽和先使。……二十
二會省中諸公。午同陽和再至雲居，觀前所觀。……聞龍溪
翁至。……二十五日登泰望。……夜造龍南庵，龍溪翁、羅
康洲先後至。坐良久，予引顏子不遷不貳以問。（龍溪）翁
曰：『此非閔憲以下學問……』二十六日早，抵西陵臨
歧。……（與張陽和別去）抵武林，以病留四日。龍溪又遺書
至邀，謂予『所見雖是，而保任多疏，此事不是說了便休』。
予惕然感謝，為是語者夫誰？」

案：是文篇末又謂「是遊凡兩月，與龍溪先生輩，聚首浹
辰，幸證予狂見。」

《全集》卷七〈龍南山居會語〉云：「定宇鄧子將北上，
渡錢塘，訪先生於會稽，會宿龍南小居。陽和張子、康洲羅
子與焉。」

　　鄧以讚(1542-1599)，字汝德，號定宇，新建人。隆慶五年進士，授編修。張居正柄國，定宇時有匡諫，不納，移疾歸。起中允，復以念母返。再起南京祭酒，至吏部右侍郎，在疏請建儲，且力斥三王並封之非，不報。居母憂，不勝喪。卒年五十八，諡文潔。定宇未第時，曾從龍溪遊。有《文潔集》、《鄧定宇先生文集》、《鄧文潔公佚稿》。

## 萬曆六年戊寅　1578 年　八十一歲

　　是年仲春，陸樹聲七十壽辰，龍溪應門人陸光宅之請作〈從心篇壽平泉陸公〉。（文見《全集》卷十四）

　　五月，沈懋學因反對張居正奪情，引疾歸里。查鐸、杜質往訪，杜質因是年龍溪年屆八十，請沈懋學為壽文。沈懋學因作〈王龍翁老師八十壽序〉。
　　沈懋學《郊居遺稿》卷五〈王龍翁老師八十壽序〉云：「萬曆戊寅夏五月沈生某請告歸。」

　　是年，劉宗周生。
　　劉宗周(1678-1645)，字起東，號念臺，山陰人，稱蕺山先生。萬曆辛丑(1601年)進士，授行人。歷官禮部主事、太僕少卿、吏部左侍郎。清正有操守，為官幾起幾革。明末儒學殿軍，有《劉子全書》四十卷。《明儒學案》卷六十二有〈蕺山學案〉。現中央研究院中國文哲研究所編有《劉宗周全集》。

## 萬曆七年己卯　1579 年　八十二歲

是年，龍溪子應吉登第應天鄉試。

《全集》卷十九〈祭岳父張菱塘文〉云：「乃者外孫應吉，偶於萬曆己卯，叨薦順天之鄉試。其（龍溪岳父張菱塘）為老懷之喜，不言可知。」

是年。龍溪門人淨明道士胡東洲卒，龍溪聞訃，作〈祭胡東洲文〉（《全集》卷十九）。

## 萬曆八年庚辰　1580 年　八十三歲

是年春，龍溪於嘉禾遇陸五臺，陸氏以大慧宗杲之看話禪為了生死之究竟法，認為致良知教不能了生死，龍溪與之有辯，並認為儒學明，佛學始有所證。

《全集》卷六〈答五臺陸子問〉篇云：「萬曆庚辰春，先生遇五臺陸子於嘉禾舟中。」

陸光祖(1521-1597)，字與繩，別號五臺居士，嘉興平湖人。嘉靖丁未(1547年)進士，累官至刑部尚書、吏部尚書，贈太子少保，諡莊簡。有《莊簡公存稿》。《國朝獻徵錄》卷二十五有曾同亨撰〈陸莊簡公光祖傳〉，《明史·列傳》一百十二有傳。

是年六月，龍溪晚年最為屬意的弟子陸光宅卒，龍溪深感悲痛，作〈祭陸與中文〉，又作〈鄉貢士陸君與中傳略〉。

案：〈祭陸與中文〉見《全集》卷十九，〈鄉貢士陸君與中傳略〉見《全集》卷二十。

是年，耿定向有〈與王龍溪〉書，對龍溪〈龍南山居會語〉提出異議。龍溪接信後有〈答耿楚侗〉，重申並堅持了自己的主張。

案：耿定向書見《耿天臺先生全書》卷三〈與王龍溪〉，亦見同書卷八〈觀生記〉萬曆八年條下。龍溪〈答耿楚侗〉書見《全集》卷十。

## 萬曆九年辛巳 1581 年 八十四歲

是年，龍溪曾會見徐階，雙方再次討論了致良知的問題。龍溪有〈與存齋徐子問答〉。這是龍溪與徐階的最後一次會面。

《全集》卷六〈與存齋徐子問答〉云：「存齋徐子曰：公既高年，階明歲八十矣。今忽忽作別，恐後會難必，將遂虛度此生，何以見教？」

案：徐階八十歲在萬曆八年庚辰，故此當在萬曆九年辛巳。

## 萬曆十年壬午 1582 年 八十五歲

是年末，龍溪為諸蜀南（名繹，字成甫，號蜀南）作〈宣德郎六字州同知蜀南諸君墓誌銘〉。（文見《全集》卷二十）

## 萬曆十一年癸未 1583 年 八十六歲

是年六月初七，龍溪卒。

查鐸《毅齋查先生闡道集》卷九〈紀龍溪先生終事〉曰：

「先生革於萬曆十一年六月初七未時。先生無大疾痛,未嘗一
日不衣冠、不飲食、不遊坐。但革前四五日微疾,食粥不餌
飯。至革之日早晨,盥櫛,冠唐巾,食粥,從容出寢室,端
坐於琴堂之臥榻而逝。先初六日,趙麟陽公謁舍問疾。先生
曰:『吾今欲化矣!』麟陽公尚以能生語慰之。先生歎曰:『爾
謂我畏死乎?我無畏也。但此回與爾永訣,不妨再留坐話
耳。』前二三日,忽出家堂,與嗣子應吉曰:『汝有事但說,
毋謂我能食,望我久存,我心了了,已無窒礙,即今可去,
我即去矣。』聞之,吾宛施主道來視。先生危篤不能認識。嗣
子書其名於先生之手。先生相視首肯,拱手致意者再。蓋平
時嘗謂我一生精力在講學,而尤屬望於甯國者深也。往歲丁
丑,先生來水西,嘗謂予曰:『我每乘月夜起坐,自試問心,
眼前有許多玩好珍美、妻子童僕,可割捨而去否?但亦無甚
眷戀,可以逝即長逝矣。』今觀臨革之際,先生氣息奄奄,心
神了了,如此自非能超脫死生者,孰能與於斯?夫子謂朝聞
夕死可,惟先生云云,故記之。」

　　八月望日,葬龍溪於婁家塢之原。

　　趙錦〈龍溪王先生墓誌銘〉云:「應斌應吉卜以是年八月
望日丑時,葬先生於婁家塢之原。為之銘曰:『才豈不達,有
巍其科。德豈不彰,令聞孔多。然而逶巡郎署,名實未加,
豈天意有所獨願,自不得復兼其他。洙泗日遠,斯文日晦,
有覺陽明,實震其瞶,以衍以繹,則先生垂千萬年,孰為重
輕?』」

徐階〈龍溪王先生傳〉云：「公天性溫良，居常坦然平懷，無疾言暴色，虛緣而容物。予嘗觀公自贊之詞曰：『志若迂而自信，才若蹇而自強。行己若汙若潔，聞道若存若亡。洞照千古而不逾咫尺，俯視萬物而不異尋常。潛而若見，發而若藏。幾希乎一息千里而忘其牝牡驪黃。』又嘗曰：『同於愚夫愚婦為同德，異於愚夫愚婦為異端。使自處太高，為自了漢，非一體之學。』」

龍溪有子三人，曰：應楨、應斌、應吉。有孫三人，曰：繼晃、繼㡿、繼炳。

趙錦〈龍溪王先生墓誌銘〉云：「楨庠生，娶中丞張公元沖女，生女一，配修撰張公元忭子汝戀。庠生楨早卒，以應吉長子繼晃為後，遵先生治命也。應斌由武科官都司掌印都指揮僉事，娶僉事吳公彥女，生女二：一配主事朱公應子敬修；一配府判周公明衛子述先。吳早卒，繼娶陳公鎮女，生女一，配指揮使馬公自道子如錦，襲父職。陳亦早卒，再娶參政胡公溫曾孫女，生女二：一許配序班吳公兌子有端；一未字。應吉己卯舉於京兆，娶尚書何公鼇女，生子三：繼晃，娶太學生沈公雲雷女為應楨後；繼㡿，聘鄉貢士沈公大綬女；繼炳，聘給諫徐公恒女，生女四：一配方伯祁公清孫承㡿，庠生；一配署函劉公楨孫疊，太學生；一許配僉憲俞公咨益孫光洵，庠生；一許配尚書陶公承學季子祖齡。門庭之內，雍如也。」

　　附識：本年譜最初曾刊於《中國文哲研究通訊》第七卷第四期（臺北：中央研究院中國文哲研究所，1997 年 12 月）。五年來，筆者在從事陽明學研究的同時，隨時根據所見新的文獻材料對原作予以補充修正，故今文較原作有較大篇幅的增加。然歷史上並無前賢曾作龍溪年譜可資依憑，且明代文獻浩如煙海，筆者雖力求博涉，仍未敢謂已將龍溪生平的相關材料搜求殆盡。今後如有新的材料，當再予補充。另外，刊於《中國文哲研究通訊》的原作由於繁簡字體轉換及列印問題，致使文字多有訛誤，今一併校正。

# 附錄二 明刊《龍溪會語》及王龍溪文集佚文

## —— 王龍溪文集明刊本略考

王龍溪（1498-1583），名畿，字汝中，王陽明高弟子。其「四無」說將陽明致良知教發揮得更為圓融。研究前人思想，自當本諸其文獻。思想材料掌握不全，立言恐易有偏。故本文對明刊龍溪文集，略事考察。重點介紹《龍溪會語》。因此本知之者甚少，且中文世界研究龍溪思想者皆未嘗以之為據。現將佚文與異文輯出附於文後，於推進龍溪思想之研究及思想材料建設本身，或不無小補。

## 一、

清光緒八年（1882），海昌朱昌燕曾重刻《龍溪王先生全集》二十二卷（書名又題：《王龍溪先生全集》），卷末有一「刊刻緣起」，為我們瞭解龍溪文集於明代之刊刻情況，提供了重要線索，其文曰：

> 龍溪先生，王文成高弟也，其集流傳絕少，余求之逾十年不獲。庚辰春，偶與徐丈六英、查丈來玉言及是書，兩丈各出所藏殘本示余。一萬曆戊子蕭刻本，王宋沐序；一萬曆戊戌

何刻本，李贄序。讀之欣然，亟商同志擬重刻焉，然皆以未
觀完書爲憾。夏間，許壬伯廣文有省垣之行，囑其就藏書家
訪之，果得諸慈谿馮孝廉夢香處，蓋丁刻本也。三書互校，
微有異同，不敢臆改，謹依丁本付雕。

這裏提到的「蕭刻本」、「何刻本」、「丁刻本」，其中「蕭」、
「何」、「丁」分別指宛陵蕭良榦（字以寧，號拙齋，1534-1602）、
山陰何繼高與嘉善丁賓（字禮原，號改亭，生卒不詳），皆龍溪後
學。萬曆戊子蕭刻本名《龍溪先生全集》，二十卷。萬曆戊戌何刻
本名《卓吾先生批評龍溪王先生語錄鈔》，八卷。而朱昌燕重刻所
依之丁刻本，爲萬曆乙卯年刻，名《龍溪王先生全集》，二十二
卷。由此可知，明代有關龍溪之文集，便至少有三個刊本，即：
一、萬曆戊子（1588）蕭刻本；二、萬曆戊戌（1598）何刻本；三、
萬曆乙卯（1615）丁刻本。

然而，此處有二個問題：首先，明代除蕭、何、丁三種刊本以
外，是否尚有其他龍溪文集的刊本？其次，蕭、何、丁三種刊本，
除戊子、戊戌及乙卯外，其他時間是否尚有刊刻？

據筆者考查，除蕭、何、丁三種刊本外，明代龍溪文集的刊
本，尚有以下二種：一、萬曆丙子（1576）涇縣查氏（按：查鐸，字
子警，號毅齋，1516-1589，亦龍溪門人）所刻《龍溪先生會語》六
卷（書口作「龍溪會語」）；二、崇禎十五年（1642）刻《石林先生
批評龍溪王先生語錄鈔》八卷。其中查氏刊本（下稱查刻本）不僅
遠較蕭、何、丁三本爲早，且在龍溪卒年（萬曆十一年癸未）前七
載已成書，頗值得重視，就目前所掌握的情況而言，此查刻本爲龍
溪思想材料之最早刻本。

　　此外，蕭、何、丁三本，除戊子、戊戌、乙卯年之外，分別於其他時間亦有刊刻，但在內容、體例上較之戊子、戊戌、乙卯三本略有不同，具體論述見後。以蕭刻本而言，除萬曆十六年刻《龍溪先生本集》二十卷外，尚有萬曆十五年丁亥（1587）刻《龍溪王先生全集》二十卷。以何刻本而言，除萬曆二十六年戊戌（1598）刻《卓吾先生批評龍溪王先生語錄鈔》八卷（書口作「龍溪王先生文集」）外，尚有萬曆二十七年己亥（1599）刻《龍溪先生文錄鈔》九卷和《龍溪王先生文錄鈔》九卷二種。以丁刻本而言，萬曆四十三年乙卯（1615）就有二種，一為《龍溪王先生全集》二十二卷；一為《龍溪王先生全集》二十卷。此外，尚有萬曆四十七年己未（1619）刻《龍溪王先生全集》二十卷。

　　由以上所示，明代有關龍溪文集之刊本，依時間順序可排列如下：

　　一、萬曆四年丙子（1576），刊有《龍溪先生會語》六卷，查刻本；

　　二、萬曆十五年丁亥（1587），刊有《龍溪王先生全集》二十卷蕭刻本；

　　三、萬曆十六年戊子（1588），刊有《龍溪先生全集》二十卷，蕭刻本；

　　四、萬曆二十六年戊戌（1598），刊有《卓吾先生批評龍溪王先生語錄鈔》八卷，何刻本；

　　五、萬曆二十七年己亥（1599），刊有《龍溪先生文錄鈔》九卷，《龍溪王先生文錄鈔》九卷，同何刻本；

　　六、萬曆四十三年乙卯（1615），刊有《龍溪王先生全集》二

十二卷，《龍溪王先生全集》二十卷，丁刻本；

七、萬曆四十七年己未（1619），刊有《龍溪王先生全集》二十卷，同丁刻本；

八、崇禎十五年辛巳（1642），刊有《石林先生批評龍溪王先生語錄鈔》八卷，石林本。

以上僅對明代龍溪文集之各種刊本，作一時間上的梳理，以提示其沿革之概要，下面將對不同版本、同一版本之不同時間刻本在體例、內容上的異同，略作考察。

## 二、

因查刻本情況特殊，我們置於最後重點加以介紹。在此依時間順序，先就蕭、何、丁三種版本在體例、內容上的異同作一說明。

蕭刻丁亥本《龍溪王先生全集》二十卷及戊子《龍溪先生全集》二十卷，內容體例相同。卷之一至卷之八為〈語錄〉，共七十六篇；卷之九至卷之十二為〈書〉，共一百五十二篇；卷之十三至卷之十四為〈序〉，共四十四篇；卷之十五至卷之十六為〈雜著〉，共五十五篇；卷之十七為〈記〉、〈說〉，共三十篇；卷之十八為〈詩〉，詩名題目共一百三十九篇幅，然每篇或不止一首，如：〈和良知四詠〉等，實共一百五十九首詩作。卷之十九為〈祭文〉，共十六篇；卷之二十為〈狀〉、〈志〉、〈表〉、〈傳〉，共十九篇。

何刻本為李卓吾刪節選編而成，而其所據底本，則顯為蕭刻本。較之蕭刻本，內容大為減少，並非如朱昌燕所謂僅「微有異同」。如萬曆二十七年己亥所刊之《龍溪先生文錄鈔》九卷，較之萬曆十六年戊子《龍溪王先生全集》二十卷，其卷一內容實合十六

年本卷之一、二而刪四篇所成，所刪四篇為十六年本卷一之〈聞講書院會語〉、卷二之〈懷玉書院會語〉、〈洪都同心會約〉、〈約會同志疏〉。其卷二內容實合十六年本卷之三、四而刪三篇所成，所刪為十六年本卷四之〈與三峰劉子問答〉、〈與獅泉劉子問答〉、〈答退齋林子問〉。其卷三內容實合十六年本卷之五、六而刪一篇所成，所刪者為十六年本卷五之〈竹堂會語〉。其卷四內容實合十六年本卷之七、八而刪一篇所成，所刪為十六年本卷八之〈性命合一說〉。其卷五內容實合十六年本卷九與卷十之一部分而刪八篇所成，所刪為十六年本卷九之〈與吳學愚〉、〈答胡石川〉、〈與施益庵〉、〈答章介庵〉、〈與屠竹墟〉及卷十之〈與朱越峰〉、〈與李中溪〉。其卷六之內容實合十六卷本卷十一之一部分與卷十一、卷十二而刪四十二篇所成，因所刪篇目（書信）較多，此不贅錄。其卷七內容合十六卷本卷之十三、十四所成，刪二十篇。其卷八內容合十六年本卷之十五、十六所成，刪二十九篇。其卷九內容合十六年本卷之十七、十八、十九而成，卷內則分〈記〉、〈詩〉、〈祭文〉三節。其中〈記〉較十六年本刪二十三篇，〈祭文〉刪九篇，而〈詩〉部分則較十六年本所刪尤多，共刪一百三十一篇，龍溪大量詩作於此不得見矣。十六卷本卷二十之〈狀〉、〈志〉、〈表〉、〈傳〉，此九卷本則未予收錄。

　　何刻本刪繁就簡，然取捨之間，未能盡如人意，故丁刻本雖晚於何刻本，卻仍以「全集」刊刻。丁本體例、內容多同於蕭刻本，但卷之九至卷之十二書信部分，則與蕭刻本略異。龍溪與友人之書信，蕭刻本對每一封皆於目錄中單獨列出，如與聶雙江（名豹，字文蔚，號雙江，1487-1563）二封書信，目錄即分列為〈答聶雙江〉、

〈與聶雙江〉。而丁刻本則於目錄中統列為〈與聶雙江二通〉，兩封
書信內容在正文中則二本相同。除此體例上有別之外，丁刻本在原
蕭刻本之基礎上又有增補，補者為龍溪著《大象義述》與徐階（字
子升，號存齋，又號少湖，1503-1583）所撰〈王龍溪先生傳〉、趙
錦（字元樸，號麟陽，1516-1591）所撰〈龍溪墓誌銘〉以及張元忭
（字子藎，號陽和，1538-1588）所作〈吊文〉這三篇文字。另外，因
其刊刻於何刻本之後，故前述何刻本所有而蕭刻本所無的數篇文
字，亦補入於相應卷次。因此，蕭、何、丁三刻本中，以丁刻本所
收最為全面。

　　蕭、何、丁三種版本在體例、內容上的基本同異如上所述。至
於同一版本不同年代所刻，其體例、內容儘管小有出入，無關大
局，但仍需略加說明。就何刻本而言，戊戌年八卷本與己亥年九卷
本之所以有一卷之差，是因為八卷本將所選之〈雜著〉、〈記〉、
〈詩〉、〈祭文〉共為第八卷，而九卷本則以〈雜著〉為卷八，〈記〉、
〈詩〉、〈祭文〉另列為卷九。此外，戊戌八卷本卷八未錄〈訓言付
應吉兒收授〉、〈遺言付應斌應吉兒〉兩篇，己亥九卷本則有錄。
同為己亥年刊刻的九卷本《龍溪先生文錄鈔》與《龍溪王先生文錄
鈔》，只是後者題名多一「王」字，九卷內容則完全相同。就丁刻
本而言，乙卯與己未年刊本均題為《龍溪王先生全集》，之所以有
二十卷與二十二卷之不同（兩種卷次於乙卯年均有刊刻），是因為
二十二卷本將龍溪之《大象義述》單列為第二十一卷，將龍溪之
〈傳〉、〈墓誌銘〉與〈吊文〉共列為第二十二卷。而二十卷本則將
《大象義述》與三篇紀念性文字皆作為附錄，不單列卷次。故雖有體
例之別而內容無異。關於蕭刻本，則前已言及，丁亥年與戊子年兩

種，體例內容皆同，惟文字小有出入，如一本所錄篇名為「梅純甫別言」，另本則作〈別言贈梅純甫〉。諸如此類，亦無關宏旨，且極瑣屑，恕不贅文列舉。

崇禎十五年辛巳所刻之《石林先生批評龍溪王先生語錄鈔》八卷，現藏於山東大學圖書館（案：其他各本收藏情況見本文附錄四表），其刊刻最晚，流傳亦少，內容不出蕭、何、丁三本之外，而性質則類乎李卓吾所選編之何刻本，實依蕭或丁刻本刪節編定而成，故於此不再予以特別說明。

# 三、

最後，對於查刻本《龍溪王先生會語》六卷，我們要作一單獨說明。

此本現收藏於北京大學圖書館善本室。卷前有貢安國（字玄略，號受軒，生卒不詳）於萬曆三年乙亥（1575）所作〈龍溪先生會語序〉、查鐸於萬曆四年丙子（1576）所作〈龍溪先生會語後序〉，卷末有張元忭於萬曆二年甲戌（1574）所作跋文（三篇文字均見本文附錄三）。卷一有七篇文字，包括〈水西會約題辭〉、〈沖元會紀〉、〈鬥山留別諸同志漫語〉、〈南譙別言〉、〈道山亭會語〉、〈別周順之漫語〉、〈書滁陽會語兼示水西宛陵諸同志〉。卷二有兩篇文字，包括〈三山麗澤錄〉、〈答吳悟齋掌科書〉。卷三包括三篇文字，分別為〈東遊問答〉、〈憤樂說〉、〈別見臺曾子漫語〉。卷四有六篇文字，包括〈自訟貼題辭〉、〈火災自訟長語示兒輩〉、〈龍溪先生自訟貼後序〉、〈自訟問答〉、〈白雲山房答問紀略〉、

〈答問紀略後跋〉。卷五為一篇〈南遊會紀〉。卷六包括〈天山答問〉、〈書同心冊後語〉兩篇。

　　值得注意的是，筆者所見此本卷末尾頁有一識語，不知何人手書，對我們瞭解此本的來源頗有助益。其文曰：

> 此書舊係鄭霞谷（齊門）家所藏，齊門之子厚一有印記之。卷衣所記文字，即甯齋李建昌之筆也。王學東來三百年，於今鄭氏世學使不得失傳，亦可奇矣。按《會語》內外書目未見，蓋孤本也。

文後日期題為「昭和丙子十一年正月十日」，署一印曰：「君山」。昭和十一年為西元 1936 年，霞谷為韓國李朝陽明學者鄭齊門（1649-1736）。陽明學在韓國一直受到居於正統的朱子學的排斥，其流傳多以家學的形式，鄭霞谷一家則是陽明學得以保存和傳播的大本營，正所謂「王學東來三百年，於今鄭氏世學使不得失傳」。由此可見，此識語作者可能為一日本人或韓國人。而所謂此書「內外書目未見，蓋孤本也」，則尤當引起重視。觀此本卷一首頁，最下方有一「鄭氏厚一之章」印，此印上方有一「稻葉岩吉」印，最上方有一「滿洲國立中央圖書館珍藏」印，該印左側下則有「燕京大學圖書館珍藏」印。另外，日本《國立國會圖書館漢籍目錄》、《東京大學東洋文化研究所漢籍分類目錄》、《京都大學人文科學研究所漢籍目錄》以及澤規矩也著《和刻本漢籍分類目錄》均載此書於「子部儒家類性理之屬」，謂「昭和七年京城葛城氏用萬曆四年刊本影印」，且《京都大學人文科學研究所漢籍目錄》更明確指出此書由「葛城氏」（葛城未治）「用稻葉氏藏萬曆四年刊本影印」。由此，

我們可以得出如下結論：

一、日本昭和七年（1932）影印《龍溪王先生會語》六卷，底本即北大所藏此查刻本或至少為與北大所藏查刻本相同之本；

二、今北大所藏此本原收藏於韓國鄭氏（鄭齊鬥及其子厚一）處，後不知何時流入日本，且至少至 1932 年，此本仍在日本；

三、偽滿時期，此本返流回中國，一度為滿洲國立中央圖書館所藏，後又為燕京大學圖書館收藏，直至今日由北京大學圖書館善本室收藏。

查刻本刊刻時間在諸本中最早，且其時龍溪尚在世，故為龍溪思想之最早材料。但中文世界中研究龍溪者皆未嘗以之為據，此或自黃宗羲《明儒學案》起已然。因此，對此本內容進行一番詳細考察，極為必要。日本學者雖知此書，間或亦曾引用，但並未對其專門研究。因此，此書既不為中文世界所知，其文獻價值在日本亦尚未引起足夠的重視。

查刻本二十一篇文字，類屬《全集》（按：以萬曆十六年蕭刻本為參照）之〈語錄〉、〈雜著〉和〈書〉（僅〈答吳悟齋掌科書〉一篇）的部分，但查刻本自身則未做分類。其中有三篇文字為後來諸本所未錄，即商廷試（字汝明，號明洲，1497-1584）撰〈自訟貼題辭〉、張元益撰〈龍溪先生自訟貼後序〉及王錯撰〈（白雲山房）答問紀略跋〉。其餘各篇均為各本所有，只是有的題名不同。其中，卷一〈鬥山留別諸同志漫語〉，後本卷二作〈鬥山會語〉；卷一〈別周順之漫語〉，後本卷十六作〈別言贈周順之〉；卷一〈書滁陽會

語兼示水西宛陵諸同志〉，後本卷二作〈滁陽會語〉；卷二〈答吳悟齋掌科書〉，後本卷十作〈答吳悟齋〉（後本共收兩封龍溪與吳悟齋的書信，查刻本所收為第一封）；卷三〈東遊問答〉，後本卷四作〈東遊會語〉；卷三〈別見臺曾子漫語〉，後本卷十六作〈別曾見臺漫語摘略〉；卷四〈白雲山房答問紀略〉，後本卷七作〈白雲山房問答〉；卷六〈天山答問〉，後本卷五作〈天柱山房會語〉，此名完全不同，不核正文，或以為兩篇不同的文字。卷六〈書同心冊卷後語〉，後本卷五則將其分解為〈書同心冊卷〉、〈與陽和張子問答〉兩篇文字。從篇目上看，儘管上述各篇均為後本所錄，但與後本對勘互校，查刻本卻明顯有其特異之處。

首先，就行文方式而言，查刻本《龍溪會語》均以第一人稱自述方式（「予曰」或「龍溪曰」）寫成，且文章開頭多先敘寫作緣起，最後則交代著文的時間、地點，顯然為龍溪自撰。後來各本（語錄部分）則多以第三人稱敘述方式（「先生曰」）寫成，原來文末作文時間、地點均略去，開頭緣起部分，則或略去或加以撮要縮寫，較之查刻本，一觀即知為後人整理編輯而成。查刻本雖亦經查鐸編輯，因此本卷前貢安國〈龍溪先生會語序〉中曰：「近得查子警甫同心商究舊學，所尊信此帙意同，但嫌散漫無紀，因共謀裒錄，編寫成書」，但每篇文字卻保持了龍溪原作的風貌。

其次，查刻本《龍溪會語》中有頗多文字不見於後來諸本，當屬佚文。其中，〈水西會約題辭〉一篇有兩條；〈沖元會紀〉一篇有六條；〈鬥山留別諸同志漫語〉一篇有三條；〈道山亭會語〉一篇有三條；〈書滁陽會語兼示水西宛陵諸同志〉一篇有兩條；〈三山麗澤錄〉一篇有十六條（多為論佛老的文字）；〈答吳悟齋掌科

書〉一篇有三條；〈東遊問答〉一篇有兩條；〈憤樂說〉一篇有兩
條；〈別見臺曾子漫語〉一篇有五條；〈白雲山房答問紀略〉一篇
有四條；〈南遊會紀〉一篇有十一條；〈天山答問〉一篇有四條；
〈書同心冊卷後語〉一篇有三條。以上合計共六十六條。若再加上三
篇非龍溪所作而查刻本中見錄的〈自訟貼題辭〉、〈龍溪先生自訟
貼後序〉、〈（白雲山房）答問紀略跋〉，則《龍溪會語》總計共有
後世諸本皆無的佚文六十九條。現輯出附之於後（見附錄一）。

　　第三、查刻本中有些篇章中的條目，後本則加以擴充、修飾而
成獨立的篇章，分別列入各卷，原文則予以刪除。後本卷五〈慈湖
精舍會語〉、卷八〈大學首章解義〉、〈河圖洛書解義〉，分別取
自查刻本卷五〈南遊會紀〉中三段文字。後本卷八〈艮止精一之
旨〉、〈天根月窟說〉，分別取自查刻本卷二〈三山麗澤錄〉中兩
段文字。後本卷十七〈悟說〉，則取自查刻本卷四〈自訟問答〉中
一段文字。這六條文字經後本擴充、修飾，雖文意大體未變，但文
字畢竟有別，故亦輯出附之於後（見附錄二）。

　　第四、查刻本中有些文字條目，在後本中被編入了不同的篇
章。查刻本卷二〈三山麗澤錄〉中有一條論「老氏三寶之學」的文
字，被後本編入了〈南遊會紀〉。查刻本卷五〈南遊會紀〉中則有
十三條文字分別被編入了後本〈撫州擬硯臺會語〉（九條，其中有八
條為關於陸象山的議論）、〈留都會紀〉（四條），另有一條則直接
被作為後本〈維揚晤語〉，只是略去了頭尾與文意不甚相干的文
字。

　　第五、查刻本卷二〈三山麗澤錄〉中有四段文字，亦見於同本
卷五〈南遊會紀〉（三處）與卷六〈天山答問〉（一處）之中。此為

重複文字,後本則刪去了〈南遊會紀〉與〈天山答問〉中的這些重複內容。

由上可知,查刻本包含一部分後來諸本所無的思想材料。後本對查刻本的刪節、改編,亦可視為依龍溪之意所為,因龍溪在〈遺言付應斌應吉兒〉(萬曆十六年蕭刻本卷十五)中曾說:

> 我平生詩文、語錄,應吉可與張二舅、蔡前山整理。中間有重複者,有敘寒溫、無關世教者,俱宜減省,或量為改易,務使精簡可傳,勿尚繁侈。

後本看來是秉承龍溪遺命而行的。但上述佚失的文字,卻並非僅僅是「重複者」或「敘寒溫、無關世教者」。這些佚文以及與後本不同的內容,對於龍溪思想與生平的研究,應有相當意義。研究龍溪思想與生平者本來就少,且往往只是將其作為王門後學的一支而著墨不多。至於文獻材料的問題,恐怕就更未加深究了。

作為原始的文獻依據,查刻本中的佚文以及與後本相異的內容,對於長期沿襲的關於龍溪思想的一些所謂定論、共識,是否能夠作出某些修正或補充呢?這應當是一個頗值得考慮的問題。查刻本最重要的一個特點是:自蕭刻本以降各本均列為首篇、且最常為人所引的代表龍溪「四無」說的〈天泉證道記〉,卻未見錄於查刻本。查刻本卷三〈東遊問答〉中有一段文字(見附錄一〈東遊問答〉佚文第一條)為龍溪論「四無」之說,然其立場卻有異於〈天泉證道記〉中的描繪,反倒與〈天泉證道記〉中統合「頓」與「漸」、「上根」與「下根」的陽明相一致。這能夠說明什麼問題呢?因本文旨在對龍溪文集在明代刊刻的情況作一考察,重點指出萬曆四年刊

刻的《龍溪會語》的文獻價值,並輯錄其中的佚文與異文,不涉及對龍溪思想的發掘與詮釋,故於此義理的問題只是點到為止,具體的討論,當另文專述(按:相關討論參見本書正文第四章「王龍溪的四無論」)。

　　由於查刻本的特殊地位,我們不妨稱之為會語本。蕭刻本、丁刻本可稱為全集本。何刻本、石林本可稱為選集本。而據以上所述,有明一代龍溪文集的刊刻情況已大體可知。清代龍溪文集亦有刊刻,然皆以明本為底本重刻。除本文開頭提到的光緒八年海昌朱昌燕刻本之外,尚有道光二年壬午(1820)會稽莫晉刻本,乃依萬曆戊子蕭刻本重印。臺灣華文書局曾於1970年出版《王龍溪先生全集》,則是依道光二年會稽莫晉刻本影印。日本方面,除前文提到昭和七年曾影印會語本外,尚有江戶年間和刻本影印《龍溪王先生全集》二十一卷,收於岡田武彥和荒木見悟主編的《和刻影印近世漢籍叢刊》。此和刻本二十一卷內容全同萬曆四十七年丁刻本,只是將二十卷丁刻本附錄部分的《大象義述》列為第二十一卷,而徐階所撰〈龍溪傳〉、趙錦所撰〈龍溪墓誌銘〉、張元忭所撰〈祭文〉則移列於卷首,僅此編排不同而已(較之萬曆四十七年丁刻本〈龍溪傳〉,此和刻本〈龍溪傳〉文字略有簡化之處)。

# 附錄一:查刻本所錄而後本未載之佚文

## 卷之一、水西會約題辭

1、（嘉靖己酉夏，予既赴水西之會，浹旬將告歸，復量諸友地理遠近，月訂小會，圖有終也。）先是戊申春仲，余因江右諸君子期之青原，道經於涇，諸友聞余至，相與扳聚，信宿而別，湢湢若有所興起。諸君懼其久而成變，復相與圖會於水西。歲以春秋為期，蘄余與緒山錢子叠至，以求相觀之益。余時心許之。今年春，六邑之士，如期議會，先期譴使戒途，勸為之駕。余既心許之，不克違。孟夏之望，發自錢塘，由齊雲，曆紫陽，以達於水西。則多士彬彬，候余已逾旬月，其志可謂專矣。諸友不以余為不肖矣，謬欲以北面之體相加。夫千里求益，故余本心，而登壇說法，實非所敢當。若曰將以表諸友之信心，則是諸友之事，非余之咎也。是會合宛及旁郡聞風而至者，凡二百三十人有奇。少長以次，晨夕會於法堂。究訂舊學，共證新功，湢湢益有所興起。邑大夫岑君，余同志也，亦時來督教。邑之鄉先生及窮谷之耆舊，樂其事之希有，咸翩翩然辱臨而觀之，可謂一時之盛矣。諸友懼茲會之不能久也。（乞余一言，以識心期。夫道有本原，學有綱領，而功有次第。……）

2、（篇末）己酉夏五月下浣，書於水西風光軒中。

## 卷之一、沖元會紀

1、（篇首）慨惟先師設教，時時提倡良知為宗，而因人根器，隨方開示，令其悟入，惟不失其宗而已。一時及門之人，各以質之所近，領受承接，人人自以為有得。乃者儀刑既遠，微言日湮，吾黨又復離群而索居，未免各執其方，從悟證學，不能圓融洞徹，歸

於大同。譬之鼎彝鐘鼐，器非不美，非得大冶陶熔，積以歲月，終滯於器，不能相通，間復有躍冶而出者矣。不肖深愧弗類，惟圖合併，竊念浙為首善之地，江右為過化之區，講學之風於斯為盛。戊申之夏，既赴沖玄之會，秋仲，念庵諸君送余南還，相與涉鵝湖之境，陟象山之墟。慨流光之易邁，歎嘉會之難數。乘間入龍虎山，得沖玄精廬，乃定為每歲江浙大會之約，書壁示期。今茲仲秋，復偕緒山錢子，攜兩浙徽宣諸友，如期來赴。東廓丈及卓峰、瑤湖、明水、覺山、少初、咸齋諸兄，先後繼至，合凡七十餘人。辰酉，群聚於上清東館，相與紬繹舊聞，商訂新得，顯證密語，合併為同。聞者欣欣，咸有所發。顧余不肖，亦與有聞，自慶此會不偶也。粵自朱陸之後，僅有此風，聚散不常，復成離索，竊有憂焉。爰述相與紬訂之旨，與諸友答問之詞，約為數條，以識贈處，並俟他日相證之意云。

2、先師提掇良知二字，乃是千聖秘密藏。虞廷所謂道心之微，一念靈明，無內外之寂感。吾人只是不昧此一念靈明，便是致知。隨時隨物不昧此一念靈明，便是格物。良知是虛，格物是實，虛實相生，天則乃見。或以良知未盡妙義，於良知上攙入無知意見，便是佛氏之學。或以良知不足以盡天下之變，必加見聞知識補益而助發之，便是世儒之學。

3、吾人今日致知工夫不得力，第一意見為害最重。意見是良知之賊。卜度成悟、明體宛然，便認以為實際。不知本來靈覺、生機封閉愈密，不得出頭。若信得良知及時，意即是良知之流行，見即是良知之照察，徹內徹外，原無壅滯，原無幫補。所謂冊府一粒，點鐵成金。若認意見為良知，便是認賊作子。此是學術毫釐之辨，

不可以不察也。

4、（……世之議者，或以致良知為落空，其亦未思之耳。）吾人講學，切忌幫補湊合。大抵聖賢立教，言人人殊，而其宗旨所在，一言便了。但得一路而進，皆可以入道。只如《大學》格致等說，本自完足無欠，必待補個敬字以為格致之本，便是贅說；必待提個志字以致其知，便是意見。不知說個誠意，已是主一，已是敬了。格致是做誠意的工夫，非二事也。古人說個欲明明德於天下，便是最初大志願。一切格致誠正工夫，不過了得此志願而已，何等簡徑直截！才落補湊，便成葛藤，無有了期。

5、大抵悟入與敦行工夫，須有所辨。敦行者未必皆悟，未有悟而不敦於行者也。今人自以敦行為足而不求證悟，固未免於未聞道；若曰吾已得悟而不必務欲敦行，則又幾於無忌憚矣。不可不戒也。

6、（篇末）不肖蓋嘗折肱於是者，幸相與儆戒，用終遠業，不以身傍師門，庶幾無負於今日之會，亦千古一快也。己酉仲秋日，書於上清東館。

## 卷之一、鬥山留別諸同志漫語

1、（……得與新安諸同志諸君為數日之會，其意固不在於山水間也。）諸君不以余為不肖，相與辨析疑義，究訂舊聞，相觀相摩，情真而意懇，渢渢乎有不容已之機。參諸孟氏尚志之說、曾子格物之說、子思戒懼慎獨之說，復證顏氏好學之說，宏綱大旨，節解絲紛，若合若離，疊疊繹繹，其說可謂詳矣。至於求端用力之方，生身立命之原，則群居廣坐之中，固有所未暇及也。比因久

雨，移館城隅，諸君復移榻相就、連床晤語者，更兩日夜。探本要末，廣引密證，其說又加詳焉。（諸君各以用力之疏密、受病之淺深，次第質言，以求歸於一是之地。……）

2、（……若捨身心性情，而以勝心虛見求之，甚至以技能嗜好累之，未見其善學也。）商量至此，豈惟說之加詳，將並其意思一時泄露，諸君珍重珍重。雖然，此非悟後語，殆嘗折肱於是者。自聞父師之教，妄志古人之學，於今幾三十年。而業不加修，動抵於悔，俍俍乎仆而復興，夫亦虛見嗜欲之為累耳。動忍以來，稍有所悟，自反自艾，切切求助以收桑榆之功，其本心也，（昔者秦越人，醫之神者也。……）

3、（篇末）明發戒行，留此為別。流光易邁，其志難立。習俗易染，至道難聞。所望此志，時時相應，共進此道，直以千古豪傑自待，而無愧於紫陽之鄉人。斯固千里耿耿之心期也。

## 卷之一、道山亭會語

1、（……乃圖為月會之約，而屬予言，以導其所志。）夫學之不講，孔子以為憂。然後之講學，有以口耳者，有以身心者。先哲蓋嘗言之矣。君子之學，以親師取友為急，而其要以辨志為先。（夫古今之言志者，大略有三，……）

2、（……此端本澄源之功。君子之辨志，辨諸此而已矣。）吾人有生以來，漸於習染，雖淺深不同，未有脫然而盡無者。所賴先哲之微言未泯，而吾心之炯然者未嘗昧。一念尚友之志不容自已，而不忍以功名富貴薄待其身。故每遇同志，亦復不量其力，呶呶焉妄為之言，以成相觀之助。雖屢遭疑謗詆侮，有所不暇恤也。吾人

今日之學，誠莫有先於辨志者矣。（此志苟立，自能相應，自樂於親師取友，……）

3、（篇末）不肖因同心之屬，歎茲會之不偶也。聊發狂言，用終就正之願，以廣諸君子未究之業，試以質諸方大丈，將亦在所與也乎？嘉靖丁亥冬十一月朔，書於南濠別墅。

## 卷之一、書滁陽會語兼示水西宛陵諸同志

1、（篇末）而余以也何足以知之？昔人嘗有貧兒說金之喻，今者則何以異此？惟諸君終始保任，不復以易心乘之，不因其從乞食，而並疑其說金之非，庶幾不負先師四十年前臨滁開講之苦心，亦不枉不肖千里取道之本願，微意不致終泯，而聖學之明有日矣。

2、（篇後附）余既別滁陽，赴水西，因憶巾石諸兄相屬，今日之會，不可以無紀，追述會中相與之意，作會言，將以遺之謏聞虛見，無能仰窺先師之蘊，恐輕於玩泄，反增狂妄。臨發復止，不得已耳。後安國諸友見而請曰：「滁陽為陽明夫子臨講之地，先生發其所悟、所得之旨，而四十年前之精爽儼然如在，可謂一時之盛矣。夫子之神，無所不在也。蓋留宛陵、水西，使諸生晨夕觀省，即其所學而庶幾焉。以展其對越之誠，固滁陽諸君子之同心也。」並書以示。癸丑夏四月朔書。

## 卷之二、三山麗澤錄

1、（篇首）予與遵巖子相別且十餘年矣。每書相招，期為武夷之會。時予羈於迹，辭未有以赴也。嘉靖丁巳夏杪，始得相會於三山石雲館第。先是丙辰冬，唐子荊川以乃翁狀事入閩，予送之蘭江

之上，意予沿途朋類追從，欲密其迹，遂獨赴武夷會遵岩。遵岩訝之。乃復申訂前約，以今年四月會於九曲天遊之間。比予將赴水西之會，恐不逮事，更以五月為期。至則遵岩以病未能即來，仲弟東臺方解詛，僑居芝城，因趨與東臺會，且詢來耗。適右轄萬子楓潭赴任過芝城，邀為予曰：「函峰公龍岩、未山、遠齋諸君在三山，福守祁子又為親交，諸士友又為同此志者。予既入閩，情不容於不會。」已而龍岩子復遣使來勸駕，遂順流抵三山，以遲遵岩之至。既會，彼此慰勞已，顧視形骸，相對黯然以欷，輒復釋然以喜。故人久闊驟聚之情，固如是也。出則聯輿，入則並席。日則間與函峰及諸君子相聚處，更問互答，以盡切劘之益。夜則相與宴息深坐，究闡舊學，並證新功。或遵岩子倡，而予酬之；或予啟，而遵岩子承之。偕答問疑義，相與尋繹，以歸於一。蓋苟有九日而別。臨別，龍岩諸君相謂曰：「昔者朱陸鵝湖之會，才數日耳，數百年傳為盛事，在當時尚不免有異同之見、動色求勝之嫌。今二君之會，迹合心騂，顯證默悟，意象超豁，了無形迹之滯。吾輩日藉相觀，亦有所發，不減於東萊之在鵝湖也。而顧無一言以記其盛，不幾於欠事乎？況閩為楊、羅、李、朱四子所自出，素稱道學之鄉，而承傳既遠，遺韻將埋，懷世道之慮者，方惕然病之。二君不遠千里相聚於此，諸所發明，簡易邃博，將溯四子而上之。譬之黃鍾大呂，宜暢於絕響之餘。有耳目所共聞，道將賴以發明，學將賴以復振也。而可少乎？」予與遵岩歉然避席曰：「倡道與學，則吾人豈敢當。若曰各紀所聞以俟將來，庶乎其可耳。」爰述證悟答問之語，釐為數條。予啟其端，遵岩發其趣，用致贈處，以就正於大方，且徵他日再會之期，當不以為僭妄也。

2、（……至於佛氏之家，遺棄物理，究心虛寂，始失於誕。然今日之病，卻不在此，惟在俗耳。）先師有云：「世人苟有究心虛寂，學道德性命而不流於俗者，雖其陷於老氏之偏，猶將以為賢，蓋其心求將以自得也。」（世之儒者，不此之病，顧切切焉惟彼之憂，亦見其過計也已。）

3、遵巖曰：「老子原是聖學。」龍溪曰：「然。老子羲皇無為之學也。病周末文盛，故立言不免於矯，亦孔子從先進之意。」友人問觀妙觀徼之旨，龍溪曰：「觀妙是性宗，無中之有也；觀徼是命宗，有中之無也。有無交入，老氏之玄旨也。吾儒即寂感之義。」

4、友人問：「谷神玄牝，明是養生之術。」龍溪曰：「吾儒未嘗不養生，只是致知盡之，不如彼家名象多端龐雜。谷神即良知。谷神不死，即良知常活。良知是為鴻蒙初判之寂，故曰『玄牝之門』。良知是生天生地萬化之基，故曰『天地根』。以神馭氣，神氣自相配合，是集義所生者。集義即是致知。『用之不勤，綿綿若存』，即是勿忘勿助，集義養氣之節度也。彼加亦以孟子養氣為幾於道。但聖學不明，反自以為異耳。」

5、遵巖論釋氏學曰：「蕭梁以來，溯祖承宗，其說漫盛。學為士而溺於禪，遂各有之。心通性達，廓然外遺乎有物之累，而炯然內觀於未形之本，則孔門之廣大高明，其旨亦何以異？其凝慮融釋，靈機照燭，雨施雲行，則草木畢逐。天虛淵定，而飛潛自形。自謂妙得乎姬易在雅之微傳，足以辟夫執器滯言之陋，以為擬議矜綴，似而非真，誦說訓解多，而迷始也。然以其擺脫行迹以為無方體，捨棄大義以為黜聰明，蕩然無復可守之矩度。而遊移汒昧，徒有不可測之言，反為浮誕惰縱者之所托，故儒者尤患之。」龍溪

曰：「若是，則吾儒與禪學無可辨矣。器本不可執，言本不容滯。擬議矜綴，執之病也。誦說訓解，滯之訛也。有可守即為執，有可測即為滯。若曰為浮誕惰縱者之所托，此則學禪者之病，非禪病也。後儒以其執器滯言之見，而欲窺其廓然之際，以為行迹可略，品節將由以不存。大義少疏，條理或因之無辨，是謂不揣其本而齊其末。一切拘迫譾泥之態，將為禪者之所嗤，烏在其為辟禪也哉？夫吾儒與禪不同，其本只在毫釐。昔人以吾儒之學主於經世，佛氏之學主於出世，亦大略言之耳。佛氏普渡眾生，盡未來際，未嘗不以經世為念，但其心設法一切，視為幻相，看得世界全無交涉處。視吾儒親民一體、肫肫之心終有不同。此在密體而默識之，非器數言詮之所能辨也。」

6、龍溪謂遵言曰：「子之氣魄大，精神力量足擔世界，與世之踽踽謰謰者不同。譬之大樹，則鸞鳳易於雜棲；大海，則龍蛇易於混處。世人以其踽踽謰謰之見，欲指摘訾擬，撼而測之，足見其自小也已。若吾人自處，則不可以不慎。有混有雜，終非完行。鳳翔則鸞自滅，龍起則蛇自藏。此身獨往獨來，隨處取益，以挽回世界為己任，而不以世界累其身，方為善用其大耳。」

7、有人問楊、羅、李、朱之學。龍溪曰：「龜山親得明道先生道南之傳，豫章、延平皆令學者觀未發以前氣象，此學脈也。延平自謂默坐澄心，體認天理，此其終身用力之地。其傳之考亭，亦諄諄以喜怒哀樂未發之旨啟之。考亭乃謂當時貪著訓詁，不復記憶，至以為辜負此翁。則考亭又何學耶？考亭以窮理之要在讀書，是專以窮理為知。明道云：『只窮理便盡性以至於命』，若如考亭之言，不惟與大《易》窮理之旨未盡明透，其於所傳，於楊、羅諸賢

之旨，亦若有所未契。不可以不深究也。」

8、友人問：「西河有云：『佛，西方聖人也，中國則泥。』夫佛，具圓明無礙之智，不入斷滅。使其主持中土，亦能隨時立教，何至於泥？」龍溪曰：「佛雖不入斷滅，畢竟以寂滅為宗。只如盧行者在忍祖會下，一言見性，謂『自性本來清淨，具足自性，能生萬法』，何故不循中國禮樂衣冠之教，復從寶林祝法弘教度生？蓋既以寂滅為宗，亦只是了得他教門中事，分明是出世之學。故曰要之不可以治天下國家。吾儒卻是與物同體，乃天地生生之機。先師嘗曰：『自從悟得親民宗旨，始勘破佛氏終有自私自利意在。』此卻從骨髓上理會出來。所差只在毫釐，非言語比並、知識較量所得而窺其際也。」

9、龍溪謂遵岩曰：「今人都說靜坐，其實靜坐行持甚難。念有所著，即落方所；若無所著，即成懸空。此中須有機竅，不執不放，從無中生出有來，方是天然消息。」遵岩曰：「予時常也要靜坐，正為此二病作祟。不知荊川於此有得否？昔人謂『不敢問至道，願聞衛生之經。』子素究養生之術，為我略言之。」龍溪曰：「荊川自有荊川作用。予於此雖有所聞，終是虛見，言之反成泄漏。子欲靜坐，且從調息入手。息調則神自返，神往則息自定。神息相孕，水火自交。然非是致知之外，另有此一段工夫。只於其中指出機竅，令可行持。古云得其機，則立躋聖地。非只衛生之經，至道亦不外此。明秋不負臺蕩之約，當共坐究竟此一事，非草草所能悉也。」

10、函峰過石雲館而論學曰：「諸君嘗言寂感一體，此義何如？」龍溪曰：「寂是心之本體，非以時言。有思有為，便不是寂

感。有不通，即非寂體。」「然則雙江歸寂之說何如？」龍溪曰：「雙江先生云感處無工夫，不為無見。然寂本無歸，即感是寂，是為真寂。若有所歸，寂感有時，終成二見。」遵巖曰：「雙江慮學者不知寂體，只從感上牽補過去，故提得寂字較重，非謂寂而後生感也。」函峰云：「雙江寂感，終分先後，自從虛靜胎養中來。若只感上求寂，即為義襲之學。」龍溪曰：「千古聖賢，只在幾上用功。周子云：『寂然者，誠也。感通者，神也。動而未形，有無之間者，幾也。』動者，感也；未形，則寂而已。有無之間，是人心真體用，當下具足，更無先後。幾前求寂，便是沈空；幾後求感，便是逐物。聖人則知幾，賢人則庶幾，學者則審幾。是謂無寂無感，是謂常寂常感，是謂寂感一體。」

11、函峰謂龍溪曰：「昨來所論寂感之義，驗之日用應酬，心體不動而觸處皆通，覺有入處。得此生生之機，似不容已。乃知師友相親之益，不可無也。」龍溪曰：「如此方是經世之學。天機所動，其容已乎？然此卻是自能取益，所謂瓦礫黃金。若非虛心樂受，縱便黃金，亦成頑鐵用耳。」

12、末山過館論學曰：「函峰先生謂以心喻鏡，鏡有塵垢，即用刮磨。心有塵垢，怎生刮磨？」龍溪曰：「古人取譬，只是得其大。概以無形之心而喻，以有形之物一一相比，如何同得？磨鏡工夫，只在照上磨，不是磨了後方去照。吾人心鏡，被世情嗜欲塵垢昏蔽，亦只在應感上刮磨，務令光明透露。非是離了應感世情，遊諸虛空做得。人心未嘗無感時，縱令槁心靜坐，亦有靜境相感。譬鏡在匣，亦不廢照，寂感一體也。」

13、龍溪嘗宿於蒙泉私署，見蒙泉日間百務紛紜，晚間對坐，

意象超然，若無事者。嘗曰：「且管現在性命，過去未來，憂之何益？徒自苦耳。」予曰：「只此便是無將迎，只此是學。若日間隨分應酬，不論閑忙好醜，不以一毫榮辱利害、將迎意必介於其間，便是無入而不自得。古人無入而不自得，以其無入而非學也。」

14、遵岩謂龍溪曰：「予之作文，比荊川早悟一兩年。予未有荊川識見，但荊川文字，終有淩振之氣。予發之稍和厚，亦繫於所稟耳。」又曰：「韓子謂『師其意，不師其詞』，此是作文要法。歐、蘇不用史、漢一字，脫胎換骨，乃是真史、漢。」龍溪謂遵岩曰：「古人作文，全在用虛。古今好文字足以有傳，未有不從圓明一竅中發者。行乎所當行，止乎所不得不止。一毫意見不得而增減焉。只此是作文之法，只此是學。」

15、龍溪曰：「吾人居家，以習心對習事，未免牽纏墮落。須將此身撤得出來，時常求友於四方，換易境界，方有得力處。只如不肖，常年出遊，豈是家中無些子勾當？豈是更無妻孥在念？亦豈是招惹朋類、專欲以教人為事？蓋此學之於朋友，如魚之於水，相濡相吻，不若相忘於江湖。終日與朋友相觀相磨，一時不敢放逸，與居家悠悠，意味自大不同。朋友因此或亦有所感發開悟，亦是朋友自能取益，非我使之能益。固有士夫相接、一句開口不得時，真成對面千里，豈能一毫有所意必也？」

16、嘗讀遵岩《孔孟圖序考》。仲尼獨為萬世仁義禮樂之主，何也？既開室設科以來，四方之士復偕之。周流四方，隨地講習，非獨其門人子弟而後為此學也。舉一世之人，莫不欲使之共學。故上則見其邦君，中則交其公卿大夫，下則進其凡民。如耦耕荷蓧之丈人、拿舟之漁父、闕黨互鄉之童子，皆有意焉。固非必人人必能

此道也。遇其邦君卿大夫而得一二人焉，而學明於上矣；遇其凡民之父子兄弟而得一二人焉，而學明於下矣。啟發掖引之機，問聘之所及，光輝之所見，在鄉滿鄉，在國滿國，所接莫非人，則亦莫非學矣。當其時，未嘗一日不與人接，因以此為易天下之道也。史遷之知，不足以及此。謂去來列國，皆以求仕，至於七十二君而不遇，可慨也已。遵岩子因謂予曰：「子之出遊，亦竊似之。」（予曰：「鳥獸不可與同群，非斯人而誰與？」……）

## 卷之二、答吳悟齋掌科書

1、不肖年弛志邁，多過之身，修行無力，動憎眾口，豈敢謂毀譽忘情，自擬於賢者？而一念改過，頗能自信，兩者路頭，頗知抉擇，以為從違，不忍自負其初心。嘗謂君子為善有所顧忌，則不能成大善；小人為惡有所顧忌，則不能成大惡。善惡大小之分，決諸一念而已。人之相知，貴於知心。既食五穀之味，則雜物自無所容，亦賴知我者有以諒其心而卒成之，固難與世人言也。

2、（……夫道有本而學有機，）不得其本，不握其機，則工夫扞格不能入微，雖使偉業格天，文章蓋世，聲名喧宇宙，過眼等為浮雲。譬之無根之木，無源之水，徒有採摘汲引之勞，盈涸榮枯可立而待也。

3、先師云：「致知存乎心悟，致知焉盡矣。」昔有人會法義墮，以賭頭為約者，寧可有智人前捨頭，不可無智人前取勝。此言可以喻大，非兄相愛，無以發予之狂言。

## 卷之三、東遊問答

1、楚侗曰：「陽明先生天泉橋印證無善無惡宗旨，乃是最上一乘法門，自謂頗信得及。若只在有善有惡上用功，恐落對治，非究竟，何如？」龍溪曰：「人之根器不同，原有此兩種。上根之人，悟得無善無惡心體，使從無處立根基，意與知物皆從無生。無意之意是為誠意，無知之知是為致知，無物之物是為格物。即本體便是功夫，只從無處一了百當，易簡直截，更無剩餘，頓悟之學也。下根之人，未曾悟得心體，未免在有善有惡上立根基。心與知物皆從有生，一切是有，未免隨處對治。須有為善去惡的功夫，使之漸漸入悟，從有以歸於無，以求復其本體，及其成功一也。上根之人絕少，此等悟處，顏子明道所不敢言，先師亦未嘗輕以語人。楚侗子既已悟見心體，工夫自是省力。只緣吾人凡心未了，不妨時時用漸修工夫，不如此不足以超凡入聖，所謂上乘兼修中下也。其接引入，亦須量人根器，有此二法。不使從心體上悟入，則上根無從而接；不使從意念上修省，則下根無從而接。成己成物，原非兩事，此聖門教法也。」

2、楚侗曰：「吳中士夫習俗，稱為難處。作一切以法裁之，分毫不與假借，甯任怨求盡吾職而已。」龍溪曰：「此是霹靂手，一切不與假借，士習一變，有補於風教不小。大凡應感之際，有從有違，未免有揀擇炎涼之態，所以生怨。若一切裁之以法，我容心焉，怨從何生？但聞往來交際，大煞嚴峻，不能以盎然出之，致使人有所不堪，或亦矯往之過也。」

## 卷之三、憤樂說

1、（……吾人欲尋仲尼、顏子之樂，惟在求吾心之樂，惟在去

其意必之私，蕩邪消滓，復還和暢之體，便是尋樂真血脈路。）夫仲尼、顏子，至聖大賢，猶不忘發憤之心，吾人以不美之質，不肖之身，乃欲悠悠度日，妄希聖賢，是猶夢入清都，自身卻未離溷廁，其不為赤之所笑者，無幾。《論語》一書，首發學之一字，曰「學而時習之，不亦悅乎？」

2、（篇末）學為覺義，即良知也。憤樂相生，以至於忘年。無知，知之至也，罔覺，覺之至也。天生斯民，使先知覺後覺。一知一覺，德可久而業可大。堯舜耄期，猶不忘兢業，此危微精一之旨，固夫子所祖述而覺焉者也。吾人可以自悟已。

## 卷之三、別見臺曾子漫語

1、儒者之學務於經世。古人論經綸無巧法，惟至誠為能之。至誠也者，無欲也。以無欲應世，立本知化而無所倚，此千古經綸手段，天德之良知也。若夫以任情為率性，以測億為覺悟，以才能計度為經綸，皆有所倚而然，非無欲也。見臺可以自考矣。

2、見臺問三教同異。予謂：「昔儒辨之已詳，今復言之，是加贅也。自儒教不明，二氏之教亦晦。三教不外於心，信得虛寂是心之本體，二氏所同者在此，其毫釐不同處，亦在此。須從根源究取，非論說知解可得而分疏也。吾儒精義，見於大《易》。曰周流六虛，曰寂然不動。虛以適變，寂以通感，不泥典要，不涉思為，此儒門指訣也。自此義失傳，佛氏始入中國，即其所謂精者，據之以主持世界。儒者僅僅以其典要思為之迹，與之相抗，才及虛寂，反若諱而不敢言。譬諸東晉南宋之君，甘守偏安，無復恢復中原之志，其亦可哀也已。先儒判斷，以儒為經世，佛為出世，亦概言

之。文中子曰：『佛，西方之聖人，中國則泥。』使中國盡行其教，倫類幾絕，誰與興理？敬悟變通宜民之義，尚何泥之為病也哉？毫釐可以默識矣。若夫老氏，則固聖門所興，就而問禮，未嘗以為非。致虛守寂，觀妙觀竅，擬於聖功，未嘗專以異端目之也。世之所傳者，乃其後天渣滓，旁門小術，譸張煩瑣，並老氏之旨而失之。使今之世而有老氏者出，盛德深藏，且將復有猶龍之歎矣。至其絕聖智、小仁義，剖析鬥衡，以還無為之化，立言過激，使人無可循守，率流於賢知者之過。較之吾儒中庸之道，似不免於毫釐之辨也。夫異端之說，見於孔氏之書。先正謂吾儒自有異端，非無見之言也。二氏之過，或失則泥，或失則激，則誠有之。今日所憂，卻不在此，但病於俗耳。世之高者，溺於意識；其卑者，緇於欲染。能心眢見，縱恣謬幽，反為二氏之所嗤。有能宅心虛寂，不流於俗者，雖其蹈於老氏之偏，猶將以為賢，蓋其心求以自得也。學者不此之病，顧汲汲焉惟彼之憂，亦見其過計也已。良知者，範圍三教之靈竅，無意無欲，內止而外不蕩，聖學之宗也。予非悟後語，蓋嘗折肱而若有得焉。吾人果能確然自信其良知，承接堯舜以來相傳一脈，以立天地之心、生民之命，不為二氏毫釐之所惑，不為俗學支離之所纏，方為獨往獨來擔荷世界之大丈夫爾。」

3、見臺問鄉愿狂狷。予謂：「孔子惡鄉愿，以其學得聖人太逼真，從軀殼起念，壞人心而蕩世教也。鄉愿忠信廉潔，不只在大眾面前矯持強飾，雖妻孥面前，亦自看他不破，才是無可非刺也。孔子以為似者，以其不根於心而循於迹也。同流非是，幹流俗之事，不與相異，同之而已。合汙非是，染汙世之行，不與相離，合之而已。忠信廉潔，是學聖人之修行，既足以媚君子；同流合污，是學

聖人之包荒，又足以媚小人。譬之紫之奪朱，鄭聲之亂雅。比之聖人，更覺光耀動人。聖人之學，時時反求諸心，常見有不是處。鄉愿則終身精神全在軀殼上照管，無些滲漏，常常自以為是而不知反，故不可與入堯舜之道。壞心術而喪教本，莫此為甚。所以為德之賊，而惡之尤深。狂者其志嘐嘐然，只是要作古人，已有作聖胚胎，但工夫疏脫，行有所不掩耳。不掩處雖是狂者之過，亦是他心事光明無包藏，只此便是入聖之基。若知克念，時時嚴密得來，即可以為中行矣。狷者不屑不潔，篤信謹守，恥為不善，尚未立必有為聖人之志，須激發成就，進此一格，方可以入道。此良工苦心也。雖然，知聖人之學，而後知鄉愿之為似，知聖人之德，而後知亂德之為非。非易易然也。學絕教弛，世鮮中行，不狂不狷之習淪浹人之心髓，雖在豪傑有所不免。有人於此持身峻潔，而不緇處世玄同，而無礙精神回護，侈然自信自足，以為中行。世之人亦且群然以中行稱之。究其所歸，流入於鄉黨自好而不自覺。鄉黨自好，所謂鄉愿也。夫鄉黨自好與賢者所為，原是兩條路徑。賢者自信本心，是非一毫不循於俗，自信而是，雖天下非之而不顧；自信而非，雖天下是之而有所不為。若鄉黨自好，則不能自信本心，未免以世情向背為是非，於是有違心之行，有混俗之迹，外修若全中之所行者，詳矣。諺云：『真貨難識，假貨易售。』後世取人，大抵泥迹而遺心，與古人正相反。譬之荊璞之於燕石，一以為瑕瑜，一以為完碬，真假固自有在也。見臺卓然立志，尚友古人，而資性純謹，恥於不善，乃類於狷。循勉以進，可冀於中行。區區媚世，斷然知有所不為，但似是而非之習，漸漬已深，真假毫釐，易於眩惑，故有蹈襲其中而不自覺，不可以不察也。」

4、見臺問：「古之欲明明德於天下，說者謂既自明其德，使天下人皆有以明其德，何如？」予謂：「如在效上取必，雖堯舜有所不能。大人之學，原是與萬物同體。此一點靈明，原與萬物通徹無間。痿痺不仁，以靈氣有所不貫也。欲明明德於天下者，是發大志願，欲將此一點靈明，普照萬物，著察昭朗，不令些子昏昧，是仁復天下一體之實學。不然，便落小成之法，非大學之道也。」

5、吾黨致知之學，疏而未密，離而未純，未能光顯於世，雖是悟得良知未徹，亦是格物工夫未有歸著，未免入於支離。物者，意之用，感之倪也。知者，意之體，寂之照也。意則其有無之間，寂感所乘之機也。自一日論之，動靜閑忙，食息視聽，歌詠揖讓，無非是物。自一生論之，出處逆順，語默進退，無非是物。是從無聲無臭，凝聚應感之實事，合內外之道也。而其機惟在察諸一念之微。察之也者，良知也。格物正所以為致也。此件原無奇特，聖人如此，愚人亦如此，是為庸德庸言。一切應感，惟在察諸一念之微，一毫不從外面幫補湊泊，其用不得不密，其存主不得不純，可謂至博而至約也已。千鈞之鼎，非烏獲不能勝。見臺，吾黨之烏獲也。從心悟入，從身發明，使此學廓然光顯於世，非吾見臺之望而誰望哉？隆慶己巳夏閏月上浣書。

## 卷之四、白雲山房答問紀略

1、（篇首）予自遭室人之變，意橫境拂，哀情慘慘不舒。諸友慮予之或有傷也，謀於白溪王子，崇酒與肴，旋集於白雲山房。繾綣酬酢，坐起行歌，賓主協竢日之歡，意陶陶也。

2、（……舉業德業，原非兩事。）士之於舉業，猶農之於農

業。伊尹耕莘以樂堯舜之道，未聞其以農業為累也。君子之學，周乎物而不過。（意之所用為物，物即事也。舉業之事，不過讀書作文。……）

3、（……諸君皆一日千里之足，區區非敢身為教，但欲借此為諸君為鞭影耳。）夫學莫先於立志，先師有立志說。志猶木之根也，水之源也。木無根則枝枯，水無源則流竭，人無志則氣昏。吾人一生經營幹辦，只是奉持得此志，故志立而學半。習心習氣未能即忘，方知有過可改。忿心生，責此志，則不忿；傲心生，責此志，則不傲；貪心生，責此志，則不貪；怠心生，責此志，則不怠。無時而非責志之功，無處而非立志之地。此志既定，自不能不求於先覺，自不能不考於古訓。二者便是輔成此志之節度。譬之有欲往京師之志，便須問路起腳，便疑必須尋問過來人，以決其疑。今人未有疑問，只是坐謀所適，未嘗行也。既問於人，又需查路程本子，以稽其日履，然後路頭不致疑忘。問過來人，便是質諸先覺；查路程本子，便是考諸古訓，無非所以助成必往京師之志。若志不在燕，而吾強告以適燕之路，雖言之而不聽，雖聽之而不審，亦徒然也。今日諸君既相信愛，敢謂無志做人？但恐未立得做聖人之志耳。先師祠中舊有初八、二十三之會，屢起屢廢，固是區區時常外出，精神未孚，修行無力，而過日增，無以取信於人，亦因來會諸友，未發其真志，徒以意興而來，亦以意興而止，故不能有恒耳。（夫會所以講學明道，非徒崇黨以立門戶而已也。天之所以與我，人之所以異於禽獸，惟此一念靈明，不容自昧，古今凡聖之所同也。哲人雖逝，遺教尚存。海內同志，信而向者，無慮千百，翕然風動。而吾鄉首善之地，反若抑鬱而未暢，寂寥而無聞。）（按：

括弧內文字亦見後本卷二〈約會同志疏〉）師門道脈，僅存一線，此區區日夜疚心不容已於懷者也。今日諸君來會，不過二三十人。越中豪傑如林，聞有指而非之者，有忌而阻之者，又聞有欲來而未果，觀望以為從違者矣。其非忌者，以為某某平時縱恣、傲氣凌物，常若有所恃。某某雖稍矜飾，亦是小廉曲謹。某某文辭雖可觀，行實未嘗著。皆未嘗在身心上理會。今欲為學，不知所學何事。此言雖若過情，善學者聞此，有則改之，無則勉之，莫非動忍增益之助。

4、（篇末）所云為學只在理會性情。然須得其要機，方成德業。顏子不遷怒，有未發之中始能。吾人欲求未發之中，須從戒慎恐懼養來。然戒慎恐懼之功，亦有深淺。每與東廓公相會，東廓相發此義：自聞先師良知教旨，即知從事此學。初間從事上戒懼，每事攝持，不敢流入惡道；中年從意上戒懼，一切善惡，只從意上抉擇；近來始知從心上戒懼用力，更覺簡易。蓋心者，意之體；意者，心之用；事即意之應迹也。在事上攝持，不過強制於外。在意上抉擇，動而後覺，亦未免於滅東生西。不觀不聞，心之本體。在心上體究，方是禁於未發，方是端本澄源之學，師門指訣也。諸君既知在性情上理會，去傲安分，不為舊習所汩，妄想所營，只須各隨根器大小，量其深淺，以漸安入，水到渠成，真機自顯。但辦肯心，必不相賺。此學進退，只在一念轉移之間。得之可幾於聖賢，失之將入於禽獸，可不懼乎？古人進德修業，貴於及時，亦望諸君趨此日力，各相懋勉，以終大業。無若區區過時而後悔也。同心之言，不嫌直致，諸君諒之。隆慶辛未歲六月念日書。

## 卷之五、南遊會紀

1、南都滁陽會竟、虯峰學院、屐庵司成、漸庵、五臺二冏卿屬言於予曰：「昔者鵝湖之會，僅僅數語，簡易支離，不無異同，尚傳以為盛事。今日之會，諸老道合，群彥志應。隨機啟牖，風規翕然，無復異同之嫌，尤不可以無傳。非惟徵學，亦以弘教也。」因追述會中答問諸語，錄以就正，正見一時相與之義。若曰比美前聞，則非所敢當也。（按：此為正文前識語，蓋述作文之緣起。）

2、（……佛氏明心見性，自以為明明德，自證自悟，離卻倫物感應，與民不相親，以身世為幻妄，終歸寂滅，要之不可以治天下國家。此其大凡也。）且天地間生人不齊，不問中國外夷，自有一種清靜無為之人。唐、虞在上，下有巢、由。中國巢、由之輩，即西方之佛徒。儒學明，有聖人主持世教，爰養此輩，喬松貞璞，偃仰縱姿，使各得以遂其生，無所妨奪，大人一體曲成之仁也。聖學衰，此輩始來作主稱雄。號為儒者，僅僅自守，不復敢與之抗，甚至甘心降服，以為不可及，勢使然也。若堯、舜、姬、孔諸聖人之學明，自當保任廓清，光復舊物。雖有活佛出世，如唐、虞之有巢、由，相生相養，共證無為，無復大小偏全之可言。緣此靈性在天地間各各具足，無古今無內外，渾然一體。在上則為君為相，都俞籲咈，以主持世教；在下則為師為友，講習論辨，以維持世教。師友之功與君相並。統體源流，各有端緒，未嘗一日亡也。不此之務，而徒紛紛然同異之迹，與之較量，抑末也已。

3、問者曰：「佛氏上報父母之恩，下樂妻孥之養，未嘗遺棄倫理，是世出世法。只緣眾生父子恩重，夫妻情深，佛氏恐其牽纏相續不斷，為下根眾生說法，立此戒門，所謂權也。若上根之人，無

· 良知學的展開──王龍溪與中晚明的陽明學 ·

欲應世，一切平等，即淫怒癡為戒定慧，所謂實也。」予曰：「佛
氏雖上報四恩，終是看得與眾生平等。只如舜遇瞽瞍，號泣怨慕，
引咎自責，至不可以為人，佛氏卻便以為留情著相。天地絪縕，萬
物生化，此是常道。佛氏雖樂有妻子，終以斷淫欲為教門。若盡如
佛教，種類已絕，何人傳法度生？所謂賢知者之過也。」

4、五臺問：「先師格物之說與後儒即物窮理不同，已信得及，
但格物意義尚未明瞭。」予曰：「格物之物是應感之實事，從無聲
無臭凝聚出來，合內外之道也。致知不在格物，便會落空。良知是
寂然之體，物是所感之用，意是寂感所乘之機。機之所動，萬變不
齊，莫非良知之妙應，用功只在格物上。使舜不遇瞽瞍，則孝之物
有未格；周公不遇管、蔡，則弟之物有未格；湯、武不遇桀、紂，
則忠之物有未格。格物所以致其良知也。」

5、成山王子問曰：「顏子不遷怒，不貳過。晦庵訓解或非本
意。」予曰：「顏子不遷不貳，有未發之中始能。顏子心常止，故
能不遷；心常一，故能不貳。常止常一，所謂未發之中也。顏子發
聖人之蘊，此是絕學，故曰今也則亡。未聞好學者也。若如所解，
原憲諸賢皆能之，何以謂之絕學？」

6、時有山人談佛學，誦《金剛經》，未明三心之意，請問。時
方與山人對食，予謂：「即此可以證明。念是心之用，未有無念之
心。從前求食之念已往，便是過去心不可得。從後欲食之念未生，
便是未來心不可得。只今對食之念本空，便是現在心不可得。此是
無所住真心，不著四相。若有所得，即有所信、有所著矣。」山人
又問有為法中六如之義。予謂：「人在世間，四大假合而成，如夢
境、如幻相、如水中泡、如日中影、如草頭露、如空中電，倏忽無

· 664 ·

常，終歸變滅。惟本覺無為真性，萬劫常存，無有變滅。大修行人作如是觀，即有為而證無為世出世法。若外有為別求無為，是二乘見解，非究竟法也。」

7、友人問象山晦庵無極太極之辨。予謂：「象山晦翁往復辯難，其詳於論無極數書。某嘗以質於先師。師曰：『無極而太極，是周子洞見道體，力扶世教，斬斷漢儒與佛氏二學斷案，所謂發千聖不傳之絕學。朱陸皆未之悉也。』夫無極而太極而陰陽五行，萬物自無而達於有，造化之生機也。生機為順，殺機為逆。一順一逆，造化之妙用。故曰：易，逆數也。象山以無極之言出於老氏，不知孔子已言之矣。其曰：『易有太極，易無體。』無體即無極也。漢儒不明孔氏之旨，將仁義忠孝倫物度數形而下者，著為典要，索於刑名器數之末，一切皆有定理，以為此太極也，而不知太極本無極，不可得而泥也。佛氏之徒，見聖人之學拘泥執滯，不能適變，遂遺棄倫物器數，一歸於空，以為此無極也，而不知無極即太極，不可得而外也。一以為有物，一以為無始；一則求明於心而遺物理，一則求明物理而外於心。所趨雖殊，其為害道而傷教均也。周子洞見其弊，故特揭此一言以昭來學，真良工苦心也。象山謂《通書》未嘗言無極，不知〈聖學篇〉：『一者，無欲也。』一即太極，無欲即無極。周子已發之矣。晦翁恐太極淪為一物，力爭無極以為綱維，而不知無極果為何物。『聖人定之以中正仁義而主靜，立人極焉。』中正仁義所謂太極。靜者，心之本體；無欲故靜，無欲即無極，主靜所謂無極也。朱子乃以主靜屬之動靜之靜，自陷於支離而不自覺矣。故曰：『言有無，諸子之陋。』」

8、予謂五臺曰：「佛氏以生死事大，吾儒亦未嘗不以為大。

『原始反終，故知生死之說』，『未知生，焉知死』，乃真實不誑語。孔氏以後，任生死者不為無人，說到超生死處，實不易得。任則敦行者皆可，能超非大徹悟不能也。佛原是上古無為聖人，後世聖學不明，故佛學亦晦。古人為此一大事出世一番，原是為天地立心，為生民立命。既幸有聞，豈容自諉。今日良知之學，原是範圍三教宗盟。一點靈明，充塞宇宙。羲皇、堯舜、文王、孔子諸聖人，皆不能外此別有建立。靈性在宇宙間萬古一日，本無生死，亦無大小。聖學衰，佛氏始入中國，主持世教。時有盛衰，所見亦因以異，非道有大小也。謂孔子之道大於佛，固不識佛；謂佛之道大於孔子，尤不識孔子。吾世契崇信孔子，復深於佛學，一言輕重，世法視以為向背。自今以後，望專發明孔氏以上諸聖大宗，立心立命以繼絕學而開太平，弗多舉揚佛法，分別大小，以駭視聽。非有所避忌，隨時立教，法如是故也。聖學明，則佛學不待闡而自明矣。若夫同異毫釐之辨，存乎自悟，非可以口舌爭也。」

9、心之體不可言，聖人未嘗言，獨於《易》言「寂然不動，感而遂通天下之故」。心之體用，不過一感一應，古今言心者盡於此矣。六十四卦惟《履》與《咸》取象於人身。艮，止也，不動也。咸，感也，感通也。止之體不容言，而思之用則人生日用，之所以不窮，皆心主之也。思者，心之職也。日用寒暑、尺蠖龍蛇之屈信啟蟄，極而至於窮神知化，皆不出乎此。寂非證滅也，感非起緣也。即寂而感行焉，寂非內也。即感而寂存焉，感非外也。是謂常寂常感，是謂無寂無感。心豈肉團之謂哉？聖人之意微矣。

10、履庵邀予曾宿觀光館中。予扣近來新功，履庵若謙謙未遑。履庵一生沖淡謙抑，無一毫競進之心，見之使人躁心自消。然

未肯出頭擔荷世界，亦在於此。荊川每每激發，欲其開啟任事。既為入室宗盟，此等處未可輕輕抹過。大丈夫出世一番，自有見在合幹的事。身為國師，以教人為職，教學相長，學不厭，教不倦，原非兩事。其機只在默識。內以成己，外以成物，合內外之道也。昔者泉翁及東廓、南野諸公為大司成，與諸生輪日分班，講學歌詩習禮，示以身心之益，弦誦之聲達於四境，翕然風動。豈必人人皆能發真心、修實行？樹之風聲以為之兆，其職固所以自盡。若徒循資格，了升散，絕餽遺，謹約束，使人無破綻可舉，作自了漢，非所望於有道也。

11、侍御湛臺胡子，出差方回，候於承恩寓所，自辰抵暮。聞予宿履庵館中，即趣宿雞鳴寺，次早造館求見。十年相別，敘寒燠外，汲汲以問學求印證，復期過私第請教，其志可謂切矣。湛臺謂：「與師相別多年，所聞良知之教，時時不敢忘。一切應用，逆順好醜，起倒不常。才欲矜持，似覺拘迫；才欲舒展，又覺散緩，未得恰好處。勘來勘去，只是致良知工夫無病痛。故近來一意只是致良知，虛靈應感，自存天則。制而不迫，肆而不蕩，日覺有用力處，日覺有得力處。以此就正，更望有以進之。」噫！謂湛臺可謂善學矣。良知無盡藏，致知工夫亦無盡藏。古云：百尺竿頭更進一步。四面虛空，從何處著腳？聞以有翼飛者矣，未聞以無翼飛者也。於此得個悟入，方為究竟法。待子更用工夫，火力具足，當儲天泉勺水與子沃之未晚也。

## 卷之六、天山答問

1、甲戌間立春前一日，陽和子相期會宿天柱山房，尋歲寒之

盟。仕沛裘子充與焉。陽和子質性本剛毅，邇來留心問學，漸覺沖粹。一切應感，嚴而能容，和而能有制。常見自己有過可改，不忍自欺其本心。學莫先於變化氣質，若陽和可謂善變矣。

2、陽和子謂周繼實深信禪學，崇齋素，重因果，信自本心，不敢自肆，以為此是西方聖人之教，中國之學不是過也。相留宿處數日，因喪中，亦與同齋，意頗無逆。親交中，以予溺心虛寂，將外倫物而習於異教，亟來勸阻。予歎曰：「世以齋素為異，恣情紛華，窮口腹之欲者，始得為常乎？以果報為惑，世之縱欲敗度，肆然無所忌憚者，始為信心乎？先師有云：『世之人苟有淪於虛寂、究心性命而不流於世情者，雖其陷於異端之偏，猶將以為賢，蓋其心求以自得也。』求以自得而後可語聖人之學。良知者，心之本體，性命之靈樞也。致知之學，原來虛寂，未嘗離於倫物之應感。內者不誘而外者有節，則固中國之宗傳也。世人不此之慮，顧切切焉惟彼之憂，亦見其過計也已。」

3、子充問操心之法。予謂：「操是操習之操，非把持也。心之良知，原是活潑之物。人能操習此心，時時還他活潑之體，不為世情嗜欲所滯礙，便是操心之法，即謂之存。才有滯礙，便著世情，即謂之亡。譬之操舟，良知即是舵柄，舟行中流，自在東西，無礙深淺，順逆無滯，全靠舵柄在手，隨波上下，始能有濟。良知之變動周流，即舵柄之遊移，前卻無定在也。若硬把捉死，手執定舵柄，無有變通，舟便不活。此心通達萬變，而昭昭靈靈，原未嘗發，何出之有？既無所出，何入之有？既無出入？何方所之有？此是指出本心真頭面與人看，以示為學之的，非以入為存、出為亡也。」陽和子曰：「知此始為心之得其所養也。」（按：後本卷七「華

陽明倫堂會語」及卷十五「冊付養真收受後語」中有意同此處論操心之法的文字。）

4、（篇末）雲石沈子，期而未至，絳朝始會於舟中。雲石有志於學，與陽和同心，更圖後會未晚也。萬曆二年至日，書於洗心亭中。

## 卷之六、書同心冊卷後語

1、內典有空假中三輪觀法。靜即空觀，動即假觀，動靜交即中觀。吾儒亦有取焉。夫根有利鈍，習有淺深，學者各安分量，隨時煉養，或修空觀，或修假觀，或兼修中觀。

2、夫學必講而後明，務為空言而實不繼，則亦徒講而已。仁者訒於言，懼其為之難也。古者言之不出，恥其躬之不逮也。此孔門家法也。故曰講學有二：有以口耳者，有以身心者。入耳出口，遊談無根，所謂口說也。行著習察，求以自得，所謂躬行也。君子可以觀教矣。此件事無巧法，惟在得悟。心悟者，無所因而入。一切依傍聞見，分梳道理，辨析文義，探索精微，自以為妙契，正落知解窠臼裏，非心悟也。良知本明，無待於悟，只從一念入微識取。悟與迷對，不迷所以為悟也。百姓日用而不知，迷也。賢人日用而知，悟也。聖人亦日用而不知，忘也。學至於忘，悟其幾矣。北海之珠，得於罔象。悟之一字，主靜之玄竅，求仁之密樞也。先師信手拈出良知二字，不離日用而造先天，乃千聖之絕學，已是大泄漏。世人聽得耳價，說得口滑，漫曰：「良知，良知」。是將真金作頑鐵用，陷於支離而不自覺，可哀也已。

3、太史陽和張子歸省，親庭侍膳之餘，時往雲門避靜，究明心

性之旨，方圖請乞，為久處計，其志可謂遠矣。甲戌仲夏二十日，相期往會山中，商訂舊學，並扣新功。張子以為此學固須動靜交參，不專於靜。但吾人久汩世紛，走失不少，靜中存息，若可有受用處。泰宇定而天光發，人不鑒於流水而鑒於止水，各安分限，求以自益，庶不為虛度耳。予謂張子發此真志，又肯安分，不為淩躐之圖，尤為人所難能。張子取大魁、建大儀，後輩方企羨，以為不可及，今復銳志於學，為後輩作此榜樣，其為企羨，又當何如？張子所見，已漸超脫，猶虛心求益，請益不已，以為心性本來是一，孟氏存其心，養其性，似若二之，何也？予謂：「此是古人立教權法。性是心之生理，既曰心，又曰性，見心是天然主宰，非凡心也。心之說始於舜，性之說始於湯。《大學》言心不言性，心即性也；《中庸》言性不言心，性即心也。心無動靜，故性無動靜。定者，心之本體。動靜，所遇之時也。悟得時，謂心是常動亦可，謂心是常靜亦可。譬之日用之明，恒用不息，而恒體不易。以用之不息而言謂之動，以體之不易而言謂之靜。善觀者隨其所指，得其立言之意，而不以文害辭，則思過半矣。三宿山中，往復辨證，頗徵贈處之義。臨別，復書靜中所見，請質於予。因次第其語，披答如右，幸為終其遺業，固交修之望也。

## 卷之四、自訟貼題辭

嘗謂災祥者，適然之數耳。天道微渺，而欲一口證之事應，則瞽史之見，君子不道也。然而君子反身修慝，恒必由之。故身之所遇，雖順逆異境，將無適而非修德進業之地，是未可一諉之數而漫不之省也。語曰：「災祥在德」，是推天以驗之人者也。又曰「吉

凶不僭」，是修人以合於天者也。非通於天人之故，其孰與？於斯歲庚午冬，龍溪家毀於火，予往候之，見王子有懼心而無戚容，惟自引咎曰：「吾欲寡過而未能，天其以是警戒我耶？」且以為自信未篤，致憎多口，凡所自訟，皆由衷之言，方與兒輩相勸戒，以庶幾乎震無咎之義。其他外物，成毀無常，豈能置忻戚於其間哉？因出其所自訟長語及所問答數條示予，得諦觀之，皆超然卓越之見，融合精粹之學。中所稱有孟之自反而後可以語顏之不校，則深於道者也。推此心以事天，則為不怨；推此心以待人，則為不尤，此夫子之所以上達而樂天知命，其極則也。龍溪子，殆通於天人之故者歟？龍溪昔從陽明夫子遊，得講於良知之學，而潛心者數十年矣。嘗斥之以偽學而不懼，或目之為禪學而不疑。混迹塵俗而玩心高明，其仡仡乎任道之重、孜孜乎與人為善之心，蓋有老而彌篤者。予幼不知學，晚未聞道，惟有真樸一念，守而弗渝，而辱與龍溪子交最久，時聞警策之言，若有所悟而步趨不前，耳觀自訟貼而有感焉，因綴數語以志不忘。隆慶辛未春二月上浣，會下生明洲商廷試撰。

## 卷之四、龍溪先生自訟貼後序

聖人之學，知微而已矣。知微則能無過，而聖人兢兢業業之心，蓋不敢自以為是也。天地之大猶有所憾，而況於人乎？形生神發以後，一念之所動，寧能盡保其無過？過斯覺，覺斯復，復則天地之心見矣。此聖人之所以為聖，而亦賢人希聖之學也。雖然，微之難言久矣，過之難知也亦久矣。惟知微而後能知過，惟知過而後能知微。要非矯飾於一言一行者所可幾也。《書》曰：「人心惟危，

道心惟微。」微為聖學之宗，非微之動，謂之曰危。危者，過之所由生也。幾者，動之微，吉之先見。非微之動，謂之曰凶。凶者，過之所由成也。貞吉貞凶，安危之機，介於一念之動。非知幾之君子，其孰能與此？余小子侍教龍溪先生三十餘年於茲矣。先生，小子女兄之所歸也。聞先生之言甚熟，而察先生之行甚詳。自其起居動息之小，以至於出處辭受之大；自其夫婦兄弟之好，以至於君臣朋友之交；自其一鄉一邑之近，以至於四海五嶽之遠，凡夫順逆常變，是非好醜，與夫人情難易之迹，其所感無朕而所應無窮。先生篤於自信，直心以動，自中天則。紛遝往來，處之若一，未嘗見有履錯之咎。其交於海內，誠愛相與，不激不阿，善於知人之病，隨機開誘，使人之意自消。教學相長，日入於微，易簡直截，一洗世儒支離之習。不惟千聖學脈有所證明，而二氏毫釐亦賴以為折衷。海內同志，翕然信而歸之，推為三教宗盟。而先生孜孜不自滿之心，惟以過情為恥，以不知過為憂。自視歉如也。是豈矯飾於一言一行、以眾人耳目為趨捨者，可得比而同也哉！微言微行，日精日察，無所怨於天，而求合於天；無所尤於人，而求信於人。何者為順逆好醜，何者為難易，神感神應，聲息俱泯。動斯覺，覺斯化，惟先生自知之，世人不得而盡知也。邇者火災之變，亦數之適然耳。先生不諉於數，惕然深警以為己過，作自訟長語以訓戒於家，因成人疑質，復述為問答，以衍其義。遇災而懼，知過而改，古人兢業之心也。是雖意在反省，而天泉秘義時露端倪。標指可以得月，觀瀾可以窺源，信乎師門嫡傳也。善學者默體而悟，得於言詮之外，聖學斯過半矣。因書以詔同志，固先生一體同善之意也。隆慶辛未春正月元日，門人張元益撰。

## 卷之四、（白雲山房）答問紀略跋

　　龍溪先生答問紀略，蓋過余草堂與諸弟子論難語。陳子維府，敬梓以播同志者也。先生遭家不祿，余與子錫等亦君子之舉，正以寬先生之憂耳。先生宴笑終日，意陶陶也。則理會性情之方，固已示之不言間矣。而復不容已於言者，其對症之藥方也。雖然，求方於言，不若調自己性情，此療病之要訣也。一點靈明，隨緣隨發，凡一切順逆得喪，毫無增損。此體之心而可自得者。先生之動，心意或在未發之前，獨有所照察矣乎？然則求先生之教者，求之方乎？抑求之性情乎？余不學，敢與同志者同商之。白雲溪隱人王錯謹識。

＊　每條首尾括弧內文字為後本中者，標出以識佚文之位置。

# 附錄二：查刻本中為後本所修飾、擴充成單篇之條目

## 卷之二、三山麗澤錄

　　1、楓潭問「天根月窟」。龍溪曰：「此是邵子一生受用功夫。是從陰陽升降之機，握固得住。消息迴圈，無終無端，謂之弄丸。然此原是聖學，非如養生家周天之說。良知才覺處，謂之復。才覺便聚翕得住，弗致流散，謂之姤。吾人知復而不知姤，只如電光靈

根不固。知姤而不知復，只定得氣，靈機不顯。知復知姤，方是陰陽互根，方是太極生生之機，方是一陰一陽之道。邵子閑往閑來，亦只是竊弄此機，到熟處，便是內聖外王之學。」（按：後本卷八〈天根月窟說〉本此。）

2、龍巖問曰：「古云：看一部《楞嚴經》，不如讀一《艮》卦。既曰『艮其背』，又曰『思不出其位』何也？」龍溪曰：「此是聖學之宗傳。止必有所，『艮其背』，止其所也。聖學功夫，只在『艮其背』一言。對人取象，耳目口鼻手足感觸，皆在於面，皆是動處，惟背不動。凡卦，陰陽相得謂之和應。《艮》卦上下二體，未嘗相和，故謂敵應。言耳目感觸與物相應，只如艮背一般，不為所引，故曰不相與也。外道絕應，眾人和應，聖學敵應。不獲其身，只如不用耳目感觸一般，忘己也。雖行於庭，不見一些聲色一般，忘物也。艮，非偏於靜也。吉凶悔吝，生於動靜而不與，故無咎。心之官則思，思不出其位，即所謂止也。不出位之思，方是心得，其識方是聖學。」又曰：「北辰，天之樞也。天樞無時不運，七曜賴以生明，四時賴以成歲，而未嘗離於本垣。此即思不出其位之意。若止而不思，則運息，便是禪學。若思而不止，則位離，便是俗學。」（按：後本卷八〈艮止精一之旨〉本此。）

## 卷之四、自訟問答

1、或曰：「子謂吾儒中行，異於禪學、俗學，是矣。殆非可以襲取而行，請問從入之方。」予曰：「君子之學，貴於得悟。悟門不開，無以證學。入悟有三：有從言而入者，有從靜坐而入者，有從人情事變練習而入者。從言而入，謂之解悟，學之初機也。從靜

而入,得自本心,謂之心悟。從練習而入者,無所擇於境,謂之徹悟。靜坐者必有所藉,境靜而心始靜。譬之濁水之澄,濁根尤存,才遇風波震蕩,尚易動搖。若從人情事變練習,徹底晶瑩,隨流得妙,波蕩萬端,而其真宰常定。愈練習愈光明,不可得而澄淆也。是謂實證實悟。蓋靜坐所得,信於言傳;練習所得,信於靜坐。善學者量其根器大小,以漸而入,及其成功一也。先師之學,幼年亦從言入,既從靜中得悟,其後居夷三載,從萬死一生中練習過來,始證徹悟。至乎經綸事業,皆其餘事。儒者中行之實學也。」(按:後本卷十七〈悟說〉本此,只是第二悟作「證悟」。)

## 卷之五、南遊會記

1、兩峰問曰:「《大學》首三條,聞先師有聖人、賢人、學者之分,何如?」予曰:「大學是大人之學,對小人而言。大人以天地萬物為一體,明德是一體之體,親民是達一體之用,止至善是體用一源,明德親民之極則也。此是即本體為功夫,聖人之學也。因學者未悟至善之體,又提出知止一段工夫。人心無欲則止,有欲則遷。知止即是致知格物,定靜安即是誠意正心修身。慮是與萬物相感應,即是齊家治國平天下,得者得大學之道也。又因學者未悟知止之功,故復說出先後次第,以示學者用功之序,此學者之事也。本體功夫、淺深難易雖有不同,及其成功一也。」又問曰:「文公格物之義有四,非止一草一木上去格,亦是身心應感切實功夫。」予謂:「先師格物,亦未嘗外此四者,但於其中提出主腦,功夫始有歸著。聖人之學,只是察諸念慮之微,凡文字、講論、事為,皆在念慮上察,以致其知,此便是學問主腦。若作四項用功,即為支

離之學矣。」（按：後本卷八〈大學首章解義〉本此。）

2、友人問《河圖》、《洛書》之義。予謂：「造化之機，一順一逆而已。《河圖》為順，《洛書》為逆。順為生機，逆為殺機。順而不逆，則無以成化育之功。《河圖》左旋，《洛書》右旋，天水違行之急。故曰：『易，逆數也。』其用逆，而其機則順也。不翕聚則不能發散，殺者所以為生也。世傳金丹用逆，不知吾儒之學亦全在逆。顏子四勿，便是用逆之數。收視反聽，謹言慎動，不遠而復，所以修身也。《洛書》五皆居中，而一皆居下者，此尤造化示人精蘊。五居中者，人受天地之中以生也；一居下者，即五中之一點也。萬物發用在中，而根荄在下。雷在地中復，陽氣潛伏於黃鍾之宮。君子以此洗心，退藏於密。《乾》之初爻曰：『潛龍勿用』，陽在下也。乾之勿用，即圖書之一也，即復之初也。其旨深矣。舊曾與荊川子論及此。後儒不原古人畫卦敘疇之本旨，不明順逆之機，紛紛泥於方位象數之說，牽補附會，無益於學，其亦陋矣。」（按：後本卷八〈河圖洛書解義〉本此。）

3、少岩舉後渠序《楊子折衷》以慈湖為滅意，與不起意本旨同否？予謂：「意是本心自然之用，如水鑒之應物，變化云為，萬物畢照，未嘗有所起也。離心起意即為妄。有起而後有滅，萬欲皆從意生。本心自清自明，虛靈變化，妙應無方，原未嘗起，何得於滅？或以不起意為不起惡意，非也。善與惡對，心本無惡，雖善意亦不可得而名，是謂至善。有善可為，是謂義襲，非慊於心也。或以不起意非初學所能及，亦非也。初學與聖人之學，只有生熟安勉，原無二致，及其成功一也。昔上蔡舉『何思何慮』請正伊川，伊川以為說得太早，既而曰『卻好用功』，則已自悔其說之有未盡

矣。或以慈湖之學為禪,亦非也。慈湖之學,得於象山。慈湖舉本心為問,象山以扇訟是非啟之,恍然自悟,乃易簡直截根源。荊門之政,幾於三代,儒者有用之學也。知不起意之說,則知今日誠意致知之旨矣。」「然則慈湖疑正心洗心皆非聖人之言,何也?」予曰:「此是慈湖執見未化。古人垂訓,皆因病立方。人心溺於習染,不能無邪無垢,故示以正心洗心之方。病去則藥除,所謂權法也。象山謂『予不說一,敬仲常說一,便是一障。』先師謂慈湖見得無聲無臭之旨,未能忘見,未免為無聲無臭所礙。將古人教法,盡與破調,則不起意三字亦剩語矣。要之大本大原,乃是入聖真脈路,瑕瑜自不相掩也。」(按:後本卷五〈慈湖精舍會語〉本此。)

# 附錄三:查刻本序與跋

## 龍溪先生會語序

　　予年暮矣。衰病侵奪,懷求友四方之志,力不逮矣。齋居默省,壯年志學,垂老無聞,謂何?笥中蓄龍溪老師會語,盈十餘帙,時捧一二,焚香斂衽,閱一過則助發多多。近得查子警甫,同心商究學脈,所尊信此帙意同,但嫌散漫無紀,因共謀衰錄,編為成書。謹按先生之學,刊繁揭要,探本逢源,窺天人,統宗之奧,握陰陽合辟之機。種種不離倫物,而倫物一切生於虛明之中。故予

嘗信先生之學，真入聖航梯也。點掇心源，窮極微妙，拈來機竅，直湊天根，有發《易》、《庸》所未發者。宋儒以來，未之成逮矣。不冥會之，孰從而臆及之乎？至於辨二氏之似是，揆百家之委流，入其精髓，析之毫釐，則有功聖門多矣。先生志意凌厲，識度宏深，有尚友千古之氣，不屑屑世人稱譏，一洗鄉愿陋習。迹其用，常有獨往獨來、不求人知而求天知者。平生所在，憎多口，既功從師證，德由悟入，亦獨信所謂恢恢如也。夫氣質未融，不妨其有未融也，渣滓未淨，不妨其有未淨也。顧其學，可以考諸往聖而俟百世焉。夫子曰；「知及之，仁能守之。不莊以蒞之，則民不敬。」動之不以禮，未善也。夫知及之，知止也；仁守之，緝熙其止也。特德未盛耳。更深造之益，醒釀之則，充實光輝，動容周旋而中禮矣。先生於此必有不自滿假之心，非予小子能測其微也。先生晚年，氣愈斂，神愈藏，混於塵世，不見與愚夫愚婦有異。熙熙穆穆，如抱赤子之心。夫人能自信其心，始信先生之心也。與昔《大雅》之稱文王：無歆羨，無畔援，泯識知穆，然緝熙敬止，與帝則周旋。故後人頌之曰：「維天之命，於穆不已。於乎不顯，文王之德之純。」蓋聖人之心，語其微，天之命也；指其顯，帝之則也。吾人之學，盡性至命其的矣。文王我師也，先生豈欺予哉？今年季夏，子警甫將赴官河東，念離索無助，將扶是編以行。夫子警甫，嘗有志於道。夫苟志於道，其於是編也，必有心領神會而師承之矣。千里同堂，是編其警欬矣乎？萬曆三年歲在乙亥，季夏初吉，門人貢安國頓首書於宛陵精舍。

# 龍溪先生會語後序

余泩聞先生之教，每以不得久處門牆為憾。自河東歸，即圖率業。因循牽制者，忽忽又二三季。乙亥春，始得與俞允升、程平甫、蕭以甯三兄由武林吊緒山先生，因謁門下，為久處計。先生復先期有雲門之行，無由得一而證。未幾，而河東之命下矣。後會難期，歸途悵悵。抵宛陵，遂謀諸吾師貢先生，得語錄數貼以行。庶儀刑雖遠，警欬猶存，亦可為師資之助也。沿途細玩，見其於先天混混之妙、乾坤合辟之機、千聖心傳之要、二氏似是之非，莫不漏泄其蘊奧，剖析其幾微，真有發前賢之所未發者。至於周流四方，日以求友為事。所至發揮性靈，則透人心髓。指點病痛，則直中膏肓。凡上而公卿大夫，下而鄉者士庶，承其顏色，聽其議論，莫不各有所興起。其與人為善之心，雖老而不倦。余竊以為，先生之學，聖學也。自昔文成公倡道東南，聰明睿智，直達天德。學者雲從風附，多詣道妙。然其為教，亦隨緣設法，因人而施耳。至其上達之妙，不落言詮，亦有可悟而不可傳者。乃先生以上乘之資，獨得不傳之妙。故其學以萬物為體，以混沌為根，不離一切倫物之間，而一切倫物率不能為此心之礙。文成公致知格物之蘊，已深造而自得之矣。迨其晚年，其養愈純，其精愈藏，蓋已能所俱泯，順逆兩忘，熙熙穆穆，超乎生死之外者矣。乃世之學者，或以行迹之間疑之，不知賢者所為，與鄉黨自愛者，原自殊科。先生固已言之矣。間以此錄示諸同事，諸公讀之，莫不躍然，且有津津知所興起。以是知良知在人，真有不謀而合者。聞喜王君尤愛而傳之，因托梓之，俾與同事者共焉。先生之會語甚多，此其十之二三耳。夫

先生之精神，非言語所能傳也。然不得見先生，待見余言而有所興起，則是錄也，未必非同志之一助也。因僭言於簡末。萬曆四年歲在丙子，仲夏初吉，門人查鐸書於汾州公署。

# 龍溪先生會語跋

　　吾越為文成公倡道之鄉，而龍溪先生又親受衣缽之傳者。先生之學，洞澈圓融，無所凝滯。汲汲乎欲人同進於善，故其於人也，無可否，皆和光以與之；孜孜乎求以利濟乎物，故其於事也，無好醜，皆泯迹以應之。蓋先生唯自信其心，而吾鄉之人每不能無疑於其迹。忬於先生，固不敢疑鄉人之所疑，而猶未能信先生之所信。蓋嘗試以吾之不可，學先生之可，而期先生不以為謬也。是歲仲夏，柱棹雲門，相從累日，或默而坐，或步而遊。一時諸友選為唱和，欣欣焉舞雩風詠之樂，不是過也。忬不自量，乃出所疑數條，以請正於先生。而先生條答之，疊疊數千言。所以啟師門之關鑰，指後學之迷津者，至懇詳矣。抑忬聞之，非言之艱，行之唯艱。今日之問答，皆言耳。吾黨苟不能以身體之，入乎耳，出乎口，聞教之後與未聞教之先，猶若人也，則一時之辨論皆空言，而先生之嘉惠為虛辱矣。茲忬之所大懼，亦諸友之所同體者也。敢以是交助焉。萬曆甲戌夏正月之吉，張元忬謹跋。

# 附錄四：龍溪文集明刊本國內收藏情況表

| 版本 | 書名 | 刊刻年代 | 現收藏地點 |
|---|---|---|---|
| 查刻本 | 《龍溪先生會語》六卷 | 萬曆四年丙子 | 北京大學圖書館 |
| 蕭刻本 | 《龍溪王先生全集》二十卷 | 萬曆十五年丁亥 | 南京大學圖書館 |
| | 《龍溪先生全集》二十卷 | 萬曆十六年戊子 | 北京大學圖書館、山東省圖書館 |
| 何刻本 | 《卓吾先生批評龍溪王先生語錄鈔》 | 萬曆二十六年戊戌 | 北京大學圖書館、中央黨校圖書館、中科院圖書館、上海圖書館、華東師大圖書館、天津圖書館、甘肅省圖書館、南京圖書館、浙江省圖書館、湖北圖書館、四川圖書館 |
| | 《龍溪先生文錄鈔》九卷 | 萬曆二十七年己亥 | 北京大學圖書館、中央黨校圖書館 |
| 丁刻本 | 《龍溪王先生全集》二十二卷 | 萬曆四十三年乙卯 | 北京圖書館、臺灣中央圖書館 |
| | 《龍溪王先生全集》二十卷 | 萬曆四十三年乙卯 | 臺灣中央圖書館 |
| | 《龍溪王先生全集》二十卷 | 萬曆四十七年己未 | 北京大學圖書館 |
| 石刻本 | 《石林先生批評龍溪語錄鈔》八卷 | 崇禎十五年辛巳 | 山東大學圖書館 |

　　附識：本文最初刊於《中國哲學》第十九輯（長沙：岳麓書社，1998），然遺漏多條，且誤植頗多。《鵝湖》月刊於1999年4、5、6期轉載時雖補充遺漏條目，但誤植之處仍有不少。鑒於《龍溪會語》珍貴的文獻價值，筆者現予全面校訂，附於本書，以便研究者之用。

# 徵引與參考書目

## 一、文獻：

王先謙：《荀子集解》，北京：中華書局，1988。

程顥、程頤：《二程集》，北京：中華書局，1981。

胡　宏：《胡宏集》，北京：中華書局，1987。

張　載：《張載集》，北京：中華書局，1987。

朱　熹：《朱文公文集》，上海：上海書店：1989。

朱　熹：《四書章句集注》，北京：中華書局，1983。

黎靖德編：《朱子語類》，北京：中華書局，1986。

陸九淵：《陸九淵集》，北京：中華書局，1980。

楊　簡：《慈湖先生遺書》，濟南：山東友誼出版社，1989。

湛若水：《湛甘泉先生文集》，康熙二十年黃楷刻本。

王守仁：《王陽明全集》，上海：上海古籍出版社，1992。

王　畿：《龍溪王先生會語》，萬曆四年涇縣查氏刻本。

王　畿：《王龍溪先生全集》，道光二年會稽莫晉刻本。

王　畿：《龍溪王先生全集》，萬曆四十三年嘉善丁賓刻本。

王　畿：《大象義述》，日本函碕文庫本。

王　艮：《王心齋全集》，臺北：廣文書局，1987。

王　艮：《重刻王心齋先生語錄》，四庫全書存目叢書本。

王　艮：《王心齋先生遺集》，1912 年袁承業重印本。

薛　侃：《研幾錄》，萬曆四十五年薛茂杞等重刻本。

聶　豹：《雙江聶先生文集》，嘉靖四十三年吳鳳瑞刻隆慶六年刊本。

聶　豹：《雙江先生困辨錄》，四庫全書存目叢書本。

季　本：《季彭山先生文集》，清初抄本。

鄒守益：《鄒東廓先生文集》，隆慶六年刻本。

歐陽德：《歐陽南野先生文集》，嘉靖四十年王宗沐刻本。

唐順之：《唐荊川集》，文淵閣四庫全書本。

羅洪先：《羅念庵先生文集》，嘉靖四十二年劉玠刻本。

羅洪先：《石蓮洞羅先生文集》，萬曆四十四年刊本。

羅洪先：《羅念庵先生文錄》，光緒十二年刻本。

羅汝芳：《盱壇直詮》，臺北：廣文書局，1967年影印儒林典要本。

羅汝芳：《近溪子明道錄》，四庫全書存目叢書本。

耿定向：《耿天臺先生文集》，萬曆二十六年劉元卿刻本。

劉元卿：《山居草》，萬曆二十一年安成陳國相刊本。

蔡汝楠：《自知堂集》，四庫全書存目叢書本。

王　襞：《新鐫王東崖先生遺集》，四庫全書存目叢書本。

王　棟：《一庵王先生遺集》，萬曆三十九年抄本。

查　鐸：《毅齋查先生闡道集》，萬曆三十七年序刊本。

唐　樞：《木鍾臺集》，四庫全書存目叢書本。

張元忭：《張陽和先生不二齋文選》，萬曆張汝霖張汝懋刻本。

許孚遠：《敬和堂集》，四庫全書存目叢書本。

周汝登：《王門宗旨》，萬曆余懋孳刻本。

周汝登：《東越證學錄》，四庫全書存目叢書本。

周汝登：《四書宗旨》，《中國子學名著集成》第20冊。

楊起元：《太史楊復所先生證學編》，萬曆四十五年佘永寧刻本。

鄒元標：《願學集》，文淵閣四庫全書本。

王時槐：《塘南王先生友慶堂合稿》，光緒三十三年重刻本。

李　材：《見羅先生書》，四庫全書存目叢書本。

鄧以讚：《鄧定宇先生文集》，四庫全書存目叢書本。

鄧以讚：《鄧文潔佚稿》，明雲間何三畏校刊本。

焦　竑：《澹園集》，北京：中華書局，1999。

焦　竑：《莊子翼》，臺北：廣文書局，1970。

焦　竑：《支談》，萬曆繡水沈氏刻寶顏堂秘笈本。

李　贄：《焚書》，北京：中華書局，1961。

管志道：《續問辨牘》，四庫全書存目叢書本。

管志道：《惕若齋集》，萬曆二十四年序刊本。

陶望齡：《歇庵集》，臺北：偉文圖書公司，1976。

袁宗道：《白蘇齋類集》，上海：上海古籍出版社，1989。

顏　鈞：《顏鈞集》，北京：中國社會科學出版社，1996。

何心隱：《何心隱集》，北京：中華書局，1960。

羅欽順：《困知記》，北京：中華書局，1990。

王廷相：《王廷相集》，北京：中華書局，1989。

馮少墟：《少墟集》，文淵閣四庫全書本。

顧憲成：《顧端文公文集》，四庫全書存目叢書本。

高攀龍：《高子遺書》，文淵閣四庫全書本。

劉宗周：《劉宗周全集》，臺北：中央研究院中國文哲研究所，

1996。

黃宗羲：《明儒學案》，北京：中華書局，1985。

李　顒：《二曲集》，北京：中華書局，1996。

邵廷采：《思復堂文集》，明代傳記叢刊，臺北：明文書局，
　　1990。

黃宗羲：《黃宗羲全集》，杭州：浙江古籍出版社，1992。

焦　循：《雕菰集》，1936年上海商務印書館排印叢書集成初編
　　本。


神　會：《神會和尚禪話錄》，北京：中華書局，1996。

真諦譯：《大乘起信論校釋》，高振農校釋，北京：中華書局，
　　1992。

郭　朋：《壇經校釋》，北京：中華書局，1983。

頤　藏：《古尊宿語錄》，北京：中華書局，1994。

永明延壽：《萬善同歸集》，《大正藏》第48卷。

僧　祐：《弘明集》，上海：上海古籍出版社，1994。

道　宣：《廣弘明集》，《大正藏》第52卷。

幻　輪：《釋鑑稽古略續集》，《大正藏》第49卷。

朱時恩：《居士分燈錄》，《卍續藏經》，第147冊。

心　泰：《佛法金湯編》，《卍續藏經》第147冊。

永覺元賢：《永覺元賢禪師廣錄》，《續藏經》第1輯第2編，第
　　30套第3冊。

湛然圓澄：《慨古錄》，《續藏經》第1輯第2編，第19套第4冊。

空谷景隆：《尚直編》，近世漢籍叢刊，東京：中文出版社，

1984。

一元宗本：《歸元直指集》，近世漢籍叢刊，東京：中文出版社，
1984。

雲棲袾宏：《雲棲法彙》，南京：金陵刻經處，1897。

雲棲袾宏：《山房雜錄》，近世漢籍叢刊，東京：中文出版社，
1984。

雲棲袾宏：《竹窗隨筆》，近世漢籍叢刊，東京：中文出版社，
1984。

憨山德清：《憨山大師夢遊全集》，《續藏經》第 1 輯第 2 編，第 32
套第 5 冊。

紫柏真可：《紫柏尊者全集》，《續藏經》第 1 輯第 2 編，第 31 套
第 4 冊。

蕅益智旭：《靈峰宗論》，江北刻經處本。

瞿汝稷：《指月錄》，臺北：新文豐出版公司，1992。

譚　峭：《化書》，北京：中華書局，1996。

王　明：《無能子校注》，北京：中華書局，1981。

劉一明：《道書十二種》，北京：書目文獻出版社，1996。

黃元吉：《淨明忠孝全書》，《道藏》第 24 冊。

洪丕謨編：《道藏氣功要集》，上海：上海書店，1991。

胡道靜主編：《藏外道書》，成都：巴蜀書社，1992。

《正統道藏》，臺北：藝文印書館，1977。

張廷玉：《明史》，北京：中華書局，1974。

何良俊：《四友齋叢說》，北京：中華書局，1997。

焦　竑：《國朝獻徵錄》，明代傳記叢刊，臺北：明文書局，1990。

周　密：《齊東野語》，唐宋史料筆記叢刊，北京：中華書局，1983。

章學誠著，倉修良編：《文史通義新編》，上海：上海古籍出版社，1993。

## 二、著作：（姓氏拼音排序）

蔡仁厚：《王陽明哲學》，臺北：三民書局，1992。

蔡仁厚：《宋明理學》，臺北：學生書局，1980。

蔡仁厚：《儒家心性之學論要》，臺北：文津出版社，1990。

蔡仁厚：《新儒家的精神方向》，臺北，學生書局，1982。

陳　垣：《南宋初河北新道教考》，北京：中華書局，1962。

陳榮捷：《中國哲學論集》，臺北：中央研究院中國文哲研究所，1994。

陳榮捷：《新儒學論集》，臺北：中央研究院中國文哲研究所，1995。

陳榮捷：《王陽明與禪》，臺北：學生書局，1984。

陳榮捷：《朱子新探索》，臺北：學生書局，1988。

陳　來：《有無之境——王陽明哲學的精神》，北京：人民出版社，1991。

陳　來：《宋明理學》，瀋陽：遼寧教育出版社，1991。

陳　來：《朱子哲學研究》，上海：華東師範大學出版社，2000。

戴瑞坤：《陽明學說對日本的影響》，臺北：中國文化大學出版

部，1981。

戴瑞坤：《陽明學漢學研究論集》，臺北：學生書局，1988。

島田虔次：《朱子學與陽明學》，蔣國保譯，西安：陝西師範大學出版社，1986。

鄧艾民：《朱熹王守仁哲學研究》，上海：華東師範大學出版社，1989。

東方朔：《劉蕺山哲學研究》，上海：上海人民出版社，1997。

杜維明：《人性與自我修養》，北京：中國和平出版社，1988。

杜維明：《儒家思想新論——創造性轉化的自我》，曹幼華，單丁譯，南京：江蘇人民出版社，1991。

杜維明：《一陽來復》，上海：上海文藝出版社，1997。

杜維明：《現代精神與儒家傳統》，北京：三聯書店，1997。

杜維明：《論儒學的宗教性：對〈中庸〉的現代詮釋》，段德智譯，武漢：武漢大學出版社，1998。

杜維明：《道、學、政——論儒家知識份子》，上海：上海人民出版社，2000。

段德智：《死亡哲學》，武漢：湖北人民出版社，1996。

方東美：《新儒家哲學十八講》，臺北：黎明文化事業公司，1985。

方東美：《中國大乘佛學》，臺北；黎明文化事業公司，1991。

方立天：《佛教哲學》，北京：中國人民大學出版社，1986。

馮友蘭：《中國哲學史》，北京：中華書局，1961。

馮友蘭：《中國哲學史新編》，北京：人民出版社，1986。

馮達文：《宋明新儒學略論》，廣州：廣東人民出版社，1997。

馮　契：《中國古代哲學的邏輯發展》，上海：上海人民出版社，
　　1983。

傅偉勳：《生命的尊嚴與死亡的尊嚴》，臺北：正中書局，1994。

傅偉勳：《從西方哲學到禪佛教》，北京：三聯書店，1989。

岡田武彥：《王陽明與明末儒學》，吳光，錢明、屠承先譯，上
　　海：上海古籍出版社，2000。

龔鵬程：《晚明思潮》，臺北：里仁書局，1994。

龔鵬程：《道教新論》（二集），嘉義：南華管理學院，1998。

郭　朋：《明清佛教》，福州：福建人民出版社，1982。

溝口雄三：《中國前近代思想的演變》，索介然、龔穎譯，北京：
　　中華書局，1997。

古清美：《明代理學論文集》，臺北：大安出版社，1990。

郝大維、安樂哲：《孔子哲學思微》，蔣弋為，李志林譯，南京：
　　江蘇人民出版社，1996。

郝大維、安樂哲：《漢哲學思維的文化探源》，施忠連譯，南京：
　　江蘇人民出版社，1999。

何　俊：《西學與晚明思想的裂變》，上海：上海人民出版社，
　　1998。

侯外廬、邱漢生、張豈之主編：《宋明理學史》，北京：人民出版
　　社，1987。

侯外廬主編：《中國思想通史》第四卷，北京：人民出版社，
　　1960。

黃進興：《優入聖域——權力、信仰與正當性》，臺北：允晨文化
　　實業股份有限公司，1987。

黃仁宇：《萬曆十五年》，北京：三聯書店，1997。

嵇文甫：《晚明思想史論》，北京：東方出版社，1996。

嵇文甫：《左派王學》，上海：開明書店，1934。

姜廣輝：《理學與中國文化》，上海：上海人民出版社，1994。

姜允明：《心學的現代詮釋》，臺北：東大圖書股份有限公司，
　　1986。

蔣義斌：《宋儒與佛教》，臺北：東大圖書公司，1997。

康韻梅：《中國古代死亡觀之探究》，臺北：臺灣大學文史叢刊，
　　1994。

勞思光：《中國哲學史》，臺北：三民書局，1980。

林繼平：《明學探微》，臺北：臺灣商務印書館，1984。

林國平：《林兆恩與三一教》，福州：福建人民出版社，1992。

柳存仁：《和風堂文集》，上海：上海古籍出版社，1991。

劉述先：《朱子哲學思想的發展與完成》，臺北：學生書局，
　　1982。

劉述先：《黃宗羲的心學及其定位》，臺北：允晨文化實業股份有
　　限公司，1986。

劉述先：《理一分殊》，上海：上海文藝出版社，2000。

李澤厚：《中國古代思想史論》，北京：人民出版社，1985。

李澤厚：《己卯五說》，北京：中國電影出版社，1999。

李明輝：《儒家與康德》，臺北：聯經出版事業公司，1990。

李明輝：《康德倫理學與孟子道德思考之重建》，臺北：中央研究
　　院中國文哲研究所，1994。

李明輝：《當代儒學之自我轉化》，臺北：中央研究院中國文哲研

究所，1994。

李紀祥：《兩宋以來大學改本之研究》，臺北：學生書局，1988。

列文森：《儒教中國及其現代命運》，鄭大華、任菁譯，北京：中
國社會科學出版社，2000。

利瑪竇、金尼閣：《利瑪竇中國劄記》，高澤譯，北京：中華書
局，1983。

呂　澂：《中國佛學源流略講》，北京：中華書局，1979。

呂　澂：《印度佛學源流略講》，上海：上海人民出版社，1979。

呂妙芬：《胡居仁與陳獻章》，臺北：文津出版社，1996。

盧國龍：《道教哲學》，北京：華夏出版社，1998。

麥仲貴：《王門諸子致良知學之發展》，香港：香港中文大學，
1973。

牟宗三：《智的直覺與中國哲學》，臺北：臺灣商務印書館，
1971。

牟宗三：《現象與物自身》，臺北：學生書局，1975。

牟宗三：《才性與玄理》臺北：學生書局，1997。

牟宗三：《中國哲學的特質》，臺北：學生書局，1984。

牟宗三：《從陸象山到劉蕺山》，臺北：學生書局，1979。

牟宗三：《佛性與般若》，臺北：學生書局，1997。

牟宗三：《心體與性體》，臺北：正中書局，1995。

牟宗三：《圓善論》，臺北：學生書局，1985。

牟宗三：《中國哲學十九講》，上海：上海古籍出版社，1997。

牟宗三：《中西哲學會通十四講》，臺北：學生書局，1996。

牟鍾鑒：《道教通論——兼論道家學說》，濟南：齊魯書社，

1991。

蒙培元：《理學的演變》，福州，福建人民出版社，1984。

蒙培元：《理學範疇系統》，北京：人民出版社，1989。

蒙培元：《中國心性論》，臺北：學生書局，1990。

蒙培元：《心靈境界與超越》，北京：人民出版社，1998。

麻天祥：《中國禪宗思想發展史》，長沙：湖南教育出版社，1997。

錢　穆：《中國學術思想史論叢》（七），臺北：東大圖書股份有限公司，1986。

錢　穆：《陽明學述要》，臺北：正中書局，1979。

錢　穆：《宋明理學概述》，臺北：學生書局，1987。

錢　穆：《朱子新學案》，成都：巴蜀書社，1986。

秦家懿：《王陽明》，臺北：東大圖書公司，1987。

卿希泰主編：《中國道教史》，成都：四川人民出版社，1996。

容肇祖：《明代思想史》，臺北：開明書店，1962。

容肇祖：《容肇祖集》，濟南：齊魯書社，1989。

釋聖嚴：《明末中國佛教之研究》，關世謙譯，臺北：學生書局，1988。

湯用彤：《漢魏兩晉南北朝佛教史》，北京：商務印書館，1938。

唐君毅：《中國哲學原論原教篇——宋明儒學思想之發展》，臺北：學生書局，1990。

唐君毅：《中國哲學原論——原性篇》，臺北：學生書局，1984。

唐君毅：《生命存在與心靈境界》，臺北：學生書局，1976。

窪德忠：《道教史》，蕭坤華譯，上海：上海譯文出版社，1987。

王　明：《道家和道教思想研究》，北京：中國社會科學出版社，
　　1984。

王治心：《中國宗教思想史大綱》，北京：東方出版社，1996。

吳光主編：《陽明學研究》，上海：上海古籍出版社，2000。

吳宣德：《江右王學與明中後期江西教育發展》，南昌：江西教育
　　出版社，1996。

許里和：《佛教征服中國》，李四龍、裴勇等譯，南京：江蘇人民
　　出版社，1998。

許地山：《道教史》，上海：上海書店，1991。

徐復觀：《中國人性論史》，臺北：臺灣商務印書館，1990。

徐洪興：《思想的轉型──理學發生過程研究》，上海：上海人民
　　出版社，1996。

余英時：《方以智晚節考》臺北：允晨文化實業股份有限公司，
　　1986。

余英時：《士與中國文化》，上海：上海人民出版社，1987。

余英時：《中國思想傳統的現代詮釋》，臺北：聯經出版公司，
　　1987。

余英時：《錢穆與中國文化》，上海：上海遠東出版社，1994。

余英時：《現代儒學論》，上海：上海人民出版社，1998。

余英時：《論士衡史》，上海：上海文藝出版社，1999。

余英時：《論戴震與章學誠》，北京：三聯書店，2000。

印　順：《中國禪宗史》，上海：上海書店，1992。

印　順：《唯識學探源》，臺北：正聞出版社，1987。

楊國榮：《王學通論──從王陽明到熊十力》，上海：上海人民出

版社，1990。

楊國榮：《心學之思——王陽明哲學的闡釋》，北京：三聯書店，1997。

楊祖漢：《儒家的心學傳統》，臺北：文津出版社，1992。

張君勱：《比較中日陽明學》，臺北：中華文化事業出版委員會，1955。

張君勱：《新儒家思想史》，臺北：弘文館印行，1986。

張立文：《宋明理學研究》，北京：中國人民大學出版社，1985。

張立文：《走向心學之路：陸象山思想的足迹》，北京：中華書局，1992。

張立文：《朱熹思想研究》，北京：中國社會科學出版社，1994。

張　灝：《幽暗意識與民主傳統》，臺北：聯經出版公司，1989。

張廣保：《金元全真道內丹心性學》，北京：三聯書店，1995。

張學智：《明代哲學史》，北京：北京大學出版社，2000。

朱謙之：《日本的古學及陽明學》，上海：上海人民出版社，1962。

鍾彩鈞：《王陽明思想之進展》，臺北：文史哲出版社，1983。

鍾彩鈞主編：《劉蕺山學術思想論集》，臺北：中央研究院中國文哲研究所，1998。

曾陽晴：《無善無惡的理想道德主義》，臺北：臺灣大學出版社，1988。

左東嶺：《王學與中晚明士人心態》，北京：人民文學出版社，2000。

鄭德熙：《陽明學對韓國的影響》，臺北：文史哲出版社，1988。

鄭志明：《明代三一教主研究》，臺北：學生書局，1988。

鄭宗義：《明清儒學轉型探析》香港：中文大學出版社，2000。

周　晉：《道學與佛教》，北京：北京大學出版社，1999。


奧　特：《不可言說的言說》，林克，趙勇譯，北京：三聯書店，1995。

馬丁·布伯：《我與你》，陳維綱譯，北京：三聯書店，1986。

朋霍費爾：《獄中書簡》，高師甯譯，成都：四川人民出版社，1992。

弗萊徹：《境遇倫理學》，程立顯譯，北京：中國社會科學出版社，1989。

加達默爾：《真理與方法》，洪漢鼎譯，上海：上海人民出版社，1999。

胡塞爾：《現象學的觀念》，倪梁康譯，上海：上海譯文出版社，1986。

海德格爾：《存在與時間》，陳嘉映、王慶節譯，北京：三聯書店，1987。

海德格爾：《在通向語言的途中》，孫周興譯，北京：商務印書館，1997。

約翰·希克：《宗教之解釋——人類對超越者的回應》，王志成譯，成都：四川人民出版社，1998。

何光滬：《多元的上帝觀》，貴陽：貴州人民出版社，1991。

韓水法：《康德物自身學說研究》，臺北：臺灣商務印書館，1990。

康　德：《實踐理性批判》，關文運譯，北京：商務印書館，1960。

康　德：《道德形而上學原理》，苗力田譯，上海：上海人民出版社，1986。

牟宗三譯注：《康德的道德哲學》，臺北：學生書局，1983。

克爾凱戈爾：《克爾凱戈爾日記選》，晏可佳、姚蓓琴譯，上海：上海社會科學出版社，1992。

舒　茲：《舒茲文集》，盧嵐蘭譯，臺北：桂冠圖書公司，1992。

吳汝鈞：《絕對無的哲學——京都學派哲學導論》，臺北：臺灣商務印書館，1998。

西田幾多郎：《善的研究》，何倩譯，北京：商務印書館，1989。

Wm. T. de Bary, *The Message of The Mind in Neo-Confucianism*, Columbia University Press, 1989.

Wm. T. de Bary, *Learning for Oneself: esssays on the Individual in Neo-Confucianism*, New York: Columbia University Press, 1991.

Wm. T. de Bary, eds., *Self and Society in Ming Thought*, New York, Columbia University Press, 1970.

Wm. T. de Bary, eds., *The Unfolding of Neo-Confucianism,* New York: Columbia University 1975.

John Berthrong, *All under Heaven: Transforming Paradigms in Confucian-Christian Dialogue.* Albany，N. Y.: State University of New York Press, 1994.

Peter K. Bol, *This Culture of Ours: Intellectual Transitions in T'ang and Song*

China, Stanford: Stanford University Press, 1992.

Cynthia J. Brokaw, *The Ledgers of Merit and Demerit: Social Change and Moral Order in Late Imperial China*, Princeton: Princeton University Press, 1991.

Timothy Brook, *Praying for Power: Buddhism and the Formation of Gentry Society in Late-Ming China*. Cambridge: Council on East Asian Studies, Harvard University, 1993.

Edward T. Ch'ien, *Chiao Hung and the Restructuring of Neo-Confucianism in the Late Ming*. New York: Columbia University Press, 1986.

Hsu Sung-peng, *A Buddhist Leader in Ming China: The Life and Thought of Han-shan Te-ch'ing*. University Park: Pennsylvania State University Press, 1979.

John B. Henderson, *The Construction of Orthodoxy and Heresy: Neo-Confucianism, Islamic, Jewish, and Early Christian Patterns*. New York: State University of New York Press, 1998.

Sören Kierkegaard, *Concluding Unscientific Postscript*, Princeton, 1941.

David S. Nivison, *The Ways of Confucianism*, Peru: Open Court Publishing Company, 1996.

Ira Bruce Nadel, *Biography: Fiction, Fact and Form*. London: The Macmillan Press, 1984.

Frederick A. Olafson, *Principles and Persons: An Ethical Interpretation of Existentialism*, Baltimore, MD.: The Johns Hopkins Press, 1967.

Wilfred Cantwell Smith, *Faith and Belief*, Princeton, NJ: Princeton University Press, 1979.

Paul Tillich, *Systematic Theology, I*, Chicago: Chicago University Press, 1951.

Rodney L. Taylor, *The Cultivation of Sagehood as a Religious Goal in Neo-*

*Confucianism: A study of Selected Writings of Kao P'an-lung(1562-1661).*
Missoula, Mont: Scholars Press/American Academy of Religion, 1978.

Ronald G. Dimberg, *The Sage and Society: The Life and Thought of Ho Hsin-yin.*
Honolulu: University Press of Hawaii, 1974.

Tu Wei-ming, *Neo-Confucian Thought in Action: Wang Yang-ming's Youth(1472-1509).* Berkeley: University of California Press, 1976.

Chun-fang Yu, *The Renewal of Buddhism in China: Chu-hung and the Late Ming Synthesis.* New York: Columbia University Press, 1981.


荒木見悟：《佛教と儒教》，東京：研文社，1993。

荒木見悟：《明代思想研究》，東京：創文社，1988。

荒木見悟：《明末宗教思想研究——管東溟の生涯とその思想》，
東京：創文社，1979。

荒木見悟：《陽明學の開展と佛教》，東京：研文社，1984。

高瀨武次郎：《日本の陽明學》，鐵華書院，1989。

楠本正繼：《宋明時代儒學思想の研究》，廣池學園出版部，
1962。

常盤大定：《支那に於けち佛教と儒教道教》，東京：東洋文庫，
1930。

久保田量遠：《中國儒釋道三教史論》，東京：東方書院，1931。

久保田量遠：《支那儒道佛交涉史》，東京：大東出版社，1943。

忽滑谷快天：《達摩と陽明》，東京：國書刊行會，1987。

吉田公平：《陸象山と王陽明》，東京：研文社，1990。

久須本文雄：《王陽明の禪的思想研究》，東京：日進堂，1968。

酒井忠夫：《中國善書の研究》，東京：弘文堂，1960。

秋月觀暎：《中國近世道教の形成——淨明道の基礎的研究》，東京：創文社，1978。

宇野哲人、安岡正篤監修，荒木見悟、岡田武彥、山下龍二、山井湧編集：《陽明學大系》，東京：明德出版社，1972。


## 三、期刊論文：

蔡仁厚：〈王門天泉「四無」宗旨之論辨——周海門「九諦九解之辨」的疏解〉，收入氏著：《新儒家的精神方向》，臺北：學生書局，1989，頁239-276。

常　覺：〈佛教的輪迴思想〉，見《佛教根本問題研究》（二），張曼濤主編：現代佛教學術叢刊第54冊，臺北：大乘文化出版社，1978。

陳榮捷：〈朱子與大慧禪師及其他僧人的往來〉，載《朱子學刊》，1998年1期（總1輯），1989。

陳　來：〈心學傳統中的神秘主義問題〉，見氏著：《有無之境——王陽明哲學的精神》「附錄」，頁390-415。

陳　來等：〈關於《遺言錄》、《稽山承語》與王陽明語錄佚文〉，《清華漢學研究》第一輯，北京：清華大學出版社，1994。

程玉瑛：〈王艮與泰州學派〉，《臺灣師範大學歷史學報》第17期，1989年6月。

杜維明：〈儒家人文精神的宗教涵義——《論儒學的宗教性》中文版代序〉，《鵝湖》，1999年第10期。

傅振照：〈王陽明「天泉證道」新探〉，《朱子學刊》第六輯，合

肥：黃山書社，1994，頁 194-196。

方祖猷：〈天泉證道的「四句教」與「四無說」〉，載吳光主編：《陽明學研究》，中華文化研究集刊 2，上海：上海古籍出版社，2000，頁 156-167。

黃進興：〈「聖賢」與「聖徒」：儒教從祀制與基督教封聖制的比較〉，《中央研究院歷史語言所集刊》第七本第三分，2000，頁 509-729。

荒木見悟：〈鄧豁渠的出現及其背景〉，《中國哲學》第十九輯，頁 1-21。

柳存仁：〈王陽明與道教〉，載氏著：《和風堂文集》（中），頁 847-877。

柳存仁：〈道藏刻本之四個日期〉，《和風堂文集》（中），頁 942-973。

劉述先：〈牟宗三先生論智的直覺與中國哲學〉，載《儒家思想與現代化——劉述先新儒學論著輯要》，北京：中國廣播電視出版社，1992，頁 351-383。

李明輝：〈存心倫理學、責任倫理學與儒家思想〉，《臺灣社會研究季刊》第 21 期，1996 年 1 月，頁 217-244。

李明輝：〈存心倫理學、形式倫理學與自律倫理學〉，臺北：《政治大學哲學學報》，第五期，1999 年 1 月，頁 1-18。

李明輝：〈劉蕺山論惡之根源〉，見《劉蕺山學術思想論集》，頁 93-126。

呂妙芬：〈陽明學派的建構與發展〉，新竹：《清華學報》新二十九卷，第二期，1999 年 6 月，頁 167-203。

呂妙芬：〈顏子之傳：一個為陽明學爭取正統的聲音〉，臺北：《漢
　　學研究》第 15 卷第 1 期，1997 年 6 月，頁 73-92。

呂妙芬：〈儒釋交融的聖人觀：從晚明儒家聖人與菩薩形象相似處
　　及對生死議題的關注談起〉，《中央研究院近代史研究所集刊》
　　第 32 期，1999 年 12 月，頁 165-207。

林惠勝：〈試論王龍溪「三教合一說」——以《調息說》為例〉，
　　臺北：《中國學術年刊》第 14 期，1993 年，頁 161-179。

木村泰賢：〈業與輪迴之研究〉，《佛教根本問題研究》（二），
　　頁 133-151。

彭高翔（彭國翔）：〈孟子「萬物皆備於我」章釋義〉，北京：《中
　　國哲學史》，1997 年第 3 期，頁 25-31。

彭高翔（彭國翔）：〈康德與牟宗三之圓善論試說〉，臺北：《鵝
　　湖》，1997 年第 8 期，頁 21-32。

彭高翔（彭國翔）：〈王龍溪先生年譜〉，《中國文哲研究通訊》
　　第七卷第四期，臺北：中央研究院中國文哲研究所，1997 年 12
　　月，頁 99-127。

彭國翔：〈明刊《龍溪會語》及王龍溪文集佚文——王龍溪文集明
　　刊本略考〉，原載《中國哲學》第十九輯，長沙：嶽麓書社，
　　1998，頁 330-376，後《鵝湖》1999 年第 4、5、6 期轉載，增
　　補原《中國哲學》遺漏文字並更正其列印錯誤若干。

彭國翔：〈王龍溪的先天學及其定位〉，《鵝湖學志》第二十一期，
　　臺北：東方人文學術研究基金會，1998 年 12 月，頁 69-161。

彭國翔：〈從中國哲學自身的演進看牟宗三哲學的基本架構與核心
　　觀念〉，牟宗三與當代新儒學國際會議論文，1998 年 9 月，濟

南。

彭國翔：〈王龍溪的《中鑒錄》及其思想史意義〉，《漢學研究》
　　第 19 卷 2 期，臺北：漢學研究中心，2001 年 12 月，頁 59-81。

彭國翔：〈周海門的學派歸屬與《明儒學案》相關問題之檢討〉，
　　《清華學報》新三十一卷第 3 期，新竹：清華大學人文社會學
　　院，2002 年 10 月，頁 339-374。

秦家懿：〈王陽明與道教〉，《東亞文化的探索》，臺北：正中書
　　局，1996，頁 269-188。

秦家懿：〈朱熹與道教〉，鍾彩鈞主編：《國際朱子學會議論文集》
　　（下冊），臺北：中央研究院中國文哲研究所，1982，頁 855-
　　874。

錢　明：〈王學流派的演變及其異同〉，《孔子研究》第六期，1987
　　年 4 月，頁 62-69。

屠承先：〈陽明學派的本體功夫論〉，《中國社會科學》第六期，
　　1990 年。

王汎森：〈明末清初的一種道德嚴格主義〉，《近世中國之傳統與
　　蛻變——劉廣京院士七十五歲祝壽論文集》上冊，臺北：中央
　　研究院近代史研究所，1998 年 5 月，頁 69-81。

王汎森：〈「心即理」說的動搖與明末清初學風之轉變〉，《中央
　　研究院歷史語言研究所集刊》第六十五本第二分，1994 年 6 月，
　　頁 333-373。

王汎森：〈明末清初的人譜與省過會〉，《中央研究院歷史語言研
　　究所集刊》，第 63 本第 3 分（1993 年 7 月），頁 679-712。

王財貴：〈王龍溪良知四無說析論〉，《臺灣師範大學國文研究所

集刊》，1991 年 6 月，頁 365-451。

徐洪興：〈唐宋間的孟子升格運動〉，《中國社會科學》，1993 年
第 5 期，頁 101-116。

余英時：〈士商互動與儒學轉向——明清社會史與思想史之表
現〉，見氏著：《現代儒學論》，上海：上海人民出版社，
1998，頁 58-127。

楊啓樵：〈明代諸帝之崇尚方術及其影響〉，香港：《新亞學術年
刊》第四期，1962，頁 73-147。

鍾彩鈞：〈錢緒山及其整理陽明文獻的貢獻〉，載《中國文哲研究
通訊》第八卷第三期，1998 年 9 月，臺北：中央研究院中國文
哲研究所，頁 69-89。

張永儁：〈朱熹哲學思想之「方法」及其實際運用〉，《國際朱子
學會議論文集》（上冊），臺北：中央研究院中國文哲研究所，
1993，頁 343-369。

鄭德熙：〈從官私學派糾紛到王學傳習禁令〉，《中國哲學》第十
九輯，頁 250-270。


Julia Ching（秦家懿），"Beyond Good and Evil：The Culmination of the
Thought of Wang Yang-ming（1472-1529）", *Numen*, No. 22, 1973, pp127-
136.

Cynthia J. Brokaw, "Yuan Huang(1533-1606)and the Ledgers of Merit and
Demerit", *Harvard Journal of Asiatic Studies*, Vol47, No. 1, pp137-195.

Chu Hung-lam, "The Debate Over Recognition of Wang Yang-ming", *Harvard
journal oj Asiatic Studies* 48, 1(1988), pp.47-70.

David Gedalecia, "Excursion into Substance and Function: The Development of the ti-yung paradigm in Chu Hsi", *Philosophy East and West*, 26( 1974 ), pp.443-451.

Liu Ts'un-yan ( 柳存仁 ), "The Penetration of Taoism into the Ming Neo-Confucianist Elite", *Toung Pao*, Vol. LVII, 1967, pp.51-66.

Tang Chun-I ( 唐君毅 ), "The Development of the Concept of Moral Mind from Wang Yang-ming to Wang Chi", Wm. T. de Bary, eds., *Self and Society in Ming Thought,* New York, Columbia University Press, 1970, pp.93-119.

Hoyt Cleveland Tillman, "A New Direction in Confucian Scholarship: Approaches to Examining the Differences Between Neo-Confucianism and Tao-hsueh", *Philosophy East and West*, 43. 3 (July 1992), pp.455-474.

Hoyt Cleveland Tillman, "The Use of Neo-Confucianism Revisited", *Philosophy East and West*, 44. 1(January 1994), pp.135-142.

Ying-shih Yu( 余英時 ), "The Intellectual Word of Chiao Hung Revisited: A Review article", *Ming Studies* 25 (1988), pp24-66.


島田虔次：〈明代思想の一基調──スクツチ〉，京都：《東方學報》卷 36， 1964，頁 577-589。

大西晴隆：〈《傳習錄への若干の補注》〉，收入《中國哲學史──展望與探索》， 1986。

酒井忠夫：〈朱子と道教〉，見諸橋轍次郎編：《朱子學大系》第 1 冊，《朱子學入門》，東京：明德出版社，1974，頁 411-427。

吳　震：〈王龍溪の道教觀──調息法をに中心〉，大阪：《大阪產業大學論集》第 83 號， 1994。

錢　明：〈當代中國的陽明學研究〉，載《中國哲學論集》第13集，
　　日本：九州大學中國哲學研究會，1987年19月，頁67-78；

疋田啓佑：〈中國に於ける陽明學研究動向と〉，載《陽明學》第
　　2號，東京：二松舍大學陽明學研究所，1990，頁150-163。

山下龍二：〈日本的陽明學〉，見宇野哲人、安岡正篤監修，荒木
　　見悟、岡田武彥、山下龍二、山井湧編集：《陽明學大系》第
　　一卷《陽明學入門》，東京：明德出版社，1972。

阿部吉雄：〈朝鮮的陽明學〉，見《陽明學大系》第一卷《陽明學
　　入門》。

中村元：〈因果〉，《佛教思想》第3期，佛教思想研究會編，東
　　京：平樂寺書店，1978，頁3-35。

福永光司：〈佛道儒三教交涉記おける「氣」の思想〉，《道教思
　　想史研究》，東京：岩波書店，1987。

## 四、博碩士論文：

池勝昌：〈耿定向與泰州學派〉，臺灣師範大學歷史研究所碩士論
　　文，1990。

高瑋は謙：〈王門天泉證道研究——從實踐的觀點衡定「四無」、
　　「四有」與「四句教」〉，臺灣中央大學哲學研究所碩士論文，
　　1993。

林月惠：〈良知學的轉折——聶雙江與羅念庵思想之研究〉，臺灣
　　大學中國文學研究所博士論文，1995。

林惠勝：〈王陽明與禪佛教之關係研究〉，臺灣師範大學國文研究
　　所博士論文，1996。

楊立華：〈兩宋內丹道教及其淵源研究〉，北京大學哲學系博士論文，1998。

戈國龍：〈道教內丹學研究——以內丹學南宗為中心〉，北京大學哲學系博士論文，1999。

Shek Richard Hon-chun, "Religion and Society in Late Ming: Sectarianism and Popular Thought in Sixteenth and Seventeenth Century China," Ph. D. Dissertation, University of California, Berkeley, 1980.

Lu Miaw-fen, Practice as Knowledge: "Yang-ming learning and Chiang-hui in Sixteenth-Century China," Ph. D. Dissertation, University of California, Los Angeles, 1997.

# 後　記

　　本書在我的博士論文基礎上修訂而成。完成博士論文和本書的修訂工作時，一方面固然不無輕鬆之感，但內心感受更多地不是覺得結束了某件事情，而是覺得許多事情才剛剛開始。

　　回想起來，自己走上研究中國傳統文化的道路絕非偶然，自幼家庭的經驗和自我閱讀的傾向可以說對此起到了相當關鍵的作用。大概也正是因為這一點，在八十年代後期進入南京大學讀本科的時候，我雖然和許多青年學生一樣為當時的文化熱所吸引，卻完全沒有像大多數學生那樣受到以「河殤」為代表的批判傳統文化思潮的裹挾。事實上，我之所以選擇政治學專業，恰恰是受到儒家「治國平天下」理念的影響所致。當然，或許只有經過當時那股思潮的刺激，我對於中國的傳統文化尤其儒家思想，才能由幼年所受潛移默化的熏陶逐漸轉化為自覺深入的反省。由於中國傳統文化尤其儒家思想很早便進入到我的人生經驗，因此，我在大學時代對相關書籍、文字的廣泛涉獵，除了「為學」的知性興趣之外，還有「為道」的精神追求。我大學畢業工作三年之後考入北京大學哲學系，以研究中國哲學作為自己的志業，最終的動源正是這種精神追求。並且，在經歷了從碩士到博士六年的學習之後，在專業化的學術訓練使儒學似乎越來越成為一種自己客觀研究的「對象」的情況下，我從來沒有忘記這種「為學」活動對於自己的價值論意義。至少我自

己目前的體驗告訴我，儒學以及整個中國哲學的研究固然可以而且已經成為現代專業意義上的學科領域，但從中汲取身心切實受用的精神資源，變化氣質而成為真正「成熟」的「成人」，才更能夠領略到儒學以及中國哲學的內在價值。而要將儒學與中國哲學中豐富、深邃的意蘊轉化為實有諸己的經驗和意識，就必須將「為道」的終極追求建立在「為學」的堅實基礎之上。否則，很難真正深造自得，不免誤將「興於詩」的一般感受性混同為「成於樂」的義精仁熟化境。我之所以走上學術研究的道路，原因正在於此。而隨著對儒家傳統研究的相對深入，我也愈發感受到儒家為人修身的道理既簡易明白、「愚夫愚婦可知」，同時卻又廣大精微，有無盡的意蘊值得我們在經典的鑽研與人生的實踐中不斷地去體悟。正是在這個意義上，我覺得本書的完成，恐怕只能是「為學」、「為道」的初步而已。

博士論文從正式動筆到寫就雖然不過八個月，但其實可以說是多年思索所得。碩士期間對王龍溪的思想已大略形成了通盤的想法，但限於時間與篇幅，碩士論文主要只寫了龍溪的先天正心之學及其四無論。博士期間最初打算只完成龍溪思想的個案研究，但隨著對中晚明陽明學相關文獻與既有研究成果瞭解的不斷深入，除了龍溪的思想之外，逐漸對中晚明陽明學發展過程中一些基本的線索與問題形成了若干個人的看法，感到單純的個案研究已不能反映自己目前對陽明學的認識，於是在經過了一番認真的思考之後，畢業前一年的七八月間才最終確定了論文的研究取徑與整體架構。也正是由於動筆前的不斷醞釀與反復斟酌，具體的寫作過程才較為順暢。

· 後　　記 ·

　　作為我的導師，陳來先生不僅對我的論文構思多有指點，更在論文完成後對每一個章節進行了細緻入微的審閱。論文指導小組的其他老師也都提出了不少寶貴的指教。他們的意見，大部分已經採納到論文當中。另外我想特別提出的是，前年三月至七月訪問臺灣期間得到了眾多師友不同形式的幫助和指教，也使我進一步掌握了有關陽明學的一些歷史文獻與研究成果。這是我在此尤其要向他們表示感謝的。事實上，不僅與古聖先賢超越時間隔斷的對話使我感受到了精神上的滿足，現實生活中諸位同道師友所構成的跨越空間的學術群體，更使我在益智進德的過程中獲得了「不孤」的快樂。

　　我還想一提的是，我的兒子與哲兩千年十一月降生，因此，論文撰寫與孩子的成長幾乎是同步進行的。照料孩子固然佔用了我的許多時間、精力，但同時也增添了以往不曾有過的樂趣。而撰寫論文期間對與哲的照顧，還頗有賴於父母家人的幫助，這也是我在此要表示感謝的。

　　最後，作為受人敬仰的當代儒家學者，蔡仁厚和劉述先先生與業師陳來先生欣然賜序，素以出版中國哲學學術著作聞名的學生書局慨然付梓，對此，尤當表示我的謝意。

2002年7月10日